# 김일성과 중소분쟁

## – 북한 자주외교의 기원과 형성(1953~1966)

## 김보미

미국 미시건대학교(University of Michigan)를 졸업한 후, 뉴욕대학교(New York University)에서 정치학 석사, 북한대학원대학교에서 북한학 박사학위를 받았다. 2018년부터 국가안보전략연구원 북한연구실 부연구위원으로 재직하고 있다. 저서로는 『민군관계와 대한민국 육군』(공저), 『북한학의 새로운 시각』(공저), 『북한의 변화와 한반도 미래』(공저), 『21세기 미 · 중 패권경쟁과 한반도 평화』(공저) 등이 있으며, 학술논문으로는 「북한 핵프로그램의 시작과 성장」, 「김정은 정권의 핵무력 고도화의 원인과 한계」, 「북한의 핵전력 지휘통제체계와 핵안정성」, 「북한의 핵선제불사용 선언의 배경과 의미」 등이 있다.

서강학술총서
116

# 김일성과 중소분쟁

## - 북한 자주외교의 기원과 형성(1953~1966)

김보미 지음

서강대학교출판부

서강학술총서 116
김일성과 중소분쟁:
북한 자주외교의 기원과 형성(1953~1966)

초판 1쇄 발행 | 2019년 9월 10일

지 은 이 | 김보미
발 행 인 | 박종구
편 집 인 | 이인석
발 행 처 | 서강대학교출판부
등록 번호 | 제2002-000170호

주 소 | 서울특별시 마포구 백범로 35(신수동)
전 화 | (02) 705-8212
팩 스 | (02) 705-8612


ISBN 978-89-7273-139-9 94340
ISBN 978-89-7273-139-9(세트)

값 30,000원



* '서강학술총서'는 SK SUPEX 기금의 후원으로 제작됩니다.

# 책머리에

우리에게 북한은 어떠한 나라로 인식되고 있는가? 강성국가, 지상 최고의 낙원에서부터 불량국가, 악의 축, 인권탄압국가, 빈곤국까지 북한을 지칭하는 용어는 다양하다. 그리고 또 하나, 북한이라는 국가의 특성을 규정하는 데 있어서 '고립'이라는 단어는 빠지지 않는다.

오랫동안 북한은 국제사회에 '은둔의 왕국(Hermit Kingdom)'으로 알려져 있었다. 이 표현은 원래 윌리엄 그리피스(William Griffis, 1843-1928)라는 미국의 목사가 쓴 『조선, 은둔의 국가(*Corea: the Hermit Nation*)』에서 19세기 조선 왕조를 가리키는 용어로 처음 등장하였다. 조선에 관한 정보가 많지 않던 시절에 책은 9판까지 인쇄될 정도로 상당한 인기를 끌었다고 한다. 그런데 한 가지 재미있는 사실은 그리피스 목사는 조선에 방문한 적이 거의 없었으며 주로 일본에서 체류하며 조선에 관한 책을 썼다는 것이다. 그는 조선말을 할 줄도 몰랐고 당연히 조선의 현실은 그가 이해하던 것과는 달랐다. 조선은 외부 세계와 완전히 단절된 사회가 아니었던 것이다.

그러나 은둔의 왕국이라는 표현은 해방 후 학계와 언론, 그리고 정치인들 사이에서 고립되고 국제정치에 대한 이해가 부족한 북한을 규정하는 용어로 다시 태어났다. 그렇지만 북한 역시 완벽히 고립된 국가라고 할 수는 없었다. 일반적으로 북한은 오랜 우방국인 중국과 러시아를 제외한 대부분의 국가들과 교류가 없는 것처럼 보이지만 그것은 사실이 아니다. 북한은 지금도 중국과 러시아뿐만 아니라 유럽연합, 캐나다, 호주 등과 공식 외교관계를 맺고 있다. 또한 동남아와 아프리카 국가들과는 긴밀한 관계를 형성해오고 있으며 이 중 몇몇 국가들과 김일성 주석 시절부터 40년 이상 관계를 지속해왔다.

그러나 전반적으로 북한의 대외관계는 상당히 폐쇄적으로 유지되어왔다. 때문에 북한 스스로 고립을 원치 않았을지라도 결과적으로 고립된 처지에 놓이게 되었다. 자주외교라는 이름 아래 북한이 추구하는 대외관계에서의 원칙들은 현실 국제정치에서 쉽게 통하지 않았다. 대외관계에서 호상 불평등, 내정불간섭, 상호 호혜의 원칙들은 국력이 약한 작은 사회주의 국가가 현실화시키기에는 어려운 조건들이었다. 더군다나 지리적으로 중국, 소련과 같은 사회주의 강대국에 둘러싸여 있었기 때문에 자신과 비슷한 처지에 놓인 신생 독립국이나 사회주의 약소국과의 연합전선을 구축하기도 어려웠다.

결과적으로 북한의 자주외교는 모순의 연속이었다. 북한은 동맹이 주는 원조는 환영하였으나 그들의 간섭은 원치 않았으며, 한국을 미국의 괴뢰라고 지칭하며 폄하했지만 한미동맹의 군사력을 두려워하게 되었다. 또한 북한이 대외관계에서 자주를 주장하면 할수록 사회주의 진영과 국제사회에서 북한의 고립은 더욱 가속화되었다. 북한은 '병진로선'을 통해 '자주로선'을 실제로 구현하려 했으나 군사비가 기하급수적으로 늘어나게 되면서 북한 경제는 끝없는 침체에 빠지게 되었다.

필자는 고립에서 탈피하지 못하는 북한의 모습이 공식 외교노선인 '자주로선'에서 기원한 것은 아닌가 하는 물음을 갖게 되었고, 이 물음이 본 연구의 출발점이다. 이 연구는 '자주로선'의 형성과정을 고찰함으로써 북한이 중국과 소련이라는 양대 사회주의 강대국과의 일방적인 의존관계를 벗어나 독자노선을 추진하게 된 계기와 그것을 가능하게 했던 원동력이 무엇이었는지 밝히고자 한다. 구체적으로 전후복구가 시작된 1953년부터 '자주로선'이 북한의 공식외교노선으로 천명된 1966년의 시기까지 대중·소 관계와 주요 국내적 사건들을 다루며, 특히 북한이 자주외교를 선언하는 데 있어 결정적 역할을 했던 중·소와의 비대칭관계와 중소분쟁이라는 사회주의 진영의 분열에 논의의 초점을 맞추었다. 당시 북한은 외교·정치·경제·군사적 부문에서 중·소 일변도외교의 틀에서 기본적으로 벗어날 수 없었으며 중·소의 후견적 역할 없이는 체제안정이나 체제유지를 보장할 수 없었다. 이 같은 상황에서 '자주로선'은 국제환경의 변화에 대응하는 외교노선으로 정립되었고 북한지도부는 1966년 10월 당대표자회 이후 '자주로선'을 거듭 재확인하고 개념을 확대·발전시켰다.

이 글을 집필하는 과정에서 가장 염두에 두었던 점은 새로운 자료와 1차 문헌의 활용이었다. 이 책에서는 실제 사례들을 보다 입체적으로 그려 보고자 북한 자료들과 공산권 자료들의 교차 검토를 시도하였다. 북한 문헌을 인용할 때에는 원전에 충실하고자 북한식 표현법을 최대한 살려두려 하였다. 두음법칙이 적용되지 않은 일부 단어와 표현, 북한식 띄어쓰기 등이 본문에도 그대로 반영되었다. 새로운 자료들은 주로 구소련과 헝가리, 폴란드, 동독 등 동유럽에서 발굴된 공산권 외교문서들이다. 주로 미국의 우드로 윌슨센터(Woodrow Wilson International Center for Scholars)의 국제냉전사프로젝트(Cold War International History Project, CWIHP)를 통해 발굴된 공산권 외교문헌들을 활용하였다. 또한 살롱타이(Balázs Szalontai), 션즈화(沈志華), 첸지안(陳兼), 퍼슨(James Person), 라드첸코(Sergey Radchenko) 등 해외의 냉전사 학자들의 최신 발굴 문헌들도 참조하였다. 다만 한 가지 아쉬운 점은 아직 1960년대의 공산권 외교문헌들은 완전히 공개되지 않은 상황이기에 풍부한 역사적 검증이 어려웠다는 것이다. 1961년 중국·소련과의 동맹체결이나 1960년대 중반 북·중·소의 원자력 협력 등, 자료의 한계로 인해 세밀한 연구가 이루어지지 못한 부분들이 있다. 향후 더 많은 자료가 발굴되어 언젠가는 본 연구의 부족함이 채워지길 바라는 마음이다.

이 책은 필자의 사소한 학문적 호기심에서 출발하였고 집필은 스스로가 던진 질문에 대한 해답을 찾아가는 과정이었다. 다소 막막하고 까다로운 작업에 놓인 적도 있었지만, 전반적으로 책을 쓰는 과정은 흥미롭고 즐거운 시간의 연속이었다. 그리고 집필과정에서 많은 분들께 큰 빚을 지게 되었다. 저자가 멈춤 없이 글을 쓰고 앞으로 나아갈 수 있도록 곁에서 도와주고 지지해주신 모든 분들께 지면을 빌려 깊은 감사를 드린다.

누구보다 서강대학교의 이근욱 교수님께 가장 큰 감사의 말씀을 전하고 싶다. 배움과 지식으로써 사회에 기여하고 싶다는 막연한 꿈을 꾸며 사는 필자에게 이근욱 교수님은 항상 큰 영감이 되어주신다. 이 책 또한 처음 시작부터 마무리까지 이교수님의 전폭적 지원과 이해 없이는 불가능했다. 더불어 책이 출판되기까지 많은 점검과 교정을 맡아 주신 서강대학교 출판부 관계자 여러분들께도 감사의 말씀을 올린다. 결코 짧지 않은 분량의 책임에도 불구하고 최선을 다해 편집을 해주셨으며 필자의 견해를 최대한 반영해 주셨다.

배움이 부족한 필자에게 많은 가르침을 주셨던 스승님들께도 감사의 인사를 올린다. 우선 저자에게 쓴소리를 아끼지 않는 최완규 전 북한대학원대학교 총장님께 깊은 감사의 말씀을 드린다. 항상 건강하신 모습으로 필자에게 끊없는 격려와 가르침을 베풀어주시기를 감히 부탁드리고 싶다. 또한 필자의 두 번째 지도교수님이신 통일연구원 박종철 박사님께도 크나 큰 감사의 말씀을 드린다. 교수님의 말씀은 작은 것이라도 필자에게 항상 큰 힘과 위안이 되어 왔다. 집필 과정에 많은 조언을 주신 북한대학원대학교 신종대 교수님, 그리고 박사과정 시절 필자에게 북한 문헌을 읽는 방법을 가르쳐주신 통일연구원 김갑식 박사님에게도 감사의 말씀을 전한다. 그리고 한 없이 부족한 제자를 가르쳐주신 북한대학원대학교 류길재 전 통일부 장관님, 양무진 교수님, 양문수 교수님, 구갑우 교수님께도 가슴 속 깊이 감사의 뜻을 전하고자 한다.

작업을 끝까지 마무리할 수 있도록 지원해주신 필자의 소속기관인 국가안보전략연구원의 조동호 원장님께도 특별한 감사의 말씀을 올린다. 학자로서 항상 바른 길로 인도해주시는 이기동 부원장님과 김일기 북한연구실장님의 격려와 가르침에도 무한한 감사의 말씀을 드린다. 또한 창작의 고통을 함께 나눈 숭실대학교 김태형 교수님, 만나면 항상 즐거운 학계 동료인 IBK 정일영 박사님, 아주대학교 정대진 교수님, 국방대 손한별 교수님, 항상 격려와 성원을 보내주시는 국방대 이성훈 교수님, 책 작업에 용기와 자긍심을 불어넣어 준 동료 조은정 박사님에게도 감사 인사를 드린다. 아울러 북한대학원대학교 사형(師兄) 경남대극동문제연구소 김동엽 교수님, 장철운 교수님, 착하고 사랑스러운 후배 임혜정, 김직수, 오승준, 의리로 똘똘 뭉친 멋진 이나영 박사, 김덕진, 정아람에게도 감사의 마음을 전한다.

그리고 북한 연구자인 딸을 묵묵히 지켜봐 주시고 응원해주시는 부모님께도 따뜻한 감사의 말씀을 드린다. 부모님의 무한한 사랑과 헌신이 있었기에 필자는 평생 아무런 근심 없이 공부에 집중할 수 있었다. 필자의 책이 부모님의 노고에 조그마한 보답이라도 될 수 있다면 좋겠다.

마지막으로, 집필 과정 동안 한순간도 머릿속에서 떠나지 않았던 필자의 지도교수님인 함택영 교수님께 감사의 말씀을 전한다. 박사과정 시절, 언젠가 책을 출간하게 되면 지도교수님께 감사의 글을 올리겠다고 말씀드린 적이 있었다. 책이 출간되면서 늦게나마 하늘에 계신 교수님께 약속을 지킬 수 있게 되었다(물론 그땐 무려 3쪽에 달하는 감사의 글을 약속드렸다!). 꼭 기뻐해 주시길 바라며, 이 책을 함택영 교수님께 바친다.

2019년 8월<br>김 보 미

# 목　차

# 제1장
# 서 론

## 제1절
# 연구목적

북한에서 '주체'와 '자주'는 국내정치적 배경에서 최초로 등장하였다. 그러나 주체와 자주의 개념은 점차 체계화되는 과정을 거쳐 외연을 확장해나갔다. 이 두 개념들은 국내정치적 목적에서 사회주의 경제발전의 정책으로 활용되었으며, 자체적 국방 능력 향상의 필요성을 합리화하고 대외관계에서 독립적 노선의 정립에 기여하였다. 나아가 국내정치, 경제, 국방, 외교에서의 주체와 자주는 대외관계에서 '자주로선'의 추구로 발전·체계화되었다. 여기에는 몇 가지 주요 계기가 존재하였다.

이 글은 위와 같은 사실에 기초하여 1950~1960년대 북한외교의 '자주로선' 형성과정을 고찰하고 약소국 북한이 사회주의 강대국들 사이에서 자율성을 추구한 대내외적 요인들을 살펴보려 한다. '자주로선'은 모든 것을 자국의 이익에 복속시킨다는 원칙을 국가 단위에서 구현한 것으로, 사회주의 건설의 독자성을 확립하기 위한 '사상에서의 주체·정치에서의 자주·경제에서의 자립·국방에서의 자위'를 구체적 내용으로 한다. 대내적으로 '자주로선'은 "독자성과 자력갱생의 원칙을 견지하여 혁명과 건설의 주인으로서 권리와 책임을 다하는 자주적 입장"을 전제로 하고 있다.[1] 나아가 대외관계에서는 중국과 소련을 비롯한 어떠한 나라의 지배나 간섭도 배제하고 완전한 평등권과 자주권을 행사할 때 확고히 견지되는 것으로, 현재까지 북한 외교정책의 근간이 되고 있다.

'자주로선'의 등장과정은 북한의 대중·소 관계와 매우 밀접한 관련을 맺고 있다. 북한의 대중·소 관계는 신생 사회주의국가인 북한의 체제유지에 기여하는 측면이 컸다. 특히 1950년 발발한 한국전쟁은 중국과 소련이 북한에 대한 영향력을 고착화시킬 수 있는 결정적 계기가 되어 북·중·소의 북방삼각관계는 밀접히 연계되어 발전하였다.[2] 이후 북방삼국은 지리적·이데올로기적 이유로 서로 긴밀한 관계에 놓여있었으며, 북한은 중·소의 강력한 후원과 지도 아래 사회주의 국가로서의 발전을 꾀하였다. 중·소 양국의 강력한 군사·안보적 지원 속에 김일성 지도부는 내부적으로 정치적 안정을 도모할 수 있었을 뿐만 아니라, 엄청난 양의 물적·인적 자원의 제공으로 인해 빠른 경제성장을 추동할 수 있었다.

그러나 한편으로 중·소와의 관계는 북한이 대외관계에서 자주적

---

1 사회과학출판사, 『주체사상의 사회역사원리』 (서울: 백산서당, 1989), pp. 31-32.

2 북방삼각관계는 북한·소련·중국의 외교 및 안보관계를 상징하는 개념으로, 한국·미국·일본으로 이루어진 남방삼각관계에 대한 방어·대응적 성격을 지닌 냉전의 산물로 본다.

입장을 모색하게 하는 원인이 되었다. 일반적으로 동맹은 약소국이 국가안보를 확보할 수 있는 가장 확실한 수단이나, 북방삼각관계는 남방삼각관계에 대항한 세력균형(balance of power)의 수단으로서 안전보장에 기여하는 것에 그치지 않았다. 북한은 군사·경제·문화·대외관계를 비롯한 거의 모든 분야에서 국제적 성향이 강한 이데올로기의 종속을 받았으며, 국제역학관계에서 약소국이라는 제약과 지리적 접근성으로 인해 중국과 소련의 영향으로부터 자유로울 수 없었다.

한국전쟁과 전후복구과정에서 중·소의 적극적 지원은 북한의 경제발전에 큰 도움을 주었지만, 소련에 이어 중국에게도 북한의 내정에 간섭할 수 있는 자격을 부여했다. 김일성(金日成)은 경제와 정치문제에 자문을 구하려 할 때 소련과 중국지도부 모두로부터 의견을 청취하여야만 했다. 따라서 북한과 중·소의 비대칭적 관계는 사회주의국가인 북한의 체제유지에 기여하는 측면도 있었으나, 반대로 김일성 정권의 생존과 존엄을 위협하는 요소이기도 했다. 북한지도부는 이러한 대중·소 관계에서 '자주'를 강조하는 방향으로 나아갔으며, 1966년 10월 당대표자회에서 '자주로선'을 공식 외교노선으로 선언하였다.

본 연구는 '자주로선' 형성과정의 역사적 고찰이라는 작업을 통해 두 가지 질문에 대한 답을 구하고자 한다. 첫째, 북한은 왜 대외적 안보위협이 상존함에도 불구하고 동맹을 강화하지 않고 '자주로선'을 선언하게 된 것인가? 둘째, 북한이 강대국들과의 비대칭관계에서 자율성을 확대해나갈 수 있었던 객관적 요인은 무엇이었는가? 물론 '자주로선'의 선언의 의미를 북한의 대외활동에 있어서의 완전한 자주로 연결 지어 생각하기에는 다소 무리가 있다. 그러나 1950년 전후복구에 착수하면서 북한이 형제국가들의 내정간섭을 경험하던 시기와 비교해 본다면 다른 결론에 도달할 수 있다. 1966년 10월 당대표자회에서 '자주로선'을 국가의 공식외교노선으로 천명할 때의 북한은 분명 1950년 한국전쟁이 발발하였을 때에 비해 대외관계에서 스스로의 목소리를 낼 수 있을 정도의 성장을 이루어냈다.

북방삼각관계의 진행과정 속에서 '자주로선'의 기원에 관한 연구는 크게 두 가지 이유에서 중요하다. 첫째, '자주로선'의 기원을 알아보는 연구는 냉전이 종식된 현재까지도 북한의 기본적인 외교정책으로써 견지되고 있다는 점에서 연구의 가치가 크다. 북한은 내적 자원이 부족하고 경제 및 군사적 역량이 잘 갖추어지지 않은 국가이기 때문에 중국·소련과 동맹을 결성함으로써 외부의 위협에 대처하고자 했다. 그럼에도 불구하고 북한은 1960년대 중반 대중·소 중립외교를 뛰어넘어 동맹들로부터의 자주를 공식 선언했다. 대다수의 비대칭동맹이 약소국의 필요에 의해 형성된다는 점을 고려해 볼 때, 약소국이 동맹국들로부터의 독자적 입장을 강조하는 '자주로선'을 주장했다는 사실은 분명 눈길을 끈다. '자주로선'의 주장은 자칫 방기(abandonment)의 위험을 초래할 수 있기 때문에 모험적이라고 하지 않을 수 없기 때문이다. 또한 역사의 연속성이라는 측면에서도 과거의 경험들이 현재의 북한을 있게 한다는 사실을 명심한다면 동맹관계에 기초한 '자주로선'의 기원 연구는 반드시 필요하다고 할 수 있다.

둘째, 그동안 탈냉전기 동북아 동맹관계의 연구는 주로 한국·미국·일본의 남방삼각관계의 갈등 및 변화에 치우쳐 지역내 또 다른 주요 동맹인 북방삼각관계에 대한 심층적인 고찰이 부족했다. 북한의 사회주의 동맹관계 연구에 있어서 중국과 소련과의 협력관계는 물론 갈등을 도외시한다는 것은 북한의 존립과도 관계되므로 결코 과소평가할 수 없다. 그동안 부족하나마 제한적으로 이루어진 연구들은 북방삼각관계에 내재한 갈등의 동학에 충분한 관심을 기울이지 않았거나, 주로 북중, 조소, 중소 등 양자관계에 치우쳐 있었다는 점을 지적하고 싶다. 북한이 중·소 양국의 지원 없이는 체제유지나 안정을 도모할 수 없을 정도로 절대적인 영향을 받았음에도 불구하고 북방삼각관계의 유기적 관계를 그려온 연구는 한정적이었다. 이제 기존연구의 한계를 극복하는 자세가 요구된다.

## 제2절
# 선행연구 검토

북한의 '자주로선'에 관한 연구들은 많은 시공간적인 제약을 안고 이루어지지만 본 논문의 전개에 많은 도움이 된 관련 연구들을 찾아 다음과 같이 몇 개의 방향으로 나누어 제시하고자 한다.[3] '자주로선'의 형성에 북한·중국·소련의 북방삼각관계가 미친 영향을 논하는 연구들의 상당수는 통시적 또는 시계열적인 접근을 하고 있다. 통시적 연구의 특징은 주로 특정 시기나 특정 사건을 중심으로 한 분석에 초점을 맞춘

3 현재적 관점에서 북한의 대외관계와 대외정책을 분석하고 이로부터의 함의를 발견한 연구들은 논의에 포함하지 않았다. 다만 일부를 소개하자면 대표적으로 허문영, "1980년대 북한의 대중·소 동맹정책 변화에 관한 연구" 성균관대학교 대학원 박사학위 논문 (1991); 최명식, "북한의 동맹정책 연구: 1950년대와 1980년대를 중심으로" 성균관대학교 대학원 박사학위 논문 (1992); 유석렬, "북·중관계 발전과 우리의 정책방향" (외교안보연구원 정책연구시리즈, 2001) 등을 들 수 있다. 시기적으로 본 논문과 연결되지는 않았으나 1980년대와 1990년대의 북방삼각관계를 고찰한 또 다른 연구로는 오진용, 『김일성 시대의 중소와 남북한』 (서울: 나남출판, 2004).

다. 대표적으로 고병철·정진위·양호민·정규섭 등의 연구가 있다.[4]

이 중에서도 고병철·정진위·양호민의 연구는 공통적으로 중소대립이라는 대외적 요인이 북한이 '자주로선'을 공식 외교노선으로 획정하는 데 결정적 영향을 미친 사건으로 간주하고 북방삼각관계를 고찰하였다.[5] 우선 고병철은 북한 외교정책의 전략적 목표를 북한의 현대화와 남한 공산화의 달성으로 보고 역사적 서술과 해석적인 분석을 통해

4 위 기존 연구에 포함하지 않은 북방삼각관계에 대한 역사적 서술을 담은 연구들을 몇 편 더 소개하고자 한다. 최창윤, "북한의 대 중·소 정책" 고병철 외, 『북한외교론』(서울: 경남대학교 극동문제연구소, 1978); 김덕, "중·소 분쟁과 북한외교" 김창순 외, 『북한외교론』(서울: 북한연구소, 1978); 은천기, "북한의 대중·소 외교 정책에 관한 연구 (1950~1970)" 경희대학교 대학원 박사학위 논문 (1985); 이미경, "1950~1960년대 북한·중국·소련 삼각관계의 형성과 균열" 『중소연구』, 제26권 4호(2002); 시모토마이 노부오(下斗米 伸夫) 저, 이종국 역, 『모스크바와 김일성: 냉전기의 북한 1945~1961』(서울: 논형, 2012); Kathryn Weathersby, "DPRK Relations with the Soviet Union and China, 1950~1972" paper presented at *the International Workshop on Foreign Relations of the Two Koreas during the Cold War Era* (The Institute for Far Eastern Studies, Seoul, May 11, 2006). 이들의 연구는 북한체제의 형성과 존립에 중국·소련이 기여한 바가 크다는 사실을 강조하고 있으며 대부분 삼각관계의 분열의 원인을 중소분쟁에 돌리고 있다. 시모토마이 노부오와 캐스린 웨더스비의 연구는 소련·중국·북한의 관계 기술을 통해 당시 동아시아 냉전구조를 이해하려 했다. 북한의 국내정치 측면보다는 국제관계, 구체적으로 소련과 중국의 시각에서 본 북한을 검토하였으며, 이용된 대부분의 자료들이 소련 외무성과 1953년부터 1957년의 소련공산당 국제부관련 북한 사료다.

5 이외에도 중소분쟁 시기 북한의 대외정책을 다룬 연구들을 소개한다면 김학준, "중소분쟁 속의 북한외교"『아세아연구』, 71호(1984); 정우곤, "한국전쟁과 북한의 대중소관계: 자주노선의 형성과정" 고병철 외, 『한국전쟁과 북한 사회주의체제 건설』(마산: 경남대학교 출판부, 1992); 정규섭, "중소분쟁에 대한 북한의 대응: 1960년대를 중심으로"『동북아연구논총』, 제4권 1호(1998); 이미경, "국제환경의 변화와 북한의 자주노선 정립: 1960년대 시기를 중심으로"『국제정치논총』, 제43집 2호(2003); 박종철, "중소분쟁 초기 북한·중국 연대에 관한 연구"『인문사회과학연구』, 제21집(2008); 중소분쟁만을 다룬 저서는 William E. Griffith, *The Sino-Soviet Rift* (Cambridge: The M.I.T. Press, 1964); Donald S. Zagoria, *The Sino-Soviet Conflict, 1956-1961* (New York: Atheneum, 1966); Peter Jones and Sian Kevill, *China and the Soviet Union: 1949-1984* (London: Longman, 1985).

1950년대와 1960년대 북한의 외교정책을 분석했다.[6] 그는 중소분쟁 속에서 북한이 외교정책의 목표를 달성하기 위해 이데올로기적으로는 중국과 긴밀한 관계에 있으면서도 소련과도 가까이 지내는 양면적인 자세를 취했다고 주장했다. 고병철의 연구는 북한의 외교정책을 다룬 매우 초기적인 연구로 현시점에서 볼 때 일반적인 결론을 제시하고 있다고 할 수 있다. 그러나 이후 북한의 대중소 정책 및 외교정책 연구에 많은 영향을 끼쳤다는 점에서 높은 가치가 있다.

정진위는 중소분쟁의 맥락 속에서 북한이 취한 대중소 정책을 중심으로 북한과 중국, 북한과 소련, 그리고 북한·중국·소련 사이의 관계를 고찰하였다.[7] 그의 연구는 북·중·소 관계의 형성에서부터 전개과정을 사실 자료에 착안하여 심도 있게 묘사하고 있어 냉전기 북·중·소 관계의 변천을 연구하는 데 많은 도움을 준다. 특히 이 연구는 중소분쟁이 북한이 대중·소 정책을 세우는 데 딜레마를 안겨다 줬으나 한편으로는 북한이 자신의 이익추구를 위하여 두 강대국을 이용할 수 있는 기회를 제공했다고 강조하였다. 그는 '자주로선' 역시 북한이 국가이익의 변화에 맞추어 대중·소 정책을 현실적으로 조정해 나가는 과정에서 발생한 파생물로 보았다.

양호민의 연구 또한 정진위의 연구와 마찬가지로 대외적 요인인 중소분쟁을 비중 있게 다루면서 두 거대 사회주의국가의 충돌이 북한

---

6 Byung-Chul, Koh, The Foreign Policy of North Korea (New York: Frederick A. Praeger, Inc., 1969).

7 정진위, 『북방삼각관계: 북한의 대중·소 관계를 중심으로』 (서울: 법문사, 1985). Chin O. Chung, *P'yŏngyang between Peking and Moscow: North Korea's Involvement in the Sino-Soviet Dispute, 1958-1975* (Alabama: The University of Alabama Press, 1978)을 토대로 1984년까지의 내용을 수정 보완하였다.

의 대내외정책에 미친 영향을 그렸다.[8] 양호민은 1949년부터 1965년까지 중·소 관계의 발전과정을 다루면서 이 속에서 북한이 어떻게 '자주로선'에 이르게 되었는지를 역사적으로 서술하였다.[9] 스탈린의 사망과 중소분쟁, 조선로동당 내의 권력투쟁 등 일련의 사건들 속에서 김일성이 '자주로선'을 실천해 온 과정들이 설득력 있게 제시되었으나 중·소의 이데올로기적 논쟁에 지나치게 집중한 측면이 없지 않다.

위 연구들의 특징은 중소분쟁이 북한의 '자주로선'의 형성에 가장 큰 요인을 미친 요소로 꼽는다는 것이다. 그러나 이에 비해 대내적 요인은 상대적으로 과소평가되는 인상을 준다. 특히 사회주의 진영의 원조가 극대화되는 전후복구 시기에 북한이 경험했던 내정간섭이 '자주로선'의 형성에 미친 영향에 대해 충분히 논의하지 않고 있다. 이 당시 김일성 지도부는 경제노선을 둘러싸고 중·소의 지지를 받는 당내 다른 세력들의 반대에 부딪히자 외부 경험의 기계적 수용을 비판함으로써 최초로 주체를 제기하였다. 따라서 '자주로선'의 정립은 중소분쟁이라는 대외적 사건뿐만 아니라 '8월 종파사건'이라는 북한 내부의 권력투쟁과도 밀접한 관련이 있다.

반면 연구의 시기를 냉전기와 탈냉전기로 나누어 한정하지 않고, 북한 외교의 흐름을 전반적으로 살펴보는 과정에서 북·중·소 관계와

---

8 김일성은 중소분쟁의 틈바구니에서 이익을 취하기 위해 이데올로기적인 유대와는 상관없이 대외적으로 중립을 외치며 중국과 소련 사이에서 양다리 걸치기 외교를 하였다고 주장했다. 그러나 북한의 줄타기 외교는 오래갈 수 없었으며 북한이 반소(反蘇)·친중국(親中國) 노선을 취하면서 경험한 국제적 압력은 결국 소련과의 관계 회복을 모색하게 하고 '자주로선'의 선언으로 이어졌다는 것이다.

9 양호민, "중·소 대립 속의 북한" 김갑철 외, 『남북한체제의 강고화와 대결: 1955년에서 1965년까지』(서울: 소화, 1996), pp. 187-279.

'자주로선'을 고찰한 연구도 있다. 정규섭은 1948년 북한의 국가 수립 이후부터 1997년 초까지 북한이 외교정책 목표를 달성하기 위해 공식적으로 제시한 외교정책 노선을 검토하여 변화를 찾아보고 실제 외교정책의 전개양상, 외교정책의 노선과 전개양상에 영향을 미친 요인들을 규명하려 하였다.[10] 그의 연구는 중소분쟁이라는 사회주의 진영의 분열을 통한 세계체계의 변화, 베트남 전쟁의 확대와 한일국교 정상화로 인한 지역체계의 변화, 또 김일성 유일체제 확립과 북한의 군사화 및 중·소로부터의 내정간섭의 경험이라는 국내환경이 '자주로선'에 영향을 미친 요인들이 되었다고 주장하고 있다. 북한 문헌을 통해 이러한 논의의 근거를 밝히고 있다는 점은 상당히 까다롭고 어려운 분석 작업임에도 불구하고, 북한의 입장을 가장 정확히 파악할 수 있게 해준다는 점에서 의미가 크다. 다만 북한 문헌이 지닌 편향성과 사실 왜곡 등은 연구의 객관성을 해칠 위험성도 적지 않으므로 북한 관련 외교문서들이 많이 공개된 상황에서 최신 자료들을 추가하여 객관성을 확보하는 것이 중요하다고 본다.[11]

국제정치학의 이론적 분석틀을 이용하여 북한이 자주외교를 추구하게 된 계기를 설명하는 연구들도 있다. 이종석과 최명해의 연구가 대표적이다. 이종석은 중·소와 전형적인 비대칭동맹관계에 있던 북한이 1956년 '8월 종파사건'을 계기로 중·소와 정치외교의 자율성을 둘러싸

10 정규섭, 『북한외교의 어제와 오늘』(서울: 일신사, 1999).

11 또한 정규섭의 연구는 너무 많은 변수들을 제시하고 있어 북한의 '자주로선'이라는 외교정책의 형성에 미친 결정적 요인들이 무엇인지를 가늠하기 어렵게 만든다. 다른 변수들을 제외하고 '자주로선'의 형성에 중소분쟁이 미친 영향에 대한 연구도 있다. 정규섭, "중소분쟁에 대한 북한의 대응: 1960년대를 중심으로" 『동북아연구논총』, 제4권 1호(1998), pp. 53-82.

고 치열한 갈등을 겪기 시작했으며, 결과적으로 전형적인 비대칭동맹에서 내정불간섭형 비대칭동맹(non-intervention asymmetric alliance)으로 전환하게 되었다고 한다.[12] 이종석의 연구는 전반적으로 북한의 외교자율성 확보가 북한지도부의 자발적 노력에 의한 것으로 간주하고 있는 듯하다.[13] 그러나 북한의 자율성 확보의 공간이 조성된 데에는 중소분쟁과 흐루시초프의 실각, 중국의 문화대혁명의 바람 등 사회주의 진영의 변화라는 대외적 요인이 선행되었다고 할 수 있다.[14]

최명해 역시 동맹이론을 이용하여 북한이 '자주로선'을 정립하게 된 계기를 설명하였다. 그는 1966년 10월 5일 제2차 조선로동당 대표자회에서 있었던 연설에서 김일성이 '자주'와 '진영의 단결'을 강조하였

---

12 이종석, "중·소의 내정간섭 사례 연구: 8월 종파사건"『세종정책연구』, 제6권 2호(2010), pp. 381-419. 이 연구는 직접적으로 북한의 '자주로선'의 정립과 관련이 있다고 보기는 어렵다. 그러나 북한이 중·소와의 관계에서 자율성을 확보하여 비대칭동맹의 특수한 사례국가가 될 수 있었던 계기를 설명해준다는 측면에서 기존연구 논의에 포함하였다.

13 북한이 자율성을 확보하는데 대외적 요인이 기여하였다는 점을 완전히 배제하지는 않았다. 그러나 대외적 요인보다는 북한이 능동적으로 자주성을 획득하였다는 데에 초점을 맞추고 있다. 이종석은 1956년 중·소의 내정간섭의 경험이 반면교사가 되어, 1960년대 북한은 대소투쟁을 통해 대소자주성을 획득하였으며 중국의 문화대혁명(文化大革命) 시기에 내정간섭적 행동에 반발함으로써 중국으로부터 자주성을 획득할 수 있었다고 주장한다. 이종석, "중·소의 내정간섭 사례연구" p. 414.

14 이종석은 이외에도『북한-중국관계 1945~2000』에서 북한과 중국의 양자 동맹에 대한 시계열적 분석을 시도하고 있다. 그동안 양자관계를 역사적으로 고찰한 자료가 희박했다는 점에서 연구의 의의가 크며 새로운 자료를 많이 포함하고 있어 후속 연구에 많은 도움이 되고 있다. 그러나 중국과 북한이 사회주의 국가라는 특징상, 원전을 그대로 이용하는 것은 이데올로기적 편향에 빠질 위험이 크다. 특히 탈냉전기 북중관계가 '혈맹관계'라는 것은 양국의 선전에 따르거나 표면적인 관찰에 의한 판단일 가능성이 높다. 양국은 어디까지나 강대국과 약소국의 관계이며 냉전체제가 시작된 후 새로운 국제체제가 형성되면서 동아시아 사회주의국가로서 연대가 양국 사이에 가장 크게 작용했다.

다는 점에 주목하였다. '자주'와 '단결'은 얼핏 상호모순으로 보이지만 실제로는 당제(黨際)관계와 국가관계를 분리하여 말한 것이었다고 한다. 북한은 중소분쟁에서의 '연루'의 위협에 대응하기 위해 당제관계에서의 '자주'를, 동맹국들로부터의 '방기'의 위협에 해법을 찾기 위해 '사회주의 진영'의 단결을 주장하였다는 것이다.[15]

'자주로선'의 형성과정을 주체사상의 발전과정 속에서 찾으려는 연구들도 존재한다. 이러한 연구들은 대부분 김일성이 주체의 개념을 도입하게 된 명분을 국내 권력투쟁에서 찾고 있다. 최청호의 연구는 북한에서 규정하는 '자주로선'의 이론적 기초를 주체사상의 체계 속에서 파악하여 그 의미를 검토하고, 국제적 상황변화라는 객관적 조건과 북한의 주체적 요구라는 상호 연관성을 갖는 두 가지 관점에서 북한이 '자주로선'을 모색하게 되는 배경을 분석하였다.[16] 반면 서재진의 연구는 김일성이 국내 정적들의 도전에 대한 대응논리로서 주체를 활용하였고 특히 1953년 스탈린 사후 흐루시초프의 개인숭배비판의 북한 내부에 미칠 영향에 대항하여 주체를 발전시켜나갔음을 주장하였다.[17] 그리고 주체의 개념이 중소분쟁과 중국의 문화대혁명의 영향을 받아 대외적으로 '자주로선'이라는 사상으로까지 발전하게 되었다고 한다. 다시 말해 김일성은 대내적으로 정적들을 타도하면서 주체를 강조하고 대외적으

15 최명해, 『중국·북한 동맹관계: 불편한 동거의 역사』 (서울: 오름, 2009), pp. 243-251.

16 최청호, "정치·외교의 자주노선" 양재인 외, 『북한의 정치이념: 주체사상』 (서울: 경남대학교 극동문제연구소, 1990), pp. 65-95.

17 서재진, 『주체사상의 이반: 지배이데올로기에서 저항이데올로기로』 (서울: 박영사, 2006), pp. 119-159.

로는 중·소와의 관계를 중시하였으나, 1960년대 국제사회의 변화를 계기로 대외관계에서 자주를 선언하게 되었다는 것이다. 본 연구도 외적 조건과 내적 요인의 복합적인 작용이 '자주로선'의 형성에 영향을 미쳤을 것으로 보고 있다. 그러나 두 가지 요인들은 서로 시간차를 두고 작용한 것이 아니라 항상 동시적으로 영향을 미쳤으며, 상대적으로 북한의 대외관계나 중소분쟁 등의 외적 요인들이 '자주로선'의 형성과 더 밀접한 관련이 있다고 간주한다.

앞서 설명한 논문들은 자료의 제약에도 불구하고 북방삼각관계의 형성과정과 북한의 '자주로선'의 선언 배경 및 중소분쟁의 전개 등을 역사적 사실에 가깝게 담아내려는 시도를 하였다. 하지만 실제 사례들에 대한 공산권 자료들이 충분히 활용되지 않아 북한자료와 교차 검토가 이루어지지 않았다는 점은 아쉬움으로 남는다. 그동안 새로운 자료가 많이 발굴되었고 기존연구들이 발표된 지 많은 시일이 지났기 때문에 후속 연구가 반드시 필요하다.

## 제3절
# 연구범위 및 방법

## 1. 연구범위

본 연구는 북한의 '자주로선'의 형성과정을 살펴보기 위해 전후복구가 시작된 1953년부터 '자주로선'이 북한의 공식외교노선으로 천명된 1966년의 시기까지 대중·소 관계와 국내적 요인들을 살펴보려 한다.[18]

18 시기 구분은 정치, 경제, 군사 등 분야별로 나누고 어떤 국가의 입장에서 바라보느냐에 따라 달라질 수 있다. 그동안 동북아 동맹관계를 연구하는 논문들은 그 시기를 크게 냉전기와 탈냉전기로 구분하거나 동맹관계에 전환점이 되는 사건들을 중심으로 시기를 구분했다. 이태환과 이종석을 비롯한 많은 학자들은 북중동맹 관계를 냉전기와 탈냉전기로 구분해 설명하였고, 김일평과 같은 학자들은 북중관계를 중심으로 1948~1960년(밀월기), 1961~1965년(중소분쟁기), 1966~1968년(독립외교기), 1969~1978년(관계회복기), 1979~1981년(갈등기), 1982~1988년(관계복원기 및 공조기), 1989년 이후 등으로 나누어 분석했다. 은천기는 다음의 6단계의 기준에 따라 세분해서 북방삼각관계를 고찰하였다. 제1단계 대소일변도추종기(1945.8~1950.10), 제2단계 대 중·소 균형적밀착기(1950.10~1956), 제3단계 대 중·소 소극적 중립기(1956.2~1961.11), 제4단계

1953년은 북한이 신생 사회주의국가로서 사회주의건설을 추진하는 과정에서 중·소를 비롯한 외부세력의 개입이 극대화되고 있던 시기였기 때문에 분석의 시발점으로 삼았다. 1966년은 '자주로선'을 공식 외교노선으로 천명하게 된 해이므로 분석의 종결 시점으로 설정하였다. 1960년대 후반에 발생한 북한의 군사 모험주의에 관한 분석은 시도하지 않았다. 1968년에 일어났던 1.21 사건이나 푸에블로(Pueblo)호 납치와 같은 사건들은 북한의 '자주로선'과 결코 무관하다고 볼 수 없다. 북한은 과거부터 현재에 이르기까지 일련의 군사적 도발행위들을 통해 주변국과 소통하려는 특징을 가지므로 이에 대한 분석도 북한의 외교노선을 파악하는 데 도움이 될 것이다. 그러나 본 연구가 주목하고 있는 부분은 '자주로선'의 기원과 형성과정에 있어서 중·소의 영향과 이들과의 관계에서 얻은 북한의 경험이므로, '자주로선' 천명 이후 벌어진 사건들은 논의의 대상에서 제외하기로 했음을 밝혀둔다.

북한은 약소국으로서 국제적 환경변화의 영향을 크게 받았으며 특히나 1954년부터 1966년까지 사회주의 진영의 두 강대국인 중국과 소련의 영향력은 지배적이었다.[19] 따라서 본 논문은 북한이 외교·정치·경제·군사적 부문에서 중·소 일변도외교의 틀에서 기본적으로 벗어날 수

대 중공편향기(1962~1964.10), 제5단계 대소편향기(1965~1968), 제6단계 대중·소 자주노선정착기(1969~) 등이다. 이 같은 시기 구분은 대체로 북한과 동맹국가들과의 관계 변화 및 국제 환경 변화에 초점을 맞추어 보는 것이라고 할 수 있다.

19 여기에는 세부적으로 북한과 중국의 관계, 북한과 소련의 관계뿐만 아니라 중국과 소련의 관계도 분석대상으로서 연구범위에 포함된다. 특히 중소분쟁의 경우 사회주의 진영의 약소국이었던 북한을 딜레마에 빠지게 하여 '자주로선'을 선언하게 되는 결정적 계기를 제공하고 있으므로 상세히 다루어질 것이다.

없는 측면을 집중적으로 분석한다. 특히 북한이 중·소의 후견적 역할 없이는 체제안정이나 체제유지를 보장할 수 없는 약소국으로서 가지는 취약성과 한계가 그려질 것이다.[20] 또한 북한이 사회주의 진영 안에서 수행한 역할을 밝히고 중·소에 일방적인 의존관계를 벗어나 독자노선을 추진하게 된 계기와 그것을 가능하게 했던 원동력이 무엇이었는지 알아보고자 한다.

본 연구는 시계열적 분석을 시도하되 구체적으로 8월 종파사건(1954~1956년), 『조소우호협력조약』과 『조중우호협력조약』의 체결(1957~1961년), '자주로선'의 선언(1962~1966년)을 각 장(章)의 중심적 사건으로 설정하여 논의를 전개했다. 앞서 언급한 요인들을 고려하여, 2장에서는 전후 복구 지원을 둘러싼 사회주의 진영과 북한지도부와의 갈등, 당내 노선경쟁이 1956년 8월 전원회의로 이어진 과정과 이후 중·소의 개입으로 인한 전원회의 결정 번복과정을 다루었다. 이후 중소갈등의 점화로 인한 사회주의 진영의 분열과 북한의 대외위협의 고조 속에서 조소동맹과 조중동맹의 체결이 일어나게 된 경위를 3장에서 다루었다. 4장은 북한의 중국 편승으로 인한 소련 및 기타 사회주의 국가들과의 관계 악화, 흐루시초프 실각 이후 소련과의 관계 회복 및 중국과의 등거리 외교를 통해 궁극적으로 '자주로선'을 추구할 수밖에 없었던 과정을 그려 보았다.

---

20 '자주로선'의 형성과 기원에 자본주의 진영과의 대결구도, 남한의 정권교체 등이 북한의 대외정책을 결정짓는 요인으로 작용했을 수 있다. 그러나 1954년부터 1966년까지 북한의 대외정책에 절대적인 영향을 미친 요소는 분명 중·소와의 관계를 중심으로 한 사회주의 진영의 변화이다. 따라서 남한과 자본주의 진영이 "'자주로선'의 형성"에 미친 영향은 논의의 대상에서 제외한다.

## 2. 연구방법: 분석의 틀

아직 미처 밝혀지지 않은 영역이 많이 남아 있는 북한연구에 이론을 빌려 사례들을 일반화하는 작업을 적용하기란 매우 어렵다. 동맹관계의 경험을 통해 북한이 '자주로선'을 추구하게 되었다는 본 연구의 전개 방식은 역사적 기술을 주로 하지만, 내재적으로는 이론의 도움을 받고 있음을 부정하기 힘들다. 역사의 해석에는 나름대로의 이론이 함축되어 있어, 굳이 전면에 '힘(power)'을 중심으로 하는 현실주의(realism)의 관점을 내세우지 않아도 내용의 서술은 '이론함축적'일 수밖에 없는 것이다.[21]

내용의 서술에 있어서 내재적으로 이론의 도움을 받고 있을지라도 논의의 전개를 위해서 분석방법을 크게 놓고 볼 때 문헌분석에 기초를 둔 역사적 접근법을 취한다. 역사적 접근법은 북한의 '자주로선'을 사회주의권 동맹외교의 기원과 발전과정을 통해 규명하려는 본 연구에 가장 적합한 연구방법이다.[22] 이 연구는 명제나 가설의 일반화, 보편화에 역점을 두기보다는 역사적 사실의 심층 분석에 큰 비중을 두고, 한국전쟁과 전후 경제복구, 8월 종파사건과 5개년 계획, 중소분쟁 등의 개별

21 앞서 설명하였듯이 북한의 대중·소 관계에 비대칭동맹 이론의 적용은 적합하지 않다. 그러나 현실주의 이론이 주장하는 체제의 기본적 특성과 국가의 특징 등 기본적 성격은 본 연구에도 적용된다. 역사적 기술에 있어서 국제정치이론의 적용에 대한 논쟁에 관해서는 김영호, "외교사와 국제정치이론 사이의 학제간 연구의 쟁점과 과제: 탈냉전기 미국의 대논쟁에 관한 연구"『한국정치외교사논총』, 제25집 제2호(2004), pp. 185−211.

22 역사적 접근법은 사회과학의 일반적 연구방법으로 과거에 일어난 역사적 사실을 수집하고 이들을 체계적으로 정리하며, 나아가 사실의 상호작용과 인과관계를 규명하는데 유용하다.

역사적 사례에서 드러난 북한의 내적상황과 동맹관계의 양상을 깊이 있게 들여다보며 이 속에서 동맹관계가 어떻게 변하였으며 '자주로선'의 추구 경향으로 어떻게 나타날 수 있었는지를 살펴본다.

문헌분석은 무엇보다도 자료의 성격에 따라 결과가 다양하게 제시될 수 있다. 뒤에서 설명하겠지만 본 연구에서는 2차 자료에 해당하는 학자들의 연구업적보다 북한의 신문과 잡지, 외교문서를 포함한 각종 공문서, 연감, 지도자들의 연설문들을 담은 저작물을 포함하는 1차 자료를 중심으로 분석을 시도하고 있다. 이 중에서도 특히 역사적 사건들의 '재연(再演)'을 가능하게 한다는 점에서 동유럽지역에서 해제된 외교문서들의 활용과 비중이 크다. 그러나 이미 알려졌거나 사실 규명이 명확해진 사건들이 외교문서의 공개로 한층 입체적이고 풍부한 재연이 가능해진 반면에, 일부는 분명 비중 있게 다루어져야 할 사안들임에도 관련 자료가 여전히 베일에 가려져 있어 부득이 2차 자료들의 힘을 빌리거나 추론을 통해 논지를 전개할 수밖에 없었다는 점을 밝히고 싶다.[23]

1960년대는 북한의 대외관계 정립에 있어서 매우 중요한 시기였다. 1950년대 말부터 이어져 온 중소대립은 1960년대에 더욱 심화되었으며 쿠바미사일위기, 미국의 베트남전 참전, 미·중의 데탕트 무드 등 굵직굵직한 사건들이 북한의 대외환경을 혼란스럽게 하였다. 남한에서는 민주당정권의 취약한 자유민주주의 체제는 1년 만에 종말을 고하고 1961년 군사쿠데타로 집권한 박정희 정권이 들어서면서 다시 반공적 색채를 띠었다. 이어 미국의 주선으로 이루어진 1965년 한일국교정상

23 예를 들면, 조소동맹과 조중동맹의 체결을 위해 북·중·소 수뇌부의 긴밀한 사전 논의가 있었을 것으로 추측되지만 아직까지 관련 문서는 공개되지 않았다.

화는 한·미·일 삼국관계에서 오는 안보위협을 증폭시켰다. 따라서 북한이 대내외적 긴장과 압박에 처한 1966년, 주변 동맹국과의 관계 공고화를 통한 안전보장이 아닌 외교에서의 자주를 주장하게 된 점은 상당히 흥미롭다. 1953년 한국전쟁 직후, 북한이 그동안 견지해왔던 동맹에 대한 의존적인 자세가 1966년에는 독립·자주성 추구 경향으로 나타났다는 것은 분명 동맹에 대한 북한의 인식이 변화되었다는 것을 의미한다. 외교에서의 '자주로선'은 북한이 동맹에 의존하여 이익을 추구하고자 하는 과정이 순탄치 않았거나 동맹과의 관계가 예상과는 다른 방향으로 전개되어 겪은 어려움을 반증하는 것으로 해석될 수 있기 때문이다.

그러므로 북한의 동맹인식 변화에 영향을 미친 요소들을 찾는 작업이 선행되어야 연구의 분석 작업이 용이해질 수 있다. 본 연구는 '자주로선'의 정책결정에는 동맹인식의 변화가 있었다고 보고, 관련된 주요요인들에 초점을 맞추어 분석을 시도했다.

북한의 동맹인식 변화에 영향을 미친 요소는 크게 북한의 '대중·소 관계'와 '중소분쟁'으로 나누어 생각해 볼 수 있다. 북한의 대중·소 관계는 소련의 경우 해방 이후 한반도 북부 지역에 친소 성향의 정부를 수립하는 과정에서 시작되었으며, 중국은 1950년 한국전쟁에서 중국인민지원군의 파병으로 군사작전을 공동으로 수행하면서 시작되었다. 중·소 양국은 1953년 정전협정 체결 이후에도 북한의 전후복구건설에 지원을 아끼지 않은 덕에 북한의 내정에 꾸준히 개입할 권리를 확보할 수 있었다. 그러나 북한의 국내정치가 김일성 유일체제의 확립으로 나아가는 과정에서 당내 권력투쟁의 발생으로 외부 경험의 수용과 중·소의 영향력은 의도적으로 거부되었고, 민족주의적 성향의 강화와 함께 주체의 중요성이 제기되었다. 또한 급속한 경제성장으로 인한 북한의 국력성장은 시기상조이기는 했으나 경제자립을 표방하여 중·소 의존을 낮추는데 기여하였다. 본 연구는 이와 같이 중·소의 지원 및 개입으로 인한 경제성장과 내부 권력투쟁이라는 두 가지 요인이 북한의 자주와 주체 강조에 결정적 영향을 미쳤다고 보았다.

중소분쟁은 북한이 비록 갈등의 주체로 참여하지는 않았으나 이를 통해 대외관계에서 자율성 상승이라는 효과를 얻을 수 있었기 때문에 '자주로선'의 정립에 또 다른 중요 변수라고 볼 수 있다. 제20차 소련공산당 대회에서 감지되었던 중·소의 견해차이는 중소분쟁으로 표면화되었다. 중소분쟁은 점차 진영의 단결을 저해하고 국제공산주의운동의 분열을 촉발하는 방향으로 발전하여 중심세력의 권위를 약화시켰다. 이와는 반비례하여 북한에 대한 중·소의 내정간섭의 압력의 세기는 줄어들었으며, 북한은 사회주의 진영의 구조 변화로 인해 자율성을 확대할 수 있는 기회를 얻게 되었다.[24]

대외관계에서 북한의 자율성 증대는 대중·소 관계에서 균형외교를 꾀하도록 이끌었다. 그러나 북한의 대외관계는 중소분쟁 초기에 중·소의 영향력 아래에서 소극적으로 추진하던 중립외교의 차원에 그치지 않았다. 북한은 점차 상호 내정불간섭, 호상 평등의 원칙을 내세워 대

24 그러나 진영의 분열은 동시에 방기의 우려를 촉진시켰으며 안전보장에 대한 불안감을 갖게 하였다. 한·미·일 남방삼각관계의 형성, 베트남 전쟁, 쿠바미사일 위기, 남한의 군사정권 등장 등 국제사회의 안보 이슈가 북한의 안보위협을 증폭시키는 원인들이었다. 그러나 북한의 안보불안감은 상존하는 것이었으므로 별도의 분석 요인으로 설정하지 않았다.

외관계에서의 자주적 입장과 이를 바탕으로 한 사회주의 진영의 단결 강화를 주장하였다. 언급한 요인들의 결합으로 북한의 일방적 동맹의존의 성향은 중·소 양국으로부터의 균형적 입장의 재확인으로 변화되어 나타났으며, '자주로선'이라는 외교정책으로 확립되었다.

설명한 변수들을 중심으로 분석의 틀을 제시하면 아래 〈그림〉과 같다.

**〈그림〉 분석의 틀**

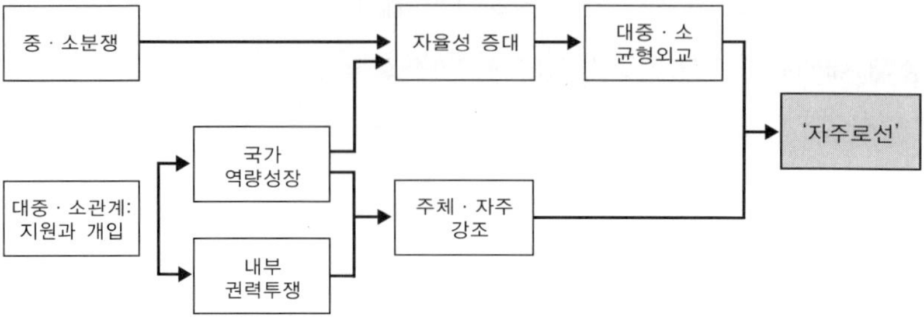


## 3. 연구자료

일반적으로 우리가 북한연구에 있어서 방법론적 예외주의와 특수주의를 적용해왔다는 점은 바로 객관적 자료의 부족에서 오는 측면이 크다. 물론 아직도 북한 내부는 완전히 봉인되어 있으며 앞으로 언제 북한내 1차 문헌들이 접근가능할지 가늠조차 하기 힘들다. 북한의 공식문헌의 경우에는 홍보성과 지향성, 이데올로기적 편향성과 역사 소급 및 일부 내용의 수정 등의 이유로 신뢰성이 떨어진다. 그러나 북한의 공식문헌을 발굴·분석하는 작업은 반드시 필요하다. 북한의 공식문헌에는 북한의 현실과 지도자 김일성의 생각이 일정 부분 반영되어 있으며 때론 어떤 외부의 자료보다 정확하게 북한을 이해할 수 있는 자료이기 때문이다. 본 연구 또한 북한의 공식문헌에 대한 인용과 분석을 배제할 수는 없었다. 다만 이로 인해 생길 수 있는 문제들은 2차 자료 및 기타 외부의 자료들을 통해 상호 검토하고 보완하여 분석의 오류 가능성을 줄일 수 있도록 노력하였다.

본 연구에 활용된 북한 문헌들은 주로 기관지인 일간지 『로동신문』, 잡지 『근로자』 및 매년 발간되어 북한의 대외관계의 현 주소를 알아볼 수 있게 해주는 『조선중앙년감』 등이다. 이들은 김일성 문헌과는 달리 소급 적용되어 재판되지 않으므로 북한의 상황을 파악하는데 보다 객관적인 정보를 제공한다는 측면에서 기본문헌으로서의 가치가 높다. 이외에도 『김일성저작집』, 『김일성선집』, 『김일성전집』과 『김일성저작선집』 등 1950~1966년까지 북한의 지도자로 군림했던 김일성의 저작물을 연구의 참고 자료로써 활용하였다.[25]

또한 북한문헌이 가져다주는 한계를 보완하여 북한연구의 객관성을 확보할 수 있도록 하기 위해 해외 소재의 북한 관련 자료들을 읽고 분석하였다. 특히 사회주의국가들 사이에서 교환한 문서들이나 내부 문건들은 진실을 곡해할 가능성이 상대적으로 낮고 1차 문헌분석 방법에서 오는 오류 및 문제점을 보완하여 실체와 현상의 차이를 줄일 수 있도록 한다. 근래에 들어 다행스럽게도 냉전기 사회주의국가들의 외

25 김일성 관련 저작물에 대해서는 류길재, "김일성·김정일의 문헌을 어떻게 읽을 것인가" 경남대학교 북한대학원, 『북한연구방법론』(파주: 한울 아카데미, 2003), pp. 46-70; 서대숙 외, 『북한현대사 문헌연구』(서울: 백산서당, 2001); 김병로, 『김일성저작해제』(서울: 민족통일연구원, 1993).

교문서가 이전에 비해 많이 공개되었다.[26] 다만 외교문서들은 자료의 중요성에서 각기 차이를 보이고 있다. 북한의 정치지도자들과 직접 나눈 대화를 기록한 문건들은 각국 대사관의 자국 외교부에 보내는 보고서에 비해 자의적 해석이나 분석이 개입할 여지가 적으므로 상대적으로 문헌의 가치가 더 높다. 따라서 본 연구에서도 가능한 북한 관료들의 직접적인 발언을 싣는 데 초점을 맞추었다.

이 연구에 인용된 외교문서들은 주로 구소련과 헝가리, 폴란드, 동독 등 동유럽에서 발굴된 것이다. 특히 러시아가 공개한 구소련 외교문서들은 영어로 번역되어 본 논문에 활용된 주요 자료로 활용되었다. 이 자료들은 상당수가 미국의 우드로 윌슨센터(Woodrow Wilson International Center for Scholars)의 국제냉전사프로젝트(Cold War International History Project, CWIHP)를 통해 발굴된 자료들이다. 국제냉전사프로젝트는 '다국사료간 교차비교분석(Multi-Archival Comparative Research)'을 통하여 북한관련 역사를 재조명하는 데 많은 기여를 하고 있다.[27] 이중에서도 북한대학원대학교와 공동으로 연구하는 북한국제

26 외교문서의 뜻은 좁은 의미와 넓은 의미로 사용된다. 좁은 의미로는 정부의 토의 문서와 훈령, 교섭 담당자들의 교섭 과정 문서(document préparatoires), 왕복서류, 본국 정부에 발송한 보고문들 및 국제 조약을 일컫는다. 반면 넓은 의미로는 좁은 의미의 외교문서뿐만 아니라 교섭담당자들의 회고록이나 문집을 비롯한 개인 문서들이 추가된다. 김용구, 『외교사란 무엇인가』(인천: 도서출판 원, 2002), p. 41.

27 국제냉전사프로젝트는 외교문서뿐만 아니라 연구논문(*Cold War International History Project Bulletin*)과 조사보고서(*Working Paper*), 관련 회의 자료들을 발간하고 있다. 북한 관련 자료들은 웹페이지(http://www.wilsoncenter.org/program/nkidp)에 접속하여 확인할 수 있으며 외교문서들은 중소분쟁, 서울올림픽, 조선로동당, 조선인민군, 북한 핵프로그램, 푸에블로호 사건 등 소주제로 나뉘어 편리하게 접근할 수 있도록 되어 있다.

문서프로젝트(North Korea International Documentation Project, NKIDP)에서 발간하는 문서들은 냉전기 북한과 사회주의 동맹국들이 교환하였던 외교문서들을 원문과 함께 영어 번역본을 다수 공개하고 있어 분석대상으로써의 가치가 높다. CWIHP를 통해 본 논문에 사용된 자료 문헌으로는 주로 혁명 이후부터 현재까지 문서를 보관하고 있는 러시아연방대외정책문서보관소(Archive of the Foreign Policy of the Russian Federation, AVPRF)의 문서가 가장 많으며, 러시아연방대통령문서보관소(Archive of the President of the Russian Federation, APRF) 및 러시아 국립현대역사문서보관소(Russian State Archive of Contemporary History: Rossiiskii Gosudarstvennyi Arkhiv Noveishei Istorii, RGANI)의 사료 역시 다수 활용되었다.28 이 외교문서들은 단순히 밝혀진 역사적 사실들을 확인하는데 그치지 않고, 시대의 변화와 흐름을 읽는 데 도움을 주었다.[29]

본 연구는 또한 헝가리 및 동독, 폴란드 등 기타 구 사회주의 국가들의 국립문서보관소에서 공개한 자료들을 다수 활용하였다. 이들 자료들은 대부분 헝가리와 북한·중국의 사회주의 지도자들 사이의 대화

28 각 문서의 출전은 러시아 문서보관서의 공통적인 문서 분류방식에 따라 문서군(fond, фонд), 목록(opis, опись), 문서철(delo, дело), 쪽(list, лист) 순으로 일련 번호가 매겨져 있으며 간혹 폴더(papka, папка)가 문서철과 쪽 사이에 포함되어 있거나 생략되어 있다.

29 그러나 소련문서 역시 이데올로기적 편향성을 피해갈 수는 없다. 구소련의 외교문서에는 미국을 위시한 "제국주의" 세력에 대한 반감, 프롤레타리아국제주의에 대한 강조, 소련의 국가이익 반영, 친소적 가치에 대한 높은 평가 등을 담고 있다. 또한 기술적으로도 인명이나 지명 등에 대한 잘못된 표기(일본식으로 발음하고 이것을 다시 러시아어로 표기), 수치상의 오류, 필사본 독해의 어려움들이 연구의 발전을 저해하는 요소로 작용한다. 전현수, "해방 직후 북한자료 해제" 서대숙 외, 『북한현대사 문헌연구』, pp. 196-198.

를 담고 있거나 외교 담당 부서들의 연구, 보고서, 비공식적인 외교 문서나 메모 등을 포함한다. 헝가리의 외교문서들 역시 대부분은 국제냉전사프로젝트가 발표하는 영문으로 번역된 문서나 살롱타이(Balázs Szalontai)의 저서 *Kim Il Sung in the Khrushchev Era*에 실린 문헌들을 인용했다.[30] 이 문헌들의 상당수는 헝가리국립문서보관소에서 발견한 것이며 한반도 관련 내용들은 평양 주재 헝가리대사관이 자국에 보내는 보고 형태를 취하고 있다.[31] 평양 주재 헝가리대사관은 중국이나 소련 대사관보다는 북한의 핵심 정보에 접근하기가 어려웠다는 점에서 문서의 중요성이 낮게 평가될 수도 있다. 그러나 이들이 작성한 보고 내용들은 소련과 북한 관계의 발전 양상이나 북한 내부문제에 대한 소련의 입장을 관찰하는 데 중요한 정보를 담고 있다. 특히 중소분쟁이 시작되는 1958년 이후 자료들은 중국과 소련의 자료에 접근하기 어려운 관계로 헝가리의 자료들이 많은 도움이 되었다.[32]

30 살롱타이의 경우, 미처 영문으로 번역되어 공개되지 않은 헝가리 외교문서들을 본인의 저서에 싣고 있다. Balázs Szalontai, *Kim Il Sung in the Khrushchev Era: Soviet-DPRK Relations and the Roots of North Korean Despotism, 1953-1964* (Washington, D.C.: Woodrow Wilson Center Press; Stanford, California: Stanford University Press, 2005).

31 헝가리국립문서보관소(Magyar Országos Levéltár)는 1856년에 설립되어 국가기록물 수집을 주 목적으로 하고 있다. 1950년대 이후 평양 주재 헝가리대사관의 보고서 등 한국관련 자료만 190상자를 보관하고 있다. 문서번호는 헝가리문서보관소의 약자인 MOL 또는 한국관련 일급기밀문서(Top Secret Documents, Korea)를 뜻하는 KTS로 표기한다. 이외에도 출처가 북한인 행정 문서(Administrative Document)는 KA, 출처가 중국인 행정 문서(Administrative Document)는 CA이다. 중국 일급기밀문서(Top Secret Documents, China)는 CTS, 알바니아 일급기밀문서(Top Secret Documents, Albania)는 ATS, 베트남 일급기밀문서(Top Secret Documents, Vietnam)는 VTS 등으로 표기한다.

32 Szalontai, *Kim Il Sung in the Khrushchev Era*, xiv. 그러나 살롱타이가 밝혔듯이 헝가리 자료들은 대부분 소련과 북한, 북한과 중국 등의 관계에 대한 객관적 관찰

본 연구에는 구동독의 자료들이 포함되어 있다. 대부분은 평양 주재 동독 대사관의 외교관들의 시각에서 본 북한이며, 구동독외무성 문서보관소의 자료들 및 통일사회당의 정치국문서를 바탕으로 한다.[33] 구동독 역시 소련이나 중국처럼 북한에 직접적 영향력을 행사하지는 않았으나 소련의 위성국으로서 동독의 대사관은 충실한 객관적 관찰자 역할을 수행했다. 동독은 비교적 소련의 관점에 입각하여 당시 북한 정권의 모습을 날카롭게 평가하고 있다. 동독 자료에서 한 가지 눈여겨볼 것은 북한에 대한 경제적 원조인데, 동독은 소련과 중국 다음으로 북한에 많은 경제적 지원을 했을 뿐만 아니라 함흥시 재건사업을 돕는 등 많은 기여를 했다.[34]

---

에 초점을 맞추고 있다. '8월 종파사건' 및 당 내부의 파벌투쟁 등에 대해서는 정보 접근의 한계 문제로 자세히 다루지 않고 있다.

33 독일 외교문서들의 소장처는 주로 독일 국립문서보관소인 ① 독일외무성문서보관소(Auswärtiges Amt−Politisches Archiv), ② 연방공문서관내 동독 당과 대중단체 문서보관기관(Stiftung Archiv der Parteien und Massenorganisationen der DDR im Bundesarchiv), ③ 구동독 국가공안국 문서보관소(Die Bundesbeauftragten für die Unterlagen des Staaatssicherheitsdienstes der ehemaligen DDR), ④ 연방공문군사서관(Bundesarchiv−Abeteilung Militärarchiv)을 들 수 있다. 본 논문에서는 주로 독일외무성문서보관소(영문명 Ministry of Foreign Affairs로 약자는 MfAA로 표기)와 연방공문서관내 동독 당과 대중단체 문서보관기관(영문명 Foundation Archive of the Parties and Mass Organizations in the Federal Archive로 약자는 SAPMO−BA로 표기)의 문서들을 활용한다. 구동독의 외교문서 기록 및 보관에 대한 자세한 내용은 김면, "독일 국립문서보관소 소장자료를 통해 본 북한과 구동독 간의 경제협력: 구동독의 함흥시 경제지원을 중심으로" 『북한연구학회보』, 제7권 1호(2003) 참조.

34 이와 관련해서는 김면, "독일 국립문서보관소 소장자료를 통해 본 북한과 구동독 간의 경제협력" pp. 83−105; 김면, "구동독의 대북한 사회주의 건설지원" 『한국동북아논총』, 제10권 제1호(2005); 김학성, "동독외교관의 눈에 비친 1960년대 전반기의 북한: 구동독 외무성 및 사통당(SED) 정치국 문서 분석" 조한범 외, 『해외자료로 본 북한체제의 형성과 발전』(서울: 선인, 2006); 통일연구원 편, 『독일지역 북한기밀 문서집』(서울: 선인, 2006) 참조.

아직 사회주의 국가로 남아 있는 중국의 경우, 북한과 마찬가지로 공식문헌들을 제외하고는 1차 자료에 접근하기가 쉽지 않았다. 따라서 적은 수일지라도 우드로 윌슨센터에서 제공하는 영어로 번역된 중국의 내부 정보문건들을 주로 참고하였다. 이외에도 공개되는 문헌들은 중국의 저명한 냉전사 연구가인 션즈화(沈志華)와 첸지안(陳兼) 등이 번역한 영문 자료에 의존하였다. 특히 션즈화는 한국전쟁과 전후 북한의 경제복구건설과정에서 중국의 원조에 관한 중국측 자료들을 일부 번역하여 공개하는 등 많은 학문적 기여를 했다.[35]

---

35 최근의 보고서로는 Zhihua Shen and Yafeng Xia, "China and the Post-War Reconstruction of North Korea, 1953~1961" *North Korea Internatioanal Documentation Project Working Paper*, No. 4(May 2012).

# 제2장
# 전후 북방삼각관계와 주체의 등장

제1절

# 한국전쟁의 유산: 북방삼각관계와 중·소의 영향력 재평가

## 1. 한국전쟁과 북방삼각관계의 발전

한국전쟁의 발발을 목적으로 하는 북·중·소 최초의 논의가 그 시발점을 언제로 설정하고 있는지 알아내는 것은 어려운 문제이다. 그러나 북한의 지도자인 김일성도 당시 이승만(李承晩)이 그러했던 것처럼 한반도의 분단을 종식시켜야 한다는 생각을 일찌감치 갖고 있었던 것만큼은 분명했다. 1948년 9월 10일, 김일성은 '조선민주주의인민공화국 정부 정강'을 통해 민족의 통일과 미·소 양군의 동시철퇴를 주장한 바 있다.[36] 그러나 김일성이 바로 이 시기부터 무력적 수단을 동원한 통일

36 정강의 첫 번째 조항에는 "남북조선인민의 총의에 의하여 수립된 중앙정부는 전조선 인민들을 정부주위에 튼튼히 단결시켜 가지고 통일된 민주주의 자주독립국

이 불가피하다고 판단하였는지는 알기 어렵다.

현재까지 공개된 소련의 외교문서들을 보면 김일성이 1949년에 접어들면서 소련의 지도자인 스탈린(Joseph Stalin)으로부터 개전을 허락받기 위해 많은 노력을 기울였다는 사실이 나타난다. 1949년 3월, 김일성은 「조소경제문화협정」의 체결을 위해 모스크바를 방문하면서 스탈린에게 남침 계획을 지지해줄 것을 호소하였다.[37] 그러나 스탈린은 김일성의 개전 허가 요구를 일언지하에 거절했다. 남한에 대한 군사행동은 1945년 미국과 맺은 협정의 위반으로 간주될 것이며 그 결과 미국이 개입할 수 있다는 것이 이유였다.

당시 스탈린은 유럽과는 달리 극동지역에서는 확장주의적 정책을 적극적으로 추진하지 않았으며 얄타회담에서도 한국과 관련해 어떠한 요구도 하지 않았다.[38] 따라서 38선을 경계로 하여 남북을 분할 통치하자는 미국의 제안도 큰 불만 없이 수용했다. 심지어 소련 외무성은 북한에 있는 소련군의 군사시설을 철수해 세계에 소련의 평화적인 의도

---

가를 급속히 건설하기 위하여 전력을 다할 것이며 국토의 완전과 민족의 통일을 보장하는 가장 절박한 조건으로 되는 량군 동시철거에 대한 쏘련정부의 제의를 실천시키기 위하여 전력을 다할 것"이라고 하였다. 『조선중앙년감 1950』 (평양: 조선중앙통신사, 1950), p. 16.

37 「조소경제문화협정」 이외에도 소련과 북한은 무려 11개의 협정을 맺었다. 그러나 이 모든 조약은 비밀로 분류되어 「조소경제문화협정」을 제외하고는 외부에 공개되지 않았다. AVPRF, Fond 7, Opis 22, Delo 234, Papka 37; AVPRF, Fond 17, Opis 22, Delo 238, Papka 37.

38 혹자는 이것이 스탈린의 대 일본 정책과 맞물려 있다고 주장한다. 스탈린은 한반도에 대해서는 큰 기득권을 누리려고 하지 않은 대신 일본 군사점령에 소련이 참여할 기회를 증대시키려 했다는 것이다. 이에 관한 논의는 박명림, 『한국전쟁의 발발과 기원 Ⅰ: 결정과 발발』 (파주: 나남, 2003), p. 189; 션즈화 저, 최만원 역, 『마오쩌뚱 스탈린과 조선전쟁』(서울: 선인, 2010), pp. 61–64; 조순승, 『한국분단사』 (서울: 형성사, 1982), p. 55.

를 알리고, 남한의 군대가 쳐들어온다고 하여도 소련은 전쟁에 개입하지 않을 것이라는 이미지를 갖는게 좋겠다고 하였을 정도로 전쟁의지가 약했다.[39] 스탈린을 비롯한 소련지도부는 군사적 측면에서 인민군의 우세를 논할 수 없다는 점, 정치적 측면에서 개전 당사자에게 쏟아질 비난, 예상되는 미국의 개입과 소련과의 갈등 증폭 등을 우려하여 한반도 내에서 군사 행동이 일어날 가능성을 최대한 억제하고자 하였다.[40]

그러나 중국공산당의 승리로 중국과 소련의 관계가 다시 설정되자 소련의 한반도 정책도 대폭 수정되었다. 중국과 우호조약을 맺은 스탈린은 중국공산당과의 동맹을 기본축으로 아시아 냉전에 적극적으로 대처해간다는 구상을 하기에 이르렀다.[41] 당시 스탈린의 생각은 중국공산당이 대륙에서 승리함으로써 이들에게 아시아 혁명의 리더 자격을 부여하고 중국군대가 필요한 경우 한반도에 참전할 수 있다는 데에까지 미쳤다. 더군다나 국민당을 지지했던 미국이 중국 대륙에서 실패하였으므로 조선과 같은 작은 나라의 문제에 개입할 것으로 느껴지지 않았다.[42]

---

39 박종효 편, 『러시아 연방 외무성 대한정책 자료 I』, p. 329.

40 Telegram from Tunkin to Soviet Foreign Ministry, in reply to 11 September Telegram, 14 September 1949, AVPRF, Fond 059a, Opis. 5a, Delo. 3, Papka 11, Listy 46–53.

41 스탈린은 소련은 세계혁명의 밑그림을 그리는 역할을 맡을 것이니 중국은 아시아 혁명운동의 중심을 맡아 줄 것을 요구했다. 다시 말해 스탈린의 당시 공산혁명 운동 전략 구상은, 중국과 전략 차원의 동맹관계를 형성하고, 그러한 중국이 베트남과 북한을 옹호하는 2단계 방식이었다. 최명해, 『중국·북한 동맹관계』(서울: 오름, 2009), pp. 71–73; 시모토마이 노부오(下斗米 伸夫) 저, 이혁재 역, 『북한정권 탄생의 진실』(서울: 기파랑, 2005), pp. 61–63.

42 강규형·캐스린 웨더스비(Kathryn Weathersby), "소련 문서를 통해 본 6·25 전쟁의 기원: 모스크바, 베이징, 그리고 평양," 김영호 외, 『6·25 전쟁의 재인식』(서

때 마침 1950년 1월 12일 미국 국무장관 애치슨(Dean Acheson)에 의하여 전미신문기자협회에서 '아시아의 위기(Crisis in Asia)'라는 제목의 연설이 발표되었다. 애치슨은 스탈린과 마오쩌둥의 영토적 야심을 저지하기 위해 태평양에서 미국의 방위선을 알류샨열도–일본–오키나와–필리핀을 연결하는 선으로 정한다고 선언했다. 그러나 한국과 대만은 미국의 방위선 밖에 있었기 때문에 이 연설의 의미는 한국과 대만이 미국으로부터 안전을 보장받을 수 없다는 의미와 일맥상통했다.[43] 따라서 스탈린이 김일성의 전쟁 수행 계획에 가장 큰 반대 이유로 꼽았던 미국의 한반도 문제 개입 가능성은 소멸될 수 있었다.

다만 미국과의 정면 대결을 피하고 싶었던 스탈린은 소련의 국익을 가장 우선적으로 고려하여 직접 참전하는 대신 중국이 참전하도록 압박했다. 스탈린보다 미국을 두려워하지 않았던 마오쩌둥(毛澤東)은 1950년 3월 말 김일성의 한국전쟁 계획에 긍정적인 신호를 보내기 시작하였으며 이를 기점으로 북방삼국은 전쟁 수행 준비를 착실히 해나갔다.[44] 그리고 조선인민군은 1950년 6월 25일 새벽 전격적으로 남침

---

울: 기파랑, 2010), p. 64.

43 해방 직후 미국의 한반도 정책에 관해서는 이정식, 『대한민국의 기원』(서울: 일조각, 2006), pp. 153–177 참조. 이 당시 국제사회의 또 다른 변화로는 1949년 소련의 핵무기 개발 성공이 있었다. 이로 인해 소련은 미국과 대적할 수 있다는 자신감을 얻는 동시에 미국이 앞으로는 핵사용에 있어서 제한을 받을 것이라고 예상하였다. 션즈화, 『마오쩌뚱 스탈린과 조선전쟁』, pp. 198–200.

44 마오쩌둥이 스탈린이 한국전쟁을 허가하였다는 사실을 사전에 알고 있었는가 하는 문제는 학자들 사이에서 의견이 분분하다. 대체적으로 수정주의적 입장을 가진 중국학자들은 마오쩌둥이 계속하여 한국전쟁에 반대 입장을 피력하였으며 6월 25일 북한이 군사작전을 개시한데 대하여서도 알지 못했다고 주장한다. 대표적으로는 션즈화, 『마오쩌둥 스탈린과 조선전쟁』, pp. 368–369. 웨더스비와 강규형 역시 중국의 "어쩔 수 없는 개전 동의"를 강조하였다. 캐스린 웨더스비·강규형 "북–중–소 삼각관계가 6·25전쟁 과정과 전후 북한외교 행태에 미친 영향:

을 강행했다. 북한은 예상보다 빠르게 진격하여 전쟁을 개시한지 단지 3일 만인 6월 28일 서울을 점령했다. 전쟁 초기에는 북한이 예측한대로 순조롭게 진행되었다. 그러나 트루먼(Harry Truman)이 미군의 출격을 명령하고 7월 1일 미지상군 선발대가 부산에 도착하면서 전쟁은 김일성과 스탈린이 예상했던 것과는 다르게 흘러가기 시작했다. 인민군은 더 이상 전선에서 빠르게 진격하지 못하고 있었으며 중앙부에서 진격 속도가 더뎌지고 무질서하게 전진하고 있었다.

미군과 대적하면서 인민군의 전술적 약점도 심각하게 드러나기 시작했다. 북한은 전선 및 해방 지역의 상황 악화와 더불어 후방 지역과 북한의 항구에 미 부대 및 공수부대의 착륙으로 인한 위험이 증폭되자 소련에 대규모 군사원조를 요구했다.[45] 스탈린은 북한의 추가적인 무기 공급 요청에 대해 긍정적인 답변을 주었다. 다만 총군사고문의 이동에는 난색을 표하고 이외 모든 조직에 군사고문을 파견해달라는 요청에도 아무런 답을 주지 않았다. 미국이 참전한 이상 무기의 제공만으로는 북한이 승리할 수 없다는 사실은 자명했지만 스탈린은 그렇다고 소련이 북한을 돕고 있음을 공개적으로 드러내고 싶지는 않았다.[46] 스탈린

---

기밀해제문서를 중심으로," 『정신문화연구』, 제33권 제3호(2010), p. 128. 그러나 마오쩌둥은 김일성의 남침 계획에 원칙적으로 반대한 적이 없었으며 단지 시기가 적합하지 않음을 지적하면서 중국이 내부적으로 정비가 완료되면 북한의 계획을 도울 수 있을 것이라고 말한 바 있다. Telegram from Shtykov to Vyshinski Regarding Meeting with Kim Il Sung, 12 May 1950, APRF, Listy 151−154, Fond and Opis not given; and AVPRF, Fond 059a, Opis 5a, Delo 3, Papka 11, Listy 100−103.

45 Telegram from Shtykov to Stalin, 4 July 1950, APRF, Fond 45, Opis 1, Delo 346, Listy 105−107 and AVPRF, Fond 059a, Opis 5a, Delo 3, Papka 11, Listy 111−114.

46 스탈린은 전쟁 전부터 북한의 지도자들이 소련의 참전을 기대하지 않도록 하였

은 소련이 한국전쟁에 개입하지 않는다는 원칙을 확고하게 준수하면서 북한을 도울 수 있는 방법을 강구하였다.

소련의 소극적인 태도는 1950년 9월 15일 인천상륙작전 이후 남한지역에서 인민군이 미국의 공중 폭격으로 불리한 위치에 놓이자 확연히 드러났다. 다급해진 김일성과 박헌영(朴憲永)은 스탈린에게 직접적인 소련 지원을 요청했다. 이들은 이미 적군이 인천지역을 점령하였으며 서울의 거리에서 인민군과 전투를 치르고 있는 상황이라고 보고한 뒤, 공군력에서의 열세가 패배의 결정적 이유라고 설명했다.[47] 북한은 적군이 38선을 넘어설 경우에는 더더욱 소련의 즉각적인 참여가 필요하다고 주장했으나, 스탈린은 오히려 김일성과 박헌영에게 한반도에서 철수할 것을 제안하였다.[48] 스탈린은 중국이 압록강을 건너서 북한을 구할 수 있도록 압력을 넣었지만 동시에 이대로 북한이 지도상에 존재하지 않는 나라가 될 수 있다는 사실도 어렵지 않게 받아들였다. 북한지도부는 그동안 스탈린의 반응을 보아서라도 소련이 한국전쟁에 군

으며 모든 제반 사항들을 중국과 상의하도록 지시했다. 그는 흐루시초프에게 전쟁은 김일성의 일이며 한국전쟁에 소련이 참여하고 있다고 여길 만한 증거를 남기고 싶지 않다고 하였다. Kim Chullbaum ed., *The Truth about the Korean War* (Seoul, Korea: Eulyoo Pub. Co., 1991), pp. 25–26. 그러나 한반도에서 벌어지는 전쟁에 소련이 배후에 있다는 것은 북방삼각동맹의 외부에서도 쉽게 짐작할 수 있는 사실이었다. 키신저(Henry Kissinger)는 최초로 중국을 방문하였을 때에 중국이 "한국에서 우리와 맞서 소련의 부담을 떠맡았다."며 마오쩌둥이 스탈린의 한반도 정책에 따라 움직였음을 간접적으로 시사했다. Henry A. Kissinger, *White House Years* (Boston: Little, Brown and Company, 1979), p. 744.

47 Ciphered Telegram, DPRK Leader Kim Il Sung and South Korean Communist Leader Pak Heonyeong to Stalin (via Shtykov), 29 September 1950, APRF, Fond 45, Opis 1, Delo 347, Listy 41–45.

48 Ciphered Telegram, Fyn Si (Stalin) to Kim Il Sung (via Shtykov), 13 October 1950, APRF, Fond 45, Opis 1, Delo 347, Listy 74–75.

대를 파병하지 않으리라는 사실을 예측했을 것이나 막상 소련이 정말로 북한을 포기하려는 듯하자 크게 실망하였다.

소련이 북한의 전쟁을 부추기고도 방관하였다는 비난을 회피할 수 있는 구실을 마련해야 하는 순간, 중국이 북한을 도울 의향이 있음을 내비쳤다. 김일성과 박헌영은 소련이 지원군을 파병할 수 없다면 중국과 사회주의 형제국가들이라도 지원군을 보내줄 것을 요청하였다.[49] 중국인민지원군은 출병을 몇 차례 망설였지만 일단 파병결정이 내려지자 원래 계획보다도 많은 병력을 일거에 투입하였다.[50] 10월 25일 첫 전투를 시작한 중국군은 이튿날 남한군 1개 대대를 거의 완전히 괴멸시키고 전리품들을 노획하였는데 이는 중국군이 전투에 참가하여 거둔 최초의 성과였다.[51] 이후 마오쩌둥은 해군력의 증강을 위하여 스탈린에게 중국 해군을 위한 소련제 무기를 보내줄 것을 요청하는 등 한반도 문제에 적극적인 개입을 하기 시작하였다.[52] 소련 공군의 중국군대 엄호 문

---

49 Ciphered Telegram, DPRK Leader Kim Il Sung and South Korean Communist Leader Pak Heonyeong to Stalin (via Shtykov), 29 September 1950, APRF, Fond 45, Opois 1, Delo 347, Listy 41–45.

50 기광서, "한국전쟁 속의 스탈린," 한국역사연구회 현대사분과 편, 『역사학의 시선으로 읽는 한국전쟁: 사실로부터 총체적 인식으로』(서울: 휴머니스트, 2010), p. 125. 중국이 출병을 앞두고 몇 차례 번복을 하였던 이유에 대해서는 엇갈린 주장들이 제기된다. 그 중 하나는 중국이 소련 공군의 참전과 무기지원을 약속받기 위해서였으며 따라서 소련과의 협상에서 출병에 미온적인 태도를 취하였다는 것이다. 이에 관해서는 이종석, 『중국-북한관계 1945-2000』(서울: 중심, 2000), p. 136. 두 번째는 중국이 출병에 회의적이었던 것은 사실이지만 마오쩌둥은 출병 찬성론자였고 그가 지도부를 설득하여 결국 한국전에 중국 지원군을 파병하는 쪽으로 의견을 모았다는 것이다. 대표적으로 션즈화, 『마오쩌뚱 스탈린과 조선전쟁』, pp. 265-279.

51 바자노프·바자노바, 『소련의 자료로 본 한국 전쟁의 전말』, p. 128.

52 Telegram from Mao Zedong to I. V. Stalin, via Roshchin, 28 October 1950, APRF, Fond 45, Opis 1, Delo 334, Ⅱ. 62–63.

제 역시 받아들여져서 소련 공군은 1950년 11월 1일부터 참전했다. 다만 이들의 참전은 '비밀 개입'의 원칙에 따라 적의 직접 타격을 목적으로 하지 않은 방어에 치중한 것이었다. 작전에 투입된 항공기들은 모두 중국과 북한기로 위장했다.[53] 비록 소련의 경우 북한에게는 불만족스러울 정도의 소극적인 개입에 불과하였지만 어쨌든 북·중·소가 모두 협력하여 남한과 UN군에 대항하게 되었다.

마오쩌둥은 일단 전쟁에 참여하자 지원군 지휘부에 적극적으로 작전명령을 내리고 결과를 점검했다. 그런데 조선인민군과 중국인민지원군은 자주 의사소통 문제와 지형에 미숙하여 벌어지는 군사작전 상의 실수 등으로 인한 문제에 직면했다. 따라서 효율적 공격과 방어를 위해 지휘권의 통일이 필수적으로 요구되었다. 국가의 주권과 존엄성을 군사지휘권과 연결하여 생각하고 있었던 김일성은 중국이 예상보다 훨씬 많은 병력을 투입하자 조중연합사령부에 대한 지휘권을 주장하기가 상당히 애매모호해졌다. 지원군 사령관 펑더화이(彭德怀) 역시 중국군을 조선군이 지휘하게 내버려둔다는 것은 있을 수 없는 일이라고 생각하였다. 그는 조선인민군의 전술을 한마디로 '유치한' 것으로 보았으며 "나는 중국 및 조선의 인민과 수십만 병사들을 책임지고 있다."고 말했을 정도로 자부심이 강한 사람이었다.[54]

또한 펑더화이는 조선인민군의 지휘체계가 매우 조잡하며 북한지도부가 장기적인 전략도 없으면서 모험주의적 성향만 강하다고 평가하

53 기광서, "한국전쟁 속의 스탈린," pp. 125-126.

54 션즈화, 『마오쩌뚱 스탈린과 조선전쟁』, pp. 383-384.

였다.[55] 10월 21일, 펑더화이는 일단 김일성과의 직접 회견을 통해 중국인민지원군 사령부에 박일우(朴一禹)를 부사령원 겸 부정치위원으로 두는 데 동의를 얻어냈다.[56] 이때 연합군 편성에 대한 이야기도 오간 것으로 보이나, 김일성은 근본적으로 연합군 편성에는 반대하는 입장으로 참모진을 보내서 상호연락을 취하는 것이 낫다고 판단했다.[57] 따라서 지휘를 통일하는 문제에 대해서는 언급하지 않았으며 단지 양 군대의 협력 방안에 대한 논의만을 하였다.

그러나 전황이 변하면서 북한과 중국의 군대를 통일하는 문제에 대한 논의가 요구되었다. 통일된 지휘와 협조 체제가 부재하여 전투 상황에서의 공조의 어려움을 비롯하여 물자공급, 교통운수 등에서도 혼란스러운 상황이 발생했다. 심지어 두 나라의 군대 작전지휘가 분리됨으로 인해 오해가 생기고 지원군과 인민군이 대적하는 일까지 일어났다.[58] 사태해결의 실마리가 보이지 않자, 마오쩌둥은 스탈린을 통해 김일성을 설득함으로써 지휘통수권 문제를 조율하고자 했다. 마오쩌둥은

55 서동만, 『북조선사회주의체제성립사(1945-1961)』(서울: 선인: 2005), p. 411.

56 최명해, 『중국·북한 동맹관계』, p. 88. 10월 25일 중국공산당 중앙위원회에 의해 지원군 인사가 통지되어 박일우는 전체 4명의 부사령원 중 1명, 2명의 부정치위원 중 1명, 2명의 당부서기 중 1명으로 임명되었다. 박일우의 직책은 중국인민지원군 내 제3인자에 해당하는 대우였다.

57 양측이 서로의 입장을 제대로 확인하지 못했고 우선 새로 편성된 조선인민군이 중국 동북지역에서 훈련 중이었던 때라 시기적으로도 적절치 않다는 판단이 섰던 것으로 보인다. 王焰等, 『彭德懷傳』(北京: 當代中國出版社, 1993), p. 403; 中國軍事科學X院歷史研究部, 『抗美援朝戰爭史』 制2卷 (北京: 軍事科學出版社, 2000), p. 167; 양영조, "6·25 전쟁시 중국군의 지구전 전략과 군사개혁: 조중연합군사령원 팽덕회 전략을 중심으로," 『한국 근현대사 연구』, 제33집(2005), pp. 188-189에서 재인용.

58 박명림, 『한국 1950: 전쟁과 평화』(서울: 나남, 2002), p. 500.

11월 13일 스탈린에게 전보를 보내 김일성·슈티코프·펑더화이로 구성된 3인 소조를 결성하여 이들이 부대편성, 작전, 적의 후방진입 및 이와 관련된 제반정책들을 포함한 군사정책의 결정을 책임지고, 상호 의견조율을 통해 일치단결한 전쟁 수행을 도모하자는 의견을 전한 바 있었다.[59]

스탈린은 마오쩌둥의 전보를 받은 지 이틀 후인 11월 15일 김일성에게 전보를 보내 조중연합사령부를 구성하여 조선인민군과 중국의 지원군이 통일적 지휘 하에 유엔군과 싸울 것을 권고했다. 외면하고 싶었던 현실에 다시 한 번 직면한 김일성은 그로부터 보름이나 지난 12월 1일 스탈린에게 보내는 전보를 통해 모스크바의 지시를 따를 것임을 시사했다.[60] 그리하여 김일성과 마오쩌둥, 저우언라이(周恩来), 류사오치(劉少奇)가 베이징에서 이 문제를 협의했다. 김일성은 12월 3일 베이징에 위치한 마오쩌둥의 집무실을 방문하여 중국인민지원군과 조선인민군의 작전 및 전선의 일체 활동을 통일적으로 지휘할 연합사령부 구성에 합의했다.[61] 이 자리에서 김일성은 스탈린이 전보를 보내와 중국과

59 서동만, 『북조선사회주의체제성립사(1945-1961)』, p. 412; 션즈화, 『마오쩌뚱 스탈린과 조선전쟁』, p. 388.

60 Letter from Kim Il Sung to Stalin, 1 December 1950, Printed in Voyna v Korea 1950-1953 gg; vzglyad cherez 50 let [The 1950-1953 WAR in Korea; the View After 50 Years], pp. 84-89.

61 김일성의 베이징 방문은 극비리에 이루어진 것으로 알려졌다. 박명림은 김일성의 방문이 마오쩌둥과 중국공산당 중앙에 참전에 따른 사의를 표하기 위함이었다고 말하고 있으나 단지 그것뿐만은 아니었을 것이다. 박명림, 『한국1950』, p. 500; 연합사령부의 창설은 김일성의 급작스런 베이징 방문으로 충동적으로 결정된 것이 아니라 마오쩌둥의 조중연합사령부 창설 허가 및 북한 설득 요청에 따른 스탈린의 조율이라는 큰 그림 속에 치밀하게 이루어진 것이다. 와다 하루키 저, 서동만 역, 『한국전쟁』(서울: 창작과비평사, 2001), p. 202. 와다 하루키는 조중연합사령부가 소련의 지시에 의해 만들어진 것으로 보고 있다.

북한 군대의 지휘 통일성에 대한 이야기를 하였으며 지원군이 전투경력이 풍부하므로 중국 동지가 정직(正職)을, 조선 동지가 부직(副職)을 맡으라고 지시했다고 전달했다.[62]

마침내 김일성과 마오쩌둥의 합의를 거쳐 조선인민군과 중국인민지원군의 조중연합사령부 창설을 위한 모든 준비가 완료되었다. 스탈린의 물질적 지원과 더불어 작전 지휘권까지 넘겨받게 된 마오쩌둥은 이제 중국에서도 직접 주요작전을 지시할 수 있게 되었다. 연합사 사령관 겸 정치위원은 펑더화이가 맡았으며 북한측 대표가 맡아야 할 부사령관 자리에는 인민군 전선사령부 참모장 김웅, 부정치위원은 박일우가 맡게 되었다.[63] 작전 및 전선에 관한 모든 활동은 연합사령부의 지휘로 귀속됨과 동시에 후방의 동원, 훈련, 군정, 경비 등의 사무는 북한정부가 직접 관할하는 형태를 취하기로 하였다. 조중연합사령부가 설치된 사실은 대외적으로 공개하지 않기로 하였으며 회담 이후 저우언라이는 「중조연합지휘부 성립에 대한 중조쌍방합의문」을 작성하였다.[64] 1950년 12월 7일 평양을 되찾은 바로 이튿날, 김일성은 북한으로 돌아와 펑더화이와 조중연합사령부 구성과 관련한 구체적인 내용들을 협의결정하였다. 이 자리에서 김일성은 군사문제에 관여하지 않겠다고 밝히는 한편, 펑더화이에게 북한의 고유한 제도와 모순이 발생한다고 하

62 일성은 조선로동당정치국 회의에서도 스탈린의 지시에 동의하였다고 덧붙였다. 션즈화, 『마오쩌뚱 스탈린과 조선전쟁』, p. 389.

63 발탁된 조선인들은 모두 연안파였으며 인민군 최고사령관이자 조선로동당 위원장인 김일성이 주요한 위치를 차지할 여지가 거의 없었다.

64 합의문 전문은 「周恩來軍事活動纪事編写组」, 『周恩來軍事活動纪事(1818-1975)』 下卷 (北京: 中央文獻出版社, 2000), pp. 168-169.

여 이를 완고하게 이식시키려 하지 말라고 당부하였다.[65] 12월 9일 김일성은 평양시를 되찾는데 조선인민군 부대와 중국인민지원군 부대의 협조를 거듭 칭찬하면서 북한의 인민들이 이들을 도울 것을 강조했다.[66]

이렇게 하여 조중연합사령부 편성을 둘러싼 모든 논란들이 마무리되는 듯했다. 한국전쟁에 참여하기 전부터 가능한 최단기간에 이기는 것을 목표로 해야 한다고 주장해왔던 마오쩌둥은 전쟁에서 승리하기 위해서는 조선인민군과 중국인민지원군 사이에 반드시 통일적인 지휘체계가 필요하다고 믿었다. 다만 전쟁경험이 미천한 인민군 사령부보다 지원군 사령부가 급박한 상황에서 현명한 정책결정을 내릴 수 있다고 판단하였을 것이다. 스탈린 또한 소련이 직접 개입하지 않으면서, 국공내전을 승리로 이끈 경험을 가진 중국의 지휘 아래 조선인민군과 중국인민지원군이 일사불란하게 싸워주기를 희망하였던 것으로 보인다. 결국 이러한 중·소 양국의 합의 속에서 연합사령부 창설을 강요하는 양국의 압력에 북한이 휘말려 들어가는 모습이었다. 그러나 이를 위해 베이징까지 날아갔음에도 불구하고 김일성 자신은 아무 자리도 맡지 못한 데에 기분이 유쾌하지는 않았을 것이다. 군사지휘권이 주권의 가장 핵심적인 부분이란 점에서 작전지휘통제권의 이관은 조선인민군 최고사령관으로서의 권위가 손상되는 것은 물론이고, 조선로동당위원장으로서의 위신도 상처를 입었을 것이라는 점을 어렵지 않게 짐작할

65 양영조, "6·25전쟁시 중국군의 지구전 전략과 군사개혁," p. 189.

66 "평양시 해방에 즈음하여: 조선인민군 최고사령관 호소문(1950년 12월 9일)," 『김일성전집 12』(평양: 조선로동당출판사, 1995), pp. 434-437.

수 있다.[67]

1951년 중반부터는 전황이 고착되어 휴전협상에 접어들었다. 휴전에 관한 논의는 전쟁발발 직후부터 제시되기는 하였지만 전쟁의 조속한 종결을 위한 진지한 노력은 1951년 중반에 이르러서야 가능했다. 공산진영과 UN의 휴전회담은 1951년 7월부터 1953년 7월까지 무려 2년에 걸쳐 진행되었으며, 사실상 교섭은 마오쩌둥이, 지휘는 스탈린이 하는 형국이었다. 안타깝게도 김일성은 자신이 선호하는 문제해결의 방향이 존재한다 하더라도 스탈린과 마오쩌둥의 합의 결과대로 따라갈 수밖에 없었다. 한국전쟁에서 모든 결정권한과 최종판단의 몫은 스탈린의 것이었다.[68] 사회주의진영의 모국인 소련의 지도자였던 스탈린에게 한국전쟁에서 최고결정권자로서의 권한이 주어진 것은 어찌 보면 당연한 일이었다.

김일성은 종종 전쟁을 조속히 종결하고자 하는 속내를 드러내었지만 소련의 반대로 무산되기도 하였다. 1952년 1월, 정전협상이 장기간 교착 국면에 놓였을 때에 외무상 박헌영이 펑더화이를 찾아가 조선인들은 평화를 원한다며 전쟁종결을 원하고 있다는 생각을 밝힌 바 있었다. 그러나 스탈린은 협상에 성급한 자세로 임하지 말고 공산진영의 완고함을 내세울 것을 지시하여 전쟁의 종결을 희망하던 김일성을 낙담

67 서동만, 『북조선사회주의체제성립사(1945−1961)』, p. 414.

68 스탈린은 전쟁의 총지휘자 역할을 한 셈이었는데 그가 그러한 역할을 수행할 수 있었던 데에는 세 가지 이유가 있다. 첫째, 소련은 당시 중국과 북한의 안보에 큰 버팀목이 되었고, 둘째, 전쟁수행에 필수적인 군수물자를 비롯한 각종 지원을 제공하였으며, 셋째, 1930년대 이후 사회주의 모국의 수령으로서 정신적·도덕적 권위를 유지하였기 때문이다. 기광서, “한국전쟁 속의 스탈린,” p. 131.

시켰다.[69]

정전을 성사시키기 위한 논의는 2년이나 지속되었으나, 결국 휴전을 가능하게 했던 계기는 스탈린의 죽음이라는 역사적 사건이었다. 그의 죽음은 소련의 새로운 집단지도체제에 대한 불확실성과 우려를 심어주었지만 한국전쟁의 급진적인 변화를 가져왔으며 3년간 지속된 전쟁을 종결짓는 데 결정적인 역할을 하였다.[70]

그렇다면 스탈린은 왜 휴전의 성립을 반대했던 것일까? 질문에 대한 답은 소련의 국익에서 찾을 수 있다. 첫째, 스탈린은 한국전쟁을 지속하는 것은 미국의 병력을 한반도에 묶어 모스크바가 유럽에서의 미국의 군사행동을 저지할 수 있다고 생각했다. 모스크바와 베이징은 미

69 Telegram from Mao Zedong to Stalin, Conveying 22 January 1952 Telegram from Peng Dehuai to Mao and 4 February 1952 Reply from Mao to Peng Dehuai, 8 February 1952, APRF, Fond. 45, Opis 1, Delo 342, Ⅱ. 81–83.

70 Kathryn Weathersby, "Stalin, Mao and the End of the Korean War," in Odd Arne Westad, ed., *Brothers in Arms: The Rise and Fall of the Sino-Soviet Alliance, 1945-1963* (Washington, D.C.: Woodrow Wilson Center Press; Stanford, California: Stanford University Press, 1998), p. 108. 하지만 살롱타이와 같은 일부 학자들은 스탈린의 사망과 정전협상의 체결 사이에 반드시 인과관계가 성립하는 것은 아니라고 주장한다. 이들은 스탈린의 후계자들이 스탈린이 생전에 추구하던 것과 다른 방식의 외교정책을 펼친 것은 사실이라고 인정한다. 그러나 이미 1952년 말부터 소련내 집단지도체제의 움직임이 나타났으며 북한 역시 정전을 성사시키기 위한 진지한 준비에 들어가 있었다고 강조한다. Balázs Szalontai, *Kim Il Sung in the Khrushchev Era: Soviet-DPRK Relations and the Roots of North Korean Despotism, 1953-1964* (Washington, D.C.: Woodrow Wilson Center Press; Stanford, California: Stanford University Press, 2005), pp. 35–39. 정전협상의 체결 배경을 중국의 입장에서 바라보는 견해도 존재한다. 이러한 견해에 따르면 1953년 3월 말, 전쟁포로에 대한 중국의 협상태도 변화는 극적이라기보다는 논리적이었다. 스탈린의 죽음이 협상 과정에 변화를 준 요인임에는 틀림없으나, 소련지도부 지시의 변화라기보다 달라진 상황에 대한 중국지도자들의 평가에 근거하여 내려진 기존 베이징 정책의 파생물이라는 것이다. 대표적으로 Chen Jian, *Mao's China and the Cold War* (Chapel Hill, NC: The University of North Carolina Press, 2001), p. 115.

국이 혹시 제3차 세계대전을 일으키지 않을까 걱정하였으며 한국전쟁을 지속하는 것이 미국이 다른 지역에 전쟁을 일으키는 것을 방지함으로써 세계대전도 연기할 수 있을 것으로 내다보았다.[71] 둘째, 전쟁의 지속은 미국의 경제적 자원을 고갈시키고 워싱턴과 주요 동맹국들 사이의 긴장을 약화시킬 것이라는 생각을 갖게 하였다. 셋째, 소련은 한국전쟁을 통해 미국의 군사적 기술과 조직에 대한 정보를 얻고 유럽과 아시아에서의 반미감정을 고취시킬 수 있는 기회를 잡을 수 있었다.[72] 미국이 한반도라는 작은 땅덩이에서 벌어지는 전쟁에 막대한 자본과 인력을 투입하고 있다는 사실은 시간이 흐를수록 미국의 대외적 이미지에 좋지 않은 영향을 미칠 가능성이 농후했다. 이러한 이유로 스탈린은 휴전협정 체결에 반대하였으며, 북한은 정전협상과정 중에서도 미국의 공중 폭격으로 인한 피해를 고스란히 감당해야만 했다. 심지어 협상지연이 길어질수록 매일 발생하는 사망자의 수가 축적되어 송환될 전쟁포로의 수보다 더 커질 정도였다. 그러나 북한의 협정체결 요구는 "북한은 인명 빼고는 아무것도 잃을 것이 없다."는 스탈린의 간단한 한 마디로 일축되었다.[73]

1952년 9월 28일 UN측의 포로교환문제에 대한 마지막 제의가 있

71 Minutes of Conversation between I. V. Stalin and Zhou Enlai, 20 August 1952, APRF, Fond. 45, Opis 1, Delo 329, Ⅱ. 54–72. 이것은 스탈린만의 생각이 아니라 저우언라이와 마오쩌둥 역시 마찬가지였으며 이들은 향후 1년간의 전쟁 수행 준비가 세계대전의 발발을 15–20년까지 연기시킬 수 있다고 주장했다.

72 웨더스비·강규형, "북–중–소 삼각관계가 6·25전쟁 과정과 전후 북한외교 행태에 미친 영향," p. 135.

73 Minutes of Conversation between I. V. Stalin and Zhou Enlai, 20 August 1952, APRF, Fond. 45, Opis 1, Delo 329, Ⅱ. 54–72.

은 뒤로 협상은 장기간 중단상태에 이르렀다. 그리고 스탈린이 사망하고 나서야 포로교환 문제 해결의 실마리가 보이기 시작했다. 소련 지도부가 UN측에 생각보다 많은 양보를 하기로 결정했기 때문에 가능한 일이었다. 스탈린은 나서지 않고 기다리는 것이 최선의 전략이라고 생각했지만 결과적으로는 틀렸다. 그가 사망하자마자 그의 후임들은 전혀 반대의 방향으로 움직였다. 미국의 제안을 대폭 수용한 것이다. 말렌코프(Georgy Malenkov)와 흐루시초프(Nikita Khrushchev), 베리야(Lavrentiy Beria) 등 집단지도체제를 구현한 소련의 새 지도부는 국내 권력의 유지문제와 동유럽에서의 소련의 지위 문제 등을 가장 먼저 고려하고 있었으므로 한반도에 지속적인 관심을 쏟기 어려웠다. 따라서 이들은 당면한 문제들 중 가장 큰 골칫거리인 한국전쟁을 조속히 종결하기로 결정하였다. 그 결과 마오쩌둥과 김일성에게 서한을 보내 대외에 북방삼국이 휴전 합의에 도달하기 위해 중요 쟁점을 해결할 용의가 있다는 것을 보여주자고 제안하기에 이르렀다. 스탈린의 사망 후 불과 2주 만에 벌어진 일이었다.

소련의 신지도부는 스탈린의 장례식을 치르자마자 기존의 전략을 전면 수정하도록 지시했다. 정전을 열망했던 북한에게는 희소식이었으나 협상에서 유리한 고지를 점하기 위해 1년 정도 전쟁의 연장은 문제없이 받아들였던 마오쩌둥에게 소련의 급진적인 정책변화는 상당히 당혹스러운 소식이었다.[74] 소련의 신지도부가 스탈린으로부터 받은 유일

74 마오쩌둥은 반드시 정전에 반대한다기보다는 유리한 조건에 있을 때에 정전협상에 동의할 의향이 있었으므로 스탈린처럼 협상에 완고한 편은 아니었다고 할 수 있다. 스탈린이 정전을 성사시킬 의지가 있었는지조차 의심되었던 반면, 마오쩌둥은 정전협정 체결 후 북한을 도울 구체적인 방법에 대해 고민하였으며 정전

한 유산은 전쟁의 책임을 지려고 하지 않았다는 점이었다. 소련의 외상이었던 몰로토프(Vyacheslav Molotov)는 후에 "스탈린이 죽은 뒤 6·25전쟁을 끝내기로 했다. 전쟁은 우리에겐 불필요한 것이었다. 북한 사람이 우리들에게 강요한 것이었다."고 회고했다.[75]

## 2. 중소의 영향력 재평가

한국전쟁이 시작되었을 당시 김일성의 목표는 한반도의 완전한 통일이었다. 그러나 전쟁이 장기화되면서 김일성의 최우선 과제는 38선을 지키는 것으로 변화하였다. 전쟁이 격화되면서 김일성 스스로 결정할 수 있는 영역은 급격히 줄어들었다. 한국전쟁에서 모든 결정권한과 최종판단은 스탈린의 몫이었다.[76] 김일성은 자신이 선호하는 문제해결의 방향이 존재한다 하더라도 스탈린과 마오쩌둥의 합의의 결과대로 따라갈 수밖에 없었다. 북한지도자의 무기력함은 1950년 10월 19일 중국이 한국전쟁에 참전하면서 더욱 확연히 드러났다. 중국의 참전은 분

---

협정의 체결 이후에도 전투를 몇 차례 더 전개하여 상대적으로 유리한 위치에서 협정에 서명하지 않은 것을 안타까워하였다.

75 시모토마이 노부오, 『북한 정권 탄생의 진실』, p. 98.

76 스탈린은 전쟁의 총지휘자 역할을 한 셈이었는데 그가 그러한 역할을 수행할 수 있었던 데에는 세 가지 이유가 있다. 첫째, 소련은 당시 중국과 북한의 안보에 큰 버팀목이 되었고, 둘째, 전쟁수행에 필수적인 군수물자를 비롯한 각종 지원을 제공하였으며, 셋째, 1930년대 이후 사회주의 모국의 수령으로서 정신적·도덕적 권위를 유지하였기 때문이다. 기광서, "한국전쟁 속의 스탈린," 한국역사연구회 현대사분과 편, 『역사학의 시선으로 읽는 한국전쟁: 사실로부터 총체적 인식으로』(서울: 휴머니스트, 2010), p. 131.

명 기뻐할 만한 일이었으나 동시에 마오쩌둥의 결단이 없었다면 스탈린이 북한의 운명을 "미제국주의자"들이 결정하도록 내버려 두었을 것이기 때문이다.

막상 중국이 본격적으로 한국전쟁에 참여하자 북·중 지도부는 연합전선을 구축하는 문제를 두고 수차례 갈등을 빚었다. 조중연합사령부의 창설과 군사지휘권의 보유 문제에서부터 북한 내 후방보급을 위한 철도관리권의 문제, 그리고 정전협상에 임하는 중국의 태도 문제 등이 주권을 지키는 문제와 결부되어 불거졌다.[77] 이 과정에서 스탈린은 주로 중국의 편에 서서 중국의 요구사항을 북한이 수용하도록 강요하는 역할을 맡았다. 북한지도부는 스탈린의 지시를 그대로 수용할 수밖에 없었으나 모스크바의 간섭 아래 중국이 북한에 강요하는 방식은 중국에 대한 원망을 축적시키기에 충분하였다.

그럼에도 불구하고 북한과 중국의 관계는 한국전쟁을 계기로 순망치한(脣亡齒寒)의 관계로 새로이 정립되었다. 정전협정이 완료되면서 중국의 협상태도에 대한 북한의 불만은 그다지 중요한 의미를 지니지 않게 되었다. 철도관리권에 대한 논쟁 역시 정전협정이 체결되자 중국

77 북한의 지도자들은 특히 협상테이블에서 중국인들이 북한의 권위를 손상시키는 행동을 한다고 믿었다. 북한은 중국이 정전협상에 임하는 자세가 미국에 지나치게 순종적이며 더 많은 양보를 얻어낼 수 있는 기회들이 있었지만 중국에 의해 조·중 협상단의 구상이 회담 초기에 전부 드러나 버렸다고 불평했다. 휴전협상에 북한의 수석대표로 참석하였던 남일은 한때 중국지도부, 특히 협상에 같이 참여한 리커눙(李克農)이 미국에 지나칠 정도로 순종적이라고 비판한 바 있었다. Document No. 68, Political Attitudes and Korean-Chinese Relations in Connection with the Armistice Talks, 10 September 1951, North Korea International Document Project(NKIDP), in James Person, ed., New Evidence on the Korean War, June 2010.

이 북한에 관리권을 이전함으로써 해결되었다. 조중연합군은 정전 체결로 모든 적대적 군사행위가 중단되면서 자연스레 해체되었다. 중국인민지원군의 역할 또한 북한의 전후 경제복구건설 지원으로 전환되어 지휘권 문제가 더 이상 논란이 되지 않았다.

오히려 중국의 참전과 이후 중국인민지원군의 역할은 마오쩌둥과 중국공산당을 긍정적으로 재조명하게 되는 계기가 되었다. 소련의 군사원조가 예상을 밑돌았던 반면, 중국은 국가를 건설한 지 겨우 일 년 남짓한 상황에서 막대한 자본과 인력을 3년간 투입하였다. 마오쩌둥이 소련의 지원문제로 참전을 결정하기까지 몇 차례 고뇌했던 것은 사실이었지만 일단 전쟁에 참여하자 그는 뒤를 돌아보지 않았다. 파병결정이 내려지자 약 100만 명에 달하는 중국인민지원군이 일거에 투입되었다. 당시 마오쩌둥이 미국 및 자본주의 진영에 대해 가졌던 적개심만큼은 진심이었음이 분명했다. 그를 비롯한 중국공산당 지도부는 미국에 대항한 사회주의 국가들의 연합이 무엇보다 중요하다고 믿었으며 이것은 시시각각 미국의 반응을 우려하는 소련의 모습과 극명히 대비되었다.[78] 중국에서는 한국전쟁을 '항미원조전쟁(抗美援朝戰爭)'이라 일컬으며 이웃국가를 도우려는 희생적인 중국의 모습을 부각시켰다.[79]

---

78 Minutes of Conversation between Chinese Prime Minister Zhou Enlai and North Korean Prime Minister Kim Il Sung, 27 November 1958, North Korea in the Cold War, Sino-Soviet Relations, P.R.C. Foregin Ministry Archives, Document 204-0064-02 (1), Obtained by Gregg Brazinsky and Translated for NKIDP by Mengyin Kung.

79 중국은 '항미원조전쟁'의 승리의 의의를 다음과 같이 다섯 가지로 정리하고 있다. 첫째, 중화인민공화국의 국제적인 명망을 제고하고 동시에 아시아와 국제사회에서 신중국의 중요한 지위를 굳건하게 하였다. 둘째, 미국의 불패신화를 깨뜨렸으며, 셋째, 중국이 평화건설을 추진할 환경을 조성하고 인민들의 생산의

소련 역시 중국의 전쟁수행능력과 적극적인 움직임에 깊은 인상을 받지 않을 수 없었다. 스탈린은 마오쩌둥과 중국 정부가 앞으로 공산주의의 대의(大義)와 함께할 것이라는 믿음을 갖게 되었다.[80] 마오쩌둥에 대한 스탈린의 신뢰는 중소관계 전반에 영향을 미칠 정도였다. 더 이상 이들의 관계는 한 때 마오쩌둥이 언급했던 '아버지와 아들' 또는 '고양이와 쥐'의 관계가 아니었다. 급기야 스탈린은 1952년 9월 19일, 저우언라이와의 대화에서 유엔(United Nations, UN)에 대항할 아시아내의 조직 창설에 관해 논의하였다. 그는 "소련은 지리적인 측면에서 볼 때 오직 일부 지역만이 아시아에 위치하여 있지만 중국은 모든 지역이 아시아 대륙에 위치하여 있으므로 하여 중국이 주역을 맡아야 한다."며 새로운 아시아 기구의 창설에 중국이 주도적 역할을 담당해줄 것을 요

적극성을 극대화 시켰다. 넷째, 중국 지원군은 한국전 참전으로 현대화 전쟁의 경험을 쌓게 되었다. 마지막으로 한국전쟁을 계기로 하여 사회주의 혁명과 사회주의 건설에 커다란 역할을 한 항미원조 정신이 인민들에 의해 창조되었다. 중국군사과학원 군사역사연구부 저, 국방부 군사편찬연구소 역, 『중국군의 한국전쟁사 1』 (서울: 국방부 군사편찬연구소, 2002), pp. 840-845. 한국전쟁은 ① 중국인민지원군이 일방적 수세에 몰려 있던 조선인들을 제국주의세력으로부터 구해냈고, ② 그로 인해 북한의 괴멸을 방지하고, ③ 중·소는 한반도에 자신들의 완충지를 지켜냈다는 사실, ④ 미국은 끝내 승리하지 못했다는 점 등으로 인해 '한반도에서 중국의 승리'로 재정의 될 수 있었다. Chen Jian, *Mao's China and the Cold War: the Making of the Sino-American Confrontation* (New York: Columbia University Press, 1994), pp. 116-117.

80 마오쩌둥 역시 중국에 대한 스탈린의 평가가 완전히 긍정적인 방향으로 변했다는 것을 감지할 수 있었다. 1962년 9월, 마오쩌둥은 스탈린이 중국을 신뢰하기 시작한 시기를 "(한국전쟁이 일어나) 항미원조(가 시작되면서)부터이며 1950년 겨울부터"로 꼽았으며 스탈린이 그 이후부터 "우리가 티토가 아니요, 유고슬라비아가 아니라는 것을 믿게끔 되었다."고 말했다. 양호민, "중·소 대립 속의 북한," 김갑철 외, 『남북한체제의 강고화와 대결: 1955년에서 1965년까지』 (서울: 소화, 1996), p. 20.

구했다.[81]

중국에 대한 소련의 인식변화와 함께, 중국의 대북 영향력은 눈에 띄게 상승하였다. 중국은 휴전회담의 당사자로서 유엔군 사령관과 휴전협정문에 서명했으며 제네바 회의와 UN 총회에서 있었던 한국문제의 토의에서 발언권을 행사하는 등 북한문제에 국제적으로 높은 영향력을 발휘하게 되었다. 전쟁이 끝날 무렵, 마오쩌둥은 군사·경제적 지원, 일정 수준의 복지 제공 등으로 인해 중국이 북한 전반에 커다란 영향을 미치게 되었음을 깨닫게 되었다. 뿐만 아니라 중국은 소련과 함께 1956년 '8월 종파사건'과 같은 북한의 내정문제에 간섭할 수 있는 자격을 확보하였다.

한국전쟁 이후에도 소련은 여전히 북방삼각관계에서 최종 결정권자로서의 권한을 유지하였다. 그러나 다른 한편으로 소련은 중국의 대북영향력이 상승하였다는 사실을 인정해야만 했다. 스탈린이 한국전쟁의 부담을 중국의 어깨에 짊어지게 한 이후, 소련이 북한에 행사할 수 있는 권리는 점차 줄어들었다. 소련의 절대적인 영향력 하에 놓여있던 북한 사회는 중국식 제도를 도입하기 시작하였으며 북한의 국내정치에서 박일우·방호산(方虎山) 등 중국의 영향을 받은 인물들의 활동이 활발해지는 등 중국의 영향력이 감지되었다. 사상적인 측면에서도 마오쩌둥, 류사오치 등의 중국지도자들의 이론이 활용되었고 주체사상의 체계화과정에서 등장한 개념들 중 상당수도 마오주의(Maoism, 毛澤東主

81 물론 이러한 배경에는 소련의 대외정책의 중심이 유럽이었다는 것도 큰 몫을 차지할 것이다. Minutes of Conversation between I. V. Stalin and Zhou Enlai, 19 September 1952, APRF, Fond. 45, Opis 1, Delo, 343. Ⅱ. 97-103.

義)의 영향을 받았다.[82]

이처럼 중국의 참전과 그 이후 전후복구과정에서 중국의 적극적 개입은 북한의 대소일변도 정책의 수정을 이끌었다. 그러나 중국인민지원군의 계속된 한반도 주둔은 북한에게 또 하나의 족쇄가 되었다. 중국인민지원군은 전쟁이 끝난 후에도 북한에 남아 재건사업을 도왔다. 이들은 북한에서 자급자족하며 전방지대의 인민들에게 식량을 나누어 주고 공공장소를 부설하고, 농경지를 경작하고 식량물자를 운송하였을 뿐만 아니라 민가와 다리를 복구하거나 신축하는 등 다방면의 재건사업에 참여하였다.[83] 중국의 전후복구사업 참여는 북한과 중국과의 관계를 재설정하고 한반도 문제에 중국의 발언권을 높이는 데 크게 기여했다.

때문에 김일성은 이제 경제와 정치 문제에서 자문을 구하려 할 때 소련과 중국, 모두로부터 의견을 수렴하여야 하는 처지가 되었다. 특히 전후 경제복구 과정에서 중·소의 개입이 극대화되면서, 김일성은 자신이 믿어야 할 것은 소련도 중국도 아니며 조선의 운명은 조선인 스스로 책임져야 한다는 사실을 서서히 깨닫게 되었다.

---

82 주체사상의 형성 초기인 1950년대에 주체확립의 구체적인 내용으로 제시되었던 '맑스-레닌주의의 창조적 적용'이나 '자력갱생' 등의 구호는 중국혁명 주체들의 전통적인 고민이기도 했다. 이종석, 『북한-중국관계 1945-2000』 (서울: 중심, 2000), p. 194.

83 박영실, "정전이후 중국인민지원군의 대북한 지원과 철수," 『정신문화연구』, 제29권 제4호(2006), p. 275. 중국의 원조는 지원군에 의한 것만이 아니었다. 중국은 북한 내 교통망의 건설과 방어시설의 확충에 드는 비용은 전부 제공하였다. 뿐만 아니라 3년 동안 매해 미화 6천만 달러에 달하는 공산품들과 식료품들을 공급하였다. 이외에도 중국은 많은 한국인 고아들, 부상당한 피난민들, 육체노동자들과 사무직 종사자들을 중국으로 받아들이기로 결정하였다. 마오쩌둥은 북한의 부담을 덜기 위한 조치라고 이유를 설명하였다.

제2절
# 전후복구건설과 사회주의 진영의 압력

## 1. '종파'와 대중·소 관계: 논란과 실체

### (1) 북한의 공산주의 세력과 김일성의 권력장악

북한의 공산주의 세력들은 크게 김일성을 필두로 하는 빨치산파, 중국에서 온 연안파, 소련 국적을 갖고 소련을 무대로 활동해 온 소련파, 그리고 국내에서 주로 활동한 공산주의 세력들로 나뉘었다.[84] 이러한 분류는 학술적인 목적이나 북한의 외부 사회에서 편히 부를 목적으

84 란코프에 따르면 1940년대 중엽 위의 파벌들은 뚜렷이 나뉘어져 있었다고 한다. 1945년 이전까지 서로 아무런 교류도 없었으며 그 때문에 서로 다른 파가 존재한다는 사실 역시 1945~1946년에서야 알게 되었다고 한다. 안드레이 란코프(Adrei Lankov) 저, 김광린 역, 『소련의 자료로 본 북한 현대정치사』(서울: 오름, 1995), p. 105.

로 이용된 것이 아니다. 당시 북한 내에서도 사실상 이들 세력을 분류하여 인정하고 있었다.[85]

빨치산파는 김일성을 비롯한 동북항일연군(東北抗日聯軍) 출신의 조선인들로 구성되어 있었다. 이들의 수는 적었으나 모두 무장투쟁 경력의 소유자들이었다. 1931년 일본이 만주를 점령한 뒤 중국인들과 그곳에 살고 있던 한국인들은 만주에서 빨치산 운동을 벌였다. 이들은 일본 군대를 상대로 힘겨운 전투를 치르다가 소련 영토로 후퇴하게 되었는데 여기에서 1942년 88특수여단을 구성하였다. 바로 이 여단의 대대 중 한인들로 이루어진 제1대대의 지휘관이 김일성이었다. 김일성과 빨치산 동료들은 1945년 9월 평양에 입성했고 마침 북한의 새로운 지도자를 물색하고 있던 소련지도부의 주목을 받게 되었다.[86]

연안파는 주로 1920~1930년대에 조선을 떠나 중국공산당의 근거지인 연안을 중심으로 활동하던 정치집단이다. 이들은 중국공산당

85 란코프는 '종파주의'가 조선 정치의 가장 중요한 특징이며 한국 공산당운동은 파벌로 인해 내홍을 겪어 왔다고 했다. 정치적 파벌주의의 전통은 김일성도 피할 수 없는 필연적인 것으로 그 역시 다른 파벌들을 잠재적 위험 요소로 보았다고 주장했다. Andrei Lankov, *Crisis in North Korea: The Failure of De-Stalinization, 1956 (Honolulu: University of Hawaii Press, 2005), p. 19.*

86 그러나 소련은 김일성을 북한의 지도자로 낙점하였음에도 불구하고 1946년 7월 초(혹은 하순)에는 김일성과 박헌영을 함께 모스크바로 불러 면담하였다고 한다. 스티코프(T. E. Shtykov)와 레베데프(N. G. Lebedev) 등 소련의 군부는 김일성을 지지했던 반면 발라사노프(G. M. Balasanov)와 샤브신(A. I. Shabshin) 등 정보기관 측 참모들은 박헌영을 지지하고 있었기 때문에 이들을 동시에 비교하여 평가하고자 했던 것이다. 김일성과 박헌영을 면담한 이후에도 스탈린의 결심은 바뀌지 않았다. 박헌영은 이름이 별로 알려지지 않은 인텔리라는 평가를 받았던 반면에 김일성은 군인 출신으로 소련군 제88특수여단에서 대대장으로서 복무했던 경험이 스탈린의 호감을 샀다. 자세한 내용은 김국후, 『비록: 평양의 소련군정-기록과 증언으로 본 북한정권 탄생비화』(파주: 한울, 2008), pp. 121-122, 208-213.

과 깊은 관련을 맺고 있으며 1942년 7월 조선공산주의 조직들 중 가장 큰 화북조선독립동맹을 구성하여 활동하였다. 이 조직의 산하에는 조선인들로 구성된 조선의용군이 있었으며 무정(武亭), 박일우(朴一禹), 최창익(崔昌益) 등이 조선의용군에서 활약하였던 대표적인 인물들로 알려져 있다. 이들은 무장투쟁 경력이나 명망성을 갖추었으며 고급 인적자원이 가장 풍부한 집단이었으나 항일투쟁과정에서 조국과 연계된 적이 없다는 점과 내부결속력이 약하다는 약점을 지니고 있었다.[87]

소련파는 소련 거주 조선인들로서 대부분 북한이 해방된 후 평양에 입성한 사람들이었다. 대표적인 인물은 허가이(許可而)였으며 이외에도 방학세(方學世), 박창옥(朴昌玉), 한일무(韓一武), 김열(金烈), 남일(南日) 등이 있었다. 이들은 대부분 소련국적자로 러시아어를 유창하게 구사하였다. 대체적으로 북한에 아무런 연고도 없었던 소련파는 소련군정과의 긴밀한 연계로 인해 1946년부터 북한의 주요 정부기구에서 중요한 위치를 차지하였다.[88]

---

87 이종석, 『조선로동당연구: 지도사상과 구조 변화를 중심으로』 (서울: 역사비평사, 2003), p. 165.

88 란코프는 소련파 한인들을 한국에 오게 된 시기와 상황에 따라 4개 그룹으로 나누어 설명한다. 첫 번째 그룹은 해방 전 한반도에 파견된 사람들로 주로 정보요원이나 코민테른의 멤버였다. 두 번째 그룹은 해방 직후 소련 군인의 신분으로 소련군과 함께 입국한 한인들로 수적으로 가장 많았다. 특히 이들 중에 중앙아시아에서 군에 징집된 첫 한인 집단(11월 초순 북한 입국)에 허가이도 포함되어 있었다. 세 번째 그룹은 1947년 이후 기술전문가 혹은 정부기구 내 각 분야에 고문으로 파견된 사람들이며 마지막 그룹은 한국계 소련 시민으로서 개인적 차원의 다양한 목적으로 북한에 입국한 사람들이었다. 이런 식으로 북한에 입국하는 소련국적 한인들의 수는 점차 늘어나 1948년 공화국 창건 당시에는 수백 명에 이르렀다. 특히 두 번째 그룹의 한인들은 처음 북한에 입국할 때만 하더라도 소련군의 한국어 통역 등의 일을 맡아서 하였으나 1946년에 들어서면서부터는 북한의 당 및 국가 기구들에서 중요한 역할을 차지하기 시작했다. 안드레이 란코프, 『소련의 자료로 본 북한의 현대정치사』, p. 136, p. 141.

국내파는 박헌영(朴憲永)을 중심으로 이루어진, 일제 강점시기 국내를 활동 근거지로 한 공산주의자들이었다. 이들은 해방 직후 서울에 조선공산당을 재건하고 평양에 조선공산당 북조선 분국을 설치하였다. 대표적인 인물로 오기섭(吳淇燮), 정달헌(鄭達憲), 최용달(崔容達), 이순근(李舜根) 등이 있다. 이들은 북조선공산당 내에서 가장 먼저 '종파주의'의 멍에를 쓰게 되었으며 권력투쟁 과정에서도 가장 빨리 숙청당하는 집단이 되었다.[89]

이처럼 북한에는 네 개의 서로 다른 세력들이 존재하였으나, 이들이 서로에 대응할 수 있을 정도로 동일한 힘을 갖고 있는 것은 아니었다. 김일성의 정권 장악이 예상보다 매우 빨랐기 때문이다. 따라서 빨치산파와 연안파, 소련파, 국내파가 모두 동등하게 세력을 나누어 갖지 못했다. 김일성과 빨치산파는 소련의 당-국가건설의 모델과 경험을 적극적으로 받아들였고 소련의 한반도 정책을 충실히 따름으로써 다른 세력들에 비해 비교적 유리한 위치를 점하였다.[90]

더욱이 1950년 10월, 중국이 지원군을 북한에 파견하면서 전쟁이 미국과 중국의 대결로 치닫자 김일성은 그의 역량을 내부 문제에 집중시킬 수 있게 됐다. 김일성은 이 시기에 자신의 정치적 라이벌들을 하나 둘씩 숙청해 나가기 시작했으며 그의 빨치산 경력은 하나의 훈장이자 특권으로 수렴됐다. 한국전쟁을 일으켜 "남조선 해방과 통일"을 이루겠다는 꿈은 물거품이 되었으나, 최소한 북한 내부에서 김일성의 정

---

89 이종석, 『조선로동당 연구: 지도사상과 구조 변화를 중심으로』 (서울: 역사비평사, 1995), p. 160.

90 백학순, 『북한 권력의 역사』 (파주: 한울, 2010), pp. 41-42.

치적 입지는 더욱 강화되었고 이는 빨치산파의 성장을 이끌었다. 강력한 응집력을 자랑하는 빨치산파들의 빠른 정권 장악으로 인해 다른 세력들은 자연스럽게 위축되거나 작아졌다.

김일성은 이미 한국전쟁 기간 중에 가장 강력한 라이벌이었던 무정(武亭)과 허가이를 숙청해 내는 데 성공했다. 연안계 출신의 유명한 군사지도자인 무정은 군대를 퇴각시키면서 마치 "봉건 군벌"처럼 행동하였다는 이유로 제2군단의 사령관직에서 해임 당했다. 그는 평양을 방어해야 하는 책임이 있었음에도 불구하고 유엔군이 평양 가까이 진격해오자 싸우지도 않고 중국으로 도망갔다고 비판받았다.[91]

허가이는 소련파 한인들 중에서 가장 권위 있고 영향력이 큰 인물이었다.[92] 그는 소련공산당원이자 구역당위원회(라이콤)의 책임서기로 근무했던 인물로 1946년 북조선공산당의 창당과 함께 정치국원, 1948년 9월 북조선로동당 제1부위원장, 1949년 6월 남북의 노동당이 통합되었을 때는 제1서기가 되는 등 빠른 속도로 출세가도를 달렸다.[93] 허

91 서대숙 저, 서주석 역, 『북한의 지도자 김일성』(서울: 청계연구소, 1989), p. 108.

92 허가이는 1908년 3월 18일 러시아 하바로프스크(Khabarovsk)에서 출생하였다. 그의 본명은 알렉세이 이와노비치 헤가이(Alexei Ivanovich Hegai)로 알려져 있으며 한국식 이름은 없었다. 허가이의 이름은 소련 외교문서에서 'Hegai'로 표기되고 있다. 허가이란 이름은 북한에 입국한 이후 국어학자인 김두봉(金枓奉)이 지어 주었다는 설도 있으나 이는 어디까지나 설에 불과할 뿐 근거는 불명확하다. 허가이에 관한 내용은 안드레이 란코프, 『소련의 자료로 본 북한 현대정치사』, pp. 166–186과 Andrei Lankov, From Stalin to Kim Il Sung: The Formation of North Korea 1945–1960 (New Brunswick, N.J.: Rutgers University Press, 2002), pp. 136–154에 자세히 실려 있다.

93 허가이는 1945년 소련 군정이 평양에 진출하면서 그해 말 소련에서 당과 행정관계 전문가 조선인 그룹 중에 일원으로 북한에 도착하였다. 란코프는 허가이의 입국 시기를 1945년 11월 초로 보고 있지만 서동만은 12월 초 소련에서 입국하였다고 보고 있다. 김국후, 『비록: 조선민주주의인민공화국』, pp. 182–183; 서

가이가 당 내에서 맡은 직책은 주로 당의 조직업무와 관련된 것으로, 1950년 12월 조선로동당 중앙위원회 제3차 전원회의에서 김일성은 그에게 한국전쟁 시기 동안 검열위원회를 책임지고 충성스럽지 못한 당원들을 엄단할 것을 지시하였다.

그러나 조선로동당을 엘리트 중심의 공산당으로 만들고자 했던 허가이는 60만 당원 중 무려 45만 명을 추방하고 처벌하는 등 엄격한 검열을 통해 입당조건을 까다롭게 하였다.[94] 이로써 조선로동당을 대중정당으로 발전시키고자 희망했던 김일성과 마찰을 빚었다. 김일성은 허가이를 '관문주의자,' '징벌주의자'라고 비난하면서 그가 맡고 있던 직책(당부위원장과 제1비서 및 조직부장)을 박탈시키고 부수상으로 좌천시켰다.[95] 이후 1953년 8월 4일에 열린 당 중앙위원회 제6차 전원회의에서 그가 자살했다는 발표가 있었다.[96]

1955년 12월에는 국내파를 대표하였던 박헌영에 대한 사형선고가

---

동만, 『북조선사회주의체제성립사(1945-1961)』, p. 83; 안드레이 란코프, 『소련의 자료로 본 북한 현대정치사』, p. 174; 허가이의 지위는 국가주석 겸 당총비서인 김일성과 최고인민회의 상임위원장이자 조선로동당의 초대 당수인 김두봉에 이은 서열 3위의 매우 높은 자리였다. 당이 창립된 이후 첫 번째 중앙위원회에서는 당서열 제5위, 정치 및 상임위원회에서는 제4위를 차지한 바 있다. 서대숙, 『현대 북한의 지도자: 김일성과 김정일』(서울: 을유문화사, 2000), p. 82.

94 "평안북도 당단체의 과업: 평안북도 당단체에서의 연설(1956년 4월 7일)," 『김일성선집 4』(평양: 조선로동당출판사, 1960), pp. 384-385.

95 김일성은 허가이를 '당박사'라고 비난하면서 소련으로부터 온 모든 사람들의 대변인이나 되는 것처럼 행동했고 개인영웅주의에 빠져드는 죄를 저질렀다고 했다. "당단체들의 조직사업에서의 몇 가지 결함들에 대하여: 조선로동당 중앙위원회 제4차 전원회의에서 한 보고(1951년 11월 1일), 『김일성저작선집 1』(평양: 조선로동당출판사, 1967), pp. 297-319, 320-332.

96 허가이는 1953년 7월 2일 자살한 것으로 전해졌으나 이에 대한 반박도 있다. 자세한 내용은 안드레이 란코프, 『소련의 자료로 본 북한의 현대정치사』, pp. 178-181.

내려졌다.[97] 박헌영에 대한 출당조치는 이미 1953년에 내려진 상태였다. 그의 죄목은 그가 미국의 첩자였다는 사실과 해방 후 공산당 및 좌파세력 속에서 미국의 사주를 받아 파괴활동을 하였으며, 지하활동가들을 살해하고 이승엽(李承燁) 및 여타 국내파 지도자들과 공모하여 국가를 전복하고 권력을 탈취할 것을 모의했다는 것이었다. 박헌영은 위의 죄목을 모두 시인하고 북한 형법 제76조 2항, 제65조 1항, 제50조, 제78조, 제68조에 의거하여 사형을 선고 받았으며 모든 재산을 몰수당했다.[98]

김일성은 이 같이 자신의 경쟁자들을 물리치고 스스로를 포함한 빨치산 세력의 지지기반을 확고히 다져나갔다. 박일우의 내무상에서 체신상으로의 좌천과 허가이의 자살, 박헌영에 대한 사형선고로 당내에서 김일성에 도전할 만한 인물은 사라졌다.[99] 한국전쟁의 종결은 김일성의 라이벌들의 숙청과 동시에 그가 북한의 재건과 당의 리더십 강화에 힘을 쓸 수 있는 여건을 조성해주었다.

97 박헌영에 대한 재판은 1955년 12월 15일에 열렸으며 재판장은 최용건(崔庸建)이었다. 박헌영은 "조선의 자주독립을 반대하고 공화국의 인민주권을 전복할 목적으로, 조국에 반역하고 미제국주의에 복무한 간첩 행위와 반혁명적 모략, 선전선동 행위 및 리승엽(李承燁) 등 반혁명 도당의 무장폭동 음모의 실현을 비호, 보장"해 왔다는 혐의를 받았으며 사형 및 전 재산 몰수가 선고되었다. 『로동신문』, 1955년 12월 18일; 서동만, 『북조선사회주의체제성립사(1946–1961)』, pp. 523–524.

98 서동만, 『북조선사회주의체제성립사(1945–1961)』, pp. 436–447.

99 박일우는 1953년 3월 내무상의 직책에서 해임되고 이듬해 3월 체신상에 임명되었다. 그의 좌천에 관련한 소문은 그가 마오쩌둥의 실질적인 대변인을 자처했으며 김일성에 대한 비판적 발언을 해왔다는 것이었다.

### (2) '종파'의 출현과 실체

이처럼 북한에서는 자신의 출신지를 중심으로 국내파, 연안파, 소련파, 빨치산파라는 네 개의 세력들이 존재하였으나 군을 장악하고 있었던 빨치산파의 권력 장악이 급속도로 이루어진 탓에 이들이 모두 동등한 세력을 갖고 있는 것은 아니었다. 사실 북한에서 "종파"라는 단어는 김일성이 최초로 명명(命名)한 것으로 실체가 뚜렷하게 존재하지 않았다.[100] 물론 박일우, 허가이, 박헌영 등 연안파, 소련파, 국내파 등을 대표하는 인물들이 숙청되었다는 사실은 기존 연구에서 많이 등장하였던 파벌을 중심으로 하는 권력투쟁 모습의 일환으로 비춰질 수 있다. 그러나 이것은 개별적 인물들 사이의 라이벌 관계와 그들 사이에서 일어나는 세력 다툼, 그 결과 벌어진 개인에 대한 비판과 처벌이었을 뿐 특정 세력 전체에 대한 공격은 아니었다.[101]

다시 말해, 북한의 지도부를 구성하던 인물들은 출신지에 따라 각기 소련파, 연안파, 국내파, 빨치산파 등으로 분류될 수 있었으나 이들이 애초부터 집단적인 세력을 형성하여 서로에게 대항하거나 경쟁하지는 않았다. 이들의 존재는 파벌보다는 경로별로 다른 느슨한 '하부집단'처럼 보였다. 특히 소련파는 기술이나 경험을 전달하러 온 '고용된 외국인'의 인상을 주었기 때문에 조직적 실체에 대한 의문이 들 수밖에

100 Letter from Li Sangjo to the Central Committee of the Korean Workers Party, 5 October 1956, RGANI, Fond 5, Opis 28, Delo 410, Listy 233–295.

101 James Person, "We Need Help from Outside: The North Korean Opposition Movement of 1956," *Cold War International History Project Working Paper*, No. 52 (August 2006), pp. 7–8.

없었다.[102] 연안파 역시 소련파와 마찬가지로 다양한 인물로 구성되어 있었으며 빨치산파와 같은 응집력은 보여주지 못했다. 그러나 억압을 시도하는 쪽에서는 상대방에게 "종파"의 딱지를 붙일 수 있었는데 반드시 당시의 실태를 반영한 것이라고 보기는 어렵다.[103] 김일성 또한 초기에는 외국에서 온 혁명세력들을 숙청하였을 때 특정 세력을 공격한다기보다는 개별적인 인물을 겨냥하는 것으로 명백한 제한을 두고 있었기 때문이다.[104]

1955년 4월, 조선로동당 중앙위원회 전원회의는 종파에 대한 김일성의 공격이 초기에는 특정세력 전체가 아닌 일부 개별인물에 대한 것임을 보여준다. 김일성은 4월 4일 전원회의 연설에서 '당내 종파주의적 요소'를 강하게 비판한 바 있다. 그는 "과거 항일민족해방투쟁 시기에 조선공산당을 망쳐먹은 엠-엘파, 화요파, 북풍회, 콩그룹 등 종파주의자들이 당의 통일을 반대하며 당내 단결을 파괴하는 악습들이 아직도 일부 당원들 속에 남아 있다."고 지적하였다.[105] 또한 과거 파벌투쟁에 참가했던 사람들이 옛날 버릇을 고치지 못하고 기회만 있으면 모여 다시 종파주의적 음모를 꾀하고 있다고 주장했다. 특히 이미 숙청된 박헌영, 리승엽, 허가이 등을 예로 들면서 "우리 당내 혁명활동가들은 쏘련, 중국, 남반부 등 여러 곳에서 왔거나, 혹은 국내에서 투쟁한 사람들로써 구성되어 있는데, 흔히 종파분자들은 이것을 자기의 종파적 목적

102 시모토마이 노부오, 『모스크바와 김일성』, p. 158.

103 *Ibid.*

104 Person, "We Need Help from Outside," pp. 7-8.

105 "당원들의 계급적 교양사업을 일층 강화할 데 대하여: 4월 전원회의 결정(1955년 4월 1~4일)," 『북한관계사료집 30』, p. 620.

에 리용하려고 합니다."라고 비난하였다. 그러나 김일성은 "우리 나라에는 과거부터 종파 분자가 발생할 수 있는 조건들이 있었습니다. 그러나 지금 우리 당 내에는 종파 활동을 감행하는 개별적 분자들은 있지만 어떠한 종파가 형성되여 있지는 않습니다."라며 자신의 비판이 특정 세력이 아닌 개인에 한정된 것임을 강조했다.[106]

체신상이었던 박일우를 예를 들어 설명해보자. 박일우는 "쏘련에서 나온 사람과 중국에서 나온 사람은 서로 생활 풍습이 맞지 않는다."며 개인적인 파벌을 형성하려 한 경험이 있는 것으로 전해졌다.[107] 김일성은 박일우에 대해 "계급 의식이 약한 동무들을 자기 주위에 규합하려고 쏠라닥쏠라닥 장난을 하고 있습니다."라며 비판하고, 한국전쟁의 영웅으로서 당시 군사대학장이었던 방호산을 종파적 목적으로 이용했다고 주장했다.[108] 그러나 김일성은 "중국에서 나온 동무들은 거의 전부가 당적 원칙에 서서 그를 중국에서 나온 대표 인물로 보지 않으며 그가 반당분자라는 것을 폭로"하고 있다면서 비판의 화살을 연안파 전체가 아닌 박일우 개인에게 돌렸다.[109] 이로 보아 김일성이 적어도 1955년 4

106 "사회주의 혁명의 현 계단에 있어서 당 및 국가 사업의 몇 가지 문제들에 대하여: 조선 로동당 중앙 위원회 전원회의에서 한 결론(1955년 4월 4일)," 『김일성 선집 4』, p. 263.

107 *Ibid.*, p. 267.

108 *Ibid.*, pp. 263–271.

109 *Ibid.*, pp. 267–268. 1955년 4월 전원회의 결정서에 따르면 박일우는 반당적 종파행동을 감행한 반당분자로서 당에서 제명·숙청되었다. "박일우의 반당적 종파 행위에 대하여: 12월 전원회의 결정서(1955년 12월 2일~3일)," 『북한관계사료집 30』, pp. 662–670. 그는 여러 종파 행위의 "원죄"를 가진 인물로 묘사되고는 했다. 최용건은 박일우를 총살형에 처할 것을 권하였으며 1956년 8월 종파사건 이후 중국으로 망명한 윤공흠(尹公欽), 서휘(徐輝), 리필규, 김강(金剛)과 같은 종파주의자들이 박일우와 그의 일당들로부터 영향을 받았다고 주장할 정도였다.

월까지는 빨치산파 중심의 권력투쟁을 벌이고 있었다기보다는 당의 화합을 방해하는 일부 인물들을 규탄하고 있었음을 알 수 있다.

1955년 6월 28일, 평양 주재 헝가리 대사 샤바스(Pál Szarvas)가 본국 외교부에 보낸 보고에 이에 관한 자세한 내용이 실려 있다. 6월 24일 그는 김일성과 남일을 함께 만나 북한의 경제상황과 평양시의 재건, 당원들의 교육문제 등을 논하면서 종파에 대해 자세히 설명해줄 것을 요청하였다. 이때 직접적으로 이름이 거론되지는 않았으나 김일성이 언급한 체신상 박일우의 종파적 활동에 대한 비판이 나타난다.

> "본인은 김일성 동지에게 가장 최근에 있었던 당 중앙위원회 회의에서 논의한 내용 중에 종파적 활동이라는 것이 무엇을 의미하냐고 물었다.…김일성 동지는 작년에 체신상을 비롯하여 몇몇의 당 구성원들에게 영향을 미친 체제전복을 노리는 자들이 드러났다고 했다. **이러한 자들이 작년의 그들과 직접적인 관련이 있는 것은 아니다. 그들은 별개의 조직을 갖고 있지 않았다**(필자 강조). 그들은 당의 정책을 비난하였을 뿐만 아니라 당에 대한 불만까지 품고 있었다. 군대에서도 동일한 현상이 일어났다. 군에서 이러한 정책을 계속 행했던 자는 장군이었는데 이미 자신의 과오를 인정하고 정직한 자아비판을 했던 인물이었으므로 직위해제시키고 다른 자리에 배치하였다. 조선로동당은 현재 체신상에 대한 사건을 처리하려 한다. 그는 교양 있고 교육 받은 인물이었다.[110]

---

110 Report, Embassy of Hungary in North Korea to the Hungarian Foreign Ministry, June 28, 1955, MOL, XIX-J-1-j-Korea-5/f-006944/1955 7.d. 살롱타이와 란코프는 1955년 4월 전원회의에서 농업정책의 실패에 대한 김일성의 비판을 두고 연안파와 소련파의 라이벌 구도를 이용하려는 김일성의 의도가 있었다고 주장한다. Szalontai, *Kim Il Sung in the Khrushchev Era*, pp. 68-69; Andrei Lankov, "Kim Il Sung's Campaign against Soviet Faction in Late 1955 and the Birth of Chuch'e," *Korean Studies*, Vol. 23 (1999), p. 46.

이때까지만 하더라도 김일성은 분명 특정 세력 전체에 대한 대대적 비판에 나서지는 않았던 것으로 보인다. 그러나 김일성은 "조선로동당은 이러한(종파적 활동) 사건을 방지할 것이며 이와 유사한 일들이 다시는 일어나지 않도록 최선을 다할 것이다"라며 "전복적 행위들을 경계하는 일은 절대적으로 중요하다. 우리는 앞으로 조금도 방심하지 않겠다. 과거에 이 같은 파벌 정책을 추구하였던 당원들의 행동들도 잘 감시하고 있는 중이다. 지금까지는 그들이 당에서 제명되지 않았지만 미래에는 그렇게 될 수도 있다."고 밝힘으로써 향후에는 종파주의자들에 대한 숙청이 이루어질 수 있음을 암시하였다.[111]

그렇다면 '종파'가 현재와 같은 의미로 받아들여지게 된 것은 어떠한 배경에서일까? 1956년 10월 5일, 리상조(李相朝)가 조선로동당 중앙위원회에 보내는 편지는 그동안 명백하게 알려지지 않았던 종파의 기원에 대한 설명을 담고 있다는 측면에서 매우 귀중한 자료이다. 리상조의 주장에 따르면, 종파는 사실상 허구에 가까웠다. 당시 북한에서는 대략 500여 명의 관료들이 연안파에 속한다는 이유로 비난받았다. 이들은 모두 과거 조선에서 투쟁한 나이 든 공산주의자들이었으며 다양한 이유의 반당행위 혐의로 당의 비판을 받았다.

> "우상숭배현상에 반대한, 사실상 존재하지 않았지만, 소위 연안파라고 불리는 그룹은 조작되었다. 결과적으로 당내 민주주의와 결속력은 더욱 약해졌다. 일부 동지들이 김일성 동지를 사적으로 만나 (누군가를) 비판하며 이러한 발언들을 수용한 것은 이미 알

111 Report, Embassy of Hungary in North Korea to the Hungarian Foreign Ministry, June 28, 1955, MOL, XIX-J-1-j-Korea-5/f-006944/1955 7.d.

려진 사실이다. 그 후 (김일성을 비판한) 동지들의 등 뒤에서 이들을 "연안파"라 지칭하였으며 이들의 반당행위에 대한 허구적 "사실들"이 창작되었다. 결과적으로 당중앙위 전원회의에서 억압된 문제들에 대한 논의를 하는 대신에 내부정치투쟁 문제가 제기되고 말았다."[112]

리상조의 말에 따르면 소련에서 온 공산주의자들은 소위 "족벌주의자들"로 분류되었다. 어떤 식으로든 김일성과 연관되지 않은 혁명 역사를 지닌 인물들은 종파주의의 오명을 써야만 했다. 오직 김일성의 지도 아래서 만주항일투쟁운동에 참여했던 빨치산들만이 앞서 말한 세력들로 분류되지 않았으며 당의 중추를 구성하게 되었다.[113]

김일성은 애초부터 북한의 그 어떤 명망있는 지도자들보다 강력한 힘과 권위를 가진 인물이었다. 그는 스탈린의 선택을 받은 지도자였으며 소련 군정의 후원을 등에 업고 소련식 모델과 경험을 받아들여 북한 사회를 이끌었다. 북한에서 가장 이름이 높았던 지도자인 김일성이 반당행위의 경계와 종파주의의 척결을 주장하였던 것인가? 그는 왜 개인적 라이벌과 일부 인물들의 숙청을 넘어서 사실을 조작하고 음해하면서까지 대대적인 파벌 숙청에 나섰던 것일까? 무엇이 김일성의 행동에 변화를 추동하였던 것인가?

112 여기서 말하는 전원회의는 8월 전원회의를 뜻한다. Letter from Li Sangjo to the Central Committee of the Korean Workers Party, 5 October 1956, RGANI, Fond 5, Opis 28, Delo 410, Listy 233–295.

113 *Ibid.*

## 2. 사회주의 진영의 원조와 경제노선의 대립

### (1) 전후복구 3개년 계획과 사회주의 진영의 원조

1953년 7월 정전협정에 서명한 직후의 조선로동당은 최소한 정책에 대한 비판이 가능했고 토론과 논쟁에 민주집중제(democratic centralism)의 레닌주의적 원칙이 허락되고 있었다.[114] 그러나 전후 경제정책 수립 과정에서 당 내의 견해차이가 드러나기 시작하면서 민주집중제는 깨어지게 된다.

1953년 8월에 개최된 조선로동당 중앙위원회 제6차 전원회의는 전후 경제복구노선을 결정하는 자리나 마찬가지였다. 김일성은 이 회의에서 "중공업의 선차적 발전과 경공업과 농업의 동시 발전"을 목표로 하는 중공업우선노선 및 농업협동화 착수 방침을 통과시키는데 성공했다. 정전 직후의 북한의 경제는 1949년과 비교하여 보았을 때 공업은 −40%, 농업은 −24%, 소비재는 −40%, 전력은 −26%, 화학은 −22%, 연료는 −11%, 철금속은 −10% 등 거의 모든 분야에서 마이너스 생산을 기록하고 있었다.[115] 북한 정부는 전쟁 관련 피해가 총 4,200억 원 또

114 민주집중제는 "모든 당 조직이 반드시 무조건적으로 당의 노선과 정책을 지지하고 실행해야 한다. 그리고 낮은 당 조직들은 반드시 고위 당 조직들의 결정들을 시행해야 한다."는 것을 의미했다.

115 수송 인프라는 철도가 70%, 배가 85%가 기능하지 못했다. Soviet Embassy to the DPRK, Diary Report, 7 July 1954, AVPRF, Fond 0102, Opis 10, papka 53, Delo; Zhihua Shen and Yafeng Xia, "China and the Post−War Reconstruction of North Korea, 1953−1961," *Cold War International History Project Working Paper,* No. 4 (May 2012), p. 2.

는 당시 환율로 1억 7천만 달러(미화)에 달할 것으로 예상했다.[116]

이러한 상황에 비추어 봤을 때 전후 경제복구는 힘겨운 과제였으며 무엇보다 전전(戰前) 수준을 회복하는 것이 시급했다. 따라서 김일성은 1930년대 스탈린식 모델을 따라 빠른 경제성장과 농업협동화의 실현을 위해 전후에도 전시 상황과 마찬가지의 국가동원을 추구했다.[117] 그는 북한의 생산력을 1949년의 150% 수준으로 끌어올리기 위한 방법으로 3개년 계획(1954~1956)의 추진을 결정했다.[118] 구체적으로 북한의 경제복구계획은 ① 6개월간 경제복구계획을 세우고, ② 1954~1956년까지 3개년 계획을 통해 전전수준으로 경제를 회복하며, ③ 이후 5개년 계획을 세워 전 국토의 산업화를 이룬다는 3단계 경제개발 방침으로 제시되었다.

경제복구에 돌입하기 시작한 시기에는 위와 같이 계획수립과 내부동원 못지않게 사회주의 형제당들의 원조가 절실하였다. 애초 북한은 해방 이후 경제복구와 자립경제의 토대 건설에 성공한 경험에 기초하

116 N. Fedorenko and B. Ponomarev to the CPSU CC, "Information about the Situation in the DPRK," April 1955, NKIDP Archives; Zhihua Shen and Yafeng Xia, "China and the Post-War Reconstruction of North Korea, 1953-1961," p. 2에서 재인용.

117 Nobuo Shimotomai, "Kim Il Sung's Balancing Act between Moscow and Beijing, 1956-1972," in Tsuyoshi Hasegawa, ed., *The Cold War in East Asia 1945-1991* (Woodrow Wilson Center Press, Washington, D.C.; Stanford University Press, Stanford, California, 2011), p. 124.

118 김일성은 3개년 계획의 마지막 해인 1956년에 공업생산은 1949년에 비해 150%(생산수단 1.3배, 소비품 2배) 성장할 것으로 내다보았다. "산업운수부문에서의 결함들과 그 시정대책에 대하여: 조선로동당중앙위원회 전원회의에서 한 보고(1954년 3월 21일)," 『김일성선집 4』 (평양: 조선로동당출판사, 1966), pp. 93-94.

여 전후복구에 나서려 했다.[119] 그러나 외부의 지원 없이 자력만으로 3년이라는 짧은 시간 내에 전전 수준을 회복하는 것은 불가능에 가까웠다. 이미 전쟁이 한창중인 시기에도 전후복구에 대해 고민해왔던 김일성은 정전협정에 서명한 후 곧바로 소련에 접촉하여 원조를 요청하였다.

1953년 7월 31일, 김일성은 수즈달레프(S. P. Suzdalev) 소련대사에게 보고서를 보내 전쟁피해의 규모를 알렸으며 북한의 경제복구를 위한 원조의 필요성을 설명하였다.[120] 그 결과 김일성은 1953년 9월 10일에서 29일까지 소련지도부를 방문하여 경제원조를 확보할 수 있는 기회를 잡았다. 덕분에 산업시설의 재건과 새로운 공간건설을 위한 10억 루블의 차관을 제공받았으며, 그 차관의 3분의 2는 1954년, 나머지 3분의 1은 1955년에 제공받기로 약속하였다.[121] 김일성은 또한 소련으로부터 과거의 모든 차관에 대해 상환을 연기하는 성과를 올렸다.[122]

그러나 소련의 경제원조는 상당히 제한적인 성격을 지니고 있었

---

119 이창희, "북한의 1945-1960년 중공업 우선 발전전략에 대한 재고찰," 『통일정책연구』 제22권 1호(2013), p. 250.

120 Kim Il Sung to Soviet Ambassador Suzdalev, "General Report on Basic Reconstruction of Important Enterprises Relating to Heavy Industry," 31 July 1953, AVPRF, Fond 0102, Opis 9, Papka 44, Delo 8.

121 김일성은 소련의 허가를 받아 10억 루블을 ① 김책 제철소, ② 성진 제강소 ③ 흥남 비료공장, ④ 승호리 시멘트공장, ⑤ 남포 제련소, ⑥ 수풍 발전소, ⑦ 평양 방직공장의 건립에 쓸 예정이었다. 김일성이 소련 방문 성과를 언급한 내용은 『조선중앙년감 1954-1955』(평양: 조선중앙통신사, 1955), pp. 11-14.

122 AVPRF, Fond 3, Opis 65, Papka 779, Delo 2, pp. 11-12; 이외에도 소련은 주로 경제문화지원협력에 의해 제공된 원조 같은 전쟁 이전의 부채에 대해서도 1/2 수준으로 갚을 수 있도록 배려해주었다. Report No.8, Embassy of the Polish Republic in Korea for the Period of 1 December to 31 December 1953, No. 242/2/11/54.

다. 북한이 요구하는 여러 종류의 공장 건립이 무산되는 등 소련의 원조는 북한이 좌지우지할 수 있는 영역이 많지 않았다. 소련의 경제지원은 상당수가 화학 산업과 비철금속 사업, 발전(發電) 및 제련에 해당하였으며, 북한이 원하는 기계생산공장의 건설이나 재건과는 그다지 관련이 없었다. 이러한 사실은 1952년 스탈린이 저우언라이에게 소련이 중국의 자동차, 탱크, 항공기 공장의 건설을 돕겠다고 약속했던 것과 크게 대비되었다. 소련은 중국의 방위산업과 관련한 91개의 프로젝트를 건설하는 데 필요한 모든 기술과 장비를 제공하기로 하였던 반면 북한에는 이 같은 지원을 약속하지 않았던 것이다.[123]

이처럼 소련의 대외원조는 스탈린의 사후에도 매우 보수적인 성격을 띠고 있었다. 소련은 이미 어느 정도 인프라가 구축된 지역에만 한정적으로 공장을 건립해주는 방식을 통해 대외의존도가 높은 동맹국들의 산업화에 개입하였다.[124] 소련은 일제강점기에 건립된 산업시설이 집중되어 있었던 북한의 북부지역에 한정하여 경제복구를 지원하였다. 이 같은 사실은 김일성으로 하여금 소련지도부가 북한을 소련의 경제적 의존국으로 만들려 한다는 의구심을 갖게 하였다.[125]

협상의 여지가 거의 없었던 소련의 원조 프로그램과는 달리, 북한

---

123 Szalontai, *Kim Il Sung in the Khrushchev Era*, p. 49; Shu Guang Zhang, "Sino-Soviet Economic Cooperation," *Brothers in Arms*, p. 201.

124 소련은 우호국이라도 산업화의 진전 속도가 더딘 국가라면 중공업이나 정교한 장비를 생산하는 공장의 건설은 지원해주길 꺼렸다. 북한은 그나마 일제강점기에 설립된 인프라로 인해 알바니아나 몽골 같은 국가보다 소련으로부터 얻을 수 있는 지원이 나은 형편이었다. 소련은 몽골과 알바니아에는 경공업 공장만을 건립해주었다. Hungarian Foreign Ministry, Memorandum, 25 November 1960, ATS, 12. doboz, 27/d, 0068/RT/1961.

125 Szalontai, *Kim Il Sung in the Khrushchev Era*, p. 49.

은 동유럽 국가와의 원조협상에서는 어느 정도 융통성을 발휘할 수 있었다. 1953년 6월에서 11월 26일까지 리주연(李周淵)을 대표로 구성된 11명의 대표단이 경제원조를 얻기 위해 동유럽 국가들을 순방했다. 체코슬로바키아, 폴란드, 동독, 헝가리, 루마니아, 불가리아는 북한에 많은 양의 기계류와 경제원조 및 중공업 발전 지원 등을 약속했다. 북한 지도부는 어느 지역에 어떠한 공장을 세울지 직접 선택하고 요구할 수 있었다. 체코슬로바키아는 자강도 희천지역과 평안북도 운산지역에 기계생산공장을 짓기로 하고 평안남도 덕천에 자동차 공장을 건립하기로 했다. 동독은 인쇄소와 디젤엔진공장, 제철소를 건설할 예정이었다. 폴란드 정부는 원산과 평양에 기관차 및 화물차 수리공장을 건설하기로 했으며 3개 탄광의 기계화와 전력화를 지원하기로 했다. 헝가리는 평안북도 구성에 기계공장, 평양에 저울생산공장, 그리고 원산부근의 본궁에 페인트 공장을 짓기로 했다. 루마니아는 북한에 시멘트 공장, 제약 작업, 어업선, 기계류 등의 형태로 6,500만 루블에 해당하는 경제지원을 약속했다. 불가리아는 1954년에서 1955년까지 2,000만 루블에 달하는 지원을 약속했다(〈표 2-1〉 참조).[126]

126 *Ibid.*, pp. 46-47.

〈표 2-1〉 1953~1960 북한의 대외원조 총액과 내역 (단위: 백만 루블)[127]

| 국 가 | 액 수 | 주요 원조 |
|---|---|---|
| 소련 | 292.5 | ○ 기술자 파견<br>○ 방직공장 및 비료공장 건설<br>○ 수력발전소 건설 (수풍)<br>○ 제철소 (김책)와 항구 건설 (남포) |
| 기타 | 586.8 | – |
| 중국 | 258.4 | ○ 기술자 파견<br>○ 공산품 생산공장 건립 지원<br>○ 인민지원군을 동원한 노동력 충원 |
| 동독 | 122.7 | ○ 함흥시 재건사업 참여<br>○ 인쇄소와 디젤엔진 공장 건립<br>○ 1억 루블에 달하는 생활필수품 및 기타 물품 제공 |
| 폴란드 | 81.9 | ○ 기관차 및 화물차 수리공장 건설 (원산, 평양)<br>○ 탄광 3곳 기계화와 전력화 지원 |
| 체코슬로바키아 | 61.0 | ○ 기계공장 (희천, 운산)<br>○ 자동차공장 (덕천)<br>○ 기술자 파견 |
| 루마니아 | 22.0 | ○ 시멘트 공장, 제약작업, 어업선, 기계류 등 지원 |
| 헝가리 | 21.0 | ○ 기계생산공장 건설 (구성)<br>○ 저울생산공장 건설 (평양)<br>○ 페인트공장 건설 (본궁) |
| 불가리아 | 18.7 | – |
| 알바니아 | 0.6 | – |
| 몽골 | 0.4 | ○ 85,000마리에 달하는 가축 제공 |
| 북베트남 | 0.1 | – |
| **총 액** | **879.3** | |

원조를 제공하는 동유럽 국가들은 북한의 경제건설에 직접적으로 뛰어들었다. 이들 대부분은 자국의 기술자·전문가들을 보내 북한의 경

127 Charles K. Armstrong, "'Fraternal Socialism': International Reconstruction, 1953–1962," Cold War History, Vol. 5, No. 2(May 2005), p. 165; Szalontai, *Kim Il Sung in the Khrushchev Era*, pp. 46–47; Report No.8, Embassy of the Polish Republic in Korea for the Period of 1 December to 31 December 1953, No. 242/2/11/54를 참조하여 작성.

제상황을 살피고 공장건립과 건축, 생필품 지급 등 어떠한 분야에 도움을 줄 수 있는지 방법을 모색했다. 이 당시 동유럽 국가들로부터 받은 경제적 지원 약속은 10년간 총 11억 4,700만 루블에 달했으며 이 중 절반은 동독이 제공하였다.[128]

중국은 소련보다 더 나은 조건의 차관을 제시했다. 김일성은 1953년 11월 12일에서 27일까지 중국을 방문하면서 8조 위안 상당의 차관을 받기로 합의하였다.[129] 조건은 1954년에 3조 위안, 나머지 5조 위안은 1955년부터 1957년에 걸쳐 상환하는 것이었다. 차관은 산업자재, 건설자재, 기계와 장비, 곡물 구매 및 철도와 교량 보수비용으로 쓰일 예정이었다. 중국은 주로 섬유, 면화, 식료품을 포함한 공산품 생산 공

128 1954년까지 동유럽 국가들로부터 받은 총 원조 액수는 2억 2백만 루블이었다. RGANI, Fond 5, Opis 28. Delo 412, 170–172; Bernd Schäfer, "Weathering the Sino–Soviet Conflict: The GDR and North Korea, 1949–1989," *Cold War International History Project Bulletin*, Nos. 14–15 (Winter 2003–Spring 2004), pp. 25–38. 동독의 북한지원은 함흥시 건설 및 함흥시 안에 있는 여러 공장들의 설립을 위한 것이었다. 1953~1955년까지 동독은 북한에 3억 5천만 루블 상당의 원조를 제공한 것으로 알려졌다. 이외에도 1954~1964년까지도 3억 5천만 루블 상당의 원조가 제공되기로 되어 있었으며 10년간 매년 1/10 수준으로 나누어 지급되도록 하였다. Notes from a Conversation between the 1st Secretary of the PRL Embassy in the DPRK with Comrade Botsin, the Deputy Director of the Economic Office at the Embassy of the USSR, on 30.XI.1957, 2 December 1957, Obtained for NKIDP from the Polish Foreign Ministry Archive by Jakub Poprocki and translated for NKIDP by Maya Latynski.

129 정전협정이 체결된 직후 원조를 얻기 위해 소련으로 향했던 것과는 달리 김일성은 11월이 되어서야 중국을 방문했다. 션즈화와 시야펑은 중국의 한국전쟁 개입이 김일성에게 자존심의 상처가 되었기 때문에 김일성이 전쟁 직후 중국에 곧바로 원조요청을 하지 않고 망설였던 것이라고 주장했다. 중국은 소련과의 경쟁이 아닌, 한국전쟁 때 멀어진 조중관계를 다시 복원하기 위해 북한을 도와주고자 하였고 만반의 준비를 갖추었음에도 아무런 반응이 없었기 때문에 11월까지 기다렸다고 한다. Zhihua Shen and Yafeng Xia, "China and the Post–War Reconstruction of North Korea, 1953–1961," pp. 6–7.

장의 건립에 참여하였다.[130] 또한 중국은 북한이 전쟁기간 동한 제공한 물자와 이외 중국에게 진 부채까지 모두 탕감해주었다. 11월 16일에는 저우언라이가 기술협력조약 체결을 김일성에게 제안하여 23일, 「조중경제문화우호협력조약」을 체결하였다. 중국은 3개년 계획의 첫 실행년도인 1954년에 총 30억 루블 이상의 무상 경제지원을 약속했다. 이 액수는 소련과 동유럽 국가들이 제공하기로 약속한 22억 루블을 훨씬 상회하는 것이었으며, 같은 해 중국의 국가예산의 3.4%에 해당됐다(〈표 2-2〉 참조).[131]

〈표 2-2〉 1954~1957년 중국의 대북 경제무역[132]

| 항 목 | 내 역 | |
|---|---|---|
| 수출액 | 총 9억 2,200만 위안 | |
| | 수출품목 | 곡물 449,000톤, 콩 178,000톤, 방직사 3,950톤, 석탄 3,456,000톤, 코크스 260,000톤, 고무 11,200톤, 면 옷 88,470,000미터 |
| 수입액 | 총 1억 2,700만 위안 | |
| | 수출품목 | 해산물, 화학 원자재, 사과, 사철 |

※ 북한의 대 중국 무역적자는 면제되거나 원조로 처리하였음.

중국은 이외에도 1954년부터 1956년까지 22,735명의 전쟁고아를 돌보기로 하는 등 다양한 분야에 걸쳐 많은 도움을 주었다. 그러나 무엇보다도 중국이 북한의 경제복구에 크게 기여했던 부분은 중국인민지원군의 잔류를 통해 북한의 안전을 보장하고 3년여에 걸친 전쟁으로

130 Armstrong, "'Fraternal Socialism': International Reconstruction, 1953-1962," p. 164.

131 Zhihua Shen and Yafeng Xia, "China and the Post-War Reconstruction of North Korea, 1953-1961," p. 7.

132 Li Fuchun's Report on Sino-Korean Trade Negotiations, 30 September 1957, State Planning Commission Archives의 자료를 토대로 재구성.

인해 턱없이 부족했던 노동력을 충원해줬다는 사실이었다.[133]

그러나 대북원조는 그 양이 상당했던 만큼 중국 내에서도 일부 논쟁이 벌어진 것으로 보인다. 마오쩌둥과 중국공산당은 이 같은 상황을 의식한 듯 중국의 원조가 일방적인 것이 아님을 수차례에 걸쳐 해명했다. 「조중경제문화우호협력조약」을 체결한 11월 23일, 마오쩌둥은 북한사절단과의 공식 연회에서 대북 원조가 상호원조의 성격을 지니고 있다고 밝혔다. 그는 한국전쟁 당시 북한은 제1방어선, 중국은 제2방어선인 후방지역에 위치하여 싸웠으며 전쟁의 승리로 인해 중국의 안보에 도움이 되었다고 주장했다. 중국이 북한을 도움으로써 중국에도 도움이 되었다는 논리는 북한의 경제복구가 중국의 경제복구에도 도움이 된다고 주장하는 데 사용되었다.[134] 중국공산당 중앙위원회는 「조중경제문화우호협력조약」이 발효되는 그 이튿날 중국과 북한의 협력이 상호원조의 성격을 지니고 있으며 조약 또한 상호원조를 의미하고 있다는 내용을 담고 있는 선전지침을 내리기도 했다.[135] 어쨌든 이 조약은 동년(同年) 12월 9일에 발효될 수 있었다.

133 인민지원군은 1958년 10월 완전 철수할 때까지 881개의 공공기관을 수리·보수하였으며 45,412채의 가옥을 수리하고 4,263개의 다리 보수나 건설에 참여했다. 또한 429,220 미터의 댐을 건설하고 1,218.71km의 수로·개천을 건설하는 등 다른 많은 서비스를 제공한 것으로 알려졌다. 『人民日報』 1954年 3月 31日; 6月 25日; 5月 9日; 5月 28日; 6月 6日; 1957年 10月 25日; 1958年 10月 31日; Zhihua Shen and Yafeng Xia, "China and the Post-War Reconstruction of North Korea, 1953-1961," p. 8에서 재인용.

134 Mao Zedong's Remarks at the Banquet for the [North] Korean Government Delegation, 23 November 1953, PRCFMA 203-0003-01, pp. 1-3.

135 CCP Central Committee Propaganda Instructions for the Signing of the Sino-Korean Economic and Cultural Cooperation Agreement, 10 December 1953, Shanxi Provincial Archives C54-1005-15, pp. 85-89.

소련 및 중국, 동유럽 국가들 모두 자본주의 국가들과 전후 경제 성장과 재건경쟁으로 분주했으나 북한에 상당한 원조를 제공하였다. 1954년 사회주의 국가들의 원조는 북한의 총 국가예산의 3분의 1(약 31.6%)을 차지할 정도였다. 이 액수는 노동력, 자재 및 상품, 재건사업 및 공장건설, 민간 건설 작업, 기술 이전, 기술자 및 학생 교육 등의 다양한 형태의 원조를 포함한 것이었다.[136] 북한의 재건사업은 한마디로 '사회주의 진영의 진정한 노동분업'이었다고 해도 과언이 아니었다.[137] 소련 및 동유럽 국가들이 산업과제들을 수행했다면 중국은 13만 톤의 곡물, 4천만 미터의 면 의복, 60만 켤레의 신발과 30만 벌의 겨울 의복을 제공하는 등 사회주의 국가들 간에 '완전한 분업체계'가 작동했다.[138] 소련의 무역성(Trade Ministry) 자료에 따르면 북한의 전후복구사업은 정확히 33.3%(1/3)를 소련이, 29.4%를 중국이, 37.8%를 동유럽 사회주의 국가들이, 그리고 마지막 남은 0.5%를 몽골과 북베트남이 담

136 Zhihua Shen and Yafeng Xia, "China and the Post-War Reconstruction of North Korea, 1953-1961," p. 3.

137 북한의 전후복구재건 과정은 소련과 중국, 동유럽 국가 등 거의 모든 사회주의 국가가 역할과 기능을 분담하여 참여한 유일무이한 재건사업이었다. 거의 모든 사회주의 국가들이 참여했던 이 같은 재건사업은 1960년대 중소관계가 최악으로 치닫게 되면서 두 번 다시 일어나지 않았다. Armstrong, "'Fraternal Socialism': International Reconstruction, 1953-1962," p. 162.

138 소련은 주로 산업장비를 제공했으며 중국은 생필품과 산업원료 등을 제공했다. 북한은 산업 재건의 80% 이상을 외부원조에 의지했다. 특히 건립된 새로운 공장들 중 20%는 순전히 원조국들의 지원만으로 건설되었다. Avram Agov, "North Korea in the Socialist World: Integration and Divergence, 1945-1970," Ph. D. dissertation, The University of British Columbia (2010), pp. 256-257; Zhihua Shen and Yafeng Xia, "China and the Post-War Reconstruction of North Korea, 1953-1961," p. 9에서 재인용

당하였다.[139]

막대한 해외원조에 힘입은 북한의 1955년 총공업생산은 1949년에 비해 56%나 상승했으며 1955년 공사에 산업투자는 전전 5년을 모두 합친 액수보다 3배나 많았다.[140] 농업분야에서의 생산은 관개시설, 화학비료와 트랙터, 농업장비 등의 공급으로 1953년에 비해 124%가 증가하였으며 1949년에 비교하였을 때에는 108% 증가했다. 북한은 1954~1956년의 3개년 계획 동안 산업재건에 필요한 수요의 80% 이상을 대외원조에 의존하여 충당했고 덕분에 목표를 당초 예상보다 4개월 반 정도 빨리 달성할 수 있었다.[141]

### (2) 3개년 계획의 명암(明暗)과 김일성 우상화

3개년 계획은 그러나 일부 놀라운 성과에도 불구하고 여러 문제점을 안고 있었다. 김일성은 대외적으로 중공업을 우선적으로 발전시키되 경공업과 농업을 동시에 발전시키겠다고 하였으나 실상은 전혀 달랐다. 김일성은 소련을 중심으로 하는 사회주의 진영의 노동분업체계에는 관심이 없었다. 그의 눈에 이상적인 경제형태는 '자급자족(自給自

---

139 Armstrong, "'Fraternal Socialism': International Reconstruction, 1953-1962," p. 165. 몽골 역시 해외 원조가 절실히 필요한 형편이었음에도 불구하고 북한에 원조를 제공했다. 몽골은 무려 10,000마리의 말을 북한에 보냈으며 북한에 제공한 총 가축은 85,000마리에 달했다. Soviet Embassy in DPRK, Report, January 22, 1954, AVPRF, Fond 0102, Opis 10, Papka 52, Delo 8.

140 『人民日報』, 1956年 2月 3日; 3月 26日; Zhihua Shen and Yafeng Xia, "China and the Post-War Reconstruction of North Korea, 1953-1961," p. 9에서 재인용.

141 CPSU Central Committee Report on the Situation in the KWP and the DPRK, 9 January 1957, RGANI, Fond 5, Opis 28, Delo 486, Listy 1-17.

足)'이었다. 김일성은 자급자족을 위한 인프라 구축을 급선무로 설정하고 중공업을 우선적으로 육성시키되, 생활필수품이나 공산품 등의 경공업 제품들은 동맹국들의 원조만으로 해결하려 하였다.[142] 그 결과, 무려 투자금액의 4분의 3이 중공업에 치우쳤으며 경공업과 농업은 재정적 지원을 충분히 받지 못하게 되었다.[143]

중공업에 대한 과도한 투자는 경공업 제품 생산에 소홀히 하는 결과를 초래했다. 당시 북한 공장 인부들의 평균 월급은 1,500원에 불과했던 반면 린넨 옷감을 1미터 구매하는 데 드는 비용이 300원, 넥타이 3개를 구입하는 데 드는 비용은 500원이었다. 주민들의 생활수준은 전반적으로 매우 궁핍한 상태에 놓여 있었으며 정해진 월급 이외에 국가로부터 공급받을 수 있는 것은 쌀이 전부였다. 물론 북한의 전후복구사업이 완전히 실패한 것은 아니었다. 김일성이 당내의 반대를 무릅쓰고 야심차게 추구한 농업협동화 정책은 실시한 지 일 년 만에 30%가 완성되었을 정도로 성공적이었다. 농업지역의 생산계획 역시 근본적으로는 충족되었다. 일부 북쪽 지방의 추수량이 좋지 않았으나 1956년 총 곡물 수확량은 270만 톤 정도로, 1949년 수준을 회복하였다.

문제는 그럼에도 불구하고 농업협동화의 성공이 평범한 주민들의 생활수준 향상과는 거리가 멀었다는 데에 있었다. 우선, 북한지도부는

142 북한이 중공업우선발전을 고집한 데에는 이미 일제 강점기하에 건설된 인프라를 활용하고자 하는 의도도 있었다. 무에서 유를 창조하는 것보다 기존의 시설을 북한의 수요와 필요에 맞는 방향으로 재건하는 것이 더 손쉽고 빠르기 때문이다. Armstrong, "'Fraternal Socialism': International Reconstruction, 1953-1962," p. 167.

143 Koon Woo Nam, *The North Korean Leadership: A Study of Factionalism and Political Consolidation* (Alabama: University of Alabama Press, 1974), p. 101.

곡물생산 계획의 수립에 있어서 일관성이 부족했다. 북한 정권은 1955년 예상 곡물수확량을 특별한 투자도 없이 1954년 수확량의 두 배인 400만 톤으로 설정했다가 점차 목표 수확량을 낮추어 그나마 현실적이라고 할 수 있는 270만 톤으로 조정하는 등 곡물 수확 계획에 변동이 잦았다. 둘째, 설상가상으로 기후조건이 좋지 않아 농작물 생산량이 계획을 달성하지 못했고 농촌에 식량위기가 발생했다. 셋째, 1955년 봄에는 정부의 과도한 곡물징수로 식량공급 문제가 더욱 심각해졌다. 북한 정부는 현행법에 따라 농민들에게 23~27%에 해당하는 세금을 징수하도록 되어 있었으나 여의치 않자 수확량의 50%를 취하는 방법을 적용하였다.[144] 결과적으로 이로 인해 농촌에서 쌀을 구하는 것은 거의 불가능했고 아사자가 속출하였다.[145] 뿐만 아니라 세금징수에 대한 농민들의 불만이 고조되어 징수과정에서 살인과 폭압이 동반되고 적지 않은 수의 자살사건이 발생하는 등 북한 사회의 심각한 문제가 되었다.

그러자 북한 당국은 1955년 2월 비밀리에 회의를 열어 몇 가지 해결책을 강구하였다. 결국 5월 초, 소련과 중국이 곡물의 수송량을 6만

144 Report, Embassy of Hungary in North Korea to the Hungarian Foreign Ministry, April 13, 1955, MOL, XIX-J-1-j Korea, 7. doboz, 5/f, 006054/1955.

145 1955년 4월 한 달 동안 사리원에 위치한 헝가리 병원에서만 20명의 아사자가 발생한 것으로 알려졌다. 도시에서도 배급 상황은 좋지 않았으며 관공서에서 근무하지 않거나 대가족인 경우에는 매우 어려운 처지에 놓였다. 북한에서는 쌀뿐만 아니라 채소도 부족한 탓에 소규모 식당들은 식료품이 부족으로 문을 닫는 경우가 심심찮게 일어났다. 농촌의 식량상황은 더욱 심각했다. 농촌에 거주하는 사람들은 풀, 양파, 야생 식물들을 먹어야만 했다. 그러나 북한 당국은 이러한 사실을 외부에 공개하지 않았다. 『로동신문』 4월 26일자에는 북한의 식량공급의 장애 상황에 관한 기사가 실렸으나 곧 삭제되었다. Report, Embassy of Hungary in North Korea to the Hungarian Foreign Ministry, May 10, 1955, XIX-J-1-j Korea, 5. doboz, 5/c, 006048/1955.

톤으로 늘여주자 도시 주민들의 기초식량 공급이 가능해졌다.[146] 북한 내 곡물의 강제적 징수도 중단되었고 징수된 곡물들의 일부는 농민들에게 대출금으로 사용되었다. 새로운 트랙터공장의 건립 결정도 내려졌다. 그러나 이러한 강구책들은 농촌문제의 심각성을 완화시키기는 했어도 근본적인 해결책이 되지는 못했다. 북한 주민들은 여전히 궁핍했고 북한지도부는 외부원조에 국민경제의 희망을 거는 기존의 태도를 유지했기 때문이다.[147]

소련 및 동유럽 국가들은 북한이 소비재 생산에 많은 관심을 쏟기를 바랐으나 오히려 중공업에 우선순위를 두면서 경제상황을 악화시키자 이를 우려하기 시작하였다. 소련과 사회주의 형제국가들이 내린 결론은 북한 사회의 문제가 김일성 우상화와 깊은 관련이 있다는 것이었다.[148] 스탈린의 사망 이후 사회주의 형제국가들 사이에서 우상화의 열기는 점차 식어가고 있었으나 북한과는 거리가 먼 이야기였다. 오히려 북한 사회에서는 김일성 우상화에 반대하거나 적극적이지 않은 사람들에게 반당 또는 반국가적인 행위를 하였다는 죄목으로 엄격한 제재가 가해졌다. 연좌제까지 적용되어 당사자뿐만 아니라 그들의 가족들까지

146 Report, Embassy of Hungary in North Korea to the Hungarian Foreign Ministry, May 10, 1955, MOL, XIX–J–1–j Korea, 5. doboz, 5/c, 006048/1955; Report, Embassy of Hungary in North Korea to the Hungarian Foreign Ministry, April 13, 1955, MOL, XIX–J–1–j Korea, 7. doboz, 5/f, 006054/1955.

147 *Ibid.* 심지어 북한은 소련이 1억 루블의 원조 중에 일부로 소비재를 제공하겠다고 하자 이를 거절하고 중화학 장비를 보내줄 것을 요청했다.

148 김일성에 대한 우상화는 한국전쟁이 진행 중이던 시기뿐만 아니라 그 이전에도 존재했던 것으로 보인다. 1946년경 당시에도 개인숭배현상이 존재하였는데 당시의 우상화는 유일인물에게만 적용되는 것은 아니었을 것이다. 연안파였던 무정의 경우 황해도 등지에서 '위대한 아버지'로 불렸다는 이유로 강한 비판을 받았다.

처벌대상이었던 탓에 인구대비로 따져 보았을 때 무려 300명 중에 한 명 꼴로 수감되었을 정도였다. 당시 3만여 명의 사람들이 사회주의 법률 위반이라는 죄목으로 수감되어 있었으며, 8천 명의 사람들이 반혁명 혐의로 비판받았고 약 1만 명의 사람들이 다른 죄목으로 유죄를 선고 받았다. 그러나 이 문제에 대해 김일성은 "2명의 증인만 있어도 사형 선고를 포함하여 어떠한 죄목으로도 유죄를 선고할 수 있다."며 단순한 접근을 하고 있었다.[149]

우상숭배현상의 심화와 맞물려 김일성이 사회문제에 책임을 지지 않는 것도 당연했다. 그가 저지른 정책적 오류들은 감추어지거나 내용적 측면에서 조작되는 경우가 비일비재했다. 평양주재 대사관들은 이 같은 사실을 본국에 보고하였다. 1955년 4월 13일, 헝가리 대사관의 케레스테즈(László Keresztztes) 박사는 자국에 보내는 보고에서 북한이 범하고 있는 문제들의 결정적인 원인은 바로 '우상화'라고 주장했다. 그는 북한정부가 비현실적이고 과장된 생산목표를 세워 주민들을 착취하여 농민들 사이에 불만이 높은데도 북한의 간부 중 그 누구도 이에 대해 논하지 않는다고 비난하였다.[150] 앞서 1954년 12월 18일, 헝가리 대

149 소련대사 리상조는 김일성에 대한 우상화가 가능했던 이유로 국내적 환경요인을 꼽고 있다. 해방 전의 조선은 30년 간 일제통치를 받았기 때문에 공산주의의 경험이 없었고 여러 집단들이 산재해 있었으며 어떻게 공산주의를 한반도 내에서 실현시켜야 할 지 제대로 알지 못했을 정도로 미성숙했다. 혁명의 시기와 전개, 외세의 침입으로 인한 역경과 같은 요소들이 모든 국내적 힘들이 한 명의 리더에게 집중되도록 하였던 반면 대다수의 인민들의 민주적 권리는 제한되도록 만들었다. 이러한 요소들이 자연스럽게 김일성의 우상숭배의 점진적 심화와 발전으로 이어졌다고 한다. Letter from Li Sangjo to the Central Committee of the Korean Workers Party, 5 October 1956, RGANI, Fond 5, Opis 28, Delo 410, Listy 233–295.

150 Report, Embassy of Hungary in North Korea to the Hungarian Foreign Ministry,

사 차바스는 자국 외교부에 보내는 보고에서 우상숭배를 고집하는 조선로동당을 지적하고, 북한이 "몇 가지 문제에 있어서 새로운 관점을 받아들일 시간이 되었다."며 사회주의 형제당들이 우상화와 당선전 및 교육방법에 있어 북한의 잘못된 태도들을 변화시켜야 한다고 주장하였다.[151]

동독 역시 북한의 전후복구 지원과정에서 발견한 문제점들을 소련에 알렸다. 당시 동독의 원조액수는 개별국가로는 소련과 중국 다음으로 많았다. 동독의 대표적인 원조는 함경남도에 위치한 함흥시의 재건사업이었다. 동독은 무려 457명의 전문가들이 함흥시 재건 사업을 위해 평양에 파견되었고 이들은 수 년 간을 북한에 거주하면서 함흥시 재건을 도왔다.[152] 동독은 함흥시내에 약 5,236채의 아파트와 공장, 전력소, 병원, 식당, 학교, 공중목욕탕 및 기타 여가시설의 건설을 지원하였다.[153] 그러나 북한 정치지도자들은 평양보다 더 발전된 함흥의 모습을

April 13, 1955, MOL, XIX–J–1–j Korea, 7. doboz, 5/f, 006054/1955.

151 Report, Embassy of Hungary in North Korea to the Hungarian Foreign Ministry, December 18, 1954, MOL, XIX–J–1–j Korea, 2. doboz, 2/b, 001118/1/1955.

152 Kim Il Sung to Otto Grotewohl, July 1954. PolArch AA, MfAA, A 15148. 1954년 제네바 회의에서 김일성을 만난 동독의 수상 오토 그로테볼(Otto Grotewohl)은 북한의 도시를 재건 협조를 개인적으로 약속한 바 있었다. 그로부터 약 1년 후, 김일성은 그로테볼에게 당시의 약속을 재차 언급하면서 함흥시의 재건을 요청하였다. Rüdier Frank, Die DDR und Nordkorea: Der Wiederaufbau der Stadt Hamhung von 1954–1962 (Aachen: Shaker, 1996), p. 23; Armstrong, "'Fraternal Socialism': International Reconstruction, 1953–1962," p. 177에서 재인용.

153 Aid of the Socialist States to the DPRK during and after the Korean War. GDR Embassy in Pyongyang, Undated. PolArch, MfAA, C 152/75. 1962년 예정보다 2년 일찍 함흥시 재건 사업을 마쳤을 때에 동독이 투자한 비용은 총 1억 1,800만 마르크(Deutsche Mark)에 달했다. GDR Foreign Ministry, 'GDR Assistance to the DPRK,' 8 September 1962, MfAA, A 17343.

원하지 않았다. 때문에 정치적 고려에 따라 중요한 물자들이 함흥 대신 수도(평양)로 빼돌려지는 등 사업실행 과정에서 여러 문제가 발생했다.[154] 심지어 북한 보안기관에서는 함흥시 개발에 참여하는 사람들이 박창옥, 최창익과 관련 있을 것이라고 생각하고 사상검증을 실시하였다.[155] 동독은 북한의 정치적 상황을 예의주시하고 소련에 보고함으로써 북한의 내부문제에 서서히 관여하기 시작하였다.

소련지도부는 북한이 인민경제를 돌보지 않고 중공업 위주의 사업에만 몰두하는 데 분노하였다. 이들은 북한 정부가 소련의 경제방침과 정치적 노선에서 이탈하고 있음을 지적하고 북한의 정책에 경공업우선 발전노선을 충분히 반영하여 줄 것을 촉구하였다.[156] 소련인 고문들은 김일성에게 다소 중도적(moderate)인 정책을 추진하라고 권고하였으며, 소련대사관은 북한지도부에 소규모 사업 개발에 더 많은 노력을 기울여야 한다고 충고하였다. 나아가 소련공산당 중앙위는 1955년 1월, 김일성을 기소하는 결의안을 채택하였다. 결의안은 김일성이 우상숭배현상을 일으켜 당·정·군 안의 모든 힘을 자신의 권위 아래 통합하려 하였으며 곡물의 강제몰수를 통해 농민들에게 심각한 타격을 입혔다는 내

---

154 Protocol on the meeting with DPRK Prime Minister Kim Il Sung. German Working Committee Hamhung. 1 February 1958, PolArch AA, MfAA, A 10257; Schäfer, "Weathering the Sino-Soviet Conflict: The GDR and North Korea, 1949-1989," p. 25.

155 Notes from a Conversation between the 1st Secretary of the PRL Embassy in the DPRK with Comrade Botsin, the Deputy Director of the Economic Office at the Embassy of the USSR, on 30.XI.1957, 2 December 1957, Obtained for NKIDP from the Polish Foreign Ministry Archive.

156 Nobuo Shimotomai, "Pyeongyang in 1956," *Cold War International History Project Bulletin*, No. 16(Fall 2007-Winter 2008), p. 455. 심지어 몰로토프(Viacheslav Molotov)와 같은 스탈린주의자조차 외무상 남일에게 인민의 물질적 요구에 더 많은 주의를 기울일 필요가 있다고 조언하였다.

용을 담았다.[157] 소련지도부는 또한 1955년 4월 말 김일성이 모스크바를 방문하자 정치노선과 경제정책문제에 관해 혹독하게 질책하였으며 김일성은 겉으로나마 자신의 과오를 인정할 수밖에 없었다.[158]

1955년 초, 소련대사 이바노프(Vladimir Ivanov)는 김일성이 모스크바가 권유하는 정책의 실행여부를 감시하라는 지시를 받고 평양에 새로 부임하였다.[159] 그는 평양에 주재한 다른 대사관들을 통해 북한지도부의 실책에 관한 정보들을 수집하였다.[160] 이바노프는 북한 내부 문제에 대해 각국 대사관들이 함께 논의하고 북한지도부에 집체적인 압력을 행사하면 경제정책의 수정을 이끌어낼 수 있을 것이라고 확신했다. 헝가리 대사 챠바스도 이바노프의 견해에 동의했다. 그는 만약 북한 정부에 정책의 오류를 인정하여 사실을 투명하게 공개하도록 하고 북한

157 Diary of Ambassador V. I. Ivanov from 24 May to 11 June, 1956, RGANI, Fond 5, Opis 28, Delo 411, I. 215.

158 Nobuo Shimotomai, "Pyongyang in 1956," p. 455. 당시 소련은 북한의 경제문제를 남북체제대결의 관점에서 바라보고, 북한의 중공업우선발전 노선을 소비재 중심의 경공업우선정책으로 전환시키려 했다. 소련은 북한이 남한에 대한 경제적 우위를 차지하는 것이 자본주의와의 대결에서 유리한 고지를 점하고 북한의 중공업우선정책의 수정을 이끌어 낼 수 있는 방법이라고 여겼다. 무엇보다도 북한의 경제정책 전환은 소련의 경제적 부담을 경감시킬 수 있는 방법이기도 했으므로 소련의 입장에서 북한의 중공업우선정책 포기는 반드시 이끌어 내야 할 과제였다. Report, Embassy of Hungary in North Korea to the Hungarian Foreign Ministry, August 17, 1955, MOL, XIX-J-1-j Korea, 10. doboz, 24/b, 008020/1955.

159 AVPRF, Fond 102, Opis 11, Papka 60, Delo 7.1.35.

160 그러나 이것조차 쉬운 일은 아니었다. 1954년 가을부터 북한의 외무성은 "정치적인 이유"로 조선인 대사관 직원들이 그들의 고용주들에게 익숙해지지 않도록 자주 교체하였다. 따라서 평양에 주재하고 있는 다른 대사관들도 북한의 잘못된 경제정책에 대해 제대로 인지하고 있지 못했다. Hungarian Embassy to the DPRK, Report, 29 September 1954, KA, 4. doboz, 5/e, 010941/1954; Hungarian Embassy to the DPRK, Report, 23 October 1954, KTS, 7. doboz, 5/f, 001567/1954.

의 경제정책에 해외의 경험을 적용할 것을 요구한다면 성과가 있을 것이라고 여겼다. 다만 이 과정에서 염두에 두어야 하는 사실은 북한지도부에 설교와 명령이 아닌 격려하는 방식을 통해 주변국들이 진정한 도움을 주려한다는 것을 스스로 깨닫도록 해야 한다는 점이었다.[161]

그러나 북한의 입장에선 소련과 사회주의 우방국들의 이러한 고민들이 전부 내정간섭이자 국가존엄성을 해치는 위험요소로 간주되었다. 북한의 대외관계란 경제원조를 얻어내기 위한 수단으로 인식되는 측면이 강했기 때문에 정치적 문제로의 확장은 받아들일 수 없었다. 북한이 얻어낸 원조의 활용 방법 역시 엄연히 북한만이 결정할 수 있는 것이었다. 일단 한 번 국경을 넘어 북한으로 들어온 원조는 그때부터 북한이 관리 및 통제하고 마음대로 운용할 수 있어야 했다. 북한지도부는 자신들이 벌인 정책상의 오류들에 대해서는 언급하지 않았다는 특징이 있었다.[162] 따라서 북한 정부는 외부의 개입을 최소화하고자 주재 대사관들의 활동들을 제한하고 엄격한 통제 하에 두었다. 그러나 이와는 반대로 북한의 지도자들은 외부로부터의 원조를 얻기 위해 전쟁 후의 어려움과 부족한 점에 대해서는 허심탄회하게 말하곤 했다.[163]

---

161 Report, Embassy of Hungary in North Korea to the Hungarian Foreign Ministry, August 17, 1955, MOL, XIX–J–1–j Korea, 10. doboz, 24/b, 008020/1955.

162 외무상 남일은 북한에는 비록 몇 가지 문제점들이 있지만 내부 경제상황은 양호하며 "지금까지 아무도 북한에서 굶어 죽지 않았다."고 둘러댔다. 헝가리 대사관은 남일의 발언이 완전히 거짓말은 아니었다고 했다. 남일이 위의 발언을 했을 때는 주민들이 굶어 죽는 최악의 상황은 이미 벗어나 점차 나아지고 있는 단계였기 때문이다. 김일성 또한 북한 내부의 문제들에 대해 정책결정자들이 어리고 경험이 부족해서 벌어진 일이라며 대수롭지 않게 말했다. Report, Embassy of Hungary in North Korea to the Hungarian Foreign Ministry, August 17, 1955, MOL, XIX–J–1–j Korea, 10. doboz, 24/b, 008020/1955.

163 살롱타이는 김일성이 이 당시 사회주의 진영의 화합을 강조하지 않았던 이유를

원조지원국들이 북한의 경제정책에 대해 끊임없이 지적하였던 사실은 김일성의 귀를 따갑게 했지만 그는 몇 번의 위기와 굴욕적인 순간을 그럭저럭 견뎌내었다. 과도한 중공업 투자와 인민경제를 소홀히 한 점은 김일성의 권위를 제한하고 그의 라이벌들에게 힘을 실어줄 수 있었다. 동시에 중·소 정부와의 협상에서 협상력을 떨어뜨려 김일성과 그의 측근들을 위기에 처하게 만들 수도 있었다. 그러나 김일성은 이 같은 위험을 우상화와 선전선동 사업 등을 통해 모면하였다. 1955년 12월 2일부터 3일까지 열린 당 중앙위원회 전원회의에서는 예정된 곡물 수확량을 채우지 못해 인민경제에 차질이 빚어진 사실들이 드러났으나, 김일성은 이후에도 변함 없이 독재에 가까운 권력을 거머쥐었다.[164]

김일성은 최용건을 포함한 그의 빨치산 동료들과 함께 위기를 넘겼다. 그러나 계속해서 자신을 곤란한 상황에 빠뜨리게 하는 세력들은

---

소련 및 동유럽에서 일어났던 '스탈린 격하운동' 때문이라고 보고 있다. 김일성은 스탈린 격하가 북한 공산주의자들의 권위를 떨어뜨린다고 생각하였다. 동유럽 사회주의 국가들과 교류를 많이 할수록 우상숭배현상이 문제제기 될 확률이 높아지자 북한지도부는 차라리 타국의 외교사절단과 접촉하지 않는 방법을 선호했다. Szalontai, *Kim Il Sung in the Khrushchev Era*, pp. 57–58; 북한이 우호국들의 외교관에 압력을 가하기 시작한 시기는 1950년대 초부터이다. 북한지도부는 스탈린이 살아 있을 당시에도 소련과 중국대사관에 한정하여 기밀들을 전하였다. Hungarian Embassy to the PRC, Report, 23 August 1950, CTS, 10. doboz, 5/f, 001503/1950; Hungarian Legation to the DPRK, Report, 20 December 1950, KA, 4. doboz, 5/e, 01075/1951.

164 리고 이는 다수의 반대에도 불구하고 최용건을 조선로동당의 부위원장으로 승격시킴으로써 가능하였던 일이기도 했다. 리상조는 최용건이 조선로동당에 들어오면서 정치위원회와 당중앙위의 부위원장을 맡은 것에 대해 당 규약에 따른 절차가 무시되었다고 평가했다. Letter from Li Sangjo to the Central Committee of the Korean Workers Party, 5 October 1956, RGANI, Fond 5, Opis 28, Delo 410, Listy 233–295.

제거해야 할 필요가 있었다. 소련계 한인들은 바로 그러한 공격의 대상이었다. 김일성은 소련파들이 소련공산당을 등에 업고 언제든 자신에게 원치 않는 정책 노선을 강요할 수 있다는 판단이 들자 그들을 잠재적인 골칫거리들로 여기게 되었다. 그는 우선 소련파들의 영향력을 축소시킬 수 있는 방향을 골몰하기 시작했다.[165] 이 과정에서 북한 사회 전반에 만연한 개인숭배와 우상화현상이 큰 도움이 된 것은 물론이었다.

## 3. 사상에서의 주체: 소련파 억압과 '주체'의 제기

스탈린식 경제모델을 모방하는 전후 경제복구건설은 당 내에서 또 다른 불만을 야기하고 있었다. 스탈린의 사망 후 등장한 소련의 새로운 지도부에 의해 채택된 "신노선(New Course)"은 중공업·경공업·농업의 균형 있는 발전을 추구하였다. 이에 영향을 받은 소련파와 연안파는 김일성 지도부에 경제노선의 수정을 요구하였다. 소련파와 연안파의 상당수는 김일성 지도부가 인민경제를 무시한 채 중공업발전과 농업협동화에 매달리는 것에 반발하였고 당내 갈등도 점차 심화되었다. 김일성은 그러나 이 같은 사건을 단순히 경제정책에 대한 당내 비판과 논쟁으로 바라보지 않았다. 그는 소련파와 연안파가 소련공산당과 중국공산당의 정책을 그대로 모사하려는 성향이 있다는 믿음을 가지게 되었다.[166]

165 Lankov, *From Stalin to Kim Il Sung*, p. 156.

166 이것은 김일성의 억측일 수도 있었으나 일부 사실이기도 했다. 사회주의의 역

경제노선에 대한 당내 논쟁은 소련의 경제정책과 비교하여 북한 경제정책의 타당성을 알아보는 민감한 사항이기도 했다. 김일성은 언제부턴가 경제노선을 둘러싸고 벌어지는 문제를 소련의 패권 대 북한의 자립경제의 대결로 간주하고 있었다.[167] 당시 그에게 한 가지 호재로 작용했던 사실은 소련에서 스탈린 격하운동이 일어나면서 자연스럽게 소련지도부가 형제당들에 가하는 압력의 수준이 약해졌다는 것이다. 김일성은 점차 자신이 소련파에게 어떠한 행동을 취하더라도 모스크바에서 즉각적인 반응이 일어나지는 않을 것이라고 확신하였다. 국제적인 정세로 보았을 때에도 모스크바의 새로운 변화에 모든 국가들이 만족하고 있는 것은 아니었다는 점도 소련파에 대한 그의 향후 조치에 긍정적으로 작용하였다.[168]

국내적으로 김일성 개인의 권력이 강화되고, 외부적으로는 형제당들에 대한 소련의 영향력이 느슨해지자 김일성은 본격적으로 반대세력에 대항하기 시작했다. 그는 소련파와 연안파에 의해 중공업우선의 경

---

사를 돌이켜 볼 때 한반도의 공산주의자들은 경험과 자신감이 부족하여 한반도의 현실에 이론과 외부의 경험을 연결시키지 못했다. 일부 공산주의자들은 맑시즘과 레닌주의의 교리 및 국제사회의 성공적인 사회주의당들의 경험을 기계적으로 소개하는 수밖에 없었다. 또한 소련 역시 형제 당들의 성공적인 경험을 조선로동당이 적극적으로 수용할 수 있도록 격려했다. Lee Chong-sik, *The Korean Worker's Party: A Short History* (Stanford, California: Hoover Institution Press, 1978), p. 95.

167 Person, "We Need Help from Outside," pp. 13-14.

168 특히 마오쩌둥은 중국의 스탈린이나 다름없었다. 마오쩌둥에게도 스탈린 격하 운동은 납득이 어려운 것이었으며 대만을 통일해야 할 의무가 남아 있는 이상 흐루시초프(Nikita Sergeyevich Khrushchev)의 평화공존은 더더욱 인기가 없을 수밖에 없었다. 또한 중국인민지원군이 한국전쟁에서 미국과 혈전을 치렀다는 점에서도 모스크바가 주장하는 미국과의 평화공존은 공감을 얻을 수 없었다. Person, "We Need Help from Outside," p. 15.

제건설노선이 반대에 부딪히자, 이들이 자주성이 결여된 채 중·소의 경제정책을 기계적으로 수용한다고 맞받아쳤다. 이 과정에서 김일성은 형제당들의 사회주의에서 벗어나 북한의 현실에 맞는 "맑스–레닌주의의 창조적인 수용"을 주장하였다. 이렇게 토착화된 혁명의 주장은 빨치산 운동의 자연스러운 강조를 이끌어냈다. 빨치산의 만주항일투쟁운동이야말로 유일하게 자주적이면서도 창조적인 사회주의 혁명운동이라고 포장할 수 있었기 때문이다. 김일성은 해외에서 혁명활동을 벌인 빨치산의 만주항일투쟁에 유일성을 부여하고 스스로를 혁명의 보급자이자 수호자로 칭하였다. 그는 비로소 '종파'를 구실로 연안파와 소련파를 공격할 수 있는 명분을 확보하게 되었다.

1955년 중반을 넘어서 말에 이르러서는 종파주의에 대한 비판이 매우 거세어졌다. 비판의 집중 포화 대상은 소련파였다. 그동안 소련파는 소련의 강력한 후원을 받고 있다는 이유로 경계의 대상이었다. 소련파들은 해방 후 북한 내부사정에 대해 전혀 모르는 채로 귀국한 경우가 대부분이었고 소련의 국적을 그대로 유지하고 있었다.[169] 이들은 미숙한 한국어와 국적문제 등으로 종파투쟁의 대상이 되기에 충분한 자격을 갖추었다고 할 수 있었다.

특히 대표적인 소련파인 박창옥은 김일성과 빨치산 출신들로부터 집중적인 비난을 받았다. 그는 허가이에 이은 소련파 2인자라고 보아

---

169 1955년 11월 29일, 김일성은 소련공산당 최고회의 간부회의에 참석하여 북한에서 일하는 소련계 한인들은 북한 국적을 취득하던지 소련으로 돌아가던지 둘 중에 하나를 취해야 한다고 주장한 바 있다. Memorandum of Conversation with North Korean Foreign Minister Nam Il, 6 December 1955, RGANI, Fond 5, Opis 28, Delo 412, Listy 4–5.

도 무방하였으나 허가이에 비해 영향력은 덜하였으며, 그 스스로 허가이를 비난함으로써 김일성의 신뢰를 얻은 인물이었다.[170] 박창옥은 자신이 1953년 허가이가 죽은 이후부터 빨치산 세력들로부터 비난받았다고 술회했다. 자신은 당의 노선을 지키지 않은 적이 없었지만 재정상 최창익, 민족보위상 최용건, 중공업상 정일룡(鄭一龍) 등등의 많은 관료들이 자신과 박영빈(朴英彬)을 당 직위에서 해제할 것을 제기하였다고 주장하였다.[171] 1954년 초 몇 명의 소련출신 관료들이 김일성의 명령에 의해 하급직으로 강등되었을 때에도, 박창옥은 김일과 함께 당중앙위 부위원장직을 수행하고 있었으며 그해 3월 내각 부수상 겸 국가계획위원회 위원장직으로 승진했다. 박창옥은 김일성이 늘 자신을 지지했고 본받아야 할 인물로 자주 언급이 될 정도였으나, 이러한 점이 최창익과 정일룡을 비롯한 자들로부터 분노를 샀다고 주장했다.[172]

170 허가이는 소련파를 대표하는 인물 중 하나였으나 그렇다고 하여 소련파들이 허가이를 중심으로 뭉쳤다거나 그가 소련파의 지지를 받았다는 내용은 찾아보기 힘들다. 박창옥 역시 소련계 한인들 중에서 허가이 다음으로 명성이 높은 인물이었으나 그 자신은 허가이를 비판하는 데 앞장섰다.

171 박창옥은 이때까지만 하더라도 김일성이 이들의 주장을 수긍하지 않았다고 한다. 그러나 최용건은 계속해서 소련 출신 군 장교들을 숙청할 것을 주장했다고 밝혔다. 박창옥은 최용건의 정치위원 임명이 소련계에 대한 탄압으로 이어졌다고 믿는 듯했다. Memorandum of Conversation with Vice Premier of the Cabinet of Ministers of the DPRK and Member of the Presidium, KWP CC, Pak Changok, 12 March 1956, Russian State Archive of Contemporary History(RGANI), Fond 5, Opis 28, Delo 410, Listy 74–85.

172 서동만은 박창옥의 인사에 대해 경제원조를 소련의 의도대로 집행하도록 보장받기 위한 소련측의 조건이라고 해석했다. 이어 최창익이 재정상에 복귀한 것과 박의완(朴義琓)이 경공업상에 임명된 것 모두 경공업을 중시하는 맥락의 인사였다고 주장했다. 다만 김일이 농업상에 임명된 것은 농업집단화를 적극 추진하기 위한 포석이었다고 한다. 그리하여 내각 안에 박창옥, 최창익, 박의완, 윤공흠과 김승화 등이 중공업우선노선의 수정을 지지하는 입장으로 새로운 세력을 형성했다고 한다. 서동만, 『북조선사회주의체제성립사(1946~1961)』, p. 608. 박창

그러나 1955년부터 김일성은 박창옥의 업무수행에 불만족을 나타내기 시작했으며 둘은 견해를 좁히기가 여의치 않았다. 박창옥은 서서히 누군가 김일성에게 영향을 끼치고 있는 것이라고 판단하고 국가계획위원회의 업무에도 지장을 초래하고 있다고 주장했다. 박창옥이 가장 의심하였던 인물은 정치위원회 위원으로 임명된 최용건이었다.[173] 최용건의 등장과 함께 김일성은 박창옥을 비롯하여 박영빈, 박정애(朴正愛) 등 다른 소련계 한인들에 대한 비판이 거세어졌다. 김일성은 1955년 8월과 11월에 국가계획위원회와 박창옥 개인에 대한 맹렬한 비판을 가하였으며, 12월 당중앙위 전원회의가 있기 전에 두 차례에 걸쳐 다시 소환하여 그를 강력히 비판하였다.[174]

김일성은 박창옥이 한설야(韓雪野)와 같은 프롤레타리아 작가들에 대한 태도가 올바르지 못했으며 남한에서 온 작가들을 지지하고 남한에서 온 노동자들과의 관계가 의심스러웠다고 주장했다. 또한 박창옥은 소련계 한인들과 그룹을 형성하여 가족같이 행동했다고 비난받았

---

옥은 자신의 승진이 김일성의 추천으로 이루어진 것이라고 하였다. 그는 그러나 김일성이 정치위원회에서 박창옥과 김일의 내각 승진을 제안을 하였을 때 박정애(朴正愛)와 김두봉이 불편한 심기를 감추지 않았다고 주장했다. Memorandum of Conversation with Vice Premier of the Cabinet of Ministers of the DPRK and Member of the Presidium, KWP CC, Pak Changok, 12 March 1956, RGANI, Fond 5, Opis 28, Delo 410, Listy 74−85.

173 *Ibid.*

174 박창옥의 주장에 따르면 김일성은 11월 21일 경제분야의 고문들이 참석한 자리에서 박창옥 개인과 국가경제계획위원회에 대한 비판을 가했다. 김일성은 이에 앞서 10월 21일, 당 및 정부의 지도일꾼회의에서도 국가계획위원회가 범한 여러 과오들을 비판했다. 자세한 내용은 "인민경제계획을 세우는 데서 나타난 결함들과 그것을 고치기 위한 몇 가지 과업에 대하여: 당 및 정권기관 지도일군회의에서 한 연설(1955년 10월 21일)," 『김일성저작집 9』(평양: 조선로동당출판사, 1980), pp. 410−429.

다.[175] 박창옥은 김일성의 주장을 모두 부인하였음에도 12월 2~3일 열린 전원회의에서 김일성에게 다시 한 번 강한 비판을 받았다. 이때에도 김일성은 박창옥이 남한출신 작가들을 지지했다는 이유로 비판하였는데, 이러한 지적들은 박창옥 개인에 한정되는 것이 아니라 점차 소련파 전체에 대한 집체적인 비난으로 확장되고 있었다. 김일성은 전원회의의 마지막 시간을 소련파에 대한 비판 연설에 할애하였다.

김일성은 1955년 12월 28일 상무회의에서도 소련파를 비판하였다. 이 때 "주체" 이데올로기가 최초로 등장하였다. 김일성은 소련파들이 교조주의적이고 형식주의자들이며 조선로동당보다는 소련의 노선에 의존하여 모방하기에 급급하다고 비난하였다. 김일성은 "우리는 어떤 다른 나라의 혁명도 아닌 바로 조선의 혁명을 하고 있는 것입니다. 이 조선혁명이야말로 우리 당 사상사업의 주체입니다. 그러므로 모든 사상사업을 반드시 조선혁명의 리익에 복종시켜야 합니다. 우리가 쏘련공산당의 력사를 연구하는 것이나, 중국혁명의 력사를 연구하는 것이나, 맑스-레닌주의의 일반적 원리를 연구하는 것이나 다 우리 혁명을 옳게 수행하기 위해서 하는 것입니다."라고 주체를 정의하였다.[176]

175 이에 대한 박창옥의 항변은 다음과 같다. 그는 ① 조선문화에 익숙하지 않았기 때문에 조선인 문학가들의 작품에 대해서는 완전히 무지하였으며, ② 그 자신은 정치위원회의 허가 없이는 아무것도 단독으로 처리하지 않으려 하였을 뿐만 아니라 1948년 이전에는 별로 중요하지 않은 위치에서 일했었기 때문에 조선로동당 중앙위에 영향을 미칠 수 있는 능력을 갖고 있지도 않았고, ③ 정치위원회, 특히 김일성이 계속해서 남한에서 온 노동자들과 함께 일해야 하고 이들을 지지해야 한다고 해서 이 방침에 따랐을 뿐이라는 것이다. Memorandum of Conversation with Vice Premier of the Cabinet of Ministers of the DPRK and Member of the Presidium, KWP CC, Pak Changok, 12 March 1956, Russian State Archie of Contemporary History (RGANI), Fond 5, Opis 28, Delo 410, Listy 74–85.

176 "사상사업에 있어서 교조주의와 형식주의를 퇴치하고 주체를 확립할 데 대하

그렇다고 해서 김일성이 소련과 기타 사회주의 국가들을 부정하는 것은 아니었다. 김일성은 "우리는 국제적으로 선진적인 것은 적극 섭취해야 하지만 자체의 좋은 것을 발전시키면서 선진문화를 받아들여야 합니다.…주체를 세워야 한다고 하니 혹 어떤 동무들은 단순하게 생각하고 외국에서 배울 필요가 없다고 잘못 인식할 수 있는데 결코 그런 것이 아닙니다. 중요한 것은 우리가 배우는 목적이 어디에 있는가를 아는 것입니다. 배우는 목적은 쏘련과 기타 사회주의국가들의 선진 경험을 우리 조선혁명에 잘 리용하려는데 있습니다."라고 하여 선택적인 외부 경험 수용, 특히 맑스-레닌주의를 민족적 특성에 맞게 창조적으로 적용할 것을 주장했다.[177]

그러나 이 연설은 소련파에 대한 비판의 총체라고 불려도 과언이 아니었다. 김일성은 직접적으로 박창옥, 박영빈 등을 겨냥하였다. 박창옥은 전 선전선동부장 시절, 조선프롤레타리아문학동맹(Korea Artista Proleta Federatio, KAPF)을 부인하고 조선의 역사와 현실을 연구하지 않아 반동작가인 리태준과 사상적으로 결탁했다는 이유로 비판받았다. 또한 그의 후임인 박영빈 역시 소련의 평화공존제창을 따라 미제국주의를 반대하는 구호를 집어치우려 하였으며 미제국주의자들에 대한 혁명적 경각성을 무디게 하였다고 비판받았다. 이미 숙청된 허가이, 박일우 등의 군대 내 정치사업의 방법에 대해서도 "쏘련에서 나온 사람들은 쏘련식으로, 중국에서 나온 사람들은 중국식으로 하자고 하였습니다."

여," 『김일성저작선집 1』(평양: 조선로동당출판사, 1967), p. 561.

177 *Ibid.*, pp. 568-569.

라고 비판을 가했다.[178] 김일성은 무려 15명의 소련파들을 허가이의 종파주의적 음모에 가담한 동료들로 지목하여 비판했으며 이들은 모두 허가이와의 관계에 대해 설명하도록 추궁당했다.[179] 김일성은 소련파들이 조선의 역사와 민족문화에 관한 연구가 부족하고 맑스-레닌주의를 창조적으로 적용하지 못했다고 비판하였다. 그리고 그는 자신의 빨치산활동이 조선공산주의혁명의 수호자의 역할을 해왔다며 빨치산의 혁명운동을 국가의 전통으로 기념할 것을 주장하였다. 이로보아 주체는 비록 1950년대 말까지 확실히 정의되지는 않았지만 북한 사상과 교육에 소련의 영향을 지우기 위한 도구로 시작된 것임은 분명하였다.[180]

명망 있는 소련파들이 숙청될수록 낮은 직급을 차지하고 있던 소련계 한인들은 당내 김일성의 독점적 권위를 새삼 깨닫게 되었다. 심지어 소련조차 그들을 김일성의 분노로부터 지켜주지 못하고 있었다.[181] 박의완은 소련대사관의 필라토프(S. Filatov) 참사관에게 평양시위원회가 김일성의 12월 28일 연설에서 영감을 받아 모든 소련계 한인들에 대항하는 선전이 시작됐다고 전했다. 그는 이러한 선전들은 결코 당을 강하게 만들지 못한다면서 대조적으로 "소련파, 연안파, 국내파 등등

178 김일성은 선전부문을 강조하면서 학교와 인민군대 내에서 소련의 소설가인 푸시킨(A. Pushkin)과 소련의 풍경 사진들이 벽을 장식하고 있다는 사실과 북한의 이미지가 부재하다는 점을 꼬집었다. 김일성은 선전선동사업에서 "남의 것만 좋다고 하고 우리 자체의 것을 소홀히 하는 현상은 얼마든지 찾아볼 수 있다."면서 "선전사업에서 주체를 잊어버린 결과는 당사업에 숱한 폐해를 가져오게 되었습니다."라고 했다. *Ibid.*, pp. 525, 564-565.

179 Memorandum of Conversation with Deputy Premier Comrade Pak Ui-wan, 24 January 1956, RGANI, Fond 5, Opis 28, Delo 412, Listy 67-69.

180 Nobuo Shimotomai, "Kim Il-Sung's Balancing Act between Moscow and Beijing, 1956-1972," *The Cold War in East Asia 1945-1991*, p. 126.

181 Lankov, *Crisis in North Korea*, p. 53.

분류하여 정의하는 경향이 점점 더 심해지고 있다. 그룹을 나누는 것은 당을 강하게 하지 않을 뿐만 아니라 오히려 약화시키고 있다. 그리고 이 모든 것은 김일성의 조선로동당 중앙위원회 12월 전원회의 연설에서 시작되었다."고 성토하였다.[182]

결국 박창옥은 1956년 1월 18일 당 상무위원회의 결정에 따라 박영빈과 함께 당정치위원에서 해임되었다.[183] 박창옥은 국가계획위원장에서도 해임되어 보직이 없는 부수상으로 남게 되었으며, 박영빈은 당중앙위원에서 제명되고 상업부상으로 강등되었다. 박창옥은 누구보다 김일성 우상화에 앞장섰던 인물이었지만, 그의 숙청은 우상화로 더욱 강력해진 김일성의 권력에 희생되는 아이러니한 사례가 되었다.[184]

필라토프 참사관은 본국에 보내는 보고에서 개인적으로 1월 18일 상무위원회 결정을 받아들이기 어렵다고 평가했다. 그는 소련계 한인들이 올바르지 못하고 거만하게 행동한 점이 있었던 점에 대해 인정하였다.[185] 그러나 박창옥을 비롯하여 비판당한 소련계 비평가와 작가인

---

182 Memorandum of Conversation with Deputy Premier Comrade Pak Ui-wan, 24 January 1956, RGANI, Fond 5, Opis 28, Delo 412, Listy 67-69.

183 자세한 내용은 "문학예술 분야에서 반동적 부르죠아 사상과의 투쟁을 더욱 강화할 데 대하여: 상무위원회 결정(1956년 1월 18일)," 『북한관계사료집 30』, pp. 819-828 참조.

184 같은 소련파인 소련대사 리상조는 박창옥이 일전에는 김일성을 열렬히 찬양하고 김일성 전기를 쓰는 데 참여했으나 현재는 김일성의 '박해' 대상이 되었다고 주장했다. 리필규 역시 박창옥에 대해 리상조와 비슷한 평가를 내렸다. 그의 말에 따르면 박창옥은 "자신의 잘못을 회복하기 위해 많은 일을 해야 하는" 사람이었다. 박창옥은 김일성의 우상화를 시도한 최초의 인물이었으며 소위 '김일성 우상화의 창시자'로 통했다. Memorandum of Conversation with the Head of the Department of Construction Materials under the DPRK Cabinet of Ministers, Li Pilgyu, 20 July 1956, RGANI, Fond 5, Opis 28, Delo 410, Listy 304-308.

185 Memorandum of Conversation with Vice Premier of the Cabinet of Ministers of the

박영빈, 기석복(奇石福), 정률(鄭律), 전동혁 등은 당에 대항하여 종파적 반당투쟁을 벌인 적이 없으며, 특히 문학과 예술 분야에서 당 정책을 왜곡한 적은 없다고 보고했다. 그러나 박창옥과 소련계 한인들의 '부르조아 반동사상'은 끊임없이 비판받았다. 1월 23에서 24일까지 열린 「문학·예술·출판부문 열성자 대회」에서 한설야는 박창옥의 후원과 비호 아래 소련계 문인들이 벌인 반동 행태를 비난하면서, 소련파 라이벌들에 대한 자신의 승리를 기념하는 연설을 하였다.[186]

소련대사 리상조는 박창옥이 해임된 근본적 이유가 그의 행정처리 방식이나 문학 문제에 있어서 그가 저지른 실수들 때문은 아닐 것이라고 하였다. 이런 이유들은 별개의 문제였다. 무엇보다도 박창옥과 박영빈 같은 소련파들이 당내 직위를 상실한 데에는 이들이 추구하는 경제노선과 관련이 깊다고 하였다.[187] 이들은 소련경제를 다시 회복시키자는 말렌코프의 캠페인에 고무되었고, 박창옥과 박영빈은 민주집중제를 어기면서까지 중공업우선정책에 강력히 반대하였다. 이들은 중공업우선정책이 노동자의 기본적인 욕구를 완전히 무시하고 있다며 인민들의 생활수준 향상을 위해 소비재 관련 산업을 더욱 육성시킬 것을 주장하였다.

중공업우선정책에 대한 비판은 소련파에 의해 시작되었으나 연안

---

DPRK and Member of the Presidium, KWP CC, Pak Changok, 12 March 1956, RGANI, Fond 5, Opis 28, Delo 410, Listy 74–85.

186 로버트 스칼라피노·이정식 저, 한홍구 역, 『한국공산주의운동사 3』 (서울: 돌베개, 1987), p. 630.

187 Person, "We Need Help from Outside," p. 13; 서동만, 『북조선사회주의체제성립사(1946–1961)』, p. 507.

파들의 합세로 더욱 거세어졌으며 김일성은 이를 더 이상 좌시할 수 없었다. 상무위원회의 박창옥 해임 결정은 하급 당조직에서 학습되었으며, 고위 소련계 한인들은 종파주의와 다양한 사상적 문제들을 이유로 비판 대상이 되었다. 1956년 1월에는 이름이 알려진 소련계 한인들의 상당수가 허가이와의 관계를 추궁당하고 당 조직에서 자아비판을 하도록 강요당했다.[188]

언론에는 3월 첫째주까지 소련계 한인들에 대한 비판이 심심찮게 등장했으나 2월 중순을 기점으로 비판의 수위와 강도가 낮아지고 있었다. 김일성이 1월 말부터 논조를 약화시킬 것을 요구하였기 때문이었다. 김일성은 자신의 비판이 일부 소련계에 한한 것이라고 해명하고 전체 소련계 한인에 대한 공격으로 나아가지 말 것을 주문했다. 때문에 적어도 "일부" 소련계 한인들에 대한 비판은 계속될 수 있었다. 그러나 이러한 비판조차 2월 말에는 갑자기 중단되었다. 1956년 2월 14일부터 25일까지 열린 소련공산당 제20차 대회가 소련파 한인들에 대한 비판을 잠시 접어두게 했던 것이다.[189]

188 Lankov, *Crisis in North Korea*, p. 45.

189 Lankov, *Crisis in North Korea*, pp. 51–57.

## 제3절
# '8월 종파사건'과 중·소의 개입

## 1. 소련공산당 제20차 대회의 여파와 조선로동당 제3차 대회

### (1) 소련공산당의 새로운 노선: 평화공존, 개인숭배비판, 그리고 집단지도체제

1956년 2월 14일, 소련공산당 제20차 대회에서 흐루시초프의 비밀연설은 이 대회에 최용건을 대표로 참석해 있던 북한지도부를 충격에 빠뜨렸다. 비밀연설은 스탈린의 개인숭배와 그로 인한 맑스-레닌주의의 왜곡, 민주주의와 혁명적 법질서, 레닌주의적 집체적 영도가 어떻게 왜곡되었는지를 비판하고 있었다.[190] 흐루시초프는 기본적으로 개인숭

190 백학순, 『북한 권력의 역사』, p. 189. 흐루시초프는 스탈린의 통치하에 개인숭배

배와 개인의 초인적 지도력을 부정하고 집체적 영도체제의 원칙과 레닌주의원칙의 회복, 즉 '탈(脫)스탈린화(de-Stalinization)'를 주장했다. 2월 18일의 연설에서는 소련 외상 몰로토프가 자본주의체제와 사회주의체제의 평화공존을 주장했다. 그는 '제국주의가 존재하는 한 전쟁은 불가피하다.'는 레닌의 테제를 부인하면서 전쟁가피론(戰爭可避論)과 자본주의와의 평화공존, 관계개선과 우호협력을 주장했다.

제20차 대회의 결과를 지켜본 조선로동당의 당원들은 한동안 침묵을 지켰다. 이들은 김일성이 직접 우상화와 집단지도체제, 당내 민주주의 감시, 혁명적 적합성에 대해 언급할 때까지 기다리는 것 외에 딱히 반응할 만한 것이 없었다.[191] 북한 사회 내에서 이미 김일성에 대한 칭송은 널리 퍼져 있어서 우상화에 대한 문제제기를 하는 사람은 곧 처벌대상이었다. 김일성의 초상화가 충분히 마련되어 있지 않다는 이유, 또는 부주의하게 다루어졌단 이유로 체포되는 사람도 있었으며, 그의 초상화가 실린 신문으로 책을 포장하였다는 명목으로 체포된 사람도 있었다.[192] 이 경우 최대 5년형까지 선고받았다. 김일성에 대한 우상화는

---

와 숙청이 진행되면서 공포분위기 속에 당 대회가 13년(1939-1951)간 소집되지 않은 점, 중앙위원회조차 수년 간 열리지 않은 점들이 레닌주의 원칙에 어긋난다고 주장했다. 또한 인민과 동지에게 인도주의적 방법이 아닌 폭력과 억압을 쓴 사실을 비판하고 스탈린이 1인 숭배사상을 유포시킨 것을 맑스-레닌주의의 위반이라고 했다. 이항재, "흐루시초프의 평화구조에 관한 연구," 조선대학교 박사학위 논문(1991), pp. 5-17.

191 특히 박영빈이 선전선동부를 떠난 이후로는 김일성에 대한 칭송이 급격히 증가하였다. 박영빈은 1955년 12월 당 중앙위원회 전원회의에서 해임되었으며 리일경(李一卿)이 그의 후임이 되었다.

192 Report by N. T. Fedorenko on a Conversation with Li Sangjo, Ambassador of the DPRK to the USSR, 5 September 1956, RGANI, Fond 5, Opis 28, Delo 410, Listy 224-228; Letter from Li Sangjo to the Central Committee of the Korean Workers Party, 5 October 1956, RGANI, Fond 5, Opis 28, Delo 410, Listy 233-295.

이미 도를 넘은 수준이었다.

당시 북한 당국은 김일성의 요구에 따라 그의 항일무장투쟁에 관한 전기영화를 만들고 김일성의 연설과 보고서들을 인용하여 조선로동당의 역사마저 새로 쓰고 있었다. 조선인들의 혁명적 해방에 관한 논쟁들은 완벽하게 편향되어 순전히 김일성을 찬양할 목적으로 만들도록 지시되었다.[193] 특히 스탈린이 사망하고 난 뒤로는 애국주의와 한반도 예외주의가 교묘히 결합되어 소련이 일본군을 패배시키고 외세로부터 북한을 해방시켜 주었다는 사실이 축소되는 등 역사가 왜곡되기까지 했다. 이러한 역사왜곡은 곧 김일성의 만주항일투쟁의 미화로 이어졌다. 빨치산 부대뿐만 아니라 많은 지하혁명가들이 만주의 여러 도시에서 활약한 것이 역사적 사실이었으나, 1956년경에는 오로지 김일성이 이끈 빨치산 부대에 관해서만 논의하고 기록으로 남길 수 있었다.[194]

이런 상황에서 소련공산당 제20차 대회 결과를 놓고 북한지도부의 반응은 복잡하고 미묘했다. 일단 북한지도부는 소련공산당의 결정을 그대로 수용하기로 결정한 것처럼 보였다. 소련공산당 제20차 대회에

193 Report by N. T. Fedorenko on a Meeting with DPRK Ambassador to the USSR Li Sangjo, 29 May 1956, RGANI, Fond 5, Opis 28, Delo 412, Listy 190−196.

194 Memorandum of a Conversation with DPRK Ambassador to the USSR Li Sangjo, 16 June 1956, RGANI, Fond 5, Opis 28, Delo 412, Listy 238−241. 김일성이 썼다는 저작물들조차 실제로는 다른 사람들(여기에는 소련 사람들도 포함)이 작성한 내용들이 상당수에 달했으며 본문은 김일성에 대한 온갖 미사여구들로 넘쳐났다. 그는 위대한 수령, 천재, 강철 장군 등으로 묘사되기도 하였으며 종종 마오쩌둥과 비교되었다. 김일성 우상화는 역사왜곡이라는 문제를 가져와 자서전 등에는 김일성이 이미 유년 시절부터 항일무장투쟁운동을 벌였다고 주장했다. 저작물들이 실제로는 그에 의해 작성되지 않았다는 주장은 리상조도 동일하게 하고 있다. Letter from Li Sangjo to the Central Committee of the Korean Workers Party, 5 October 1956, RGANI, Fond 5, Opis 28, Delo 410, Listy 233−295.

북한대표로 참석했던 최용건은 2월 28일 소련 외상 몰로토프를 만난 자리에서 "제20차 대회에서 결정된 소련공산당의 모든 지침들은 조선로동당의 사업에 기초로 쓰일 지도적 원칙들이 될 것"이라며 조선로동당이 소련의 지침을 그대로 받아들일 준비가 되어 있음을 암시했다.[195] 그는 소련공산당 대회의 결정들이 조선로동당의 재건사업에도 활용될 수 있을 것이라고 강조하였다.[196] 소련공산당의 경험을 적극적으로 받아들이겠다는 그의 발언이 몰로토프의 공감을 이끌어냈음은 물론이다.

소련공산당 제20차 대회의 방침이 알려진 직후에는 김일성 스스로도 소련 신지도부의 정책에 어긋나는 행동을 해서는 안 된다고 판단했던 것으로 보인다. 김일성은 2월 18일 내각 부수상들과 조선로동당 중앙위원회 위원들을 불러 모아 소련공산당 제20차 대회의 결정에 대한 수습책 마련을 위한 회의를 개최했다. 당시 당중앙위 상무위원이었던 박의완에 따르면 김일성은 자신에 대한 지나친 우상화를 경계하고 있었다. 김일성은 최근에 구두 및 지면 선전에서 인류역사의 발전에 있어서 개인의 역할에 대한 문제가 부적절하게 다루어지고 자신의 생각이 언론에 지나치게 자주 언급되고 있다고 하였다. 특히 자신과 무관한 일에 대해서도 본인에게 공치사를 돌리는 경우가 있다며 이를 맑스-레

195 Reception of the Deputy Chairman of the Cabinet of Ministers of the DPRK Choe Yong-gon, 28 February 1956 at 17:00, AVPRF, Fond 6, Opis 15a, Por. 142, Papka 30, List 1. 최용건은 몰로토프의 견해에 완전한 동의를 표명하였으나 김일성이 소련공산당 제20차 대회의 영향으로 공격을 받을지도 모른다는 생각을 하여 조선로동당에 비밀연설의 전문을 공개하는 것을 꺼렸다. Person, "We Need Help from Outside," p. 22.

196 Reception of the Deputy Chairman of the Cabinet of Ministers of the DPRK Choe Yong-gon, 28 February 1956 at 17:00, AVPRF, Fond 6, Opis 15a, Por. 142, Papka 30, List 1.

닌주의 원칙에 벗어나는 것으로 평가하고 당 중앙위원들이 문제해결을 위한 방법을 취하도록 지시하였다.[197] 마침 소련지도부는 3월 중순경 외상 몰로토프를 통해 「소련공산당 제20차 대회에서 있었던 흐루시초프 동지의 연설의 연구와 관련한 여러 가지 문제들 (On the Several Problems of the Internal Party Situation in the DPRK)」이라는 서한을 북한지도부가 당 내 과오를 바로 잡는 데 참조하기를 바라며 조선로동당 앞으로 발송했다.[198] 이후 얼마간 김일성은 우상숭배현상, 집단지도체제, 당조직과 사상 사업에 있어서의 과오에 대한 흐루시초프의 견해를 학습하려 노력했다. 김일성은 자신이 그동안 근래에 모스크바에 한 번도 가지 않은 사실을 후회하고 한동안은 당내 회의를 정기적으로 열려고 하는 등 업무 형태에도 변화를 추구하였다.[199]

그러나 이미 북한 내 김일성의 지위는 매우 확고하여 소련이 요구하는 우상숭배 철폐와 집단지도체제의 채택, 서구와의 평화공존 등에 대해 자유로운 의견을 교환할 수 있는 분위기는 형성되어 있지 않았다. 김일성의 우상숭배현상으로 인해 인민들의 표현의 자유는 완전히 억눌려 있었다. 인민들은 당규약에 보장된 권리조차 제대로 행사하지 못했으며 김일성과 다른 의견을 내세우는 사람에게는 바로 종파주의의 낙인이 찍혔다. 북한지도부는 또한 소련의 평화공존에는 전혀 공감을 하지 못했다. 미국은 북한의 조국해방전쟁을 저지하였을 뿐만 아니라 북

197 Memorandum of Conversation with Deputy Premier Comrade Pak Ui-wan, 21 February 1956, RGANI, Fond 5, Opis 28. Delo 412, Listy 70-74.

198 Person, "We Need Help from Outside," p. 22.

199 Memorandum of Conversation with Deputy Premier Comrade Pak Ui-wan, 21 February 1956, RGANI, Fond 5, Opis 28. Delo 412, Listy 70-74.

한을 거의 괴멸상태까지 몰고 간 나라였다. 그러한 미국과 더 이상 투쟁하지 않고 관계개선을 모색하자고 주장하는 것은 김일성 지도부가 인내할 수 있는 범위 밖에 있었다.

따라서 김일성을 비롯한 북한지도부는 이내 소련공산당 결정을 수용하겠다는 입장을 철회하였다. 이러한 분위기는 이바노프 소련대사가 본국의 당 대회를 마치고 평양으로 돌아왔을 때 감지되었다. 이바노프는 김일성을 만난 자리에서 소련공산당 제20차 대회와 관련된 일체의 모든 자료를 전달했다. 이때 김일성은 소련공산당의 활동들은 조선로동당에 매우 유용하지만 그것들이 조선로동당에 수용되기 전에 "모스크바의 신(新)노선이 반드시 심오하게 연구되어야 할 것"이라고 강조하였다.[200]

시간이 지날수록 조선로동당이 이전과 달리 소련공산당의 경험을 기계적으로 수용하기를 거부하고 있다는 사실은 명확해져갔다. 1956년 3월 20일, 최용건은 당중앙위 전원회의에서 소련공산당 제20차 대회에 대해 무려 3시간 반에 걸쳐 발표했다.[201] 철저히 비공개로 진행된 이 보고는 김일성이 당으로부터 공격받을 것을 우려한 최용건이 의도

200 Diary of Ambassador V. I. Ivanov From 8 February to 27 March 1956, RGANI, Fond 5, Opis 28, Delo 411, Ⅰ. 164. 2월 20일, 김일성은 각료회의에서 소련파들을 집중적으로 비난했다. 김일성은 북한의 요청으로 소련이 각 산업 분야와 운송체계, 농업 분야에 능력이 출중한 기술자들을 보내주었으나 소련파가 이들을 제대로 활용하지 않았다고 장시간 비판하였다. 김일성은 조선로동당의 업무는 잘못된 소련파들을 도와 당을 이롭게 하도록 이끄는 것이라고 주장했다. Memorandum of Conversation with Deputy Premier Comrade Pak Ui-wan, 21 February 1956, RGANI, Fond 5, Opis 29, Delo 412, Listy 70-74.

201 『로동신문』, 1956년 3월 22일.

적으로 일부만 공개한 것이었다.[202] 최용건은 소련공산당 대회에서 중점적으로 다루어진 결정은 바로 우상숭배였으며 흐루시초프가 집단지도체제의 필요성을 강조했다고 전하였다. 그러나 그는 우상숭배문제를 김일성과 연관시키지도 않았을 뿐만 아니라 김일성이 이미 집단지도체제를 실천하고 있는 지도자이며 오히려 그의 반대세력들이 "종파주의자"라고 주장하였다.[203]

이 날 최용건의 보고에 반응을 보인 이는 김일성, 외무상 남일, 당 중앙위원 리일경 단 세 명뿐이었다. 이 중에서도 특히 김일성의 발언은 초미의 관심사였다.[204] 김일성은 우상숭배문제를 의식한 듯, 당선전기구는 그동안 자신의 역할을 강조해왔지만, 그보다 인민의 역할이 더욱 강조되어야 한다는 말을 남겼다. 이어서 우상숭배문제는 오직 박헌영 숭배에 적용할 수 있는 것이지, 조선로동당 전체에 해당되는 것은 아니라고 반박했다. 김일성을 반대하고 있던 세력들은 소련공산당 제20차 당 대회자료들을 검토함으로써 조선로동당이 내부 상황을 개선하는 데

202 Person, "We Need Help from Outside," p. 22.

203 Report of the CC KWP delegation to the 20th Congress of the CPSU, RGANI, Fond 5, Opis 28, Delo 411, 1.187–222.

204 최용건에 이어 단상에 오른 김일성은 최용건의 발언에 대해 짤막한 언급을 하였으나 내용은 외부에 공개되지 않았다. 그의 발언은 1957년『조선중앙년감』등에서 당 중앙위 위원장인 김일성의 "주요발언"이 있었다는 표현으로 남았다. 3월 전원회의는 소련공산당 제20차 대회의 문헌을 깊이 연구하며 당 사업을 강화 발전시킬 것을 주문하는 결정서를 채택하였다.『조선중앙년감 1957』(평양: 조선중앙통신사, 1957), p. 75. 1958년도 8월 전원회의 결정집에는 3월 전원회의에서 약간의 개인숭배가 존재하였고 당원들이 이를 인정하였다는 사실이 드러났다. "형제적 제국가를 방문한 정부 대표단의 사업 총화와 우리 당의 당면한 몇 가지 과업들에 대하여:전원회의 결정(1956년 8월 30–31일),"『북한관계사료집 30』, pp. 775–784. 그러나 8월 전원회의의 내용은 소련대사관을 자주 방문하여 내부 소식을 전하던 건설상 박의완(소련파)에 의해 밝혀졌다.

일정 정도 자극을 받을 수 있기를 희망했다. 그러나 이처럼 소련공산당 제20차 대회 결과에 대한 연구는 당내에서 성급하게 마무리된 탓에 조선로동당의 지도부에 미친 실질적 영향은 크지 않았다.[205]

특히 사회주의 국가들 사이의 내정불간섭 원칙은 김일성이 조선로동당이 소련공산당의 결정을 일방적으로 따르지 않아도 된다고 주장할 수 있는 근거가 되었다. 그는 "소련공산당과 중국공산당은 조선로동당에 충고를 해줄 수 있지만 조선로동당은 독립된 당이며 형제 공산당들은 조선로동당의 내부 사정에 간섭할 수 없다."고 주장하였다.[206] 소련공산당 결정에 대한 거부감은 「소련공산당 제20차 대회 문헌을 깊이 연구하자」라는 제목의 4월 7일자 『로동신문』 사설에서도 감지됐다. 이 사설은 소련공산당 제20차 대회 문헌을 연구함에 있어서 "교조주의적, 형식주의적 오류를 반복하지 말아야 한다. 우리나라 혁명에는 자체에게 구체적 특수성이 있다."며 소련공산당의 결정이 북한에 그대로 적용될 수 없음을 강조하였다.[207] 1956년 4월 초, 『로동신문』을 비롯한 기타

---

205 Memorandum of a Conversation with DPRK Ambassador to the USSR Li Sangjo, 16 June 1956, RGANI, Fond 5, Opis 28, Delo 412, Listy 238−241. 그러나 당의 하부영역에서는 소련공산당 제20차 대회의 결과를 신중하게 받아들이고 있었다. 소련공산당 대회 직후, 마침 북한의 지방단위에서 관료선출이 실시되었다. 이 과정은 지방관료들이 김일성 우상숭배를 비판하고 조선로동당내 집단지도체제의 부재를 비판하는 장이 되었다. 북한의 지방당원들은 맑스와 엥겔스, 레닌과 스탈린의 가르침에 대한 조선로동당 법규 원문을 두고 스탈린의 이름을 삭제할 것을 요구하면서 이를 비판했다. Diary of Temporary Charge d'affaires Petrov from 2 March to 14 March 1956, RGANI, Fond 5, Opis 28, Delo 411, Ⅰ. 179.

206 On the Several Problems of the Internal Party Situation in the DPRK, RGANI, Fond 5, Opis 28, Delo 410. 1.59.

207 『로동신문』, 1956년 4월 7일. 같은 날, 평안북도 당 대표회에서 한 연설에서 김일성은 교조주의와 형식주의가 혁명 수행에 미칠 부정적인 효과들을 언급했으며 "사회주의 건설에 관한 맑스−레닌주의의 원칙들을 조선 현실에 맞게 창조적으

기관지에 우상화를 비판하는 사설들이 일부 실리긴 했으나 예외 없이 소련과 중국에서 출판된 내용들을 번역한 수준에 그쳤다. 북한이 소련의 스탈린 비판에 동참하고 있다는 형식 정도를 갖추는 정도일 뿐이지 진정성은 느껴지지 않았던 것이다.

또한 비슷한 시기에 조선로동당은 각 지역 당조직에 우상화는 소련공산당에서 일어나는 특수한 현상일 뿐 조선로동당과는 무관하다는 내용의 비밀서한을 유포시켰다. 서한은 조선로동당 중앙위는 맑스-레닌주의의 길을 벗어난 적이 단 한 번도 없다고 부정하면서 소련공산당과 조선로동당은 역사적으로 집단지도체제를 구현하고 있다고 주장하였다. 또한 우상화 현상은 오직 박헌영과 관련하여 일어났다며 다시 한 번 우상숭배현상의 책임을 박헌영에게 전가하였다.[208] 이어 교조주의와 형식주의를 경계하고 우리의 것이 충분히 있는데도 공산주의에서 외부의 경험을 적용(특히 외국 교과서와 사진 사용)하는 것에 대한 부적절함을 다시 한 번 언급함으로써 북한 내 소련의 영향력에 대한 불편함을 드러냈다.[209]

소련대사관의 분석관들은 그러나 조선로동당의 자체적 판단과는

---

로 적용"할 것을 주장했다. "평안북도 당 단체들의 과업: 평안북도 당 대표회에서 한 연설(1956년 4월 7일)," 『김일성선집 4』, p. 399.

208 한편 김일성은 자신과 스탈린이 연결되는 것을 차단시키기 위해 소련대사관에 당원들을 파견하여 그와 스탈린의 차이점을 부각시키도록 했다. Diary of Soviet Ambassador to the DPRK, Comrade V. I. Ivanov, 13 April 1956, RGANI, Fond 5, Opis 28, Delo 410, List 120.

209 Diary of Soviet Ambassador to the DPRK, Comrade V. I. Ivanov, 18 April 1956, RGANI, Fond 5, Opis 28, Delo 410, Listy 137-139; Several Questions in Connection with the Study of the Speech of Comrade Khrushchev at the Twentieth Party Congress of the CPSU, RGANI, Fond 5, Opis 28, Delo 410, Listy 137-162.

전혀 다른 결론에 이르렀다. 이들은 조선로동당 중앙위원회의 역할과 당조직의 역할은 사라지고 김일성이 당·정·군의 모든 권력을 손에 쥐고 있다고 비판하였다. 또한 국가의 최고권위기관이자 입법기관인 최고인민회의는 1948년 이후로 단 한 차례도 소집되지 않았다고 지적했다. 이바노프 소련대사는 조선로동당 지도부가 배포한 서한의 내용으로 미루어 볼 때, 조선인들은 흐루시초프의 연설이 지니는 의미를 전혀 깨닫지 못하고 있다고 평가했다. 그는 조선로동당의 새로운 당 규정의 일부 조항이 김일성의 이름을 무려 스무 번이나 언급하고 있다는 점에 주목하여 김일성 우상숭배현상에 대한 심각성을 우려했다.[210]

### (2) 조선로동당 제3차 대회: 신노선의 거부

1956년 4월 23일부터 29일까지 7일간 조선로동당 제3차 대회가 평양에서 개최되었다. 조선로동당 지도부가 소련공산당 제20차 대회의 결정과 무관하게 운영되고 있다는 사실은 이 대회에서 더욱 명백하게 드러났다. 당중앙위 위원장 김일성은 중앙위원회 사업 총결보고 연설을 국제정세와 국내정세, 당의 세 개 분야로 나누어 진행했다. 그의 연설에는 소련공산당 제20차 대회에서 제기된 자본주의 진영과의 평화공존에 관한 내용은 일체 나와 있지 않았다. 그의 연설은 오히려 미국을 비롯한 제국주의 진영에 대한 맹렬한 비난으로 가득차 있었으며, 소련의 평화공존론과 북한의 제국주의 투쟁은 별개의 문제로 취급하였

210 Diary of Ambassador V. I. Ivanov from 8 February to 27 March 1956, RGANI, Fond 5, Opis 28, Delo 411, l. 167.

다.[211]

국내정세에 대한 총결보고에서도 김일성은 전후 인민경제의 복구와 향후 5개년 계획의 실행에 있어서 여전히 중공업우선론을 중심으로 한 북한의 사회주의 경제건설을 강조하였다. 그는 이어 "인민 경제를 발전시킴에 있어서 우리는 사회주의 국가들 간의 경제적 련계가 강화되고 협조가 확장되었다는 것을 중요하게 고려하여야 한다."고 주장했다. 이 발언은 북한이 기본적으로 중공업우선정책을 이어 나가되 경공업에 있어서는 사회주의 국가들로부터 경제적인 도움을 받겠다는 의지를 피력한 것이었다.[212] 농촌경리 분야에 있어서도 김일성은 농업협동화 정책의 성공을 자랑하고 이미 조직된 협동조합들을 조직적으로 발전시킬 것임을 주장하는 등 전체적으로 기존의 입장과 달라진 정책은 눈에 띄지 않았다.[213]

김일성은 우상숭배문제 또한 자신과 관련해서는 단 한 차례도 언급하지 않았다. 그는 당 사업에 관한 연설에서 대표적인 '미제국주의'의 앞잡이이자 스파이로 알려진 박헌영을 비판하는 데 상당 시간을 할애

211 김일성은 "최근에 있어서 쏘련과 중화 인민 공화국의 평화 정책과 평화를 위한 인민들의 공동 투쟁에 의하여 국제 긴장 상태를 완화하기 위한 사업에서 적지 않은 성과들이 달성되었습니다."라고 하였으나 "아세아에 대한 미 제국주의의 침략과 일본 군국주의의 재생을 견결히 반대하여 투쟁할 것이며 식민주의를 반대하는 아세아 인민들의 공동 투쟁을 강화하기 위하여 인도, 버마, 인도네시아, 일본 인민들과의 친선과 협조를 강화하며 기타 아세아 인민들의 식민지 민족 해방 투쟁을 적극 지지 성원하여야 하겠습니다."라고 말했던 것이다. 위의 내용은 국토통일원, 『조선로동당대회자료집 1』(서울: 국토통일원, 1988), pp. 292-293.

212 *Ibid.*, p. 312. 그가 말하는 사회주의 국가들 간의 '경제적 련계의 강화'라는 것은 이들로부터 제공받는 원조물량의 확대를 의미했다. 김일성은 제3차 당 대회 이후 6월 1일부터 7월 19일까지 1차 5개년 계획의 실행을 위한 원조를 얻기 위해 소련과 동구 유럽 국가들을 방문하게 된다.

213 국토통일원, 『조선로동당대회자료집 1』, p. 324.

하였다. 제20차 소련공산당 대회의 결과를 반영했어야 하는 정황상 이미 정치적으로 몰락해 버린 박헌영을 재차 언급하는 것이 편리했을 것이다. 김일성은 박헌영·리승엽과 같은 남로당 출신들은 허가이·주영하·박일우 및 기타 "북반부에 있는 종파 분자들을 자기의 주위에 규합하면서 조선로동당 내 맑은 공기를 더럽힌 인물들"이라고 강력히 비판했다.[214]

> "박헌영은 〈콩크룹〉과 종파적으로 결탁한 〈화요파〉 분자들을 중심으로 하고 과거 〈엠·엘파〉에 속하였던 자들은 〈엠·엘파〉의 변종인 〈장안파〉와 〈대회파〉를 중심으로 하여 서로 대립되어 자기들의 협소한 종파 투쟁에만 몰두하였습니다. 이 자들의 안중에는 당과 혁명의 리익보다 오직 개인 리익과 종파 집단의 리익밖에 없었으며…(중략)…이들은 미 제국주의자들을 마치 조선 인민의 해방자인 것처럼 선전하였으며 미제가 장기간 양성한 충복 리승만을 뒷고방에서 조작한 〈인민 공화국〉의 대통령으로 추대한다는 선전을 하였던 것입니다."[215]

김일성은 박헌영과 같은 종파분자들이 반당적 책동을 할 수 있었던 이유로 "무원칙한 개인숭배사상"을 꼽고, 종파주의는 "소부르죠아적 개인 영웅주의, 공명 출세주의의 산물"이라고 주장했다.[216] 김일성은 만약 해방 직후 남한의 당원들과 간부들이 박헌영과 그의 종파 무리

214 연안파의 상징적 인물 중 한 명이었던 박일우는 1955년 숙청당한다. 김두봉은 그의 즉각적인 석방을 요구하였으나, 최용건은 박일우가 총살형에 처해져야 한다고 주장했다. 박의완은 당 지도부에서 소련계 한인들을 비롯하여 외국인들을 숙청하는 정책이 확고히 세워졌다고 밝혔다. Diary of Ambassador V. I. Ivanov from 24 May to 11 June 1956, RGANI, Fond 5, Opis 28, Delo 411, Ⅰ. 204.

215 국토통일원, 『조선로동당대회자료집 1』, p. 345.

216 *Ibid.*, p. 350.

들을 우상화하지 않고 강한 투쟁을 전개했더라면 남로당이 파괴되지는 않았을 것이라고 했다.[217] 그러므로 조선로동당은 종파주의와 비타협적인 투쟁을 벌이고 개인숭배사상을 철저하게 청산하여 당의 단결을 지켜야 한다는 말로 연설을 마무리 지었다.

김일성이 이미 1955년 12월에 이미 사형선고를 내린 박헌영에 대해 새삼 강력한 비판을 가했던 데에는 한 가지 이유가 더 있었다. 그는 당 대회 총결보고에서 박헌영을 재차 비판함으로써 사형 선고과정이 정당하였음을 확인하고 당원들에게 경각심을 심어주려 하였다. 사실 김일성은 박헌영의 사형을 집행하는 데 부담을 느끼고 있었다. 박헌영에게 사형선고를 내린 것과 이를 집행하는 것은 별개의 문제였다. 당내에서는 박헌영의 사형집행 여부를 두고 이견들이 존재하였으며 어떤 이유에선지 1956년 초까지 사형은 집행되지 않았다. 급기야 박헌영의 사형 결정을 불합리하다고 여긴 일부 당원들은 사형집행을 저지하고자 소련대사관의 KGB 참사관을 찾았다. 1956년 4월 19일 조선로동당 제3차 대회가 열리기 불과 열흘 전, 김일성은 소련대사 이바노프를 만난 자리에서 이 같은 사실들을 확인하게 되었다.[218] 이바노프는 김일성에게 조선로동당원들이 KGB 참사관을 두 차례 방문하여 전 외무상 박

217 *Ibid.*

218 마오쩌둥도 1953년 11월 김일성이 베이징을 방문하였을 때 박헌영 사형 결정에 반대 입장을 밝힌 바 있다. 마오쩌둥은 "박헌영같은 사람은 어떠한 이유로도 죽여서는 안 된다."며 박헌영이 남로당의 영수였던 점과 그를 죽이게 될 경우 군중들이 의아해할 것이며 그는 일개 문인일 뿐이라며 김일성을 설득하였다고 한다. 『毛主席接見蘇共中央代表s團談話記錄』(1956年 9月 18日, 北京中南海蓬年堂); 이종석, "중·소의 북한 내정간섭 사례연구: 8월 종파사건," 『세종정책연구』, 제6권 2호(2010), p. 393에서 재인용.

헌영의 사형집행에 대한 소련의 입장을 듣길 원했다고 일렀다. 그러면서 "소련은 박헌영에게 사형이 선고된 지 시간이 많이 흘렀고 그는 이미 정치적으로 몰락하고 고립되었으며, 그를 처형하는 것은 자칫 북한과 해외에 좋지 않은 반응을 초래할 수 있으므로 사형을 집행하지 않기를 권한다."고 말했다.[219]

이를 전해들은 김일성은 일부 당원들이 개별적인 행동을 벌인 사실과 소련의 처형 반대의견에 분노하였다. 그는 우선 "소련의 입장이 어떠한 지 KGB 참사관의 의견을 듣고 싶었던 조선인 동지들은 그들의 개인적 판단에 따라 행동하였던 것"이라며 그들의 행동과 당의 방침을 별개의 문제인 것처럼 선을 그었다.[220] 이어 "조선로동당에는 박헌영에게 사형이 집행되어야 한다는 당규정이 존재"하며 당이 박헌영에게 내린 사형결정은 합법적이었고 당내에서는 이견이 없다고 덧붙였다.[221] 다만 조선로동당은 소련이 우려하고 있다는 점을 참작하여 이 문제를 논의하겠다는 입장을 밝혔다. 김일성의 발언은 북한이 소련의 입장을 존중하고 소련지도부의 우려에 대해 조선로동당 내에서 문제를 논의할 정도로 당이 유연성을 지니고 있다는 것인 동시에 조선로동당의 결정에 간섭하려는 소련지도부의 행태에 불편한 심기를 드러낸 것이었다.

---

219 Memorandum of Conversation with Kim Il Sung, 19 April 1956, AVPRF, Opis 12, Papka 68, Delo 5, Listy 64–65.

220 소련 KGB측이 박헌영의 목숨을 살리고자 한다는 이바노프의 메시지는 Diary of Ambassador V. I. Ivanov from 24 to May to 11 June 1956, RGANI, Fond 5, Opis 28, Delo 411, I. 144.

221 김일성은 "박헌영에 내려진 사형 선고가 왜 아직도 집행되지 않았는지 이유를 밝혀내겠다."고 하였을 정도로 박헌영 사형 집행에 대한 의지가 확고했다. Memorandum of Conversation with Kim Il Sung, 19 April 1956, AVPRF, Opis 12, Papka 68, Delo 5, Listy 64–65.

김일성은 박헌영에 대한 공개재판이 진행된 바 있고, 따라서 재판이 치러진 과정은 공정하였으며 박헌영 또한 자신의 기소 범죄에 대해 모두 혐의를 인정했다고 주장했다. 김일성은 이어 "박헌영은 스파이며 사형은 집행될 것이다. 조선인들은 만장일치로 이를 승인하였고 외국에서 어떠한 바람직하지 않은 결과가 초래되는 일은 없을 것"이라고 단언하였다.[222] 김일성은 오히려 KGB 참사관을 찾아간 당원들이 개별적인 질문을 던져 당의 민주주의적 중앙집권제 원칙을 무너뜨리고 있다고 생각했다.[223] 그는 이 부분을 다가오는 제3차 당대회에서 경각시켜줄 필요가 있었다.

전원회의에서 김일성은 당의 집단지도원칙에 대해서도 거의 다루지 않았다. 김일성은 조선로동당이 충실히 자기비판을 수행하고 당내 민주주의를 수호하여 집체적 지도원칙에서 벗어난 적이 없음을 강조하였다.[224] 그는 당 사업이 적지 않은 부문에서 주체가 없이 "우리 나라 실정에 맞건 아니맞건 덮어놓고 남의 것을 기계적으로 따다가 통째로 삼키는 교조적 방법으로 진행되고 있다."고 비판하였다.[225] 김일성은 교조주의로 인해 맑스-레닌주의의 일반적 원리를 북한의 구체적 현실에 창조적으로 적용하는데 어려움을 겪고 있다며 "조선 혁명의 구체적인 문제들을 연구 분석"하고 "제기된 실천적 과업들을 해결"하라고 강조했

222 *Ibid.*

223 James Person, "New Evidence on North Korea in 1956," *Cold War International History Project Bulletin*, No. 16 (Fall 2007–Winter 2008), pp. 449–450.

224 국토통일원, 『조선로동당대회자료집 1』, p. 349.

225 *Ibid.*, p. 359.

다.[226] 또한 많은 조선로동당원들이 외국의 혁명역사는 알면서도 자기 나라의 혁명 역사는 알지 못한다면서 강한 어조로 비판하였다. 누군가의 이름을 직접적으로 거론하지는 않았지만 이것이 소련에서 나고 자라 한국어에 서툴고 북한 실정을 잘 알지 못했던 소련파를 대상으로 한 발언이라는 것에는 의심의 여지가 없었다.[227]

이로써 소련공산당 제20차 대회의 결정과 관련한 내용은 조선로동당 제3차 대회 결정의 어디에서도 찾아볼 수 없게 되었다.

### (3) 조선로동당 제3차 대회의 평가

마침 대회 이튿째 회의에서 소련공산당 대표로 참석한 브레즈네프가 축하연설을 하면서 소련공산당 제20차 대회의 결과가 무엇이었는지 다시금 일깨웠다. 브레즈네프는 북한이 앞으로의 5개년 계획을 수행함에 있어서 적지 않은 난관에 부딪치게 될 것이라고 예견하였다. 그는 북한이 경제적으로 외부에 많은 부분을 의존하고 있는 국가임을 각인시키고 경제계획을 수립하는 데 있어서 사회주의 국가들과의 의견 조정이 절대적으로 필요하다고 강조하였다.[228] 반면 소련은 공업발전과 아울러 주민들의 수요를 충족시키기 위해 농산물과 육류, 우유, 양

---

226 *Ibid.*, p. 360.

227 3월 3일, 헝가리 외교관들은 조선로동당 제3차 대회가 당의 규율을 강화하고 "종파주의"를 척결하기 위해 당 규약을 더 엄격히 할 것이라고 미리 예상한 바 있었다. Hungarian Embassy to the DPRK, Report, 3 March 1956, KTS, 12. doboz, 27/a, 003128/1956.

228 국토통일원, 『조선로동당대회자료집 1』, p. 545.

모 및 기타 축산물 생산에 힘을 쏟을 것이라고 했다.[229] 소련지도부는 언제나 북한이 소련공산당의 결정을 수용하고 소련의 경험을 받아들일 것을 요구해 왔다. 따라서 위의 발언도 북한지도부가 급속한 산업화 정책과 자립자족적인 경제에 집착하여 인민경제를 돌보지 않는 것을 바로잡기 위한 지적이나 다름없었다.[230] 브레즈네프는 집체적 영도원칙에 대해서도 근래 소련공산당 중앙위가 실시한 가장 중요한 레닌적 사업이라고 지적했다. 그는 집체적 영도원칙이야 말로 당적 지도를 위로부터 아래까지 개선하기 위한 유일하게 올바른 길이며, 이를 실천해야 개인숭배와 관련된 오류를 범하지 않는다고 충고하였다.[231]

한편 회의 이틀째 오후 마지막 순서로 축하연설을 하게 된 중국공산당 대표 녜룽전(聶榮臻)의 발언 내용은 브레즈네프의 연설과 극명히 대비되었다. 그는 북한의 전후 인민경제복구의 성과, 특히 농업집단화의 빠른 진전을 칭찬하였다. 녜룽전은 북한의 전후 경제복구발전과 농업집단화를 중국의 농업집단화 및 제1차 5개년 계획과 동일선상에 위치시켰다. 그러나 개인숭배문제와 소련공산당 제20차 대회에 대해서는 전혀 언급하지 않았다. 소련공산당의 새로운 정책에 대해 중국지도부 역시 불만을 갖고 있었음을 보여주는 대목이었다. 중국의 이 같은 태도는 김일성과 조선로동당 지도부의 결정이 옳았음을 합리화하고 이들을

229 *Ibid.*, p. 546.

230 당시 북한지도부가 인민경제를 위해 한 일이라곤 4월 15일 교과서의 가격을 20~50% 낮춘 것과 4월 30일 쌀 배급량을 늘린 것뿐이었다고 해도 과언이 아니었다. Szalontai, *Kim Il Sung in the Khrushchev Era*, p. 90.

231 국토통일원, 『조선로동당대회자료집 1』, pp. 546-547.

고무시켰다.[232]

따라서 경각심을 일깨운 브레즈네프의 연설에도 불구하고 당대회 첫 날의 김일성의 논조와 유사한 연설들은 대회 마지막 날까지 이어졌다.[233] 대회 기간 내내 연설을 맡은 조선로동당 중앙위 간부들은 하나같이 당이 매우 잘 운영되고 있고 완전한 화합을 이루고 있다고 발언하였다.[234] 이들은 모두 당이 집체적 영도를 보장하여 왔으며, 덕분에 박헌영과 리승엽과 같은 미제의 스파이와 박일우, 주영하 등의 종파분자들을 색출해 낼 수 있었다고 주장했다. 특히 최용건은 당 중앙위원회가 당 창건일부터 당내에 잠식해 있던 종파분자들과 지방 할거주의자들, 개인 영웅주의자들, 기타 여러 불순 요소들로부터 타협 없는 투쟁을 전개해왔다고 역설하였다. 나아가 그는 집체적 영도원칙은 맑스-레닌주의를 지침으로 삼고 있는 모든 당들에 있어서 기본적인 당생활 원칙이라며 조선로동당 또한 집체적 영도원칙을 철저히 구현하고 있음을 시

---

232 『로동신문』, 1956년 4월 25일.

233 조선로동당 제3차 대회에서 있었던 연설들은 모두 사전 검열 작업을 거쳤다. 발표자들의 사전 동의 없이 "불필요하다고 여겨지는" 내용들은 삭제되었다. Letter from Li Sangjo to the Central Committee of the Korean Workers Party, 5 October 1956, RGANI, Fond 5, Opis 28, Delo 410, Listy 233-295.

234 2일째 김두봉과 리종옥(李鍾玉), 김광협, 3일째 남일과 최용건, 4일째 김창만(金昌滿), 5일째 한상두(韓相斗), 6일째 박금철(朴金喆) 등이 이 같은 발언을 하였다. 3일째 발언한 최창익과 박의완, 김일은 주로 전후 경제복구 건설계획 등에 초점을 맞추어 연설하였다. 최창익은 이와 관련하여 박금철이 당 대회가 시작되기 전에 사회주의당들의 사절단들이 조선로동당 내의 정치적 상황에 대해 비판적인 논평을 낼 수도 있으니 연설 예정자들은 비판적인 논평을 하지 말도록 요구하였다고 주장했다. 이런 이유로 대회에서 행해진 연설들은 모두 사전검열을 거쳐 통과된 일부이며 소련과 사회주의 형제당들의 비판을 피하려는 뚜렷한 목적 하에 이루어진 것임을 고백하였다. Memorandum of Conversation with Choe Changik, 8 June 1956, RGANI, Fond 5, Opis 28, Delo 410, Listy 210-214.

사했다.[235]

결과적으로 제3차 대회에서는 소련공산당 제20차 당대회 결정을 충분히 반영했어야 하지만 그러지 못했다. 앞서 밝혔듯이 당대회에서는 당의 집단지도원칙과 스탈린 격하문제, 평화공존과 사회주의에로의 평화적 이행, 전쟁불가피론 등이 논의되어야 했다. 그러나 이러한 내용들은 대회 중에 거의 언급이 되지 않았거나 책임소재를 다른 이에게 돌리는 등 왜곡된 방식으로 표현되었다.[236] 조선로동당 규약 어디에도 소련대사관에서 제안한 평화공존에 대한 구문은 존재하지 않았다. [237]반면 중앙위원회에는 빨치산파의 수가 두 배 이상 증가하였으며 새로 선출된 중앙위원회 상무위원은 상당수가 김일성과 관련된 인물들이었다. 김일성, 김두봉, 박정애, 김일, 박금철 등 오직 5명만이 상무위원 직위를 유지하였으며 최용건, 김창만, 김광협, 정일룡 등 재선출된 인물들의 영향력과 역할은 이전보다 더 증가했다. 다만 아직까지는 표면적으로나마 소련계 한인들과 연안파들이 중앙위원회에 일부 남아 있었다.

제3차 당대회에서 보여준 북한지도부의 자아비판과 반성이 없는 모습에 대해 소련의 위성국들은 한결같이 부정적인 평가를 내놓았다.

---

235 국토통일원, 『조선로동당대회자료집 1』, pp. 423-424.

236 그나마 박정애가 발표한 조선로동당 규약에서 스탈린의 이름이 사라졌다는 것이 가장 큰 특징이자 사회주의 진영의 달라진 분위기를 반영한 부분이라고 할 수 있었다. 당 규약에는 "조선로동당이 맑스-레닌주의의 학설을 자기활동의 지도적 지침으로 삼는다."라고 나와 있다. 국토통일원, 『조선로동당대회자료집 1』, p. 525.

237 예를 들어 당 규약에 미국에 대한 적대적인 주장이나 비판적인 맥락에서 미국을 직접 지칭하는 단어들을 삭제할 것을 요구하였다. 조선로동당 규약에 대해 소련 측이 수정을 요구한 내용은 Remarks on the Draft Statutes of the KWP, 5 March 1956, RGANI, Fond 5, Opis 28, Delo 410, Listy 22-25 참조.

우선 동독 관료들은 조선로동당 규약 안에는 조선의 평화통일에 대한 방법이 부재한 데다 지도부가 이 문제에 대해 상당히 얕은 개념을 가지고 접근하고 있다고 지적했다.[238] 이어 다수의 당원들이 자격이 부족한 데도 입당하였으며 한국전쟁 기간 동안 38선을 넘어온 인물들이 갖고 있는 위험성에 대한 자각이 부족하다고 하였다.[239] 불가리아의 대사 그리고로프(Radenko Grigorov)는 소련대사관에 찾아와 북한과 중국이 소련공산당 제20차 대회에서 다루어진 논제들을 깊이 있게 성찰하지 않고 있다고 지적하였다. 조선로동당 제3차 대회에 참석했던 알바니아, 헝가리, 루마니아 대표단들은 조선로동당 내 우상숭배와 관련하여 심각한 문제가 있다는 것은 이전에도 알고 있었으나, 당 대회에서 제대로 논의되지 않았으며 개선책이 반영되지도 않았다고 비난하였다.[240]

조선로동당 제3차 대회의 내용과 결과에 대해 누구보다 실망한 대상은 아마 소련공산당이었을 것이다. 당대회에 참석했던 소련측 인사들은 소련공산당 중앙위에 3차 대회가 형식적이고 비민주적인 방식으로 개최되었다고 보고했다. 심지어 개인숭배문제에 있어서도 김일성과 그의 측근들은 관련성을 인정하지 않았다며, 소련공산당 중앙위원회는 이 대회를 정식 당대회로 간주하지 않는다는 입장을 표명하였다.[241] 소

238 동독관료들은 당 규약이 조선로동당 내부에 반당 세력들에 대한 경계를 담고 있다는 사실을 감지하였으며 북한 내 우상숭배문제가 논의되지 않았다는 사실을 비판했다.

239 On the Draft of the KWP Statute, 11 April 1956, SAPMO-BA, DY 30, J IV 2/20/135.

240 Memorandum of Conversation with the Bulgarian Ambassador to the DPRK, Comrade Grigorov, 10 May 1956, RGANI, Fond 5, Opis 28, Delo 411, Listy 225.

241 이종석, "중·소의 내정간섭 사례연구," p. 388.

련대사관의 관료들은 조선로동당 제3차 대회에 참석한 소회를 다음과 같이 정리하여 외무부상 그로미코(Andrei Gromyko)에게 보냈다.

> "a) 당의 레닌적 규범 및 집단지도원칙은 전혀 발견되지 않았음, 선거는 최근 8년 사이에 딱 한 번 이루어진 것, b) 우상화는 오직 박헌영과 관련 있으며 김일성과는 무관하다고 주장하였음, c) 1955년 곡물 수확은 노동자와 농민들의 화합을 깨뜨렸으며 사회주의 합법성을 위반하였으나 이 내용은 언급되지 않았음, d) 공산당 간부들에게 보내진 비밀서한은 형식주의와 교조주의에 대항하여 싸울 것을 강조하였으나 실제로는 반(反)소련 캠페인이었던 것으로 드러남, e) 비밀서한은 김일성의 부정적인 측면에 대해서는 절대로 언급하지 않았음." [242]

이밖에도 조선로동당의 '교주주의에 대한 투쟁'이라는 의제는 소련 외교관들의 눈에 반(反)소련 캠페인으로 비쳐졌다. 북한에서 러시아어와 문화를 가르치는 프로그램들이 축소되고 있었다는 사실이 바로 그 증거였다. 북한은 소련의 라디오 방송 송출마저 중단하였다.[243]

조선로동당 내의 상황이 개선되기를 희망하던 반(反)김일성 인사들 또한 실망하였다. 이 대회에 사절로서 참석하였던 소련주재 북한대사 리상조는 당 대회를 직접 목격하고 느낀 바를 술회하였다. 그는 당·

242 Results of the Third Congress of the KWP, RGANI, Fond 5, Opis 28, Delo 411, Ⅰ. 144.

243 선전선동부장인 리일경은 제3차 당 대회는 소련공산당 제20차 대회의 방안을 완벽히 따랐으며 조선로동당 중앙위는 우상숭배와 관련한 문제점들을 해결하였다고 하였다. 그러면서 몇몇 인사들이 소련 라디오 방송 송출을 중단한 것을 문제삼는데 이미 성숙하고 발전된 사회주의 국가들은 소련의 라디오 방송을 전혀 전송하지 않고 있으며, 북한 또한 성숙하고 발전된 사회주의 국가이므로 방송을 중단한 것이라고 변명하였다. Memorandum of Conversation with Bak Uiwan, 6 September 1956, RGANI, Fond 5, Opis 28, Delo 410, Listy 327−332.

정 사업들에 대해 분명 다른 견해와 감정이 공존하고 있음에도 진정한 비판이 전개될 수 없는 상황이라고 주장했다. 나아가 김일성 우상숭배 현상이 북한 전체에 팽배해 있으며, 그가 모든 것을 단독으로 결정하고 주변의 인물들은 그의 말에 절대적으로 복종하기 때문에 집단지도체제 역시 절대 불가능하다고 덧붙였다.[244] 리상조는 제3차 당대회 동안 당내에 우상숭배가 존재한다는 내용을 담은 제안서를 상무위원회에 두 번이나 제출하였다.[245]

상무위원 겸 부수상인 최창익도 이와 유사한 견해를 표명하였다. 그는 조선로동당 제3차 대회가 소련공산당 제20차 대회의 정신을 이어받지 않았다고 주장했다. 또한 조선로동당 대회에서는 당의 화합을 증진시킬 수 있는 어떠한 비판도 없었다고 지적했다.[246] 북한을 해방시킨 소련의 역할은 거의 언급되지 않았으며, 오히려 형식주의와 교조주의와 싸우자는 명목으로 소련 문화에 대한 투쟁이 강조되었다고 밝혔다.[247] 건설상 김승화(金承化) 역시 5월 7일 소련대사 이바노프에게 "조선로동당의 사업에는 소련공산당 제20차 대회의 정신이 부재하다. 집

244 Report by N. T. Fedorenko on a Meeting with DPRK Ambassador to the USSR Li Sangjo, 29 May 1956, RGANI, Fond 5, Opis 28, Delo 412, Listy 190–196.

245 리상조가 이와 같은 어필을 한 이후에도 조선로동당은 특별한 조치를 취하지 않았다. Memorandum of Conversation with Choe Changik, 8 June 1956, RGANI, Fond 5, Opis 28, Delo 410, Listy 210–214. 제안서의 내용 역시 공개되지 않았으며 대신에 리상조는 조선로동당 부위원장인 김창남으로부터 그가 제20차 소련공산당 대회의 결정을 기계적으로 받아들이려 하며 정치적으로 얼마나 부주의한가에 대해 비판받았다. Memorandum of Conversation with Gi Seokbok, 31 May 1956, RGANI, Fond 5, Opis 28, Delo 410, Listy 222–223.

246 Memorandum of Conversation with Choe Changik, 8 June 1956, RGANI, Fond 5, Opis 28, Delo 410, Listy 210–214.

247 *Ibid.*

체적 지도에 대하여 많은 사항들이 논의되었으며 집체적 지도원칙이 조선로동당의 사업에서 발견되었으며 우상숭배현상은 없었다는 증언들을 하고 있다."고 털어놓았다. 김승화는 이어 조선로동당 제3차 대회를 계기로 김일성이 항일무장투쟁을 전개하던 시기의 동지와 부하들이 당의 요직을 차지하게 되었다며 "중앙위에 남아있는 소련파는 단 한 명도 없다."고 말했다.[248] 서휘(徐輝)와 윤공흠은 김일성을 직접 찾아갔다. 서휘는 김일성에게 인민생활의 고난과 비정상적인 당생활, 개인숭배현상의 문제점을 지적했다. 그는 또한 최용건, 김일, 박금철 등을 찾아가 3차 당대회에 대한 자신의 견해를 전했다. 윤공흠은 김일성과의 면담을 통해 당대회의 오류를 시정해야만 조선혁명을 이끌 수 있다고 주장한 것으로 알려졌다.[249]

박의완은 소련 관료들과 정기적으로 만나기를 요청했다. 그는 당 지도부가 소련파의 소련대사관 방문을 부정적으로 여긴다는 사실을 알고 있었다.[250] 그럼에도 불구하고 박의완은 소련대사관의 참사관 필라토프와 만나 당 지도부에 자격이 부족한 새로운 인물들이 대거 진출하

248 Memorandum of Conversation with Minister of Construction, Kim Sung-hwa, 7 May 1956, RGANI, Fond 5, Opis 28, Delo 412, Listy 221.

249 려정, 『붉게 물든 대동강』, p. 77.

250 브레즈네프가 평양을 방문하였을 당시 일부 조선로동당의 당원들이 제3차 당대회 결과에 대해 실망감을 내비추었을 가능성도 없잖아 있었을 것이다. 실제로 박의완은 브레즈네프와 소련공산당 대표단을 홍남지역으로 초청하였다고 한다. 이때 어떠한 대화가 오갔는지는 현재까지 발굴된 외교문서에서는 나타나 있지 않다. 다만 이후로도 박의완이 소련대사관 및 공산당과 수시로 접촉하여 조선로동당의 상황에 대해 논의하였던 점으로 미루어 보아 브레즈네프에게 조선로동당의 문제점을 이야기할 수 있는 기회를 놓치지는 않았을 것이다. From the Diary of the Ambassador of the USSR in the DPRK, Comrade V. I. Ivanov for the period from 18 April to 14 May 1956, RGANI, Fond 5, Opis 28, Delo 412, Listy 217.

였음을 알리고 부정적인 견해를 피력했다. 박의완은 김두봉, 김일과 같은 능력 있는 인물들이 당중앙위 조직위원회 안에 어떠한 사업도 맡지 못했다고 안타까워하였다.[251] 그는 제3차 대회에 대해 첫째, 당이 자기비판에 소홀하고, 둘째, 외국, 특히 소련에 대해 부정적인 반응이었으며, 셋째, 우상숭배현상이 있음에도 불구하고 당중앙위가 맑스-레닌주의 원칙을 지켰다고 주장한 사실을 꼬집었다. 그는 결국 "사상 사업 과정을 변화시키기 위한 가장 최선의 방법을 수 없이 생각해 본 결과 이 문제에 있어서 외부의 도움이 필요하다는 결론에 이르게 되었다."고 했다. 박의완은 소련공산당 중앙위는 조선로동당 지도부가 맑스-레닌주의 원칙을 정확히 이해할 수 있도록 "적절한 방식"을 써서 도울 수 있을 뿐만 아니라, 당의 민주주의를 확립하도록 지원할 것이라고 믿었다. 또 그렇게 하는 것이 당을 강화하는데 도움이 되고 통일의 위업을 달성하기 위한 발판이 될 것이라고 판단하였다.[252]

그러나 당 지도부 가운데 그 누구도 김일성이 조선로동당에서 축출되어야 한다고는 생각하지 않았다. 놀랍게도 박의완뿐만이 아니라 리상조, 김승화 등 그와 비슷한 생각을 가진 당지도자들은 하나 같이 김일성을 "비록 사상교육이 미흡하기는 하나 강력한 리더십을 가진 인물"이라고 평가하였다. 이들은 김일성에게 적절한 지침을 내린다면 언제든 올바른 방향으로 되돌아올 수 있을 것이라고 여겼다.[253] 다만 당이

251 Memorandum of Conversation with Deputy Premier of the Council of Ministers, Candidate Member of the Presidium CC KWP, Pak Ui-wan, 7 May 1956, RGANI, Fond 5, Opis 28, Delo 410, Listy 108-110.

252 *Ibid.*

253 Person, "We Need Help from Outside," pp. 28-29.

스스로 내부 상황을 개선할 수 있는 능력이 부족하므로, 6월에서 7월까지 김일성의 우호국 순방기간 동안 소련이 그를 만나 직접 지침을 내리는 것이 바람직하다고 보았다. 김일성의 반대세력들은 김일성이 소련의 지침을 받아들임으로써 올바른 사상정책과 경제정책을 추구하고 사회주의 형제당들의 규범을 따라갈 수 있을 것으로 내다보았다.[254] 그러나 이후에 일어난 사건들을 떠올려본다면 당시에 반대세력들이 지나치게 낙관적인 평가를 내렸다는 사실을 부정할 수가 없다.

## 2. 8월 전원회의

### (1) 반(反)김일성 세력의 집결

김일성은 이미 사형이 선고된 박헌영을 희생양으로 하여 그 자신이 절대 비판에서 자유롭지 못했을 조선로동당 제3차 대회를 마무리짓는 데 성공했다. 그러나 당대회의 후폭풍은 감당하기 어려운 것이었다.

전 문화선전부상이자 평론가인 소련파 기석복(奇石福)은 조선로동당 제3차 대회의 결과 논의를 위해 소집된 평양열성자대회에서 당중앙위 부위원장인 김창만의 연설에 문제가 있음을 발견하였다.[255] 김창만

254 *Ibid.*, p. 29.

255 기석복은 1956년 초 당상무위원회에서 문예사업에서의 과오를 이유로 문화선전부상에서 해임되었으며 당중앙위원에서도 제명되었다. 또한 정률(시인), 전동혁(평론가)과 함께 작가동맹중앙위원회에서 제명되었다. "문학예술 분야에서 반동적 부르죠아 사상과의 투쟁을 더욱 강화할 데 대하여-상무위원회결정(1956년 1월 18일)," 『북한관계사료집 20』(과천: 국사편찬위원회, 1995), pp. 819-828.

은 누구든 당 내부에 우상숭배가 존재한다고 생각하는 자가 있다면 모든 사람들로부터 외면당하고 고립될 것이라고 경고한 것으로 알려졌다. 기석복은 또한 수일 전에 국가검열부상 장국일의 강연에 참석할 일이 있었는데, "조선은 김일성의 빨치산운동에 의해 해방되었다."는 내용을 접하게 되었다.[256] 이제 더 이상 소련은 북한을 제국주의로부터 해방시켜준 나라가 아니었다. 소련과 북한지도부 내에서는 김일성에 대한 비판이 들끓기 시작했다.

마침내 당내 김일성의 반대세력들은 김일성 지도부에 대항하기로 결정하였다. 이들의 목표는 정치적으로 김일성 중심의 권력체제를 개편하여 집단지도체제를 구축하고, 경제적으로는 소비품 생산증대를 통해 인민경제를 개선시키는 것이었다. 다만 김일성 반대세력들은 김일성이 갖고 있는 혁명적 배경과 국가건설에서의 기여도를 인정하고 있었다. 따라서 김일성과 그의 측근들을 숙청하기보다 그들이 범한 오류를 시정하는데 초점을 맞추었다.[257]

김일성은 마침 5개년 계획을 위한 원조를 요청하기 위해 1956년 6월 1일부터 7월 19일까지 소련과 동유럽으로의 장기 해외출장이 예정되어 있었다. 김일성 반대파들에게 이 기간은 김일성을 정치권력에서 밀어낼 수 있는 기회였다. 반대세력들은 소련과 자주 교신하면서 북한

256 Memorandum of Conversation with Gi Seokbok, 31 May 1956, RGANI, Fond 5, Opis 28, Delo 410, Listy 222–223.

257 소련대사 리상조는 김일성이 근본적으로 훌륭한 혁명 운동 역사를 가진 지도자라고 인정하면서 다만 사상교육을 제대로 받지 못한 탓에 계속해서 정책상의 실수를 저지르는 것이라고 보았다. Memorandum of Conversation with DPRK Ambassador to the USSR Li Sangjo, 16 June 1956, RGANI, Fond 5, Opis 28, Delo 412, Listy 238–241.

의 내부상황을 주시했다. 이들 중 일부는 김일성 개인의 변화를 통하여 북한이 더 나은 방향으로 발전해야 한다고 주장하였다. 당 상무위원회 후보위원인 소련파 박의완은 김일성의 해외순방이 경제정책과 인민들에 대한 변화를 가져오길 바란다는 낙관적인 희망을 내비쳤다. 그는 김일성이 지도자로서 과오를 저질렀다는 사실을 부정할 수는 없다고 하였다. 그럼에도 불구하고, 박의완은 5월 29일에 열린 정치위원회 회의에서 세 명의 소련계 한인들이 지도부 요직으로 승진했다는 사실을 예로 들어 김일성이 점차 변화하고 있다고 믿었다.[258]

그러나 다른 일부는 김일성 우상숭배현상은 북한 사회 내에 만연하기 때문에 소련의 적극적인 개입이 필요하다고 주장하였다. 최창익과 리상조, 리필규, 박길룡 등은 북한의 내부상황에 소련이 직접 개입하여 문제를 해결해줄 것을 요청했다. 연안파 최창익은 북한이 소련의 집단지도체제를 받아들이건 아니건 간에, 다양한 의견들이 공존할 수 있는 방향으로 북한지도부가 개선되는 것이 급선무라고 하였다.[259] 그러나 현재 조선로동당의 상황은 내부의 힘으로는 개선의 여지가 없으

258 박의완은 소련파였으나 제3차 당대회에서 개인숭배와 집단지도 문제를 지적하지 않았다. 대신 그는 당 상무위원회 후보위원이 되었는데 자신의 승진 문제를 놓고 김일성과 사전 교감이 있었는지도 모른다. 서동만, 『북조선사회주의체제성립사(1945−1961)』, p. 546. 이 시기에 승진한 세 명의 소련계 한인들은 고희만, 탁양익, 박원구였다. 박의완은 같은 소련파임에도 불구하고 고희만이 교통건설부 부상으로 발탁된 것에 부정적인 견해를 피력하였다. 그러나 김일성은 고희만의 능력을 인정하여 그를 교통건설부 부상으로 남게 했다. Memorandum of Conversation with Vice Premier and Minister of Light Industry Bak Ui−wan, 5 June 1956, RGANI, Fond 5, Delo 410, Listy 203−205.

259 Memorandum of Conversation with Choe Changik, 8 June 1956, RGANI, Fond 5, Opis 28, Delo 410, Listy 210−214.

므로 소련공산당 중앙위의 도움이 절실하다고 주장했다.[260] 그는 "소련 공산당 중앙위원회와 소련정부는 조선로동당과는 달리 사회주의 건설에 있어서 막대한 경험을 지니고 있으므로 조선로동당은 소련공산당으로부터 반드시 배워야 한다."며 김일성이 소련으로부터 충고를 받아들인다면 긍정적인 결과를 도출할 수 있을 것이라고 믿었다.[261]

소련대사 리상조 역시 김일성 지도부의 자발적 변화는 어렵다고 판단하고 소련의 인위적인 개입을 촉구했다.[262] 소련파인 리상조는 김일성이 소련으로 떠나기도 전인 1956년 5월 29일, 소련 외무성의 페도렌코(N. T. Fedorenko)를 만나 조선로동당 중앙위 지도부와 김일성이 저지른 위험한 과오들에 대해 설명하고 소련공산당의 정치·사상적인 도움이 필요하다고 주장하였다.[263] 리상조는 김일성 지도부가 저지른 과

---

260 서동만은 란코프의 저서 등을 바탕으로 최창익 등 반대파가 소련대사관과 면담하면서 소련의 직접 개입을 요청한 것이 아니라고 하였으나 이 문서로 인해 사실이 아니라는 것이 밝혀졌다. 서동만, 『북조선사회주의체제성립사(1945-1961)』, p. 557; 안드레이 란코프, 『소련의 자료로 본 북한 현대정치사』, pp. 221-222.

261 Memorandum of Conversation with Choe Changik, 8 June 1956, RGANI, Fond 5, Opis 28, Delo 410, Listy 210-214.

262 소련을 통한 조선로동당 재정비 계획에 끌어들이기 위한 리상조의 노력은 박길룡으로부터 시작되었다. 소련파 박길룡은 김일성이 소련과 동유럽 국가로 여행을 간 사이 조선로동당이 소련공산당 제20차 대회의 정신을 지니지 않았음을 비판하고 당과 정부의 경제 및 사상 정책을 비판하는 등 평양에서 활발한 로비활동을 벌였다. Memorandum of Conversation with the Ambassador of the DPRK to the German Democratic Republic, Pak Kil-ryun, 7 May 1956. RGANI, Fond 5, Opis 28, Delo 412, Listy 222-224.

263 이 자리에는 극동부(Far East Department)의 고문인 베레쉬샤긴(B. N. Vereshchagin)이 참석해 있었으며 리상조와 이 날 나누었던 대화 기록은 1956년 6월 모스크바를 방문한 김일성 지도부에 충고를 위한 준비자료로 활용되었다. Report by N. T. Fedorenko on a Meeting with DPRK Ambassador to the USSR Li Sangjo, 29 May 1956, RGANI, Fond 5, Opis 28, Delo 412, Listy 190-196.

오들은 이론교육의 부족함으로 일어나는 것이라고 주장했다. 그는 김일성을 훌륭한 혁명운동 역사를 지닌 젊은 지도자라고 인정하고, 다만 사상교육을 충분히 받지 못했기 때문에 실수를 거듭하는 것이라고 말했다. 따라서 그는 소련이 직접 개입하여 김일성 지도부를 교육해야 한다고 강조했다.[264]

내각건재국장 리필규는 김일성이 본국으로 귀환한 바로 다음 날인 1956년 7월 20일 소련대사관의 대리대사인 페트로프(A. M. Petrov)와 만난 자리에서 김일성 지도부를 비판하고 소련의 적극적 개입을 주장하였다. 그는 현재 북한이 어려운 환경에 처해 있다며, 당중앙위가 불신을 쌓은 탓에 내각과 당중앙위 사이에는 아무런 신뢰도 존재하지 않는다고 했다. 따라서 가능한 조속한 시일 내에 특별한 조치들이 취해져야 할 것이라고 주장했다.[265] 페트로프는 그 조치라는 것들이 정확히 무엇을 의미하는지를 물었다.

> "리필규는 당중앙위원회와 내각의 현(現) 지도부를 교체하는 임무를 제시하고 있는 집단이 있다고 했다. 그의 말에 따르면, 지도부를 교체할 수 있는 방법에는 두 가지가 있다. 첫 번째는 당 내부에서 날카롭고 결정적인 비판과 자아비판을 하는 것이다. 그러나 리필규는 김일성은 그러한 방법을 선호하지 않을 것이라고 했으며, 이 같은 접근이 성공할 것인지에 대해서도 의문을 품고 있었다. 두

264 Memorandum of Conversation with DPRK Ambassador to the USSR Li Sangjo, 16 June 1956, RGANI, Fond 5, Opis 28, Delo 412, Listy 238–241.

265 이 전보는 리필규 스스로 고백하는 자신의 이력 소개로 시작한다. 실제로 페트로프와 만난 자리에서 리필규는 자신에 대한 소개를 했다고 한다. 이로 보아 그는 이전까지는 소련에 별로 알려지지 않았던 인물이었고 김일성 세력에 대항할 목적으로 소련의 힘을 빌리고자 적극적으로 노력한 것으로 추측된다.

번째 방법은 강제적인 대변동이다. 리필규는 이 방법이 희생을 동반하는 어려운 길이라고 말했다. 북한에서는 이 방법을 주장하는 사람들이 있으며 현재 적절한 준비조치를 취하고 있다. 이러한 집단에 누가 포함되어 있는지 이름을 알려줄 수 있겠냐는 본인의 질문에 리필규는 답하지 않았다." [266]

그러나 앞서 여러 소련파 및 연안파 간부들이 최용건을 김일성 우상화와 당·정 지도부의 분열의 중심에 있는 것처럼 묘사했던 반면, 리필규는 최용건에 대해 비판적으로 보지 않았다.[267] 리필규는 오히려 최용건이 김일성에 대해 매우 부정적인 인물이라고 평가했다. 그는 최근 들어서 최용건이 김일성의 활동에 불만을 표출하기 시작하였으며 소련에서만 김일성과 함께했을 뿐 김일성과 그다지 친분이 있는 인물은 아니라고 설명하였다. 나아가 "최용건은 아주 훌륭한 혁명운동 역사를 갖고 있다. 서열로만 치면 김일성보다 높다. 최용건은 똑똑한 사람이다. 그는 최근에 김일성의 몇 가지 행동들을 두고 불만을 표출하였다."고 전했다. 이와 같은 최용건에 대한 리필규의 긍정적인 평가는 8월 종파사건을 목전에 두고 최용건이 일정 정도 빨치산파의 스파이 역할을 담당하였다는 기존의 의혹에 신빙성을 더한다고 할 수 있다.[268]

이처럼 김일성 개인에 대한 일부 긍정적인 평가와 그의 측근들에

---

266 Memorandum of Conversation with the Head of the Department of Construction Materials under the Cabinet of Ministers, Li Pilgyu, 20 July 1956, RGANI, Fond 5, Opis 28, Delo 304–308.

267 *Ibid.*

268 최용건은 8월 전원회의에서 중앙검열위원회 부위원장 허성택(許成澤) 등과 함께 윤공흠이 발언하는 것을 저지하는 등 빨치산파로서 그의 임무를 다했다. 9월 전원회의 이후에도 숙청을 당하지 않았으며 오히려 김일성의 신임을 얻고 자신의 위치를 더욱 공고히 다졌다.

대한 인지 부족은 반대세력의 움직임이 사전 발각되는 데 결정적인 도움을 주었을 것으로 보인다. 박창옥 역시 그의 의도는 아니었을지라도 김일성 지도부가 반대세력들의 계획을 사전에 짐작할 수 있도록 도왔다. 그는 7월 20일 남일의 자택을 방문하여 최창익, 김승화와 몇몇 관료들이 오는 전원회의에서 김일성에 대한 격렬한 비판을 가할 예정이라고 귀띔했다. 박창옥은 자신과 최창익, 김승화가 당중앙위 지도부와 김일성 개인의 과오와 우상숭배현상, 그리고 소련계 한인들에 대한 부당한 처우 등에 대한 비판을 하고 나면, 당 간부들로부터 지지를 받을 수 있을 것이라고 예상했다. 박창옥은 특히 조선로동당 부의장인 최용건이 김일성 비판에 합세할 가능성도 배제하고 있지 않다며 남일도 이들 그룹에 합류하여 김일성을 비판해줄 것을 부탁했다.[269]

페트로프 대리대사는 남일이 자신이 어느 편에 서야 할지 조언을 구했다고 보고했다. 그러나 실제로 남일이 갈등적인 상황에 있었다기보다는 소련의 의중을 떠보기 위해 그러한 상황에 처해 있는 것처럼 행동했을 것으로 판단된다.[270] 1956년 7월 24일, 페트로프를 만난 남일은 김일성을 두둔하고 그에게 무한 신뢰를 보내고 있었다. 남일은 박창옥과 다른 이들이 김일성을 가혹하게 비판하는 것은 결코 바람직하지 않

269 Memorandum of Conversation with DPRK Minister of Foreign Affairs Nam Il, 24 July 1956, RGANI, Fond 5, Opis 28, Delo 410, Listy 301−303.

270 후술하겠지만 8월 전원회의에서 김일성은 자신은 이미 전원회의가 개최되기 전에 "불평분자들을 이끌어 조선로동당의 정책들이 잘못되었다고 생각하는 인물이 소련대사관에 있다는 제보를 들었다."며 소문 확인을 위해 남일과 박정애를 소련대사관에 파견해야만 했다고 고백하였다. Memorandum of Conversation with Bak Uiwan, 6 September 1956, RGANI, Fond 5, Opis 28, Delo 410, Listy 327−332; 『毛主席接見朝鮮代表b團談話紀要』(1956年 9月 18日 22時 30分−24時, 北京中南海蓬年堂); 이종석, "중·소의 내정간섭 사례 연구," p. 392에서 재인용.

다고 주장했다. 북한의 현실에 비추어 보아, 김일성 우상숭배문제를 제기한다는 것은 당과 정부의 권위 손상을 불러올 수 있기 때문이었다.[271] 남일은 다소 혼란스러워 보였으나 이내 자신의 입장을 분명히 했다. 그는 오는 전원회의에서 반대세력들이 무언가 발언할 것이라는 내용을 김일성에게 알리기로 결심했다. 다만 반대세력들의 김일성 비판이 자칫 소련계 한인들에 대한 집단적 보복으로 이어지지 않기를 희망했다. 페트로프 대리대사는 남일의 입장에 대해 다음과 같이 설명했다.

> "박창옥의 방문으로 남일은 그 자신이 매우 애매한 위치에 놓여 있다고 느끼고 있었다. 반면에 그는 중앙위 상무위원회의 구성원으로서 박창옥과 나누었던 대화 내용을 김일성에게 알려야겠다고 말했으며, 그(박창옥)를 김일성에 대항한 발언들을 적극적으로 준비하는 사람 중의 하나로 인지하겠다고 했다. 다만 남일은 박창옥이 소련계 한인이기 때문에 김일성에게 박창옥의 행동에 대해서는 말하지 않는 편이 낫겠다고 했다. 왜냐하면 김일성이 자칫 본인에 대한 집단적 의사 표시를 소련계 한인들과 부당하게 연결 지어 생각할 수도 있기 때문이다."[272]

위의 내용은 1956년경에는 종파주의를 명목으로 파벌 전체에 대한 비판이 시작되고 있었음을 보여주고 있다. 김일성은 허가이를 숙청할

---

271 Memorandum of Conversation with DPRK Minister of Foreign Affairs Nam Il, 24 July 1956, RGANI, Fond 5, Opis 28, Delo 410, Listy 301−303. 남일은 자신을 비롯하여 북한지도부가 모든 방법을 동원하여 김일성의 과오를 수정하고 부족함을 채우도록 도울 것이라고 했다. 또한 그동안의 오류에도 불구하고 현재 북한에서 김일성을 대신할 사람은 없다고 주장했다. 그는 김일성은 맑스−레닌주의와 관련하여 항상 옳았으며 당중앙위의 일반노선 또한 옳았고, 김일성 개인도 소련공산당 지도부의 비판에 대해서 정확하게 인지하고 있다고 주장했다.

272 *Ibid.*

때에도 이것이 소련파 전체에 대한 처벌이나 응징임을 내세운 적은 단 한 번도 없었다.[273] 그러나 그동안의 소련파 억압이 주로 개인에 대한 공격이었다면 점차 집단에 대한 공격으로 확대되고 있었다. 특히 1955년 12월 전원회의 이후 그러한 경향은 심해져서 1956년에는 일부 소련계 한인들의 행동으로 말미암아 소련파 전체에 대한 비판으로 이어지고 있었다.

그렇다면 당시 소련은 북한의 내부 권력투쟁에 대한 어떠한 생각을 갖고 있었을까? 소련지도부는 일단 조심스러운 입장을 견지하여 북한 내정에 직접적인 개입은 하지 않기로 했다. 소련계 한인들의 김일성 비판은 자칫 오해를 불러일으켜 북한 내외에서 의도치 않은 반응을 이끌어낼 가능성이 있었기 때문이다. 또한 소련공산당 중앙위는 일전에 모스크바를 방문했던 김일성에게 같은 문제를 언급한 바 있었기 때문에 이 문제를 재차 언급할 필요도 없었다. 소련공산당 지도부는 김일성으로부터 과오를 수정하겠다는 확답을 받았으니 자신들이 할 일을 다 하였다고 생각했을 수도 있다. 직접 비판을 가한지 얼마 되지 않은 시점에서 김일성 반대세력들을 돕는다는 것은 자칫 내정간섭이라는 비판을 들을 수도 있었다. 때문에 일단은 상황을 계속해서 지켜보는 쪽을 선호하였을 것이다.

실제로 소련 대사관은 전원회의에서 김일성을 비판하려는 박창옥

273 허가이가 김일성과 대립하였던 것은 소련파의 김일성 또는 김일성의 지지자에 대한 대항이 아니었다. 허가이는 강력한 사회주의당을 건설하기 위해 최선의 정책을 실현코자 하였던 것이며 그것이 김일성의 생각과는 배치되었던 것이다. Dae-Sook Suh, *Kim Il Sung: The North Korean Leader* (New York: Columbia University Press, 1988), p. 127.

의 태도는 잘못되었다고 지적하는 등 소련파의 김일성 공격에 회의적인 입장을 보였다. 따라서 소련대사관의 페트로프 대리대사는 남일에게 "어떠한 방식으로든 박창옥과 김승화 및 다른 소련계 한인들에게 영향력을 행사하여 김일성에 대해 발언하는 것을 막도록 하라."고 조언했다.[274] 동시에 그는 남일이 앞서 언급했던 내용들을 김일성에게 알리는 것은 그가 알아서 할 일이지만 박창옥과 김승화의 이름을 직접적으로 언급하는 것은 지금 시점에서 다소 성급하다고 조언하였다.[275]

이처럼 소련이 애초부터 소련파의 김일성 공격을 지지하지 않았다는 사실은 현재까지 공개된 문서를 보았을 때 명백하다.[276] 소련이 연안파를 내세워 김일성에게 경고하고자 했다는 주장도 있지만 사실은 아닌 것으로 보인다.[277] 증거도 뚜렷하지 않거니와 소련은 한국전쟁에서도 그러했듯이 타 국가의 내정에는 간섭하지 않겠다는 구실을 들어 사태를 관망했다. 소련의 무관심한 태도는 북한의 정치적 상황의 심각성에 대한 정보와 인지 부족에서 비롯된 것이기도 했다. 실례로 전원회의가 열리기 불과 며칠 전인 8월 28일, 김두봉은 소련공산당 중앙위 동지들이 북한에 오고 싶어 하지도 않으며 사태해결을 도우려 하지도 않는

274 Memorandum of Conversation with DPRK Minister of Foreign Affairs Nam Il, 24 July, 1956, RGANI, Fond 5, Opis 28, Delo 410, Listy 301–303.

275 *Ibid.*

276 현재까지 확인된 소련 외교 문서에는 소련이 반 김일성 세력들을 지지하는 내용이 단 한 차례도 나타지 않는다.

277 '8월 종파사건'에 중·소 개입과정을 연구한 이종석의 주장은 이러하다. 소련파들은 소련대사관의 반대로 반 김일성 운동에서 제한적인 역할만을 했다. 소련은 전 과정에 걸쳐 개입하였으나 소련파 인사들이 선봉에 나서는 것은 반대했다. 따라서 소련은 연안파들을 내세우려 하였으며 북한의 내부 사정에 깊숙이 개입하였다는 증거를 남기려 하지 않았던 것으로 보인다고 판단했다. 이종석, "중·소의 북한 내정간섭 사례연구," p. 391.

다고 분개하였다.[278] 실제로 소련공산당 중앙위에는 조선로동당에서 일어나고 있는 우상숭배현상, 소련파에 대한 차별, 역사왜곡과 경제 문제 등을 정확히 알고 있는 사람이 많지 않았다.[279] 덕분에 김일성은 소련이 적극적으로 개입하지 않을 것이라고 예상하고 반대세력들에 대한 대비책을 어느 정도 마련해 둘 수 있었다. 김일성은 소련파인 남일을 소련대사관으로 보내 반대세력들의 계획을 사전에 탐지하도록 하고 반대세력들이 악의적인 발언을 삼가도록 위협하였다.[280]

김일성의 기대와는 달리 소련과 동유럽 순방은 순탄치 않았다. 모스크바에서 김일성은 흐루시초프와 미코얀(Anastas Mikoyan)을 비롯한 소련지도부로부터 사업상의 문제점들을 비판받았다. 소련공산당과 내각의 지도자들은 조선로동당의 정책에 의문을 제기했고, 김일성에게 인민들의 물자공급에 관심을 기울이고 국가경제 발전에 힘 쓸 것을 촉구했다. 김일성에게 조선로동당이 인민생활을 안정시키지 못하고 있다는 점과 김일성 개인숭배현상, 당역사의 왜곡 등을 지적하였다.[281] 그럼에도 불구하고 소련공산당 중앙위 위원들은 조선로동당의 과오에 대해 정확히 인지하지 못하고 있었기 때문에 당내 문제에 직접 개입하여 김

278 이에 대해 박의완이 소련공산당은 조선로동당 내부의 일에 간섭할 수 없다는 원칙적인 발언을 하자 김두봉은 이 사건은 내정간섭의 문제가 아니라 두 형제당 사이의 관계 문제라고 주장하였다. Memorandum of Conversation with Bak Uiwan, 29 August 1956, RGANI, Fond 5, Opis 28, Delo 410, List 317−319.

279 Memorandum of a Conversation with DPRK Ambassdor to the USSR Li Sangjo, 10 September 1956, RGANI, Fond 5, Opis 28, Delo 410, Listy 230−232.

280 Memorandum of Conversation with Bak Uiwan, 29 August 1956, RGANI, Fond 5, Opis 28, Delo 410, List 317−319; Report by N. T. Fedorenko on a Conversation with Li Sangjo, Ambassador of the DPRK to the USSR, 5 September 1956, RGANI, Fond 5, Opis 28, Delo 410, Listy 224−228.

281 려정, 『붉게 물든 대동강』, p. 77.

일성의 지위를 박탈하려 하지는 않았다.[282]

반면 김일성은 소련이 북한의 내정에 간섭을 시도한다고 생각했겠지만, 소련과 동유럽 사회주의 형제국가들의 원조가 절실한 시점이라는 사실을 잊지 않았다. 김일성은 소련지도부가 제기한 자신에 대한 비판을 그대로 수용하고 개선하겠다고 약속하였다.[283] 김일성은 그러나 북한으로 돌아오면서 약속한 것과는 반대로 행동했다.

그러자 반대세력들은 외부의 도움 없이 그들 손에서 문제를 해결해야 한다고 잠정 결론을 내렸다. 이들은 다가오는 8월 전원회의에서 내부의 문제점들을 제기하고 자아비판을 통해 당 중앙위를 설득시키기로 하였다. 반김일성 세력들은 김일성을 지도부에 남겨둬야 한다고 생각했던 종전의 결론과는 달리, 만약 이번에도 자신들의 요구사항이 받아들여지지 않는다면 당 지도부를 교체해야 한다고 마음먹었다.[284]

---

282 Memorandum of Conversation with DPRK Ambassdador to the USSR Li Sangjo, 10 September 1956, RGANI, Fond 5, Opis 28, Delo 410, Listy 230−232.

283 Memorandum of Conversation with DPRK Ambassdador to the USSR Li Sangjo, 10 September 1956, RGANI, Fond 5, Opis 28, Delo 410, Listy 230−232. 이 대화는 모스크바 소련공산당 중앙위 상임간부회의에서 열렸다. 김일성은 소련공산당 중앙위가 제시하는 북한 내 우상숭배현상의 퇴치와 당내 민주주의와 자아비판에 관한 충고에 모두 동의한다고 했다; 한편, 소련공산당은 김일성과의 담화 내용을 중국공산당에도 알렸다고 한다. 이종석, "중·소의 내정간섭 사례 연구," p. 393.

284 Person, "We Need Help from Outside," pp. 32−33. 그러나 이들은 자신들의 생각이 받아들여지지 않을 것이라고는 생각하지 않았던 것 같다. 소련 타스(TASS)통신 평양주재 기자인 필라토프가 김승화를 통해 김일성이 소련 방문시 소련지도부로부터 비판받은 사실을 최창익, 윤공흠, 리필규 등에게 알렸다. 필라토프와 소련대사 이바노프는 박의완과 김승화에게 누가 나서서 김일성을 비판하더라도 받아들일 수밖에 없을 것이라고 했다. 려정, 『붉게 물든 대동강』, p. 77.

### (2) 8월 전원회의의 전개와 결과

일정에 따르면 조선로동당 중앙위 전원회의는 8월 30일과 31일에 평양예술극장에서 개최하기로 되어 있었다. 본래 의제는 소련과 동유럽 방문에 관한 정부대표단의 사업 총결, 인민보건사업을 개선·강화하는 데 관한 것이었다. 전원회의가 열리기 이틀 전인 8월 28일, 조선로동당 중앙위 상무위원회가 열렸고 김일성이 전원회의에서 발표할 보고의 초안이 공개되었다. 김일성의 보고서는 소련 및 동유럽 순방 결과, 북한의 경제상황 및 산업과 농업 확대와 인민경제 향상을 위한 당·정의 5개년 계획 방안, 조선로동당의 과업과 당내 상황 등으로 구성되어 있었다.[285] 보고서에는 스탈린 우상숭배현상 극복을 위한 소련공산당 제20차 대회의 중요성에 대한 언급도 있었다. 보고서는 조선로동당에도 박헌영에 대한 우상숭배가 당에 만연하였고 현재까지도 사상사업의 다양한 분야에 이 같은 우상숭배가 존재하고 있다고 밝히고 있었다.[286] 덧붙여 이 보고서는 당중앙위가 우상숭배문제를 개선해나가고 있으나 아직 우상숭배 척결이 완료된 것은 아니라고 하였다. 보고서의 결론 부분에서는 종파의 잔재와 종파적 활동에 대해 언급하면서 조선로동당이

285 Memorandum of Conversation with Bak Uiwan, 29 August 1956, RGANI, Fond 5, Opis 28, Delo 410, List 317−319.

286 김일성은 8월 전원회의를 준비하는 과정에서 최창익, 서휘 등의 사람들이 조선로동당의 지도부에 대해 불만을 가지고 있었으며 부적절한 인재등용, 우상숭배현상, 그리고 기타 문제들을 지적하였다고 했다. 김일성은 사적인 대화를 통해 의견을 교환하고 상무위에서 긴급한 문제들을 논의한 결과 완전한 의견일치를 보았고 논쟁을 초래할 만한 주제들은 모두 해결되었다고 주장했다. 김일성은 자신의 보고가 우상숭배현상에 대하여 자세히 진술하였고 이 부분은 최창익과 김두봉 또한 인정한 것이라고 주장하였다. Memorandum of Conversation with Kim Il Sung, 1 September 1956, RGANI, Fond 5, Opis 28, Delo 410, Listy 319−321.

경각심을 강화하고 종파세력에 맞서 투쟁할 것을 요구하고 있었다.[287]

김일성의 보고 초안은 정작 자신에 대한 개인숭배현상에 대해서는 직접적으로 언급하지 않았다. 이는 김일성 우상화로 인한 여러 사회문제들에 대해 궁극적인 해결을 바라고 있던 반대세력들에게 커다란 실망을 안겨 주는 것이었다. 다만 반김일성 세력들은 김일성의 서면보고를 계기로 우상숭배현상에 대한 논의가 있을 예정이라는 점에 희망을 걸었다. 박의완은 소련대사관을 방문하여 김일성이 전원회의에서 발표할 보고서의 초안에 대해 알렸다.

그러나 이 모든 것은 희망사항에 불과했다. 전원회의의 첫 날인 1956년 8월 30일, 김일성이 개인숭배문제와 관련해서 조선로동당은 1956년 6월 30일에 소련공산당 중앙위원회가 채택한 「개인숭배와 그의 후과를 퇴치할 데 관하여」라는 결정을 전폭적으로 지지한다고 발언하였다. 김일성은 지난 3월 전원회의에서 지적했듯이 조선로동당 내에서도 약간의 개인숭배가 존재하였다고 인정한다며, 이는 당 사상사업에서 개인의 역할과 공로가 지나치게 찬양된 데서 비롯된 것이라고 주장하였다. 그러나 그는 당중앙위는 개인숭배문제들을 시정하기 위해 노력하고 신중한 조치들을 취해 왔다면서 조선로동당이 조직·사상적으로 더욱 강화·발전되고 있다고 주장함으로써 우상숭배현상은 현재와는 무관한 일

287 Memorandum of Conversation with Bak Uiwan, 29 August 1956, RGANI, Fond 5, Opis 28, Delo 410, List 317–319. 그러나 박의완은 이 시기 즈음하여 김일성, 박정애, 김일 등이 각각 두 번 정도, 남일과 방학세가 각각 한 번씩 자신을 호출하여 8월 전원회의에서 발언을 포기할 것을 강요하였다고 털어놓았다. 마찬가지로 건설상 김승화는 모스크바에 있는 사회과학연구소로 보내져 8월 전원회의에 참석할 수 없었다. 김일성은 김승화가 "불미스러운 일에 연루되어 있어서 떠나야만 했다."고 설명했다.

로 취급하였다.[288]

이어 국가계획위원회 위원장인 리종옥과 함경북도 지방당위원회 비서인 김대봉이 발언하였다. 리종옥은 조선로동당이 이룩한 성과를 찬양하였고, 김대봉은 당의 지도 아래 지방에서 성취한 업적들을 보고하는 등 김일성을 두둔하고 그의 공적을 높이 평가하는 발언들을 쏟아내었다. 김대봉은 반면 윤공흠이 지휘하는 상업성을 강하게 비판하였는데 이를 지켜 본 박의완은 사전에 준비가 철저히 되어 있었다는 인상을 받았다고 술회했다.[289] 김일성과 그의 지지 세력들은 8월 전원회의에서 있을 비판에 대하여 사전대비책을 강구하였던 것이다.

보고가 끝나자 당 중앙위원 겸 상업상인 윤공흠이 예정에도 없던 발언권을 요청하여 단상에 섰다.[290] 그는 조선로동당이 소련공산당 제20차 당대회의 결정을 거부하고 맑스-레닌주의 원칙을 따르지 않는다고 일침한 뒤, 당 내부에서 우상숭배의 부정적인 현상들이 지속되고 있다며 개인숭배와 관련한 김일성의 과오를 비판했다.[291] 윤공흠은 또한 최용건의 당부위원장 임명을 비롯하여 간부정책을 비난하고 당 내의

288 "형제적 제 국가를 방문한 정부대표단의 사업총화와 우리 당의 당면한 몇 가지 과업들에 관하여: 전원회의 결정(1956년 8월 30일-31일)," 『북한관계사료집 30』 (서울: 국사편찬위원회, 1998), pp. 775-784.

289 Memorandum of Conversation with Bak Uiwan, 6 September 1956, RGANI, Fond 5, Opis 28, Delo 410, Listy 327-332.

290 당일 전원회의의 사회자는 박정애였다. 그녀는 윤공흠의 발언권 요청에 당황하였으나 김일성이 명백한 의사표시를 취하지 않자 발언을 허락하였다고 한다. 려정, 『붉게 물든 대동강』, p. 81.

291 뿐만 아니라 인민생활의 저하, 양곡수매 사업의 문제점, 건설자금이 중공업에 편중되어 투입되고 있다는 점도 지적되었다. 서동만, 『북조선사회주의체제성립사(1945-1961)』, p. 561.

일반노선(중공업우선정책)에도 반박했다.[292] 그는 나라에 지하자원이 풍부하고 제철제련 공업의 토대가 마련되어 있으므로 중공업을 발전시키는 것은 옳다고 인정하였다. 다만 중공업에 대한 우선적 투자보다 인민생활과 직접 관련되는 농업과 경공업에 더 많은 투자가 요구된다며 중공업우선정책의 오류를 요목조목 비판하였다.[293]

윤공흠의 발언을 가장 먼저 자른 것은 역시 김일성이었다. 김일성은 윤공흠에게 그가 당을 모욕하고 있다고 비난하였다. 그러나 윤공흠은 당이 맑스-레닌주의 원칙을 지키지 않고 있다며 연설을 계속했다. 최용건 역시 자신에 대한 윤공흠의 비판에 격분하여 자리에서 일어나 온갖 욕설을 퍼부었다.[294] 곧이어 윤공흠의 발언은 최용건, 허성택 등에 의해 바로 저지당하였고 그는 단상에서 끌어내려졌다. 대부분의 당원들은 윤공흠의 발언이 반당적 성격을 내포하고 있다고 발언하였으며 오직 최창익만이 그를 지지하였다.[295]

전원회의의 반응이 심상치 않다는 것을 느낀 윤공흠, 서휘, 리필규, 김강(문화선전성 부상) 등은 신변의 위협을 느끼고 발언이 있었던 당일 국경을 건너 중국으로 망명했다. 이들은 오후에 속개된 회의에서

---

292 Memorandum of Conversation with Kim Il Sung, 1 September 1956, RGANI, Fond 5, Opis 28, Delo 410, Listy 319-321.

293 려정, 『붉게 물든 대동강』, p. 81.

294 Memorandum of Conversation with Bak Uiwan, 6 September 1956, RGANI, Fond 5, Opis 28, Delo 410, Listy 327-332.

295 Memorandum of Conversation with Kim Il Sung, 1 September 1956, RGANI, Fond 5, Opis 28, Delo 410, Listy 319-321. 김일성의 표현에 따르면 거의 모든 당원들이 윤공흠의 도발적인 성향에 분노하였다고 한다. 또한 윤공흠의 연설이 반당적 성격을 내포하고 있다고 주장한 이들은 그가 전원회의 이전에도 반당행위를 저지른 바 있음을 지적했다고 하였다.

"종파적 음모행위," 즉 반당행위를 이유로 탈당조치 되었다. 최창익은 당중앙위 상무위원회에서 제명당하였으며 박창옥은 당의 현직에서 파면되고 중앙위원회에서도 제명되었다. 윤공흠 역시 당 중앙위에서 제명되고 상업상에서 파면되었으며 서휘는 당 중앙위 위원에서 제명되고 직총 중앙위 위원장의 직책에서 파면되었다. 리필규는 당 중앙위 후보위원에서 제명되었으며 내각 건재공업국장의 직위를 박탈당했다. 이외 최창익·박창옥과 연계된 당원들을 당 중앙위원회 검열위원회에서 계속 심의하도록 결정했다. 이것이 바로 「최창익·윤공흠·서휘·리필규·박창옥 등 동무들의 종파적 음모행위에 대하여」라는 결정서에 의한 조치였다.[296]

9월 1일, 김일성은 이바노프 소련대사와 만난 자리에서 당지도부가 박창옥과 최창익에 대해 애초부터 위와 같은 결정을 내리려고 했던 것은 아니었다고 해명하였다. 그는 이들의 반당행위가 포착되었고 전원회의에 참석한 당원들이 위와 같은 결정을 요구했다고 주장하였다.[297] 김일성에 따르면 당중앙위는 8월 전원회의의 핵심주제를 우상숭배현상이 아닌 '인사(人事)'라고 합의해 놓은 상태였다. 특히 박정애

296 자세한 내용은 "최창익·윤공흠·서휘·리필규·박창옥 등 동무들의 종파적 음모행위에 대하여: 전원회의 결정(1956년 8월 30일~31일)," 『북한관계사료집 30』, pp. 784–789 참조. 1956년 10월 26일, 이바노프 소련대사는 챠오커시엔 중국대사관 대리대사에게 박창옥은 혜산진(현 혜산시)에 있는 제재소에서 부지배인으로 일하고 있으며 최창익은 병중인 것으로 보인다고 전했다. Memorandum of Conversation with the Charge d' Affaires of the Chinese Embassy in the DPRK, Choa Kaelyan, 26 October 1956, RGANI, Fond 5, Opis 28, Delo 412, Listy 344–346.

297 Memorandum of Conversation with Kim Il Sung, 1 September 1956, RGANI, Fond 5, Opis 28, Delo 410, Listy 319–321.

와 박금철에 대한 인사가 집중적으로 화두에 올라 일부 당중앙위 위원들은 사전에 이 문제를 조사하였다. 그러나 이들에 대한 인사문제는 근거 없는 것으로 드러났고 최초 문제를 제기하였던 김두봉은 전원회의에서 이를 언급하지 않기로 하였다. 이와 더불어, 중앙위 상무위원회는 개인에 대한 공격은 지도부를 약화시키려는 의도라는 결론에 이르렀다고 한다.[298] 따라서 적어도 김일성의 입장에서 윤공흠의 발언 내용은 회의 전 합의를 파기하는 것인 동시에 당지도부를 공격하려는 반당행위였다.[299]

윤공흠과 서휘, 김강, 리필규가 중국으로 떠나고 속개된 전원회의에서 김일성은 의미심장한 발언들을 남겼다. 그는 우선 최창익과 박창옥이 어떻게 당지도부에 대한 불만을 일으켜왔는지 역사를 읊어댔다. 김일성은 이번 전원회의가 열리기 전, "불평분자들을 선동하여 조선로동당의 정책들이 잘못되었다고 주장하는 인물이 소련대사관에 있다."는 소문을 접했다고 말했다. 이에 따라 당지도부는 박정애와 남일을 소

298 *Ibid.*

299 *Ibid.* 이들이 중국으로 건너간 뒤에도 전원회의는 계속 진행되었다. 재정상 리주연은 "사회주의 진영에서 노동자들의 임금을 한 번에 35%나 인상할 수 있는 나라는 북한을 제외하고 그 어디에도 없다."라며 당의 정책 덕택에 이룩할 수 있었던 승리와 성공을 찬양했다. 리주연은 윤공흠의 발언은 왜곡되어 있고 당파주의적이라고 폄하했으며 그는 반혁명주의자이자 반당주의자라고 비난하였다. 남일은 김일성 우상숭배현상에 대해서는 특별한 말을 하지 않고 윤공흠을 비판하였다. 최창익은 이어진 연설에서 부정적인 발언을 하지는 않았으나 조선로동당 중앙위가 우상숭배현상을 다루어야 한다고 주장함으로써 질문 공세에 시달려야 했다. 이어 평안남도 당위원장인 김만금(金滿金)과 김창만이 연설하였다. 이들은 모두 윤공흠의 연설이 사전에 계획되어 있었고 반당적이라고 주장했다. 특히 김창만은 윤공흠이 "송아지 고기가 아니라면 그 어떤 고기도 먹지 않으며 많은 돈을 낭비하는 도둑이자 사기꾼"이라는 등 사적인 부분까지 공격의 대상으로 삼았다. Memorandum of Conversation with Bak Uiwan, 6 September 1956, RGANI, Fond 5, Opis 28, Delo 410, Listy 327–332.

련대사관으로 보내 진상을 파헤치려 했다고 설명했다. 확인 결과, 소련이 개입했다는 것은 모두 루머로 판명되었으며 당 지도부에 불만을 품고 있던 반당세력들이 거짓 소문을 퍼트린 것으로 드러났다고 주장하였다.[300]

최용건은 김일성보다 더 강력한 비판을 전개하였다. 그의 발언은 여러 가지 정황상 사실이라기보다는 소설에 가까웠다. 최용건은 종파주의자들은 당의 모든 문제에 대해서 문제 삼는다며 일침을 가한 뒤, 이들의 행동은 과거 박일우 일당들이 벌였던 주요 업무의 연장선상에 있다고 했다. 최용건은 윤공흠, 최창익 등이 김일성과 맞서기 위해 1952년부터 박헌영과 연합했다고 주장했다. 또 리필규가 당중앙위에 와서 말하기를 최창익과 박창옥이 그들을(리필규와 종파주의자들을 지칭하는 듯) 선동하고 있으며 만약 복지 향상 방안이 강구되지 않는다면 또 다른 포즈난(Poznań)사태가 발생할 것이라고 했다고 하였다. 최용건은 특히 박창옥을 "뿌리 깊은 종파주의자"라고 묘사하면서 그가 연안파에 연결되어 있을 뿐만 아니라 소련대사관에 윤공흠을 보낸 인물이라며 강력히 비판하였다.[301]

---

300 *Ibid*. 박정애가 소련대사관에 찾아간 기록은 아직 찾아볼 수 없지만 남일은 1956년 7월 24일 소련대사관 참사관인 페도렌코를 만난 적이 있다. 내용은 Memorandum of Conversation with DPRK Minister of Foreign Affairs Nam Il, 24 July 1956, RGANI, Fond 5, Opis 28, Delo 410, Listy 301−303.

301 Memorandum of Conversation with Bak Uiwan, 6 September 1956, RGANI, Fond 5, Opis 28, Delo 410, Listy 327−332. 리필규는 또한 박일우가 아직도 수감되어 있다는 사실에 분개하였다고 한다. 최창익에 이어 발언 기회를 갖게 된 박창옥은 지난 조선로동당 중앙위 12월 전원회의는 그에게 매우 엄격하고 불공평했다고 생각한다고 술회했다. 그는 자신이 그 어느 그룹에도 소속되어 있지 않다고 하였다. 박창옥은 그러나 이 발언 이후 상무위원회와 회의장으로부터 오는 항의로 인해 더 이상 연설을 할 수 없었다.

회의는 김일성이 최창익, 박창옥, 그리고 다른 몇몇 인물들에게 조직적인 조치가 취해져야 한다고 제안하면서 막을 내렸다.[302] 북한의 국경수비대는 국경을 건넌 윤공흠과 서휘, 김강, 리필규를 북한으로 되돌려 보내줄 것을 중국측에 요청하였다. 그러나 중국정부는 이들은 단순한 국경 이탈자들이 아니므로 강제적인 북송은 불가능하다고 대답했다.[303] 최용건과 김창만은 9월 1일, 중국대사 차오샤오광(喬曉光)을 초대하여 전원회의에서 있었던 사태에 대해 해명했다. 이들은 윤공흠이 조선로동당 지도부의 명예를 손상시키고 악의적인 공격을 가했다고 주장했다. 윤공흠의 발언은 곧 저지되었으나 점심 이후에 그는 회의에 나타나지 않았고 서휘, 김창일, 리필규와 함께 중국으로 도주하였으며 그 결과 당에서 축출되었다고 전했다. 이어서 이들의 반당행위들은 중국으로 도주하기 전에도 감지되었으나, 김일성이 해외 순방 중이었을 때 확연히 드러났다고 덧붙였다.[304]

9월 4일, 이바노프와 챠오샤오광은 중국대사관에서 8월 전원회의 전반을 논의하기 위해 만났다. 그러나 중국과 소련은 모두 8월 전원회의에서 벌어진 일의 심각성에 공감하면서도 사태해결에 적극적으로 개

302 *Ibid.* 전원회의에 참석했던 박의완은 회의가 강압적인 분위기에서 진행되었다고 술회했다. 그는 당내 중요한 문제들은 왜곡되었으며 불평분자들이 쿠데타 같이 심각한 음모를 준비한 것처럼 묘사되고 있다고 했다. 끝으로 최근에 북한으로 귀화하였으나 가능하다면 소련으로 돌아가 소련국적을 다시 취득하여 소련공산당 내 위치를 회복하고 싶다고 전했다.

303 Memorandum of Conversation with Chinese Ambassador to the DPRK, Qiao Xiaoguang, 4 September 1956, RGANI, Fond 5, Opis 28, Delo 410, Listy 322–325.

304 *Ibid.* 전원회의 전에 김강은 해주 지역을 수차례 여행하였는데 남한으로 탈출을 준비한 것으로 추측되었다. 그러나 한국행이 여의치 않다는 것을 알아차리고 중국으로 떠났다는 것이 최용건과 김창만의 주장이었다.

입하려는 의지는 보이지 않았다. 오히려 전원회의에서 있었던 일들을 북한 내부의 문제로 치부하며 소련과 중국의 연계 가능성을 차단하려 하였다. 이바노프는 전원회의에서 발생한 사건은 심각하지만, 조선로동당 내부의 문제이지 중국이든 소련이든 외세에 의해 조장된 것은 아니라고 말했다.[305] 그는 이어 자신은 중국으로 도망친 이들을 개인적으로 전혀 알지 못하기 때문에 그들이 중국으로 향한 이유에 대해 뭐라 말할 것이 없다고 했다. 이바노프는 오히려 북한정부가 그들을 비난하는 이유는 단지 반당행위뿐만이 아니라 업무방해, 도덕관념이 없는 범죄행위들과 예산지출횡령 때문이라며 반당세력을 비판하고 나섰다. 챠오샤오광 또한 이바노프의 견해에 전적으로 동의했다. 그는 중국은 이 문제에 아무런 관련이 없으며, 윤공흠을 비롯한 몇 명의 국가지출금 횡령 혐의에 대해 윤공흠과 서휘로부터 직접 들은 바 있다고 밝혔다.[306]

한편 중국으로 떠난 윤공흠, 서휘, 김강, 리필규는 중국공산당 중앙위와 소련공산당 중앙위 모두에 서한을 보냈다. 이 서한에는 해방과 전쟁 후 당의 주요인물들이 다수 숙청되었으며 당지도부가 인재등용에 실패하였을 뿐만 아니라 비민주적 방법으로 당·정을 이끌어 왔다는 비판이 담겨 있었다. 특히 박정애, 박금철, 김창만, 한상두 등 당에서 지도적인 위치를 차지할 만한 자격을 갖추지 못한 인물들이 기용됨으로

305 이바노프는 애써 소련과 반당그룹의 연관성을 차단하려 하면서 소련공산당 중앙위가 소련대사관에 조선로동당 내 우상숭배현상을 조사하라는 임명을 부여받은 특별관리를 파견했다는 소문도 부정하였다. Memorandum of Conversation with Chinese Ambassador to the DPRK, Qiao Xiaoguang, 4 September 1956, RGANI, Fond 5, Opis 28, Delo 410, Listy 322–325.

306 *Ibid.* 윤공흠과 몇 명의 사람들은 약 일백만 원의 국가지출금 횡령 혐의를 받고 있었다.

써 김일성 우상숭배현상과 투쟁하는 데 실패하였다고 주장하였다. 중국공산당 중앙위는 그러나 위 내용이 담긴 서한을 전달받았음에도 사실을 입증할 만한 자료가 충분치 않다고 판단하여 침착한 입장을 유지한다는 명목 하에 직접적인 개입을 삼갔다.[307]

그러나 북한의 내정과 애써 거리를 두려 했던 중·소의 입장은 불과 며칠 만에 커다란 변화를 겪게 되었다. 전술하였듯이 모스크바 주재 북한 대사인 리상조는 누구보다도 격렬하고 광범위하게 김일성을 비판해 온 인물이었다. 그는 소련의 관료들과 빈번하게 교류하였으며 북한 내부 상황에 대해서도 많은 보고를 해왔다. 리상조의 편지는 소련지도부에게 상황의 심각성을 알리고 소련공산당 중앙위와 중국공산당 중앙위가 직접 문제에 개입하도록 유인하는 역할을 하였다. 리상조의 열성적인 노력과 반대세력의 설득 덕분인지 8월 전원회의 사태를 지켜보던 소련의 입장도 변화하였다.

1956년 9월 5일 소련 외무부상인 페도렌코를 만난 리상조는 8월 전원회의와 관련한 자신의 서한을 흐루시초프에게 전달해 줄 것을 요청했다.[308] 서한은 조선공산당의 문제에 흐루시초프 수상이 직접 개입해 달라는 절박한 요청을 담고 있었다.[309] 리상조는 북한 내부에서 문제

307 Memorandum of Conversation with the PRC Ambassador to the DPRK, Qiao Xiaoguang, 5 November 1956, RGANI, Fond 5, Opis 28, Delo 412, Listy 367–369.

308 리상조는 서한을 전달하면서 자신이 직접 흐루시초프나 미코얀을 만나기를 희망한다고 하였다. 상황의 절박함을 극대화하는 효과가 있었을 것으로 보인다.

309 Report by N.T. Fedorenko on a Conversation with Li Sangjo, Ambassador of the DPRK to the USSR, 5 September 1956, RGANI, Fond 5, Opis 28, Delo 410, Listy 224–228.

를 해결하려는 노력들은 오히려 김일성에 의한 보복 등 악영향을 가져왔으므로 소련의 개입이 불가피하다는 것을 강조했다. 그는 친절하게도 소련이 개입할 수 있는 방법을 구체적으로 나열해 주었다.

> "소련공산당 중앙위의 고위관료를 북한으로 파견하여, 제명된 당원들을 포함한 당 중앙위원들이 모두 참석한 상태에서 조선로동당 중앙위 전원회의를 열도록 해 달라.…만약 이러한 가능성이 사전에 차단된다면 조선로동당 중앙위원회의 상급 대표들과 당에서 제명된 이들을 모스크바에 초청해 달라. 이들이 소련공산당 중앙위원회 상임간부회의 구성원들과 함께 조선로동당 내 현재 상황을 조사하고 당 내부의 문제점들을 해결하기 위한 구체적인 조치들을 실행할 수 있도록 하기 위함이다. 만약 이 조차 불가능하다면, 조선로동당 중앙위 앞으로 소련공산당 중앙위 이름으로 서신을 보내어 이 문제의 핵심에 대하여 논하여 달라. 이 과정에서 중국공산당 동지들이 함께한다면 소련 동지들의 서한은 더 효과적일 것이다."[310]

리상조의 서한은 확실히 효과가 있었다. 서한을 보낸 바로 다음 날인 9월 6일, 소련공산당 중앙위원회가 상임간부회를 열어 「조선로동당의 상황에 관하여」라는 합의안을 내놓았던 것이다. 본문은 크게 두 가지 내용으로 구성되어 있었다. 첫째, 조선로동당 지도부 및 중국공산당 중앙위와 함께 조선로동당 중앙위원회 전원회의에서 일어났던 일을 논의하고, 둘째, 중국공산당 제8차 전국대회에 소련공산당 대표단을 파견하여 조선로동당과 중국공산당의 지도부와 조선로동당 내부 상황에 대한 의견을 교환하자는 것이었다.[311] 소련공산당은 북한 내부문제에

---

310 *Ibid.*

311 CPSU CC Presidium Protocol "On the Situation in the KWP," 6 September 1956,

단독으로 개입하기보다는 중국지도부와 함께 관여함으로써 내정간섭이라는 비판을 최소화하는 방향으로 개입하고자 결정했던 것으로 짐작된다.

리상조는 9월 10일에도 소련공산당 중앙위 해외공산당관계국장 포노마레프(Boris Nikolayevich Ponomarev)를 만나 기본적으로 동일한 내용의 서한을 소련공산당 중앙위 앞으로 재차 전송했다.[312] 리상조는 현재 북한은 정직하고 훌륭한 공산주의자들은 숙청을 당하고 있으므로 비판을 할 수 있는 분위기가 형성되기 어렵다며 소련이 개입하여 줄 것을 재요청했다. 그는 소련공산당과 중국공산당이 합심하면 북한에서 벌어지고 있는 현재의 비정상적인 상황을 해결할 수 있을 것으로 내다보았다.[313] 이 과정에서 소련공산당 중앙위원회가 중국공산당 제8차 전국대회에 당원들을 파견하여 조선로동당·중국공산당 대표들과 함께 북한의 국내정치 문제에 대한 의견교환을 계획하고 있다는 사실이 드러났다.[314]

포노마레프는 원칙적으로 사회주의 형제당들이 북한에 충고와 조언을 할 수는 있지만 소련과 중국은 조선로동당이 엄연히 독립된 당이라는 사실을 염두에 두어야 한다고 강조했다. 그러므로 소련공산당과 중국공산당이 취할 해결방법과 조치들은 내정간섭으로 비쳐져서는 안

---

RGANI Fond 3, Opis 14, Delo 410, List 3, published in AA.

312 이 서한은 마오쩌둥에게도 보내진 것으로 알려졌다. 리상조는 소련과 중국이 모두 개입하기를 원했던 것으로 보인다.

313 Memorandum of Conversation with DPRK Ambassador to the USSR Li Sangjo, 10 September 1956, RGANI, Fond 5, Opis 28, Delo 410, Listy 230–232.

314 *Ibid.*

된다며, 이 같은 상황의 복잡성이 이해될 필요가 있다고 주장했다. 뿐만 아니라 리상조가 남긴 중요한 발언들과 조선로동당 지도부에 관한 내용들은 일체 공개되어선 안 된다고 강조했다.[315] 중국과 소련은 내정간섭임을 교묘히 숨긴 형태로 김일성 지도부에 압박을 가할 수 있는 방법을 추진하고 있었다.

## 3. 중·소의 내정간섭 시도와 김일성의 대응

9월 15일부터 27일까지 중국공산당 제8차 전국대표대회가 베이징에서 개최되었다. 소련은 미코얀을 당대표로 참석시켰으며 북한에서는 최용건을 단장으로 하여 림해, 리주연, 하앙천(河仰天) 등이 참석하였다.[316] 애초 미코얀과 펑더화이는 김일성을 중국공산당 전국대회에서 만날 수 있을 것으로 생각하였으나 정작 북한대표로 베이징에 찾아 온 사람은 최용건이었다.[317] 소련공산당은 사전에 조선로동당 중앙위에 중국공산당 전국대회에서 당내 문제를 논의하자고 제안한 것으로 보이며, 최용건은 이 자리에서 8월 전원회의 결정서를 마오쩌둥에게 전달한 것으로 알려졌다.[318]

315 *Ibid.*

316 서동만, 『북한사회주의체제성립사(1945−1961)』, p. 564.

317 김일성은 병을 핑계로 참석하지 않았다고 한다. 이에 대해 미코얀은 김일성이 없는 북한대표단을 만나는 것을 무의미하다고 여겼으며 차라리 소련과 중국의 대표단이 직접 평양을 방문해서 정치국 회의를 열게 하는 것이 낫다고 중국에 제의하였다고 한다. 이종석, "중·소의 내정간섭 사례연구," pp. 339−400.

318 "소련공산당 중앙위원회와 조선로동당 중앙위원회는 몇 차례 상황에 대해 의

소련공산당과 중국공산당은 9월 23일에 개최될 조선로동당 중앙위 전원회의에 각각 미코얀과 펑더화이를 참석하도록 결정하였다. 소련은 애초부터 김일성을 숙청하려는 의도를 갖고 문제에 개입하게 된 것은 아니었다. 소련공산당은 조선로동당의 내부문제를 정확히 인지하지 못한 터라 김일성의 당 장악력이 어느 정도인지 실감하지 못한 상태였다. 또한 조선로동당 당원들조차 사상교육을 통해 김일성을 변화시킬 수 있다고 믿고 있었다. 따라서 소련은 굳이 김일성을 숙청할 필요는 없다고 판단했던 것으로 보인다. 김일성을 숙청할 의도가 없었던 것은 중국공산당도 마찬가지였다. 마오쩌둥은 미코얀과 펑더화이가 평양으로 떠나기 전날인 9월 18일 저녁, 그들이 김일성을 타도하러 온 것이 아니라 오히려 그를 도우러 왔으며 "김일성 당신도 반드시 태도를 바꾸어야 한다."고 설득해야 한다고 강조하였다. 미코얀 역시 마오쩌둥의 견해에 동의하고 자신과 펑더화이가 김일성을 도우려 한다는 점을 부각시키려 하였다.[319]

9월 19일, 미코얀과 펑더화이는 동일한 결심을 하고 중국공산당 전국대표대회가 한창 열리고 있던 시점에 평양으로 향했다. 평양에 도착하자 이들은 김일성이 생각 이상으로 당을 공고하게 장악하고 있다는 사실에 놀라지 않을 수 없었다. 그러나 이들에게는 8월 전원회의 결과

---

견을 교환한 끝에 미코얀과 펑더화이를 평양으로 보내 조선로동당 지도부에서 일어난 상황에 대해 논의하기로 하였다."는 내용이 소련공산당 중앙위 보고서에 실려 있다. CPSU Central Committee Report on the Situation in the KWP and the DPRK, 9 January 1957, RGANI, Fond 5, Opis 28, Delo 486, Listy 1–17; Memorandum of Conversation with the PRC Ambassador to the DPRK, Qiao Xiaoguang, 5 November 1956, RGANI, Fond 5, Opis 28, Delo 412, Listy 367–369.

319 이종석, "중·소의 내정간섭 사례연구," p. 400, p. 403.

를 번복하고 김일성의 잘못된 정책으로 인한 오류를 시정해야 하는 의무가 있었다.

따라서 미코얀과 펑더화이는 최창익, 리필규, 윤공흠, 서휘, 박창옥에 대한 처분을 놓고 8월 전원회의 결과 일체를 재심의하여 최창익과 박창옥을 당 중앙위원직에 복귀하고, 윤공흠, 서휘, 리필규의 당적을 회복하도록 요구했다.[320] 펑더화이는 김일성에게 "공산당 내에 비판과 자아비판이 없으면 발전이 정지되고 당은 변질한다."며 당원들은 언제나 오류를 범할 수 있다고 충고하였다. 또한 비록 김일성이 당중앙위 위원장일지라도 그는 동시에 조선로동당원이므로 비판하는 사람이 있기 마련이라며 그 때문에 동지를 출당시키고 잡아둔다면 공산당의 취지에 부합하지 않는다고 지적했다. 결국 조선로동당 지도부는 소련과 중국의 압력에 못 이겨 이러한 요구를 받아들일 수밖에 없었다.[321]

9월 23일, 조선로동당 중앙위 전원회의는 "비록 이들의 과오가 엄중하다 할지라도 그들을 관대하게 포용하여 자기의 과오에 대하여 반성할 기회를 주며, 과오를 시정하고 올바른 길에 들어서도록 계속 꾸준하게 교양하기 위하여"라는 이유를 들어 8월 전원회의에서 내린 이들에 대한 출당조치 및 직위 해제 조치를 모두 번복하였다. 이어 당중앙위는 8월 전원회의에서 채택된 「형제적 제국가를 방문한 정부대표단의 사업총화와 우리 당의 당면한 몇 가지 과업들에 관하여」의 결정서에서 제기된 과업들을 철저히 집행하고, 과오를 저지른 당원들에 대해 교양

320 서동만, 『북조선사회주의체제성립사(1946-1961)』, p. 565.

321 려정, 『붉게 물든 대동강』, p. 86.

사업을 실시하여 그들을 고쳐주는 데 심혈을 기울이겠다고 다짐했다.[322]

조선로동당 중앙위가 중·소의 압력에 못 이겨 8월 전원회의의 결과를 번복하자, 소련공산당 중앙위는 형제당들이 미친 영향력의 결과였다고 만족스러워 하였다. 소련공산당은 그러나 김일성을 비롯하여 당중앙위 상무위원들의 상당수가 8월 전원회의 결정을 번복하는 것에 대해 거부감을 보였다며 결정의 번복과정이 순탄치 않았음을 인정하였다. 9월 전원회의를 준비하는 과정에서 당지도부가 최창익·박창옥과 일부 당원들은 유죄이고 8월 전원회의의 결정이 정당하였음을 증명하려는 기색이 역력했던 것이다.[323] 8·9월 전원회의 결정서 전문을 공표하라는 미코얀과 펑더화이와 약속을 간단히 무시한 것도 그러한 예였다. 미코얀과 펑더화이는 김일성에게 8월 전원회의와 9월 전원회의의 결정서 전문을 공표하고 이에 관해 토론할 수 있도록 하라고 충고하였다. 이것은 당내에서 토론이 자유롭게 이루어질 수 있는 분위기를 조성하고 당의 별다른 행정절차 없이도 당의 결정사항들을 비판할 수 있도록 하기 위함이었다. 실제로 조선로동당 지도부는 중·소의 충고를 받아들여 9월 전원회의 결정서에 "당단체들은 당내 민주주의를 더욱 확대 발양시키며 당내 비판과 자기비판 특히 밑으로부터의 비판을 더욱

322 "최창익·윤공흠·서휘·리필규·박창옥 동무들에 대한 규률 문제를 개정할 데 대하여: 전원회의 결정(1956년 9월 23일)," 『북한관계사료집 30』, p. 796; 『로동신문』, 1956년 9월 29일.

323 CPSU Central Committee Report on the Situation in the KWP and the DPRK, 9 January 1957, RGANI, Fond 5, Opis 28, Delo 486, Listy 1–17. 김일성은 미코얀과 펑더화이에게 중국으로 망명한 이들이 당·정의 혁명을 반대했다는 죄목을 나열하였음에도 불구하고 반당행위로 인정될 수 있는 뚜렷한 사실을 제시할 수 없었다고 한다. 려정, 『붉게 물든 대동강』, p. 85.

강화"하겠다고 명시했다.[324]

그러나 김일성 지도부는 원칙적으로만 이들의 요구에 수긍했을 뿐 미코얀과 펑더화이가 평양을 떠나고 나서는 위와 같은 합의들이 전혀 없던 일인 것처럼 행동하였다. 김일성은 계속되는 중·소의 압력에 못 이겨 9월 전원회의 닷새 후인 28일이나 되어서야 9월 전원회의 결정서에 대해 다룬 간략한 요약문의 발표만을 허락하였다.[325] 그마저도 8월 전원회의의 조직문제에 관해 올바른 결정을 내렸음을 항변하고, 조선로동당의 자아비판을 강화하겠다는 다짐을 명시함으로써 조선로동당 중앙위가 잘못을 완전히 수긍하지 않았다는 것을 확인해주었다.

이바노프 소련대사는 요약문을 읽고 두 가지 문제점을 지적하였다. 첫째, 요약문에는 당의 자아비판이 빠져 있었다. 조선로동당이 8월 전원회의에서 조직문제에 대한 결정 (「최창익·윤공흠·서휘·리필규·박창옥 등 동무들의 종파적 음모행위에 대하여」)을 성공적으로 내렸으나 단지 그 결정에 도달하는 과정이 부재했다는 식으로 둘러댔다.[326] 둘째, 당생활에 있어서 레닌주의적 규범과 원칙을 관철할 것을 요청하는 내용이 삭제되었다. 이에 대해 김일성은 8월 전원회의의 결정서가 공표되지도

324 "최창익·윤공흠·서휘·리필규·박창옥 동무들에 대한 규률 문제를 개정할 데 대하여: 전원회의 결정(1956년 9월 23일)," 『북한관계사료집 30』, p. 796.

325 Memorandum of Conversation with the Charge d' Affaires of the Chinese Embassy in the DPRK, Chao Kaelyan, 26 October 1956, RGANI, Fond 5, Opis 28, Delo 417, Listy 344-346.

326 8월 전원회의 결정을 반복한 9월 전원회의 결정에서는 당이 "응당한 심중성이 부족하였으며 그의 처리방법이 간단하였으며 그리하여 착오를 범한 동무들을 교양적 방법으로 시정시키기 위한 인내성 있는 노력이 부족하였다."고 밝히고 있다. "최창익·윤공흠·서휘·리필규·박창옥 동무들에 대한 규률 문제를 개정할 데 대하여: 전원회의 결정(1956년 9월 23일)," 『북한관계사료집 30』, p. 796; 『로동신문』, 1956년 9월 29일.

않았는데 굳이 언론에 전원회의의 결정이 성급하였다고 보고할 필요는 없었다며 의도적인 누락이었음을 인정하였다. 더군다나 당 중앙위는 이제까지 당의 조직문제에 관한 결정서들을 단 한 차례도 공표한 적이 없었고, 이러한 이유로 좋은 내용을 담은 것도 아닌 결정서를 첫 공표 대상으로 삼을 필요는 없다고 했다. 이어서 그는 9월 전원회의에 관한 당중앙위의 보고는 그 자신이 휴가 중으로 자리를 비웠을 때 있었던 터라 유감이라고 궁색한 해명을 하였다.[327]

그러나 정작 소련의 입장에서 유감으로 느껴질 만한 사건은 따로 있었다. 소련공산당 중앙위는 무엇보다 최창익 등 당 내 동지들을 제명시킨 8월 전원회의의 결정이 공정했다고 평가한 부분을 번복하기를 바랐다. 그러나 김일성은 이 결정이 잘못되었다는 생각을 재고할 뜻이 없어 보였다. 뿐만 아니라 소련공산당은 당내 민주주의와 자아비판 등을 발전시켜야 할 필요성에 대해 토론하기를 원했으나, 조선로동당은 자아비판 기능을 완전히 잃어버린 등 했다.[328] 이바노프는 10월 8일 김일성을 만나 9월에 있었던 전원회의의 결정서 전문을 공개하라고 다시 한 번 충고하였지만 김일성은 이를 간단히 무시하였다. 그는 오히려 이바노프 소련대사에게 "미코얀 동지에게 9월 전원회의 내용은 이미 당 기관들에 유포되어 논의되고 있으니, 굳이 결정서 전문을 발표할 필요가 없다고 전해 달라."고 하였다. 그는 이어서 "당 지도부는 이번 전원

327 Memorandum of Conversation with the Charge d' Affaires of the Chinese Embassy in the DPRK, Chao Kaelyan, 26 October 1956, RGANI, Fond 5, Opis 28, Delo 417, Listy 344–346.

328 CPSU Central Committee Report on the Situation in the KWP and the DPRK, 9 January 1957, RGANI, Fond 5, Opis 28, Delo 486, Listy 1–17.

회의 내용이 널리 알려지는 것은 아무 의미가 없다고 생각하고 있다." 고 덧붙였다. 이뿐만 아니라 김일성 자신은 미코얀과 펑더화이 동지에게 전원회의 전체내용의 공개 문제에 대해 그 어떤 약속도 한 적이 없다고 반박했다.[329] 그는 단지 8월과 9월 전원회의 결정서를 발표하는 데 동의하였을 뿐이며 그것도 고려해보겠다고 말한 것이지 약속을 한 것은 아니라고 주장하였다.[330]

이바노프는 김일성에게 조선로동당이 8·9월 전원회의 전문을 모두 공표함으로써 삭제된 부분에 대한 문제는 완전히 해결될 수 있을 것이라고 조언하였다. 그러나 김일성은 전원회의의 결정서들과 9월 전원회의에서 자신의 연설은 별개의 소책자로 출판되어 당 조직들에서 논의될 수 있도록 배포될 것이며, 연설에서 인용한 미코얀과 펑더화이의 발언들은 삭제되어 실릴 것이라고 덧붙였다.[331] 이렇게 함으로써 당원들

---

329 CPSU CC Report on 8 October Conversation between Ambassador Ivanov and Kim Il Sung, 15 October 1956, RGANI, Fond 5, Opis 28, Delo 410, List 296.

330 Memorandum of Conversation with the Charge d' Affaires of the Chinese Embassy in the DPRK, Chao Kaelyan, 26 October 1956, RGANI, Fond 5, Opis 28, Delo 417, Listy 344–346. 이후 이바노프는 소련공산당 중앙위에 김일성이 지방 당위원회에서 예비회의를 열어 8·9월 전원회의 결과를 토론하고 있는 중이라고 알려 왔다고 보고했다. CPSU CC Memo on the Situation in the KWP, 17 October 1956, RGANI, Fond 5, Opis 28, Delo 410, List 298. 그러나 김일성의 발언은 사실 확인이 어려웠다. 왜냐하면 실제로 8·9월 전원회의 이후 당 내 분위기가 어떠하였는지 이바노프는 아무런 보고도 받지 못하고 있었기 때문이었다. 소련공산당 중앙위는 전원회의 전문이 지방 당위원회까지 전달되었는지와 이 문제에 대한 논의 여부가 있었는지 의문을 가졌다. CPSU CC Directive to Soviet Ambassador Ivanov (no date specified), RGANI, Fond 5, Opis 28, Delo 410, List 299.

331 실제로 김일성은 자신의 끝맺음말, 조직문제에 대한 결정서 전문, 그 외 보고 등이 담긴 9월 전원회의의 자료들을 지방 당조직에 배포하였다. 자세한 내용은 Letter from Li Sangjo to the Central Committee of the Korean Workers Party, 5 October 1956, RGANI, Fond 5, Opis 28, Delo 410, Listy 233–295.

에게 9월 전원회의의 결정서가 형제당들로부터의 압력 아래에 통과되었고 형제당들이 조선로동당의 내정문제에 간섭하려 했다고 믿게 하지 않으면서, 동시에 미코얀과 펑더화이가 방문한 진짜 목적을 드러내지 않을 수 있다고 하였다.[332] 이 말은 곧 소련과 중국이 미코얀과 펑더화이를 파견하여 북한의 내정에 개입하여 조선로동당의 결정을 무마시켰다는 사실에 불쾌감을 에둘러 표명한 것이었다.

위 사실을 접한 소련공산당 중앙위원회는 충격에 빠지지 않을 수 없었다. 이들은 8월 전원회의 이후 9월 전원회의가 있기까지 중·소의 요구사항을 비교적 순종적인 태도로 따르던 김일성이 돌변하자 당황했다. 소련공산당 해외공산당관계국은 이바노프에게 김일성과의 대화내용을 평양주재 중국대사에게 전달하라고 지시하였다.[333] 이바노프는 중국대사관의 챠오커시엔 대리대사에게 김일성이 아마도 미코얀과 펑더화이에게 8·9월 전원회의의 결정서들을 공표하겠다는 약속을 하지 않았다고 주장하려는 것 같다고 알렸다. 또한 김일성이 지방 당 활동가들 사이에서 9월 전원회의의 결과가 논의되면서 많은 당 관료들이 박창옥, 최창익을 비롯한 이들을 감형하는 것에 대해 의문을 제기했다고 말한 사실도 전했다.[334] 최창익과 박창옥에 대한 문제는 이미 결론이 내

332 Memorandum of Conversation with the Charge d' Affaires of the Chinese Embassy in the DPRK, Chao Kaelyan, 26 October 1956, RGANI, Fond 5, Opis 28, Delo 417, Listy 344–346.

333 CPSU CC Report on 8 October Conversation between Ambassador Ivanov and Kim Il Sung, 15 October 1956, RGANI, Fond 5, Opis 28, Delo 410, List 296.

334 Memorandum of Conversation with the Charge d' Affaires of the Chinese Embassy in the DPRK, Chao Kaelyan, 26 October 1956, RGANI, Fond 5, Opis 28, Delo 417, Listy 344–346.

려졌음에도 불구하고 조선로동당 지도부는 이를 매우 더디게 실행하고 있었다. 이바노프는 이러한 사실들을 전달하는 과정에서 챠오커시엔 대리대사를 통해 다음과 같은 사실들을 알게 되었다.

> "9월 전원회의 이후, 그 결과를 논의하고자 개최된 평양시 당열성자 대회에서 평양시당위원회 선전선동부 부부장이 연설을 하였다. 그는 당과 중앙위원회에 복권된 동지들을 옹호하면서 당의 민주집중제가 무너졌음을 비판하였는데 그 일이 있은 후로 그는 당에서 쫓겨났다고 한다. 또한 평양시당위원회 위원장인 리송욱은 미코얀과 펑더화이가 조선로동당 내에 과오들을 알아내기 위하여 평양에 왔으나 결과적으로는 그들의 의도와는 반대로 오히려 설득당하고 돌아갔다는 거짓된 발언을 하였다고 했다. 챠오커시엔 대사는 김창만이 '그들(김일성 반대세력들)이 얼마나 열심히 노력하던지간에 우리는 내무성과 군대를 가졌다.'고 호전적으로 주장하였다는 소문이 중국대사관에까지 퍼졌다고 했다."[335]

이처럼 조선로동당은 미코얀과 펑더화이의 방문 이후 약속했던 사항들을 전혀 이행하지 않았다. 당 지도부는 소위 반당세력으로 낙인찍힌 인물들의 복당 및 복직 조치에 대해서도 미지근한 반응을 보였다. 10월 조선로동당 중앙위 상무위원회는 박일우를 가택구금 상태에서 해제하고 그가 원한다면 중국에 유학할 수 있다는 결정을 내렸다. 펑더화이는 김일성에게 조선인 동지들이 방호산과 박일우를 원하지 않는다면 중국정부가 이들을 받아들일 의향이 있음을 내비쳤다. 그러나 북한지도부는 명확한 대답을 주지 않았고 박일우는 이듬해 초에도 "정치적 상

335 *Ibid.*

황의 악화"라는 알 수 없는 이유로 계속해서 감금 상태에 있었다.[336]

중국으로 떠난 서휘, 김강, 리필규, 윤공흠에게도 복당조치가 내려졌으나 이들은 더 이상 북한 당국으로부터 배급을 받지 못했다.[337] 윤공흠, 리필규, 서휘, 김강은 북한으로 돌아갈 의향이 있느냐는 질문에 북한 정부가 자신들을 더 이상 필요치 않는다는 것을 알고 있기에 가족들을 중국으로 보내줄 것을 희망하였다.[338] 한편 1956년 11월 5일, 중국대사 챠오샤오광과 이바노프 소련대사가 만난 자리에서 리상조가 소련주재 북한대사에서 직위해제 되었다는 사실이 드러났다. 이는 북한이 소련측에 당중앙위 학교교육부의 부장으로 일하고 있는 리신팔에 대한 아그레망을 요청함으로써 알려졌다. 이바노프는 북한 동지들의 말을 빌려 리상조가 북한에 돌아가기를 거부하였으며 아마도 중국에 머무를 가능성이 높다고 전했다.[339]

궁극적으로 미코얀과 펑더화이의 방문은 조선로동당의 고질적인

---

336 *Ibid.* 이후 조선로동당 중앙위원회는 박일우를 가택 감금 상태에서 해제하기로 하였으나 박일우를 중국으로 떠나보낼 것인지에 대해서는 확답을 주지 않았다. Memorandum of Conversation with the Chinese Ambassador to the DPRK, Qiao Xiao Guang, 5 November 1956, RGANI, Fond 5, Opis 28, Delo 411, Listy 367–369.

337 특히 문화선전부상이었던 김강의 아내 또한 배급을 받지 못하고 있었는데 도움을 청하여도 별다른 도움을 얻을 수 없는 처지였다고 한다. Memorandum of Conversation with the Charge d' Affaires of the Chinese Embassy in the DPRK, Chao Kaelyan, 26 October 1956, RGANI, Fond 5, Opis 28, Delo 417, Listy 344–346.

338 Memorandum of Conversation with the PRC Ambassador to the DPRK, Qiao Xiaoguang, 5 November 1956, RGANI, Fond 5, Opis 28, Delo 412, Listy 367–369.

339 리신팔은 국내파로서 해방 직후 신의주에서 공산청년동맹의 결성을 주도한 바 있었다. 그는 1956년 4월 23일부터 7일간 개최된 제3차 조선로동당 대회에서 신설된 학교교육부의 부장을 맡았다. 학교교육부는 선전선동부, 과학부와 함께 당내 이데올로기를 담당하였다. 서동만, 『북조선사회주의체제성립사(1946–1961)』, p. 549. 리신팔의 임명 사실은 『로동신문』, 1956년 11월 26일.

문제들을 해결하지도 못했을 뿐더러 당 생활에 있어서 레닌주의적 규범실행에 기여하지도 못했다. 김일성은 이미 9월에 열린 당중앙위 상임위원회 회의에서부터 "8월 전원회의 결정이 성급하였고 문제가 있었다는 결정에 대해 실질적으로 동의하지 않았다. 그들(미코얀과 펑더화이)의 방문을 골치 아프게 만들고 싶지 않았기 때문에 그들의 제안에 동의하였다."고 말해 왔다. 그는 중·소가 요청한 8월 전원회의 결정서 취소 및 복당조치를 완전히 실행하지도 않았을 뿐 아니라, 8·9월의 전원회의 결정서를 공표하지도 않았다. 조선로동당의 분위기는 박의완이 1956년 11월 22일에 소련측 인사들과 만나 보고했던 것처럼 9월 전원회의 결정이 내려진 지 수개월이 지난 후에도 여전히 경직되어 있었다.[340]

다만 미코얀과 펑더화이의 방문의도 중에 김일성의 자존심을 일정 정도 손상시키려는 것이 포함되어 있었다면 그것만은 확실히 성공하였다. 그러나 그것은 후에 김일성이 종파주의를 척결하는 데 크나 큰 역할을 했다. 북한은 1956년 8월 전원회의에서 있었던 사건을 아래와 같이 기록하였다.

> "8월 전원회의에서 폭로분쇄된 종파는 우리나라에서 력사적으로 내려오던 여러 종파의 잔여분자들이 결탁하여 련합된 종파도당이였다.…'8월종파'는 단순한 종파적인 것이 아니라 반혁명도당이였다.…미제와 결탁하여…당과 공화국 정부를 전복하기 위한 무장

340 박의완은 자신과 남일이 조선로동당 중앙위 9월 전원회의의 결정을 실행하라고 강하게 주장하고 나서야 김일성이 비로소 그렇게 하였다고 주장했다. Memorandum of Conversation with Bak Uiwan, 22 November 1956, RGANI, Fond 5, Opis 28, Delo 412 List 295.

폭동음모를 하였으며…공화국을…친미적인 부르죠아공화국으로 만들려는 흉계까지 꾸미였다.…'8월종파'를 반대하는 투쟁은 반종파투쟁인 동시에 반사대주의투쟁, 반수정주의 투쟁, 반혁명과의 투쟁이였다."[341]

341 조선민주주의인민공화국과학원력사연구소, 『조선통사 (하)』(평양: 사회과학출판사, 1987), pp. 538-540.

## 제4절
# 중·소 개입의 후폭풍

비록 중·소의 개입으로 인해 조선로동당의 집단지도체제의 실현과 김일성우상숭배 철폐는 실현하지 못했지만 경제와 정치 분야에서 성과가 전혀 없는 것은 아니었다. 중·소의 간섭, 정확히 말하자면 원조를 빌미로 소련이 북한의 경제정책에 수정을 가한 부분은 나름대로 성과가 있었다. 조선로동당 중앙위와 김일성 지도부는 농업생산력 회복을 위한 비료의 생산을 늘리고 곡물문제를 해결하는 데 노력하기로 결정하였다.[342] 당 중앙위는 보다 현실적으로 경제성장과 산업화의 경제

342 당과 내각은 그러나 여전히 농업협동화를 위해 상당한 공을 들였다. 북한 정부는 1956년 10월 말까지 모든 소작 농가의 79%가 농업협동체계에 포함되어 1958년 봄까지 완전히 마무리될 수 있을 것으로 내다봤다. 그러나 이러한 변화는 김일성을 비롯한 북한 사절단이 해외 원조를 구하기 위하여 1956년 6월에서 7월까지 모스크바와 사회주의 국가들을 방문한 이후 일어난 것으로 9월 전원회의에 미코얀과 펑더화이의 개입으로 인한 변화라고 하기는 어려울 수도 있다. CPSU Central Committee Report on the Situation in the KWP and the DPRK, 9 January 1957, RGANI, Fond 5, Opis 28, Delo 486, Listy 1–17.

성을 타진하여 접근하였고 인민들의 생활수준 향상에 관심을 기울이기 시작했다. 1956년 11월 1일에는 육체노동자들과 사무직 근로자들의 임금이 35%까지 상승하였다. 새로운 임금등급표가 마련되었고, 최저 월급은 600원에서 1,000원으로 상승했다. 1956년 8월과 9월에는 몇몇 주요 산업생산품의 소매가격이 평균 10% 하락했다. 임금의 상승과 생필품 소매가의 하락으로 북한 인민들은 일 년에 대략 120억 원의 이익을 얻을 수 있게 되었다.[343]

그러나 인민경제 개선을 위한 위와 같은 방법들에도 불구하고, 북한지도부는 노동자들과 지식인들, 농민들의 물자상황을 전전(前戰) 시기의 수준으로 회복시키는 데 실패하였다. 주민들의 상당수가 국가로부터 안정적으로 배급을 받지 못하였으며 물가는 여전히 높은 수준에 머물러 있었다. 특히 식료품과 공산품의 시장가격은 놀라울 정도였다.[344] 따라서 많은 수의 육체노동자들과 사무직 종사자들, 농민과 식솔들이 만성적인 굶주림에 시달려야 했고 겨울 의복을 배급받지 못하는 어려운 생활환경 속에 처해 졌다. 전후복구가 완료되지 않은 상태에서 북한지도부의 과오들, 특히 이들이 경공업의 발전과 농업의 빠른 회복의 필요성을 과소평가한 점들은 경제상황의 어려움을 가중시켰다.[345]

---

343 *Ibid.* 그러나 소련은 북한이 이러한 조치를 취할 수 있었던 데에는 1957년 초부터 북한에 도착하기로 되어 있던 소련과 사회주의 국가들의 원조 덕분이라고 평가했다.

344 *Ibid.* 육류와 물고기, 쌀, 감자 1kg의 가격은 각각 250~300원, 100~200원, 100원, 30~40원이었다. 콩기름 1리터는 600원이었으며 달걀 10개에 130~150원 등 식료품의 가격이 매우 높았다. 의류와 직물, 신발의 공산 가격 또한 매우 높아서 대부분의 평범한 주민들은 구매하기 어려웠다.

345 조선로동당은 도시와 농촌지역에 있는 노동자 계급의 지지를 받았다. 왜냐하면 노동자들의 상당수가 과거에는 일제의 억압 아래 살았고, 현재의 배고픔과 가

북한의 인민경제는 전반적으로 심각한 상황에 처해 있었으며, 당과 내각은 인민들의 생활수준을 향상시키기 위해 가능한 모든 조치를 다 취해야만 했다.

정치분야는 다소 복잡했다. 일부 변화가 눈에 띠고 개선된 부분이 있었으나 상당히 제한적이었다. 우선 조선로동당 제3차 대회 이후로 중앙위원회는 사상사업을 재구성했다. 학교교육 프로그램들이 재검토되었으며 교과서들은 우상숭배 내용을 삭제하여 재판되었다. 동시에 지난 과오들을 수정하기 위한 다양한 자료들이 출판되었다. 소련 작가들의 연극도 다시 상영되었으며 당과 내각, 경제·문화 정책에 있어서의 소련의 경험이 다시금 주목을 끌었다. 소련파들에 대한 비정상적인 처우와 1955년 말과 1956년 초 조국해방운동의 선전 및 외세에 대항한 투쟁을 구실로 행해졌던 소련과 관련한 여러 선전 속의 과오들도 모두 중단되었다.[346]

종파주의의 명목 하에 다른 세력을 숙청하던 당내의 살벌한 분위기도 다소 완화되었다. 8·9월 전원회의 결정에 대한 해설 작업이 실행되었으며 9월 전원회의의 자료들(보고, 김일성의 끝맺음 말, 「최창익, 윤공흠, 서휘, 리필규, 박창옥 동무들에 대한 규률 문제를 개정할 데 대하여」 결정서 전문 등)이 토론을 목적으로 지방, 시, 지역, 하급 당 지역에 배포되었으며 당원들 사이에서 적절한 해설 작업이 이루어졌다.[347] 이 과정에

---

난은 과거의 어려움에 비하면 큰 문제가 아니었기 때문이었다. CPSU Central Committee Report on the Situation in the KWP and the DPRK, 9 January 1957, RGANI, Fond 5, Opis 28, Delo 486, Listy 1−17.

346 *Ibid.*

347 CPSU Central Committee Report on the Situation in the KWP and the DPRK, 9

서 윤공흠·최창익과 같이 잘못을 저지른 당원들에게 벌을 내리는 등 성급히 처벌하지 말고 올바른 태도 및 교육으로 이들을 설득할 것을 강조하였다. 또한 최창익과 그의 무리들에 대한 가혹한 비판을 요구한 성명서들에 대해서도 잘못을 지적했다. 이어 10월 전원회의에서는 당원교육의 주된 방법으로 설득의 필요성을 특별히 강조하였다.[348]

이렇듯 당내에서 밑으로부터의 비판은 다소 대담해졌으나 당의 고위인물들에 대한 비판은 여전히 약한 수준이었다. 당초 8·9월의 전원회의 결정서의 전문 공개는 미코얀, 펑더화이와 약속했던 것과는 달리 실행되지 않았다. 당위원회의 운영에 있어서 집체적 지도원칙에 대한 논의가 좀 더 자주 언급되기는 하였으나 실천으로 옮겨지는 경우는 매우 드물었다. 일부 당 조직에서는 8월 전원회의의 결과에 따라 당적을 박탈당한 인물들이 9월 전원회의 이후 재검토를 거쳐 당적을 회복하기도 했다. 평양시 당위원회의 조직부장과 두 명의 부위원장은 이러한 과정을 통해 당적을 회복한 경우였다. 그러나 과거 평양시 당위원회의 부의장이었던 한 인물은 자신의 행동을 "바로 잡기"를 원치 않는다는 이유로 당에서 다시 제명당하였다.[349]

리상조는 10월 5일 소련 외무부상 페도렌코에게 당이 여전히 경직되어 당내 민주주의와 집단지도체제의 레닌주의 원칙이 회복되지 않았을 뿐만 아니라 정직한 공산주의자들이 여전히 압제와 무법의 희생자가 되고 있다고 털어놨다. 또한 김일성이 비판의 대상이 되지 않았으

January 1957, RGANI, Fond 5, Opis 28, Delo 486, Listy 1–17.

348 *Ibid.*

349 *Ibid.*

면 한다는 견해가 담긴 소련공산당 중앙위의 서한이 조선로동당 중앙위 앞으로 도착했다는 소문이 당내에 퍼져 있다고 했다. 전원회의에서 비판적인 발언을 한 이들에겐 당·정 지도부를 전복시키려는 "음모가담자"라는 꼬리표가 붙었다. 많은 관료들이 감시당하였으며 "음모"로 모함을 당할까봐 이들은 서로를 방문하는 것도 두려워하는 분위기가 팽배했다.[350]

이렇듯 9월 전원회의 이후로 약간의 변화가 있었던 것은 사실이지만 그 변화는 소련과 중국이 요청한 것과 일치할 정도로 완전하지도 않았고 낮은 수준에 불과하였다. 김일성의 우상숭배현상을 없애려는 노력은 매우 느린 속도로 진행되었으며 북한지도부 역시 서둘러 문제를 해결하려 하지 않았다. 일부 당·정의 주요사항들이 집체적으로 결정되고, 지도부를 비판하는 사람들에 대해 참을성을 발휘하는 모습들이 전보다 자주 발견되기는 했다. 그러나 중·소의 개입 이후에도 조선로동당이 발표한 결정과 문서들 속에는 여전히 당내에 우상숭배현상은 없었다는 주장이 포함되어 있었다. 기껏해야 "조선로동당에서도 우상숭배현상이 발견되었으나 당에 아무런 부정적인 영향도 미치질 않았다."

350 Letter from Li Sangjo to the Central Committee of the Korean Workers Party, 5 October 1956, RGANI, Fond 5, Opis 28, Delo 410, Listy 233–295. 그러나 리상조가 1957년 1월 7일 소련공산당 중앙위원회에 보낸 보고서에 의하면 얼마 전까지 지도부에 대한 비판적인 발언은 모두 종파주의의 징후와 반당행위로 간주되었으나 현재는 상황이 다소 완화되었다고 했다. 최창익은 평양으로 돌아왔으며 그의 업무 문제가 재조사 작업에 들어갔다. 박창옥은 시멘트 공장 건설의 담당을 맡게 되었으며, 많은 당원들이 복당되었고 소련파에 대한 당 지도부의 태도도 긍정적인 방향으로 변화하였다. 일부는 이전의 직위를 회복하고 외교 기관에서 승진하기도 했다. CPSU Central Committee Report on the Situation in the KWP and the DPRK, 9 January 1957, RGANI, Fond 5, Opis 28, Delo 486, Listy 1–17.

는 주장 정도가 발견되었으며, 이 외 선전분야·문학과 예술 분야에서 김일성을 칭송하는 내용들이 사라진 것이 9월 전원회의로 인한 변화의 전부였다.[351]

중·소가 북한 당내 문제에 개입함으로써 정치와 경제분야에 일부 미미한 변화를 일으키는데 성공했지만, 그로 인해 북한과의 관계에 있어서 어색한 기류가 흐르기 시작했다. 조소관계는 다소 냉각됐다. 북한은 여전히 소련에 경제적으로 많은 부분을 의존하고 있었으므로 대소관계에 있어서 대등할 수는 없었다. 그러나 관계의 비대칭성에서 비롯한 내부의 불만이 비공식적으로 표출되곤 했다.

1956년 10월 30일에 있었던 소련 정부 선언이 조선로동당 상무위원회와 최고인민회의 제1기 12차 회의(1956년 11월 5일~11월 7일)에서 논의되어 지도부의 승인과 지지를 받는 데 성공하였다.[352] 조선로동당 상무위원회는 북한정부가 이 선언문을 공표하는 데 아무런 문제가 없다고 하였다. 최고인민회의에서도 모든 평등한 권리와 외국에 대한 내정불간섭, 우정과 협동이라는 레닌주의적 원칙에 근간을 두고 있는 소련의 평화애호정책이 조소관계에서도 지속되어야 한다고 발표했다. 그러나 일부 북한 관료들은 양국 사이에 성립된 개별조약들 속에 북한의 권리를 침해하는 불평등적 요소가 존재한다는 내용을 담은 비공식 성

351 *Ibid.*

352 최고인민회의 12차 회의의 주요 안건은 방소 대표단의 귀국 보고와 군축에 관한 소련 최고소비에트 호소문 지지, 남한 당국에 보내는 평화통일 호소문 채택이었다. 내용은 국토통일원, 『최고인민회의자료집 1』(서울: 국토통일원, 1988), pp. 799-836.

명들을 내놓았다.[353]

북·중 지도부의 관계 역시 완전히 "정상적인(평등한) 것"으로 보기 힘들다는 견해들이 흘러나왔다. 소련대사 이바노프는 북·중의 갈등 상황은 이미 한국전쟁 시기부터 드러났고 전쟁이 끝난 후에도 지속적으로 발견됐다고 밝혔다. 따라서 북중관계는 점차 당·정 사이의 연락이 철저하게 공식적인 성격을 띠고 있을 정도였다. 김일성은 평양 주재 중국대사관에서 중국의 국경일을 기념하여 열리는 회의나 연회에도 참석하지 않았다. 소련대사관에서 주최하는 유사한 성격의 행사에 참석하는 것과는 대조적이었다. 북한지도부는 중국대사관 관료들과는 잘 만나려 하지 않았고, 당과 정부정책에 관한 문제에 있어서도 중국과 논의하기를 기피하였다.[354]

이렇게 이들 사이가 악화된 데에는 윤공흠, 리필규, 서휘, 김강 등 북한의 몇몇 고위 간부들이 중국으로 떠난 사실에 있었다. 북한지도부는 중국이 이들을 다시 돌려보낼 것으로 믿어 의심치 않았으나 중국지도부는 북한의 요청을 묵살하였다. 또한 예전부터 북한에서 높이 평가되는 인물은 아니었던 펑더화이가 1956년 9월 전원회의에 중국공산당 대표로서 미코얀과 함께 평양에 온 것에 대해 북한지도부는 불만스러워 했다.[355] 이런 상황에서 중국이 근래에 북한에 새로운 경제원조를 제공하지 않기로 결정하자 북한과 중국의 갈등은 더욱 심화되었다. 김일

353 CPSU Central Committee Report on the Situation in the KWP and the DPRK, 9 January 1957, RGANI, Fond 5, Opis 28, Delo 486, Listy 1–17.

354 *Ibid.*

355 *Ibid.*

성은 중국에 5천만 위안에 해당하는 차관 및 무상원조를 요청하였으나 중국지도부는 무려 3개월 반 동안 아무런 대답을 주지 않다가 결국 거절의사를 밝혔다. 북한지도부는 1957년 중국과의 무역조약을 성사시키기 위해 김일을 대표로 하는 무역대표부의 방중을 약속해 둔 상태였다. 그러나 중국이 무상원조 제공 거부 의사를 밝히자 무역대표부의 중국방문도 취소되었다.[356]

이렇듯 조선로동당과 북한 사회 내부의 모습은 과거의 잘못들을 고치려는 시도들과 형제당들에 대한 불만이 뒤섞인 다소 복잡한 형태를 보이고 있었다. 그러나 이후에 발생한 사건들을 함께 고려해본다면, 과거의 잘못을 고치려는 북한지도부의 노력은 일시적인 것에 불과하였다고 할 수 있다. 김일성과 그의 지도부는 곧 대대적인 종파투쟁에 나서기 시작했던 것이다.

김일성은 자신의 반대세력들이 어떠한 의도를 지니고 있는지 정확히 파악하고 있었으며 자신에 대항하려는 시도를 적절히 저지했다. 전원회의를 연기하면서 그는 반당세력에 동정심을 갖고 있을지도 모르는 지도부의 구성원들을 협박하고 압력을 행사하였다. 반대파 일부가 중국으로 망명하였고 이로 인해 중·소 양국이 조선로동당 중앙위원회 결정에 개입하였던 사실은 결과적으로 개인숭배 비판이 갖는 국내적 근거를 약화시켰다.[357] 조선로동당은 말로는 회의를 통해 반대파들을 감독하고 비판하며 관대하게 처벌하기로 하였으나 김두봉·박의완을 비롯한 9명을 당중앙위에서 제명 및 탈당시켰다. 이와 동시에 감사위원

356 *Ibid.*

357 서동만, 『북조선사회주의체제성립사(1946-1961)』, pp. 567-568.

회가 강화되고 군대 내에서도 당위원회가 존재할 수 있도록 결정되었다.[358]

모스크바와 베이징의 내정간섭을 견디고 난 후 김일성은 당내 사회주의 형제당들의 영향력을 감소시키려는 노력을 더욱 철저히 하였다. 마침 1956년 10월, 헝가리 부다페스트에서 시민봉기(헝가리사태)가 일어나 소련과 중국의 관심이 북한에서 멀어지게 되었던 것도 김일성에겐 호재로 작용했다. 특히 11월 4일 소련군의 투입으로 헝가리에서 유혈사태가 일어나자 사회주의 진영의 분위기가 급격하게 반전되어 당내 민주주의에 대한 문제보다는 "반사회주의 책동"에 대한 경각심과 사회주의 진영의 단결의 중요성이 부각되었다.[359] 김일성은 형제당 안에 숨어 있던 "우연분자, 종파분자, 기회주의자들이 복잡한 정세를 이용하여 자기들의 야욕을 채우기 위해 악랄하게 책동했다."며, 제국주의자들이 공산주의 운동과 사회주의 제도를 전복하고자 이들을 침투시켰다고 주장하였다.[360] 그는 또한 사상사업에서 교조주의와 소련의 모든 것

---

358 A Report from Comrade Sluczanski Based on a Telegram from Comrade Siedlecki Regarding the Agenda of the March Conference: the 5 Year Plan, the "August Group," and Organizational Matters within the Party, 19 March 1958, Obtained for NKIDP from the Polish Foreign Ministry Archive by Jakub Procki and translated for NKIDP by Maya Latynski.

359 김일성은 일본 요미우리 신문 기자와의 인터뷰에서 헝가리 사태와 관련하여 소련이 취한 행동에 대해 질문을 받고 바르샤바 조약에 기초한 전적으로 정당한 행동이라고 옹호했다. 또한 소련과 인민민주주의국가들 사이의 관계에 대해 완전한 평등과 호혜 및 호상존중, 내정불간섭의 원칙에 입각하고 있으며 날로 발전하고 있다고 답했다. "일본『요미우리신붕』기자가 제기한 질문에 대한 대답(1956년 11월 21일),"『김일성전집 19』(평양: 조선로동당출판사, 1998), p. 329.

360 김일성은 헝가리 사태도 이러한 제국주의자들의 책동의 하나라고 주장했다. "현시기 당조직원들 앞에 나서는 몇 가지 과업에 대하여,"『김일성전집 19』, pp. 335-337.

을 빌려다가 북한에 기계적으로 실행하는 것을 비판하고 주체를 제기한 1955년 4월 전원회의 문헌을 깊이 연구해야 한다고 주장했다.[361] 이렇게 제국주의의 위협을 강조하면서 자연스레 지도자로서의 김일성의 위치가 중요해졌다. 곧 이어 일어날 중소분쟁이 김일성을 중심으로 한 내부단결의 주장을 더욱 수월히 행할 수 있도록 도와줬던 것은 두 말할 나위가 없었다.

반대세력에 대한 김일성의 반격은 1956년 11월 중순부터 시작되었지만 1957년에 봄에 접어들면서 본격적으로 전개되었다.[362] 종파투쟁의 첫 번째 대상은 물론 8월 전원회의에서 당의 징계를 받았던 인물들이었다. 김일성은 이들이 "국제적으로 나타났던 수정주의 《리론》과 《구호》를 리용하여" 당과 정부를 공격하고 당의 영도적 역할을 부정하였으며 "당내에서 무원칙한 《민주주의》와 종파활동의 《자유》를 요구했다."고 주장했다.[363] 김일성은 최창익, 윤공흠, 리필규 등의 실명을 거론하며 이들이 당의 간부정책을 시비하고 당을 분열시키고 파괴하려 했다고 자유롭게 주장하였다. 이어서 그 해 12월 17일에는 「당사업을

---

361 그는 4월 전원회의 문헌은 매우 중요한 문헌이라고 강조하면서 이 문헌을 잘 학습하면 "사회주의혁명과 사회주의건설에서 나서는 모든 문제를 성과적으로 풀어나갈 수 있다."고 주장했다. "현시기 당조직원들 앞에 나서는 몇 가지 과업에 대하여: 당조직원강습회에서 한 연설(1956년 11월 25일)," 『김일성전집 19』 (평양: 조선로동당출판사, 1998), p. 338.

362 김일성은 1956년 11월부터 "민청단체들 앞에 나서는 당면한 몇 가지 과업에 대하여-새로 선거된 민청중앙위원회 위원들 앞에서 한 연설(1956년 11월 9일)" 등에서 최창익, 윤공흠, 리필규, 서휘를 '반당종파분자'로 공격하기 시작하였다. 『김일성저작집 10』 (평양: 조선로동당출판사, 1980), pp. 345-347. 1956년 12월에는 당증교환사업을 재개하게 되는데 사업의 가장 핵심적 목표는 "8월 전원회의에서 폭로된 종파분자들의 정체와 그들의 죄상을 전체 당원들 속에 철저히 인식시킬 것"이었다. 『로동신문』, 1957년 1월 16일.

363 『로동신문』, 1958년 3월 6일.

개선강화하기 위하여 나서는 몇 가지 문제에 대하여」라는 연설을 통하여 당조직 사업의 문제점들을 비판하고 간부사업과 당핵심 육성사업의 중요성을 역설했다. 이 연설에서 '8월 종파사건'의 주동자들은 간부선발배치를 제대로 수행하지 못하고 당위원회를 제대로 관리하지 못하는 등 많은 잘못을 저지른 "반당종파분자들"의 대표적인 예로써 언급되었다.[364]

김일성 지도부는 또한 평양시당의 단체들(건설성, 상업성, 내각건재공업국, 직업동맹중앙위원회 등)을 대상으로 반대파가 많았던 기관들에 대해 당중앙위 집중지도 방조사업을 전개했다. 이는 본래 농업집단화를 위한 수단이었으나 해당부처와 단체 내 관련자를 적발함과 동시에, 평양시 주변의 정치적 동요를 막고 사상을 통제하는 등 당 내부 단속용으로 쓰였다.[365] 1957년 5월 30일에는 당 중앙위원회 상무위 결정으로「반혁명 분자들과의 투쟁을 강화할 데 대하여」가 채택되었으며 이후 '반종파투쟁'이 더욱 강도 높게 진행되었다.[366] 여름까지 대략 200여 명의 반대세력들이 '종파주의자'로 분류되어 체포당했다. 1957년 12월에

364 "당 사업을 개선강화하기 위하여 나서는 몇 가지 문제에 대하여: 조선로동당 중앙위원회 지도원이상 일군들과 한 담화(1956년 12월 17일)," 『김일성저작집 10』, pp. 416-424. 김일성은 연설의 시작 부분에서 8월 전원회의 이후 당 중앙위의 일군들에게 당 사업에 대해 한 번 이야기하려고 했으나 좀처럼 시간을 내지 못했다고 했다. 그동안 소련과 중국의 개입으로 흐트러진 당 내 분위기를 수습하고 자신을 중심으로 한 일인지배체제 강화의 기틀을 닦게 되자 자신감을 갖고 종파와의 투쟁과 주체의 강조를 주장할 기회를 가진 것으로 보인다.

365 『로동신문』, 1957년 1월 4일, 1957년 2월 28일.

366 이종석, 『조선로동당연구』, p. 281. 이종석은 김일성과 그의 세력들은 1956년 말부터 '반종파투쟁'을 권력투쟁의 영역에만 제한하지 않고 사상투쟁과 천리마운동과 같은 경제건설사업에 연계시켰다고 한다. 김일성은 투쟁이 마무리되어가는 1958년에는 초점을 점차 경제건설사업을 추동하는 쪽으로 전환하였다.

는 평양시당열성자회의가 소집되어 김두봉을 출당시키기로 결정하였으며 이읏고 당뿐만 아니라 군대에서도 수백 명의 연안파 및 소련파들이 '반혁명종파분자'로 낙인 찍혀 숙청당했다. 1958년 3월 전당대표자회의에서는 최창익, 박의완을 비판하고 반종파투쟁을 전당적으로 벌이려 하였다. 김일성은 전당대표자회의에서 "최창익과 김두봉 일당"의 죄목을 열거하면서 당을 깨끗하게 지켜내기 위해서는 공화국 북반부를 붉은 일색으로 만들어야 한다고 강조하였다. 북한에는 바로 다음날부터 "공화국 북반부를 붉은 일색으로!"라는 표어가 곳곳에 붙었으며 군중투쟁, 공개체포, 공개재판의 바람이 불어닥쳤다.[367] 이어 평양시를 시작으로 온 사회에서 숙청이 시작되었다. 1960년까지 김일성은 종파주의와의 투쟁을 강력히 전개하여 반대파 대부분을 숙청하였으며, 이를 피해 달아난 과거 연안파 사람들은 무려 1천여 명에 달했다.[368]

남일이 주장했던 것처럼, 여러 가지 정책상의 오류에도 불구하고 북한에서 김일성을 대신할 수 있는 지도자는 없는지도 몰랐다. 1957년 이후 김일성의 강력한 종파투쟁에 대해 중·소는 더 이상 깊이 개입하지 않았다. 헝가리 사태와 중소분쟁 등 김일성이 종파투쟁을 전개하는 데 유리하게 작용했던 사회주의 진영의 정세 또한 중·소가 김일성 지도

367 려정, 『붉게 물든 대동강』, pp. 89-91. 김일성은 최창익과 김두봉 일당이 신민당이 천하를 세우려고 음모했다고 주장했다. 당시 투쟁의 대상은 월남자 가족, 지주, 자본가 출신, 적의 일시적 강점시기 치안대에 소속했거나 치안대의 명령을 따른 사람, 종교를 갖고 있는 사람, 신민당원과 그 가족 및 친척, 귀환포로, 서울 점령시기에 포로로 잡혀온 남한 정치가 등을 포함했다.

368 "연변 당내의 자본주의 길로 나가는 가장 큰 집권파 주덕해의 매국죄상," 중국 연길시, 홍위병 연갈시 홍색반란대군 외, 1967년 7월 24일, p. 18; 이종석, 『북한-중국관계 1945~1990』, p. 215에서 재인용.

부를 인정할 수밖에 없게 하는 이유가 되었다. 이들은 북한이 사회주의 진영의 일부로 남아있는 이상 북한 내정에 간섭하여 김일성 지도부를 변화시키려 하지 않았으며, 오히려 김일성 지도부를 인정하고 이들과 긴밀한 관계를 유지하려 하였다.

그러나 김일성은 1956년에 있었던 중·소의 개입을 결코 잊지 않았다. 당시의 경험을 바탕으로 김일성은 일인독재체제를 더욱 강화하고 중·소의 간섭을 벗어나 주체와 자주 정립을 향해 한 발 더 내딛을 수 있게 되었다. 그는 당 정책의 정당성을 북한의 구체적 현실과 역사적 조건에 밀접히 결부할 것을 강조하고 당 사상사업에서 교조주의와 사대주의, 형식주의를 없애고 주체를 철저히 세울 것을 강력히 주장하였다.[369] 1961년 10월, 김일성은 당시 소련과 대척하고 있던 알바니아의 정치인 미프튜(Manush Myftiu)를 접견한 자리에서 1956년의 굴욕적인 순간을 아래와 같이 술회하였다.

> "1956년에…우리는 큰 어려움에 직면하였으며 (종파)분자들과 전쟁을 치렀고 그들을 진압하고 정체를 밝혀냈다. 종파분자들은 혼자가 아니다. 그들은 세계 각지에서 왔다. 소련 동지들은 종파분자들이 우리에게 압력을 행사하도록 조종했으며 상황을 명백히 하길 원했다. 그들은 전원회의를 소집하여 이 문제를 논의하려 했고 직접 참석하기를 희망했다. 우리는 그들이 무엇을 추구하는지 알고 있었다. 소련 동지들은 근거 없는 구실을 내세워 우리 지도부 내에 변화를 꾀했던 것이다. 그것은 우리의 결정이었고 우리는 전원회의 요청을 거절할 수도, 소련 동지들의 참석을 제한할 수도 있었으나,

---

369 "당 사업을 개선강화하기 위하여 나서는 몇 가지 문제에 대하여," 『김일성저작집 10』, pp. 424-428.

우리는 그렇게 하지 않고 문제를 침착하게 바라보았다.…반당종파 분자들의 존재에도 불구하고 우리는 당중앙위의 화합을 확신하였다. 조선로동당 중앙위원회는 함께 논의하고 전원회의를 소집하기로 결정하였다. 미코얀 동지 역시 당시 전원회의에 참석하고자 했다. 전원회의가 소집되었고 문제들이 다루어졌다. 우리는 모두 전원회의에서 발언하였고 화합과 진실 속에서 종파분자들과 그들의 지지자를 물리칠 수 있었다. 종파분자들도 전원회의에서 발언을 하였으나 그들은 아무것도 이뤄낼 수 없었다. 우리는 종파분자들의 정체를 밝혔고 축출시켰다.…이런 상황 속에서 소련 동지들조차 아무것도 할 수 없었다. 소련 동지들은 종파분자들이 아무런 지지나 성원을 받지 못한다는 것을 목격하였다. 본인의 목을 치기 위해 회의에 참석했던 그들은…빈손으로 돌아갈 수밖에 없었으며 정의만이 우리와 함께 남았다.

우리는 (알바니아의) 어려움을 알고 있으며 수정주의와 싸우는 알바니아의 투쟁을 지지해왔고 지금도 지지하고 있다. 당의 화합으로 인해 어려움을 견뎌낼 수 있었으며 앞으로도 무사히 헤쳐 나갈 수 있을 것이다. 본인이 전에 말했던 것처럼 우리는 유사한 어려움들을 1956년과 1958년에 겪었다. 귀하도 알다시피, 그때는 미코얀과 펑더화이 등이 우리의 내정을 간섭하려는 나쁜 의도를 가지고 왔다. 우리가 그들과 의견이 불일치하였던 것은 오늘날 알바니아의 입장과 똑같은 것이다. 우리는 우리 당의 화합 덕분에 이와 같은 어려움을 침묵 속에서 견뎌낼 수 있었다.”[370]

370 Memorandum of Conversation between Kim Il Sung and Manush [Myftiu] written by Albanian Ambassador to the DPRK, Hasan Alimerko, 4 October 1961, AQPPSH, MPP Korese, V. 1961, D4, translated by Enkel Daljani; Person, “We Need Help from Outside,” p. 2.

# 제3장

# 중소대립의 시작과 자주외교의 모색: 1957~1961

1956년 '8월 종파사건'과 '9월 전원회의'로 인해 굴욕의 경험을 맛보았던 김일성은 비교적 낮은 자세로 그 해를 보냈다. 중·소 양국의 개입은 잊을 수 없는 수모로 남았지만 일단 자존심에 입은 상처를 감추고 새로운 목표를 향해 나아가기로 결정했다. 무엇보다도 피폐한 북한 경제를 복구하는 것이 가장 시급한 문제였던 탓이다.

김일성은 북한의 경제복구에 힘쓰면서 당 내 종파주의자들에 대한 척결을 이어나갔다. 3개년 계획에 이어 1957년부터 시작된 5개년 계획(1957~1961)의 실행에 이르기까지, 경제개혁의 선봉에 선 김일성의 영향력은 날이 갈수록 강력해졌다. 김일성은 누구보다도 열성적으로 전후복구에 나섰던 인물이었으며, 북한의 경제재건은 바로 김일성의 리더십 강화로 이어지는 통로나 마찬가지였다.[371] 1956년 말, 당 지도부

371 경제성장의 효과는 당 내 김일성의 반대세력들을 비판하고 그의 권력기반을 강화하는 데도 도움이 되었다. 이 같은 실적에 근거하여 최창익 등이 "당 경제정책의 정당성을 부인하였다."고 비난하는 것이 가능해졌기 때문이다. 1957년 경제

와 내각은 인민의 생활수준 향상을 목표로 한 정책들을 결정하였으며 이것은 김일성과 그의 측근들의 입지강화로 이어졌다.[372] 김일성은 한때 소비재의 생산을 우선시하는 세력들을 종파주의자로 몰아 숙청하였으나 (일시적 결과지만) 결국 반대세력들의 주장을 일부 받아들인 셈이 되었다.

그러나 이러한 모순적인 선택에도 불구하고 김일성 자신은 숙청당하지 않았다. 더 이상 북한 사회 내에서 김일성의 잘못을 공개적으로 비난할 수 있는 사람은 존재하지 않았던 탓이다. 김일성은 한층 공고해진 리더십을 바탕으로 1957년과 그 이듬해 대대적인 당내 숙청을 감행하였다. 연안파와 소련파의 숙청은 이들의 해산이나 고립을 촉진시켰으며 결과적으로 김일성의 권력 공고화에 기여하고 민족주의적 성향을 더욱 강화하였다. 1956년 10월에 일어난 헝가리 사태 또한 중·소가 북한의 내정 문제에 이전과 같은 영향력을 발휘할 여지를 줄임으로써 김일성이 자유롭게 당내 숙청을 감행하는 데 기여하였다. 특히 1957년 11월 모스크바 회의를 계기로 중국과 소련의 갈등이 표면화되면서 김일성은 이제 국내 정치적 라이벌의 숙청에 있어서 중·소 지도부의 눈치를 보지 않아도 되었다.

---

성과가 나쁘지 않았다는 점은 김일성이 숙청을 계속하는데 기여했다. 북한 내부 보고에 따르면, 1957년 공업생산은 국가계획을 117%로 초과달성하고 증산과제도 105%로 초과달성하였을 정도로 북한은 성공적인 경제성장을 이루었다. 전년도에 비하면 무려 44%의 성장이었다. "1957년 조선민주주의인민공화국 인민경제발전계획 실행총화에 관한 국가계획위원회 중앙통계국의 보도," 『경제건설』, 제2호(1958), pp. 69–75.

372 A Note from Sluczanski to Several Comrades in Warsaw concerning the "August Group" and the Political Situation in the DPRK, 9 December 1957, Obtained for NKIDP from the Polish Foreign Ministry Archive.

그러나 사회주의 진영의 분열은 북한의 안보불안감을 부추기고 동맹체결의 필요성을 증폭시켰다. 이와 맞물려 남한에 들어선 반공정권의 등장, 미·일 관계 강화 움직임과 같은 동북아의 정세변화는 대외위협인식을 더욱 고조시켰다. 그동안 북한은 중·소의 영향력으로부터 벗어나려 노력했지만 이제는 그들로부터의 안전보장을 희망하면서 동맹체결을 절실히 요구하게 되었다. 본 장(章)에서는 중소분쟁이 격화되는 1957년부터 1961년까지, 사회주의 진영이 분열되는 혼돈의 시기에 북한이 어떻게 중·소와 공식 동맹을 체결하게 되는지를 통시적으로 살펴보고자 한다.

제1절

# 중소갈등의 발단과 전개

## 1. '서풍'을 이기는 '동풍': 1957년 모스크바 회의의 여파

### (1) 중 · 소 균열의 시작

1956년 2월 소련공산당 제20차 대회에서 야기된 자본주의 진영과의 평화공존 제창과 흐루시초프의 스탈린 개인숭배 현상의 비판은 사회주의 진영에 커다란 충격으로 다가왔다.[373] 당시 많은 사회주의 국가에서 미국을 위시한 자본주의 국가들을 적으로 설정하여 이들과의 끊

373 흐루시초프는 무고한 인민의 대대적인 처형과 고문에 의한 자백강요, 2차 대전 시 소련의 전략, 유고슬라비아와의 결별에 대한 책임, 개인숭배 등을 들추어 스탈린을 강하게 비판하였다. Yung-hwan Jo and Ying-hsien Pi, *Russia vs. China and What Next?*, 김기우 역, 『중소관계』(서울: 유풍출판사, 1986), p. 55.

임없는 투쟁을 강조하였고, 개인숭배는 모든 공산주의 국가에서 보편적인 풍조였던 탓이다.

이 대회의 충격은 또 다른 거대 사회주의 국가인 중국에도 그대로 흡수되었다. 국공내전(國共內戰)의 승리 후 국내에서 권위와 명성이 최고조에 올랐던 마오쩌둥은 소련의 새로운 노선에 당황하지 않을 수 없었다. 왜냐하면 마오쩌둥 자신이 바로 스탈린주의자였기 때문이다. 그러나 그는 적극적으로 소련 비판에 나서지 않았다. 마오쩌둥은 제20차 대회에서 흐루시초프의 스탈린 비판에 정면으로 반박하지 않는 대신 온건한 형태의 이의를 제기하였다.[374] 마오쩌둥을 비롯한 중국지도부는 흐루시초프의 스탈린 비판이 스탈린의 공적(功績)까지 폄하하였기 때문에 편파적일 뿐만 아니라 비타협적인 '대국 쇼비니즘'의 방식으로 진행되고 있다고 지적했다.[375] 따라서 스탈린의 과오는 3, 공적은 7로 평가하는 것이 "비교적 적절하다."면서 총체적으로 볼 때 스탈린은 여전히 "위대한 맑스주의자"라고 인정했다.[376] 마오쩌둥은 스탈린의 우상숭배

---

374 대회 기간에 소련을 방문한 중국 대표단은 "집단지도 제창 및 개인숭배 반대의 중요한 의의에 동의"하였으며 흐루시초프가 스탈린의 잘못을 폭로한 덕에 "우리는 모든 문제를 철저히 토론할 수 있게 되었다."고 밝힘으로써 스탈린 비판을 중국이 일정 정도 환영하고 있음을 시사했다.

375 최명해, 『중국·북한 동맹관계: 불편한 동거의 역사』 (서울: 오름, 2009), pp. 100, 114. 흐루시초프의 스탈린 비판에 대한 중국지도부의 정리된 입장은 1956년 4월 5일 『인민일보』에 실린 "프롤레타리아 독재의 역사적 경험에 관하여"란 글에 잘 나타나 있다. 이 글은 스탈린의 일부 오류에도 불구하고 맑스-레닌주의에서의 위대한 업적을 칭찬하고 있으며 덕분에 마오쩌둥과 그의 측근들까지 개인숭배의 비판으로부터 자유로울 수 있었다. 마리-클레르 베르제르 지음, 박상수 옮김, 『중국현대사: 공산당, 국가, 사회의 격동』 (서울: 심산, 2009), pp. 136-137.

376 Chen Jian, *Mao's China and the Cold War: the Making of the Sino-American Confrontation* (New York: Columbia University Press, 1994), p. 65. 마오쩌둥은 공

문제도 심각하게 받아들이지 않았다. 그가 우상숭배 문제를 회피하는 방법은 매우 간단했다. 바로 "올바른" 우상숭배와 "잘못된" 우상숭배를 구분하는 것이었다.[377]

그렇다면 중국은 왜 1956년 제20차 소련공산당 대회에서 스탈린 격하와 자본주의 세계와의 평화공존에 공감하지 않았음에도 불구하고 불만을 구체화하지 않았던 것인가? 그것은 바로 소련과의 몇 가지 이념적 견해 차이가 중국의 전략적 이해와 그다지 상충하지 않기 때문이었다. 마오쩌둥은 이때까지만 해도 이념적인 갈등보다 현실에서의 문제를 더 크고 중요한 문제로 여겼다. 스탈린과 비교했을 때, 흐루시초프는 분명 중국과 더 적극적으로 교류하려 했고 원조도 많이 제공했다. 1954년 소련의 새로운 지도자로서 흐루시초프가 중국을 방문했을 때도 차관과 물물교환 형식으로 대규모 경제교류를 시작하기로 결정했으며, 1955년 4월에는 "원자력의 평화적 이용(Atoms for Peace)"의 주창 하에 중국의 원자력 프로그램을 도와주기로 했다.[378]

산주의를 깨우치는 것은 매우 어려운 일이라고 평가하면서 과거에 누구도 해 본 적이 없는 일들을 현재 해 나가고 있기 때문에 이 과정에서 공산주의자들은 실수를 저지를 수밖에 없다고 했다. 따라서 스탈린이 과거에 범한 실수들을 놀라운 것으로 받아들여서는 안 되며, 흐루시초프 또한 실수들을 저지르게 될 것이라고 했다.

377 Mao Zedong, "Speech Outlines at the Chengdu Conference," 10 March 1958, Chen Jianguo yilai Mao Zedong wengao (建國以來毛澤東文稿), Vol. 7, p. 113.; Chen Jian, *Mao's China and the Cold War*, p. 67. 마오쩌둥은 대체적으로 우상숭배에 대해 반대하지도 않았지만, 그 자신에 대한 우상숭배 문제에 반대하고 싶은 마음은 더더욱 없었다. 중국공산당 정치위원이었던 케칭시(柯庆施)는 "마오 주석에 대한 존경은, 그에 대한 맹목적인 믿음을 가지는 경지에 이르는 것이라도 문제가 되지 않는다."라고 말할 정도였다.

378 물론 흐루시초프는 중국에 대한 핵기술 개발지원이 핵무기 개발과 직접적인 연관이 있다는 것을 잘 알고 있었으나 그는 스탈린과 달리 중국과 소련이 미

마오쩌둥이 흐루시초프의 스탈린 비판에 정면으로 반박할 수 없었던.데에는 또 다른 이유가 있었다. 바로 신(新)지도부에 대한 비판이 사회주의 진영에서의 소련의 지위를 손상시키고 진영의 단결을 저해할 수 있다는 우려였다. 마침 제20차 소련공산당 대회 이후 사회주의 진영 내에서는 정치적 소요사태들이 발생하고 있었다. 1956년 4월, 알바니아에서는 북한의 '8월 종파사건'과 유사한 사건이 일어나 호자(Enver Hoxha)의 개인숭배를 비판하던 당내 인사들이 숙청되었다. 같은 해 8월에는 북한에서 김일성 우상화와 전후경제복구문제를 둘러싸고 지도부의 갈등과 숙청문제가 불거져서 소련과 중국이 직접 개입했다. 또한 10월에는 폴란드·헝가리사태가 일어남으로써 동유럽 공산당과 모스크바의 관계가 악화되자 중국은 사회주의 진영의 분열 조짐을 느끼고 모스크바의 리더십의 약화를 우려했다.

마오쩌둥은 진영 내 소련의 지도력을 의심하거나 소련지도부를 비판하지 않았다. 오히려 그는 국제공산주의운동에는 하나의 중심만이 있어야 하고 그 중심은 소련공산당이라면서 대외적으로 사회주의 진영의 단결과 그 안에서 소련의 지도적 역할과 중국의 부상 등을 부단히 강조했다. 실제로 중국은 소련과 함께 북한의 '8월 종파사건'에 개입하고 소련이 10월 폴란드·헝가리 사태를 해결하도록 돕는 등 모스크바와 긴밀한 관계를 유지하였다.

---

국-영국에 대항하는 핵기술 협력 관계를 구축해야 한다고 믿었다. Constantine Pleshakov, "Nikita Khrushchev and Sino-Soviet Relations," in Odd Arne Westad, ed., *Brothers in Arms: the Rise and Fall of the Sino-Soviet Alliance, 1945-1963* (Washington, D.C.: Woodrow Wilson Center Press; Stanford, California: Stanford University Press, 1998), p. 231.

마오쩌둥은 중국을 대하는 소련의 불평등한 태도가 '프롤레타리아 국제주의' 개념에 다소 어긋난다고 여겼지만, 현실의 문제 해결에 더 많은 관심을 두었다. 따라서 중·소 지도자 사이의 이념 갈등은 구체적 현실 문제로 발전하지 않는 이상 사회주의 진영의 질서를 흔들어놓지는 않았다. 덕분에 양측의 교류는 비교적 순탄하게 이어질 수 있었으며 특히 군사적 측면에서의 교류가 두드러졌다. 양국은 1957년 10월 15일 핵기술제공을 주요 내용으로 하는 「국방신기술협정(國防新技術協定)」을 체결했다. 소련은 G-Class 탄도미사일 잠수함과 TU-16 제트기, 핵탄두를 제외한 중거리 탄도미사일 등과 관련한 상당한 정보를 중국에 제공했다. 중국의 핵과학자들은 소련의 두브나(Dubna)에 위치한 핵연합연구소(United Institute for Nuclear Research, UINR)에서 훈련을 받았다.[379] 1957년 10월부터 1959년 6월까지 소련이 보유하고 있던 상당한 수준의 핵기술 지원이 이루어졌다. 1957년 11월 펑더화이가 소련을 방문했을 때 양국은 동아시아에 해군력과 공군력을 강화하는 데 동의했다.[380]

중·소의 이러한 군사적 협력은 흐루시초프의 평화공존에 대한 마오쩌둥의 의심을 일정 정도 잠재우는 데에도 기여하였다. 1957년 11월, 마오쩌둥은 자신의 마지막 소련방문이 된 모스크바 회의(10월 혁명 40주년 경축행사와 각국 공산당 및 노동당 대표회의)에 참석하여 16일, "소련을 선두로 하는 사회주의 진영의 단결을 강화하는 것은 모든 사회주의 국가들의 신성한 국제적 의무로 생각한다."고 말한 데 이어, 18일

379 Lowell Dittmer, *Sino-Soviet Normalization and Its International Implications, 1945-1990* (Seattle: University of Washington Press, 1992), p. 185; Pleshakov, "Nikita Khrushchev and Sino-Soviet Relations," p. 233.

380 Chen Jian, *Mao's China and the Cold War*, pp. 62, 73.

대표자연설을 통해서는 현 국제정세는 "동풍이 서풍을 제압(東風壓制西風)하고 있다."며 사회주의의 힘이 제국주의의 힘보다 우세하다는 발언을 남겼다.[381] 이 발언은 같은 해 8월 21일 소련이 세계 최초로 대륙간탄도미사일(Intercontinental Ballistic Missile, ICBM)을 성공적으로 실험하고, 10월 인공위성 스푸트니크(Sputnik)를 성공적으로 발사한 데 근거한 것이었다. 마오쩌둥은 특히 스푸트니크의 발사에 크게 고무되어 이를 계기로 국제상황이 "새로운 전환점"을 맞이했다고 표현했다.[382]

그런데 이 대회에서 채택될 「모스크바 선언」의 초안을 둘러싸고 중국이 제국주의와의 전쟁을 피할 수 있다는 '평화공존(平和共存)'에 이견을 표시함으로써 소련과의 갈등이 일부 드러나게 되었다. 소련과 중국은 근본적으로 평화적 이행문제에 대해 다른 견해를 가지고 있었다. 중국은 자산계급이 무력을 사용하는 경우에 무력으로 자위함으로써 정권을 탈취해야 한다는 입장이었으나, 소련은 평화적 이행의 가능성이 점

381 이 발언은 회의에 참석하였던 김일성도 수긍하게 된다. 김일성은 모스크바회의를 마치고 귀국하여 1957년 12월 5일 조선로동당 중앙위원회 확대전원회의에서 한 보고에서 "쏘련은 일련의 중요한 과학분야에서 미국과 그밖의 다른 자본주의 국가들을 훨씬 앞섰습니다. 쏘련은 대륙간탄도로케트를 완성하고 인공지구위성을 발사함으로써 세계과학발전력사에 새시대를 열어놓았습니다.…(중략)…쏘련 인민이 공산주의건설에서 달성한 이와 같은 력사적인 성과들은 자본주의제도에 대한 사회주의제도의 결정적인 우월성의 시위로 되는 것입니다."라고 했다. "쏘련을 선두로 하는 사회주의진영의 위대한 통일과 국제공산주의 운동의 새로운 단계: 조선로동당 중앙위원회 확대 전원회의(1957년 12월 5일)," 『김일성선집 5』 (평양: 조선로동당출판사, 1960), p. 217.

382 흐루시초프 역시 소련이 미국보다 먼저 대륙간탄도미사일을 개발하는 데 성공하자 흥분을 감추지 못했다. 그러나 소련지도부의 그 누구도 1957년 가을을 동서양 진영의 세력균형의 관점에서 전환점이 되었다고 한 적은 없었다. 경제분야에서도 소련은 1970년대에 들어서야 미국을 앞지를 수 있을 것으로 내다보았기 때문에 마오쩌둥의 발언은 그가 소련의 군사력을 얼마나 과대평가하는 것이었는지 쉽게 짐작 가능하다. Donald S. Zagoria, *The Sino-Soviet Conflict 1956-1961* (Princeton: Princeton University Press, 1962), pp. 160−161.

차 증가하고 있으며 프롤레타리아계급은 무장 투쟁 없이도 의회 투쟁을 통해 정권을 탈취할 수 있다는 소련공산당 제20차 대회의 방침을 고수했다.[383] 당시 분위기는 영국·프랑스·이탈리아·폴란드 공산당 모두 소련공산당 20차 대회의 노선을 지지하고 있었으므로 중국은 이 문제에 대해 공개적 논평을 하지 않았다. 다만 중국공산당은 자신들의 의견을「평화적 이행 문제에 관한 의견 제강(提綱)」이라는 비망록 형태로 소련에 전달했다.[384]

마침 이 대회를 위해 1957년 11월 4일부터 21일까지 모스크바에 머무르고 있었던 김일성은 중·소가 평화공존 문제를 두고 대립하자 입장이 난처해짐을 느꼈다. 일단 표면상으로는 그 누구의 노선에도 가담하지 않았지만 김일성은 흐루시초프의 평화공존론이 내심 못마땅했다. 김일성은 국제적으로 상이한 체제의 평화공존과 전쟁가피론(戰爭可避論)이 전혀 가능성 없는 이야기라고는 생각하지는 않았지만, 결단코 북한에 적용될 수는 없다고 판단했다. 그는 이미 1956년 조선로동당 제3차 대회에서 "상이한 제도를 가진 나라들의 평화적 공존에 대한 레닌적 원칙을 견지하겠다."고 하였으나, "아세아에 대한 미 제국주의의 침략과 일본 군국주의의 재생을 견결히 반대하여 투쟁"하고 "기타 아세아

383 Pleshakov, "Nikita Khrushchev and Sino-Soviet Relations," pp. 227-228; 중국중앙공산당사연구실 저, 홍순도·홍광훈 역,『중국공산당역사 중』(서울: 서교출판사, 2014), p. 175.

384 최명해,『중국·북한 동맹관계』, p. 117. 다만「모스크바 선언」은 "중화인민공화국과 인도 공화국이 공동으로 제기한 5개 원칙과 또한 아세아 및 아프리카 제국 반둥 회의가 채택한 명제들은 평화적 공존의 리익에 부합된다."라고 함으로써 중국이 제기하는 주장의 일부를 받아들인 것으로 보인다.『로동신문』, 1957년 11월 23일.

인민들의 식민지 민족 해방 투쟁을 적극지지 성원하겠다."며 흐루시초프의 평화공존론을 따르지 않을 것임을 암시한 바 있었다.[385] 다만 평화공존에 대한 중·소의 견해 차이에도 불구하고 소련공산당 제20차 대회의 방침이 지속된 탓에 김일성은 모스크바 회의에서 소련의 입장에 공개적인 반대는 할 수 없었다.

### (2) 경제자립의 강화와 조소이중국적취득금지

결국 김일성은 표면적으로는 소련공산당의 노선에 지지를 보내면서 내부적으로는 흐루시초프의 정책에 정면으로 배치되는 정책들을 꾀했다. 김일성은 모스크바에서 돌아온 후, 11월 27일 조선인민군 군정간부회의에서 한 연설에서 형제당 사이의 내정간섭에 반대함으로써 호상관계의 규범을 철저히 지킬 것을 주장했다.[386] 이어 12월 5일과 6일에 열린 조선로동당 중앙위원회 전원회의에서 다시 한 번 "정치에서의

385 "조선 로동당 제3차 대회에서 한 중앙 위원회 사업 총결 보고(1956년 4월 22일)," 『김일성선집 4』(평양: 조선로동당출판사, 1960), pp. 434-444. 모스크바 회의 이후 『로동신문』 사설은 국제관계에서 두 진영의 역량이 결정적으로 변화하였으며 이로부터 평화적 방법에 의한 사회주의 혁명 달성이 가능해졌다고 주장했다. 사설은 "사회주의에로의 각이한 길의 가능성은 물론 매개 국가의 력사적 구체적인 조건에 의존한다."고 하였으나 이것이 맑스-레닌주의의 보편적 진리로부터 이탈해도 된다는 의미는 아니며 프롤레타리아 독재와 사회주의 건설 경험은 모든 나라에서 창조적으로 적용해야 한다고 밝힘으로써 북한은 소련의 평화공존을 따르지 않겠다는 여지를 남겨두었다. 『로동신문』, 1957년 11월 23일.

386 "조국통일문제와 인민군대 앞에 나서는 몇 가지 과업: 조선인민군 군정간부회의에서 한 연설(1957년 11월 27일)," 『김일성전집 21』(평양: 조선로동당출판사, 1998), p. 72. 한편 김일성은 이 연설에서 조선로동당이 맑스-레닌주의의 일반적 원칙을 북한의 구체적 실정에 맞게 창조적으로 적용하여 모든 노선과 정책을 세웠다고 주장했다.

자주"를 강조했다. 1,500명이 참가한 이 회의에서 그는 수정주의와 교조주의의 척결을 강력히 주장했다.[387] 김일성은 "당중앙위원회는 특히 전후시기에 들어와서 교조주의와 형식주의를 극복하며 주체를 확립하기 위한 투쟁을 결정적으로 전개하기 시작하였다"고 강조했다. 그것은 대대적인 당내 숙청의 신호였다.

김일성은 한 발 더 나아가 종파분자들이 "외부로부터 침습한 국제 수정주의의 사상 영향에 사로잡혔다."며 흐루시초프를 간접적으로 비난하기까지 했다.[388] 반면 모스크바 회의에서 마오쩌둥이 1956년 9월 전원회의를 통해 조선노동당의 내부문제에 개입했던 것에 대해 사죄하였다며 이를 자세히 설명하였다.[389] 마오쩌둥의 사과는 조선로동당 내 위기를 권력 강화로 승화시켜 자신감이 상승하였던 김일성에게 다시 한 번 8월 전원회의에서의 결정과 행동을 정당화할 수 있는 계기가 되었다.[390]

387 12월 7일자 『로동신문』에는 모스크바 회의에서의 조선로동당 및 정부 대표단 사업에 관한 김일성의 보고가 실렸다. 김일성은 "민족적 특수성을 지나치게 내세우고 맑스-레닌주의의 일반적인 원칙으로부터 물러서는 것이나 또한 민족적 특수성을 무시하고 맑스-레닌주의의 일반적 원리와 다른 나라들의 경험을 기계적으로 적용하는 것은 다 사회주의의 위업에 손실을 초래하게 될 것"이라며 교조주의와 수정주의에 대한 경계를 강화했다. 그는 "작년에 당내에 나타난 반당 종파 분자들은 국제 국내적으로 어려운 틈을 리용하여 엄중한 반당 반국가적 음모를 흉책하였으나 당은 제때에 이를 폭로 분쇄하였다."고 주장하였다. 『로동신문』, 1957년 12월 7일.

388 "조선 로동당 제3차 대회에서 한 중앙 위원회 사업 총결 보고," 『김일성선집 5』, pp. 241-244.

389 김일성 관련 저작물들에는 중국의 사과와 관련한 내용이 나타나 있지 않다. 그러나 박의완이 소련대사 푸자노프(Alexander Puzanov)에게 전함으로써 사실임이 드러났다. 시모토마이 노부오(下斗米 伸夫) 저, 이종국 역, 『모스크바와 김일성: 냉전기의 북한 1945~1961』(서울: 논형, 2012), p. 260.

390 모스크바회의는 "국제공산주의운동에서 주된 위험인 수정주의와 교조주의에 반

이와 함께 김일성은 경제정책에 있어서 북한의 자립을 강조했다. 그는 "오늘 청소한 사회주의 국가들은 굳게 단결되였으며 쏘련의 경제 기술적 원조와 지지를 받으며 그 풍부한 경험을 창조적으로 적용하고 있다."며, 그동안 소련으로부터 많은 원조를 받아왔지만 북한의 경제노선은 소련의 그것과는 별개임을 강조했다.[391] 그러나 북한의 자체적인 경제정책의 수립은 어쩔 수 없는 상황에 의해 이루어진 것이나 마찬가지였다. 북한이 전후 복구 건설을 위해 추진하였던 3개년 계획이 소련 고문관들의 도움으로 완성된 것이었다면, 1957년부터 시행된 5개년 계획은 북한 스스로 추진한 것이었다. 5개년 계획은 북한의 사회주의 공업기반 구축과 주민의 기본적인 의식주 문제를 해결하는 것을 목표로 설정하였다. 물론 이 같은 계획이 시작된 것은 경제적 측면에 있어서 북한의 자주적인 역량 상승에 의한 것이 아니었다. 사회주의 동맹국들의 원조가 종료시점을 앞두게 되면서 부득이하게 마련할 수밖에 없었던 자체적인 경제건설계획에 가까웠다.

소련과 사회주의 국가들의 지원의 대부분은 1957년으로 종료될 예정이었고 이에 따라 북한은 1958년부터 경제적으로 힘든 시기를 맞이하게 될 것으로 예견되었다.[392] 북한은 원조 종료로 인한 경제적 손실

---

대하고 맑스·레닌주의의 순결성을 지킨다."는 것을 분명히 하고 "내부의 적에 대한 투쟁"과 "프롤레타리아독재"의 옹호를 강조하였는데, 반김일성 운동이 국제적인 수정주의의 영향을 받았다고 단정지을 수 있는 근거가 되었다. 서동만, 『북조선사회주의체제성립사: 1945~1961』(서울: 선인, 2005), pp. 767-768.

391 "조선 로동당 제3차 대회에서 한 중앙 위원회 사업 총결 보고," 『김일성선집 5』, p. 219.

392 김일성은 1956년 6월에서 7월 동안 해외순방 기간 중 소련과 사회주의 국가들에 원조를 요청하였으나 실질적인 소득은 거의 없었다. 1954년부터 1961년까지 김일성은 해외 원조를 얻기 위하여 모스크바를 다섯 차례, 베이징을 네 차례 방문

을 최소화하기 위하여 모든 방법을 강구해야만 했다. 1957년 7월 말, 북한은 모스크바로 대표단을 파견하여 5개년 계획에 지원을 요구하고 1961년과 1962년에 만기되는 2억 4,000만 루블에 해당하는 차관의 상환 연기를 요청하도록 했다. 그러나 소련은 북한의 요구를 거절하였을 뿐만 아니라 미코얀은 소련공산당 정치국 회의에서 북한의 5개년 계획이 비현실적이라고 강력히 비판하였다.[393] 이 같은 비판에도 불구하고 북한의 1958년도 경제계획은 공업건설 총 투자액의 78.7%를 중공업, 21.3%를 경공업에 배정하도록 예정함으로써 중공업 위주의 경제건설 노선을 계속하여 추구할 것을 예고했다.[394] 이것은 소련 및 사회주의 진영의 경제노선과는 일치하지 않는 것이었지만 김일성은 자신의 고집대로 이듬해의 투자 분야와 생산 목표 등을 지정했다.[395]

한편 모스크바 회의와 12월 전원회의 이후, 소련과 북한의 이중국적취득이 금지되었다. 조·소 정부대표들은 1957년 12월 16일 「이중국

---

한 것으로 알려졌다. 그러한 와중에 북중관계는 매우 긴밀해졌다.

393 션즈화 저, 김동길·김민철·김규범 역, 『최후의 천조』 (서울: 선인, 2017), p. 549.

394 리종옥, "1958년도 인민경제발전계획의 성과적 보장을 위한 제과업," 『경제건설』, 제1호(1958), p. 9.

395 소련의 관여가 완전히 배제된 것은 아니었다. 북한의 과도한 경제목표의 개선을 논의하고자 1957년 3월에 소련 대표단이 방북했으며 경우에 따라 북한의 필요에 의해 소련의 개입이 유지되기도 했다. 북한지도부는 내심 거의 모든 소련 전문가들을 본국으로 송환하기를 원하였지만, 소련으로부터 얻을 수 있는 실리를 택했다. 따라서 소련인 전문가들을 당장 철수시키기 어렵다는 점을 받아들이고, 1957년 5월까지 5개년 계획을 위해 소련의 경제전문가들만을 남겨두기로 결정했다. 북한에 남아 있는 소련전문가들은 자문위원으로 직업 명칭을 바꾸었다. 이들이 하는 일이 단순히 북한에 한정되는 것이 아니라는 사실을 강조하기 위해서였다. Hungarian Embassy to the DPRK, Report, 19 March 1957, KTS, 5. doboz, 5/c, 00372/1957; Hungarian Embassy to the DPRK, Report, 20 March 1957, KTS, 12. doboz, 25/j, 001805/1957.

적자의 공민권조절에 관한 협약」을 체결하여 소련계 한인들로 하여금 소련과 북한 둘 중 한쪽 국적만 선택, 취득하도록 했다.[396] 그리하여 소련 국적을 갖고 있었던 사람들 중에서 북한에 남아 있길 희망하는 소련계 한인들은 소련 국적을 포기해야만 했다. 소련 국적을 선택할 경우 외국인이 되어 북한에서 공직을 수행할 수는 없었다. 계속해서 북한에서 자신의 직위를 유지하고 싶은 소련계 한인들이 북한 국적을 택한 것은 당연했으며 대부분의 소련계가 북한 국적을 선택했다.

그러나 이들은 앞으로 있을 숙청의 희생양이기도 했다. 1957년과 1958년에는 숙청의 바람이 거세어 일부 소련계는 신변의 위험을 피해 소련으로 돌아갔다. 1958년과 1959년까지도 많은 소련계 한인들의 법적 지위는 불분명한 상태로 남아 있었기 때문에 소련 시민으로서 소련으로 돌아가기 위한 허가를 받을 수 있었다. 그러나 이 과정에서 소련 정부의 행정 절차가 수개월에 달하자 그 사이에 입장을 바꾼 북한 정부가 소련으로 돌아가길 희망하는 소련계 사람들을 체포하는 경우가 발생하였다.[397]

결과적으로 이중국적취득금지조치는 김일성 지도부와 소련파, 그리고 소련지도부에 모두 이로운 결과를 낳았다. 김일성은 자신의 잠재적인 적들을 쉽게 제거하고 소련이 국내 정치에 영향력을 행사할 수 있는 루트를 차단할 수 있었다. 반면 소련계 한인들은 소련국적을 택함

396 서동만은 김일성이 1957년 11월 모스크바회의 참석차 소련을 방문하여 얻은 성과 중 하나로 이중국적 취득 금지를 꼽으면서 이로써 김일성이 소련 측으로부터 국내 소련계를 처분할 수 있는 권한을 확보하는 데 성공한 것이라고 보았다. 서동만, 『북조선사회주의체제성립사(1946~1961)』, p. 768.

397 Andrei Lankov, *From Stalin to Kim Il Sung: the Formation of North Korea, 1945-1960* (New Brunswick, N.J.: Rutgers University Press, 2002), p. 107.

으로써 자신들의 신변을 북한 보안당국으로부터 보전할 수 있었다. 소련지도부 또한 더 이상 내정간섭이라는 비난을 우려하여 소련계 한인들에 대한 북한지도부의 숙청과 압박들을 모른 척 눈감지 않아도 되었다.[398]

## 2. 중국인민지원군의 철수와 '천리마운동'

### (1) 중국인민지원군의 철수

김일성이 1957년 11월 모스크바 회의에 참석해서 얻은 성과는 1956년 9월 전원회의에 중국의 개입에 대한 사과 이외에도 하나가 더 있었다. 바로 북한과 중국이 1958년까지 중국인민지원군의 완전 철수에 동의하였던 것이다. 김일성은 마오쩌둥과의 회담에서 북한이 법률적으로 독립적 지위를 가짐을 강조하고 '8월 종파사건'의 본질은 '북한 정부의 전복'에 있었음을 설명했다.[399] 김일성의 상세한 설명은 마오쩌둥으로부터 중국이 '8월 종파사건'에 개입하였던 데 따른 사과와 중국인민지원군의 완전한 철수에 대한 동의를 이끌어냈고 1958년 10월 중국인민군 철수 완료로 이어졌다.[400]

중국인민지원군 철수문제는 1953년 7월 정전협정체결 이후부터

398 Lankov, *From Stalin to Kim Il Sung*, p. 106.

399 션즈화, 『마오쩌뚱 스탈린과 조선전쟁』, p. 440.

400 북한측 표현에 따르면 '사과'이지만 중국은 '유감'을 표명하였다고 한다. 최명해, 『중국·북한 동맹관계』, p. 102.

북한과 중국 사이에 계속해서 논의되어 120만의 중국군은 꾸준히 한반도에서 철수하여 병력을 줄여왔다.[401] 1954년 6월, 북한은 남한의 군사력 증강과 중국군의 철수, 정전협정의 성립과 맞물려 학생이나 제대한 사람들을 제외하고 18세에서 24세의 연령대에 해당하는 모든 남자들에 대해 동원명령을 내렸다.[402] 1954년 9월에는 1차 공개철수가 이루어져 지원군 7개 사단이 북한에서 철수했고,[403] 1955년 3월에는 6개 사단이 철수했으나 1956년 4월까지 여전히 44만여 명의 지원군이 남아 있었으며 1958년 철군 당시에는 25만 명만이 북한에 잔류하였다.[404] 중국은 인민지원군이 북한에서 철수할 때마다 한반도문제에 대한 평화적 해결을 위한 것이며 국제상황에 부합한 결정이라는 점을 강조하였다.[405]

---

401 정전 당시 중국인민지원군의 규모는 17개 군단과 제33사단, 포병, 고사포병, 장갑병, 공병, 철도병, 후방병참부대, 후방경위부대, 지원군 총사령부 및 각 병단 기관과 직속 부대 등이었다. 중국군사과학원 군사역사연구부 저, 국방부 군사편찬연구소 역, 『중국군의 한국전쟁사 3』(서울: 국방부군사편찬연구소, 2005), p. 788.

402 Hungarian Embassy to the DPRK, Report, 12 July 1954, KTS, 6.doboz, 5/d, 00868/1/1954.

403 『人民日報』 1954年 9月 9日, 1955年 3月 26日; 박영실, "정전이후 중국인민지원군의 대북한 지원과 철수," 『정신문화연구』, 제29권 제4호(2006), p. 287에서 재인용. 중국은 9월 5일 인민지원군의 철수가 있을 것임을 발표하였다.

404 박영실, 『중국인민지원군과 북·중관계』(서울: 선인, 2012), pp. 220-222. 반면 중국측 연구에 따르면 이미 1955년 말 시점에 북한에 약 25만 명의 인민군이 주둔하였다고 한다. 중국지도부는 모든 지원군을 1956년 내에 철수할 계획이었다고 하였다. 그러나 1956년 2월 소련공산당 제20차 당 대회 이후 사회주의 진영에서 벌어진 일련의 사건들에 미국이 편승하여 극동에서 분쟁을 일으킬 가능성이 높아져 북중지도부는 공동으로 지원군 철수를 연기하기로 결정했다고 한다. 히라이와 슌지(平岩俊司) 저, 이종국 역, 『북한·중국관계 60년: '순치관계'의 구조와 변용』(서울: 선인, 2013), p. 32.

405 이 때문에 1956년까지의 지원군 철수는 중국의 평화공세의 일환이라는 주장이 존재한다. 히라이와 슌지는 중국인민지원군의 철수가 북중관계의 맥락이 아니라 보다 광범위한 국제관계의 맥락에서 시작되었다고 말한다. 당시 중국은 제네

그러나 북·중 간에 중국인민지원군의 완전한 철수에 관한 논의는 모스크바 회의가 개최된 1957년 11월이 되어서야 이루어졌다. 모스크바 회의가 열리던 시점인 11월 9일 오후 4~7시, 마오쩌둥은 크렘린궁의 숙소에서 김일성, 남일, 김창만과 만났고 북·중 모두 중국인민지원군의 철수에 동의한 것으로 알려졌다. 그러나 누가 먼저 철수를 제의하였는지는 불분명하기 때문에 서로 다른 주장이 존재한다.

우선 마오쩌둥이 먼저 중국지원군의 한반도 철수를 제안했다는 주장을 살펴보자. 중국은 1957년 1월까지만 하더라도 "조선인민의 이익을 위해서 뿐 아니라, 전체 사회주의진영의 이익을 위한 관점에서" 지원군의 계속적인 주둔이 필요하다고 믿었다.[406] 그러나 1957년 11월에는 마오쩌둥의 입장이 완전히 바뀌었는데 그 이유는 '동풍이 서풍을 이긴다.'는 믿음 때문이었다. 마오쩌둥은 모스크바 회의 기간에 김일성과 두 차례의 회담을 가지면서 중국인민지원군의 전면철수를 주도적으로 제기하였다. 그는 현재 국제적 상황이 매우 좋고 사회주의 진영이 자본주의 진영을 압도하고 있으므로 미국이 섣불리 경거망동하지 못할 것이라고 주장하였다.[407] 따라서 지원군의 철수는 정치적으로 적절하며 세계 여론의 이해를 얻을 수 있을 뿐만 아니라, 남한의 미군 2개 사단을 철수하도록 미국을 압박할 수 있을 것이라고 주장했다. 이 말을 들

---

바회의 이후 국제적 지위향상을 목표로 평화공세를 전개하였으며 인민지원군 철수는 그러한 수단으로 활용되었다는 것이다. 히라이와 슌지, 『북한·중국관계 60년』, p. 70.

406 중국 주재 소련대사관의 1956년도 보고, 1957년 4월 18일, АВПРФ, ф.5, оп.28, п.103, д.409, лл.139-143; 션즈화, 『마오쩌뚱 스탈린과 조선전쟁』, p. 443에서 재인용.

407 션즈화, 『최후의 천조』, p. 559.

은 김일성은 처음에는 매우 놀랐지만 곧 그의 견해가 옳다고 생각하여 철수에 동의하고 실행에 옮겼다고 한다. 또한 '8월 종파사건'을 계기로 중국으로 도망갔던 간부들의 송환을 마오쩌둥이 먼저 제시하였으나 김일성이 이들의 귀국을 원치 않는다고 말했다고 주장한다.[408]

이 같은 견해는 냉전이라는 시대적 배경을 전적으로 반영한 것으로, 인민지원군의 철수가 마오쩌둥의 국제정세에 대한 전략적 판단 하에 북·중이 합의하여 순조롭게 진행된 것으로 묘사하고 있다. 그러나 '8월 종파사건' 이후 어색해진 북중관계와 중국군의 철수로 인해 발생할 수 있는 북한의 안보적 불안감 등을 고려해 봤을 때, 국제정세에 대한 마오쩌둥의 판단만으로 중국지원군의 철수가 잡음 없이 진행되었다는 주장은 선뜻 받아들이기 힘들다.

반면 김일성이 주도적으로 중국인민지원군의 철수를 건의했다는 견해도 존재한다. 김일성이 모스크바 회의가 열리던 때에 중국으로 망명한 연안계 인사의 송환요구를 마오쩌둥이 거절하자, 지원군 주둔에 대한 불만을 표출함으로써 철수 문제를 논의하게 됐다는 것이다.[409] 김일성은 중국인민지원군의 잔류는 북한의 자주권을 침해하고 내정간섭에 해당된다며 철수의 이유를 분명히 하였다. 그 말을 듣고 기분이 상한 마오쩌둥은 즉시 인민지원군을 철수하겠다고 응수하였다. 이러한

---

408 *Ibid.*

409 첸지안(Chen Jian, 陳兼)은 마오쩌둥이 자신과 생각이 다른 동지들을 '반동분자'로 지칭하는 것은 안 된다며 무자비한 숙청에 강력히 반대하자 기분이 상한 김일성이 중국군의 철수를 요구한 것이라고 주장한다. Chen Jian, "Limits of the 'Lips and Teeth' Alliance: An Historical Review of Chinese-North Korean Relations," Woodrow Wilson International Center for Scholars, *Asia Program Special Report*, No. 115 (September 2003), p. 6.

주장은 1956년 9월 중·소의 개입 이후 어색해진 북중관계가 지원군의 철수로 이어졌다는, 양국의 갈등적 측면을 부각시킨 주장이다.

그러나 여러 가지 정황상, 중국지원군 주둔의 부정적 영향에 불만을 가진 북한 정부가 현재 국내외 정세가 시기적으로 철군에 가장 적합하다고 판단하여 중국측에 철수를 요구한 것으로 보인다.[410] 국제정세에 대한 북한지도부의 판단은 중국인민지원군 철군의 적시성에 대한 확신을 심어줬다. 북한지도부 또한 중국지도부 못지않게 소련의 군사력을 과신하였고, 동풍이 서풍을 압도하는 유리한 국제환경에 놓여있다고 믿었다. 물론 미군이 남한에 주둔하고 있다는 사실이 우려되지 않는 것은 아니었다. 그러나 사회주의 진영의 단결이 지속되는 한 북한은 또 다른 위기가 닥쳐와도 세계최고의 군사강대국인 소련의 원조와 접경을 공유하는 중국의 군사적 개입을 기대할 수 있었기에 철군을 해도 좋다고 판단하였을 것이다.[411]

410 소련대사관에 잠입한 중국 비밀정보원은 중국인민지원군이 북한에서 마치 점령군처럼 무례하고 북한정치에 내정간섭을 한 몇몇 사례가 있다고 보고하였으며, 1954~1956년 중국인민지원군이 일으킨 교통사고로 약 417명 사망, 1954~1955년 강간사건 68건, 1956년 상반기 강간, 강간미수, 통간 사건이 208건에 달했다고 한다. 시모토마이 노부오, 『모스크바와 김일성』, pp. 247-248; 박종철, "중국인민지원군의 철군과 북·중관계," 한국정치외교사학회 이재석·조성훈 편, 『한반도 분쟁과 중국의 개입』(서울: 선인, 2012), p. 189.

411 중국이 왜 1958년을 지원군 철수의 적기라고 보았는지에 대해서는 학자들마다 각기 다른 견해를 제시한다. 크게 북한의 국내적 이유를 중심으로 보는 견해와 중국의 국내적 이유를 중심으로 보는 견해로 나뉘는데, 서동만과 와다 하루끼는 북한의 사회주의 체제건설의 완성시기를 1958년으로 보고 이를 중국인민지원군 철수와 연계하고 있다. 서동만, 『북조선사회주의체제성립사(1945~1961)』, p. 598; 와다 하루키 저, 서동만·남기정 역, 『북조선』(서울: 돌베개, 2002), p. 120; 반면 김용현은 중국이 1958년 제2차 5개년 계획 등 빠른 사회주의 경제건설을 추진하는 과정에서 많은 병력을 북한의 지원 없이 주둔시키는 것에 상당한 경제적 부담을 느끼고 지원군의 완전 철수를 결정하게 되었다고 한다. 김용현, "북한의 군사국가화에 관한 연구: 1950~1960년대를 중심으로," 동국대학교 박사학

이와 더불어, 김일성은 1956년 8월 전원회의 이후 정치적 라이벌들을 숙청하면서 자주를 세울 것을 빈번하게 강조해왔는데 자주적 정권의 수립이 단순히 말로 그쳐서는 안 된다고 보고 있었다. 따라서 북한은 보다 많은 사회주의 국가들과의 교류를 꾀하였으며, 한반도에서 외국군의 철수를 주장함으로써 남한에서 미군철수를 유도하려 했다. 이를 위해서는 스스로 중국군의 철군을 실행함으로써 한국의 미군철수까지 유도하는 것이 가장 바람직하다고 판단했을 것이다. 평화통일을 위한 외국군대의 남북한 철수와 남북군대의 감축안은 모스크바의 평화공존 방침에도 부합하기 때문에 중국이 반대하기 어려운 것이기도 했다.

김일성의 집요한 철군요구는 철수 의지는 있었지만 구체적인 시기나 실행계획은 마련하지 않았던 마오쩌둥의 심기를 불편하게 만든 나머지, 결과적으로 빠른 철군결정을 내리도록 유도하였다.[412] 김일성과의 회담을 마치고 다시 중국으로 돌아온 마오쩌둥은 김일성에 대한 불만을 표시하였다. 11월 30일, 마오쩌둥은 중국주재 소련대사에게 김일성이 1956년 헝가리사태 때 반소노선을 걸었던 헝가리 수상 임레 나지

---

위논문(2001), pp. 81−82; 이러한 논의를 기반으로 박영실은 1956년 '8월 종파사건' 이후 시작된 증폭된 북한과 중국의 갈등이 각각 사회주의 체제건설 완성과 사회주의 체제 건설의 필요성과 맞물려 지원군의 철수 완료에 합의하기에 이르렀다고 평가했다. 박영실, 『중국인민지원군과 북·중관계』, pp. 240−241.

412 1966년 소련 외교부가 작성한 6·25 전쟁 평가보고서에 따르면 중국은 중국인민지원군의 장기 주둔을 이용하여 대북 영향력을 강화하려 하였으나, 북한의 저항으로 1958년 10월 말에 중국지원군이 철군하게 된 것으로 나타난다. 「蘇聯外交部關於朝鮮戰爭的背景報告(1966年 8月 9日)−關於1950~1953年朝鮮停戰及停戰談判」, 沈志華 編, 『朝鮮戰爭: 俄國檔案館的解密文件』 下 冊 (臺北: 中央研究院近代史研究所, 1992), p. 1348; 박영실, 『중국인민지원군과 북·중관계』, p. 240에서 재인용.

(Imre Nagy)의 길로 들어설 수 있으며 한국의 이승만과 공모할 가능성이 높은 인물이라고 주장했다.[413] 그러나 모스크바 회의 기간 동안 마오쩌둥 본인은 소련공산당과 다른 형제당들과의 평등한 관계를 바탕으로 한 사회주의 연대를 강력히 주장하였던 터였다. 마오쩌둥은 자신이 뱉은 말을 중·소 관계에서 실현시켜 보이기 위해서라도 김일성의 철수요청에 동의해야만 했다.

김일성은 이후 당내 회의를 소집하여 중국인민지원군 철수를 위한 논의에 착수하였다. 김일성은 1957년 12월 전원회의 연설에서 외국군의 한반도 철수를 주장하면서 "우리는 중국인민지원군까지도 포함한 모든 외국군대가 조선에서 철거할 것을 요구합니다."라고 함으로써 중국군이 철수할 것임을 암시하였다.[414] 이어서 그는 1957년 12월 16일과 25일, 두 차례에 걸쳐 마오쩌둥에게 전보를 보내었으며 조선로동당 중앙위가 지원군의 철수에 찬성한다는 뜻을 표명하면서 구체적인 실시방안을 제안했다. 1958년 1월 8일 저우언라이는 소련대사에게 이 상황을 통보했고, 1월 16일 소련외교부는 매우 뛰어난 결정이라고 회신을 보냈다.[415]

1958년 2월 5일, 북한은 한반도의 평화통일문제에 관해 발표하는 형태를 취하여 중국인민지원군이 철수하기로 하였음을 공개하였다. 성명은 북한이 한반도에서 "일체 외국군대의 철거 문제와 조선의 평화적

413 최명해, 『중국·북한 동맹관계』, p. 103.

414 "모쓰크바에서 진행된 위대한 사회주의 10월 혁명 40주년 경축 행사와 각국 공산당 및 로동당 대표 회의들에 참가한 우리 당 및 정부 대표단의 사업에 관하여," 『조선중앙년감 1958』 (평양: 조선중앙통신사, 1958), p. 40.

415 선즈화, 『마오쩌뚱 스탈린과 조선전쟁』, pp. 443-444.

통일 문제는 이미 성숙되었으며 지체 없이 해결되어야 할 문제"라고 밝히고, "조선에서의 긴장 상태를 완화하고 조선 문제를 평화적으로 해결하기 위하여 미군과 또한 중국인민지원군을 포함한 기타 일체 외국군대가 남북조선으로부터 동시에 철거하여야 한다."고 발표하였다.[416] 같은 날 『인민일보』는 "우리는 조선민주주의인민공화국이 당전에 재차 제출한, 일체 외국군대를 철퇴시키고 평화적으로 조선을 통일할 데 관한 건의들을 완전히 지지한다."는 논설을 발표했다.[417] 이틀 후인 2월 7일에는 북·중이 공동성명을 통해 북한 정부와 중국인민지원군 철수에 관해 협상을 진행할 것임을 공포했다.[418] 이 성명에는 북한 정부의 여러가지 건의를 지지할 뿐만 아니라 곧 북한정부와 협상 후 중국인민지원군이 자발적으로 철수할 것이라는 내용, 미국정부와 유엔군측에 참가한 기타 각국 정부도 마찬가지로 일체의 외국군대를 남한에서 철수시킬 것을 요청하는 내용 등이 담겨 있었다.[419]

이후 저우언라이 총리를 대표로 한 중국대표단이 1958년 2월 14일부터 2월 21일까지 최고인민회의 제2기 제2차 회의 참석 겸 북한을 방문했다. 중국정부대표단은 평양, 함흥, 흥남, 원산 등의 도시를 방문하고 공장, 기업과 문화교육기관 등을 참관하였으며, 북한 정부대표단과 회담을 진행했다.[420] 저우언라이는 최고인민회의 제2기 제2차 회의에서

416 『로동신문』, 1958년 2월 6일.

417 『人民日報』, 1958年 2月 5日; 『북한관계사료집 62』 (과천: 국사편찬위원회, 2008), pp. 460-461.

418 "北, 50년대 중국군-주한미군 철수 연계," 『연합뉴스』, 2005년 5월 27일.

419 『人民日報』, 1958年 2月 8日; 『북한관계사료집 62』, pp. 467-471.

420 박영실, "정전이후 중국인민지원군의 대북한 지원과 철수," p. 279.

한 연설에서 "중국정부대표단의 금번 조선 방문의 중요한 업무의 하나는 곧 중국인민지원군이 조선으로부터 철거할 데 관한 문제들을 조선 정부와 협의함으로써 조선 정부가 제기한 제의들의 실현을 촉진시키려는 데 있다."고 강조하였다.[421] 이후, 중국인민지원군은 중국정부의 지시에 따라 1958년 3월 15일부터 10월 26일까지 기간에 3단계에 걸쳐 신의주를 통해 완전히 철수하였고, 군사정전위원회 내에 인민지원군 대표만이 잔류하게 되었다(〈표 3-1〉 참조).[422]

〈표 3-1〉 중국인민지원군 철수현황[423]

| 철수 시기 | 철수 병력 상황 | 철수 병력 인원 |
|---|---|---|
| 1953년<br>비공개 철수 | 8월-64군단<br>9월-63군단, 포병 7사<br>10월-60군단, 65군단, 포병 2사, 포병 21사, 고사포 61사 | 대략 16개 사단 |
| 1954년<br>공개 철수 | 9월~10월 47군단(139, 140, 141 사단), 67군단(199, 200, 201 사단), 33사단 | 7개 사단<br>총 87,894명 |
| 1954년<br>비공개 철수 | 4월-12군단<br>5월-15군단, 장갑병 제1지휘소(4개 연대)<br>8월-포병(단동) 64사 12월-포병 22사, 포병(단동) 65사 | 대략 10개 사단 |
| 1955년<br>공개 철수 | 3월~4월<br>50군단(148, 149, 150 사단), 68군단(202, 203, 204 사단) | 6개 사단<br>총 52,192명 |

421 "주은래 총리가 조선 제2기 최고인민회의 제2차 회의에서 한 연설," 『人民日報』, 1958年 2月 20日; 『북한관계사료집 62』, p. 503; 국토통일원, 『북한최고인민회의 자료집 2』 (서울: 국토통일원, 1988), p. 136.

422 『연합뉴스』, 2005년 5월 27일; 최명해, 『중국·북한 동맹관계』, p. 143; 박영실, "정전이후 중국인민지원군의 대북한 지원과 철수," p. 279. 철군의 3단계는 첫째, 3월 15일부터 4월 25일까지 중국인민지원군 6개 사단 8만 명 철수, 둘째, 7월 11일부터 8월 14일까지 6개 사단과 특별병종 부대를 포함한 10만 명 철수, 셋째, 9월 26일부터 10월 26일까지 지원군 사령부와 3개 사단 및 후방공급부대 7만 명 철수의 단계이다.

423 표에 나타난 기타 비공개 철수는 정전 당시 북한에 남아 있던 인민지원군의 규모나 정확한 철군 시점을 알 수 없는 부대들이다.

| 1955년 비공개 철수 | 3월-공안 1사, 포병 3사<br>9월-고사포(단동) 63사 | 대략 3개 사단 |
|---|---|---|
| 1955년 공개 철수 | 10월<br>24군단(70, 72, 74 사단), 46군단(133, 136, 137 사단) | 6개 사단<br>총 63,257명 |
| 1957년 비공개철수 | 2월-포병 1사, 4사 | 대략 2개 사단 |
| 1958년 공개 철수 | 3월 15일~4월 25일<br>16군(32, 46, 47 사단), 23군(67, 69, 73 사단) | 6개 사단<br>총 8만여 명 |
| 1958년 공개 철수 | 7월 11일~8월 14일<br>21군(61, 62, 63 사단), 54군(130, 134, 135 사단) 및 특별병종부대 | 6개 사단 및<br>특별 병종부대<br>총10만여 명 |
| 1958년 공개 철수 | 9월 26일~10월 26일<br>1군단 (1, 2, 7 사단) 및 지원군 사령부와 후방공급부대 | 3개 사단 및<br>지원군 사령부와<br>후방 공급부대<br>총 7만명 |
| 기타 비공개 철수 | 포병 33사, 공병지휘소 11개 여단, 공군연합사령부 8개 사단, 공군 제2군(3사, 12사 및 제9사의 27여단), 포병(단동) 62사와 102사, 중조연합전방철도운수사령부 10개 사단 | 대략 23개 사단 및<br>12개 여단 |

※ 출처: 박영실, "정전 이후 중국인민지원군의 대북한 지원과 철수," p. 283.

중국인민지원군의 철수는 북한과 중국 양국에 긍정적인 효과와 부정적인 효과 모두를 가져왔다. 북한은 사회주의 진영뿐만 아니라, 제3세계 국가들의 등장으로 다변화된 국제사회에서 자주를 강력히 주장할 수 있는 명분을 마련하였다. 그러나 안보와 경제적 측면에서는 분명 손실이 있었다. 1953년 11월에 체결한 「조중 경제 및 문화 합작」에 따라 중국인민지원군이 북한에 주둔하면서 북한의 안보우려와 재건사업의 부담은 감소하였다. 또한 북한은 중국에서 1954년부터 1957년까지 약 8만 억 위안의 대규모 무상 원조를 제공받을 수 있었다.[424] 때문에 지원군의 철수는 북한에 안보의 공백과 경제적 부담의 증가를 가져왔다.

북한은 대체 병력의 확보를 위해 1959년 1월 14일 '로농적위대(勞

424 김용현, "북한의 군사국가화에 관한 연구," p. 78.

農赤衛隊)'를 창설하였으며, 부족한 노동력의 어려움을 딛고 경제건설의 가속화를 위해 사회주의 대중운동인 '천리마운동'을 전개하였다.[425] 천리마운동은 제1차 5개년 계획을 진행하는 와중에 추진되었으므로 직접적으로 중공군의 철수와 연관시키기 어려울 수도 있다. 그렇지만 북한 사회의 전반적인 변화 움직임과 맞물려, 지원군 철수가 노력동원을 핵심으로 하는 천리마운동의 발전에 영향을 미쳤다는 사실은 부정하기 어려울 것이다.

반면 중국은 지원군 주둔을 빌미로 북한의 내정에 간섭할 수 있는 여지가 급격히 감소했다. 그러나 그동안 북한의 지원 없이 수십만 이상의 병력을 주둔시킴으로써 발생하는 비용을 절감할 수 있었다. 마침 중국은 '대약진운동(大躍進運動)'을 추진하면서 가능한 외부에서 발생하는 경제 손실을 최소한으로 해야 했으며, 내부에서는 '반우파투쟁' 등 여러 가지 문제들이 일어나고 있던 터였다. 따라서 대외관계에 주력하기 보다는 내부문제에 더욱 집중해야 했고 북한에 주둔한 중국인민지원군에 많은 신경을 쓰지 못했을 것이다. 국제정세를 고려해 보았을 때에도 중국은 동풍이 서풍을 압도하는, 사회주의에 유리한 분위기가 조성되어 있고, 북한 경제의 상황이 자체적으로 전전(戰前) 수준을 회복하였다고 평가하였기에 중국인민지원군이 북한에서 철수한다고 해도 나쁘지 않

425 로농적위대는 최초의 준군사조직이었던 인민자위대와 조국보위후원회를 확대 개편한 조직으로 1963년 교도대 창설 이전까지 청장년의 대부분을 포용하고 있었으며, 제대 군인들을 주축으로 구성되었다. 김용현은 로농적위대의 빠른 창설이 북한의 안보 위기의식의 강력한 반응이며 덕분에 북한의 군사국가화가 더욱 강화될 수 있었다고 주장하고 있다. 김용현, "북한의 군사국가화에 관한 연구," p. 83.

을 것이라고 판단하였다.[426]

중국인민지원군은 철수하면서 자신들이 쓰던 물자를 북한에 양도하였다. 1958년 10월 18일자 『로동신문』은 중국인민지원군사령부가 북한에서 철수를 곧 완료함에 따라 "비품, 건물시설, 물자, 기재들을 전부 무상으로 조선인민군에게 양도할 것을 결정하였다. 인수인계사업은 1958년 10월 16일 성과적으로 수행되었다."며 중국의 군수물자 제공 사실을 밝혔다.[427] 기록에 따르면 1958년 3월 15일부터 10월 25일까지 중국인민지원군이 북한인민군에게 넘겨준 각종 물자(병영, 병영도구, 병원설비 등)의 총 가치는 무려 1억 5,700만 위안에 달했다.[428] 이외에도 중국은 1958~1961년 동안 항공기 460대를 비롯하여 해군함정 30대 가량을 제공한 것으로 알려졌다. 1945~1957년 동안 소련이 항공기 460대와 해군함정 60대를 제공했던 것에 비하면 짧은 기간 안에 상당한 양의 군사원조를 실행한 것임을 알 수 있다.[429]

또한 지원군의 철수는 북한 주민과의 갈등을 해소하는 데에도 도움이 되었다. 철군이 막바지 단계에 이르렀던 1958년 9월 30일, 평양 주재 헝가리대사관은 중국의 유명한 시인이자 극작가인 궈모러(郭沫若) 교수가 철군 행사에 참석하기 위해 평양에 도착하였을 때, 북한의 환영행사는 매우 냉랭하였으며 양국의 작별연설도 형식적인 수준에 불과하

---

426 『人民日報』 1958年 2月 21日; 『북한관계사료집 62』, p. 509.

427 『로동신문』, 1958년 10월 18일.

428 중국군사과학원 군사역사연구부, 『중국군의 한국전쟁사 3』, p. 802.

429 소련은 이외에도 600대 가량의 장갑차 및 전차를 제공하였다. 조준래, "중국의 대북한관계 특수성 연구," 한국외국어대학교 박사학위 논문(2001), p. 100.

였다고 평가하였다.[430] 그러나 북·중 양국은 애써 이 같은 갈등 의혹을 감추려 하였다. 철군이 완료된 지 약 한 달 후, 1958년 11월 21일부터 28일까지 김일성은 베이징을 방문하였다. 11월 27일, 김일성은 저우언라이에게 "지원군을 북한에서 떠나보낼 때 배웅하는 것은 우리의 의무였다."며 철군의 당위성을 언급하고 지원군이 북한에서 이룬 많은 업적에 감사를 표시했다.[431] 이 자리에서 김일성은 항간에 북한 인민들과 중국인민지원군의 불화설이 떠돌고 있음을 인정했다. 그러나 중국인민지원군의 순조로운 철수로 인해 이 같은 논란은 잠잠해질 수 있을 것이며, 지원군이 떠날 때 거의 모든 북한 인민들이 눈물을 흘린 점은 지원군에 대한 인민들의 애정을 보여주고 있다고 강조했다.

중국인민지원군의 철군에 대한 주변국들의 반응은 제각각이었다. 우선 소련 정부는 북한과 중국의 결정을 전적으로 지지한다고 밝히면서 "미국 정부와 그리고 남조선에 군대를 주둔시키고 있는 기타 국가 정부들이 조선민주주의인민공화국의 이니샤티브에 응당한 주의를 돌리며 남조선으로부터 자국 군대들을 철거시키며…(생략)…조선 지역에서의 평화의 공고화에 이바지하며 평화적, 민주주의적 기초 우에서의 조선의 민족적 통일을 회복하기 위한 전제를 조성하는 데 이바지할 것을 기대한다."고 하였다.[432] 소련은 사전에 북한과 중국 사이에 지원군

430 Hungarian Embassy to the DPRK, Report, 7 November 1958, KTS, 8. doboz, 5/i, 006450/1958.

431 Minutes of Conversation between Chinese Prime Minister Zhou Enlai and North Korean Prime Minister Kim Il Sung, 27 November 1958, PRC Foreign Ministry Archives, Document 204-00064-02(1).

432 『조선중앙통신』, 1958년 2월 21일.

철수 논의를 알고 있었을 가능성이 높았기 때문에 철군에 대한 환영 성명은 어찌 보면 매우 당연한 반응이었다.

물론 미국은 중국인민지원군의 철수에 대해 소련과 정반대의 입장에 섰다. 철군완료 이후인 10월 27일, 판문점에서 개최된 군사정전위원회 제88차 본회의에서 북한측 대표 강상호(姜尙昊)는 "10월 26일로써 북한에 주둔한 전 중공군이 철수를 완료하였으니 한국 통일문제를 해결하기 위하여 유엔군도 철수하라."고 요구했다.[433] 그러나 유엔측 대표로 참석한 윌슨(Albert Theodore Willson Jr.) 소장은 한반도의 통일문제는 고위급 정치회담에서 토의될 것이라며 북한의 요구가 적절치 않다고 지적했다. 그는 "만약 북한이 통일을 원한다면 유엔의 결의사항을 준수하라."고 요구하며 유엔군 철군제의를 거절하였다.[434]

유엔군 측은 중국인민지원군의 철군을 "전략적 철수"에 불과하다며 그 의미를 폄하하였다.[435] 한국과 미국에게는 중공군 철수의 의미가 크게 다가오지 않았을 뿐더러 두 국가는 중공군의 철수에 상응하는 미군의 철수 조치가 필요하다고 여기지도 않았다. 중국군과 미군 모두 한반도에서 철수할 경우, 한반도에 다시 물리적 충돌 상황이 발생한다면

433 이어 29일에는 「미제 침략군은 남조선에서 즉시 철거하라」는 제목의 사설과 미군 철수를 요구하는 북한 정부 성명이 발표되었다. 『로동신문』, 1958년 10월 29일.

434 『동아일보』, 1958년 10월 28일.

435 『조선일보』, 1958년 10월 28일. 『조선일보』에 실린 남한과 미국의 평가는 다음과 같다. "첫째, 자유세계에서 잘못된 안정감을 주려는 것이며, 둘째, 유엔군이 남한에서 철수하도록 압력을 가하려는 것이다. 셋째, 이렇게 하여 남한이 약화된 틈을 타서 공산측에 승리를 가져 올 조건에 입각하여 분단된 반도를 통일시키자는 것이다. 특히 중국인민지원군이 북한에서 철수하였다 하여도 그것은 북한과 만주 사이에 있는 압록강 하나 사이다. 그들은 순식간이면 되돌아올 수 있지만, 유엔군이 철수한다면 그것은 무려 수만리 밖으로 떨어지게 되는 것이기 때문에 한반도에 사건이 생긴다면 미처 막으러 올 사이도 없는 위험성이 내포하고 있다."

중국은 북한과 지리적인 근접성 때문에 상대적으로 쉽게 개입할 수 있었기 때문이다. 미 국무성 정보연구분석실 역시 중국군 철수 동기에 대해 소련의 선전공세를 지원하고, 평화적 면모를 과시하며, 한국의 대통령 선거에 영향을 미치고 중국의 "침략자" 이미지를 바꾸기 위한 것일 뿐 그 이상의 의미는 없는 것으로 간주하였다.[436]

### (2) '천리마운동'을 통해 본 북·중의 밀착

1958년 북한에서는 소련 및 사회주의 국가들의 원조가 삭감됨에 따라 최대한의 증산과 절약을 내세운 '천리마운동'이 전국적으로 추진되고 있었다. 1956년 12월 당중앙위원회 전원회의 이후 김일성을 비롯한 정치위원회 위원들은 전국의 생산현장으로 찾아가 인민대중에게 증산의욕을 고취시켜 왔다. 북한은 김일성의 교시가 있었던 이 전원회의에서부터 천리마운동이 시작되었다고 주장한다. 이어 김일성은 12월 27일, 자신이 직접 남포시 강선제강소에 현지지도를 나가 노동자들에게 혁명적 열의를 강조하였다. 그 결과 강선제강소 노동자들이 생산경쟁운동을 통하여 당초 계획했던 6만 톤의 생산을 12만 톤으로 초과달성하게 되었다. 이 사건이 모태가 되어 천리마운동은 전국으로 퍼져 나가게 되었다.

천리마운동은 '작업반'이라는 단위를 기본으로 하여 인민들의 자발적인 노력과 희생에 의존하여 생산을 증대하는 것이 특징으로, 외부원

436 션즈화, 『최후의 천조』, p. 563.

조가 급격히 줄어들고 있던 당시 상황에서 위기를 탈출하기 위해 반드시 필요한 것이었다. 김일성은 앞서 1956년 6월 장기 외유에 올라 소련과 동유럽을 순방하며 외자유치와 기술협력을 모색하였으나 실패하였다. 이로 인해 북한의 5개년 계획은 원점에서 다시 논의되어야만 했다. 그럼에도 불구하고 북한은 중공업을 우선적으로 발전시키면서 경공업과 농업을 동시에 발전시킨다는 경제건설 기본노선을 포기하지 않고 혁명적 열의와 집단적 혁신을 통해 정면 돌파하는 해법을 택했다. 이러한 천리마운동은 단순증산과 절약을 위한 운동에 그치지 않았다. 1958년 8월 농업협동화 등 생산관계의 사회주의적 개조의 완료와 함께 사회주의적 사상과 도덕, 생활 관습을 확립하기 위한 일종의 '문화혁명'으로 발전하였다.[437]

그러나 천리마운동은 혁신적인 생산력 증대를 인력에 의존해야 하는 특성상 북한에 적용하기에는 어려움이 많았다. 북한의 노동력 부족 현상은 전쟁 이후 더 극심해졌기 때문이다. 그럼에도 불구하고 북한지도부는 자본과 기술 투입을 통해 문제를 극복하기보다 인민들의 열성으로 과도한 목표를 달성할 것을 종용하였다. 1958년 9월 조선로동당 중앙위 전원회의에서 기계공업성을 비롯한 몇 개의 조직들은 인력의 50%가 직접 생산에 뛰어들어 노동력 부족 문제를 해결하고 생산을 증대하는 방안에 결의했다. 덕분에 공장 근로자들이 밤에 집을 짓는 데 동원되거나 관료들과 학생들이 농촌에서 최소 3~4주 동안 농사일을 돕는 일이 잦았다. 또한 지역의 사무직 종사자들이나 공장 노동자들 역

437 이태섭, 『김일성 리더십 연구』(서울: 들녘, 2001), p. 191.

시 관개시설 건설과 같은 본업과 무관한 사업에 노력동원 되는 일이 많았다.[438]

결국 노동자들의 자발적 노력에 의존하는 방안은 여러 가지 사회문제를 초래했다. 인민들은 혹사당하며 생산력을 증대시켰지만 생활수준은 이전과 별반 나아진 것이 없었다. 또한 개인의 노력에 상응하는 결과가 나타나지 않자 노동자들의 자발적인 노동에 의한 생산증대가 어려워졌다. 천리마운동에 지친 북한의 노동자들과 관료들은 노동을 거부하였으며, 기계도입에도 불구하고 노동력의 과도한 착취는 계속되었다. 따라서 천리마운동 초기의 혁명적 열의는 서서히 감퇴되었다. 급하게 완공된 공장들에서 생산된 상품들은 품질이 현저히 떨어졌고 당 지도부는 이러한 사실을 인지하고 있음에도 질보다는 양적 증대를 선호한 탓에 대량생산 방법이 유지되었다. 따라서 생산품의 사용가치가 저하되고 불량률이 증가했으며 원가계획을 완수하지도 못했다.[439]

북한 당국은 임금상승과 인위적인 물가하락 등의 방법을 동원하여 경제를 안정화시키고자 하였으나 치솟는 물가를 감당하지 못했고, 식량배급은 해방기간과 비교했을 때에도 큰 차이가 없었다. 도시와 농촌의 균형적 발전 역시 이루어지지 못했다. 지방의 농민들은 과도한 노동과 세금을 이유로 도시로 이주하였으며 이 때문에 농촌은 노동력 부족 문제에 시달렸다. 반면 도시에서는 인구가 급증하면서 거주자들에게

438 Hungarian Embassy to the DPRK, Report, 7 October 1959, KTS, 7. doboz, 5/f, 006032/1959.

439 백금락, "엄격한 절약제의 확립을 위하여,"『근로자』, 제6호(1957), p. 54.

배급과 주택 제공에 어려움을 겪어야만 했다.[440]

또한 천리마운동의 전개와 함께 심화된 김일성 우상숭배현상은 북한 사회의 고질적인 문제로 제기되고 있었다. 천리마운동은 1957년부터 공식적으로 '천리마작업반운동'으로 변화하여 개인보다 작업반이라는 단위를 더욱 강조하게 되면서 노동자들을 공산주의적으로 교양·개조할 것이 요구되었다. 이에 빨치산이 이상적인 공산주의 인간형으로 대두되었으며 당·정에 이어 사회와 경제건설에서도 모범이 된 김일성과 빨치산 동지들의 권위는 자연스럽게 상승하였다. '천리마작업반운동'은 상호 동지적 협조와 단결에 기초한 항일 빨치산의 혁명전통을 배우고 계승하는 것을 중요한 과업으로 제기하고, 인민들 사이에 빨치산의 투쟁 정신과 투쟁 방법으로 새로운 사회를 건설하고 경제 발전을 추구하도록 요구되었다.[441] 따라서 빨치산의 혁명전통이 강조되고 항일 빨치산의 최고지도자인 김일성의 권위가 절대화되었으며 그에 대한 개인숭배현상이 심화되었다. 북한의 경제적 성과 역시 김일성 개인의 공로로 돌아갔다. 1959년 최고인민회의 제2기 6차 회의에서 외무부상 류창식은 국가 경제의 모든 분야에서 일어나는 모든 변화들은 김일성 개인의 주도로 일어난 것이라고 여러 차례 강조하였다.[442]

---

440 Hungarian Embassy to the DPRK, Annual Report, 24 February 1959, KTS, 4. doboz, 5/a, 002242/1959; Hungarian Embassy to the DPRK, Report, 4 June 1959, KTS, 11. doboz, 24/b, 004529/1959.

441 이태섭, 『김일성 리더십 연구』, pp. 208–213.

442 Report, Embassy of the Hungarian People's Republic in the DPRK to the Ministry of Foreign Affairs of Hungary, 19 November 1959, MOL, XIX–J–1–j–Korea–5/c–006836/1959 6.d. 또한 예술분야에서의 민족주의도 심화되어 1957년에는 다른 나라의 연극, 오페라, 음악 공연은 거의 대부분 상연되지 못했다. 1959년에는 천리마에 대한 발레 작품이 상연되었는데 천리마운동의 성공을 찬양하는 것이었

북한지도부는 천리마운동에 무한한 자부심을 갖고 자신들이 이루어낸 경제적 성취에 지나치게 감격하였다. 북한의 몇몇 고위 관료들은 아무렇지도 않게 1959년 혹은 1960년이 되면 공산진영에서 가장 산업화된 국가인 체코슬로바키아를 따라잡을 수 있을 것이라고 허풍을 떨기도 하였다.[443] 그러나 사회주의 진영은 북한의 천리마운동을 전혀 다른 시각으로 평가하고 있었다. 당시 북한지도부는 북한의 현대화에 기여한 형제국가들의 역할은 의도적으로 과소평가하였고 이러한 내용은 사회주의 진영 내에서도 널리 알려져 있었다. 따라서 소련이나 동유럽 사회주의 국가들 사이에서 천리마운동은 환영받을 수 없었다. 또한 이들은 거대한 경제건설계획을 순전히 노동자의 혁명적 열정과 창의적 능력에 기초하여 달성할 수 있는지 의문을 가졌다. 흐루시초프는 김일성의 5개년 계획 자체가 비현실적이고 아무런 근거도 없다며 회의적인 반응을 보였다. 그는 "그렇게 원대한 경제계획을 노동자들의 열정과 패기만으로 이뤄낸다는 것은 말이 안 된다."고 꼬집었다. 그러면서 그는 북한이 형제국가들과의 협력을 염두에 두지도 않고 모든 것을 스스로 생산하길 원한다는 점을 비판하였다.[444]

그러나 무엇보다도 소련과 동유럽 사회주의 국가들이 천리마운동을 비판하였던 가장 큰 이유는 그것이 여러 관점에서 중국의 '대약진운

---

으며 선전효과를 노렸다. 이태섭, 『김일성 리더십 연구』, p. 213.

443 Hungarian Embassy to the DPRK, Annual Report, 24 February 1959, KTS, 4. doboz, 5/a, 002242/1959.

444 Hungarian Embassy to the DPRK, Report, 16 December 1959, KTS, 11. doboz, 24/b, 001660/1960.

동(大躍進運動)'을 연상시켰기 때문이었다.[445] 천리마운동의 과도한 목표 설정과 인해전술(人海戰術)은 1958년 5월 공식적으로 개시된 중국의 대약진운동과 상당 부분 닮아 있었다. 1958년 11월 20일, 김일성은 북한이 1959년에는 일본의 1인당 생산량을 추월할 것이라고 주장하였는데, 이것은 "15년 안에 영국을 따라잡자."는 마오쩌둥의 구호를 연상시켰다.[446] 마오쩌둥은 철과 다른 주요 산업재료의 생산 측면에서 영국을 15년 내로 앞지르겠다고 선전하였으며, 중국이 현대적 산업 및 농업 기초를 완성하는 데 10~15년이 소요될 것이라고 주장해왔다.[447] 재래식과 현대화된 공업이 결합된 방식을 선호하고 지방과 군중의 역량을 적극적으로 동원한다는 방침들 역시 그러하였다.[448] 북한의 산업분권화 역시 중국의 대약진운동과 유사했다. 1958년 6월, 조선로동당 중앙위

445 천리마운동은 흔히 중국의 대약진운동과 비교되지만 1935년 소련에서 시작한 '스타하노프운동(Stakhanovskoe dvizhenie)'과도 비교 논의되고 있다. 스타하노프운동은 노동자가 합리적인 혁신이나 전적인 자신의 노력에 의해 할당된 작업량을 초과 완수하도록 자극을 줌으로써 노동생산성을 상승시키는 운동으로 기술적 측면, 즉 질적 초과달성을 강조하였으며 새로운 사회주의적 인간형을 창출했다. 천리마운동과 스타하노프운동의 비교를 다룬 연구는 류길재, "천리마운동과 사회주의경제건설: 스타하노프운동 및 대약진운동과의 비교를 중심으로," 경남대학교 극동문제연구소, 『북한 사회주의건설의 정치경제』(서울: 경남대학교 극동문제연구소, 1993), pp. 43-79; 이태섭, 『김일성 리더십 연구』, p. 182; 중국의 대약진운동과의 비교는 양문수, 『북한경제의 구조: 경제개발과 침체의 메커니즘』(서울: 서울대학교출판부, 1999), pp. 77-79.

446 마오쩌둥은 5월 5일부터 23일까지 열린 중국공산당 제8차 전국대표대회 제2차 회의에서 사호주의 건설의 총노선을 채택하면서 위와 같이 주장하였다. 중국중앙공산사연구실, 『중국공산당역사 중』, p. 197.

447 Zagoria, *The Sino-Soviet Conflict 1956-1961*, p. 172; Ho-min Yang, "Mao Zedong's Ideological Influence on P'yŏngyang and Hanoi," Robert A. Scalapino and Kim Dalchoong eds., *Asian Communism: Continuity and Transition* (Berkley: Univ of California at Berkley, 1988), p. 50.

448 션즈화, 『최후의 천조』, p. 592.

전원회의에서는 지역 자원의 활용도를 높이기 위하여 지방 산업을 발전시키기로 결의하고 그 결과 1959년 9월까지 1천 개 이상의 소기업들이 지방에 설립되었다.[449]

천리마운동과 대약진운동의 유사성은 당시 북·중이 긴밀한 관계를 형성하고 있다는 것을 의미했다. 소련과 동유럽 사회주의 국가들은 천리마운동을 대약진운동의 영향으로 전개된 사회주의 개조운동으로 판단하고 북중관계를 주시하였다. 1961년 3월 동독 대사관에서 사회주의통일당(Socialist Unity Party)의 외교정책국제부(Foreign Policy and International Department)에 보내는 전보에는 천리마운동을 평가하는 내용이 아래와 같이 실려 있었다.

> "조선인 동지들은 빠른 경제성장을 의미하는 중국식 국가경제 이론을 따라 대약진 방법으로 사회주의를 건설하고자 한다. 조선식 방법은 소위 천리마운동으로 불린다.…「모스크바 선언」이 발표된 이후, 5개년 계획에 대해 만족을 표시하고 7개년 계획의 목표를 제시한 보고서에서 "새롭고, 더 크고, 더 성공적인 도약"에 대해 이야기하고 있다. 5개년 계획 기간 동안 이 약진 이론은 중국에서 그랬던 것과 마찬가지로 북한 국가경제의 심각한 불균형을 초래하였으며 이러한 불균형들은 사회주의 건설을 위해서 일어나는 합법적인 일들로 치부되고 있다."[450]

이 같은 내용은 중소갈등이 태동하는 시점에서 소련 및 동유럽 국

449 Hungarian Embassy to the DPRK, Report, 15 September 1959, KTS, 11. doboz, 24/b, 006053/1959; Szalontai, *Kim Il Sung in the Khrushchev Era*, p. 122에서 재인용.

450 Report, Embassy of the GDR in the DPRK to the Foreign Policy and International Department of the Socialist Unity Party, GDR, 14 March 1961, SAPMO-BA, DY 30, Ⅳ 2/20/137.

가들에게 달갑지 않은 사실이었다. 북한은 본래 자급능력을 중시하고 외부경험 수용에 매우 소극적이었다. 대외관계에서 외부로부터의 원조는 적극적으로 수용하였지만 자국의 경제정책에 원조 지원국들이 간섭하는 것은 극도로 경계하는 모순된 태도로 일관하였다. 그런데 내부지향적 경제를 선호하는 북한이 중국의 경제건설정책을 본보기로 삼고 있다는 사실은 북중관계의 긴밀성과 중국의 대북 영향력에 대한 호기심을 불러일으켰다.[451]

그동안 소련 및 동유럽 국가들은 북한이 사회주의 계획경제에서 선진 기술과 경험 및 방법들을 도입하는 데 관심이 부족하다고 지적해 왔다. 김일성은 그러나 소련과 동유럽 국가들의 경제정책 수용에 강한 거부감을 보였던 것과는 달리 중국의 경험을 받아들일 의향이 있음을 내비쳤다. 김일성은 1959년 11월 27일, 베이징에서 저우언라이를 만나 중국이 대약진운동을 통해 소규모 산업과 수공예산업에서 이룬 성과들을 높이 평가하였다. 그는 인민공사를 적극 추천하는 저우언라이에게 북한은 노동력이 부족해서 대약진운동의 방법을 대규모로 적용하기에는 어렵지만, 마을 단위로는 적용할 수 있을 것이라며 긍정적인 반응을 보였다.[452]

당시 북한이 중국식 경제건설 방법을 도입을 고려했던 이유는 무엇일까? 우선 중국인민지원군의 주둔으로 인한 영향력을 생각해 볼 수

451 Hungarian Embassy to the DPRK, Annual Report, 24 February 1959, KTS, 4. doboz, 5/a, 002242/1959.

452 Minutes of Conversation between Chinese Prime Minister Zhou Enlai and North Korean Prime Minister Kim Il Sung, 27 November 1958, PRC Foreign Ministry Archives, Document 204-00064-02(1).

있다. 중국인민지원군이 북한의 재건사업에 참여하면서 중국의 경제정책과 중국식 건설 사업방식 등이 자연스럽게 북한에 영향을 미쳤을 것이다. 중국인민지원군은 전쟁이 끝난 후로도 무려 5년 이상을 북한에 머물렀으며 1958년 10월 완전 철수할 때까지 북한의 안전보장과 전후 경제복구에 많은 도움을 주었다.[453] 김일성은 1953년 11월 중국을 방문하여 중국인민지원군의 참전에 감사를 표함과 동시에 복구건설 과정에 중국의 원조를 요청하였다. 1954년 3월 중국인민지원군 총사령부는 "조선인민들 도와 재건활동을 진행할 것에 관한 지시"를 내리고 지원군이 전후 복구건설작업에 나서도록 했다. 중국인민지원군은 북한 주민을 도와 수리건설을 진행하고 농업에 참가하며 가옥과 공공건물의 복구를 도왔다. 이들은 복구 사업에 나서서 공공건물 881채를 개수하고 45,412간의 민가를 개축하였으며 고량 복구 및 신축이 4,263개, 제방 개축이 4,096군데, 2,295곳의 수로를 보수하는 등 노동력이라는 측면에서 북한 경제에 미치는 영향이 미미하다고 할 수 없었다.[454]

둘째, 북중관계가 1957년과 1958년 사이에 눈에 띄게 개선되었다는 점도 북한내 중국식 경제건설정책의 영향력이 발견된 이유일 것이다. 1957년 1월 24일, 중국이 북한에 물자를 제공하는 것을 내용으로 하는 「조중통상의정서」에 양국이 조인하였으며, 「조중식물 및 농작물 병충해 방지에 관한 협정(4월 10일)」, 「조중 우편물교환에 관한 협정 및

453 전쟁 後, 중국지원군의 철수와 이들의 역할에 관한 논의는 이종석, 『북한-중국 관계 1945~2000』, pp. 201-205; 션즈화, 『마오쩌뚱 스탈린과 조선전쟁』, pp. 438-445; 박영실, "정전이후 중국인민지원군의 대북한 지원과 철수," 『정신문화연구』, 제29권 제4호(2006), pp. 265-291.

454 이종석, 『북한-중국관계 1945~2000』, pp. 201-202.

전기통신에 관한 협정(6월 7일)」, 「조중 과학기술 협조협정(12월 31일)」 등을 각각 체결하였다.[455] 중국은 북한에 1957년에는 3,320만 루블, 1958년에는 9백만 루블을 차관으로 제공하였으며 양국의 교역은 급속히 증가했다. 1950년대 중반까지, 북한의 대외무역에서 중국과의 교역이 차지하는 비중은 1/10 수준을 넘지 못하였으나, 1957년에는 27.3%, 1958년에는 33%로 각각 늘어났다.[456] 양측이 서명한 1959~1962년의 무역협정에는 중국이 석탄, 면화, 면사, 타이어, 정련주석, 압연강재, 망간철, 유황, 파라핀, 석고 등의 주요 물자를 북한에 제공하는 것으로 결정되었다. 점차 양국의 경제협력은 범위가 광범위해지고 내용 또한 풍부해졌다.[457] 중국의 군사적 지원 역시 계속되어 중국의 무기 제공은 중국지원군 철수를 부분적으로나마 상쇄했다.[458]

중국과의 관계회복으로 인해 제공받을 수 있었던 이 같은 혜택 덕분에 북한 내 중국의 영향력은 자연스럽게 상승했을 것이다. 뿐만 아니라, 김일성은 중국식 개혁이 북한의 경제 문제들을 해결하는 데 도움이 될 수 있을 것이라고 보았다. 중국은 북한과 마찬가지로 자급자족적인 경제를 선호하고 형제당의 경험을 받아들이는 것을 달갑게 여기지 않

455 『조선중앙년감 1958』, p. 266.

456 1959년에는 북한이 중국과 소련에 수출한 액수가 각각 5천 2백만 루블과 4천 6백만 루블에 달하여 일시적이나마 소련보다 중국에 수출한 액수가 더 컸다. Hungarian Board of Trade, Study, October 1959, KA, 3. doboz, 5/a, 001/114/2/1959; Branch of the Hungarian Ministry of Foreign Trade in P'yŏngyang, Study June 1962, KTS, 11. doboz, 24/b, 007195/1962.

457 션즈화, 『최후의 천조』, p. 600.

458 Szalontai, *Kim Il Sung in the Khrushchev Era*, p. 130. 1958년 12척의 어뢰정과 1958년부터 1960년대 초반까지 MiG-15기와 MiG-17기 수백 대가 북한에 제공됐다.

았기 때문이다.[459] 궁극적으로 김일성이 원하는 이상적인 경제 형태는 수입에 의존하지 않고 모든 것을 스스로 생산하고 스스로 소비하는 것이었다. 북한 정부는 경제정책의 초점을 모든 사회 계층의 노력을 이용하여 최소한의 투자로 최대의 효과를 누리는 데 맞췄다.

이 같은 사실로 보아 천리마운동이 대약진운동으로부터 영향을 받았을 가능성은 매우 높다. 결과적으로 마오쩌둥은 "대약진"은 단독으로 진행될 수 없고, 반드시 "천리마"와 함께 나아가야 한다고 주장했을 정도였다.[460] 다만 북한은 중국식 방법을 무조건적으로 수용하기보다 북한의 경제실정에 맞게 일부 수정하여 활용하였다.[461] 북한은 중국식 생산방식 및 경제건설노선을 적용할 때에도 이를 수정하여 반영하는 방법을 선호했다. 1959년 한 해 동안 북한에 대한 중국의 영향력은 상당히 증가했으나 북한은 인민공사의 부정적인 결과를 확인하고 시범 시행계획을 철회하였다. 또한 농업에서 수입의 분배에 있어서 '노동의 질과 양에 따른 분배'에 기초할 것을 강조함으로써 '평등한 분배'를 강조하는 중국의 경제정책의 오류를 인지하고 북한에 적용하지 않기로 하였다.[462]

---

459 Chin O. Chung, *Pyŏngyang between Peking and Moscow: North Korea's Involvement in the Sino-Soviet Dispute, 1958-1975* (Alabama: University of Alabama Press, 1978), pp. 35-45.

460 션즈화, 『최후의 천조』, p. 598.

461 양문수는 중국과 북한의 대중운동의 차이점 중의 하나로 사회적 혼란의 유무를 꼽고 있다. 중국에서는 도를 넘는 운동의 진행으로 기존 제도의 이완과 동요, 파괴를 초래하였을 뿐만 아니라 사회적 혼란까지 발생했으나 북한에서는 지도부가 적정 수준 안에서 대중운동을 진행함으로써 중국이 경험한 일들은 일어나지 않았다는 것이다. 양문수, 『북한경제의 구조』, p.78.

462 Report, Embassy of Hungary in North Korea to the Hungarian Foreign Ministry, 2 July 1960, MOL, XIX-J-1-j Korea, 8. doboz, 5/f, 0029/RT/1960.

대약진운동과 천리마운동의 차이를 한 가지 더 거론한다면, 중국의 대약진운동이 농업과 경공업에 강조점을 두었던 반면, 천리마운동은 여전히 중공업의 발전을 우선시했다는 점이다. 중국도 1953~1957년까지 제1차 5개년 계획을 수행하면서 중공업 우선정책을 기조로 한 스탈린식 경제건설 모델을 따랐으나, 농촌의 인구가 절대적이었던 중국에서는 소련의 경험이 그대로 적용되기 어려웠다. 중국은 제2차 5개년 계획에 착수하는 1958년부터는 농촌노동력을 동원하고 농촌을 공업화시킴으로써 공업과 농업의 병진발전을 이룩해야 한다는 방향으로 경제건설 방침을 변화시켰다.[463] 반면 북한은 3개년 계획에 이어 5개년 계획에서도 중공업의 우선적 발전에 심혈을 기울였다. 김일성은 중공업의 우선적 장성을 보장하지 않고서는 인민들의 의식주 문제도 해결할 수 없으며 오히려 의식주 문제를 해결한다고 해서 축적을 소홀히 한다면 인민생활에 막대한 손실을 끼칠 것이라고 주장하였다.[464] 대신 각 지역은 자체 생산의 부담을 짊어졌으며 소비재의 지역생산은 정부가 중공업에 대한 투자를 늘리는 데 기여했다.[465]

어쨌든 북한은 최소한 공개적으로는 천리마운동에 미친 대약진운동의 영향력에 대해 절대 동의하지 않았다. 소련은 북한이 지방산업의

---

463 류길재, "천리마운동과 사회주의경제건설," p. 55; K. C. Yeh, "Soviet and Communist Chinese Industrialization Strategies," in Donald W. Treadgold, ed., *Soviet and Chinese Communism: Similarities and Differences* (Seattle: University of Washington Press, 1967), pp. 340−342.

464 "모든 것을 조국의 륭성 발전을 위하여: 최고인민회의 제2기 제3차 회의에서 한 연설(1958년 6월 11일),"『김일성선집 5』, pp. 548−549.

465 Hungarian Embassy to the DPRK, Report, 15 September 1959, KTS, 11. doboz, 24/b, 006053/1959. 총 국가 수입에 지역 산업이 차지하는 비율은 1958년에 9.2%에서 1959년 16.5%로 증가하였다.

재조직 문제에 대한 결의안을 통과시키자 중국의 정책과 매우 흡사한 것이 아니냐고 지적하였다. 그러자 북한의 지도자들은 "이것은 중국의 경험이 아니다. 조선은 조선인들의 생각에 기초하여 실행한다."며 북·중의 경제정책이 유사하다는 의혹을 강하게 부인하였다.[466] 이러한 사실은 제국주의 통치를 경험했던 북한이 외부의 영향력을 인정하는 것에 경각심이 컸다는 점을 반영한다. 뿐만 아니라 당시 모든 성과와 공을 최고지도자에게 돌리려는 김일성의 우상숭배현상과도 밀접한 관련이 있을 것이다.[467]

소련은 이제 중국과의 관계에서 그러하였듯 북한과의 관계에서도 어떠한 변화가 일어날 것을 감지했다. 1959년 10월 1일, 중국 국경절에 김일성을 만났던 흐루시초프는 뚜렷한 성과가 없었던 회담 결과에 실망하였다. 소련은 북한과의 관계에서 정보력 면에서 중국에 뒤처졌으며, 실질적으로 소련지도부가 북한 내부의 정책에 영향을 미칠 수 있는 방법들은 줄어들고 있다는 사실을 서서히 깨닫고 있었다.

그러나 아직까지 북한이 중소분쟁에서 중국의 편에 선 것은 아니었다. 북한은 중·소의 견인경쟁에 따른 이익을 최대한으로 보장받아야 할 필요가 있었으며 표면적이나마 중립적 자세를 견지하려 하였다. 소련은 여전히 사회주의 진영의 최강자였으며 북한의 가장 큰 원조국이었다. 5개년 계획과 천리마운동을 추진하면서 북중관계가 긴밀해진 것

466 Report, Embassy of the Hungary in North Korea to the Hungarian Foreign Ministry, 16 December 1959, MOL, XIX-J-1-j Korea, 11. doboz, 24/b, 001660/1960.

467 북한에서는 천리마운동이 1956년 12월 전원회의에서 김일성의 교시로부터 시작된다고 알려져 있다. 대약진운동보다 1년 이상 빠른 것이다. 그러나 이는 북한이 중국의 영향을 받았다는 사실을 은폐시킬 목적과 함께 기타 국내적 이유로 의도적으로 소급적용한 것으로 판단된다.

은 사실이나, 북한지도부는 그렇다고 소련과의 관계를 소원하게 만든다거나 소련으로부터 얻을 수 있는 이익까지 포기하려 하진 않았다. 북한은 중국과 소련 사이에서 균형을 유지하여 얻을 수 있는 이익을 최대한 즐기려 하였다. 다만 문제는 북한이 견인경쟁에서 파생되는 이익을 즐길 수 있는 시간이 결코 길지 않았다는 것이었다. 중·소 갈등으로 인한 사회주의 진영의 동요는 김일성으로 하여금 어느 한 편에 설 수밖에 없도록 선택을 종용하였다.

## 3. 중국과 소련의 동상이몽

### (1) 제2차 대만해협위기

중국지도부는 스탈린 사후 중소관계를 새롭게 정립하려 했다. 중국은 그동안 소련의 지도부가 제국주의 국가들의 지도자들처럼 행동한다는 인상을 받아왔다. 1958년 초, 태평양 지역에 장파송수신소를 건설하고 장거리 통신을 위해 특별히 고안된 장파무선국을 설치하는 문제가 그러했다.[468] 소련과 중국 국방부는 장파송수신소와 장파무선국을 건설하는 과정에서 소유권과 건설비용 분담을 놓고 무려 4년에 걸쳐 논쟁을 벌였다. 소련은 미국의 대만 미사일기지에 대응하는 차원에서 중국에 미사일기지를 세우고 공동무선국을 설치하려 했으나, 중국은 자국의 영토에 전체 건설비용의 70%에 달하는 비용을 소련이 분담

468 Chen Jian, *Mao's China and the Cold War*, p. 73.

하여 기지를 세우고 관리하겠다는 주장을 명백한 주권침해로 받아들였다.[469]

양국의 중재가 완전히 이루어지기도 전에, 중·소 합동 잠수함소함대 건설과정에서 소련의 군사전문가들이 중국에 소련의 새로운 해군 장비들을 구입하도록 지시하여 또 다른 갈등이 불거졌다. 소련 측이 이 건의를 제기한 배경은 소련의 자연환경은 핵잠수정이 역할을 충분히 발휘하는 데 불리하지만 중국은 해안선이 길고 조건이 좋을 뿐만 아니라 미국이라는 공공의 적에 대응할 수 있다는 것이었다. 중국지도부는 소련이 중국으로 하여금 평화공존을 받아들이라고 설득하면서 이율배반적으로 중국의 지정학적 유리함을 이용하여 미국에 대항함으로써 모스크바의 지위를 상승시키려 한다고 보았다. 중국지도부는 소련이 중국을 언제나 '대국쇼비니즘(chauvinism)'의 자세로 대해 왔다며, 장파송수신소 설치와 연합잠수정함대의 편성문제는 소련이 중국을 통제하려는 것이라고 강력히 비판했다. 마오쩌둥은 1958년 7월 22일 중국주재 소련대사인 유딘(Pavel Yudin)을 소환하여 소련의 러시아식 민족주의를 내포한 일방적 태도를 강력히 비난하였다.[470] 덕분에 흐루시초프는 7월

469 노경덕, "중·러 관계의 역사적 전개," 장덕준 외, 『중·러 관계와 한반도』(파주: 한울, 2012), p. 63. 흐루시초프는 소련의 해군력이 미국의 그것에 뒤쳐진다고 믿고 이를 보완하고자 두 가지 계획을 고안했다. 첫 번째는 태평양과 인도양에 있는 소련 잠수함을 위한 무선국을 중국 영토에 설치하는 것이었으며, 두 번째는 중국이 항구를 제공하고 소련이 배를 제공하는 중·소 합동 잠수함 함대를 만드는 것이었다. 그러나 마오쩌둥은 소련이 장비와 기술을 제공하면 장파송수신소는 중국이 건설할 수 있다는 이유로 거절하고, 소련이 전함에 대한 지휘권을 중국에게 넘긴다면 합동 잠수함 함대를 구성하겠다고 조건부 동의했다. Li Zhisui, *Private Life of Chairman Mao* (London: Chatto and Windus, 1994), p. 261; Plushenko, "Nikita Khrushchev and Sino-Soviet Relations," pp. 235-236에서 재인용.

470 Minutes, Conversation between Mao Zedong and Ambassador Yudin, 22 July

31일부터 8월 3일까지 베이징에 머물면서 마오쩌둥과 그의 동지들에게 소련은 중국을 통제하려는 의도가 없다는 것을 해명해야만 했다.[471]

양국 사이에 벌어진 틈은 아물 사이도 없이 또 다른 갈등으로 번졌다. 1958년 8월 23일 인민해방군이 진먼(金門)과 마쭈(馬祖)에 폭격을 개시함으로써 제2차 '대만해협위기'를 촉발시키자 가라앉아 있던 양국 사이의 갈등은 수면 위로 떠올랐다. 중국지도부는 1958년 7월 말에서 8월 초 흐루시초프가 중국을 방문하기 직전에 이미 대만해협에 대규모의 포격을 가하기로 결정한 상태였다. 마오쩌둥은 이를 통해 국민당 정부의 나약함을 드러내고 중국이 제국주의에 대항한다는 인상을 심어주는 한편, 대만문제를 국제적인 이슈로 만들 생각이었다. 뿐만 아니라 국내적으로는 대약진운동의 대중동원 효과 등을 노리고 있었다.[472] 당시 마오쩌둥이 실제로 대만을 정복하겠다는 구체적인 계획이나 미국과 직접 군사적 대결을 벌이겠다는 생각을 가진 것은 아니었다. 그가 필요로 했던 것은 일종의 통제가능한 갈등으로, 이를 통해 자신이 주장해

---

1958, Mao Zedong Waijiao Wenxuan(MZWW), pp. 322–333; Zhang Shu Guang and Chen Jian, "The Emerging Disputes between Beijing and Moscow: The New Available Chinese Documents, 1956~1958," *Cold War International History Project Bulletin*, Nos. 6–7 (Winter 1995~Spring 1996), pp. 155–159.

471 라디오송신국 설립에 대해서는 소련의 국방장관인 말리노프스키(Rodion Malinovskii)의 개인적 견해일 뿐 소련공산당의 공식적 견해가 아니며, 공동 소함대 편성 문제 역시 소련은 중국을 평등 이상으로 대해 왔다면서 소련의 입장이 잘못 전해진 것이라고 해명했다. Chen Jian and Yang Kuisong, "Chinese Politics and the Collapse of the Sino–Soviet Alliance," *Brothers in Arms*, p. 270.

472 Allen S. Whiting, "Quemoy 1958: Mao's Miscalculations," The China Quarterly, No. 62(June 1975), pp. 263–270; Mark Kramer, "The USSR Foreign Ministry's Appraisal of Sino–Soviet Relations on the Eve of the Split, September 1959," *Cold War International History Project Bulletin*, Nos. 6–7 (Winter 1995~Spring 1996), p. 174.

온 중국의 정치·경제·사회의 급진적 이행에 대한 인민들의 지지를 원했던 것이다.[473]

따라서 마오쩌둥은 대만해협위기가 소련이 중국의 진정한 동맹인가를 시험해보게 되는 계기가 될 것이라고는 짐작하지 못했다. 8월 23일에 개시된 대만해협에서의 포격은 사전에 소련에 통보되지 않았던 것이었다. 베이징 주재 소련대사관은 "우리 중국 동지들은, 대만 문제의 해결은 중국의 국내 문제일 뿐이라는 입장에 기초하여, 소련정부에는 그 계획에 대해 미리 알려주지 않았다."고 모스크바에 보고했다.[474] 그러나 중국이 독단적으로 대만해협위기를 촉발시키자 중국에 대한 소련지도부의 신뢰는 급격히 하락했다.[475] 평화공존을 주장하는 소련지도부의 입장에서 중국의 대만해협 폭격은 사회주의 진영 내 소련의 위신을 손상시킬 뿐만 아니라, 미국을 자극하여 소련을 연루(entrapment) 위험에 빠뜨리게 할 수 있는 것이었기 때문이다.[476] 마침 미국 아이젠하

473 Letter, Mao Xedong to Peng Dehuai and Huang Kecheng, 27 July 1958, in "Mao Zedong's Management of the Taiwan Crisis of 1958: Chinese Recollections and Documents," Cold War International History Project Bulletin, Nos. 6–7 (Winter 1995~Spring 1996), pp. 208–218.

474 Vladislav Zubok and Constantine Pleshakov, *Inside the Kremlin's Cold War: From Stalin to Khrushchev* (Cambridge, Mass: Harvard University Press, 1996), p. 223.

475 흐루시초프는 중국 방문 당시, 대만 공격에 대한 구체적인 계획은 듣지 못했으나 중국이 군사작전을 계획하고 있다는 사실은 얼핏 접할 수 있었다. 그러나 흐루시초프는 중국이 수시로 대만 회복 의지를 피력해왔기 때문에 대수롭지 않게 여겼을 수 있으며 따라서 시기적으로 임박해 있다고 판단하지도 않았을 것이다. 다만 흐루시초프는 중국지도부가 갖고 있던 생각에 찬성하였고 정치·군사적 지원을 약속했을 뿐만 아니라 8월 초에는 공대공 미사일, 상륙장비, 장거리포, 전투 비행기 등 상당수의 무기를 제공하고 소련 군사고문들까지 파견했다. Kramer, "The USSR Foreign Ministry's Appraisal of Sino-Soviet Relations on the Eve of the Split, September 1959," p. 174.

476 최명해는 중국학자들의 주장을 빌려 대만해협위기가 기본적으로 중국의 경제건

워(Dwight Eisenhower) 대통령과 덜레스(John Dulles) 국무장관은 미국은 중국의 침략에 맞서 대만을 지킬 것임을 재확인했다.

9월 6일, 베이징으로 날아간 소련 외상 그로미코(Andrei Gromyko)는 마오쩌둥과의 비공개 회담에서 중국이 대만해협위기를 일으킨 진짜 이유를 듣게 되었다. 마오쩌둥은 중국의 위기조성이 대만이나 근해 섬을 취하려는 것이 아니라, 미국인들에게 중국이 그들을 두려워하지 않는다는 점을 증명하려 하는 것이라고 설명했다.[477] 이 같은 중국의 예측 불가능한 모습에 소련지도부는 당황했고 그로미코는 마오쩌둥에게 "그러한 제안은 우리들에게 긍정적 답변을 듣지 못할 것이다. 나는 그것을 분명히 말할 수 있다."고 경고했다.[478]

소련이 중국을 지지하는 데 미온적인 입장을 보이자 마오쩌둥의 실망감은 커졌으며 사회주의 진영 내 흐루시초프의 리더십에 대한 그의 의구심은 증폭되었다. 마오쩌둥은 대만해협위기를 통해 베이징과 모스크바가 주장하는 평화공존이 동일한 의미가 아니라는 것을 확신했다.[479] 그는 전쟁에는 반대하지만 전쟁을 두려워하지 않는다고 누차 발

---

설 속도를 높이기 위해 군중동원이 필요하다는 목적에서 출발한 것이지만, 이외에도 소련의 연루 우려를 자극하여 중·소 동맹의 유효성과 소련의 대중 공약을 확인하려는 목적을 내재하고 있었다고 한다. 최명해, 『중국·북한 동맹관계』, p.122.

477 Wei Shiyan, "The Truth of Gromyko's Conversation with Chairman Mao Zedong on the Taiwan Issue," in Pei Chen Jianzhang et al., Xin Zhongguo waijiao fengyun (Beijing: Shijie zhishi, 1991), pp. 135–138; Chen Jian and Yang Kuisong, "Chinese Politics and the Collapse of the Sino–Soviet Alliance," p. 271에서 재인용.

478 Xiaobing Li, "Making of Mao's Cold War: The Taiwan Straits Crisis Revised," *China and the United States: A New Cold War History*, ed. Xiaobing Li and Hongshan Li (Lanham, MD: Univ. Press of America, 1998), pp. 12–13.

479 중국지도부는 현재의 '평화상태'가 평화공존론의 타당성 때문이 아닌 소련의

언해왔으며, 전쟁은 선택이 아니기 때문에 제국주의자들이 전쟁을 결정한다면 맞서 싸울 것이라고 주장했다.[480] 반면 흐루시초프는 9월 7일 미국과 중국이 어느 정도 협상의 의지를 보이고 나서야 미국에 "본국의 위대한 친구이며 동맹이자 이웃인 중화인민공화국에 대한 공격은 소련에 대한 공격"이라고 으름장을 놓아 마오쩌둥을 큰 실망감에 빠트렸다.[481]

그러나 한편으로 대만해협위기는 마오쩌둥의 소련 군사력에 대한 지나친 과신과 정보력의 부족 등으로 말미암은 것이었다. 마오쩌둥은 공산진영이 비록 경제적으로는 자본진영에 뒤처지고 있지만 이 차이는 미미해서 조만간 따라잡을 수 있을 정도라고 평가했다. 반면 소련의 군사적 능력은 너무나 월등하여 많은 세월이 흘러도 미국이 결코 앞지를 수 없을 것이라고 확신했다.[482] 그러나 마오쩌둥의 확고한 믿음과는 달리, 군사균형은 여전히 서방에 기울어 있었다. 흐루시초프는 소련의 미사일은 아직 불완전하고 수적으로 미미해서 존재 자체만으로는 미국에

---

ICBM 앞에 미국이 감히 전쟁을 치를 엄두를 내지 못하기 때문에 도래한 것으로 보았다. 따라서 현재의 평화는 군사력의 우위에 의해 형성된 평화일 뿐 미국의 호전성은 변하지 않는다고 평가했다. 高橋伸夫, 『中國革命と國際環境―中國共産黨の國際情勢認識とソ連 1937~1960』(慶應義塾大學出版会, 1996), p. 185; 히라이와 슌지, 『북한·중국관계 60년』, p. 78에서 재인용.

480 Mao Speech to the Supreme State Council, 5 September 1958, *Cold War International History Project Bulletin*, Nos. 6−7 (Winter 1995~Spring 1996), p. 217.

481 Khrushchev to Eisenhower, 7 September 1958, Gillian King ed., *Documents on International Affairs*, 1958 (London: Oxford University Press, 1962), p. 187. 마오쩌둥은 후에 중소관계가 악화되기 시작한 것은 소련이 중국을 군사적으로 통제하려한 1958년부터였다고 회고하였다. 중국중앙공산당사연구실, 『중국공산당역사 중』, p. 471.

482 Zagoria, *The Sino-Soviet Conflict*, 1956~1961, pp. 160−165.

위험이 되지 않는다고 생각했다. 다만 그는 미사일 시험발사와 스푸트니크 인공위성발사 성공의 선전을 이용하여 미국의 지도자들이 부담을 느끼고 소련이 이를 활용할 수 있기를 희망했다.[483] 흐루시초프는 핵의 심리적·정치적 효과를 최대한 이용하기 위해 과장된 선전을 멈추지 않았다.[484]

소련의 군사력 과시로 미국의 지도자들이 겁을 먹었는지는 명확하지 않지만, 적어도 소련의 동맹국인 중국이 흐루시초프의 주장을 진지하게 받아들이도록 만든 것만큼은 확실했다. 마오쩌둥은 스탈린 격하에 반대하는 입장이었고 흐루시초프의 새로운 정책들을 받아들이기 어려웠으나, 소련이 이루어낸 기술적인 업적 앞에서만큼은 흐루시초프가 맑스-레닌주의의 대의를 진전시켰다는 사실을 인정했던 것이다.[485]

### (2) 중·소의 핵기술 협력 문제

중·소 간의 핵기술 교류 정도에 대한 구체적인 자료는 없지만 중국의 핵개발 초기에는 소련의 지원을 받았던 것이 사실이다. 중국은 이미

483 존 루이스 개디스(John Lewis Gaddis), 『새로 쓰는 냉전의 역사』 (서울: 사회평론, 2002), p. 402.

484 Nikita S. Khrushchev, Strobe Talbott, Sherman D. Spector, *Khrushchev Remembers: The Last Testament* (Boston : Little Brown, 1970), pp. 53-54 ; 개디스, 『새로 쓰는 냉전의 역사』, p. 401.

485 *Ibid.*, p. 419. 중국은 무모할 정도로 소련의 군사능력에 대한 과장된 발언들을 여과 없이 받아들였으며 사회주의 진영의 리더이자 중국의 동맹인 소련이 어떠한 상황에서도 중국을 지지해줄 것임을 믿어 의심치 않았다. 때문에 중국지도자들은 왜 흐루시초프가 서방과의 관계에서 소심하게 행동했는지 이해하지 못했다. Arnold L. Horelick and Myron Rush, *Strategic Power and Soviet Foreign Policy* (Chicago and London: University of Chicago Press, 1966), p. 38, pp. 65-66.

1950년대 초반부터 미국의 핵위협에 놓인 상태였고 소련은 중국의 핵무기 수요를 충족시켜 줄 수 있는 유일한 국가였다. 1952년 12월, 미국 국방부가 제출한 비밀보고서에 따르면 미국 합참본부와 국가안전보장회의는 아이젠하워 대통령에게 중국 동북지방 및 소련 연해주의 수십 개 전략 거점들을 핵무기로 파괴할 필요성을 강조하였다. 마오쩌둥은 미국이 보유한 핵무기를 종이호랑이(paper tigers)로 부르면서 폄하하였으나 중국은 1955년부터 핵개발에 착수하였고 빠른 시간 안에 핵폭탄을 제조하기 위해 모든 국가적 역량을 투입하였다. 1955년 4월 27일, 소련과 중국은 "평화적 목적"을 전제로 하는 핵기술의 제공과 관련된 조약에 서명하였으며, 중국의 핵과학자들은 소련의 핵연합연구소에서 훈련을 받았다. 이때 소련이 중국에 제공하였던 모든 지식과 기술들은 무상으로 제공되었다.[486]

흐루시초프는 중국에 대한 원자력 기술 지원이 핵무기 개발과 직접적인 연관이 있다는 것을 인지하고 있었으나 최소한 중소갈등이 발생하기 전까지는 중국과 소련이 미국-영국에 대항하는 핵기술 협력 관계를 구축해야 한다고 믿었다.[487] 이로 인해 1957년 10월부터 1959년 6월까지 소련이 보유하고 있던 상당한 수준의 핵기술 지원이 이루어졌

486 소련과 중국이 체결한 조약은 「원자핵물리학에 관한 연구와 인민 경제의 요구를 위한 원자력의 이용에 관한 연구 개발의 문제에서 소련의 지원을 중국에 제공할 데 대하여」라는 매우 긴 이름이다. Zubok and Pleshakov, *Inside the Kremlin's Cold War*, p. 217.

487 Constantine Pleshakov, "Nikita Khrushchev and Sino-Soviet Relations," in Odd Arne Westad, ed., Brothers in Arms: the Rise and Fall of the Sino-Soviet Alliance 1945~1963 (Washington D.C.: Woodrow Wilson Center Press; Stanford, California: Stanford University Press, 1998), p. 231.

다. 중국과 소련은 1957년 10월 15일 핵기술 제공을 주요 내용으로 하는 「국방신기술협정」까지 체결하였다. 1958년경에는 중국의 원자력 에너지 관련 부서에 111명의 소련 전문가들이 상주하였으며 43명의 지질학자들이 중국에서 핵무기 생산을 위한 원자재 등을 찾고 있었다. 또한 1958년 처음 건립된 중국의 원자로에 소련의 저명한 핵과학자들이 찾았던 것으로 보아 원자로 건설에 소련의 도움이 있었던 것만은 분명했다.[488]

이 같이 소련의 핵기술 능력에 대한 중국의 기대가 높은 상황에서, 1959년 8월 20일, 소련공산당은 중국의 핵계획에 대한 소련의 지원이 중단될 것임을 분명히 했다. 이 같은 결정은 미국 등 자본주의 국가들을 의식한 것이었다. 소련은 "소련·미국·영국 간 핵무기 실험금지를 위한 제네바회담에 영향을 주지 않도록 국제적 긴장국면을 완화시킬 (필요가 있으며), 이를 위해 핵무기 샘플 및 관련 기술 데이터를 중국에 제공하지 않기로 결정했다."고 중국공산당에 알렸다.[489] 이로 인해 원자탄 견본과 관련한 기술자료 등의 제공이 중단되었다. 소련지도부는 소련이 중국과 핵관련 기밀을 공유하기로 동의했다는 사실을 서방국가들이 알게 된다면, "사회주의 국가들의 국제적 긴장완화와 평화를 위한 노력들은 위험에 빠지게 될 것"이라며 「국방신기술협정」이 더 이상 유효하지 않는 이유를 밝혔다.[490]

---

488 Zubok and Pleshakov, *Inside the Kremlin's Cold War*, p. 227.

489 *Ibid.*, p. 223.

490 그럼에도 불구하고 동년 10월에 정상회담에서도 저우언라이는 핵동력 전략 잠수함과 고체연료를 쓰는, 사정거리가 긴 잠수함발사탄도미사일(SLBM)의 생산과 개발에 소련의 도움을 요청하였다. 물론 흐루시초프는 이를 모두 거절하였다. 2

그러나 소련이 핵개발 지원 약속을 철회하게 된 데에는 대만해협 위기를 통해 깨닫게 된 중국의 모험주의적 위험성이 또 다른 배경으로 작용했다. 흐루시초프는 일련의 사건들에 비추어 보아, 소련과 중국의 핵협력이 과연 누구를 위한 것인지 재고하게 되었다. 급기야 흐루시초프는 당 최고회의 간부회의를 소집하고 중국은 동맹의 정신을 위반하고 있는데 소련인들은 중소동맹의 합의에 전념하는 "온순한 노예"처럼 행동해선 안된다고 주장하기에 이르렀다.[491] 반대로 마오쩌둥은 이제 과연 사회주의 진영의 지도적 역할을 소련에게 맡길 수 있겠는가 하는 의문에 빠지게 되었다. 그는 세계 최고의 군사대국인 소련이 왜 제국주의와의 투쟁을 중단하고 미국과의 관계개선을 희망하는 것인지 이해할 수 없었다. 이 같은 마오쩌둥의 생각은 소련의 핵기술 지원 중단은 중국공산당과 마오쩌둥 자신에 대한 압력이라는 데까지 미쳤다.[492]

이 사건으로 인해 베이징과 모스크바 사이의 긴장과 불신은 심각한 수준에 이르렀다. 중국은 핵무기가 미래에 대만과의 피할 수 없는 전쟁에서 미국의 공격을 억제하기 위해 효과적인 수단이 될 것으로 판단하였지만 평화공존의 입장을 주장하는 소련은 중국의 견해에 반대했다. 전쟁을 결코 두려워하지 않는다는 마오쩌둥의 호전적인 발언들은 모스크바와 몇몇 사회주의 형제당들에게 중국이 핵무기의 파괴력을 과소평가하고 있는 것으로 인지되었다. 그는 중국 대륙까지 미군이 진입한다면 소련이 핵무기를 사용하는 것이 옳다는 입장을 내비침으로써

October 1959, APRF, Fond 45, Opis 1, Delo 331, Listy 12-15.

491 Zubok and Pleshakov, *Inside the Kremlin's Cold War*, p. 228.

492 Chen Jian, *Mao's China and the Cold War*, p. 79.

소련의 연루 위기를 자극하기도 했다. 마오쩌둥이 실제로 핵전쟁의 가능성을 높게 본 것은 아니었으며 핵무기의 영향력을 과소평가한 것은 더더욱 아니었다. 호전적 태도를 유지하는 것은 중국공산당의 용맹함을 과시하고 당시 대약진운동의 실패에 따른 정치적 위기상황에서 외부로 관심을 환기시키기 위한 좋은 구실이 되었던 것이다.

### (3) 소련의 대약진운동 비판

이 밖에도 중국의 대약진운동 또한 소련과의 관계를 악화시키는 요인이었다. 1958년 중국은 모스크바의 승인 없이 급진적 경제건설 모델인 대약진운동을 진행하였다. 1958년 가을과 겨울에는 대약진의 실행단위이자 공산주의사회의 기본조직을 형성하는 단위로 수만 개의 '인민공사(人民公社)'가 도시와 농촌에 등장했다.[493] 대약진운동은 균형적 발전 여부는 크게 고려치 않았으며 노동력의 대량투입에 의한 비약적인 생산량 증대와 경제발전을 목표로 하고 있었다. 마오쩌둥은 북한 등 주변국들이 빠른 경제성장을 위한 방법 중 하나로 인민공사를 채택하길 희망하였다.

그러나 급속한 경제성장이라는 목표 아래 비정상적인 인력동원이 이어지는 등 소련으로서는 납득할 수 없는 정책들이 계속되었다. 많은

493 인민공사는 파리 코뮨(la Commune de Paris)에서 따온 것으로 농업과 공업, 상업, 교육뿐만 아니라 군사 훈련까지 모든 활동을 포괄하는 사회 기초 단위를 의미했다. 대약진운동을 인민공사를 기본 단위로 하여 기술의 발전과는 무관하게 인민들의 노력동원을 통한 양적 증대를 꾀하였다. 마리-클레르 베르제르, 『중국현대사』, pp. 116-132.

소련의 전문가들이 중국의 대약진운동에 대해 부정적인 견해를 내비쳤다.[494] 소련은 농업지향적인 중국식 사회주의 건설방법의 정통성과 적실성을 의심하였고, 흐루시초프는 인민공사를 반동적인 것으로 규정하기에 이르렀다.[495] 그러나 마오쩌둥은 이 같은 소련의 비판을 수용하기보다 소련의 지도자들, 특히 흐루시초프에게 정치적 지혜와 혁명적 열정이 결핍되어 있다고 판단하였다.[496]

1959년 7월 장시성(江西省) 루산(廬山)에 중국공산당 제8기 중앙위원회 제8차 전원회의를 위해 모인 중국지도자들은 대약진운동의 결과와 문제점들에 대한 해결책을 논의하였다.[497] 마침 소련과 동유럽국가들을 순방하고 온 중앙정치국 위원이며 국무원 부총리 겸 국방부 부장 펑더화이는 7월 14일 마오쩌둥에게 편지를 보내 당 지도부가 "쁘띠 브루주아 열정주의를 극복하고 대약진운동의 득과 실을 조심스럽게 따져보아야 한다."고 주장했다.[498] 그러나 총노선과 대약진운동, 인민공

494 Chen Jian, *Mao's China and the Cold War*, p. 78.

495 Allen Whiting, "The Sino-Soviet Split," in MacFarquhar and Fairbank, eds., *Cambridge History of China*, Vol. 14 (Cambridge: Cambridge University Press, 1987), p. 500; Chen Jian and Yang Kuisong, "Chinese Politics and the Collapse of the Sino-Soviet Alliance," p. 272에서 재인용.

496 Mao Zedong, "Speech Outlines on International Situation," December 1959, Jianguo yilai Mao Zedong wengao(JMZW), Vol. 8, pp. 599-602; Chen Jian and Yang Kuisong, "Chinese Politics and the Collapse of the Sino-Soviet Alliance," p. 272에서 재인용.

497 회의는 1959년 7월 2일부터 8월 1일까지 소집되었으며 중앙정치국 위원과 후보위원 및 각 성과 직할시, 자치구 당위원회 제1서기 및 중앙 해당 부문의 책임자들이 참석하였다. 중국중앙공산사연구실, 『중국공산당역사 중』, p. 296.

498 대략 천 자(千字)에 달하는 이 편지는 크게 두 가지 내용으로 되어 있었다. 첫째, 대약진이 거둔 성과가 긍정적이지만, 둘째, 사업에서 일어난 문제들에서 어떠한 교훈을 얻을 것인지 총화가 필요하다는 것이었다. 중국중앙공산당사연구실, 『중국공산당역사 중』, p. 303.

사의 방향이 옳았다고 믿고 있는 마오쩌둥에게 펑더화이의 조언은 지도자로서 자신의 입지와 혁명계획에 대한 위협으로 받아들여졌다. 결국 마오쩌둥은 8월 2일부터 16일까지 당 제8기 중앙위원회 제8차 전원회의에서 펑더화이를 대약진운동과 인민공사에 대한 소련의 공격과 연계시키면서 적극적으로 반격하였다. 마오쩌둥은 펑더화이가 오랫동안 "출세제일주의자"였으며 대약진운동을 완전히 무시함으로써 사회주의 재건을 위한 당의 계획을 전복시키려 할 뿐만 아니라 당의 최고지도부를 무너뜨리려 한다고 비판함으로써 그의 주장을 묵살했다.[499]

결국 루샨회의는 펑더화이의 반당적 행위에 대한 심판의 장소로 변질되었으며 펑더화이와 소련공산당 간부들과의 연계에 대한 부분이 의혹으로 떠올랐다. 물론 펑더화이 자신은 소련공산당과 아무런 관계가 없다고 해명하였다. 그러나 그의 운명은 정치적 필요에 의해 숙청될 것이 확실해 보였고 결국 국방부장 지위를 잃고 당에서 제명당했다. 문제는 여기서 끝나지 않았다. 그로부터 바로 일 년 후, 흐루시초프가 중국을 방문하던 중에, 펑더화이에 대한 중국공산당의 비판은 근거가 없다며 그를 복권시켜 달라고 요청했던 것이다. 이로써 마오쩌둥은 펑더화이와 소련의 관계에 대한 자신의 의혹이 진실이라고 확신할 수 있었다.[500]

1959년 8월 말에 발생한 중국·인도 국경분쟁 또한 중소갈등을 심

---

499 Chen Jian, *Mao's China and the Cold War*, p. 79.

500 *Ibid.*, p. 81. 마오쩌둥은 이로부터 두 달 후, 펑더화이가 소련 동지들의 지지를 받아 쿠데타를 일으키려 했다고 주장하였다. 중국공산당 중앙위원회도 펑더화이의 반당 활동들은 마오쩌둥이 이끄는 당 지도부를 전복하려는 외세(소련)의 계획과 관련되어 있다고 공식 발표하였다.

화시키는 역할을 하였다. 이 사건에 대해 소련공산당은 중국공산당 중앙위원회에 서한을 보내어 중국의 행동에 이의를 제기하였다. 흐루시초프는 소련이 부르주아 국가들에 투쟁하는 중국을 지지하는 것이 옳다고 느꼈으나, 새로운 지정학적 동맹인 인도를 중국이 공격하는 것도 원치 않았다.[501] 소련은 9월 9일이 되서야 타스(TASS) 통신사를 통해 "안타까운 일이다." "유감을 하지 않을 수 없다."라고 입장을 표명하면서 일부 서방 세력이 중국·인도의 충돌 사태를 이용하여 흐루시초프의 미국 방문을 앞두고 정세를 복잡하게 만들고 있다고 주장했다.[502] 그리고 소련은 9월 12일, 15억 루블에 달하는 거액의 차관을 인도에 제공하기로 약속하고 새로운 5개년 계획을 지원하기로 합의하였다. 이어 아이젠하워와 '캠프 데이비드(Camp David)' 회담을 마친 흐루시초프는 1959년 9월 30일 베이징을 방문하여 1959년 대만해협위기에서 중국이 '모험주의적 과오'를 범했다고 비판하였는데 이러한 사건들은 점차 내연해 있던 이데올로기 논쟁과 결부되어 중소관계를 돌이킬 수 없도록 만들었다. 마오쩌둥은 더 이상 "자본주의 체제의 안정성을 시험해보기 위해 군사적 수단을 활용하는 것은 어리석은 짓이다."라는 흐루시초프의 연설을 참을 수 없었다.[503]

1959년 10월 2일, 중·소 양국의 지도부는 베이징에서 양국 사이의

---

501 Zubok and Pleshakov, *Inside the Kremlin's Cold War*, pp. 230−231.

502 중국중앙공산당사연구실, 『중국공산당역사 중』, p.472.

503 Mao Zedong, "Speech at the Tenth Plenum of the Eighth Central Committee," in Stuart Schram, ed., *Chairman Mao Talks to the People: Talks and Letters, 1956-1971* (New York: Pantheon, 1975), pp. 190−191; Chen Jian, Mao's China and the Cold War, p. 80.

간극을 줄일 수 있는 방법을 찾기 위한 회담을 열었다. 그러나 화해를 위한 이 회의는 서로를 향한 신랄한 비난의 장(場)으로 변질되었다. 소련지도부가 중국이 억류하고 있던 미군의 석방을 요구하고, 대만해협 위기 당시 중국의 모험주의적 태도에 대해 비난한 것이 화근이 되었다. 중국지도부는 대만에 무력 사용을 하지 않겠다는 것은 미국의 입장일 뿐이며, 흐루시초프가 미국의 "두 개의 중국" 구상에 잠자코 동의하려 한다고 반박했다.[504] 분위기는 극도로 악화되어 양 공산당의 지도자들은 서로의 동맹국을 강하게 비판하는 수준에 이르렀다. 결국 회의는 부정적인 효과만 남긴 채 종료되었다.

회의가 양국의 견해차를 그대로 노출시킨 상태로 끝난 뒤, 흐루시초프는 10월 4일 중국을 떠나 소련으로 돌아왔으며 10월 6일 블라디보스토크(Vladivostok)에서 대중 연설을 가졌다.[505] 그는 최근에 있었던 미국과 중국 순방에 대해 언급하고 모스크바와 베이징의 "형제적 연대"를 높이 평가하였다. 흐루시초프의 연설을 들은 소련 인민들은 소련과 중국 사이에서 갈등이 싹트고 있다는 사실을 눈치채지 못했다. 중국지도부는 그러나 흐루시초프의 연설 중 "전쟁을 학수고대하거나 싸움닭처럼 행동하는 것은 현명하지 못했다."는 표현이 누구를 지칭하고 있는 것인지 알 수 있었다. 중국지도부는 머지않아 소련의 지도자가 그들에

504 흐루시초프가 소련이 인도에 편에 서 있다는 중국의 주장을 인정한 적이 한 번도 없었다고 주장했던 반면, 마오쩌둥은 인도와 티베트 편에 서 있는 소련은 중국인들이 절대 용납할 수 없다고 하였다. Chen Jian, *Mao's China and the Cold War*, p. 81.

505 흐루시초프는 모스크바로 돌아온 뒤 중국에 파견했던 소련의 군사전문가들을 조용히 소환하기 시작했다. 1950년대 소련과 중국의 군사 협력에 관해서는 Sergei Goncharov, "Sino-Soviet Military Cooperation," *Brothers in Arms*, pp. 141-163.

대한 비판을 공개적으로 진행할 것임을 감지했고, 마오쩌둥 역시 '수정주의 반역자들'과의 갈등은 숙명임을 깨달았다.[506]

506 Chen Jian, *Mao's China and the Cold War*, pp. 81-82.

제2절

# 국제공산주의운동의 분열과 중·소의 견인경쟁

## 1. 수정주의 대 교조주의 논쟁

### (1) '레닌주의 만세'가 불러온 파장

루샨회의(제8기 제8차 전원회의)에서 펑더화이의 비판에 대한 마오쩌둥의 격한 반응을 끝으로 더 이상의 당 지도부 내에서 아래로부터의 비판은 가능하지 않게 되었다.[507] 그러나 외부적으로는 소련과의 갈등이 더욱 깊어졌다. 흐루시초프는 마오쩌둥의 도전적이고 투쟁적인 성

507 이전까지는 당에서 사안에 대한 결정을 내리기 전에 비교적 자유롭게 비판하고 토론하는 분위기가 조성되었으나 펑더화이에 대한 맹렬한 비난과 숙청으로 지도부의 당원들이 목소리를 내기 어려워졌다. Kenneth Lieberthal, *Governing China: From Revolution Through Reform* (New York: W.W. Norton & Company, 2004) p. 108.

격을 여전히 이해하지 못한 채 중국이 대외정책과 국내정책을 수정하도록 압력을 행사했다.

앞서 1959년 12월 1일 중국의 모험주의적 행동이 마오쩌둥의 개인숭배에 기인한다고 판단했던 흐루시초프는 헝가리 공산당대회에서 중국의 인민공사와 대약진운동을 공개적으로 비난한 바 있었다.[508] 마오쩌둥도 결코 뒤질 수 없었다. 1960년 4월 20일, 레닌의 탄생 90주년을 맞이하여 중국공산당 이론기관지인 『홍기(紅旗)』와 당중앙 기관지 『인민일보』에는 '현대 수정주의'를 비판하는 3편의 논문이 게재되었다.[509] 『레닌주의 만세!』로 불린 이 논문의 주요 비판대상은 유고슬라비아였다. 그러나 소련지도부는 이 논문을 통해 중국이 정말로 비판하고 싶어하는 대상이 누구인지 어렵지 않게 알 수 있었다. 『레닌주의 만세!』는 흐루시초프의 평화공존과 제국주의자들에 대한 유화정책을 신랄하게 비난하였다. 논문은 레닌과 맑스의 기존자료들을 빌어, 언제나 전쟁을 피할 수 있는 것은 아니며 특히 제국주의가 남아 있는 한 지역 전쟁 또는 식민지 전쟁은 필연적이라며 전쟁불가피론을 주장했다.[510] 이제 중국은 소련과는 완전히 다른 길의 사회주의로 들어서는 듯했다.

『레닌주의 만세!』의 출간은 사회주의 진영에 엄청난 파장을 불러

508 흐루시초프는 이미 1959년 7월 폴란드 집단농장 군중집회에서 마오쩌둥의 인민공사운동을 비판한 바 있다. 이 내용은 7월 21일 『프라우다』에 전제되었다.

509 "列寧主義萬歲,"『紅旗』, 第8期(1960年), pp. 1-29; "沿着偉大的列寧指導的道路前進," "在列寧的 革命旗幟下團結起來,"『人民日報』, 1960年 4月 22日. 이후 이 논문들은 『레닌주의 만세!』라는 제하로 소책자로 편집되어 다국어로 번역되어 출판됐으며, 북한의 『로동신문』 1960년 4월 25일자에도 5-7면에 걸쳐 게재되었다.

510 양호민, "중·소 대립 속의 북한," p. 217.

일으켰다.[511] 논문은 레닌과 맑스의 주요문헌 등을 인용하여 공산주의의 가장 악명 높은 이단자들에 대한 공격을 담고 있었다. 논문의 내용에 기반하여 본다면, 흐루시초프는 레닌주의의 가장 근본적이고 신성한 교리를 "수정하고 배반하며 무력화"시키는 인물이었다. 논문은 크게 세 가지에 대해서 반박하고 있었는데, 첫째, 평화공존, 둘째, 전쟁가피론, 셋째, 평화적 혁명의 가능성이었다.[512] 『레닌주의 만세!』는 이 세 가지 내용을 모두 불가능한 것이라고 보지는 않았으나 제국주의가 존재하는 한 식민지 전쟁은 끝나지 않을 것이며 진정한 혁명은 투쟁을 통해서만 이루어지는 것임을 강력히 주장했다.[513] 소련은 서방과의 평화적 경쟁을 주장한 반면, 중국은 보다 투쟁적인 접근방식을 강조하고 있었다. 결국 이러한 공격들이 궁극적으로 의미하는 바는 국제공산주의 운동에서 소련의 지도력에 대한 중국의 의구심이었다.

중국이 『레닌주의 만세!』를 발표할 즈음은 핵무기의 위험성에 경각심을 느끼게 된 흐루시초프가 미국과 군축 및 군비통제 협상을 시도하고 있을 때였다. 소련의 군사력은 투명하게 공개되었던 적이 없던 탓에 전략적 필요성에 의해 국제사회에 과장되어 인식되었다. 소련의 과장된 군사력은 미국과의 계속되는 군비경쟁으로 이어져 소련경제에 커다

511 『레닌주의 만세!』는 중소분쟁을 공개한 최초의 문건이지만 소련을 직접 지칭하여 비판하지는 않았다. 그러나 본 문건은 현대수정주의적 관점을 전면적으로 공격하였으며 평화공존보다는 반제국주의투쟁을 계속할 것을 주장하고 전쟁가피론을 반박하였다. 따라서 본 논문이 소련에 대한 공격임에는 의심의 여지가 없었다. 정규섭, "중소분쟁에 대한 북한의 대응: 1960년대를 중심으로," 『동북아연구논총』, 제4권 1호(1998), pp. 53-82.

512 중국중앙공산당사연구실, 『중국공산당역사 중』, p. 473.

513 『로동신문』, 1960년 4월 25일.

란 부담으로 작용하였기 때문에 군축과 군비통제를 위한 미국과의 협상은 반드시 필요한 과정이었다.

반면 중국지도부는 미국과 소련의 합의가 중국의 국익손상으로 이어지지 않을까 우려하였다. 중국은 소련의 우호동맹으로서 군사적 지원을 받기를 희망해 왔으며 향후 핵보유국으로 도약하기를 꿈꾸고 있었다. 이러한 상황에서 중국은 소련이 군축 및 군비통제 협상을 통해 군사적 우위를 포기하려 하는 이유를 도무지 이해할 수 없었다. 『레닌주의 만세!』는 미국의 데탕트 전략을 "소련과의 군사적 격차를 줄이기 위해 시간을 벌려는 수작 이상 아무것도 아니"라며 진의를 의심하고 폄하했다.[514] 미국의 평화공세는 일종의 전략적 행동일 뿐, 실제로 미국은 군사력을 증강하고 민족해방운동을 탄압하고 있다는 것이다. 중국은 점차 서독과 일본의 군사재무장화 가능성을 우려하였으며 양국의 군사화가 모두 미제국주의의 주도적 역할에 의한 것이라고 믿었다. 결국 사회주의와 자본주의 진영 간의 갈등은 모두 미제국주의 세력의 조장으로 일어나는 것이므로, 주적(主敵)은 미국이라는 것이 중국의 판단이었다.

이렇게 해서 그동안 중국과 소련의 이해관계에서 도출된 갈등들은 흐루시초프의 방중 이후 각국의 공산당과 노동당의 주요 간부들에게까지 서서히 전해졌다. 논문 발표 이후로 중소관계는 완전히 악화되어 개선될 기미가 전혀 보이지 않게 되었다. 4월 22일, 소련공산당 중앙위원회 간부인 쿠시니엔(Otto Kuusinen)은 레닌 탄생 90주년 기념 강연 「레

514 Zagoria, *The Sino-Soviet Conflict*, p. 290.

닌사상의 실현」을 통해 중국의 교주주의 입장을 비난하면서, 제국주의의 지위와 힘이 변화하였기 때문에 전쟁을 피할 수 있게 되었다는 소위 전쟁가피론을 다시 주장하고 나섰다.[515] 이 시기를 기점으로 하여 중국과 소련은 계속해서 논문과 성명, 연설 등을 통해 이데올로기적 논쟁을 치열하게 전개했다.

1960년 베이징에서는 6월 5일에서 9일까지 사회주의 운동의 가장 중요한 조직 가운데 하나인 세계노동조합연맹(World Federation of Trade Unions, WFTU)의 일반위원회가 58개국 64개 대표단의 참석으로 개최되었다.[516] 결과적으로 말하면, WFTU 회의는 중국지도부가 소련의 정책적 폐단을 공개적으로 논의하기 위해 마련된 자리였다. 중국은 사전에 이 회의에서 소련의 정책을 비판할 목적하에 공산주의 운동의 지도자들을 베이징으로 초대하였으며 이들은 중국의 주장을 지지했다. WFTU의 중국측 부의장인 류창셩(劉長勝)은 제국주의가 존재해도 전쟁을 피할 수 있다는 전쟁가피론을 공개적으로 비판했다. 그는 전쟁가피론은 위험한 환상에 불과하며 세계대전을 피할 수 있다는 것은 가능

515 그는 "새로운 대량 살상 무기를 이용한 전쟁은 곧 광기이다. 전쟁의 새로운 무기들이 평화를 억누른다는 것은 군사 기술 진보의 변증법이다. 맑스주의자들은 이에 당황할 만한 이유가 없다. 전통적 맑시즘은 새로운 무기들이 전쟁의 기술적 측면에서 혁명을 일으킬 수 있을 뿐만 아니라 정책에도 영향을 미칠 수 있다고 하였다."고 주장하면서 소련이 결코 수정주의가 아닌 맑스주의적 관점에서 행동하고 있음을 강조하였다. Zagoria, *The Sino-Soviet Conflict*, pp. 299−304; Griffith, *The Sino-Soviet Rift*, pp. 39−40.

516 세계노동조합연맹은 국제노동조합총연맹(International Trade Union Confederation, ITUC)과 함께 세계 양대 노조로 평가를 받고 있는 국제노동조합조직이다. 원래는 1919년에 결성되었으나 제2차 세계대전 직전에 활동을 중단한 국제노동조합연맹을 재건하는 차원에서 1945년 10월 새롭게 결성되어 국제적인 노동자의 단결, 제국주의 및 식민주의 반대를 기구의 목적으로 하고 있다. 북한에서는 세계노동조합연맹 대신 세계직업련맹이라는 말로 불렀다.

성에 지나지 않는다는 중국의 입장을 반복해서 강조하였다.[517]

WFTU에서 중국의 발언으로 인해 유럽과 아시아 및 저개발국가들 사이에 의견분열이 일어났다. 당시 분명하게 중국을 지지한 해외대표단은 인도네시아가 유일하였으나, 중국의 언론에 소개된 당시 각국 대표단의 연설 일부를 살펴보면 총 55개의 연설 중 무려 11개 국가의 연설들이 중국측의 주장에 어느 정도 공감을 표시하고 있었다. 중국의 견해에 긍정적인 입장을 밝힌 연설을 한 국가는 일본, 미얀마, 북베트남, 스리랑카, 잔지바, 수단, 소말리아, 아르헨티나, 인도네시아 등이었다. 그리고 북한대표단의 단장으로 참석했던 조선직업총동맹 중앙위원회 부위원장 박상홍 역시 6월 7일 오후 회의에서 미제국주의에 대한 강력한 비판을 전개하였다. 그는 "제국주의가 지구상에 존재하는 한 전쟁의 근원은 없어지지 않는다."고 지적하고 "제국주의 전쟁 정책을 분쇄함이 없이는 평화를 기대할 수 없으며 제국주의 침략 세력을 쫓아냄이 없이는 민족적 독립과 자유를 획득할 수 없다."며 반제투쟁을 주장하였다. 박상홍은 이어 "평화와 민족적 독립은 어떠한 환상으로써가 아니라 오직 투쟁을 통하여서만 쟁취할 수 있다."고 주장함으로써 상당 부문 중국의 입장을 옹호하였다.[518]

소련의 새로운 군비축소 제안이 서구측에 전해진 지 불과 이틀 뒤인 6월 7일, 중국 『인민일보』의 사설은 "(사회주의) 진영이 군사력을 줄이기보다는 오히려 강화해야 한다."고 주장했다. 사설은 미제국주의 세

---

517 『로동신문』, 1960년 6월 9일. 반면 소련을 필두로 프랑스, 인도, 폴란드, 체코슬로바키아, 동독 및 기타 동유럽 국가들은 중국의 견해에 불만족을 표시하였다.

518 Zagoria, *The Sino-Soviet Conflict*, p. 292.

력과 맞서 싸우기 위해 무장력을 강화하고 경계태세를 높일 것을 주장하여 소련이 미국과 군비협상을 하려는 태도가 완전히 잘못된 것임을 지적했다. 바로 이튿날인 6월 8일에는 비판의 수위가 더욱 높아져 류창셍이 공개적으로 소련의 병력감축과 군비축소정책을 비현실적인 것이라며 비난했다.[519] 중국지도부는 미·소의 군비축소협상을 부정적으로 평가하고, 미국의 협상참여 의도를 중국이 핵보유국이 되려는 것을 방해하려는 것이라고 주장하였다.

중국의 계속되는 비판을 수용하기 어렵다고 판단한 소련지도부는 WFTU 회의가 끝나자마자 중국에 대한 이데올로기 공격을 강력히 전개했다. 소련은 언론에 공개된 몇 개의 사설을 통해 소련공산당이 갖고 있는 이데올로기적 정통성과 국제공산주의운동에서 소련의 지배적 위치를 재확인했다. 사설들은 소련의 노선에 대한 무조건적인 충성을 강요하였으며 모스크바는 이제 더 이상 공산주의 세계에서 소련의 헤게모니에 대한 도전을 좌시하지 않겠다는 담짐을 담고 있었다. 소련의 신문인 『소비에트 러시아(*Soviet Russia*)』는 중국을 겨냥해 "좌경주의, 종파주의, 그리고 교조주의"가 국제공산주의운동에서 아직 극복되지 않았다고 경고했다. 신문은 이어 개별 정당들의 지도부가 맑스-레닌주의 가르침을 잊고 좌경 탈선 혹은 우경 기회주의로 전환하고 있다고 비판했다. 『프라우다』의 사설은 레닌의 책 『공산주의에서의 좌익소아병(*Left-Wing Communism: an Infantile Disorder*)』을 언급하면서 역사적 발전 단계를 무시하고 평화공존과 군비경쟁의 종결, 동서의 대화 가능성 등을 "맑

519 N. Matkovskii, "An Ideological Weapon of Communism," *Pravda*, June 12, 1960; Zagoria, *The Sino-Soviet Conflict*, p. 324에서 재인용.

스-레닌주의로부터의 일종의 후퇴"로 잘못 평가하는 "국제공산주의운동에서 현대 좌경주의자들"이라고 비판했다.

6월초에 열린 세계노동조합연맹 회의가 중국이 소련을 비판하기 위한 자리를 마련한 것이라면, 6월말 루마니아에서 열린 루마니아공산당 제3차 대회(부카레스트 회의, Bucharest Conference)는 소련이 중국을 비판하기 위해 마련한 자리나 다름없었다. 흐루시초프는 이 회의에서 중국인은 현대전을 전혀 알지 못한다고 비난하고, 소련은 핵전쟁을 피하고자 노력하고 있으며 사회주의 진영은 핵전쟁을 억제할 힘을 갖고 있다고 주장했다. 흐루시초프는 1957년부터 현대전에 대한 개념을 일반에 공개했다. 그는 현대전에서 전략핵무기의 중요성을 강조하고 미래에 일어날 전쟁은 당사국들의 핵심지역에서 발생할 것이며 전쟁이 시작 된지 불과 몇 분 만에 핵심지역들이 공격받을 것이라고 하였다. 그는 또한 소련의 병력을 360만에서 240만으로 감축하는 것이 연간 160억에서 170억 루블에 이르는 국방비를 절약할 수 있게 해줄 뿐만 아니라 소련의 우방국들에 대한 경제적 지원으로 이어질 수 있다며, 군축이 국제평화와 소련의 경제를 위한 바른 선택임을 강조했다.[520]

흐루시초프는 나아가 마오쩌둥 개인을 비판하면서 현실과 동떨어진 이론들을 제시한다는 점에서 스탈린과 비교된다고 비꼬았다. 그는 "맑스-레닌주의에 기초하여 무엇이 공산주의의 대의에 도움이 되는지

520 Zagoria, *The Sino-Soviet Conflict*, pp. 325–326. 그러자 당시 회의에 중국 대표로 참석하였던 베이징 시장 펑전은 흐루시초프는 기본적인 문제들에 대해서도 혼란스러워 하며 중국공산당은 국제상황에 대한 흐루시초프의 분석을 믿지 않는다고 했다. 그는 또한 중국이 현대전을 전혀 모른다는 말에 중국은 이미 한국전쟁에서 현대전이 무엇인지 보여주었다고 강조했다.

생각해 보아야 한다."며 마오가 맑스주의 교리를 창조적으로 적용할 줄 모른다고 비판하였다. 흐루시초프는 또한 마오쩌둥이 현대 국제정세의 복잡한 문제들을 충분히 숙지하지 않은 채 세력균형의 변화를 진영에 유리한 쪽으로 과대평가하고 있다고 일침을 가한 뒤, 레닌주의 혁명 교시를 새로운 조건에 맞추어 적용할 필요성이 있다고 가르쳤다.[521]

### (2) 중소분열과 이데올로기 논쟁

중소분쟁이 양국 간의 경제와 내정간섭, 핵개발 기술전수 등의 국가이익 차원의 문제에서 이데올로기 논쟁으로 확장되면서 분쟁의 당사자인 중국과 소련은 서로 자신들의 지지세력을 확보하고자 열띤 노력을 기울였다. 그 결과 동유럽 공산당들은 소련을, 알바니아는 중국을 지지함으로써 국제공산주의운동의 분열이 가속화되었다. 북한을 비롯한 일부 아시아 국가들은 노골적이지는 않지만 어느 정도 중국의 입장에 공감을 표하고 있었다. 김일성의 경우, 소련공산당 제21차 대회의 축하 연설에서 진영의 단결, 조국의 평화적 통일, 맑스-레닌주의의 창조적 발전 등을 주장하였으나 자본주의와의 평화공존에 대해서는 단 한 차례도 언급하지 않았다.[522]

---

521 Zagoria, *The Sino-Soviet Conflict*, pp. 325−326. 부카레스트 회의에서는 중국과 소련이 서로에 대해 강력한 비판을 전개하였지만 그럼에도 불구하고 회의가 완전히 엉망으로 종결되지는 않았다. 매우 짧고 별 의미 없는 공동 성명 정도는 통과될 수 있을 정도였다. 그러나 이 성명은 빛 좋은 개살구였다. 소련과 중국의 당 기관지인 『프라우다』와 『인민일보』는 이내 부카레스트 회의에서 있었던 결론에 대해 각기 다른 해석을 내놨으며 공동성명의 중요성에 대해 다른 관점으로 접근하였다.

522 "쏘련 공산당 비상, 제21차 대회에서 한 조선로동당 대표단 단장 김일성 동지의

평양 주재 체코슬로바키아 대사인 코후세크(Stanislav Kohousek)는 1960년 7월 1일 오전 헝가리 대사 프라스(Károly Práth)와 만난 자리에서 아시아 공산주의국가들이 소련의 평화공존에 공감하지 못하고 있는 이유에 대하여 날카로운 분석을 내놓았다.

> "최근 소련과 중국의 입장에 두드러지는 차이점이 존재하는데 특히 평화공존과 인민공사 문제에 대한 것이다. 과거에 이미 중국 공산당 중앙위원회는 인민공사의 장단점을 지적한 바 있었다. 그럼에도 불구하고 분배체계에서 여전히 평등주의의 원칙이 지배적으로 적용되는 등 인민공사에는 어떠한 변화도 일어나지 않았다. 평화공존사상은 극동지역의 인민민주주의 국가들 사이에서는 인기가 없으며 실제로 일리가 있다. 대만, 한국 등의 문제와 관련하여 참기 어려운 중국인, 조선인, 베트남 인민들에게 미국이 최대의 적이라는 사실을 감안한다면, 미제국주의와의 평화공존원칙이 수용되기는 어렵다. 참고로, 조선로동당의 당교육은 소련공산당 제20차 또는 21차 대회에 관하여 논의할 때 사회주의와 자본주의의 평화공존 문제에 대해서는 거의 다루지 않는다."[523]

1960년 여름 내내, 세계혁명의 전략문제와 제국주의와의 평화공존 문제, 사회주의에로의 이행형태, 사회주의 건설의 방법 등 다양한 방면에서 중국과 소련의 이데올로기 논쟁이 심화되었다. 이때까지 중·소 대표가 직접 만나 서로를 힐난하는 사태는 발생하지 않았지만, 각각 자국의 언론을 통해 상대방을 '수정주의자'와 '교조주의자'로 지칭하면서 비난의 수위를 점차 높였다. 1960년 7월 중순 소련공산당은 중앙위

축하 연설,"『근로자』, 제2호(1959), pp. 3–4.

523 Report, Embassy of Hungary in North Korea to the Hungarian Foreign Ministry, 2 July 1960, MOL, XIX–J–1–j Korea, 8. doboz, 5/f, 0029/RT/1960.

원회 전원회의에서 직접 중국을 지칭하지는 않고 "좌경종파일탈" 혹은 "심한 민족주의적 경향의 주장" 등을 묵살하기로 결의했다. 소련공산당은 이제 중·소 간의 이념 대립을 몇몇 고위 지도부들 사이의 문제로 한정하려 하지 않고 이에 대한 판단을 당 전체에 맡기기로 하였다. 소련공산당원들은 당 내의 지휘 고하를 막론하고 중·소의 첨예한 관계에 대한 정보를 접하게 되었다. 수정주의와 교조주의 논쟁은 이제 소련공산당 내 모두가 다 아는 공공연한 사실이 되어 버렸다.

1960년 7월, 마침내 소련은 이데올로기 논쟁을 중국에 대한 경제제재로 이어갔다. 흐루시초프는 중국에 있는 모든 소련인 전문가들을 본국으로 소환하는 한편, 중국에 제공하는 모든 경제 및 군사원조를 대폭 삭감했다.[524] 소련 당국은 중국인들이 자국의 전문가들을 정치적 선전으로 현혹시키려 한다는 명분을 내세워 1,390명에 달하는 자국의 전문인력들을 일방적으로 소환하였다.[525] 또한 소련은 두 나라 과학원에서 체결한 의정서 1부, 343개 전문가 계약서와 계약 보충서를 일방적으로 파기하고 257개의 과학기술 협조 항목을 철폐했다.[526] 이 같은 조치는 대약진운동의 후폭풍에 시달리고 있는 마오쩌둥 리더십의 기반을

524 소련은 1950년 중소우호조약을 개정한 후 중국에 대해 경제와 군사적 지원을 아끼지 않았고 한국전쟁 참전으로 중국은 소련의 신뢰를 얻었다. 양국 간의 인적 교류의 폭 역시 확대되어 8,000여 명의 소련전문가가 중국을 방문해 산업화에 조력하였다. 중국에서의 소련 전문가들의 활동에 대해서는 Deborah A. Kaple, "Soviet Advisors in China in the 1950s," *Brothers in Arms*, pp. 117–141.

525 소련의 지원 없이 홀로 핵무기 개발에 집중해야 했던 중국은 핵프로그램의 코드네임을 "596"이라고 명명하였다. 이는 중소갈등으로 인해 1959년 6월 소련전문가들이 중국을 떠난 시기를 의미했다.

526 중국공산당중앙당사연구실, 『중국공산당역사 중』, p. 474.

흔드는 것이나 다름없었다.[527] 소련은 경제적 압박과 고립을 통해 마오쩌둥을 위기에 몰아넣고 중국을 순종적으로 만들기를 희망하였던 것이다.

그러나 마오쩌둥은 위기를 기회로 활용하는 법을 잘 알고 있었다. 그는 대약진운동에 의한 중국 경제의 실패를 인정하기보다 소련전문가들의 소환으로 발생한 중국의 경제적 피해를 강조하는 방법을 택했다. 마오쩌둥은 "손에 닭 모이 한 줌이 없으면 닭마저 거들떠보지 않는다. 우리가 얕잡히는 처지에 놓이게 된 것은 바로 강철이 충분하지 못하기 때문이다.…자본주의 국가들이 우리를 깔보고 있는 데다 사회주의 국가마저도 우리에게 기술을 주지 않고 있다."며 '본때를 보여주는 강철'을 대대적으로 제련할 것을 주문하였다.[528] 이처럼 모스크바와의 갈등은 소련과 중국의 갈등이기도 했으나 마오쩌둥의 리더십을 위해 정치적으로 활용된 측면이 있었다. 소련전문가들의 철수 직후 중국공산당 지도부는 전 인민이 반(反)소련 운동을 전개하도록 독려하였다.

동시에 중국은 국제사회에서 중국의 자립과 자력갱생을 강력히 주장하였다.[529] 1960년 8월, 『인민일보』에 실린 사설에서는 중국의 공산주의 혁명은 어떠한 내외부의 어려움이 닥치더라도 약해지지 않으며,

527 Chen Jian, *Mao's China and the Cold War*, p. 204. 대약진운동의 실패로 인해 3년간 무려 2천만에서 3천만에 달하는 중국 인민들이 기근으로 사망한 것으로 알려졌다. 1959년에서 1960년까지 급진적인 정책을 추진하는 과정에서 인민공사와 생산량의 허위 보고로 막대한 피해가 발생하였다. 더군다나 1958~1961년에는 악천후에 시달려 농업생산량이 저하되었으며, 그 결과 1960~1961년 무려 3천만 명에 이르는 아사자가 발생하였다.

528 중국중앙공산당사연구실, 『중국공산당역사 중』, p. 329.

529 이 사설은 본래 일주일 전에 상하이에서 출간 된 논문을 재판한 것이다. 『人民日報』, 1960年 8月13日; Zagoria, *The Sino-Soviet Conflict*, p. 332에서 재인용.

이러한 어려움을 중국인들 스스로 극복해야 한다는 의지를 표명하였다.[530] 9월에 열린 중·소 양당의 고위급회담에서는 중국공산당 중앙위원회 총서기인 덩샤오핑이 소련공산당을 향해 "중국공산당은 부자(夫子)관계의 당, 부자관계의 나라라는 개념을 영원히 수용하지 않을 것이다.…(중략) 중국 인민은 이 손실을 받아들이고 자력으로 이 손실을 막고 국가를 건설할 것이다."고 말했다.[531] 중국지도부는 대약진운동의 실패로 극심한 경제적 어려움에 처한 상황에서 소련전문가들이 철수하자 진영에서의 고립이 현실화되고 있다고 믿었다.[532] 다만 이때까지만 하더라도 중국은 소련과 완전히 대립하는 것을 원치 않았다. 중국은 여전히 자국의 사회주의 건설을 위해서는 소련의 지도력 아래 통합된 사회주의 진영의 발전이 필수적이라고 주장했다.

그러나 81개 공산당이 참석한 1960년 11월 모스크바 회의를 기점으로 소련과 중국의 동맹은 완전한 기능정지 상태에 이르렀다. 11월 10일부터 12월 1일까지 비공개로 진행된 모스크바 회의는 크게 사회주의 진영의 권위문제와 자본주의와의 투쟁과정에서 적용되는 전략과 전술에 관한 문제들을 중점적으로 다루었다.[533] 소련공산당은 회의를 앞두

530 구체적으로 사설은 사회주의를 향한 자립적이며 강력한 투쟁을 요구함과 동시에 중국인 스스로의 힘에 의지할 것을 강조하고 외부에 구원의 손을 요청하는 것을 경고했다. 중국의 자립에 대한 강조는 외부의 원조를 모두 거부하겠다는 뜻이 아니라 당이 계속해서 자신의 노력에 의지하여 강한 사회주의 세력으로 성장해야 한다는 의미였다.

531 중국공산당중앙당사연구실, 『중국공산당역사 중』, p. 474.

532 소련은 1948년 유고슬라비아가 그랬던 것처럼 사회주의 진영에서 중국을 배제할 수도 있다는 언질을 주곤 했는으며, 그것은 진영으로부터의 고립을 초래할 수 있다는 우려를 낳았다. Zagoria, *The Sino-Soviet Conflict*, pp. 332−333.

533 회의는 북한, 중국, 일본, 인도네시아, 이탈리아를 제외한 모든 나라의 공산당 제1서기 등 당 최고 지도자가 참석하였을 정도로 중요한 회의였던 것으로 보인

고 중국공산당에 답하는 소련공산당의 6만 자에 달하는 글을 각 형제당 대표들에게 배포하였다. 소련은 국제공산주의운동에서 소련공산당의 역사적 경험의 중요성과 소련이 역사상 공산주의로의 새로운 길을 개척한 첫 번째 국가임을 강조했다. 이어 제20차 공산당 대회에서 내렸던 결정들은 "국제 공산주의 운동에서 새로운 장을 열었으며 맑스-레닌주의에 근거한 발전을 도모하였다."고 자평했다.[534] 소련은 기본적으로 제국주의에 대항한 투쟁의 문제를 비롯하여 평화, 민주주의, 사회주의에 대해 소련이 내린 평가와 결론에 중국인들이 따를 것을 바랐다. 그러나 중국은 위와 같은 사회주의 진영의 공통된 문제들에 대해 특정 당의 견해를 그대로 수용하기보다 상호대화와 합의로 공통의 결론에 도달하고자 하였다.

중·소는 자본주의와의 투쟁 과정에서 적용되는 전략과 전술에 관한 문제들에 대해서도 견해를 달리했다. 우선 소련은 평화공존의 레닌주의적 원칙을 지지하고 현재와 과거의 역사적 상황이 다르다는 것을 설명했다. 반면 중국은 현재는 여전히 제국주의와 프롤레타리아 혁명의 시기이며 레닌이 혁명전략을 제시했던 수십 년 전과 크게 달라지지 않았다고 했다. 중국은 지역전쟁이 피할 수 없는 것이며 때론 바람직하다며, 그러한 예로 알제리와 라오스와 같은 식민지에서 일어나는 민족해방운동을 들었다.[535] 이에 대해 소련은 지역전쟁은 전면전으로 확대

---

다. 정진위, 『북방삼각관계: 북한의 대중·소 관계를 중심으로』 (서울: 법문사, 1985), p. 61.

534 *Pravda*, December 6, 1960; Zagoria, *The Sino-Soviet Conflict*, p. 347에서 재인용.

535 중국은 전면전의 가능성은 낮게 점쳤다. 1957년 소련의 무기 개발 이래로 세력균형의 결정적 전환이 일어난 덕분에 사회주의 진영은 전략적 우세를 점하게 되

될 가능성을 갖고 있으므로 모든 종류의 전쟁에 대해 경계를 늦추어선 안 된다고 반박했다. 뿐만 아니라 만약 또 다른 세계대전이 발발한다면 전대미문의 파괴를 불러일으켜 많은 인명피해를 야기할 것이라고 주장했다.

1960년 모스크바 회의는 국제공산주의운동에서의 내부 의견조율을 목표로 사회주의 진영의 단결을 회복하기 위해 개최되었으나 양국 공산당의 견해차만 재확인됐다. 성명채택 과정에서 소련과 중국의 격론은 계속되었고 1957년「모스크바 선언」의 상당부분을 그대로 옮겨 쓰면서 소련의 입장이 그대로 반영되었기 때문에 회의는 소련공산당의 승리로 귀결되었다. 중국의 견해는 소련이 제시한 관점과는 매우 동떨어져 있었고 양당이 앞으로도 견해를 같이할 일은 없어 보였다.[536]「모스크바 선언」에서 이루어진 소련과 중국의 공허한 합의는 1961년 10월에 열린 소련공산당 제22차 대회까지 지속되었다.

중소논쟁은 '수정주의' 대 '교조주의' 논쟁으로 발전했으나 이데올로기 논쟁은 양국 사이의 핵심적 문제가 아니었다. 중국과 소련의 대립 양상은 초기에는 사회주의 이데올로기를 둘러싼 갈등으로 비춰지기도 했지만, 갈등의 근본적인 원인은 국가이익을 둘러싼 견해 차이였다. 중국과 소련의 사회주의 이데올로기로 인한 연대는 민족주의나 국수주의

---

어 어떠한 지역전쟁의 위험도 감수할 수 있으며 이를 두려워 할 필요가 없다고 했다. 또한 중국은 지역전쟁은 피할 수 없는 것이라고 보았기 때문에 서방과의 군축 협상도 의미 없는 것이라고 여겼다.

536 중국이 얻어낸 성과는 다음과 같다. 첫째, 소련측의 원 초안 가운데 중국공산당이 파벌 활동을 하고 있다는 부분을 삭제하고, 둘째, 국제공산주의운동에서 협상일치의 원칙에 동의하면서도 "소수가 다수에 복종한다."는 내용은 폐기하는 것이었다. 중국공산당중앙당사연구실,『중국공산당역사 중』, p. 476.

적 감정보다 약했다.[537] 사회주의 진영의 거대한 두 국가가 냉전에 대처하는 전략에 차이를 노정하면서 갈등이 태동하였으며, 내연하여 있던 갈등요소들이 '수정주의'와 '교조주의'라는 이데올로기 논쟁이라는 명분을 찾아 폭발했던 것이다.

중국의 성장, 스탈린의 사망 등 사회주의 진영에서 일어난 정세의 변화는 중국으로 하여금 새로운 눈으로 소련을 바라보도록 하였다. 스스로가 성장했음을 인지한 중국은 사회주의 진영에서 더 크고 주도적인 역할을 원했다. 중공지도부와 마오쩌둥은 과거 스탈린의 잘못을 지적할 수 있게 된 새로운 분위기를 이용해 중소관계를 재조정하려 했다. 중국은 1957년 11월 「모스크바 선언」에서 소련과 사회주의 국가들의 평등한 형제적 위치를 주장함과 동시에 소련공산당을 중심으로 한 사회주의 진영의 단결을 주장했다.[538] 중국은 소련의 전략적 행동들이 사회주의 진영의 단결보다는 분열을 가속시킨다고 믿었으며, 중국의 이해관계와 상충되는 소련의 대외정책에 불만을 품었다. 유고슬라비아에 대한 모스크바의 대처, 중국과 인도의 국경 분쟁 문제, 대만해협위기에서의 소련의 중국지지 문제, 핵개발 지원 중단 문제 등 소련의 지도력과 동맹으로서의 의무를 의심받기 충분한 상황들이 계속됐다. 중국은

537 노경덕, "중·러 관계의 역사적 전개," 장덕준 외, 『중·러 관계와 한반도』, p. 63.

538 스탈린 사후, 제국주의와의 평화공존을 주장하는 소련의 '이데올로기적 이탈'은 중국의 입장에선 엄연한 '수정주의'였지만, 중국의 국가이익과 상충되지 않는 한 동맹국인 소련 비판을 자제하며 문제를 부각시키려 하지 않았다. 중·소 분쟁이 최고로 격화되던 시기에 이르러서야, 중국은 국제공산주의운동의 강령으로서 채택되었던 「모스크바 선언」에 대해 불만족스러웠으나 소련의 체면을 고려해서 양보했던 것이라고 밝혔다. 「소련공산당 지도부와 우리들 간의 차이의 유래와 발전(蘇共領導同我們分岐的由來和發展)」, 『人民日報』 1963年 9月 6日; 양호민, "중·소 대립 속의 북한," p. 210에서 재인용.

전략적인 동맹국가로서 앞으로도 소련과 함께 가야할 것인지 재고하기 시작했다.

흐루시초프 역시 마오쩌둥이 과연 소련이 신뢰할 만한 가치가 있는 지도자인지 의심하였다. 민족주의적 성향이 매우 강한 중국의 지도자는 예측과 통제가 불가능했다. 마오쩌둥은 사회주의 진영은 소련이라는 하나의 지도자를 중심으로 응집력을 길러야 한다고 누차 밝혀왔으나 흐루시초프에게는 그의 주장이 진지하게 와 닿지 않았다. 중국은 소련과는 아무런 상의 없이 대만해협에 폭격을 가했으며, 농업중심의 사회주의 건설노선과 자력갱생을 고집하는 등 모스크바의 방침에 어긋나는 행동들을 이어감으로써 모스크바의 신뢰를 저버렸던 것이다.

## 2. 정치에서의 자주: 대중·소 균형적 관계의 모색

### (1) 조·소 경제·외교의 온도 차

사회주의 진영은 군사적인 관점에서 초국가적 단위로 비춰질 수 있다. 그러나 국가 대 국가의 관계로 본다면 사회주의 진영이라는 용어는 약소 공산주의 국가들에 대한 소련의 지배를 의미하는 것처럼 인식되었다. 김일성과 같은 강한 민족주의적 성향을 지닌 작은 국가의 지도자는 후자의 시각을 갖고 있었다.[539] 김일성은 1959년 1월 27일에서 2월 5일까지 모스크바에서 개최된 소련공산당 제21차 대회에 참석했다.

539 Szalontai, *Kim Il Sung in the Khrushchev Era*, p. 142.

회의기간 동안 김일성은 소련공산당과 소련 인민들이 축적한 풍부한 경험이 "우리의 과업수행에 항상 하나의 지침이 되고 있다."고 발언함으로써 자신이 사회주의 진영에서 소련의 지도적인 위치와 소련을 중심으로 한 단결을 강조하고 있는 것처럼 보이도록 하였다.[540]

그러나 김일성은 귀국하여 앞서 발언한 것과는 전혀 다른 내용의 주장을 펼쳤다. 그는 소련을 중심으로 한 단결은 항상 필요하지만 어떤 사람이 다른 사람을 지배한다는 것과 동일한 의미는 아니며, 또 "우리가 모스크바에 복종해야 한다는 것을 의미하는 것도 아니라"고 강조했다.[541] 동시에 서서히 벌어지고 있는 중·소의 견해 차이가 진영내 소련의 독보적 지위와 통제력의 약화로 이어지면서 북한 역시 소련을 보다 객관적 입장에서 바라보게 되었다. 특히나 북한지도부는 소련의 평화공존 원칙에는 공감할 의향이 전혀 없었으며 이러한 측면에서 중국과 이데올로기적 유사성을 띠었다.

북한이 자주에 대한 중요성을 한껏 강조하는 가운데, 1959년 9월 15일부터 27일까지 흐루시초프가 미국을 방문하였다. 북한 정부는 표면적으로는 흐루시초프의 미국방문을 긍정적으로 평가한다고 밝혔으나, 흐루시초프가 북한의 가장 큰 위협대상인 미국에 방문한다는 사실이 달갑게 느껴질 리 없었다. 김일성과 당 지도부의 불편한 심기는 언론의 소련 관련 보도에 그대로 반영되었다. 당 기관지인 『로동신문』이 흐루시초프의 방미 사실을 간단히 처리해 버림으로써 소련의 불만을

540 소련공산당 제21차 대회에서 김일성의 연설은 "쏘련 공산당 비상 제21차 대회에서 한 조선로동당 대표단 단장 김일성 동지의 축하연설," 『근로자』, 제2호(1959), pp. 3-4.

541 정진위, 『북방삼각관계』, p. 46.

샀던 것이다.[542]

그러나 애초부터 북한지도부에게 소련을 비롯한 외부세계의 사건들은 국내 언론에서 무게 있게 다룰 만큼 중요치 않았다. 세계사에 기록될 만한 그 어떤 중요한 사건도 북한에서는 매우 사소한 국내문제보다 더 하찮게 치부되곤 했다. 이런 상황에서 흐루시초프가 예정되어 있던 방북을 취소한 이후로 소련에 대한 북한의 존경은 더더욱 찾아보기 어려워졌다. 본래 김일성은 1959년 1월 소련공산당 제21차 대회에 참석하였을 때 흐루시초프와 회담을 나누면서 구체적인 일정은 논의하지 않은 채 가을 방북을 약속받았다. 흐루시초프의 방북은 북한의 국제적 위치를 증명하는 것이나 마찬가지였기 때문에 북한에서는 그를 맞이하기 위한 요란스러운 준비가 1959년 여름부터 시작됐다.[543]

그러나 북한지도부가 고대하던 흐루시초프의 방북은 취소되었다. 이에 대해 푸자노프 소련대사는 현 시점에서 흐루시초프의 방북은 최근의 미국 방문시 그가 했던 발언들과 일치하지 않는 행동이기 때문에며, 현재의 국제적 상황에서 방북은 국제사회에 긴장을 불러일으킬 수 있다며 방북 취소결정의 배경을 설명하했다.[544] 그러나 북한지도부는

542 소련 외교관 율린(Yulin)은 "세계의 모든 언론들이 흐루시초프의 미국 방문에 대해 모든 지면을 할애하는 반면 조선의 언론들은 아무것도 다루지 않거나 단신으로 처리한다."고 불평했다. Report, Embassy of the Hungary in North Korea to the Hungarian Foreign Ministry, 16 December 1959, MOL, XIX–J–1–j Korea, 11. doboz, 24/b, 001660/1960.

543 Hungarian Embassy to the DPRK, Report, 7 October 1959, KTS, 5. doboz, 5/bc, 006028/1959.

544 Report, Embassy of the Hungarian People's Republic in the DPRK to the Ministry of Foreign Affairs of Hungary, 16 March 1961, MOL, XIX–J–1–j–Korea–5/ca–003645/1961 5.d.

흐루시초프가 그동안 몇몇의 동유럽 공산국가들을 아무런 문제없이 방문하였다는 사실을 잘 알고 있었다.[545]

그렇다면 흐루시초프는 왜 예정되어 있던 북한 방문을 취소하였던 것일까? 방북 취소의 결정적인 원인은 무엇보다도 북한의 경제정책과 대외정책에 대한 소련의 불만 때문이었던 것으로 보인다. 사실 1959년 초 흐루시초프의 방북 의사표현은 북한의 경제정책의 변화를 전제로 한 것이었다. 북한은 그동안 소련과 동유럽 사회주의 국가들로부터 막대한 경제원조에도 불구하고 이들의 충고를 무시하고 중공업우선정책과 원대한 경제계획을 고수하였다. 흐루시초프는 몇 차례에 걸쳐 불만을 표시하고 소련의 요구사항을 전달하였지만 그해 가을까지도 개선되지 않은 북한의 경제정책에 실망하였던 것으로 보인다.

1959년 2월 6일, 소련공산당 제21차 대회 직후 흐루시초프는 김일성과 대화를 나눈 적이 있었다. 본래 이 회담에서 김일성은 경제문제에 대해 의논할 의향은 없었으며 소련과의 동맹 체결에 대해 논의하려 했던 것으로 알려졌지만 대화는 다른 방향으로 전개되었다.[546] 흐루시초프는 북한의 5개년 계획과 천리마운동 등에서 나타날 경제정책의 문제점들을 요목조목 지적하였다. 흐루시초프는 김일성이 경제적 기초를

545 소련은 그 어떤 사과나 위로의 말도 전하지 않았다. 오히려 소련의 외교관들은 북한이 만반의 준비를 갖추고 흐루시초프를 기다렸던 것을 두고 "그들이 자기들의 잠자리를 정돈했으니, 거기에 누울 것도 그들 자신이다."라며 빈정거렸다. Hungarian Embassy to the DPRK, Report, 7 October 1959, KTS, 5. doboz, 5/bc, 006028/1959; Hungarian Embassy to the DPRK, Report, 8 October 1959, KTS, 7. doboz, 5/f, 006841/1959.

546 AVPRF, Fond 102, Opis 15. Papka 81, Delo 7, Listy 22; 시모토마이 노부오, 『모스크바와 김일성』, p. 268.

무시한 비현실적인 계획들을 제시하였으며 "다른 국가들과 협력할 의향이 전혀 없을 뿐더러 모든 것을 스스로 생산하려고만 한다."며 북한 지도부를 비난하였다. 그러나 김일성은 흐루시초프의 지적을 수용하지 않았다. 그는 북한이 경제계획을 예정대로 완수할 수 있을 것이라고 답했다. 또한 북한의 현 경제상황으로 미루어보아 중공업우선정책이 가장 적실성 있음을 피력하고 이 또한 수정할 이유가 없음을 분명히 하였다.[547] 흐루시초프는 북한이 중국식 경제모델을 상당부분 반영 및 수용하고 있다는 데에도 불만을 나타내었다. 그러나 민족주의적 성향이 강한 북한의 지도자가 북한이 중국식 경제모델을 차용하고 있다는 주장을 받아들일 리가 없었다.[548] 당시 북한은 기계제작 공업이 급속히 발전하여 트랙터와 같은 중형 기계들을 자체로 생산하게 되자 오히려 이를 공업의 식민지적 편파성을 퇴치한 것으로 규정하였다.[549]

북한과 소련의 대외정책에 대한 견해차이 역시 쉽게 좁혀지지 않았다. 그동안 북한은 소련의 대외정책에 공감을 나타내지 않거나 그와는 반대로 행동함으로써 소련지도부를 당혹하게 만들었다. 1959~1960년 동안 북한과 소련의 대외정책의 서로 다른 우선순위는

547 Report, Embassy of the Hungary in North Korea to the Hungarian Foreign Ministry, 16 December 1959, MOL, XIX–J–1–j Korea, 11. doboz, 24/b, 001660/1960.

548 북한과의 무역에서 계속되는 적자 역시 소련의 누적된 불만사항이었다. 1959년 동안 소련은 그들의 의무를 100% 수행하였던 반면 북한은 겨우 56% 정도를 수행하였을 뿐이었다. 북한은 소련으로부터 원조 받거나 구매한 물품들에 상응하여 소련에 수출할 물건들이 없었다. 양국의 무역문제는 조소관계의 발전에 하나의 장애가 되었다. Report, Embassy of the Hungary in North Korea to the Hungarian Foreign Ministry, 16 December 1959, MOL, XIX–J–1–j Korea, 11. doboz, 24/b, 001660/1960.

549 리종옥, "조쏘 친선은 우리 승리의 담보," 『근로자』, 제3호(1959), pp. 72–75.

계속해서 충돌했고 양국 사이의 갈등도 증폭되었다. 북한지도부는 국제사회에서 한반도 문제를 꾸준히 이슈화하여 냉전적 구도를 심화하려 하였는데 이것은 엄연히 소련의 평화공존론에 배치되었다. 1959년 9월 15일, 흐루시초프가 미국 방문을 불과 3일 정도 앞둔 시기에 북한은 중인분쟁에서 중국의 편에 설 것임을 선언하였다. 북한은 소련이 미국에게는 비교적 낮은 자세로 접근하면서 국제 분쟁에서 동맹인 중국을 지지하지 않는다는 사실을 납득하지 못했다. 마침 소련이 중인국경분쟁과 관련하여 중립을 선언한 직후였던지라 인도에 그다지 적대적일 이유가 없었던 북한의 중국 지지선언은 소련의 심기를 거스르기에 충분했다.[550]

김일성은 오히려 흐루시초프가 북한과 동독의 문제와 관련하여 이중적인 잣대를 들이대고 있다며 불만을 표시하였다. 당시 소련은 독일 문제를 해결하기 위해 최후통첩과 위협 등 수단과 방법을 가리지 않았다. 1957년과 1960년에 모스크바에서 열린 국제공산주의회의의 선언 역시 동독의 특수한 상황을 강조했으며, 1959년 소련공산당 제21차 대회에서도 흐루시초프는 독일 군국주의의 가능성을 경계하고 평화적 재통일을 주장했다.[551] 동독의 울브리히트(Walther Ulbricht) 정권은 경제관계와 다른 문제에 있어서 국제사회가 동독의 문제를 우선적으로 취급

550 헝가리 부다페스트 주재 북한 대사였던 홍동철은 1959년 8월 31일, 북·인관계가 발전하고 있으며 앞으로도 계속 관계를 강화하는 방향으로 정책을 추진할 것이라고 밝힌 바 있다. Hungarian Foreign Ministry, Memorandum, 2 September 1959, KA, 1. doboz, 4/a, 683/1959.

551 소련공산당 제21차 대회에서 있었던 흐루시초프의 연설은 "1959~1965년 쏘련 인민 경제 발전 통제 숫자에 관하여," 『근로자』, 제2호(1959), pp. 50-57.

하여 줄 것을 희망했다.[552] 또한 동독은 북한에 국제사회에서 가장 우선적으로 해결되어야 할 문제는 동독 문제라는 소련의 입장을 지지해 줄 것을 요구했다.

그러나 소련은 또 다른 분단국가인 조선의 통일 문제에는 적극적으로 관여하지 않았다. 소련과 동유럽 사회주의 국가들은 오히려 북한의 강한 민족주의적 성향이 자국 문제를 세계적인 이슈로 만들려 한다며 비난하였다. 그러나 북한지도부의 입장에서는 북한과 동독의 차이점이 크지 않았다. 동독이 서독과의 문제가 세계에서 가장 우선적으로 해결해야 할 문제라고 생각하는 것처럼 북한 역시 남한 문제의 해결이 최우선이었던 것이다.[553] 그럼에도 불구하고 북한은 1959년초 사회주의 진영의 단결과 화합을 고려한 나머지, 독일 문제의 평화적 해결을 위한 소련 정부의 노력과 독일 인민의 투쟁을 지지하는 성명을 발표했다.[554]

1959년 9월 25일, 김일성을 단장으로 하는 북한정부 대표단은 중화인민공화국 창건 10주년 기념식에 참석했다. 그리고 10월 1일, 김일성은 9월 30일에서 10월 4일까지 베이징을 방문하였던 흐루시초프를

552 Hungarian Embassy to the DPRK, Report, 5 February 1962, KTS, 11. doboz, 25/b, 002290/1962.

553 당시 체코슬로바키아 대사인 코후세크는 "중국과 북한은 대만과 남한으로 대변되는 자신들의 문제가 가장 큰 국제문제라고 생각하고 있기 때문에 독일문제를 국제사회에서 가장 중요한 문제로 받아들이는 것이 매우 어렵고 거북하다."고 보고한 바 있다. Report, Embassy of Hungary in North Korea to the Hungarian Foreign Ministry, 2 July 1960, MOL, XIX-J-1-j Korea, 8. doboz, 5/f, 0029/RT/1960.

554 "조선민주주의인민공화국 정부 성명(1959년 1월 26일)," 『조선중앙년감 1960』(평양: 조선중앙통신사, 1960), pp. 106-107.

만날 수 있었다. 이 회담에서 소련은 북한이 다른 나라나 당과의 협력 혹은 다른 나라나 당의 경험에서 교훈을 얻는 것을 염두에 두지 않고 있었으며, 북한의 문제는 북한 스스로 자신들의 경험에 근거하여 해결해야 한다는 원칙을 고수하고 있다는 사실을 재확인했다.[555] 이로 인해 흐루시초프의 평양방문은 '정치적인 이유'로 없던 일이 되었다.[556]

흐루시초프의 방북 취소결정은 북한지도부에 크나 큰 충격을 준 것으로 보인다. 이 결정은 흐루시초프가 비슷한 시기에 동유럽 국가들을 방문했다는 사실과 대비되었으며 사회주의 진영에서 북한이 고립되고 있다는 의미로 받아들여졌다. 여전히 소련은 북한에 커다란 영향력을 행사할 수 있는 몇 안 되는 국가 중 하나였다. 북한지도부는 곧바로 경제정책의 문제점을 수정하는 자리를 마련하였다. 1959년 11월 최고인민회의 제2기 제8차 회의에서 5개년 계획을 결산보고하였던 조선로동당은 1959년 12월 중앙위원회 전원회의에서 그동안의 5개년 계획의 성과를 돌아보고 문제점을 나열하였다.[557] 당 중앙위는 이 회의에서 1960년을 5개년 계획의 완충기로 설정하고 1개년 계획을 실행하기로 했다. 대회기간 동안 김일성은「사회주의 경제 건설에서 제기되는 당면한 몇 가지 과업들에 대하여」라는 연설을 통해 농업경리의 기계화, 경공업 부문에서 원료기지의 창설, 공업에서 노동생산의 능률과 설비 이

555 Report, Embassy of the Hungary in North Korea to the Hungarian Foreign Ministry, 16 December 1959, MOL, XIX–J–1–j Korea, 11. doboz, 24/b, 001660/1960.

556 시모토마이 노부오,『모스크바와 김일성』, p. 269.

557 한편 외무상 남일은 흐루시초프의 방북이 늦어지고 있는 것에 대해 책임을 지고 교통건설담당의 부수상으로 물러났다. 불가리아 대사에서 당국제부장이 된 박성철(朴成哲) 후임으로 결정되었다. AVPRF, Fond 102, Opis 16, Papka 85, Delo 6, Listy 136; 시모토마이 노부오,『모스크바와 김일성』, p. 270.

용률을 높일 것을 촉구했다.[558]

다른 한편으로 김일성은 당 사업에 있어서 현실과 동떨어진 교조주의적 교양사업을 깨뜨리고 맑스-레닌주의의 창조적 적용을 통한 사회주의 건설을 강조하는 등 다시 한 번 '주체'를 강조하였다. 당시 중국의 대북 영향력이 상당히 증가하였음에도 불구하고, 교조주의의 위험을 설파하고 중국의 경험을 적용하지 않겠다는 의지를 피력함으로써 소련을 안심시키려 한 것으로 풀이된다.[559] 이에따라 북한지도부는 1959년 중반 이후에는 자발적인 노력 동원에 집착하기보다 기술인력 도입에 관심을 두기 시작했다. 1960년에 들어서는 농업에서 수입분배를 '노동의 질과 양에 따른 분배'에 기초했다. 김일성은 또한 1961년부터 1965년까지 제2차 5개년 계획을 실행하기로 결정했음에도 불구하고, 1960년 5월 2일 푸자노프 소련대사를 만난 자리에서 소련의 7개년 계획을 의식하여 북한도 곧 7개년 계획에 착수할 예정이며 물질수준의 향상을 기대하고 있다고 밝혔다.[560] 이는 곧 북한의 경제계획이 소련 경

558 "사회주의 경제 건설에서 제기되는 당면한 몇 가지 과업들에 대하여: 조선로동당 중앙 위원회에서 한 결론(1959년 12월 4일)," 『김일성선집 6』(평양: 조선로동당출판사, 1960), pp. 455-529.

559 마침 중국에서는 1950년대 말에서 1960년대 초까지 대약진운동의 강력한 추진으로 말미암아 극심한 기아사태가 발생하였다. 중국의 식량사정 악화로 북한의 곡물조달에도 차질이 생겨 북한의 예상치를 크게 밑도는 등 중국의 경제상황 악화는 북한에도 그대로 전달되었다. 1959년 북한의 식량 생산량도 예상치를 달성하지 못했다. 북한은 500만 톤의 곡물 생산을 계획하였지만 실제 수확량은 1958년 총 생산인 370만 톤 보다 훨씬 적은 320만 톤에 불과하였다. 시모토마이 노부오, 『모스크바와 김일성』, p. 273.

560 AVPRF, Fond 102, Opis 15, Papka 83, Delo 32, Listy 2; 시모토마이 노부오, 『모스크바와 김일성』, p. 275; 김일성은 "우리는 다음해부터 시작되는 새 전망계획을 7개년 계획으로 하기로 하였습니다. 새 전망계획기간을 지금까지 5년으로 하던 것을 7년으로 늘인다고 하여 새 전망계획작성사업을 어렵게 생각할 것은 없

제로부터 매우 큰 영향을 받고 있다는 점을 시사한 것이었다. 동시에 북한이 소련의 경제적 지원이 절실함을 어필한 것이나 마찬가지였다. 이와같이 북한이 경제정책에 있어서 개선의 의지를 보이는 것처럼 비춰지자 소련, 몽고, 미얀마 등지에서 많은 양의 식량을 구입할 수 있게 되었다.[561] 정치적인 측면에서 급상승하였던 중국의 영향력도 다시금 서서히 감소하였다.

경제정책에서 북한지도부의 변화가 감지되자, 김일성은 비로소 흐루시초프를 만나기 위해 모스크바를 방문할 수 있었다. 김일성의 병 치료 목적을 겸한 비공식 소련 방문은 1960년 6월 13일부터 6월 18일까지 계속되었다. 김일성은 6월 14일 김일과 함께 미코얀, 코즈로프(Frol Kozlov), 코시긴(Alexei Kosygin)과 만나 중국 문제에 대한 의견을 교환했다. 김일성은 이때 중·소의 갈등상황에 대해 듣게 되었으며 소련의 입장에 완전히 동의하였다. 그는 소련에 대항하는 중국의 노선을 따르지 않을 것임을 약속하고 마오쩌둥의 접근 또한 거절하겠다고 말한 것으로 알려졌다. 흐루시초프는 북한에 불만을 품고 있던 두 가지 사항, 즉 북한의 경제정책과 한반도 통일문제에 대한 일종의 해결책을 내놓았다. 그는 우선 중국에서 영감을 받은 천리마운동을 포기한다면 소련은 북한에 더 많은 경제적 지원을 할 것이라고 김일성에게 약속했다. 이어 북한이 남한에 유연한 태도를 적용할 필요가 있다며 동독이 서독을 상

습니다."라며 당초 5개년 계획의 수립을 7개년으로 바꾸었음을 암시했다. 김일성은 인민생활을 개선시키기 위한 방법으로 농업의 발전을 강조했다. "7개년 계획작성사업을 잘할 데 대하여: 경제부문 책임일군협의회에서 한 연설(1960년 5월 5일)," 『김일성전집 25』(평양: 조선로동당출판사, 1999), p. 295.

561 Report, Embassy of Hungary in North Korea to the Hungarian Foreign Ministry, 2 July 1960, MOL, XIX-J-1-j Korea, 8. doboz, 5/f, 0029/RT/1960.

대로 구가하는 외교정책에서 교훈을 얻으라고 조언했다. 이에 조선로동당 중앙위 상무위원회는 소련의 제안대로 불균형적인 경제정책들을 자제하고, 한국의 사회주의 대중당을 재정적으로 지원하며 남한 관련 문제를 다루는 특별사무소를 설립하겠다고 약속하였다.[562]

김일성은 그로부터 바로 며칠 후에 열린 루마니아공산당 제3차 대회에서도 소련과 유사한 입장을 견지하는 등 소련의 위성국가와 다름없는 행보를 보였다.[563] 방문기간 동안 김일성은 흐루시초프와 그동안 미루어두었던 사안인 조소우호조약체결에 대해서도 논의한 것으로 알려졌다.[564] 이렇게 되자 동유럽 사회주의 국가들의 북한에 대한 평가도 우호적으로 변화하였다. 소련과 동유럽 사회주의 국가들로서는 특히 중소갈등이 발전하고 있던 시기에 북한에 대한 중국의 영향력이 감소하고 있다는 점은 희소식이 아닐 수 없었다. 헝가리 대사와 체코슬로바키아 대사는 "다른 정치적인 문제들을 고려해볼 때 조선 동지들이 실수를 범하고 있다는 것은 부정할 수가 없다."면서 "그럼에도 불구하고 조선로동당과 북한정부가 취했던 조치들은 옳았다."고 평가했다.[565] 이들

---

562 Memorandum on a Conversation in the Soviet Embassy Comrade Pusanov, GDR Embassy Pyongyang, 8 February 1961, SAPMO-BA, DY 30, Ⅳ 2/20/137.

563 Report, Embassy of the Hungarian People's Republic in the DPRK to the Foreign Ministry of Hungary, 1 March 1961, MOL, XIX-J-1-j-Korea-27/e-0027/1961 13.d. 북한은 8월 12일 『조선중앙통신』을 통해 발표한 이 회의에 대한 공식성명에서 "레닌의 평화원칙에 입각한 소련공산당의 평화우호적인 외교정책을 전폭적으로 지지한다."고 밝혔다. 『조선중앙통신』, 1960년 8월 12일.

564 시모토마이 노부오, 『모스크바와 김일성』, pp. 277-278.

565 동시에 양국의 대사들은 "북한 동지들이 한반도의 평화적 통일에 전보다 더 큰 중요성을 두고 있을 뿐만 아니라 이를 자주 언급하고 있으며 더 이상 조선문제를 국제관계에서 중심으로 두려고 노력하지도 않는 듯하다."고 긍정적으로 평가했다. 다만 북한은 여전히 자급자족을 강력히 추구하고 있다고 지적하였다.

은 북한이 소련의 진영에 잔류를 결정하였다고 해석했다. 체코슬로바키아대사 코후세크는 1960년 6월 김일성의 모스크바 방문을 떠올리며 "(소련공산당과 조선로동당의) 협상의 주요 초점은 경제가 아닌 정치문제에 맞춰져 있었다.…김일성이 중국을 방문하기에 앞서 모스크바를 방문하였다는 사실을 간과할 수 없다."며 북한이 중국보다는 소련과 더욱 가까운 사이임을 은연중에 내비쳤다. 그는 특히 모스크바에서의 회담이 북한의 정치와 당 생활에 전환점이 될 것이라고 보고, 북한이 국내외 문제에 있어서 소련과 일치된 견해를 갖고 있다고 평가하였다.[566]

### (2) 중립외교의 실체

그러나 북한의 행동이 일관되지 않았다는 사실은 얼마 지나지 않아 발각되었다. 사회주의 형제당들은 김일성이 중국을 멀리하고 소련과 가깝게 지내려는 태도에 의문을 가졌다. 김일성이 1960년 6월 흐루시초프를 방문하였던 목적은 소련의 대외정책과 경제정책에 깊이 공감하고 양당의 우의를 확인하기 위함이 아니었기 때문이다.

김일성은 전후 북한이 소련에 진 부채를 탕감하기 위해 흐루시초프를 만나야만 했다. 북한이 소련에 상환해야 할 빚은 7~8억 루블 정도로 알려졌으나, 이자를 비롯하여 북한이든 소련이든 정확한 액수를 기억하는 쪽은 아무도 없었다. 이런 상황에서 북한은 전쟁 전 대출금

---

Report, Embassy of Hungary in North Korea to the Hungarian Foreign Ministry, 2 July 1960, MOL, XIX–J–1–j Korea, 8. doboz, 5/f, 0029/RT/1960.

566 *Ibid.*

액인 1억 3천만 루블에 대해서만 상환할 의지가 있었던 것으로 알려졌다.[567] 소련은 상당한 액수의 부채들을 탕감해줬을 뿐만 아니라 일부 금액들에 대해서는 상환기한을 연기해 주기까지 했다. 이것은 1960년 4월 이후로 중소분쟁이 공론화되자 북한이 중국의 편에 설 것을 우려하여 일종의 특혜를 준 것이나 마찬가지였다. 이 밖에도 북한은 소련에 10만 톤의 밀과 1만 톤의 원면, 2백만 톤의 원유를 1961년부터 시작할 7개년 계획 기간 동안의 초기 5년 간 제공해줄 것을 요청했으며, 정유공장 건설을 위한 기술적인 도움과 공장의 설립에 필요한 장비들의 제공을 요청하였다.[568]

다소 무리한 부탁임에도 불구하고 흐루시초프는 가능한 북한의 모든 요구를 수용하려는 의지를 내비쳤다. 원조야말로 북한을 소련의 곁에 묶어둘 수 있는 최고의 수단이었다. 흐루시초프는 코시긴을 통해 북한을 최대한 도와줄 것을 약속했는데 심지어 소련조차 수입해야 하는 면화 같은 품목들에 대해서도 북한에 지원하려 했을 정도였다.[569] 북한

567 Document No. 22, Message with Record of Conversation involving Czechoslovak Ambassador in DPRK and USSR Ambassador, July 1960, North Korea International Documentation Project, in James Person, ed., *New Evidence on North Korea*, June 2010.

568 이 회담에서 흐루시초프는 8월이나 9월에 북한을 방문하겠다고 밝혔다. 또한 7개년 계획과 관련해서, 대중들 사이에 큰 영향력을 발휘하기 위해서는 5개년 계획보다 목표를 더 높이 잡는 것이 바람직하다고 충고하였다. Report, Embassy of Hungary in North Korea to the Hungarian Foreign Ministry, 2 July 1960, MOL, XIX–J–1–j Korea, 8. doboz, 5/f, 0029/RT/1960. 이외에도 북한은 1960년 소련에 21만~22만 톤의 곡물을 요청하였으며 1960년 초 55만 톤의 곡물이 부족하다고 상정하고, 김일 등 북한 대표가 소련 측에 9만 톤의 협력 지원에 더하여 5만 톤의 곡물을 추가적으로 지원해줄 것을 요청했다. 시모토마이 노부오, 『모스크바와 김일성』, p. 273.

569 Report, Embassy of Hungary in North Korea to the Hungarian Foreign Ministry, 2

은 이처럼 외채탕감과 기술지원 등 소련으로부터 상당한 경제 원조를 받을 수 있었다. 소련의 적극적인 원조는 중국이 때마침 극심한 기근에 시달리면서도 소련에 부채를 상환하기 위해 많은 노력을 기울였던 것과는 상당히 대조적이었다.[570]

북한에 만족할 만한 수준의 경제적 지원을 약속하고 난 다음에야 흐루시초프는 비로소 자신이 정말 하고 싶은 말을 김일성에게 꺼낼 수 있었다. 흐루시초프는 김일성에게 "중국 동지들과 소련지도부가 견해 차이가 있는데, 중국 동지들의 접근방법은 종파정치와 닮아 있다."며 중국지도부를 비판했다.[571] 김일성 지도부는 수차례에 걸쳐 자신들은 소련공산당의 입장을 완전히 지지한다고 밝혔다. 김일성은 또한 베이징에서 열린 제11차 세계노동조합연맹(WFTU)에서 북한대표단이 저지른 과오에 대해 사과했다. 김일성과 북한대표단은 당시 자신들이 경험이 부족하였으며 무엇이 문제인지 잘 알지 못하고 있었다고 말했다.

김일성은 『로동신문』에 문제의 논문 『레닌주의 만세!』를 싣도록 지시하였던 점에 대해서도 해명했다.[572] 그는 자신의 지시로 이 사설이 게

---

July 1960, MOL, XIX-J-1-j Korea, 8. doboz, 5/f, 0029/RT/1960.

570 Dali Yang, *Calamity and Reform in China: State, Rural Society, and Institutional Change Since the Great Leap Famine* (Stanford, CA: Stanford University Press, 1996), pp. 65-66.

571 김일성을 자신의 편으로 끌어들이기 위한 소련의 노력은 눈물겨운 것이었다. 소련공산당의 간부들은 김일성에게 '8월 종파사건'의 진상을 알리면서 김일성의 해임을 실제 주도한 것이 중국이었음을 강조하였다. 1956년 9월에 8월 전원회의의 결과를 번복시키기 위해 방북한 적이 있었던 미코얀은 조선로동당에 개입하였던 이후로 베이징에 가서 펑더화이 등과 회견하였던 내용을 기록한 자료 등을 건넸다. 시모토마이 노부오, 『모스크바와 김일성』, p. 277.

572 『레닌주의 만세!』는 『로동신문』 5-7면에 전면 게재되었으며 말머리에 당원들의 맑스-레닌주의 학습의 참고자료로써 전문을 번역하여 게재하게 되었다고 이유

재되었다는 사실을 부정하지 않았다. 김일성은 그러나 사설을 게재하게 된 경위를 "(사설이) 수정주의를 강하게 비난하고 있기 때문"이라며 누군가를 비판하려는 숨은 의도가 존재한 것이 아니라 수정주의에 반대하는 순수한 의도였음을 부각시켰다. 마침 한동안 북한 언론에서 수정주의에 대한 언급이 없었던 터에 『레닌주의 만세!』에 수정주의를 다룬 부분이 잘 정리되어 있었다고 느껴 이를 출판하기로 결정하였을 뿐이라고 설명했다.[573] 그것이 실제로 소련에 대한 비판을 가장한 것이라고는 알지 못했다고 극구 부인한 것은 물론이었다.

변명을 마친 김일성은 소련의 지도자를 안심시키기 위한 방법으로 교묘하게 중국을 비판했다. 김일성은 조선로동당 내에 존재하는 종파와 관련한 자료들을 흐루시초프 앞에 보였으며, 이들이 중국 동지들에 의해 조직된 것이며 중국으로부터 지원을 받아 김일성에 대항하려 한다고 주장하였다.[574] 김일성의 맹렬한 중국 비난에 소련지도부는 중소분쟁에서 북한이 소련의 편이라는 강한 믿음을 가졌다.

그런데 때마침 김일성이 1960년 6월 모스크바를 방문하기 전인 5월 19일 베이징을 비공식적으로 방문했다는 사실이 알려졌다. 김일성의 방중내용은 자세히 알려진 바가 없다. 그러나 7월 말, 방학세 내상

를 밝히고 있다. 『로동신문』, 1960년 4월 25일.

573 Report, Embassy of the Hungarian People's Republic in the DPRK to the Foreign Ministry of Hungary, 1 March 1961, MOL, XIX-J-1-j-Korea-27/e-0027/1961 13.d.

574 Document No. 22, Message with Record of Conversation involving Czechoslovak Ambassador in DPRK and USSR Ambassador, July 1960, North Korea International Documentation Project, in James Person, ed., *New Evidence on North Korea*, June 2010.

에 따르면 김일성은 중국 측으로부터 상당한 대접을 받았으며 방문 결과에 대해 흡족해한 것으로 알려졌다. 이후 김일성은 조선로동당 상무위원회에서 "조·중 사이에는 합의나 해결되지 않은 문제가 없다."고 발언했으며, 중국과의 전통적 우호관계를 강조하고 향후의 문제들도 양국이 충분히 상의하여 결정할 것임을 표명한 것으로 알려졌다.[575]

소련과 소련을 지지하는 동유럽 사회주의 국가들은 김일성이 흐루시초프보다 마오쩌둥을 앞서 만났다는 사실에 크게 실망하였다. 1960년 8월, 슈나이데빈트(Kurt Shneidewind) 동독 대사는 김일성이 지난 5월 베이징을 먼저 방문하였음에도 흐루시초프 앞에서 마오쩌둥을 비난하고 소련의 편에 설 것을 약속함으로써 경제원조를 받아내는 데 성공하였다고 비난하였다. 그는 "소련 동지들은 지나치게 낙관적이다. 북한 공산주의자들이 저지르고 있는 경제적·정치적 실수들이 야기하는 문제점들을 축소시키고 있다."고 경고했다.[576] 그럼에도 불구하고 소련은 김일성과 북한이 소련과 소련공산당을 지지하고 있음을 믿어 의심치 않았다. 다만 김일성이 완전히 소련공산당의 입장을 지지하고 있음에도 "그의 주변에 있는 많은 관료들이 중국 동지들의 영향력 하에 있다."며 우려하였을 뿐이다. 심지어 "소련 동지들은 북한을 형제적인 태도로 도와줄 생각"이라고 하였을 정도로 북한지도부에 대한 신뢰를 보냈다. 마침 김일성은 1960년 8월 15일, 해방 15주년 기념 연설에서 드물게 소련의 평화공존 정책을 긍정적으로 평가하였다. 이러한 연설이 중소분

575 시모토마이 노부오, 『모스크바와 김일성』, p. 276.

576 Memorandum on a Conversation in the Soviet Embassy Comrade Pusanov, GDR Embassy Pyongyang, 8 February 1961, SAPMO-BA, DY 30, Ⅳ 2/20/137.

쟁에서 북한의 입장에 대한 소련의 판단을 흐리는데 기여했을 것으로 보인다.[577]

사실 중·소와의 관계에서 북한의 이중적인 태도는 사회주의 진영 내에서 약소국의 생존전략으로서 어찌보면 당연한 것이었다. 중소갈등은 북한과 같은 사회주의 진영의 작은 국가들에게는 생존에 영향을 미칠 정도로 매우 중대한 사건이었으며, 지리적으로 또는 역사적으로 중·소와 밀접한 관계에 있는 북한의 입장에서는 더더욱 그러했다. 진영 내 대부분의 동유럽 국가들이 큰 고민 없이 소련을 지지했지만 북한은 사회주의 건설에 지대한 공헌을 한 소련과 한국전쟁에서 많은 희생을 치르며 북한을 궤멸상황에서 구해준 중국 사이에서 끊임없이 갈등했다. 한때 북한은 진영의 분열이 국익에 전혀 도움이 되지 않는다고 판단하고 중립적인 위치에서 소련과 중국의 중재를 시도하기도 하였다. 조선로동당 평양시당 위원장인 리효순(李孝淳)은 1960년 11월 모스크바 회의의 개최 한 달 전에 소집된 편집위원회(Editorial Committee)에서 중·소 양 공산당이 받아들일 수 있는 중재안을 찾기 위해 노력하였다. 그러나 흐루시초프는 이 같은 노력에 대해 자신의 고집을 꺾으려 하기보다 중국을 설득하는 편이 나을 것이라고 응수하였다.[578]

북한은 이처럼 중소갈등에 민감하게 반응하면서 표면적으로는 중립적 입장을 고집하고 있었으나, 실제로는 몇 가지 정책이나 이데올로

577 "조선인민의 민족적명절 8·15해방 15돐 경축대회에서 한 보고(1960년 8월 15일)," 『김일성전집 25』(평양: 조선로동당출판사, 1999), p. 415.

578 Report, Embassy of the Hungarian People's Republic in the DPRK to the Foreign Ministry of Hungary, 1 March 1961, MOL, XIX-J-1-j-Korea-27/e-0027/1961 13.d.

기 측면에서 중국에 상당 부분 공감하였다.[579] 북한이 중국의 견해에 동조했던 이유는 무엇보다 북한의 이해관계와 밀접한 관련이 있었기 때문이다. 중국은 소련과 반목하고 있던 알바니아와 친밀한 관계에 있었으며 소련의 알바니아 비판에 맞서 함께 항의하였다.[580] 북한 역시 자신과 유사한 작은 사회주의 국가들의 상황에 깊은 공감을 표시하고 개별 국가의 정책에 소련의 영향력이 지나치게 커지는 것을 경계하였다. 김일성은 알바니아의 입장에 대해 일종의 동병상련을 느끼고 지지의사를 표명했다. 북한정부의 기관지인『민주조선』은 당시 소련에 대한 비판을 강력하게 전개하고 있던 알바니아에 대해 우호적인 기사를 실었으며, "우리 두 국가는 공통된 이념과 목적을 가지고 있기 때문에 마치 친형제처럼 매우 친근한 사이이며, 이 세상의 어떠한 세력도 조선과 알바니아 인민들 간의 절대적인 우의와 결속을 깨드릴 수 없다."고 강조하였다.[581] 같은 시기 당중앙 기관지인『로동신문』의 사설에서도 알바니아를 지지하는 내용들이 눈에 띄었다. 11월 29일자에 실린 알바니아 해방 16주년 기념 사설은 알바니아가 맑스-레닌주의의 순결성을 지키고 현대수정주의자들을 반대하고 있다며 높이 평가하였다. 이듬해인 1961년 2월에도『로동신문』은 알바니아 노동당 제4차 대회에서 현대수정주의를 강력히 비판한 호자의 연설을 한 면에 간추려 실었다.[582]

579 「맑스-레닌주의 위업의 승리를 위하여」라는 제목의 11월 23일자『로동신문』사설은 맑스-레닌주의의 창조적 적용을 강조하고 교조주의와 수정주의를 모두 비판하고 있으나 현대 수정주의에 대한 비판이 주를 이루고 있다. 이데올로기적인 측면에서 북한은 교조주의보다 수정주의가 더 위험하다고 판단한 것으로 보인다.

580 알바니아와 소련은 1961년 12월 단교한다.

581『민주조선』, 1960년 11월 29일.

582『로동신문』, 1961년 2월 21일.

그러나 알바니아에 대한 북한의 호의적 태도가 곧 소련에 대한 직접적인 공격이나 중국으로의 편승을 의미한 것은 아니었다. 알바니아에 대한 정치적 동조는 자주를 고수하려는 북한 정권의 의지의 표현이라고 할 수 있었다. 김일성은 알바니아에 대한 소련의 강압에 대해 작은 공산주의 국가들에 대한 내정간섭이며 그들의 국가이익을 소련의 국가이익에 종속시키려는 시도로 간주하였다. 북한은 이데올로기적으로는 중국의 입장에 공감했으나 소련으로부터 취할 수 있는 국가이익까지 무시하면서 중국에 편승하려 하지는 않았다. 북중관계가 역사적으로 특수한 성격을 지니는 소위 '혈맹'이기 때문에 북한이 중소분쟁의 초기부터 중국을 지지한 것은 아니었다.

실제로 북중관계는 조소관계, 중소관계처럼 긴장과 화합을 반복해 왔으며 북한은 대외관계에 있어서 궁극적으로 자국에 이익이 되는 방법들을 취해 왔다. 소련에 비해 물질적 유인이 턱없이 부족했던 중국은 북한을 포섭하는 데 실패했다.[583] 북한은 1960년 동안 30만 톤의 곡물을 소련으로부터 지원받았던 반면, 기근에 시달리고 있던 중국으로부터는 원래 지급 받기로 했던 석탄은 물론 식량 또한 제공받지 못했다. 따라서 소련의 정치·경제적 영향력이 자연스럽게 상승했다. 급기야 1960년 10월 13일, 중국이 북한에 1961년부터 1964년까지 총 4억 2천만 루블의 장기차관을 제공하기로 했음에도 북한은 중국의 편에 서

583 1960년 5월 김일성의 베이징 비밀 방문도 중국이 북한을 견인하기 위한 전략의 하나였다. 김일성은 후에 흐루시초프에게 자신이 6월 모스크바를 방문하기 전에 베이징을 방문하였음을 털어놓았다. Report, Embassy of the Hungarian People's Republic to the Ministry of Foreign Affairs of Hungary, 16 March 1961, MOL, XIX-J-1-j-Korea-5/ca-003645/1961 5.d.

지 않았다.[584]

북한이 원하는 시나리오는 중·소의 화해와 사회주의 진영의 단결, 그로부터의 북한의 자주적 행동영역의 확장과 국가이익의 보장이었다. 그러나 중·소 화해의 가능성은 점차 소멸하고 있었으므로 북한은 중소분쟁에서 중립을 지키는 동시에 독자적인 노선 마련에 골몰하였다. 김일성 지도부는 내부적으로 주민들과 관료들을 단속하여 중소갈등의 영향이 국내에 미치지 않도록 하고 김일성 유일지배체제를 확립하는 한편, 외부적으로는 중소분쟁에서 중립을 확고히 하고 외교채널을 다양화하여 그 당시 급증하고 있던 제3세계 신생독립국가들과 관계를 수립하고자 했다.

우선 북한은 중소분쟁에서 정치적 중립을 유지한다는 이유로 인민들이 중소분쟁의 영향에 노출되는 것을 막기 위해 내부단속을 단행했다. 그러한 방법의 일환으로 사대주의에 대한 비판, 민족주의의 강화와 자주적 태도는 점차 강조되었다. 1960년 10월, 조선로동당 중앙위 상임위원회는 사대주의를 비난하고 외국의 경험을 기계적으로 수용하는 것을 비판하는 결의안을 통과시켰다. 11월 중순 경에는 당의 간부 중 한 명이 당활동에 있어서 사대주의를 주제로 강연하였다. 강연은 허가이와 박창옥이 소련산 물건의 품질에 대해 비판하는 사람들은 누구든

584 1961년 10월, 북한과 중국은 1967년까지 계약을 연기하기로 약속한다. Hungarian Embassy to the DPRK, Report, 16 March 1961, KTS, 5. doboz, 5/bc, 0030/RT/1961; Branch Office of the Hungarian Ministry of Foreign Trade in P'yŏngyang, Annual Report, 1963, KTS, 11. doboz, 24/b, 002086/1963. 이외에도 중국은 북한에 다이아몬드 공장, 무선 기계 공장, 일부 일용 필수품을 생산하는 경공업 공장 등 기업소, 공장 건설을 협조하기로 하였다. 『조선중앙년감 1961』(평양: 조선중앙통신사, 1961), p. 126.

간에 "반(反)소련주의자"라고 비판했으며, 한국전쟁 기간 동안에는 박일우, 최창익, 윤공흠 등의 인물로 대표되는 친(親)중국 성향의 사대주의가 나타났다는 것을 담고 있었다. 뿐만 아니라 1956년 9월 미코얀과 펑더화이는 탈당조치 된 "종파주의자"들을 당으로 다시 받아들이도록 지시했으나 결국 이들 형제당들도 그들의 개입에 대해 자아비판을 했다고 강조했다.[585]

개별 대사관들과 북한 유학생들의 연락을 차단하는 것도 내부단속 방법 중 하나였다. 1960년 8월 2일, 북한 외무성은 외교 인력들에게 주재 대사관들의 경비를 담당하는 군인들로 하여금 대사관 관계자들과 선약이 있는 사람이나 대사관 근무자들을 제외하고 모든 방문을 차단하도록 지시하였다.[586] 북한으로 돌아온 유학생들은 자신이 유학하고 돌아온 국가의 문학작품조차 읽을 수 없었다. 평양주재 동유럽 대사관에서는 북한 당국이 조선인 피고용인들을 다양한 구실로 소환하고 있으며, 대사관에서 임무를 성실히 수행하는 북한 직원들에 대해 "정치적으로 신뢰할 수 없음"이란 이유를 붙여 해고한다고 불평하였다.[587]

또한 북한은 대외적으로는 사회주의 국가·당 회의에서 중국과 소련, 그 어느 쪽도 지지하지 않기로 결정함으로써 철저한 중립의 자세를

585 Hungarian Embassy to the DPRK, Report, 28 November 1960, KTS, 13. doboz, 27/a, 002481/1961.

586 이러한 방침은 동유럽대사관에 특별히 강력하게 적용되었다. 반면 중국이나 소련의 대사관은 각자 자국의 정문 수위가 있었으므로 북한의 방침이 적용되지 않았다. Szalontai, *Kim Il Sung in the Khrushchev Era*, p. 161.

587 북한 당국은 수시로 대사관에 들러 북한 고용자들의 신분을 확인하곤 하였다. Hungarian Embassy to the DPRK, Report, 8 December 1960, KTS, 5. doboz, 5/ca, 001/RT/1961.

고수하였다. 김일성은 1960년 11월 모스크바 회의가 이 같은 선택을 종용할 것이라고 예감하고 회의에 참석하지 않았다. 앞서 중국은 10월 23일 중국지원군 참전 10주년 기념행사를 위해 이례적으로 대규모 고위군사친선사절단을 파견하였다. 사절단의 대표로 참석한 정치위원 허룽(賀龍)은 양국관계가 혈맹임을 강조하고 현대수정주의자들이 중국을 고립시켜 양국을 이간질하고 있다고 주장함으로써 북한의 지지를 얻으려 했다.[588] 그러나 북한지도부는 11월 모스크바 회의에서 중국을 지지하여줄 것을 부탁하는 노골적인 요구에 응하지 않았다.[589] 김일을 단장으로 한 북한대표단은 모스크바 회의에서 소련과 중국, 소련과 알바니아 사이에서 논쟁이 격렬히 벌어지는 와중에도 어느 한 편에 완전히 서기를 거부하였다.[590] 이들은 소련공산당의 평화공존 원칙에 거부감을 표명하지 않았으나, 중국이 제기한 평화공존 5개 원칙과 반둥회의에서 채택된 원칙들 역시 평화에 부합하는 것으로 간주하였다. 당 중앙위는 12월 말이 되어서야 모스크바 회의 결과에 대한 결의안을 채택하였는데, 이 결의안은 제국주의와의 투쟁을 강조하고 교조주의와 수정주의 모두를 비판함으로써 회의에 대한 북한의 입장이 중립임을 암시하였

588 『로동신문』, 1960년 10월 23일.

589 Report, Embassy of the Hungarian People's Republic to the Ministry of Foreign Affairs of Hungary, 16 March 1961, MOL, XIX-J-1-j-Korea-5/ca-003645/1961 5.d. 중국 국무원 부총리 허룽을 단장으로 하는 군사대표단이 북한을 방문한 것으로 알려졌다. 앞서 체결된 협정에 의한 차관이 약속된 시기에 적절히 제공되지 않았기 때문에 북한은 중국을 지지하지 않은 것으로 추정되었다. Report, Embassy of the GDR in the DPRK to the Foreign Policy and International Department of the Socialist Unity Party, GDR, 14 March 1961, SAPMO-BA, Dy 30, Ⅳ 2/20/137.

590 "공산당 및 로동당 대표들의 회의의 성명," 『근로자』, 제12호(1960), pp. 12-17.

다.[591]

북한은 한편으로 아시아·아프리카의 식민지 해방국가들과의 교류를 통해 자주적인 외교활동을 펼치려 하였다. 북한은 기존에 긴밀한 연계를 맺고 있던 국가들과의 관계에서는 거리를 두면서 제3세계와의 외교에 많은 관심을 기울이기 시작했다.[592] 특히 식민지 국가들의 교류를 통해 민족해방운동을 지지하면서 점차 반제통일전선(反帝統一戰線)의 형성에 관심을 기울이게 되었다. 1958년에 들어와서 북한은 사회주의 진영을 벗어나 처음으로 10월 8일 기니와 외교관계를 수립하였다. 구체적인 외교나 경제교류의 흔적은 없었으며 북한은 기니 이외 다른 아프리카 국가들과의 교류 역시 전혀 없었다.[593] 그나마 기니의 수도인 코나크리(Conakry)에 군사대표단을 한 번 보낸 것이 전부였다. 그러나 북한은 "아프리카 사람들의 제국주의와 식민주의에 대항하는 투쟁을 지지하며 미 제국주의와 이승만 정권 같은 위성국가들의 실체를 드러나게 하기 위해 노력을 다하고 있다."며 제3세계 신생국가들에 대한 지지가 일시적인 것이 아니며 이들과 계속적인 교류 의사가 있음을 내비쳤

---

591 『로동신문』, 1960년 12월 24일.

592 제3세계 국가들에 대한 접촉은 1955년에 최초로 이루어졌다. 1955년 10월 인도 기자 일행이 북한을 방문한 데 이어 1956년 6월과 8월에는 2차에 걸쳐 인도 기자단이 북한을 방문한 것이 시초였다. 정규섭, 『북한외교의 어제와 오늘』 (서울: 일신사, 1997), p. 50.

593 『조선중앙년감』 자료들을 통해 확인된 북한의 제3세계 국가들과 교류와 접촉은 다음과 같다. 아시아·아프리카 국가들에 대한 북한 대표단의 방문은 1956년에 4차 13명, 1957년도에 9차 39명이었고 아시아, 아프리카, 일본의 각계 대표 296명이 1957년 북한을 방문하였다. 북한은 미얀마, 인도, 인도네시아와 무역협정 체결을 비롯하여 24건에 달하는 협정, 커뮤니케, 합의서를 조인한 것으로 알려졌다. 정규섭, 『북한외교의 어제와 오늘』, p. 51.

다.[594] 1960년에는 벨카셈(Krim Belkassem)을 대표로 하는 알제리 외교단의 방북이 있었다. 알제리 대표단은 특히 북한의 군사문제에 깊은 관심을 표명했다.[595]

그러나 북한의 경제적 수준이나 국제사회에서의 위치는 독자적인 외교관계망을 형성하기에 부족하였으며, 제3세계 국가들과의 새로운 관계수립은 표면적인 수준에 그치는 경우가 대부분이었다.

594 Report, Embassy of the Hungarian People's Republic in the DPRK to the Foreign Ministry of Hungary, 20 May 1960, MOL, XIX-J-1-j-Korea-5/b-004817/1960 4.d.

595 *Ibid.* 이들은 북한의 조국해방전쟁승리기념관 및 군사학교를 방문하고 북한이 미제국주의와 맞서 싸운 것에 고무되었음을 밝혔다. 알제리 대표단은 "프랑스 식민주의자들을 쫓아낸 후, 조선인들이 그랬던 것과 같이 알제리 인민들도 똑같이 행동할 것"이라며 알제리인들이 독립을 쟁취하는 데 북한으로부터 얻은 영감이 많았음을 시사했다.

제3절

# 한반도 정세변화와 대중·소 균형외교

## 1. 안보위협 인식의 변화: 대남 평화공세와 5·16

### (1) '자주'의 외연 확장: 대남 평화공세의 수단

1950년대 후반, 북한의 빠른 경제적 성장은 북한에 의한 한반도 통일에 대한 기대감을 높였다. 경제성장을 추동하는 과정에서 많은 부분을 소련과 중국 및 사회주의 국가들에 의지했으나, 김일성 지도부는 단기간에 이룬 급격한 경제성장의 공로를자신들에게 돌렸다. 북한의 경제 규모와 경제성장률은 남한과 비교하였을 때 북한지도부에 커다란 만족감을 주었으며, 북한에 의한 한반도 통일의 가능성이 높아지고 있다는 믿음을 심어주기에 충분하였다.[596]

596 북한은 빠른 경제성장을 거듭하여 1959년의 수출이 1953년의 271%에 달했던

1959년, 북한지도부는 통일을 위한 또 다른 시도를 계획하고 있었다. 자급자족 능력을 중요시하였던 북한은 미국의 경제지원 없이 남한 정권은 오래가지 못할 것이라고 예측했다. 북한지도부는 정치적으로도 남한 내 이승만 정권의 인기하락과 야당의 영향력 상승을 한국 정부의 붕괴조짐으로 간주하였다. 이러한 상황에서 북한지도부의 통일에 대한 기대감은 전후 어느 때보다도 높았다.[597] 이들은 종종 한반도 재통일의 가능성을 타진함으로써 이를 완전히 배제하고 있던 소련과 동유럽 국가들의 지도부를 당혹스럽게 했다. 소련의 세계전략은 여전히 유럽에 초점이 맞추어져 있었고, 소련지도부는 한반도에서 현상유지 정책을 선호하였다.

따라서 소련의 입장에서는 한반도에서 전쟁이 발발한지 10년이 채 지나지 않은 시점에 통일논의를 재개하고 싶다는 북한의 바람이 불편하게 다가왔다. 1959년 8월 20일, 내각 부수상 리주연(李周淵)은 소련 대사대리인 펠리셴코(V. I. Pelishenko)에게 한반도 통일의 적절한 시기

---

반면 남한은 1953~1957년 동안 평균 5%의 성장이라는 수치상의 성적과는 달리 1958년에는 일종의 스테그플레이션 상태에 들어가 있었으며 1953~1960년의 기간 동안 수입은 증가하는데 비해 수출은 정체되어 있었다. Branch Office of the Hungarian Ministry of Foreign Trade in P'yŏngyang, Study, June 1962, KTS, 11. doboz, 24/b, 007195/1962. 25/b.; Anne O. Krueger, *The Developmental Role of the Foreign Sector and Aid* (Cambridge: Council on East Asian Studies, Harvard University, 1979), pp. 41–42. 57–61, 80–81.

597 김일성을 비롯한 북한지도부는 지나치게 낙관적이었다. 미군은 여전히 남한에 주둔하고 있었고 1958년 10월 중국군이 북한에서 모두 철수하였음에도 불구하고 자신들은 한반도에서 철수하지 않을 것임을 분명히 했다. 또한 1958년 남한에서 야당이 34.2%의 득표(1954년에는 7.9%)를 하여 원내 총 석의 1/3을 차지하였다는 점은 이전보다 야당의 영향력이 상승한 것으로 받아들일 수 있다. 그렇지만 당시 국회의 영향력이 행정부에 비해 매우 약했다는 점을 고려하여 본다면, 이승만의 독재 정치구조를 약화시키거나 변화시킬 수 있을 정도는 아니었다.

가 언제인지에 관하여 물었다. 리주연의 돌발적인 질문에 펠리셴코는 놀라지 않을 수 없었다. 그러나 펠리셴코는 특정 시기를 직접적으로 언급하는 대신 "역사적으로 단기간"에 한반도의 평화통일이 이루어질 것으로 예상한다고 답했다. 그는 이어 "그것이 오늘 통일된다거나 내일 통일되거나 내년 혹은 향후 몇 년 이후에 된다는 것이 아니라 사회주의 사상의 전 세계적 승리 과정에서 일어날 것"이라고 추가 설명함으로써 리주연의 이해를 도왔다.[598]

이와 같은 한반도 통일에 대한 소련지도부의 무관심은 북한지도부에 두 가지 인상을 남겼다. 첫째는 조선반도 분단의 책임은 소련에 있다는 것이었으며, 둘째는 그러므로 한반도의 통일은 조선인들 스스로 해결해야 하는 과제라는 믿음을 심어준 것이었다. 1959년 10월 27일, 최고인민회의는 조선문제를 조선인민들의 손으로 해결해야 한다는 다짐 하에 통일문제를 세계에서 가장 중요한 국제문제로 선언하는 결의안을 통과시켰다.[599] 김일성은 북한의 최고인민회의 제2기 제6차 회의(1959년 10월 26~28일)에서도 조선의 평화통일에 대한 문제를 의제로 상정하였다.[600]

598 Report, Embassy of Hungary in North Korea to the Hungarian Foreign Ministry, 10 September 1959, MOL, XIX-J-1-j Korea, 7. doboz, 5/f, 006029/1959.

599 결의 내용은 "세계 각국 국회들에 보내는 조선민주주의인민공화국 최고인민회의 서한," 『조선중앙년감 1960』 (평양: 조선중앙통신사, 1960), pp. 125-127; 국토통일원, 『북한최고인민회의자료집 2』, pp. 493-496.

600 본 회의에서는 조국평화통일안에 관한 결정서를 채택하고 교육체계의 전반적 개편을 논제로 삼았다. 최고인민회의는 남한의 어려운 경제상황, 재일동포들의 귀환, 흐루시초프의 미국 방문을 통해 형성된 국제적인 평화 애호 분위기 등을 이유로 들어 남북 평화통일과 단일 민주주의 국가 창건의 시점이 무르익었음을 강조했다.

북한지도부는 지금이야말로 통일을 논하기에 가장 적절한 시기라고 판단하였다. 김일성은 통일계획의 당위성을 당시의 국제정세에서 찾았다. 북한지도부 역시 현재 세계 인민들은 평화를 바라고 있으며, 사회주의 국가들과 평화애호인민들은 북한이 통일 논의를 촉구하는 데 긍정적으로 반응하였다고 믿었다.[601] 심지어 이들은 1959년 말, 미국인들이 남북경계선 후방에 전보다 많은 군인들을 배치하고 있지만, 이듬해에는 더 이상 미국의 도발을 보지 않아도 될 것이라고 확신하기 시작했다.[602] 1960년에 들어서도 북한지도부의 낙관적 기대는 이어졌다. 해외에 주재하는 북한 외교관들은 각국의 외교기관에 북한이 곧 한반도를 통일시킬 수 있을 것이라고 주장하였다.[603]

이렇듯 조선로동당 지도부에서 통일에 대한 낙관적 기대가 팽배하여 있던 시점에 이들의 이목을 끌 만한 사건이 발생했다. 1960년 4월 19일, 남한에서는 부패하고 폭압적인 지배를 계속하던 이승만 정권에 대항하여 학생과 시민들을 중심으로 반독재 민주주의 운동이 일어났다. '4·19 혁명'은 동년 2월 28일 부정선거에 항의하여 시작되어 점차 대구, 마산, 서울 등 남한 전역에서 반정부 시위로 확대 발전하였다. 북한은 남한에서 벌어지고 있는 격렬한 정치적 변동을 주의 깊게 지켜보

601 Report, Embassy of the Hungarian People's Republic in the DPRK to the Ministry of Foreign Affairs of Hungary, 19 November 1959, MOL, XIX–J–1–j–Korea–5/c–006836/1959 6.d.

602 Report, Embassy of Hungary in North Korea to the Hungarian Foreign Ministry, 16 December 1959, MOL, XIX–J–1–j Korea, 7. doboz, 5/f, 001711/1/1960. 마침 중립국위원회의 폴란드대표가 밝힌 상황은 미국인들은 현재 판문점 근처에서 아무런 일도 벌이지 않았으며 전선은 매우 조용하다는 것이었다.

603 Hungarian Foreign Ministry, Memorandum, 6 February 1960, KTS, 3. doboz, 4/af, 00210/3/1960.

고 있었다. 조선로동당은 국군과 경찰이 시위자들을 지지하지 않고 있다는 이유를 들어 남한의 상황이 군사적인 폭동으로 발전할 가능성에 대해 회의적인 반응을 보였다. 다만 미국인들조차 이승만의 잔혹한 통치에 불만을 갖고 있으므로 그가 곧 하야할 것이라고 예상했다.[604] 북한의 예상대로, 미국은 이승만의 폭력적인 통제를 지지해주지 않았고 그로부터 불과 6일 후인 4월 27일, 이승만은 12년의 독재정치를 끝내고 하야했다.

남한 정세가 혼란 속에 빠지자, 북한지도부는 이 상황을 어떻게 하면 북한에 유리한 국면으로 전환시킬 수 있을지 고민했다. 우선적으로 떠오른 방법은 한국 여론에 북한에 대한 긍정적인 인상을 심어줌으로써 남한주민의 호감을 사는 것이었다. 남한 내 '민족주의의 강조'와 '반미주의의 고양'은 가장 효과적인 방법으로 간주되었다. 북한지도부는 값싸고 풍부한 미제 상품들을 선호하는 남한 사람들의 관심을 북한으로 돌리기 위해 경공업 생산을 발전시켜야 한다고 주장하기 시작했다. 1960년 5월, 평양 소재의 직물공장에서 일하는 노동자들은 남한 인민들의 투쟁을 지원하기 위해 한 달에 한 번씩은 일요일에도 근무해야만 했다.[605] 또한 조선로동당은 '4·19 혁명' 이후로는 민족주의적 선전을

604 1960년 4월 21일자 『로동신문』은 4월 20일 이승만 정권을 규탄하고 남한 주민들의 투쟁을 지지 성원하는 평양시 군중대회 및 군중 시위에 대해 보도하였다. 동 군중대회에서 조선로동당 중앙위 상무위원회 위원 겸 평양시 당위원회 위원장인 리효순은 이승만을 대통령직에서 물러나게 하기 위해서 국군 장병들과 경찰들이 봉기에 참여해야 한다고 주장했다. 이튿날 『로동신문』에는 4·19 정세와 관련하여 조선로동당 중앙위가 남한 주민들에게 보내는 호소문이 실렸다.

605 Hungarian Embassy to the DPRK, Report, 8 May 1960, KA, 9. doboz, 18/g, 2/25/19−1/1960. 이 시기 『로동신문』에서도 증산 확대를 도모하기 위해 "남녘땅 형제들의 영웅적 항쟁을 지원하여 더 많이 생산하며 더 빨리 건설하자."는 구호

강화하는 한편 북한 내 해외음악 방송을 중단하다시피 하였다.[606] 북한은 나아가 주민들에 대한 차별정책을 완화한다는 명목 하에 남한출신 인민이나 비당원, 외국국적 보유자들을 교수직에 임명하거나 사회적으로 직책이 높은 자리에 배치하였다.[607] 이는 남한의 민심을 노린 사업들이었다.[608] 마침 남한에서는 사회주의 대중당과 다른 좌익 정당들이 우후죽순으로 생겨나고 있었으며, 과도기적인 허정(許政) 정부는 군사적 수단에 의한 통일은 하지 않겠다고 선언하여 북한지도부는 통일에 대한 희망을 버리지 않고 있었다.

남한에서는 제1공화국 붕괴 후, 6월 15일 개정헌법이 통과되고 6월 23일 새 선거법이 제정되었으며 7월 29일에 선거가 치러졌다. 야당이었던 민주당은 압도적으로 승리하였다. 북한지도부는 선거 결과에 마냥 만족하고 있을 수 없었다. 김일성은 예정대로 1960년 8·15해방

---

가 자주 등장하였으며, 증산과 절약이 더욱 강조되었다. 8월에는 북한 정부가 해방 15주년을 맞이하여 최고 10년형을 선고받은 모든 정치범들을 석방하고 이 보다 더 긴 형을 받은 정치범들은 그들의 형량을 1/3까지 줄여주겠다고 발표했다. Robert A. Scalapino and Lee Chong-Sik, *Communism in Korea* (Berkeley: University of California Press, 1972), pp. 564-565.

606 Hungarian Embassy to the DPRK, Report, 1 July 1960, KA, 9. doboz, 18/b, 004517/1/1961.

607 Hungarian Embassy to the DPRK, Report, 11 October 1960, KTS, 13. doboz, 27/a, 007686/1960.

608 북한 정부나 조선로동당 모두 남한의 특정 정당을 지지한다거나 시위자들의 활동을 적극적 지원하는 등 직접적으로 남한 사태에 개입하려고 하지는 않고 사태를 주의 깊게 지켜보았다. 시위의 주동자들이 대부분 학생이나 '쁘띠 부르주아' 계급인데다 북한의 기대와는 달리 노동자나 농민의 참여 수가 매우 적고 맑스-레닌주의 정당 또한 보이지 않았기 때문이다. 북한은 4·19 혁명 시기에 학생들의 주도적 역할에 깊은 인상을 받았음에도 불구하고 혁명의 중심세력은 반드시 노동자와 농민계급이어야 함을 강조하였다. 조국통일사 편, 『주체의 기치따라 나아가는 남조선인민들의 투쟁』(평양: 조국통일사, 1982), pp. 69-71.

15주년 경축대회에서 한 연설에서 연방제를 제안하였다. 그러나 연방제 실시가 불가능하다면 "헐벗고 굶주리는 남조선 동포들"을 위해 남북 경제교류와 협조가 필요할 것이라며 남북한의 실업계 대표들로 구성되는 경제위원회의 조직을 제안하였다.[609] 이이것은 소련과의 협조 아래 예정된 발언이었다. 김일성은 1960년 6월 비밀리에 모스크바를 방문하여 흐루시초프를 만났으며 소련의 지시에 따라 남한에 연방제 제안을 하기로 약속하였다.[610] 북한 내 '자주'의 중요성은 점차 증대되고 있었지만 그럼에도 불구하고 국가의 중대한 결정에 있어서 소련과의 상의는 여전히 필수적이었다. 북한은 그러나 소련의 지원을 교묘히 숨기고, 급속한 경제성장을 바탕으로 한 자신감에 기초하여 민족주의를 강조하는 방식으로 대남접근을 시도하였다.

이밖에도 김일성은 북한 인민의 재교육을 그의 통일정책과 밀접하게 연관시켜 전개하였다. 1961년 2월, 북한지도부는 반혁명분자들을 구하기 위해 사회의 모든 계급을 재교육하기로 결정했다. 김일성은 당원 비율이 높아지는 것을 두려워해선 안 된다며 "사회의 모든 성원들이 선진분자, 적극분자로 교양개조되면 나쁠 것이 없다."는 말로 재교육의 중요성을 강조했다.[611] 김일성 지도부는 일부 남한 주민들은 통일의

609 『로동신문』, 1960년 8월 15일.

610 자세한 내용은 Report, Embassy of the Hungarian People's Republic to the Ministry of Foreign Affairs of Hungary, 16 March 1961, MOL, XIX–J–1–j–Korea–5/ca–003645/1961 5.d. 반면 대만과의 관계를 고려한 중국은 북한의 연방제 제안을 긍정적으로 여기지 않았다. 중국은 국제기관에 남북한 동시 가입 허가와 남한에 대한 김일성의 유연한 자세가 위험한 전조라고 생각했다. Szalontai, *Kim Il Sung in the Khrushchev Era*, p. 163.

611 그는 특히 "지난날에는 일부 지도일군들과 당원들이 월남자가족을 비롯하여 가정주위환경과 사회정치생활경위가 복잡한 사람들을 경원시하면서 만나는 것조

필요성에 공감하지 못하므로 북한 사회를 재교육하여 남한 주민들에게 영향을 줄 수 있도록 해야 한다고 믿었다. 이로써 북한이 표면상으론 남한에 연방제와 남북한의 국제기구 동시 가입을 제안하면서도, 궁극적으로는 한반도 남쪽에 공산주의 정권의 설립을 목표로 하고 있다는 것이 확실해졌다.[612] 당시에는 북한이 선전선동과 경제문화교류 제안을 제외하고 남북통일을 위해 내세울 수 있는 카드가 별로 없었으므로 이런 식의 선전이 유용하다고 판단한 것으로 보인다.

그런데 남한 여론으로부터 긍정적인 효과를 얻고자 했던 북한의 전략은 초기에는 평화공존의 방법으로 간주되어 모스크바의 지지를 받았으나 점차 소련지도부의 심기를 불편하게 만드는 결과를 초래하였다. 남한 주민들이 북한을 소련을 괴뢰로 여기지는 않을까 두려워했던 김일성이 점차 소련으로부터 자주를 강하게 주장했기 때문이다. 1960년 이후로는 북한에서 상영되는 영화나 연극, 기타 공연 등의 수가 전반적으로 감소하였는데, 해외작품의 상영은 불가능했고 우호국들의 문화생활에 관한 그 어떠한 내용도 언론에 소개되지 않았다.[613] 북한이 남

---

차 꺼려하였다면 이제는 그들을 대담하게 믿고 포섭하며 대담하게 교양개조하고 있다."며 지난 1년간의 사업을 통해 의식적으로 반대하는 적대분자를 제외하고 누구든지 다 교양·개조할 수 있다는 확고한 믿음을 갖게 되었다고 주장했다. 김일성, "현시기 경제사업에서 나서는 몇 가지 문제와 당정치사업방향에 대하여: 조선로동당 중앙위원회 과장 이상 일군들 앞에서 한 연설(1961년 2월 27일)," 『김일성전집 26』(평양: 조선로동당출판사, 1999), pp. 376-384.

612 1960년 8월 말, 북한은 UN과 같은 국제기구 가입이 반드시 필요하다고 생각하지는 않았으나 다가오는 UN총회에서 다시 한 번 미군 철수 논의를 진행시킬 요량이었다. Information Report Sent by Frigyes Puja to Minister of Foreign Affairs Endre Sik, "Visit of Korean Ambassador Li Donggeun," 30 August 1960, MOL, XIX-J-1-j Korea, 3. doboz, 4/af, 0032/4/1960.

613 Hungarian Embassy to the DPRK, Report, 22 January 1961, KTS, 8. doboz, 5/f, 002485/1961; Hungarian Embassy to the PRC, Report, 28 March 1961, CA, 13.

측에 제공 의향을 밝힌 원조들도 결국에는 사회주의 형제국가들이 북한을 대신하여 제공하는 것이었다. 그러나 북한은 사회주의 국가들의 경제원조 내역 공개를 거부하였으므로 이 같은 사실은 드러나지도 않았다.[614]

그럼에도 불구하고 민족주의와 자주를 강조하는 북한의 선전은 남한에서 가시적인 성과를 거두는 데 실패했다. 북한이 이룬 경제적 업적들을 북한 스스로의 힘으로 이룬 것으로 믿고 있는 남한 주민들은 거의 없었기 때문이다. 1960년 8월 12일 새로 들어선 장면(張勉) 내각은 북한의 연방제 제안 및 경제문화교류의 제안을 "체제 침투와 전복을 목표로 하는 선전 그 이상 아무것도 아니"라고 폄하했다.[615] 한국의 지도자들은 북한이 중·소로부터 자주를 추구한다는 사실을 믿으려 하지 않았으며 김일성을 여전히 소련의 괴뢰로 보았다. 한국전쟁을 일으킨 김일성이 북한을 통치하고 있는 이상 북한의 평화공세는 순수한 의미로 받아들여지지 않았다. 한국 사회 전반에는 반(反)공산주의 분위기가 팽배하여 있었고 일단 북한이 전쟁의 발발 책임을 지지 않으려 했기 때문에 북한지도부의 변화가 수반되지 않는 일방적인 평화공세는 아무런 효과가 없었다.

doboz, 18/b, 003653/1961.

614Szalontai, *Kim Il Sung in the Khrushchev Era*, p. 165.

615 북한은 대한민국 국회가 경제문화교류 문제를 논의해야 할 의무가 있으며 내각 역시 이 문제를 다루어야 한다고 주장했다. 장면이 비록 북한의 제안을 선전이라고 폄하하였으나 외무부 장관 정일형(鄭一亨)이 정치적 연계가 없는 선에서 북한의 전력공급을 지지하였다면서 북한의 평화공세가 일부 성공적이라고 자평하였다. Information Report Sent by Frigyes Puja to Minister of Foreign Affairs Endre Sik, "Visit of Korean Ambassador Li Donggeun," 30 August 1960, MOL, XIX–J–1–j Korea, 3. doboz, 4/af, 0032/4/1960.

더욱이 한국 사회의 경제적 불안정성과 정치적 혼돈은 북한과의 화해를 무위로 그치게 하는 또 다른 이유였다. 내부 문제에 압도당하여 있던 장면 정부는 북한과 새로운 관계를 모색할 여유가 없었다. 장면 또한 남북한의 통일은 북한에 대한 경제적 우위를 바탕으로 북한 주민들을 남한 체제로 통합시킬 수 있어야만 가능하다고 보았기 때문이다. 더군다나 당시 미국의 대다수 지도자들이 남한이 북한과 대화하는 것을 반기지 않았던 탓에 한국 정부는 미국의 입장을 고려하여 북한의 교류 제안을 수용할 수 없었다.

결국 자주와 주체는 대외관계의 경험을 통해 북한의 필요성에 의해 제기되었으나 남한을 의식한 정치적 구호로서 활용되기도 하였다. 그러나 소련의 괴뢰라는 이미지를 상쇄시키고 남한 주민들에게 민족적 감정을 불러일으키고자 주체를 더욱 강조해왔던 북한은 그것을 일종의 민족주의로 바라보는 형제국가들의 불쾌감을 불러일으키게 되었다. 북한은 1961년 상반기 동안 주체의 강조 빈도수를 줄였으며 북한지도부는 "형제국가들의 문화와 과학적 성취로부터 북한이 배워야 한다."고 주장하는 등 사회주의 국가들의 경험을 인정함으로써 상당히 조심스러운 자세를 취했다.[616] 1961년 3월에는 신문과 잡지에서 주체에 관한 기사를 찾아보기 어려운 수준에 그쳤으나, 4~6월경에는 한 발 더 나아가 국가 문화의 증진은 선진적인 외국의 경험을 도입하는 것과 완전히 양립하여야 한다고 주장하기에 이르렀다.[617]

616 Szalontai, *Kim Il Sung in the Khrushchev Era*, p. 176.

617 1961년 5월 24일자 『로동신문』에 "우리 문학 예술의 당성과 인민성"이라는 제목으로 실린 한설야의 사설은 "쏘련을 비롯한 외국의 선진적 문화 예술의 창조적 경험들을 섭취"함으로써 소련 문학 연구의 필요성을 언급했다. 그러나 "우

### (2) 5·16 군사정변: 안보위협 인식의 증가

북한지도부는 한때 한국, 일본, 대만에서 일어나는 동시적인 반미 운동들이 미국으로 하여금 한국을 포기하게 만들 수 있다는 기대를 품었다. 1950년대 후반까지만 하더라도 김일성은 분명 남북대결에서 자신감을 갖고 있었다. 사회주의 진영의 경제 원조와 군사적 지원, 북한의 급속한 경제성장으로 인해 한국에서 미군만 철수한다면 1960년대에 남북의 통일도 이룰수도 있다고 기대하였다. 그러나 변화하는 국제정세는 점차 평화적 통일 가능성에 대한 기대를 떨어뜨릴 뿐만 아니라 오히려 북한의 위협인식을 고조시킬 뿐이었다. 북한의 평화공세가 성공적으로 진행되고 있지 않던 상황에서, 1961년 5월 남쪽에서 발발한 군사쿠데타는 북한의 대남정책의 방향과 대외위협에 대한 반응을 엿볼 수 있는 사건이라고 할 수 있다.

1961년 5월 16일 새벽, 제2군사령부 부사령관 박정희(朴正熙) 소장을 중심으로 중령 김종필(金鍾泌), 소령 이낙선(李洛善) 등을 비롯한 육군사관학교 출신의 군부는 제2공화국의 정치력 부재, 사회적 혼돈 등을 명분으로 내세워 남한에서 군사쿠데타를 일으켰다. 사건이 발생하자 북한지도부는 내막을 파헤치기 위해 분주히 움직였다. 초기에 북

---

리 문화인 중에는 두 가지류의 사상들이 있습니다. 하나는 순 조선 것만을 요구하며 외국 것은 다 나쁘다고 하는 사상을 가진 민족주의적 경향을 가진 사람들이며 다른 하나는 조선 것은 다 나쁘고 서양 것만 다 좋다는 관념을 가진 사람들입니다. 이 두 가지 사상은 다 옳지 못한 사상입니다."라는 김일성의 말을 빌려 "민족주의"와 "민족적 허무주의" 모두를 비판하고 외국의 선진적 문학 예술에 민족의 고유한 특성을 보전하여 새로운 문학틀을 창조할 것을 요구했다. Hungarian Embassy to the DPRK, Report, 31 July 1961, KTS, 13. doboz, 4/af, 003635/1/1961; 『로동신문』, 1961년 5월 24일.

한지도부는 아직 남한으로부터의 정보가 없기 때문에 순전히 자신들의 판단과 분석에만 기초하여 군사쿠데타 세력의 성격을 정확히 파악할 수 없다는 쪽으로 기울어져 있었다. 김일은 쿠데타가 발생한 5월 16일 오전 6시 30분, 중국대사 챠오샤오광을 만나 남한의 사태에 대해 긴밀히 논의하였다. 북한이 추측하는 군사쿠데타 세력의 정체는 크게 두 가지였다. 군부 내 진보적 세력들이 혁명을 일으킬지도 모른다는 내용의 첩보가 전부터 있었기 때문에 이들에 의해 쿠데타가 발생하였을 가능성이다. 또 다른 가능성은 현 상황에 불만족스러워하는 군부 내 소장파들이 파벌 문제로 권력을 잡기로 결정하고 군사쿠데타를 일으켰다는 것이다. 따라서 북한지도부는 미국의 조종으로 쿠데타가 일어난 것은 아니라는 데에 90%의 확신을 가지고 있었다. 이들은 남한의 쿠데타 세력들이 미국의 지지를 받지 않는 독자적인 세력임을 알고서는 일시적이나마 긍정적인 평가를 내렸다.[618] 심지어 쿠데타에 대처할 방안을 강구하고, 쿠데타를 지지하는 성명을 발표할 예정이었다.[619] 실제로 쿠데타 당일인 5월 16일 오후 7시 평양방송과 익일인 5월 17일 조선중앙통신의 성명을 통해 쿠데타에 대한 환영 발언과 장면 정권의 전복을 지지하는 성명을 발표하는 등 군부세력의 등장에 기대를 감추지 못했다.

반면 소련은 처음부터 남한의 군사쿠데타 세력들이 미국과 모종의 연계를 맺고 있다고 판단했다.[620] 이들은 쿠데타 세력들이 반동적인 친

618 The South Korean Military Coup Situation, 16 May 1961, NKIDP Archive: Originally from the Chinese Foreign Ministry Archive, File Number: 106-00581-02.

619 *Ibid.*

620 중국의 반응은 쿠데타의 방향성이 확실해진 후 나왔다. 5월 21일자 『인민일보』

미주의(親美主義) 장군들이라고 하였다. 특히 육군중장 장도영(張都暎)은 1952년 미국 육군사관학교(United States Military Academy)에 유학한 적이 있으며 이승만 정권 당시 400명의 북한 인민들을 적색 테러리스트라는 근거로 총살 명령을 내린 바 있다는 사실을 지적했다. 게다가 쿠데타가 일어나기 불과 3일 전, 라이샤워(Edwin Oldfather Reischauer) 주일 미국대사가 이케다 하야토(池田勇人) 일본 수상을 만나 "미 지도부는 남한의 상황이 심각하다고 믿고 있다."고 밝힌 것을 근거로, 미국이 현 남한 정권에 대한 불만을 가진 나머지 의도적으로 쿠데타를 지시하였을 가능성을 배제하지 않았다.[621]

쿠데타 주도세력에 대한 소련지도부의 부정적인 평가는 북한지도부가 이들로부터 받은 긍정적인 인상을 지우는 데 결정적인 영향을 미친 것으로 보인다. 당시 북한의 국제정세에 대한 우려와 이에 대한 지도부의 대응은 1961년 5월 18일, 조선로동당 중앙위원회 상무위원회에서 진행된 비공개회의 내용에서 짐작이 가능하다. 이 회의에서는 마침 5월 16일 남한에서 일어난 군사쿠데타와 북한의 현재 상황에 대한 논의가 열렸다.[622] 북한지도부는 남한의 군사쿠데타를 미국의 정교한

의 사설은 남한에서 일어난 쿠데타를 '미제국주의자가 남조선에서 제조한 군사파시스트 쿠데타'로 규정하고 "미제국주의자는 왜 이때 파시스트 군사정변을 급히 책동하지 않으면 안될 것인가. 미 통신사가 확실히 말한 것에 의하면, 이것은 '장면정부의 집정이 9월 이후 이미 통제할 수 없게 되었기'때문"이라고 주장했다. 「評南朝鮮軍事政變」, 『人民日報』, 1961年 5月 21日; 히라이와 슌지, 『북한·중국관계 60년』, p. 97.

621 *Ibid.* 남한에서 일어난 쿠데타가 "미국이 베트남 인민들에 대항하여 싸우면서 이들을 억누를 준비를 하고 있는 시점과 맞물려 일어난 것을 주목할 필요"가 있다면서 베트남 전쟁과 남한의 쿠데타의 연관성을 의심했다.

622 회의의 주요 내용은 5월 19일 저녁 신화통신 북한 지점의 통역자로 일하는 조선로동당원 염국파에 의해 중국어로 번역되어 중국대사관에 전달되었다. 북한

지휘 하에 인민들의 투쟁을 억누르고 파쇼 통치를 강화하기 위한 목적에 따라 발생한 것으로 평가하고, 쿠데타 세력을 반동적이며 공산주의 파괴를 목표로 북침통일을 주장하는 세력으로 규정하였다.[623]

한편 이 날 회의는 남한의 군부세력에 대한 북한지도부의 평가가 달라졌다는 것 외에 또 다른 측면에서 중요한 의미를 지녔다. 북한이 대외위협에 대처하기 위하여 국방력을 강화하고 경제를 발전시키기로 하는 국방·경제 '병진로선'을 꾀하고 있었음이 이 날 회의의 기록을 통해 드러났던 것이다.

> "쿠데타를 일으킨 집단은 가장 반동적이다. 처음부터 그들은 '공산주의 파괴'와 '북진통일'을 선전하였다. 그러나 아직까지 이들의 즉각적인 공격 실행은 불가능하다. 왜냐하면 이들은 이제 막 시작했고 당분간은 내부문제를 정리하느라 시간이 걸릴 것이기 때문이다. 이러한 환경에 비추어, 당 중앙위 상무위는 '우리는 경각심을 높여 국방을 강화하고 원래의 7개년 계획의 추진을 1963년까지 연기한다.'고 결정했다. 그렇지 않으면 경제건설과 국방산업은 지체

---

당국은 회의의 내용은 비밀이지만 필요하다면 신화통신의 동지들과 논의할 수 있다고 하였다. 상무위원회 회의 내용을 전달한 조선로동당원의 이름은 Yeom Gukpa이다. 로만 표기법의 문제로 한글로 염국파로 표기하였다.

623 Contents of the [May] 18th [North] Korean Party Central Standing Committee Meeting, 21 May 1961, NKIDP Archive: Originally from the Chinese Foreign Ministry Archive, File Number: 106-00581-02. 5·16 쿠데타의 발발을 미국의 사주에 의한 것으로 잠정 결론을 내렸음에도 북한지도부 내에서는 계속해서 쿠데타 주도 세력의 성격을 두고 여러 이야기가 오갔다. 1961년 5월 17일, 정치위원회의 결정에 따라 5월 20일과 5월 21일에 조선로동당 본 청사 회의실에서 정책토론회가 벌어졌으며 쿠데타 주도 세력에 대한 활발한 논의가 있었다. 그러나 이 토론에서 원론적인 발언만이 난무하였을 뿐, 정보가 부족하였던 탓에 쿠데타가 발생하였던 정황에 대한 구체적이고 명쾌한 분석은 부재하였다고 한다. 신종대, "5.16 쿠데타에 대한 북한의 인식과 대응: 남한의 정치변동과 북한의 국내정치,"『정신문화연구』, 제33권 제1호(2010), p. 91.

될 것이다. 올해부터 1963년까지, 우리는 국방과 방어요새를 강화하는 데 집중하면서 국가경제계획의 발전 속도를 1960년(완충기) 수준으로 늦추어야 한다. 우리는 군인을 징집하고 모병하는데 반드시 많은 노력을 기울여야 한다."[624]

한반도 정세가 불분명한 안개 속에 휩싸이자 북한지도부는 군사력 증강에 당위성을 부여하기 시작했다. 대외 위협인식의 고조는 적극적인 대응을 위해 당분간 경제성장을 미루고 국방력을 우선적으로 강화하겠다는 의지의 표명으로 나타났다. 조선로동당 중앙위원회 상무위원회는 예정되어 있던 주택 건축이나 항구 건설 등도 모두 중단시키기로 했다. 대형선박의 건조도 당분간 예정에 없을 것임을 분명히 하되, 전쟁에 도움이 되는 석탄 산업, 광물업, 광산업 등은 원래 계획대로 진행시키고 인민의 생활수준도 현 수준을 유지하겠다고 했다. 이외에도 상무위는 산업분야에서는 노동자의 숫자를 줄이는 대신 이들을 국방산업과 수비방어선을 강화하는 데 투입하도록 해야 한다고 주장했다. 또한 반드시 로농적위대를 강화해야 하며 민간경제 분야에 여성노동자를 증원해야 한다고 지적했다. 상무위원회는 당장 오늘이나 내일의 전쟁 발발을 의미하는 것은 아니지만 항시 적에 대한 경계심을 배로 높이고,

624 Contents of the [May] 18th [North] Korean Party Central Standing Committee Meeting, 21 May 1961, NKIDP Archive: Originally from the Chinese Foreign Ministry Archive, File Number: 106-00581-02. 북한의 당초 경제개발계획은 1961년부터 7개년 계획에 돌입하는 것이었으며 이를 4차 당대회에서 선포하려고 했다. 하지만 5·16 쿠데타로 인해 4차 당대회에서 7개년 계획의 돌입을 선포하는 것은 무리라고 판단하여 1963년을 7개년 계획의 돌입 시기로 미루었다. 그러나 결국 4차 당 대회에서 다시 7개년 계획의 시작 및 '사회주의의 전면적 건설'을 선포하였다.

경제적으로는 증산하되 인민들은 절약을 실천할 것을 강조했다.[625]

위 상무위원회 회의의 내용은 그동안 1962년 12월에 개최된 조선로동당 중앙위원회 제4기 제5차 전원회의에서 북한의 국방·경제 '병진로선'이 시작된 것으로 알려져 있었던 점에 비추어 '병진로선'의 시작점을 더 올려 잡을 필요성을 제기하고 있다. 김일성은 이 전원회의에서 "경제건설과 국방건설을 병진시킬데 대한 방침을 제기"하고 "경제건설을 개편하는 한편, 국방력을 더욱 강화하기 위한 일련의 중요한 대책"을 세운 것으로 밝힌 적이 있다.[626] 김일성은 동일 회의에서 국방력 강화와 관련한 토의를 하면서 경제발전에서 일부 제약을 받더라도 우선적으로 국방력을 강화해야 한다고 주장했다. 그러나 이미 1961년부터 이러한 경제·국방 방침의 기본적인 틀은 짜여 있었다고 볼 수 있다. 상무위 회의 내용을 중국에 전달하기 전에 북한 당국은 이러한 대외위협에 경계를 강화하는 것을 두려워하지 말 것을 주문하면서 "우리는 종종 경계심을 높일 것을 강조하여 왔으며, 이번에는 (남한)상황에 따라 특히 강조된 것"이라고 하였다.[627] 이 말은 즉 북한이 꾸준히 대외위협에 비 경계태세를 갖추어 왔음을 의미한다.

이후 북한은 군사쿠데타 주도 세력에 대한 경계의 수위를 더욱 높

---

625 *Ibid.*

626 "현정세와 우리당의 과업(1966년 10월 6일)," 『김일성저작집 20』 (평양: 조선로동당출판사, 1982), p. 418.

627 Contents of the [May] 18th [North] Korean Party Central Standing Committee Meeting, 21 May 1961, NKIDP Archive: Originally from the Chinese Foreign Ministry Archive, File Number: 106-00581-02. 이밖에도 북한은 현 상황을 모든 당원들에게 명확히 하고 당원들과 인민들은 솔선하여 적에 대한 경계심을 갖고 이를 강화하여야 한다고 주장하였다.

여가는 한편 남한의 급변적 사태를 이유로 북한의 군사력 증강에 당위성을 부여하였다.[628] 특히 쿠데타 세력의 반공적 성향이 점차 노골화되면서 북한은 쿠데타 세력과 미국을 동시에 집중적으로 비판하였다. 우선 5월 20일, 평양시 군중대회에서는 "남조선에서 군사파쇼독재를 강화하는 미제침략자를 규탄"하며 "평화통일을 위한 거족적 노력은 군사파쇼들의 쿠데타에 의해 위기에 처하였고, 이 쿠데타는 미군의 배후 조정에 의해 진행되었다."는 내용이 주를 이루는 「남조선인민들에게 보내는 호소문」을 발표, 채택하였다. 북한의 신의주와 남포, 함흥·청진·강계·사리원 등에서는 미국과 쿠데타 세력을 규탄하는 군중대회가 동시에 개최되었다.[629] 이어 5월 24일에도 평양에서는 "남조선으로부터 미군 즉시 철거를 위한 투쟁의 날" 관련 군중대회가 개최되었으며, 25일에는 조선직업총동맹 등 8개 단체가 "남조선에서 미 제국주의자들이 조작한 군사정변과 그 범죄 행위에 대하여"를 발표하는 등 연일 미국과 군사정권을 비판하는 성명과 호소문이 이어졌다.[630]

6월 9일, 쿠데타 세력들 사이의 관계가 삐거덕거리자 북한은 남한의 정세가 점점 불안해지고 있다고 판단했다. 이러한 판단은 북한의 국방력 강화 정책에 당위성을 부여하였다. 북한지도부는 남한의 군부세력이 국내문제의 돌파구를 찾아 자신들의 지배력을 강화하기 위해 북

628 『로동신문』, 1961년 5월 21일.

629 『로동신문』, 1961년 5월 22일. 같은 날인 『로동신문』 5월 21일자에는 "장도영을 두목으로 하는 군사 파쑈 악당들은 미제의 지시하에 《민족일보》 건물을 습격하고 발행인과 기자들을 투옥한데 이어 9일에는 이 신문을 끝내 폐간"하였다는 비난의 글이 실렸다. 『로동신문』, 1961년 5월 21일.

630 『조선중앙년감 1962』 (평양: 조선중앙통신사, 1962), pp. 147-157; 신종대, "5.16 쿠데타에 대한 북한의 인식과 대응," p. 89.

침을 개시할지 모른다고 생각하기에 이르렀다. 따라서 이들은 모든 경우에 대비하여 조선인민군에게 방심하지 말도록 명령하는 한편, 남한의 혼란한 정치적 상황을 이용하여 무력을 행사할 가능성도 완전히 배제하지 않았다.[631]

그러나 북한의 경제력만으로는 남한과의 대결 구도에서 우세를 점하기가 쉽지 않았다. 더군다나 미군이 남한에서 철수하지 않는 이상 북한의 자체적인 군사력 증강의 한계선은 분명해 보였다. 즉 북한에 있어서 해외원조에 의한 국방력의 향상은 필수적이었다. 아이러니하게도 김일성은 '자구(自救)'를 위한 구원의 손길을 외부에 요청하게 되었다. 소련 및 중국과 동맹 체결을 논하기에 적절한 시기가 도래한 것이었다.

## 2. 조소·조중우호협력조약의 체결

### (1) 동맹 체결 논의의 재점화

아직까지 동맹 체결의 정확한 배경을 알 수 있을 만한 외교문서는 공개되지 않고 있다. 다만 당시 북한의 대내외적 환경을 살펴봄으로써 조소·조중동맹의 체결과정을 어렴풋이 짐작할 수 있을 것으로 보인다. 동맹 체결에 대한 최초의 논의 시점은 한국전쟁을 계획하던 1950년 초까지 거슬러 올라간다. 북·중·소의 지도자들은 당시 한반도 통일의 시

631 Hungarian Foreign Ministry, Memorandum, 22 June 1961, KTS, 3. doboz, 003159/7/1961; Szalontai, *Kim Il Sung in the Khrushchev Era*, p. 175에서 재인용.

점이 머지 않았다고 판단하고 동맹조약 체결의 시점을 남진통일 이후로 미뤄두었다.[632] 그러나 전쟁이 이들의 기대와는 다르게 흘러가면서 동맹조약에 관한 문제는 한동안 논의되지 않았다. 동맹 체결을 위한 논의는 1950년대 후반, 중소대립의 심화로 인한 사회주의 진영의 분열, 남한 내 군부세력의 등장과 남한과 일본의 관계정상화 조짐, 한·미·일 남방삼각관계의 구축 움직임 등 한반도를 둘러싼 국내외 상황들이 북한의 안보위협을 극대화시키는 요인으로 작용하면서 비로소 재개될 수 있었다.

1958년 중국군이 철수한 이후로 북한은 외교적인 측면에서 이전에 비해 자율적인 공간을 확보할 수 있었으나 안보 공백에 따른 위험과 경제적 부담 등을 크게 느끼게 되었다. 북한의 외교 자율성이 확대된 것은 비단 중국군의 철수 때문만은 아니었다. 중국과 소련의 대립이 공공연하게 밝혀지면서 북한은 사회주의 진영에서 전보다 더 자신 있게 의견을 표출할 수 있었다. 덕분에 북한은 제3세계 국가들과의 교류를 활발히 하는 등 외교적 성과를 올리기도 했다. 그러나 중소분쟁으로 사회주의 진영이 중국과 소련의 편으로 각기 나뉘면서 북한의 입장은 상당히 난처해졌다. 북한의 상대적인 가치는 중국과 소련 사이에서 중립을 지켰던 탓에 상승하였으나, 동시에 같은 이유로 이들 국가로부터 방기의 우려도 커지는 상황이 연출되었던 것이다. 따라서 국가의 자주성을

632 예정대로라면 동맹조약의 내용은 중소조약을 본 따 만들도록 되어 있었다. 당시 동맹조약 체결 논의에 관한 문서는 Telegram from Shtykov to Vyshinski Regarding Meeting with Kim Il Sung, 12 May 1950, APRF, Listy 151–154, Fond and Opis not given; and AVPRF, Fond 059a, Opis 5a, Delo 3, Papka 11, Listy 100–103; Telegram from Roshchin to Cde. Filippov(Stalin). 14 May 1950, Russian State Archive of Social Political History(RGASPI), Fond 558, Opis 11, Delo 334, p. 56.

지키면서 진영의 분열 또한 막을 수 있는 묘책이 강구되었다.

이 시기에는 특히 진영 분열의 심화와 더불어 남방삼각관계로부터 오는 대외적인 위협도 상당히 증가했다. 남한의 불안정한 정세와 미국의 동북아시아 3각 동맹 구축을 위한 노력으로 인해 김일성의 대외 위협인식은 커져 가고 있었다. 한국에서는 1957년부터 미국이 국군의 규모를 감축하도록 요구하는 반면, 주한미군의 현대화와 핵무장화를 진행해왔다. 1958년 2월에는 재래식 탄두와 핵탄두를 동시에 장착할 수 있는 280mm 핵대포와 지대지 미사일(Honest John)이 공개되어 북한의 핵무기에 대한 위협인식을 증폭시켰다. 1953년 8월 성립한 「한미상호방위조약」에 이어 이미 1960년 1월, 미국과 일본은 「미·일 상호협력 및 안전보장 조약」에 가조인하고 6월 20일 정식 성립시켰다.[633] 한일관계 정상화를 위해 한국과 일본의 논의가 오갔으며 동시에 양국이 태평양 지역 미군사령부의 통일적 지휘 하에 완전히 들어감으로써 미국이 의도하는 동북아 군사동맹의 결성이 완성되는 것처럼 보였다.[634]

이러한 이유로 북한은 한일회담의 진전에 대단히 민감한 반응을 보였다.[635] 북한은 1960년 10월 25일, 5차 한일회담을 '동북아세아동맹

---

633 1951년 9월 8일에 체결된 「미합중국과 일본의 안전보장조약(줄여서 구(舊)조약)」 이 최초의 조약은 일본 내의 기지를 제3국에 대여할 때는 미국의 동의가 있어야 한다는 것을 비롯해 일본에 내란이나 소요가 발생하여 일본정부의 요청이 있거나 일본이 외부로부터 공격을 받을 때 미군이 출동할 수 있도록 하는 등 불평등한 내용을 포함하고 있었다.

634 한모니까, "1960년대 북한의 경제·국방병진노선의 채택과 대남정책," 『역사와 현실』, 제50호(2003), p. 143.

635 북한은 심지어 5·16 쿠데타를 북한을 포위하기 위한 한·미·일 삼각동맹체제의 성립시도로 보았다. 신종대, "5.16 쿠데타에 대한 북한의 인식과 대응," pp. 96-97.

조작 기도'라고 비난하고 대북 압박 내지 포위용이라고 인식했다.[636] 안보위협에 빠진 북한은 중·소와의 동맹조약 체결에 대한 구상을 구체화하기 시작했다.

앞서 김일성은 중국인민지원군 철수로 인한 군사력 불균형 문제를 해결하기 위해 1959년 1월 모스크바에서 개최된 소련공산당 제21차 대회에서 흐루시초프에게 동맹 체결을 제의한 바 있었다. 그러나 북한의 중소관계에서 이중적태도 자세와 여러 정치·경제 이슈들에 대한 반대의 입장 등을 이유로 흐루시초프가 방북을 연기하면서 조약 체결 또한 완료되지 못했다. 그러나 당시 사회주의 진영 내의 견인경쟁은 소련으로 하여금 북한의 전략적 가치를 재고하게 만들었고 동맹체결에 대한 소련의 긍정적인 반응을 이끌어내게 되었다. 1960년 1월, 농업관련 사회주의 국가·당 회의에 참석하기 위해 모스크바에 파견되었던 김일 부수상 등 북한 대표단은 소련 수뇌부와 간담하는 자리에서 "일본과 미국이 새로운 군사동맹조약을 체결함에 따라 소련과 북한도 동맹, 우호, 상호지원조약 문제를 새롭게 마련해야 하는 것이 아닌가?"라고 흐루시초프 수상에게 물었다. 이에 대해 흐루시초프는 "이 문제에 대해 긍정적으로" 대응했다고 알려졌다.[637]

당시 소련은 중국과 핵무기지원협정을 파기하고 대립각을 세우고 있던 터였다. 국제공산주의운동에서의 지도권을 쥐기 위해 소련공산당과 중국공산당은 사회주의 진영의 노동당 및 공산당으로부터의 지

---

636 『조선중앙년감 1961』, p. 268.

637 AVPRF, Fond 102, Opis 16, Papka 85, Delo 6, Listy 56; 시모토마이 노부오, 『모스크바와 김일성』, p. 274.

지가 필요했다. 조선로동당 역시 소련이 필요로 하는 지지세력임에 틀림없었고 그 때문에 북한이 다소 수용하기 까다로운 요구를 하더라도 들어줄 의향이 있었다. 더불어 1960년 10월, 소련으로부터 기존의 대북 차관 7억 6천만 루블의 상환을 면제받았으며, 1억 4천만 루블은 상환 기간을 연장하여 1967년부터 10년간 10%씩 갚아나가기로 하는 등 많은 혜택을 누렸다. 소련은 북한과의 동맹 체결에 앞서 1960년 12월 24일에 1961~1967년간 소련이 북한에 일련의 공업 기업소 및 발전소들의 건설과 확장에 기술 협조를 제공하는 협정 체결에 성공하였으며, 1961~1965년간 상품의 상호납입에 관한 협정도 체결하였다.[638]

1960년 6월 13~18일까지 김일성은 소련에 비공식 방문하였다. 6월 17일 김일성은 5시간에 걸쳐 흐루시초프를 접견하고 동맹 체결에 대해서도 논의한 것으로 보인다. 흐루시초프는 스탈린이나 몰로토프가 북한을 동맹국으로 삼기를 주저했다는 점을 지적하면서, 자신은 그들과 다르며 북한과 소련이 동맹조약을 체결하면 이승만 정권은 북한을 공격할 수 없을 것이라고 자신했다. 김일성은 흐루시초프를 비롯한 소련대표단을 북한으로 초청했다. 흐루시초프는 김일성의 초대에 답하면서 소련 대표단의 방북 시에 동맹조약을 체결할 수 있을 것이라고 하였다.[639] 이때 흐루시초프는 작년은 어려운 사정에 의해 동맹을 체결할 수 없었다고 했는데, 어려운 사정이란 것이 중소대립을 의미하는 것인지

638 『조선중앙연감 1961』, p. 136; 이종석, 『북한-중국관계 1945~2000』, p. 221; 소련은 강철공장과 화력발전소, 정유공장의 신설 혹은 증설을 지원하고, 이후 5년 동안 양국 간의 무역액을 80% 확대시키기로 계획했다. 『人民日報』, 1959年 3月 19日; 션즈화, 『마오쩌뚱 스탈린과 조선전쟁』, pp. 448-449에서 재인용.

639 V. P. Tkachenko, Koreiskii Poluostrov I Intereso Rossii, M., 2000, pp. 19-20; 시모토마이 노부오, 『모스크바와 김일성』, p. 278에서 재인용.

아니면 미국과의 관계개선을 의미하는 것인지는 불분명하다.

중국의 경우, 북한과의 동맹 체결은 소련과의 경쟁에서 우위를 점하기 위한 방편인 동시에 안보에 위협이 되는 요소를 제거하기 위한 것이었다. 마오쩌둥 역시 북한과 마찬가지로 제국주의 세력으로부터 안보위협이 가속화되고 있다고 믿던 차였다. 1959년 10월, 오스트리아 공산당 총비서 샤키(Lance Louise Sharkey)에게 "사회주의와 자본주의 간에 존재하는 것은 '냉전공존'이지 '평화공존'이 아니"라고 말했던 마오쩌둥은 동아시아에서 미국의 직접적 위협에 노출된 베트남, 북한과 동맹 체결을 모색 중이었다. 1960년 3월 20일, 마오쩌둥은 저우언라이에게 "만약 조선과 베트남이…군사원조 조항이 포함된 우호 동맹 및 상호원조 조약을 체결하기를 원한다면, (그렇게) 할 수도 있다."라고 언급하면서 자신의 견해가 타당한 것인지를 중앙회의에 상정하여 결정하라고 지시했다. 저우언라이는 마오쩌둥의 지시를 류사오치, 덩샤오핑, 펑전, 리부춘(李富春), 리셴녠(李先念)에게 회람시키고 그날 저녁 류사오치의 주재로 회의를 소집하여 동맹 체결 문제에 대해 토의하였다.[640]

그러나 1960년 북한과 중국의 동맹조약 체결은 북한이 중소분쟁에서 중립적인 자세를 취함으로써 신속히 진척되지 못했다. 중국은 대약진운동의 방법을 북한에 전수하고 북한의 군사대표단을 중국에 초대하는 등 긴밀한 관계설정을 위한 노력을 벌였으나 북한은 소련을 의식하여, 정확히는 소련과의 관계를 통해 얻을 수 있는 정치·군사·경제적 실

640 中央中共文獻硏究室 編, 『周恩來年譜 一九四九～一九七六(中)』(北京: 中央文獻出版社, 1997), p. 295; 최명해, 『중국·북한 동맹관계』, pp. 131-133에서 재인용. 마오는 제3세계 비동맹 국가들과도 우호관계를 구축하고자 노력했는데 미국으로부터의 위협은 물론, 소련으로부터의 위협에 대비한 것이었다.

리 때문에 중립을 고수했다. 북한은 419혁명 발생으로 인한 복잡한 정세 문제를 중국과 논의하기보다 소련의 지침을 따름으로써 여전히 사회주의 진영에서 소련의 지위를 인정하고 있다는 것을 보여줬다.

그럼에도 불구하고 중국은 1960년 10월 어려운 조건 속에서도 북한과 차관협정에 서명하였고, 차관상환을 연기하는 문서를 교환하였을 뿐만 아니라 기타 설비 제공 및 기술원조 제공에 대한 협정까지 체결하는 등 최선의 노력을 다하였다.[641] 10월 13일, 북한의 경제대표단을 이끌고 중국을 방문하였던 내각 부수상 리주연은 중국인민의 형제와 같은 깊은 우애와 프롤레타리아 국제주의에 입각한 원조를 영원히 기억할 것이라며 감격했으나 확실하게 중국의 편에 서는 것은 거부했다.[642] 중국이 제공하는 차관이나 기타 기술 원조 등은 소련의 원조 수준과 비교하였을 때 우월한 편도 아니었고 굳이 소련이 제공하는 많은 혜택을 거부하면서까지 중국의 편에 설 이유는 없었기 때문으로 보인다. 적극적으로 중국을 지지하지 않는 북한지도부에 대해 중국지도부가 불만을 갖는 것은 당연지사였다. 1961년 초, 평양에 주재하고 있는 중국외교관들의 북한 내 행사참여 빈도는 급감하였다.

641 북한과 중국은 1958년 9월에 1959년부터 1962년까지 3년간 상호 중요물자공급을 약속하는 장기 무역협정을 체결했다. 장기 무역협정에서 북한은 3년간 철광석과 동, 연, 아연, 고속도강, 탄소 공구강, 카바이드, 인삼, 해산물 등을 중국에 공급하는 대신 중국으로부터 석탄과 면화, 면사, 타이어, 주석, 압연 강재, 만암철, 유황, 마라찜, 석고 등을 제공받기로 했다. 중국의 차관은 운봉발전소 건설과 공장건설의 두 가지 종류로 체결되었으며 1961~1964년 사이에 중국이 4억 2천만 루블의 장기차관을 제공하기로 약속했다. 이종석, 『북한-중국관계 1945~2000』, p. 221.

642 『周恩來年谱(1949~1976)』 中卷 (北京: 中共中央文獻研究室, 1997), pp. 355-356; 中國外交部档案馆, 204-00432-01. pp. 1-3; 『人民日報』 1960年 10月 15日; 션즈화, 『마오쩌뚱 스탈린과 조선전쟁』, p. 446에서 재인용.

그러나 북중관계는 공동의 안보위협인식으로 인해 얼마 지나지 않아 다시 유착됨으로써 마침내 동맹 체결을 위한 최적의 시기가 찾아왔다. 1960년 미국과 일본의 신조약 체결에 이어 1961년 1월 출범한 미국 케네디 정부의 강력한 반공 정책, 5·16 군사쿠데타를 비롯한 남한 정세의 변화와 미국의 한일관계정상화 추진 등이 북한의 동맹체결 의지를 극대화하였다. 미국의 케네디 정부는 남베트남에 대한 직접적인 군사지원을 대폭 증강했으며 동년 4월에는 쿠바의 카스트로 정권을 전복하려는 등 공세적 반공정책을 펼치고 있었다. 미국을 중심으로 전개되는 동북아 집단방위체제가 형성되는 듯하자 북한은 안전보장의 틀을 마련하기 위해 사회주의 진영의 단결을 촉구하고 중국 및 소련과의 동맹 체결을 서두르기 시작했다.[643] 국방력의 자체적 증강의 필요성과 함께 북한지도부는 주변의 사회주의 국가들과 연계하여 한·미·일 동북아 집단방위체제에 대응하는 동맹 체제의 형성을 꾀했다. 중국 또한 소련을 견제하기 위한 수단으로서나 제국주의 세력에 공동으로 대처하기 위한 방편으로서 북한과의 동맹체결을 거부할 이유가 없었다. 따라서 중국지도부는 더 이상의 긴장을 유발하지 않고 북한과 긴밀하게 협조하기로 결정했다.

한편 예정되어 있던 흐루시초프의 북한 방문이 번번이 연기되자 김일성은 불만을 갖기 시작했다. 소련은 미국에 대항하여 북한에 핵우산을 제공할 수 있는 유일한 국가였다. 이러한 상황에서 흐루시초프의 방북이 연기된다는 것은 곧 동맹조약 체결이 미뤄진다는 것을 의미했

643 최명해, 『중국·북한 동맹관계』, p. 159.

다. 급기야 1961년 3월 김일성은 내각 부수상 김광협(金光俠)을 파견하여 흐루시초프를 만나도록 했다. 이때 흐루시초프는 "김일성 동지는 본인의 방북 연기를 상호원조조약 체결과 연결지우고 있다."며 자신이 의도적으로 동맹 체결을 피하기 위해 방북을 연기한 것이 아님을 해명하였다. 그러나 그는 내심 북한과의 동맹 체결은 자칫 미국에게 오해를 불러일으켜 냉전 구도의 심화를 초래할 수 있다고 생각한 듯했다. 흐루시초프는 조소동맹을 체결한다는 것이 곧 미소관계 강화가 유익하지 않다는 것을 의미하지는 않는다고 하였다. 즉 조소동맹을 체결하더라도 소련은 대미접근을 통해 미국과 관계개선을 하겠다는 의지를 확인한 것이다.

그러나 아무리 평화공존을 대외정책의 핵심으로 내세우고 있더라도 중소분쟁에서 북한을 소련의 진영으로 견인하기 위해서는 유인책이 필요했다. 그런 의미에서 소련은 더 이상 동맹 체결을 미루어서는 안된다고 판단했다. 다만 미국과의 관계개선에 집착을 버리지 못했던 흐루시초프는 "만약 우리가 미국과 합의한다면 이러한 (동맹)조약은 무효가 될 것이다."라며 동맹 체결에 전제조건을 달았다.[644]

1961년 5월 30일에서 6월 6일까지 소련공산당 중앙위 상임위원회 위원이자 내각 제1부수상인 코시긴이 북한을 방문했다. 흐루시초프는 소련대표단에 포함되지 않았다. 북한은 그동안 흐루시초프의 방문을 기대하며 여러 차례에 걸쳐 방북 관련 소식을 언론에서 다루었다. 우호관계 강화에 관한 소책자를 발간하고 군중대회를 개최하는 한편, 소련대

644 시모토마이 노부오, 『모스크바와 김일성』, p. 282.

사관에 매일 300여 통의 편지를 보낼 것을 촉구하는 등 대대적인 환영 준비를 하였다 그러나 흐루시초프는 1959년에 이어 1960년에도 북한 방문을 거듭 연기하다 업무과다와 건강상의 이유로 방북을 취소하였다.[645]

흐루시초프를 대신하여 코시긴은 맡은 바 임무를 수행하였다. 그의 방문은 조소동맹 체결이 있기 불과 한 달 전에 이루어진 것으로 동맹 체결과 깊은 연관이 있었다. 코시긴은 한국이 북한에 도발을 일으킬 경우, 북한에 모든 지원을 아끼지 않을 것임을 약속함으로써 한국에서 일어나는 정세불안정에 의해 북한이 돌발적 상황을 일으키지 않도록 안심시켰다.[646] 여전히 소련은 원조를 빌미로 북한 내부의 문제에 개입할 여지를 남겨두려 하고 있었으나, 대체적으로 코시긴의 방문은 북한에 긍정적인 결과를 가져다주었다.[647]

코시긴이 소련으로 돌아간 후, 6월 24일 북한은 김일성이 당·정부 대표단을 이끌고 방중한다는 소식을 발표하였다. 6월 26일에는 북한

645 션즈화, 『최후의 천조』, p. 638.

646 코시긴은 6월 5일 연회에서 "우리는 만일 그 어떤 침략 세력이 조선 인민의 평화적 로동을 파탄시키려고 덤벼든다면 임의의 시각에 조선 인민에게 원조를 아끼지 않는 충실하고 믿음직한 벗인 쏘련이 있다는 것을 당신에게 확인하고 싶습니다."라며 유사시 북한에 대한 군사지원을 약속하는 조약 체결 의향이 있음을 내비쳤다. 『로동신문』, 1961년 6월 6일.

647 Hungarian Embassy to the DPRK, Report, 26 June 1961, KTS, 5. doboz, 5/bc, 005780/1961; Hungarian Embassy to the DPRK, Report, 19 January 1962, KTS, 5. doboz, 5/bc, 002255/1962. 코시긴은 동시에 기술관료로서 자신의 본분을 잊지 않았다. 그는 평양방직공장과 평양견방직공장, 흥남비료공장, 염화비닐공장, 룡성기계공장 등 북한 내의 몇 개의 공장을 견학한 후 "북한은 모든 것을 스스로 발명하려는 생각을 버려야 한다."며 가끔은 해외 특허를 받아들이는 것이 더 경제적인 방법일 때도 있다고 충고했다. 그러나 이러한 내용은 북한 언론에서는 전혀 나타나 있지 않다. 『로동신문』, 1961년 6월 4일.

외무상 박성철이 차오샤오광 중국 대사를 호출하여 북한과 소련이 「우호협력 및 상호원조조약」의 체결을 준비하고 있다고 알렸다.[648] 그러자 차오샤오광은 북한과 중국 또한 조약을 체결할 필요가 있다는 사실을 언급하였으며 6월 28일, 김일성도 중국 대사의 견해에 찬성했다. 김일성은 동맹 체결의 시간이 빠를수록 좋다고 판단하였고 소련 방문 직후 베이징에 가서 조약을 체결할 것임을 제안했다.[649] 6월 29일, 김일성을 단장으로 한 북한대표단은 모스크바를 향해 떠났으며 7월 6일과 11일에 각각 소련·중국과 상호우호협력조약을 맺게 되었다.

소련과의 동맹이 체결되기에 앞서 6월 30일, 모스크바 크렘린에서 소련공산당 중앙위와 소련 내각과 조선민주주의인민공화국 당 및 정부 대표단 조찬이 열렸다. 이때 흐루시초프는 북한대표단을 맞이하면서 "우리에게는 우리의 가까운 벗들에게 이야기해 드릴 것이 있으며 보여 드릴 것이 있다."는 말로 조소동맹의 체결과 원조를 제공하기 위한 협정이 있을 것임을 짐작케 했다.[650] 그리고 7월 6일, 동일 장소에서 소련과의 우호협조 및 상호원조에 관한 조약의 조인식이 진행되었다. 조인식에는 조선로동당 중앙위 위원장이자 내각 수상인 김일성과 당 중앙위 부위원장인 김창만, 상무위 위원이자 내각 부수상 겸 민족 보위상인 김광협, 외무상 박성철 등이 참석했다. 소련 측에서는 소련공산당 중앙위 제1비서이자 내각 수상인 흐루시초프를 비롯하여 소련공산당 중

648 북한이 이러한 사실을 중국에 알렸다는 점을 소련 또한 인지하고 있었는지는 알 수 없다.

649 션즈화, 『마오쩌뚱 스탈린과 조선전쟁』, p. 449.

650 『로동신문』, 1961년 7월 1일.

앙위 상임위원이자 소련 최고 소비에트 상임위 위원장인 브레즈네프와 소련공산당 중앙위 상임위원회 위원들인 코즐로프, 코시긴, 미코얀 등이 참석했다.[651]

북한은 소련과의 동맹을 우선 체결한 뒤, 곧 이어 중국과의 동맹 체결을 진행했다. 『로동신문』 7월 8일자에 따르면 김일성을 단장으로 하는 북한 대표단은 본래 7월 중순에 중국을 방문할 예정이었다. 그런데 7월 6일 오전 중국 국무원 부총리 겸 외교부장인 천이(陳毅)와 외교부 부부장 지펑페이(姬鵬飛)와 고문 위페이원(俞沛文)이 모스크바에 있던 김일성을 방문한 뒤, 조소동맹의 체결을 마친 북한대표단은 원래의 계획과는 달리 입북하지 않고 곧장 중국으로 향했는데 이것으로 보아 천이가 김일성에게 소련에서의 일정 후 바로 중국을 방문하도록 제안했을 것으로 판단된다.[652] 중소분쟁이 격화되는 상황에서 중국은 북한이 소련과의 동맹체결을 마무리지어가자 이와 상응하는 관계를 중국도 문서화할 수 있다는 의지를 즉각적으로 피력하려 했을 것이다.

북한대표단은 7월 10일 중국 수도 공항에 도착했다.[653] 북한은 조약의 초안을 중국에 건넸으며 조중동맹의 초안과 성명 내용은 중국이 먼저 제안하되 쌍방이 상의해 최종 결정하기로 했다.[654] 중국은 북한측이 제공한 조소동맹의 내용을 참고로 하여 중국과 북한이 체결할 조약

---

651 『로동신문』, 1961년 7월 7일.

652 『로동신문』, 1961년 7월 8일.

653 북한대표단은 7월 10일부터 15일까지 중국에 머물렀다. 당시 북한대표단의 중국 방문 일정은 최명해, 『중국·북한 동맹관계』, p. 162.

654 中國外交部档案馆, 114-00206-01, pp. 3-5; 204-00765-03, pp. 27-28; 션즈화, 『마오쩌뚱 스탈린과 조선전쟁』, p. 450에서 재인용.

의 초안을 작성했다. 조약은 양국이 정치와 군사, 경제, 문화 등에서 전면적인 협력을 진행하도록 규정하면서도 군사 분야에서의 협력을 특히 강조했다. 이것은 조소동맹과의 가장 큰 차이였다. 북한은 중국이 작성한 공동성명의 초안에 동의하였고, 중국의 경제건설에 대한 찬양과 북한에 대한 원조에 감사한다는 내용 등을 추가로 작성해줄 것을 요청했다.

이렇게 해서 조중우호협력 및 상호원조조약은 완성되었으며 양측은 조약에 매우 흡족해 했다. 7월 10일부터 15일까지 중국을 방문한 김일성은 조중동맹에 대해 "양국인민이 장기적인 투쟁 속에서 형성하고 발전시킨 형제적 우애와 동맹관계가 한층 발전해서 새로운 기초를 다진 것"이라고 지적했다.[655] 마찬가지로 저우언라이는 "우리 양국인민들이 피로 맺은 전투적 우애를 법률적으로 인정한 것"이라고 칭송했다.[656]

---

655 김일성을 단장으로 한 북한 당정대표단은 김창만(조선로동당중앙위 부위원장), 김광협(조선로동당중앙위 상무위 위원, 내각 부수상 겸 민족보위상), 이종옥(李鍾玉)(조선로동당 중앙위 상무위원회 후보위원, 내각 부수상 겸 중공업위원회위원장), 박성철(외무상)(중국주재 북한 임시대리대사 마동산은 모든 일정 수행) 등으로 구성되었다. 중국대표단은 류사오치(중국공산당 중앙부주석, 중화인민공화국주석)를 단장으로 저우언라이(중국공산당 중앙부주석, 국무원총리), 덩샤오핑(중국공산당 중앙총서기), 펑전(중앙정치국위원), 천이(중앙정치국위원, 외교부장), 리추푼(중앙정치국위원), 허룽(중앙정치국위원), 뤄루이칭(국무원부총리), 그 외에 중공중앙위원 우슈첸, 외교부 부부장 지펑페이, 주북한 중국대사 차오샤오광 등이 배석한 것으로 알려졌다. 조중동맹은 11일 체결되었으며 15일에 북한과 중국이 공동성명을 발표하였다. 최명해, 『중국·북한 동맹관계』, p. 162.

656 中國外交部档案馆, 204-01456-01, pp. 1-8; 션즈화, 『마오쩌뚱 스탈린과 조선전쟁』, p. 450에서 재인용.

### (2) 동맹체결의 의의

동맹조약을 체결하고 북한으로 돌아온 김일성은 자신이 성취한 바를 과시하였다. 김일성이 소련과 중국으로부터 얻어낸 것은 단순 경제적 지원에 그치지 않고 유사시 군사적 지원까지 받을 수 있는 것이었다.[657] 김일성은 동맹 성립의 의의를 북한에게 이로운 방식으로 해석하였는데 향후 북한의 경제건설에 대한 지원과 통일 방안에 대해 양국으로부터 지지가 예상된다고 하였다. 김일성의 발언은 소련과 중국이 북한의 동맹국으로서 경제 및 군사원조를 제공해야 할 의무가 있음을 명시하는 것이나 마찬가지였다. 그는 귀국연설에서 조소동맹과 조중동맹의 체결에 대해 다음과 같이 평가했다.

> "이제 우리나라는 우리의 위대한 연방인 소련 및 중화인민공화국과 불패의 동맹으로 더욱 굳게 결합되어 있습니다.…소련 인민과 중국 인민이 사회주의 건설과 조국의 평화적 통일을 위하여 투쟁하는 조선 인민에게 강력한 지지를 표명한 것이며…조선과 소련, 중국 인민들 간의 위대한 친선과 단결을 시위하는 것입니다.…이 동맹조력들은 우리 민족의 평화적 통일위업에 저촉되지 않을 뿐만 아니라…조선에서 평화를 유지하며 우리나라의 평화적 통일을 실현하기 위한 유리한 조건을 조성하여 줍니다." [658]

이처럼 김일성은 중·소와의 동맹조약을 통해 경제와 군사적 도움

657 김일성은 소련과의 동맹 체결 외에도 소련이 북한에 기술적 협조를 제공할 데 관한 협정(1961-1967)과 북한 화학 공업의 발전을 위하여 1962-1965년간에 소련이 일련이 상품들을 추가적으로 납입할 데 관한 협정이 체결되었다.

658 『로동신문』, 1961년 7월 15일자.

일체를 받을 수 있을 것으로 예상하고 조약 체결에 상당히 만족스러운 반응을 보였다. 북한은 조약을 성립시킴으로써 기존의 조중·조소관계를 강화하였을 뿐만 아니라 38선의 군사방어 부담을 덜 수 있게 되는 기회를 맞이하였다. 김일성 개인의 성과도 따라왔다. 김일성은 스스로 자주적인 국가의 지도자로서 소련과 중국이라는 거대 사회주의 국가와 대등한 관계를 맺었다는 점에 감동하였다. 북한의 당·정에서 그의 입지가 한층 강화되었음은 물론이다.

김일성은 그러나 북한의 동맹체결이 단순히 북한의 국익과 자신의 이익만을 위한 것이라고 생각하지는 않았다. 동맹체결은 북한과 소련, 북한과 중국의 일대일 관계에서 친선과 단결의 강화뿐만 아니라 사회주의 진영 전체의 통일과 단결의 강화를 의미하였다. 김일성은 북한이 중·소와 동맹을 체결함으로써 중소논쟁으로 인한 갈등을 봉합하고, 북·중·소 삼각동맹을 구축하여 사회주의 진영의 화해를 이끔으로서 일종의 중재자 역할을 하였다고 감격하였다.

실제로 김일성은 1961년초 푸자노프 소련대사를 만난 자리에서 중소논쟁이 조선로동당 내 당원들 사이에 동요를 일으킬 수 있다고 우려를 표명한 바 있었다. 이때 김일성은 "중국은 조선의 훌륭한 이웃이다. 중국 인민들은 조선 인민들의 자유를 위해 피를 흘리면서 희생하였다." 고 말하였는데 중소갈등이 김일성과 북한지도부를 딜레마에 빠뜨리게 했음을 짐작케 한다.[659] 김일성은 그때의 우려를 털어낸 듯, 이번 동맹

659 Report, Embassy of the Hungarian People's Republic in the DPRK to the Foreign Ministry of Hungary, 1 March 1961, MOL, XIX-J-1-j-Korea-27/e-0027/1961 13.d.

의 성립이 북한과 진영 내의 이익에 부합될 뿐만 아니라 "사회주의 국가들을 서로 리간시키려고 악랄하게 책동하고 있는 제국주의자들과 국제반동들에게 또 하나의 커다란 타격"이 되고 "평화와 민족적 독립과 사회적 진보를 위하여 투쟁하는 아세아 인민들과 나아가서는 전 세계 인민들의 리익에도 부합"된다며 전 세계적 차원에서의 전쟁방지와 평화증진에 도움이 될 것이라고 자평했다.[660] 그러한 측면에서, 중·소와 맺은 우호조약들의 성격이 방어적인 성격의 평화적인 조약임을 강조하는 것을 잊지 않았다.[661]

동맹의 평화적 성격을 강조한 것은 소련과 중국도 마찬가지였다. 그러나 양국이 주장하는 동맹의 "평화적" 성격은 의미가 사뭇 달랐다. 소련이 동맹의 "평화적" 성격을 강조했던 이유는 미국을 최대한 자극하지 않기 위해서였다. 소련의 동맹 체결의 목적은 일본의 재무장 가능성으로 인한 안보불안감의 해소보다 극동과 아시아에서 중국보다 유리한 고지를 차지하기 위함이었다. 남한의 반공정권 등장, 미국의 한일관계 정상화 시도로 인한 북한의 안보불안감에도 불구하고 아시아는 소련의 제1순위 지역이 아니었다. 소련은 여전히 독일문제에 국제사회와 사회주의 진영이 더 많은 관심을 기울이길 희망하고 있었다. 다만 소련지도

660 "쏘련 및 중국을 친선 방문하고 귀국한 우리 나라 당 및 정부 대표단을 환영하는 평양시 군중 대회에서 한 김일성 수상의 연설,"『조선중앙년감 1962』, pp. 8-11.

661 *Ibid.* 김일성은 "조 쏘 량국 간의 우호, 협조 및 호상 원조 조약과 조 중 량국 간의 우호, 협조 및 호상 원조 조약은 다 같이 우리 세 나라 인민들의 평화를 수호하기 위한 념원을 표현하는 것으로서 제국주의자들의 침해로부터 우리 인민들의 안전과 혁명의 전취물을 수호하기 위한 방어적 성격을 띤 조약이며 조선과 극동에서 제국주의자들의 전쟁 도발 음모를 파탄시키고 평화를 유지 공고화하기 위한 철저히 평화 애호적 성격을 띤 조약입니다. 이 조약들은 조선 인민의 근본적인 리익에 완전히 부합됩니다."라고 하였다.

부에게 당시 아시아의 정세에 대한 우려가 전혀 없었던 것은 아니며, 이 같은 차원에서 베트남, 몽고와 마찬가지로 북한 역시 소련의 관리대상에 포함됐다.[662] 특히 북한은 '혈맹(血盟),' '순망치한(脣亡齒寒)' 등 중국과의 관계가 역사적 특수성을 띠고 있던 터라 언제든 중국의 편에 설 가능성이 높았다. 소련은 예측이 불가능한 북한의 대외관계를 관리할 수 있되 북한의 자존심을 다치지 않으면서 일정 정도 만족감을 줄 수 있는 방법을 취해야만 했다. 그런 의미에서 동맹체결은 좋은 구실이었다. 결국 조소동맹은 북한을 포섭하기 위해 소련이 보상적 차원에서 호응한 것이었다.

다만 여기서 소련이 한 가지 더 고려해야 할 사항은 북한과의 동맹형성이 미국을 자극하지 않는 방향으로 이루어져야만 한다는 점이었다. 「조소 양국 인민들 간의 친선 군중대회」에서 흐루시초프는 조약이 군사적인 내용을 포함하고 있으나, 이는 어디까지나 방위적인 성격을 지니며 어떠한 침략적 목적도 내포하지 않는다고 주장했다. 흐루시초프는 소련이 "군사 협정 체결의 지지자는 아니"라는 점을 분명히 하고, 이 조약은 미국과 일본의 사회주의권에 대한 적대적 정책 때문에 필연적으로 맺게 된 것이라고 강조하였다. 이어서 조선의 평화적이고 민

662 조소동맹 체결을 전후로 하여 소련은 몽고, 베트남 등 여타 아시아 사회주의당들과도 관계 발전을 모색했다. 6월 26일부터 7월 5일까지 베트남민주공화국 정부 대표단이 소련을 방문하였으며 이 기간 동안 회담이 진행되어 7월 5일 소련-베트남 공동 커뮤니케가 발표되었다. 커뮤니케는 조선의 평화적 통일을 위한 북한 정부의 제안들을 전적으로 지지한다는 내용뿐만 아니라 독일 문제의 빠른 해결을 지지한다는 내용을 담고 있었다. 또한 7월에 소련공산당 대표단은 몽고인민혁명당 창건 40주년 기념행사에 참가했으며, 이에 앞서 4월 13일 모스크바에서 소련이 1961~1965년간에 몽고의 제3차 5개년 계획의 실행에 추가적인 원조를 제공할 데 대한 협정이 체결되었다. 『조선중앙년감 1962』, p. 433.

주적인 통일을 바라는 소련은 조약의 군사적 조항들이 실제로 적용되길 원하지 않는다고 덧붙였다.[663] 이 발언은 곧 조약체결의 책임이 미국과 자본주의 진영에 있지만 소련은 미국을 자극하여 갈등을 유발하려는 의도는 없다는 것을 의미했다. 조약체결 이후 소련의 언론매체들 역시 한 목소리로 조약이 방위적 성격을 지니고 있다고 강조했다. 더불어 동맹체결의 이유를 자본주의 진영의 평화에 대한 비우호적이고 소극적인 자세에서 찾았다. 특히 극동과 아시아지역에서 제국주의자들이 긴장 완화와 안전보장에 관한 제안을 모두 거부하였기 때문에 조소동맹이 문서화될 수밖에 없었다는 것이 이들의 공통된 주장이었다.[664]

한 가지 흥미로운 사실은 북한과 소련의 지도자들은 동맹을 체결하면서 동맹의 구속에서 벗어날 수 있는 여지를 만들어 놓았다는 점이다. 북한은 남북하고 평화통일이 성취되었을 때에는 조소동맹이 무효가 될 것임을 전제하였다. 소련과 우호협조 및 상호원조에 관한 조약을 체결한 직후 내놓은 북한 정부의 성명은 "조선이 통일되면 이전에 남북조선이 각각 체결한 일체 군사-정치적 조약과 협정들은 그 효력을 상실하게 된다는 데로부터 출발한다."고 함으로써 조소동맹 또한 남북이 통일되면 무효할 것임을 전제했다. 이 말은 곧 남한과 미국 간에 체결된 군사-정치적 조약들도 통일이 달성되면 의의를 상실한다는 의미

663 『로동신문』, 1961년 7월 7일. 김일성 역시 동 군중대회에서 한 연설에서 조약의 방위적인 성격을 강조했다. 그는 조약이 북한의 사회주의 건설에 있어서 제국주의의 침략을 받지 않고 평화를 유지하기 위한 담보라고 주장했다. 조약 체결이 이루어진 배경에 대해서는 사회주의 진영의 평화적인 제안에도 불구하고 이러한 제안들을 모두 거부하고 침략적 목적을 추구하는 한미동맹의 체결, 군비증강, 한일관계정상화 시도, 서부 베를린 문제 등에 있다고 밝혔다.

664 『로동신문』, 1961년 7월 10일.

였다.[665]

미국의 반응을 우려했던 흐루시초프 역시 동맹을 체결하면서 김일성에게 만약 소련이 미국과 관계개선이 이루어진다면 조소동맹은 무효가 될 것이라고 주장했다.[666] 흐루시초프는 동맹조약의 체결로 북한을 소련과 특별한 관계를 맺은 국가로서 인정해 주되, 평화공존에 근거한 소련의 대미관계개선에 우선순위를 둠으로써 북한의 대남 혹은 대외정책이 소련의 정책에 벗어나지 않는 범위에서 유효한 것임을 전제했다. 덕분에 소련의 입장에서 조소동맹은 사회주의진영 내 중국과의 경쟁에서 우위를 점하고, 북한의 대남 혹은 대외관계에 대한 간섭권한을 획득한 것으로 인식될 수 있었다. 조소동맹이 일종의 우호국관리 차원의 조약이었다는 것이 확인되는 부분이다.[667] 이러한 주장을 뒷받침해주는 조항이 바로 조약의 제3조로서 "체약 쌍방은 평화와 전반적인 안전의 공고화를 촉진시킬 것을 염원하면서 양국의 이해관계와 관련되는 모든 중요한 국제문제들에 대하여 상호 협의한다."고 되어 있다.[668] 북한의 대외행위를 결정할 때에 반드시 소련과의 사전 협의 과정이 수반되어야 한다는 의미로 받아들일 수 있다.[669]

665 『로동신문』, 1961년 7월 7일; 1961년 7월 11일.

666 시모토마이 노부오, 『모스크바와 김일성』, pp. 282-283.

667 소련은 북한과 동맹을 체결하면서 북한의 환심을 사기 위해 우호적인 발언들을 해왔다. 소련지도부는 한동안 천리마운동이 중국의 대약진운동의 영향을 받았다는 전제 하에 부정적인 견해를 피력해왔다. 그러나 동맹조약 체결의 시점에서는 조선로동당이 사회주의의 승리를 향해 "천리마의 기세로 내달리고 있다."며 긍정적으로 인정하는 발언을 했다. 『로동신문』, 1961년 7월 7일.

668 「조선민주주의인민공화국과 중화인민공화국간의 우호, 협조 및 호상 원조에 관한 조약」, 『조선중앙년감 1962』, p. 162.

669 또한 제2조에는 "체약국 쌍방은 제약 상대국을 반대하는 어떠한 동맹도 체결하

중국 역시 조중동맹 체결의 평화적 성격을 강조했다. 중국공산당 중앙위원회의 기관지인 『인민일보』는 "소·조 우호협력 및 상호원조 조약과 중·조 우호협력 및 상호원조 조약이 잇달아 체결된 것은 중국, 조선, 소련 3국의 위대한 단결을 보여주는 것이며, 사회주의 진영의 단결을 보여주는 것"이라고 평가했다.[670] 『인민일보』는 이어 조소·조중조약이 모두 "평화조약"이자 "아시아와 세계평화의 중요한 보장"이라고 기술했다.[671] 중국의 동맹의 평화적 성격의 강조는 두 가지 의미로 해석이 가능한데, 첫째, 중국도 북한과 마찬가지로 대외적인 안보불안에 휩싸여 북·중·소 삼각동맹이 형성되었음을 대외적으로, 특히 미국을 위시한 '제국주의 세력들'에게 과시하고자 했을 수 있다. 중국 역시 북한만큼은 아니더라도 일본의 군사력 증강에 대한 우려를 갖고 있었으며 대만을 통일시켜야 하는 문제를 안고 있던 터라 북한과 안보불안감을 공유하고 있었다. 둘째, 사회주의 진영 내의 국가들에게 조중동맹의 체결이 소련을 자극하거나 진영의 분열을 초래하려는 목적에 기인한 것

---

지 않으며 어떠한 연합이나 행동 또는 조치에도 참여하지 않을 의무를 진다."고 밝히고 있는데 중국을 의식하여 북한의 이탈이나 편승 행위를 저지하려는 조항으로 해석할 수 있다. 이러한 내용은 국제사회의 양자 및 다자간 군사동맹 조약에서 통상적으로 규정되는 조항이지만 소련이 다른 동구권의 공산국가와 동맹조약을 체결할 때에는 포함되지 않았다는 점에서 주목할 만하다. 여인곤, "「조·소 우호협조 및 상호원조 조약」 폐기의 의미와 평가," 『정세분석 95-07』 (서울: 민족통일연구원, 1995), pp. 24-25.

670 소련과의 동맹을 체결하고 중국에 도착한 북한 대표단의 환영 연회에서 류사오치는 조소동맹에 대해 "두 나라 간의 형제적 친선과 전면적인 협조를 강화함에 있어서와 사회주의진영의 단결을 공고화하며 세계 평화를 수호함에 있어서 거대한 의의를 가지는 것"이라고 평가했다. 『로동신문』, 1961년 7월 11일.

671 "亞洲和世界平和的保障," 『人民日報』 (社論), 1961年 7月 12日; 최명해, 『중국·북한 동맹관계』, pp. 166-167에서 재인용.

이 아니라는 점을 알리려 했을 가능성이 있다.[672] 중소대립의 상황에서, 중국은 소련과 북한이 동맹을 체결했으니 중국 또한 이와 상응하는 관계를 문서화할 수 있다고 여겼을 것이다. 중국지도부가 소련과의 대결을 의식했을 가능성이 높지만 사회주의 진영 내 소련의 지도적 위치를 부정하기보다 아시아 지역에서의 중국의 영향력을 제고하기 위한 것일 가능성이 크다.[673] 결국 조중동맹은 외부의 위협과 진영 내부의 균열을 모두 의식하고 체결된 조약이라고 할 수 있다.

전반적으로 조소동맹과 조중동맹의 내용은 매우 흡사하게 구성되었다. 조약의 조항에 앞서 조소동맹과 조중동맹의 명시된 목적은 체약 일방에 대한 무력침공 시 원조와 지지를 호상 제공하고, 극동과 전 세계의 평화와 안전의 유지공고화, 양국의 친선관계를 강화 발전하는 것

672 7월 15일에 작성된 북한과 중국의 공동성명은 '미국 위협에 대한 균형'에 대한 강조보다는 북·중·소 간 당제관계에 대해 더 자세히 다루고 있다. 북·중의 동맹체결은 소련을 자극하려는 것이 아니며, 1957년과 1960년의 모스크바회의 선언과 보편적 군축 및 핵무기 금지와 같은 소련의 정책에 찬성하고 조선로동당과 중국공산당이 진영 간의 단결에 공헌하려는 것임을 보여주려 했다. 최명해, 『중국·북한 동맹관계』, p. 175. 그런데 북한과 중국은 모두 대외적으로 소련을 포함하여 온 사회주의 진영의 단결을 주장하였으나 실제로 김일성이 7월 10일에서 15일까지 베이징을 방문하였을 당시 양국지도부의 각종 연회 및 환영연설에는 "소련을 정점으로 한 사회주의 진영의 단결"이라는 표현은 나타나지 않는다. 단지 "사회주의 진영의 위대한 단결"만 강조되었다. 劉金質·楊淮生 主編, 『中國對朝鮮和韓國政策文件匯編 3』(北京: 中國社會科學出版社, 1994), pp. 1271-1295; 최명해, 『중국·북한 동맹관계』, p. 165에서 재인용.

673 북한과 중국대표단의 회담에서 양측은 1957년 「모스크바 선언」과 1960년 「모스크바 선언」에 계속 충실하고 사회주의 진영의 단결과 국제공산주의운동을 단결·강화할 것을 다짐했다. 양측은 전반적인 군비 철폐와 대독 강화조약의 체결에 관한 소련의 평화적 제의도 적극적으로 지지한다고 발표하였다. 『로동신문』, 1961년 7월 16일. 북중동맹의 체결이 소련과 사회주의 진영의 이익에 어떠한 불이익도 가져오지 않는 것이며 오히려 진영의 이익에 부합한다는 점을 나타내려는 의도라고 할 수 있다.

을 공통으로 한다. 그러나 두 조약은 공통된 목적을 추구하면서도 조소동맹 조약이 UN의 목적과 원칙에 입각한 것임을 밝힌 반면, 조중동맹은 맑스–레닌주의와 프롤레타리아 국제주의 원칙, 국가주권과 영토 완정에 대한 호상존중과 불가침, 내정불간섭, 평등, 호상원조 및 지지에 입각하여 양국 관계를 강화 발전시킬 것임을 나타내고 있다. 즉 조소동맹은 소련의 사회주의 진영과 전 세계적 전략 차원에서 조소동맹 체결의 합목적성을 명시한 반면, 조중동맹은 조약체결이 어디까지나 양국의 이해관계에 기초한 것임을 강조했다. 조소동맹과 조중동맹을 비교한 내용은 다음 〈표 3–2〉와 같다.

〈표 3–2〉 조소동맹과 조중동맹의 비교

| | | 조소 우호협력 및 상호원조조약 | 조중 우호협력 및 상호원조조약 |
|---|---|---|---|
| 체결일 | | 1961년 7월 6일 | 1961년 7월 11일 |
| 조약 구성 | | 전문과 6조 | 전문과 7조 |
| 내용 | 전 문 | ㅇ "사회주의적 국제주의 원칙"에 기초한 우호관계 강조 | ㅇ "맑스–레닌주의와 프롤레타리아 국제주의 원칙"에 입각한 "형제적" 우호관계 강조 |
| | 제1·2조 | ㅇ 자동군사개입 조항: "체약 일방이 어떠한 국가 또는 국가 련합으로부터 무력침공을 당함으로써 전쟁 상태에 처하게 되는 경우에 체약 상대방은 지체 없이 자기가 보유하고 있는 온갖 수단으로써 군사적 및 기타 원조를 제공한다."(제1조)<br>ㅇ 가상의 적 명시하지 않음 | ㅇ 자동군사개입 조항: "체약 쌍방은 체약 쌍방 중 어느 일방에 대한 어떠한 국가로부터의 침략이라도 이를 방지하기 위하여 모든 조치를 공동으로 취할 의무를 지닌다."(제2조)<br>ㅇ 가상의 적 명시하지 않음<br>ㅇ 군사지원의 자동성과 즉응성 높임: "모든 힘을 다하여 지체 없이 군사적 및 기타 원조를 제공한다."(제2조) |

| | | | |
|---|---|---|---|
| 내용 | 제3조 (중국은 제3·4조) | ㅇ 대북 군사지원을 위한 북한의 의무규정을 명문화: "체약 쌍방은 평화와 전반적인 안전의 공고화를 촉진시킬 것을 염원하면서 양국의 이해관계와 관련되는 모든 중요한 국제문제들에 대하여 상호 협의한다."(제3조)<br>ㅇ 상호 협의 의무는 약소국의 행보를 통제관리 하겠다는 의미<br>ㅇ 북한의 미래 행보에 대한 불확실성 염두에 둠 | ㅇ 대북 군사지원을 위한 북한의 의무규정을 명문화: "체약 쌍방은 양국의 공동 이익과 관련되는 일체 중요한 국제 문제들에 대하여 계속 협의한다." (제4조)<br>ㅇ 상호 협의 의무는 약소국의 행보를 통제관리 하겠다는 의미<br>ㅇ 북한의 미래 행보에 대한 불확실성 염두에 둠 |
| | 제4조 (중국은 제5조) | ㅇ 경제·문화적 연계 강조: "…경제적 및 문화적 련계를 강화 발전시키며, 경제 및 문화 분야에서 가능한 모든 원조를 호상 제공하며 필요한 협조를 실현할 데 대한 의무를 진다."(제4조)<br>ㅇ 소련을 중심으로 한 경제적 위계질서의 강요 | ㅇ 경제건설 방식에 대한 존중: "…량국의 사회주의 건설 사업에서 호상 가능한 모든 경제적 및 기술적 원조를 제공하며 량국의 경제, 문화 및 과학기술적 협조를 계속 공고히 하며 발전시킨다." (제5조)<br>ㅇ 내정불간섭 강조 |
| | 제5조 (중국은 제6조) | ㅇ 평화적이고 민주적인 통일 강조: "체약의 쌍방은 조선의 통일이 평화적이며 민주주의적인 기초우에서 실현되여야 하며 그리고 이와 같은 해결이 곧 조선 인민의 민족적 리익과 극동에서의 평화유지에 부합된다고 인정한다." (제5조) | ㅇ 평화적이고 민주적인 통일 강조: "체약의 쌍방은 조선의 통일이 반드시 평화적이며 민주주의적인 기초우에서 실현되여야 하며 그리고 이와 같은 해결이 곧 조선 인민의 민족적 리익과 극동에서의 평화유지에 부합된다고 인정한다." (제6조) |
| | 제6조 (중국은 제7조) | ㅇ 조약의 유효기간 구체적으로 명시: "조약은 10년간 효력을 가진다. 체약 일방이 기한 만료 1년 전에 조약을 폐기할 데 대한 희망을 표시하지 않는다면 조약은 다음 5년간 계속하여 효력을 가지며 이와 같은 절차에 의하여 앞으로 유효 기간이 연장된다." (제6조) | ㅇ 조약의 유효기간 및 수정·폐기에 관한 구체적 절차를 명시하지 않음: "본 조약은 수정 또는 폐기할 데 대한 쌍방간의 합의가 없는 이상 계속 효력을 가진다." (제7조)<br>ㅇ 동맹 응집력을 과시하려는 조치로 볼 수 있지만 정책적 유연성이 상실될 가능성도 있음 |

※ 출처: 최명해, 『중국·북한 동맹관계』, pp. 177-187의 내용을 바탕으로 재구성. 조소동맹과 조중동맹의 내용은 『조선중앙년감 1962』, pp. 157-162.

### (3) 대중·소 균형외교의 평가

그렇다면 중소분쟁 속에서 중국과 소련 모두와 동맹조약을 맺은 북한의 다음 행보는 어떻게 되었을까? 김일성은 여전히 중국·소련 중 그 어느 쪽에도 편승하지 않기로 했다. 김일성은 몇 가지 측면에서 소련지도부의 방침에 공감하지 못했지만, 그럼에도 불구하고 김일성은 국가이익을 최우선순위로 고려하였다. 그 결과 1961년 9월 11일부터 18일까지 치러진 제4차 당대회 사업총화보고에서 "수정주의와 교조주의를 반대하는 두 전선에서 투쟁을 강력히 전개할 것"이라고 하는 등 외부적으로는 중립정책을 철저히 고수했다.[674] 김일성은 수정주의와 교조주의를 반대하지 않고는 평화와 민족적 독립과 사회주의를 위한 투쟁을 성과적으로 진행할 수 없다고 주장했다. 그러나 김일성의 중립정책은 중·소와 거리를 두려는 것이 아니라 이들과의 친선과 긴밀한 협조를 강조하는 것이었다. 북한은 대외정책의 기초로서 사회주의 진영의 통일을 강화하고 모든 사회주의 국가들과 호상 협조와 친선관계를 발전시키는 것을 들었다.[675]

이로 보아 7월 중·소와의 동맹 체결로 극동과 세계 평화에 기여하

674 "조선로동당 제4차 대회에서 한 중앙위원회 사업 총화 보고," 『조선중앙년감 1962』, p. 61; 김일성은 이 시기에 또한 제3세계 국가들의 민족해방투쟁과 독립획득에 많은 관심을 표명하였는데 이것이 '자주로선' 형성에 대한 그의 고민에 일정 정도 영향을 미쳤을 것으로 보인다. Robert A. Scalapino, "Korea: The Politics of Change," *Asian Survey*, Vol. 3, No. 1 (January 1963), p. 68.

675 그럼에도 불구하고 제4차 대회 결정서에는 사회주의 형제당들의 경제 원조에 대해 자세히 설명되지 않았다. 소련, 중국, 동독, 루마니아, 몽고, 불가리아. 알바니아, 베트남, 헝가리, 체코슬로바키아, 폴란드 등에서 막대한 원조가 있었다고 간략히 언급한 것이 전부였다. "조선로동당 제4차 대회 결정서," 『조선중앙년감 1962』, p. 73.

게 되었다고 자평한 것은 어찌 보면 매우 당연했다. 다만 김일성은 사회주의 국가들과 공산당, 노동당들이 맑스–레닌주의와 프롤레타리아 국제주의 원칙에 의거하여 단합되어 있으며 완전한 평등과 호상 존중의 원칙에 기초한다고 주장했다. 따라서 개별 사회주의 국가·공산당·노동당이 맑스–레닌주의에 근거하되 나라의 구체적 실정에서 출발하여 독자적인 정책을 규정한다며 조선로동당은 맑스–레닌주의 원칙을 조선의 현실에 맞게 창조적으로 적용하고 있다고 강조했다.

한편 북한은 동 대회에서 사회주의제도에 의거한 기술개선과 문화혁명을 통한 주민생활의 향상을 목표로 하는 새로운 7개년 계획(1961–1967)을 공식 발표하기로 되어 있었다. 김일성은 향후 7년 동안 연평균 18% 성장 및 마지막 해 국민소득 2.7배 증가라는 원대하고도 다소 비현실적인 목표를 제시했다. 이러한 목표는 물론 소련과 중국을 비롯한 사회주의 진영의 막대한 기술·경제 원조를 전제로 설정된 것이었다. 1960년 7월, 소련이 중국에서 자국의 기술전문가들을 모두 철수시켰을 뿐만 아니라 차관의 상환요청을 했다는 사실을 알고 있었던 김일성은 철저히 중립을 고수하여 양국으로부터 얻을 수 있는 이익을 모두 취하고자 했을 것이다.[676]

북한의 제4차 당대회를 지켜본 중국과 소련의 반응은 엇갈렸다.[677] 당대회에 참석하였던 덩샤오핑은 북한을 "3천만의 용감한 인민들"이라고 추켜세우면서 "중국의 지도자들은 반드시 조선의 지도자들로부터

676 정진위, 『북방삼각관계』, p. 71.

677 중국에서는 정치국 상무위원 겸 당 중앙위원회 총서기인 덩샤오핑을, 소련은 당 정치위원 코즐로프(Frol Kozlov)를 조선로동당 제4차 대회에 파견하였다. 이외에도 총 32개국 대표단이 제4차 당 대회에 참석하기 위해 북한을 방문하였다.

배워야 한다."며 북한의 민족주의에 대한 칭찬을 아끼지 않았다. 덩샤오핑의 이 같은 발언은 중소분쟁에서 북한을 중국의 지지 세력으로 확보하기 위한 빈말 섞인 호의였을 것으로 판단된다.[678] 소련과 대부분의 동유럽 사회주의 국가들이 북한의 끊임없는 '주체' 강조와 민족주의적 성향을 위험한 것으로 치부하고 외국의 경험으로부터 학습할 것을 강조하였다. 그러나 중국은 북한의 민족주의적 성향에 대해 훨씬 관용 있는 태도를 취하였다.

중·소의 이데올로기 논쟁이 심화되면서 북한의 가치가 상승한 것은 분명한 사실이었다. 그러나 그것은 어디까지나 동북아에 한정되어 있었으며 전 사회주의 진영에서 보았을 때 북한의 영향력은 여전히 미미한 수준이었다. 소련의 주요 관심은 언제나 동유럽이었고 소련의 일차적 목표 역시 동유럽 국가들 사이에서 압도적인 지위를 유지하는 것이었다. 이러한 상황에서 북한의 '주체'와 '자주'의 강조는 소련 및 동유럽 사회주의 지도부에게 민족주의의 또 다른 이름처럼 보였다. 그러나 그것이 대외적으로 중국에 대한 지지를 의미하지 않는 이상 소련이 개입할 명분도 뚜렷하지 않았다. 따라서 소련은 북한에 섭섭하지 않을 수준의 경제적 지원을 보장함으로써 북한이 중국의 지지 세력으로 돌아서지 않도록 적절히 관리하는 방법을 택할 수밖에 없었다.

---

678 중국은 알바니아에게도 북한에게 그랬던 것과 마찬가지로 관용적인 자세로 대하였다. 알바니아는 대다수 동유럽 사회주의 국가들로부터 많은 비판을 받고 있었으나 중국만은 알바니아를 지지하였다. 1961년 10월 10일 호자는 자신의 청중들에게 중국공산당이 알바니아노동당의 지도자들에 대한 존경심을 가지고 있음을 알린 바 있었다. Hungarian Embassy to the PRA, Report, 16 December 1961, ATS, 4. doboz, 5/b, 009055/1961.

# 제4장

# 중소분쟁과 '자주로선'의 정립: 1962~1966

제1절
# 사회주의 진영의 분열과 북한의 선택

## 1. 경제에서의 자립

### (1) 소련공산당 제22차 대회의 여파

1961년 10월 17일부터 10월 31일까지 모스크바에서 소련공산당 제22차 대회가 열렸다. 이 대회에서 흐루시초프는 스탈린과 알바니아의 지도자인 호자(Enver Hoxha)에 대한 제2차 비판을 가했다.[679] 흐루시초프는 스탈린 개인숭배문제를 다시 지적하면서 비(非)스탈린화의 필

679 알바니아는 반(反)스탈린 노선을 강요하는 흐루시초프 지도부와 갈등을 빚고 1961년 소련과 단교하였으며 친(親)중국 노선을 견지했다. 알바니아의 제1서기였던 호자는 자력갱생을 주창하고 국민적 영웅으로 떠올랐으나 소련에서 그는 교조주의자로 통했다. 소련은 1960~1961년 사이에 자국의 기술자들을 알바니아에서 철수시켰으며 알바니아에 대한 모든 신용거래를 중단하고 차관 상환을 요청했다.

요성을 선전하였으며, 알바니아 노동당 지도부가 소련공산당의 정책 노선에 반대하고 있다고 비난하였다. 나아가 소련공산당에서 추방된 몰로토프(Vyacheslav Molotov), 카가노비치(Lazar Kaganovich), 말렌코프(Georgii Malenkov) 등을 가리켜 "반당·종파주의 집단"이라고 일컬으면서 이들의 반당행위들을 지적하여 "교조주의자들"로 규정했다. 이는 소련의 반당 집단들이 중국공산당과 같은 부류라는 것을 암시한 비판이었다. 흐루시초프는 10월 17일과 27일에도 알바니아의 스탈린주의, 호자와 그의 측근들의 폭정 등을 공격했다. 알바니아노동당의 이데올로기 노선은 중국의 노선과 일치했던 탓에, 이 또한 알바니아를 지지하는 중국을 겨냥한 것이나 다름없었다.[680]

제22차 대회에 참석한 중국대표단의 저우언라이는 스탈린의 개인숭배나 소련의 "반당 · 종파주의 집단" 문제에 대해서는 일언반구(一言半句)하지 않았다. 그러나 저우언라이는 대신에 흐루시초프가 추진하는 대미 평화정책을 통박했다. 저우언라이는 형제당을 공격하는 흐루시초프의 태도가 맑스–레닌주의자의 자세가 아니라고 지적했다. 그리고 사회주의 국가들은 독립과 완전한 평등에 기초하여 상호 존중해야 한다고 주장했다. 그는 이어 알바니아 문제와 관련, 소련이 "한 형제에 대해 공공연히 일방적인 비난을 가하는 것은 단결에 이롭지 못하며 문제 해결에 도움을 주지 못한다."고 공격했다.[681]

680 Nikita Khrushchev, "Report of the Central Committee to the XXII Congress of the CPSU, October 17, 1961," Alexandor Dallin ed., *Diversity in International Communism: A Documentary Record, 1961-1963* (New York: Columbia University Press, 1963), pp. 1–44; 양호민, "중·소 대립 속의 북한," 김갑철 외, 『남북한체제의 강고화와 대결: 1955년 1965년까지』 (서울: 소화, 1996), p. 252.

681 Chou En–Lai, "Speech at the XXII Congress of the CPSU, October 17, 1961,"

이 대회를 계기로 하여 중·소 지도부 간에 불거진 또 다른 논쟁은 소련공산당의 '신(新)강령'과 '당규약'이었다. 흐루시초프는 "프롤레타리아독재"를 신강령에서 삭제하고 '전 인민의 국가,' '전 인민의 당'이란 말로 대치하였으며, '신강령' 대신 '신(新)공산당선언'을 채택하여 소련공산당의 노선을 국제공산주의운동의 기본노선으로 삼도록 했다. 중국은 사회주의 사회는 공산주의로 가는 장기간의 과도기적 역사이므로 사회주의에도 계급적 모순은 존재한다고 여겼다. 따라서 소련공산당의 노선을 받아들일 수 없었던 중국의 당 이론가들은 소련의 '전 인민의 국가,' '전 인민의 당'의 개념은 맑스 및 레닌의 프롤레타리아 독재와 레닌의 프롤레타리아 전위당(前衛黨) 이론에 대한 수정이며 왜곡이라고 비판했다.[682] 중소분쟁은 점차 치열한 이데올로기 논쟁으로 전개되고 있었다.

한편 소련공산당 제22차 대회 이후, 중국공산당은 대약진운동으로 피폐해진 인민경제를 회복시키기 위하여 비상대책을 강구했다. 그러자 소련은 중국의 경제정책의 실패까지 공격의 대상에 포함시켰다. 평양 주재 소련대사인 푸자노프는 "더 강력한 사회주의자가 되는 방법은 자신의 실수를 받아들이는 것"이라며, 중국공산당이 지난 전원회의에서 "날씨와 자연재해로 인한 흉작은 중국의 일이며 다른 나라에서 간섭할 것이 아니"라고 말한 것을 문제 삼았다.[683]

---

Alexandor Dallin (ed), *Diversity in International Communism*, p. 51.

682 『人民日報』, 1963年 9月 6日; 양호민, "중·소 대립 속의 북한," p. 254 재인용.

683 Report, Embassy of the Hungarian People's Republic to the Ministry of Foreign Affairs of Hungary, 16 March 1961, MOL, XIX-J-1-j-Korea-5/ca-003645/1961 5.d. 중국을 지지하는 아시아 사회주의당들조차 중국의 경제정책

흐루시초프는 중국에 이와 같은 압력을 행사하면 마오쩌둥이 대내외 정책을 수정할 것이라 믿었다. 그러나 도전적이고 자존심이 강한 중국지도자의 성격상 그런 일은 일어나지 않았다. 마오쩌둥은 오히려 소련 전문가들의 중국 철수를 문제 삼아 소련지도부에게 중국이 직면한 경제위기의 책임을 떠넘기려 하였다.[684] 마오쩌둥은 진정한 공산주의를 위한 자신의 투쟁은 곧 중국의 내부 단결을 위한 투쟁이라며 소련과의 갈등을 국내정치적으로 적극 활용하였다. 그는 중·소 양당의 논쟁을 통해 소련공산당과 소련이 수정주의의 늪에 빠져 있음을 주장하는 한편, 중국공산당과 중국인민들의 의무는 진정한 사회주의와 공산주의의 깃발을 높이 들어 올리는 것이라고 강조하였다.[685]

마오쩌둥의 비판은 단순히 흐루시초프와 소련지도부에 대한 공격에만 머무르지 않았다. 중국공산당 지도부 내에 몇몇 인사들은 중국의

---

으로부터 부정적인 인상을 받았다. 1961년 말에는 북베트남마저 중국의 경제정책을 비판하였다. 베트남은 중국의 경제문제가 더 이상 날씨 때문이라고 보기는 어렵다고 느꼈으며 중국산 기계들의 빈번한 오작동은 전반적인 경제정책의 실패를 보여주는 것이라고 생각했다. Hungarian Embassy to the DRV, Report, 15 November 1961, VTS, 9. doboz, 27/f, 008166/1/1961. 조선로동당은 중국의 잘못된 경제정책부터 경각심을 불러일으키려 했다. 다만 북한은 중국에 대한 소련의 태도에 대해서도 부정적 평가를 내림으로써 중립적 입장을 견지하였다. 소련은 1,390명에 달하는 전문인력들을 일방적으로 중국 대륙에서 철수시키고, 257개의 과학기술합작조항을 폐기함으로써 위기에 처한 중국 경제에 더 큰 타격을 입혔다.

684 소련전문가들의 철수 직후, 중국공산당 지도부는 전 인민이 반(反)소련 운동을 전개할 것을 주장하였다. Hungarian Embassy to the PRC, Report, September 1960, CTS, 9. doboz, 5/ea, 0042/RT/1960.

685 마오쩌둥은 1962년 이후부터 중국공산당과 인민들에게 계급투쟁을 각인시키고 전 중국 대륙을 끊임없는 혁명의 분위기 속으로 몰아넣고 있었다. Chen Jian, *Mao's China and the Cold War* (Chapel Hill, NC: University of North Carolina Press, 2001), p. 83.

대외정책 등에 소련의 입장을 받아들일 필요를 역설해왔고, 마오쩌둥은 이러한 당내 주장들을 자신의 리더십에 대한 위협으로 받아들였다. 마오쩌둥은 내부의 반대세력과 싸우면서 수정주의에 대한 비판, 제국주의 세력과의 투쟁, 대내외 혁명역량의 고양 등을 강조하였다. 이로 인해 중국은 점차 정치·사회적인 면에서 급진적으로 변해가고 있었다. 마오쩌둥은 수정주의와의 투쟁을 강조하면서 인민해방군에 의존하게 되었고, 인민해방군은 곧 사상적 열정과 기술적 전문성, 조직적 훈련 등을 모두 갖춘 조직으로 변화해 갔다.[686]

한편 소련공산당 제22차 대회에 참석했던 북한대표단은 몇 가지 측면에서 소련의 정책과 이데올로기에 공감하지 못했음에도 국가이익을 고려하여 중립적 자세를 취하였다.[687] 북한지도부는 소련지도부에 솔직하게 북한 경제의 문제점들을 털어놓는 등 경제·군사원조를 이끌어내기 위해 대소 관계에 있어서 실용적인 접근을 시도했다. 또한 가급적이면 중·소 사이에서 오해를 불러일으키지 않도록 행동하려 노력했다.[688] 특히 1961년 10월 15일부터 11월 15일까지는 조·소 우정의 달이었던 만큼, 북한과 소련은 모두 양국협력의 중요성을 강조하였다.[689] 11

686 Lieberthal, *Governing China*, p. 111.

687 실제로 북한은 소련으로부터 1950년대의 원조 수준에는 못미치더라도 1960년대 초 상당한 수준의 대북 지원 약속을 이끌어낼 수 있었다. 북한이 이데올로기적 유사성에도 불구하고 선뜻 중국의 편에 서지 않았던 이유는 대중신뢰도가 높지 않았기 때문이었다.

688 한 예로 1961년 10월 말, 알바니아 학생들이 방북했을 때, 북한 학생들은 이들에게 소련과 알바니아의 논쟁에 관해 질문하여선 안 된다는 지시를 받았다. Hungarian Embassy to the DPRK, Report, 1 November 1961, KTS, 10. doboz, 17/d, 008662/1961.

689 Hungarian Embassy to the DPRK, Report, 18 January 1962, KA, 9. doboz, 18/b, 002292/1962; Robert A. Scalapino, "Korea: The Politics of Change," Asian Survey,

월 3일에는 소련내각 부수상 모스코프스키를 단장으로 한 소조친선협회대표단이 북한을 방문하였으며 이들을 환영하는 「조소 친선의 밤」 행사가 평양문화회관에서 진행되었다. 이 자리에서 조소친선협회 중앙위원회 상무위원인 리일경 보통교육상은 "조선 인민은 국제 긴장 상태를 완화하며 국제 분쟁 문제들을 평화적으로 해결하기 위한 쏘련의 진지한 노력과 합리적 방안들을 전적으로 지지"한다고 함으로써 북한이 소련의 평화공존 원칙을 따를 것임을 밝혔다. 나아가 북한은 소련공산당 제22차 대회에서 채택된 '신강령'이 가지는 의의에 대해 언급하고 조선로동당이 강령에서 제시된 과업을 수행할 것임을 다짐하였다.[690]

그러나 다른 한편으로 북한은 소련공산당 제22차 대회에서 알바니아에 대한 소련의 비난을 지지하지 않고, 오히려 당시 소련과 긴밀한 관계에 있던 유고슬라비아를 비판해 눈길을 끌었다.[691] 흐루시초프는 당대회에 참석한 66개국 공산당대표에게 알바니아 문제에 관한 공식적인 입장을 밝힐 것을 종용하였으나 북한은 중립을 지킴으로써 분쟁의 소용돌이에 휘말리기를 거부하였다. 1961년 11월 28일, 김일성은 알바니아 해방 17주년을 기념하여 축사를 보내었으며, 11월 말 『민주조선』에는 북한과 알바니아의 인민들 사이에 무적의 우정과 유대를 깰 수 있는 건 지구상에 존재하지 않는다고 할 정도로 친선을 과시하였다. 북

---

Vol. 3, No. 1(January 1963), p. 68.

690 『조선중앙통신』, 1961년 11월 3일.

691 1959년 11월, 외무부상 류창식은 사회주의 국가 경제가 매해 발전되고 있으나 유고슬라비아와 자본주의 국가들의 경제 발전이 정체되어있거나 오히려 침체되고 있다고 지적하였다. Report, Embassy of the Hungarian People's Republic in the DPRK to the Ministry of Foreign Affairs of Hungary, 19 November 1959, MOL, XIX-J-1-j-Korea-5/c-006836/1959 6.d.

한과 알바니아는 1948년 11월 29일 국교를 수립하고 1954년 7월 30일 대사관을 교환·설치했으며 1955년 9월 문화협조 협정 체결, 1956년 7월 과학기술 및 기술원조 협정을 체결하는 등 점차 긴밀한 관계를 형성하게 되었다. 1961년 2월 알바니아노동당 제4차 대회에 박금철을 단장으로 하는 북한대표단이 알바니아노동당의 정확한 지도를 칭송하였으며 1961년 4월에는 알바니아와 경제협력 관계에 들어서 1961년 8월 방송분야협조 협정, 1961년 11월 통상 및 항해조약, 1962년 1월에는 과학기술 협력과 상품거래 조약에 합의하는 등 양국관계는 발전을 거듭하였다.[692]

1961년 12월 3일, 소련은 알바니아의 반항을 동유럽에서 소련의 절대적 권위에 대한 도전으로 간주하고 모든 소련 외교관들을 알바니아의 수도 티라나(Tirana)에서 철수시켰다. 그런데 이러한 소련의 결정에 놀란 것은 알바니아와 중국만이 아니었다. 그동안 소련과 같은 대국이 작은 사회주의 국가에 정치·경제적 제재를 부과하는 행태를 이해하지 못했던 김일성 지도부는 소련이 극단적 조치를 단행하자 불안감에 휩싸였다.[693] 1961년 12월, 김일성은 조선노동당 제4기 제2차 전원회의에서 소련공산당 22차 대회의 방문 결과를 보고하면서 알바니아의 문제가 전체 사회주의 진영과 국제공산주의운동의 이익을 존중하는 원칙

692 Chin O. Chung, *P'yŏngyang between Peking and Moscow: North Korea's Involvement in the Sino-Soviet Dispute, 1958-1975* (Alabama: University of Alabama Press, 1978), p. 65.

693 1962년 8월, 조선로동당 중앙위원회 국제부장은 폴란드 대사에게 제22차 소련공산당대회 이전에 중소분쟁을 종결시킬 기회가 있었다며 소련이 알바니아의 공산당과 같은 작은 당에게 문제를 제기하는 것에 대해 비판적 입장을 나타냈다. Hungarian Embassy to the PRC, Report, 12 September 1962, CA, 18. doboz, 22/a, 007407/1962.

에서 해결되기를 바란다고 밝혔다.[694]

그동안 알바니아와 같은 작은 사회주의 국가들에게 호감을 갖고 있었던 김일성은 알바니아와 소련 사이에서 벌어진 일들이 조소관계에서도 일어나지 않으리란 법은 없다고 우려하기 시작했다. 방기의 위협을 감지한 북한지도부는 소련공산당 제22차 대회 이후로 서서히 수정주의에 대해 비판하는 방식을 통해 소련의 대외정책에 영향력을 행사하려 했다. 1962년 봄, 『로동신문』에 「수정주의를 철저히 반대하자」, 「반제투쟁의 기치를 높이들자」 등 레닌의 논문들이 게재되었고 몇 차례에 걸쳐 소련이 간접적으로 비판의 대상으로 등장하였다. 또한 북한은 「제국주의자들의 침략과 전쟁 책동을 철저히 폭로 분쇄하자」라는 제하의 사설을 통해 반제투쟁을 결코 포기하지 않을 것임을 분명히 하였다.[695]

따라서 조소관계의 악화는 1962년 하반기가 되어서야 눈에 띄게 나타나지만, 이미 1961년 말 북한이 '대안의 사업체계'를 시작하면서 소련에 대한 비난의 수위를 높여간 뒤로 더욱 두드러지고 있었다.[696] 김일성을 비롯한 북한지도부가 여러 공장들을 견학하여 현지지도를 하는 과정에서 소련지도부에 대한 불만이 터져 나왔던 것이다. 1961년 12월 말, 당중앙위 부위원장 겸 정치위원인 김창만은 대안의 사업체계의 일

694 "쏘련 공산당 제22차 대회에 참가하였던 조선 로동당 대표단의 사업에 대하여," 『조선중앙년감 1962』(평양: 조선중앙통신사, 1962), p. 94.

695 『로동신문』, 1962년 3월 22일.

696 1961년 12월 1일, 조선로동당 중앙위원회 제4기 제2차 전원회의에서 '자력갱생'에 기초한 자립 경제건설이 처음 제기되었다. '대안의 사업체계'는 집단주의 정신에 입각한 경제관리 형태로 빨치산과 군대식 사업 방법과 체계가 경제 사업에도 전면적으로 도입된 것이었다.

환으로 함흥에 위치한 인공비료공장을 방문하였다. 이 자리에서 그는 소련지도부가 평화공존 및 프롤레타리아독재주의 등과 관련하여 수정주의 방식을 채택하고 있다고 비난한 것으로 알려졌다.[697] 1962년에는 평양과 주요 도시의 당조직에서 수정주의에 대한 비판이 계속되었고 일부 지역에서는 수정주의적 위협에 대한 논의가 광범위하게 이루어졌다. 1962년 3월 6~8일까지 열린 조선로동당 중앙위 제4기 3차 전원회의에서 김일성이 소련지도자들을 '수정주의자들'로 공공연히 지칭한 사실이 밝혀졌다. 알바니아와 중국과는 달리 북한은 소련지도자들의 이름을 직접 거론하여 비판하지는 않았다. 본 전원회의 내용은 『로동신문』에 간략히 언급되었으며 "전원회의에서는 김일성의 중요 발언이 있었다"는 내용으로 수정주의에 대한 비판이 있었음을 암시했다.[698]

수정주의에 대한 비판은 자연스럽게 소련에 대한 경계와 소련공산당 제22차 대회의 영향을 감소시키려는 노력으로 이어졌다. 일부 북한 주민들은 소련을 비롯한 동구 사회주의 국가들과의 관계에 대해 당국의 의심을 받았으며, 노동당은 인민들이 스탈린 격하운동 및 알바니아 문제 등을 비롯한 이슈들을 어느 정도 이해하고 있는지 지속적으로 감시하였다. 『프라우다(*Pravda*)』를 구독하고 있는 주민들은 구독을 취소하도록 강요받았는데, 소련의 반응을 의식한 북한지도부는 『프라우다』의

697 소련측 기밀제공자에 따르면, 김창만은 알바니아 지도자들이 반(反)소련 감정을 폭발시켰던 사건을 공개적으로 지지하는 것은 아니지만 그렇다고 "소련이 모든 부분에서 다 옳은 것은 아니"라고 했다고 한다. Report, Embassy of Hungary in North Korea to the Hungarian Foreign Ministry, 5 April 1962, MOL, XIX–J–1–j–Korea, 13. doboz, 27/z, 0025/RT/1962.

698 Hungarian Embassy to the DPRK, Report, 5 April 1962, KTS, 13. doboz, 27/a, 004102/RT/1962; 『로동신문』, 1962년 3월 9일.

구독 취소 결정을 강요가 아닌 자발적 의지에 의한 것처럼 교묘히 위장하였다. 또한 12월 10일, 라디오 평양은 라디오 모스크바의 북한 프로그램을 전송하는 것을 중단하였으며 스탈린주의 문제를 다룬 『프라우다』나 『커뮤니스트(*Kommunist*)』는 우체국에서 사본 배부를 막았다.[699] 뿐만 아니라 지역 당조직들은 인민들의 전반적 분위기에 대한 보고서를 정기적으로 작성하였다.[700]

### (2) '자력갱생' 노선의 채택

북한의 소련 비판이 강력하게 전개된 또 다른 이유는 우상숭배문제에 있었다. 소련공산당 제22차 대회에서 흐루시초프는 '당내 민주주의'와 관련해 새로운 당규약 제28조를 채택하였다. 이는 집단지도체제에 대한 강조와 이를 지키기 위한 당 지도부의 '교체 규칙'에 관한 것이므로, 집단적 지도를 재차 선언하고 개인숭배로부터 파생한 당내 민주주의의 위반은 용납될 수 없음을 강조하고 있었다. 규약 제28조는 개인숭배의 부활을 막기 위한 구체적 조치로, 각급 당에서 일하는 기관원들의 임기와 유임 상한의 횟수, 그리고 기관원들 가운데 반드시 교체되어야 할 비율을 설정하였다.

그러나 북한은 소련의 제22차 대회의 결정을 받아들여 당내 지침으로 활용하기를 거부하였다. 소련도 이 같은 사실을 잘 알고 있었다.

699 Hungarian Embassy to the DPRK, Report, 5 February 1962, KTS, 13. doboz, 27/a, 007407/1962.

700 Report, Embassy of Hungary in North Korea to the Hungarian Foreign Ministry, 5 April 1962, MOL, XIX-J-1-j-Korea, 13. doboz, 27/z, 0025/RT/1962.

소련지도부는 북한 여론이 김일성의 우상숭배문제에 관심이 있어 보이지면 실제로 북한지도부 안에서 이 문제는 논의의 대상이 아니라고 지적하였다. 당·정에서 김일성의 권위는 날로 높아지고 있었으며, 북한 지도부는 점차 자력갱생이나 주체와 같은 구호를 내세워 주민들에 대한 당적 통제수위를 높이고 있었던 것이다.

1962년 3월, 조선로동당 중앙위원회 제4기 제3차 전원회의에서는 김일성이 외국의 원조 없이도 사회주의를 건설할 수 있다고 주장하기에 이르렀다. 그는 이 회의에서 외국에 대한 의존을 지양하고 내부 원천을 최대한 동원하여 자체의 힘으로 사회주의를 건설하는 이른바 '자력갱생'을 강조하였다.[701] 자력갱생의 혁명 정신은 "풀이 있고 물이 있는 모든 곳에서는 그 어디서나 살고 싸우며 승리할 수 있다는 조선 공산주의자들의 전통적 정신"으로 설명되었으며 북한 경제건설의 기본 원칙으로 정립되기에 이르렀다.[702] 나아가 4월, 『근로자』에 실린 「공산주의 교양의 력사적 과업은 성과적으로 해결되고 있다」는 제하의 글은 "수정주의, 교조주의 등 일체 비맑스주의적 사상 요소와 부르죠아 사상의 침습을 반대하여 결정적으로 투쟁"할 것을 요구하고 공산주의 교양을 강화하고 주체를 확립할 것을 다짐하였다.[703]

701 "당 조직 사업과 사상 사업을 개선 강화할 데 대하여(1962년 3월 8일)," 『김일성 저작선집 3』 (평양: 조선로동당출판사, 1968), p. 329.

702 권두언, "자력 갱생은 공산주의자들의 혁명적 기풍이다," 『근로자』, 제3호(1962년), p. 2; 권두언, "조선 인민의 당면한 전투적 과업," 『근로자』, 제18호(1962), p. 34.

703 김승일, "공산주의 교양의 력사적 과업은 성과적으로 해결되고 있다," 『근로자』, 제4호(1962), p. 80. 이외에도 이 시기에 『로동신문』에 실린 "조선 로동당은 항일 무장 투쟁의 계승자이며 조선 인민의 모든 승리의 조직자이다."라는 김일의 논설에서도 "맑스-레닌주의의 순결성을 견결히 고수"하고 모든 분야에서 주체

소련지도부는 그러나 북한이 주장하는 자력갱생은 중국의 구호에서 유래했으며, 주체 역시 "맑스-레닌주의 원칙을 북한의 구체적인 현실에 맞게 적용한다."는 것과는 거리가 멀다고 비판하였다.[704] 사실 자력갱생은 중국의 연안공산주의 혁명경험에서 결정적인 영향을 받은 것이었다. 중국의 대약진운동도 농민대중의 무한한 혁명적 잠재역량에 대한 믿음에 기초하여 자력갱생에 의한 공업과 농업의 동시적 발전을 추진하려는 마오쩌둥의 대실험이었다. 1961년 11월 김일성이 자력갱생을 주장한 맥락과 1960년 7월 소련 정부가 중국주재 소련전문가의 완전 철수를 통보해 왔을 때 마오가 자력갱생과 집단주의정신 등을 재차 강조한 맥락은 동일했다.[705]

오히려 소련지도부가 바라본 북한 경제는 상당히 모순적이었다. 1962년, 소련은 북한뿐만 아니라 모든 사회주의 국가에 사회주의 진영 내의 "노동분업과 전문화 원칙"에 입각하여, 사회주의 진영의 전반적인 경제에 대한 의무이행을 위해 코메콘(Communist Economic Conference: COMECON, 경제상호원조회의)에 가입할 것을 요구했다. 1949년, 미국의 마샬플랜에 대항하여 탄생한 코메콘은 경제적인 면에서 사회주의 공동체를 모색하려 하면서 사회주의적 국제분업화와 생산증대를 실현하려는 목표를 지니고 있었다. 당시 코메콘 가입국들은 소

---

를 확립할 것을 요구하는 등 동일한 논조의 내용을 찾아볼 수 있다. 『로동신문』, 1962년 4월 25일.

704 Report, Embassy of Hungary in North Korea to the Hungarian Foreign Ministry, 5 April 1962, MOL, XIX-J-1-j-Korea, 13. doboz, 27/z, 0025/RT/1962.

705 서진영, 『현대중국정치론: 변화와 개혁의 중국정치』(서울: 나남출판, 1997), pp. 38-39; 서진영, 『중국혁명사』(서울: 한울, 2002), pp. 293-297.

련의 중앙통제적 계획하에 생산의 전문화를 추진하고 증산목표를 달성하도록 되어 있었다. 1960년대 소련에 의한 코메콘 경제 통합 계획은 비교 우위의 원칙에 입각하여 각국의 생산물을 전문화 혹은 분업화하고 이를 위해 각국의 경제 계획을 통제하고자 했다.

그러나 이러한 정책은 북한과 같은 진영 내 경제적 후진국에게는 불리한 것이었다.[706] 자급자족적인 경제를 이상적인 형태로 간주하고 있었던 북한은 코메콘에 가입하기를 극구 거부하였다. 북한이 코메콘 회원국이 되기를 거부하는 이유는 다른 나라들처럼 "의존적"이 되는 것을 꺼리기 때문으로 설명되었다.[707] 북한은 경제 분야에서 소련으로부터 주어진 역할을 강요받기를 거부하였을 뿐만 아니라 오히려 소련에 막대한 경제원조를 요구하였다. 북한은 동시에 오직 국내시장만을 활용하여 내부수요를 충족시킬 목적하에 자립경제를 강력히 주장하였다.[708] 그런데 문제는 북한지도부가 집단주의와 자력갱생의 원칙에 따라 야심차게 사업을 전개한다고 해서 인민들의 생활수준이 더 나아지지 않았다는 사실이다.[709] 헝가리대사관은 자국 외무성에 보내는 보고

706 김달중, "동구의 대소 관계," 김달중·정갑영·성백남 공저, 『동구의 정치 경제』 (서울: 법문사, 1992), pp. 135-136.

707 "Statement by Two North Korean Students in Communist Bulgaria, Addressed to Todor Zhivkov," October 04, 1962, History and Public Policy Program Digital Archive, Central State Archive, Sofia, Fond 1-B, Opis91, A.E. 380, p. 9-15.

708 북한지도부는 자립적 민족경제가 형제국가 간의 협동 및 노동 분업을 효과적으로 수행할 뿐만 아니라 진영의 힘을 증진시키는데 기여한다고 주장했다. 정진위, 『북방삼각관계』, pp. 90-91.

709 북한 주부들은 상품부족과 가파른 물가상승에 시달리고 있었으며 상점에서는 구매할 상품이 없다고 불평하였다. 감자, 사과, 밀가루는 각각 36%, 50%, 111%가 인상되었으며 북한지도부는 일주일에 하루를 더 추가적으로 지정하여 "자발적"인 노동을 하도록 강요했다. Szalontai, *Kim Il Sung in the Khrushchev Era*, p. 182.

에서 북한의 자력갱생에 대해 다음과 같이 설명했다.

"'자력갱생'으로 잘 알려진 구호는 고도로 자급자족하며 민족주의적인 성격을 지니고 있으며, 지난 12월 전원회의(1961년 12월 1일 당 중앙위원회 제4기 제3차 전원회의를 지칭)에서 김일성 동지가 제시하였다. 그 후로 자력갱생은 조선의 국내 및 경제정책과 사상사업의 기초가 되었다. 쿨라에프스키(Kulaevsky) 동지가 조선로동당원으로부터 입수한 정보에 따르면, 이 구호는 소련공산당 제22차 대회에 대한 조선로동당 지도부의 반응으로, '우상숭배정권의 자기방어'라고 할 수 있다. 들은 바에 따르면, 김일성 동지는 조선로동당 중앙위원회 3월 전원회의(제4기 제3차 전원회의)에서 자력갱생에 대해 설명하면서 '우리는 소련이 알바니아에게 그랬던 것처럼, (소련이) 우리를 내칠 경우에 반드시 대비해야 한다.'고 주장한 것으로 알려졌다."[710]

그러나 소련은 '자력갱생', '주체' 등을 비롯한 다양한 정치적 선동은 북한의 경제성장에 아무런 도움이 되지 않을 뿐더러 많은 문제점을 일으키고 있다고 평가하였다. 소련지도부가 본 북한 경제의 가장 근본적인 문제는 정치적 구호를 내세워 비현실적인 목표를 설정하고, 비효율적인 관리운영을 하는 것이었다.[711]

반면 이 같은 외부세계의 평가와는 달리, 북한지도부는 경제문제의 원인을 내부에서 찾지 않았다. 북한지도부는 우선 북한의 경제노선

710 Report, Embassy of Hungary in North Korea to the Hungarian Foreign Ministry, August 1962, MOL, XIX-J-1-j Korea, 11. doboz, 24/b, 002304/1/RT/1962.

711 헝가리대사관 역시 김일성은 좋은 조직관리능력을 갖고 있는 사람이지만 일반이론과 경제적 지식이 매우 부족하여 군사적인 방식으로 사업을 수행하기를 선호한다고 지적하였다. *Ibid.*

이 중국과 소련, 그 누구와 긴밀한 관계에 놓이려는 것이 아니라 대외 의존도를 줄이고 자립경제를 달성하고자 하는 의지임을 주장하였다. 외무상 박성철은 자력갱생에 대한 소련의 비판을 의식한 듯 "어떤 사람들(소련지도부를 지칭)이 우리가 국수주의적이며, 국제주의적 노동분업에 반대한다고 비판하는 것을 잘 알고 있다."고 말했다. 그는 이어서 "우리는 작은 목표를 갖고 적게 일하였으며 소련 동지들로부터 많은 기술을 요구하고 소련과 중국에 북한의 사회주의 건설에 더 많은 책임을 지게 함으로써 여러 기생적인 태도를 보여 왔다. 이것은 잘못됐다. 우리가 자력갱생을 택한 이유가 바로 여기에 있다. 어떤 사람들은 우리가 소련과 다른 사회주의 국가들의 경험을 무시하고 코메콘에 가입하기를 꺼린다는 말과 연결 지으려 한다."며 자력갱생에 대한 비판에 정면으로 반박하였다.[712]

북한지도부는 한편으로 북한의 경제적 위기를 동유럽 국가들의 원조 중단에 의한 것으로 비난하고 당내에서 코메콘에 대한 비판 강연을 활발히 열었다.[713] 북한은 특히 소련의 코메콘 가입 종용이 북한 경제를 소련의 경제권에 밀접하게 종속시키려는 것이라고 판단하였다. 따라서 흐루시초프가 코메콘의 회원국 수를 급격히 증가시키려 한 1962년 6월 회의 이후로는 참관국(observer) 자격으로도 참여하지 않기로 했다.

712 Memorandum of Conversation between Soviet Ambassador to North Korea Vasily Moskovsky and North Korea Foreign Minister Pak Seongcheol, 26 August, AVPRF, Fond 0102, Opis 18, Papka 93, Delo 5, Listy 28−29.

713 1962년 1월, 북한은 동유럽 국가들의 원조 감소에 대한 보복으로 코메콘 가입국가인 동독에 동(銅)과 소금 등이 절실한 상화임에도 불구하고 판매를 거부하였다. Hungarian Embassy to the DPRK, Report, 5 February 1962, KTS, 11. doboz, 25/b, 002290/1962; Szalontai, *Kim Il Sung in the Khrushchev Era*, p. 184에서 재인용.

북한은 그동안 소련의 엄격하고 인색한 경제원조 정책에 불만을 품어왔다. 김일성은 자립경제노선을 채택하게 된 원인을 소련의 고압적인 원조 제공 태도에서 찾았다. 그는 "소련에서 고작 기계 한 대를 얻기 위해 흐루시초프에게 최소 열 번은 조아려야만 했다. 그래서 우리는 경제에서의 자립을 추구할 수밖에 없다."라고 주장하였다.[714] 소련은 북한에 제공하기로 약속한 원조에 기계설비를 포함하기를 거부하였고, 제공하기로 약속한 물품을 이미 체결한 협정까지 파기하며 주지 않았을 뿐만 아니라 구매를 약속한 상품들의 구입마저 취소하였다.[715] 이에 따라 소련의 대북원조는 1958년을 기점으로 현저히 줄어들기 시작하여 1962년에는 전무에 가까웠다.[716] 여기에는 북한의 경제가 성장함으로써 사회주의 진영의 원조의 절대량이 예전의 수준만큼 필요하지 않다는 것이 또 다른 이유가 되었다.

그러나 비교적 오랫동안 북한의 자립경제 건설에 대해 불만을 품었던 소련이 북·중 유착과 북한의 알바니아 지지에 불만을 품고 대북 경제지원을 급속히 감소시킨 것도 또 다른 원인이었다. 1961년 7월 조소동맹을 체결하면서 북한은 소련으로부터 2,500만 루블의 차

714 "Statement by Two North Korean Students in Communist Bulgaria, Addressed to Todor Zhivkov," October 04, 1962, History and Public Policy Program Digital Archive, Central State Archive, Sofia, Fond 1-B, Opis91, A.E. 380, p. 9-15.

715 고정웅, 『조선노동당의 반수정주의 투쟁 경험』(평양: 사회과학출판사, 1995), pp. 97-99; 이태섭, 『김일성 리더십 연구』(서울: 들녘, 2001), p. 296.

716 양호민, "중·소 대립 속의 북한," p. 263. 공산주의 진영의 경제통합계획을 주장하고 있던 소련은 애초 북한의 7개년 계획에 대해 회의적이었을 뿐만 아니라 이를 포기하지 않으면 대북 경제원조를 중단할 것이라고 으름장을 놓았다. Jungwong A. Kim, "The Long March of North Korea's Kim," *The New York Times Magazine*, February 25, 1968, p. 168; 정진위, 『북방삼각관계』, p. 71에서 재인용.

관을 얻는 데 성공한 것으로 알려졌으나, 북한이 소련의 반중국 캠페인에 미지근한 반응을 보이자 차관 제공이 중단되었다.[717] 결과적으로 1961~1966년까지 북한과 소련의 무역액은 정체 상태였으며, 1961~1965년 사이에 북한은 소련의 위성국들이라고 할 수 있는 사회주의 국가들로부터 새로운 차관을 확보할 수도 없었다.[718] 기계, 설비, 원료, 원자재, 식료품 등 거의 모든 부분에서 소련에 의존하고 있던 북한 경제가 소련의 원조 중단으로 큰 타격을 입은 것은 어찌 보면 매우 당연했다. 그럼에도 불구하고 북한은 경제위기를 벗어나기 위해 코메콘에 가입하는 방법은 절대 취하지 않았다. 북한지도부는 오히려 자립경제의 대상과 범위를 확장하는 방식으로 경제위기를 벗어나려 하였다.

북한이 소련의 정책에 공감을 할 수 있는 영역이 줄어들면서 조소관계는 점차 표면적으로 변해갔다. 1962년 3월 16일, 북한과 소련은 3월 17일「조쏘 량국 간의 경제적 및 문화적 협조에 관한 협정」의 체결 13주년을 맞이하여 이를 축하하는 서신을 교환하였다.[719] 4월 14일, 소련은 김일성의 50번째 생일(4월 15일)을 맞이하여 축하 전문을 보낸 바 있으며, 7월에는 조소동맹 체결 1주년을 기념하여 양국이 성명을 통해 지속적인 우호관계와 상호협조를 약속하고 8월에는 해방 17주년을 기

717 김기수, "북한의 대외경제정책," 양성철·강성학 공편, 『북한외교정책』(서울: 서울프레스, 1995), pp. 108, 113.

718 나탈리아 바자노바 저, 양준용 역, 『기로에 선 북한 경제: 대외 경협을 통해 본 실상』(서울: 한국경제신문사, 1992), pp. 27, 53–54, 97.

719 『로동신문』, 1962년 3월 17일.

념하여 전문을 교환하였다.[720] 북한은 이처럼 1962년 동안 소련과 몇 차례 전보 교환 및 성명을 통해 양국의 우호관계를 확인하고 지속적인 상호 협력을 약속하였다. 그러나 이는 대부분 형식적인 것에 지나지 않았으며 고위사절단의 교환방문은 전혀 이루어지지 않고 있었다.

김일성을 비롯한 조선로동당 지도부는 소련공산당 제20차 대회와 제22차 대회의 내용을 학습하려 하지 않았으며 이들은 오히려 소련공산당의 신노선을 지지하는 공산주의자들을 억압하였다. 북한의 언론 역시 소련공산당 대회의 몇몇 주제들을 제외하고 관련 보도를 하지 않았기 때문에 인민들은 제20차 대회와 제22차 대회의 결정에 대해 알지 못하였다. 사회주의 국가에서 유학 중인 북한 학생들은 소련공산당 제20차 대회와 제22차 대회에 대해서 언급하지 않도록 되어 있었는데, 이를 어길 경우에는 반당주의자이자 현대수정주의자인 것으로 간주되었다. 대외정책과 관련하여, 소련의 평화공존은 한반도의 통일과 중국의 대만 해방을 가로막는 것으로 비난받았으며 중국이 물질적 원조를 아끼지 않는데 비해 소련은 아시아와 아프리카에서의 민족해방을 지지하지 않는다고 비판받았다. 북한에서는 소련의 영향력을 감소시키기 위해 라디오 모스크바(Radio Moscow) 방송을 송출하지 않은지 오래되었으며, 소련의 신문과 잡지 구독이 금지되었다. 나아가 조선로동당은 1962년 3월 전원회의에 이어 오직 알바니아를 제외하고 유럽의 모든 사회주의 국가들에 반대하는 선전들을 더 많이 하도록 지시하였다.[721]

720 『조선중앙통신』, 1962년 4월 15일, 1962년 7월 15일; 『로동신문』, 1962년 8월 15일.

721 "Statement by Two North Korean Students in Communist Bulgaria, Addressed to Todor Zhivkov," October 04, 1962, History and Public Policy Program Digital Archive, Central State Archive, Sofia, Fond 1-B, Opis91, A.E. 380, p. 9-15.

반면 북중관계는 더욱 긴밀해지고 있었다. 북한은 중국, 알바니아, 북베트남에서 들려오는 소식들에 특별히 귀를 기울였으며 소련공산당 제22차 대회 이후로 중국인 방문객들의 수는 급증하였다. 1962년 1월에는 해외무역상을 필두로 하는 중국대표단이 1962년 무역협정에 서명하기 위해 북한을 방문하였다.[722] 4월 14일, 중국공산당 지도부는 축전을 보내 김일성의 50번째 생일을 축하하고 그를 "중국 인민들의 가장 친한 친구"라고 지칭하였다.[723] 이어 전국인민대표대회 상무위원회 부위원장이자 중국공산당 중앙위 정치국위원인 평전(彭眞)을 대표로 한 중국사절단이 방문하여 4월 23~5월 3일까지 11일간 체류하였다. 함흥시를 방문한 중국사절단을 맞이하기 위해 모인 북한의 인파는 무려 6만여 명에 달할 정도로 이들은 열렬한 환호를 받았다. 평전은 방북기간 동안 곳곳을 돌아다니면서 북한 정부의 자급자족적인 경제정책을 칭송하는데 여념이 없었다. 그는 평양시 군중대회에서 김일성의 자력갱생 정신은 중국인민들에게 깊은 인상을 주었으며 북한의 경제재건은 미국에 강력한 타격이 되고 있다고 높이 평가하였다.[724]

위와 같은 평전의 발언은 소련과 중국이 북한의 경제정책을 전혀 다른 눈으로 보고 있다는 것을 의미했고, 중국이 중소분쟁에서 북한의

722 정진위, 『북방삼각관계』, pp. 80-81.

723 『조선중앙통신』, 1962년 4월 15일.

724 『로동신문』, 1962년 4월 25일. 이 밖에도 평전은 수많은 기업소, 공장, 협동 농장, 관개 시설, 문화기관 등을 참관하면서 북한이 성공적으로 맑스-레닌주의를 북한의 현실에 맞게 창조적으로 적용하였다고 거듭 칭찬하였다. 북한 최고인민회의 상임위원회는 조중 양국 인민의 친선과 항미 원조의 공로를 높이 사 평전에게 국기 훈장 제1급을 수여하였다. "최고 인민 회의 대표단의 중화 인민 공화국 방문," 『조선중앙년감 1963』 (평양: 조선중앙통신사, 1963), p. 192.

지지를 얻기 위해 어떠한 노력을 기울이고 있는지 보여주는 예가 되었다. 6월 15일부터 7월 2일까지는 박금철을 단장으로 하는 최고인민회의 대표단이 주더(朱德) 중국전국인민대표대회 상무위원회 위원장의 초청으로 중국을 친선 방문하였다. 박금철은 7월 14일 최고인민회의 상임위 확대회의에서 "공동의 원쑤를 반대하는 투쟁에서 피로써 맺어진 조중 량국 인민의 친선 단결은 영원 불멸할 것이다."라는 귀환보고를 함으로써 한층 가까워진 중국과의 관계를 과시하였다.[725]

북한지도부의 마음은 이제 중국으로 상당히 기울어졌다고 할 수 있었다. 비록 모든 분야에서 북한과 중국이 완전히 일치한 입장을 견지하는 것은 아니었지만 지난 1년 반 동안 양국 지도부의 관계가 긴밀해졌음은 분명했다. 북한의 외교정책은 거의 모든 면에서 중국의 그것과 상당히 유사한 형태를 띠고 있었으므로 이를 지켜보는 소련지도부의 심기는 매우 불편할 수밖에 없었다. 북한의 대외정책은 여러 측면에서 동유럽 형제 국가들의 의구심을 자아냈다. 심지어 중소분쟁에서 북한이 취한 중립적 자세가 실제로는 중국의 지시에 의한 것일지도 모른다는 추측도 있었다.[726] 평양 주재 동유럽 외교관들은 북한의 중립을 표방한 편중 외교정책을 의심의 눈초리로 지켜보았다. 이들은 북·중 양국이 반제국주의 투쟁과 식민지 민족해방운동을 가장 중요한 시대적 과업으로 삼고 있기 때문에 외교노선이 완전히 동일하다고 지적했다.[727]

725 *Ibid.*, p. 191.

726 Report, Embassy of Hungary in North Korea to the Hungarian Foreign Ministry, August 1962, MOL, XIX–J–1–j Korea, 11. doboz, 24/b, 002304/1/RT/1962.

727 *Ibid.* 중국이 아시아 각국에서 진행되고 있던 민족해방전쟁을 강력히 지지하고 있었다는 점 또한 김일성의 깊은 공감을 샀다. 중국공산당은 베트남과 조선의

김일성은 이제 더 이상 유럽중심적이고 미제국주의와의 화해를 외치는 흐루시초프의 외교정책에는 공감하지 않았다. 그는 한국에 호전적인 자세를 취하기를 원하였으며 반제투쟁이 지속적으로 전개되기를 희망하였고, 북한에 대한 소련의 통제력을 약화시킬 수 있는 방법을 모색하고 있었다.[728]

## 2. '군사로선'의 등장

### (1) '평화공존원칙'의 지지 철회

1962년 12월 조선로동당 중앙위원회 제4기 제5차 전원회의는 북한의 국가발전노선에서 매우 중요한 의미를 지니는 회의 중 하나라고 할 수 있다. 바로 인민경제에 일부 지장을 받더라도 국방력을 강화하고 이에 필요한 중공업우선노선을 견지하기로 결의한 최초의 회의이자 '4대 군사로선'의 등장을 알린 회의이기 때문이다. 전원회의에서는 '조성된 정세와 관련한 국방력 강화문제'를 토의하고 '국방에서의 자위원칙'으로 '전민의 무장화, 전군의 간부화, 전국토의 요새화, 전군의 현대화'를 내용으로 하는 '4대 군사로선'을 채택하였다.

---

통일은 협상만으로는 불가능하다는 입장이었다. 이것은 1960년과 1961년 남한의 정치 변동 사태에 주의를 기울이며 통일을 모색해 보려던 김일성의 마음을 움직였다. 다만 중국이 이미 경제정책에서의 실패를 경험하였고 북한은 이를 목격하였기 때문에 농업 분야에서만큼은 중국의 방법을 따르지 않았다.

728 Szalontai, *Kim Il Sung in the Khrushchev Era*, p. 188.

북한의 국방력 강화 방침은 동 전원회의에서 본격적으로 논의되었다. 그러나 당시 북한의 안보환경의 변화를 고려해 볼 때, 북한이 국방력을 강화한 시기는 1962년 12월 전원회의보다 앞서 있었다. 이미 1962년 봄부터 북한의 거리 곳곳에는 "전민 무장화"라는 슬로건이 등장하고 있었기 때문이다.[729] 북한지도부는 이제 "평화공존은 반드시 사회주의 혁명과 식민주의에 대항한 투쟁, 민족 해방, 계급 해방을 제공해야 한다. 평화를 위한 투쟁 단독은 안 된다."며 평화통일을 지지하던 입장을 완전히 철회하였다.[730] 나아가 이들은 한국이 미제국주의자들을 스스로 퇴치할 정도로 강하지 않기 때문에 남북문제의 평화적 해결은 불가능하다고 보고 전쟁의 필요성을 주장했다.[731] 북한지도부는 특히 "사회주의 진영의 힘"을 보여줄 것을 부단히 강조하였는데, 이들이 말하는 진영의 힘이나 단결은 북한의 한반도 무력 통일 계획에 대한 사회주의 국가들의 지지를 의미하였다.

북한지도부는 평화공존을 주장하는 소련의 입장에 원칙적으로는 동의하지만 대남관계에 적용하기는 어렵다는 점을 암시해 왔다. 이 말

729 Hungarian Embassy to the DPRK, Report, 29 April 1962, KTS, 8. doboz, 5/f, 004855/1/1962.

730 외무성 제1부상 박춘혁은 북한이 1953년 정전협정에 서명한 것에 대해 전쟁과 계급투쟁은 서로에게 필요요소라며 "정전에 동의한 것은, 전쟁을 계속하겠다는 것에도 동의한 것"이라고 주장했다. Report, First Extra-European Department, 3 May 1962, SAPMO-BA, DY 30, Ⅳ 2/20/136.

731 *Ibid.* 북한의 외무부상 김태희는 "민주주의가 없다면 남한과의 협상도 있을 수 없다. 그러므로 현재의 조건에서 민주주의적 권리와 자유를 위해 싸우는 것이 주요 임무이며 박정희 정권을 무너뜨리기 위해 싸워야 한다."고 주장하였다. 그는 남한에서 미 점령자들이 쫓겨나가고 박정희 정권이 무너지지 않는 이상 평화적인 재통일은 있을 수 없다며 군부정권이 남한을 통치하고 있는 1962년의 상황이 1960년 4월의 상황보다 더 심각하다고 주장하였다.

은 곧 평화공존은 한반도 평화통일을 위한 이상적인 대안이 아니며, 북한정권은 계속해서 반제투쟁을 이어가겠다는 뜻이었다. 따라서 소련의 외교노선에 대한 북한의 대외적 발언과 내부의 견해에는 상당한 온도 차이가 있었다. 1962년 4월 13일, 북한 외무부상 김태희는 슈나이데빈트 동독대사에게 현재 미제국주의자들이 호전적인 도발을 증가하고 있으며 북한은 전쟁에 대비한 준비를 지시하고 있다고 하였다. 특히 그는 현재 북한은 방어태세를 갖추고 '전민 무장화'를 위한 방책을 취하고 있다고 덧붙였다. 그러나 통일에 대한 북한지도부의 입장은 1961년 9월 제4차 당 대회에서 밝힌 그대로이며 변한 것이 없다고 밝혔다. 즉 북한은 평화공존을 위한 제안을 했고 인민들은 이러한 제안들을 현실화하기 위해 투쟁하고 있다는 것이다. 그러나 근본적으로 북한지도부는 연방제와 평화공존원칙에 반대하는 입장이었다.[732]

반제투쟁에 대한 북한의 강력한 의지는 국방력 강화에 대한 관심을 환기시키는 한편, '계속혁명론'과 '전쟁불가피론'을 주장하는 중국과 이데올로기적 이해관계가 일치됨으로써 북중관계가 긴밀히 발전하는 데 기여하였다. 1962년 6월 16일, 조선로동당 중앙위는 1963년도 경제계획을 주제로 비밀회의를 열었다. 북한지도부는 국방력 증진에 관심을 기울이고 조·중 접경지역에 위치한 강계시에 군수공장단지 건설에 착수하기로 결정하였다.[733] 이들은 표면적으로는 평화통일을 지지하는

732 *Ibid.* 한편 외무상 박성철은 평화공존을 추구하는 북한과 남한이 대화할 가능성은 현재로서는 없지만, 그렇다고 "남한 해방이 반드시 전쟁에 의해 달성될 수 있다는 뜻은 아니며 북한은 여전히 평화통일을 희망하고 있다."는 상당히 모순된 발언을 했다.

733 Report, Embassy of Hungary in North Korea to the Hungarian Foreign Ministry, August 1962, MOL, XIX-J-1-j Korea, 11. doboz, 24/b, 002304/1/RT/1962.

것처럼 말했지만, "북한이 평화공존을 주장하면, 민주세력들은 박정희 정권이 전복되고 미국인들이 철수한다는 희망을 잃을 것"이라고 믿었다. 평화공존에 회의적인 북한의 입장은 형제국가들에게 북한이 인민무장을 통해 "미제국주의자들"과 남한 내 "파시스트" 세력에 대항하여 전쟁준비에 박차를 가하겠다는 뜻으로 인식되었다.[734] 동독대사관은 평화공존과 남북통일에 대한 북한의 입장을 다음과 같이 정리하여 본국에 보고하였다.

> "현재 북한의 정책들로 미루어보아, 북한은 제국주의와 협상할 의향이 없다. 제국주의자들과의 협상은 그들에게 간청하거나 나약함을 드러내는 것으로 비쳐진다. 북한지도부의 발언은 평화공존이 사회주의 국가들의 외교정책의 근간이라는 사실을 더 이상 지지하지 않는 것이라고 봐야 한다. 이것은 소련공산당 제22차 대회와 모스크바회의에서 외교정책과 관련한 결의안의 채택을 공개적으로 부정하는 것이다. 조선로동당의 이러한 정책은 중국·알바니아의 해석을 강하게 반영하고 있다."[735]

북한과 중국의 긴밀한 관계, 특히 대외정책에 있어서 완벽한 견해 일치는 중소분쟁에서 경쟁관계에 있는 소련과 동유럽 위성국가들에게

734 그러나 북한의 이 같은 주장은 불과 며칠 후인 6월 21일, 남측에 평화통일을 제안하고, 국군에 불가침 조약과 상호 군비 축소를 제안한 것과는 완전히 배치되었다. 한편 최고인민회의 제2기 제11차 회의에서는 외세에 의존하지 말고 자체적으로 민족 내부 문제를 해결할 것을 강조하고, 남한의 국가재건최고회의, 사회·정치활동가들과 전체 인민들에게 보내는 조선민주주의인민공화국 최고인민회의 서한과 세계 각국 국회에 보내는 조선민주주의인민공화국 최고인민회의 서한을 만장일치로 채택하였다. 『조선중앙통신』, 1962년 6월 21일.

735 Report, First Extra-European Department, 3 May 1962, SAPMO-BA, DY 30, Ⅳ 2/20/136.

불안감을 심어주었다. 동시에 진영 내에서 북한의 상대적 가치는 상승하고 있었다. 북한은 중국에 상당히 기울어진 것처럼 보였지만 한편으로 명확한 입장을 바라는 소련에 모호한 태도로 일관했기 때문이었다. 1962년 8월, 소련은 흐루시초프를 대표로 하는 소련공산당과 정부대표단의 방북 의사를 표명한 제안서를 보냈는데, 이에 대해 북한은 한동안 답을 하지 않아 소련을 초조하게 만들었다.[736] 그러나 북한의 망설임은 중소분쟁의 틈 속에서 자국의 가치를 상승시키려는 전략적 의도를 가진 것이라기보다 조소관계에 민감한 반응을 보이는 중국과의 관계를 고려한 망설임의 결과였다.

흐루시초프는 조선로동당과 내각의 정책으로 미루어 보아, 북한이 중·소 사이에서 동요하고 있다고 판단하였다. 그는 조소관계를 개선시키지 않는다면 북중관계가 상대적으로 더 긴밀해질 것이라고 보고, 앞으로 소련의 행동 여하에 따라 북중관계가 변화할 수 있을 것으로 기대했다. 따라서 소련지도부는 알바니아를 대할 때와는 사뭇 다른 자세로 북한에 접근을 시도함으로써 이들이 어느 정도 북한의 독재자와 그의 통치방식을 인정하고 있다는 인상을 남기려 했다.

736 당시 김일성은 신장절제술을 받고 완전히 회복되지 않은 상태였다. 그러나 모스코프스키 소련대사는 소련대표단의 방북 허가 요청에 대한 북한지도부의 무반응이 단순히 김일성의 건강문제 때문은 아닐 것이라고 추측했다. 흐루시초프의 극동지역 방문은 중국을 애매한 입장에 처하게 할 수 있기 때문에 북한지도부가 중국측과 이 문제에 대해서 계속 상의하느라 답변 시기를 놓쳤다는 것이 소련의 추측이었다. 소련지도부는 열흘을 기다린 끝에 "흐루시초프 동지가 소련 북쪽의 방어체제를 시찰하기 위해 여행할 계획이므로 올해에는 조선을 방문할 시간이 없을 것 같다."며 방북제안을 했던 것을 철회하였다. Report, Embassy of Hungary in North Korea to the Hungarian Foreign Ministry, 27 August 1962, MOL, XIX-J-1-j Korea, 5. doboz, 5/bc, 0066/1962.

1962년 8월 9일, 강경파로 알려졌던 푸자노프에 이어 모스코프스키(Vasily Petrovich Moskovsky)가 새로운 소련대사로 부임하였다. 푸자노프와 북한지도부의 관계가 매끄럽지 않았다는 사실을 알고 있던 흐루시초프는 모스코프스키가 북한지도부와 갈등을 일으키지 않고 조소관계를 긍정적인 방향으로 이끌어주기를 바랐다. 따라서 그는 모스코프스키가 평양으로 떠나기 전 김일성의 심기를 거스르지 않도록 당부하였다. 흐루시초프는 소련공산당이 스탈린의 우상숭배문제를 조선로동당에 기계적으로 적용하는 실수를 범했다고 인정하고, 고립된 스탈린의 사업방식과 인민들을 활발히 접촉하는 김일성의 사업방식은 엄연히 다르다며 김일성을 추켜세웠다. 그는 모스코프스키에게 김일성의 우상숭배문제를 들추지 말고 북한 내부의 입장을 존중해줄 것을 특별히 부탁하였다.[737]

흐루시초프는 모스코프스키를 통해 조·소 양 당과 정부 사이의 관계를 발전시키고 싶다는 메시지를 김일성에게 전달했다. 메시지를 전달받은 김일성은 매우 기뻐하며 깊은 공감을 표시하였다. 김일성은 1962년 8월 14일 새로 부임한 소련대사 모스코프스키와 만난 자리에서 조·소 양국의 인민들과 정부 및 정당, 그리고 모스코프스키 대사와 김일성 사이의 형제적 우애와 협조의 관계는 앞으로 더욱 견고해지고 발전할 것이라며 자신감을 보였다. 김일성은 또한 조소관계의 역사와 전통을 강조하고, 북한은 해방자인 소련의 당과 정부를 앞으로도 변함없이 지지할 것이며 새로 부임한 소련대사의 업무에도 도움을 아끼지 않

737 *Ibid.*

을 것임을 약속하였다.[738] 소련지도부가 김일성의 이러한 대답을 듣고 기뻐하지 않을 이유는 없었다.[739] 어느 정도 북한을 자신의 편으로 유인하였다고 믿었던 소련지도부는 북한에 방공 지원을 포함한 상당한 수준의 군사지원을 약속하였다.[740]

소련지도부는 조소관계가 분명 예전보다 눈에 띄게 개선되었다고 믿어 의심치 않았다. 그리고 소련지도부에게 있어 조소관계의 회복은 중국과의 대결에서 소련의 우위를 점할 수 있다는 것 외에도 소련이 북한의 내정에 일정 정도 다시 관여할 기회를 잡았다는 것을 의미했다. 푸자노프의 임기 말년과 비교하여 보았을 때, 소련대사관 직원들과 군사연락관들은 북한 관료들을 수월하게 만나볼 수 있었으며 북한 내무성과 민족보위성에 관련된 업무들을 감독할 수 있도록 허가도 받았다. 이는 모두 소련의 군사적 지원에 힘입은 것이었다. 소련은 북한에 잠수

---

738 8월 18일 저녁에는 소조친선협회대표단이 북한을 방문하여 평양 문화회관에서 '조소 친선의 밤' 행사가 우호적인 분위기 속에서 진행되었다. 『조선중앙통신』, 1962년 8월 18일.

739 모스코프스키 대사는 건강이 좋지 않은 김일성에게 소련에 와서 치료를 받도록 여러 차례에 걸쳐 권고하였고, 김일성은 그의 호의에 감사를 표시하였으나 북한에서 처리해야 할 업무량이 많다는 이유로 그의 호의를 모두 거절하였다. 그러나 실제로는 자신의 소련 방문이 중국지도부에 부정적으로 인식될 가능성을 우려하였던 것으로 보인다. Notes from a Conversation Comrade Durcak of the Czech Embassy in the DPRK with the Soviet Ambassador, Comrade Moskovskii, on 28. Ⅷ. 1962, 28 August 1962, History and Public Policy Program Digital Archive, State Central Archive, Prague, File A. Novotny, Foreign Affairs, KPDR.

740 김일성은 모스코프스키에게 자신이 1961년 여름 모스크바를 방문하는 동안 소련이 북한에 상당한 군사원조를 제공하였다고 말한 바 있다. 또한 8월 15일 이후에도 모스코프스키를 만나 군사 문제에 대해 논의하기로 약속했다. Memorandum of Conversation between Soviet Ambassador to North Korea Vasily Moskovsky and Kim Il sung, 14 August 1962, AVPRF, Fond 0102, Opis 18, Papka 93, Delo 5, Listy 3−9.

함과 평양 방어를 위한 시설들을 포함한 군수물품을 제공하였고, 북한은 소련의 군사지원에 매우 기뻐하였다. 김일성은 반드시 이러한 상황이 도래하기를 바랐던 것은 아니지만, 중국과 소련의 정치적 갈등관계로 인해 경제·군사적 이득을 확실하게 취하고 있었으며 북한의 국방력 강화에 탄력을 받게 되었다.[741]

그런데 북한은 소련의 군사적 지원을 매우 당연시하면서도 중국과의 관계를 의식하여 이를 철저히 비밀에 부치려 하였다. 1962년 8월 25일, 소련대사관의 군사담당관 유스티노프(Ustinov) 대령은 모스코프스키 소련대사에게 보내는 보고에서 북한에 지원하기로 한 비행기들이 중국 국경 근처 공항에 성공적으로 착륙하였다고 밝혔다. 그러나 그는 비행기들을 착륙시키는 과정에서 한 가지 문제점에 봉착하였다.

> "조선인들은 소련의 공군조종사들이 이 비행장에 비행기를 착륙시키는 것을 중국인들이 알아차리거나 직접 목격하길 원하지 않는다. 따라서 공군조종사들을 비행장으로부터 떨어진 지역으로 재빨리 이동시키고 다른 지역에서 휴식을 취하도록 모든 방법이 동원되었다. 조선(북한)에서는 소련 비행기와 잠수함의 존재가 중국 동지들에게 알려지지 않도록 되어 있다. 우리는 여전히 이런 현상이 일어나는 이유를 알 수 없다."[742]

741 10월 17일, 김일성은 모스코프스키에게 조선인민군은 소련의 군사장비의 제공을 추가적으로 요청하였고, 50만의 인민군 중 최대 30만이 참호 속에 있다며 사회주의 진영에서 가장 높은 비율로 국방비를 지출하고 있다고 고백한 바 있다. Hungarian Embassy to the DPRK, Report, 27 October 1962, KTS, 5. doboz, 5/bc, 0081/RT/1962.

742 Memorandum of Conversation between Soviet Ambassador to North Korea Vasily Moskovsky and Acting Soviet Military Attaché Ustinov, 1 September 1962, AVPRF, Fond 0102, Opis 18, Papka 93, Delo 5, List 48.

뿐만 아니라 북한은 소련으로부터 막대한 군사원조 약속을 받아내었음에도 이전과 달리 적극적으로 소련을 지지하지 않음으로써 예전과 같은 긴밀한 양국관계를 원하지 않는 듯했다. 조소관계의 회복이 어려워진 데에는 크게 세 가지 이유가 있었다.

첫째, 북한에 대한 중국의 영향력이 매우 커진 상태였다. 따라서 소련이 북한의 환심을 사기 위해 사회 전반에 만연한 김일성 우상화와 민족주의적 성향에 대해 굳이 지적하지 않았음에도 불구하고 조소관계는 북중관계보다 우선시 되지 않았다. 특히 중국이 한국전쟁에 참여하여 북한을 대신해 많은 희생을 감내하였단 사실은 북중관계를 근본적으로 깨뜨리기 어렵게 하였다. 1962년 봄, 모스코프스키가 소련대사로 부임하기 전 그는 소련의 외교사절로서 북한을 방문한 적이 있었다. 이때 만났던 북한대표 중 한 사람은 "북한지도부는 소련과 소련공산당의 정책에 완전히 동의한다."면서도 "조선인들 사이에서 중국지원군에 대한 기억이 여전히 매우 강하다."며 북한과 중국의 특별한 관계에 대해 듣게 되었다. 이어서 그는 만일 북중관계에 어떠한 견해차가 발생한다면 필연적으로 북한 내부에 그 흔적이 남게 될 것이라며 북한에 대해 중국이 강한 영향력을 발휘하고 있음을 암시하였다.[743]

743 Notes from a Conversation Comrade Durcak of the Czech Embassy in the DPRK with the Soviet Ambassador, Comrade Moskovskii, on 28. Ⅷ. 1962, 28 August 1962, 28 August 1962, History and Public Policy Program Digital Archive, State Central Archive, Prague, File A. Novotny, Foreign Affairs, KPDR. 소련지도부는 북한의 환심을 사기 위하여 많은 노력을 기울였다. 모스코프스키의 말에 따르면, 그가 북한대사로 부임하게 되었을 때 흐루시초프는 김일성이 원하는 것은 무엇이든 들어주고 당내 스탈린 우상화에 대한 비판은 김일성과는 아무런 관련이 없다는 것을 전하여 김일성이 "그 문제(우상화)로 고통 받지 않도록" 하라고 지시하였다. 소련지도부는 심지어 그토록 비난해왔던 농업과 공업 분야에서의

둘째, 북한이 사상적 측면에서 소련과 견해를 달리하게 되면서 양국 간의 긴밀한 관계 회복은 더욱 더 어려워졌다. 수정주의사상에 대한 북한의 경계 수위는 점차 높아졌고 소련의 사상적 영향에서 벗어나기 위해 스스로를 고립시키는 방법을 선택하기에 이르렀다. 한 예로, 북한 당국은 소련을 비롯하여 기타 동유럽 사회주의 국가에서 공부하는 모든 북한 유학생들을 본국으로 송환한 바 있었다. 당시 북한지도부는 동유럽 사회주의 국가들의 맑스-레닌주의 교육 방식에 치명적인 문제가 있다고 믿었다. 이들은 자국 출신의 유학생들이 수정주의사상에 물들지 않을까 노심초사하였고 수정주의사상의 확산을 통제하기 위해 모든 유학생들의 본국 송환을 결정하였다. 강제 귀국한 유학생들은 당국의 지시 아래 사상검증을 받았으며 맑스-레닌주의에 관해 재시험을 치러야만 했다. 북한지도부는 유학생들이 모국에 대한 지식이 결여된 상태이며, 맑스-레닌주의는 북한에서 더 잘 가르치고 있으므로 유학생들이 굳이 외국에서 학습하지 않아도 된다고 주장하였다. 소련은 맑스-레닌주의를 교육하는 방법은 나라마다 차이를 보이는 것이 일반적이지만, 북한에서는 일부 대학에서 맑스-레닌주의를 대체하여 '주체'라는 사상 교재가 발견되고 있다는 점을 문제 삼았다.[744]

셋째, 알바니아와 북한의 특별한 관계는 조소관계의 완전한 회복

---

북한지도부의 정책들에 대해서도 긍정적으로 이야기하기 시작했다. 또한 과거 북한의 청산리방법이 중국의 대약진운동의 영향을 받은 것이라며 비난하여 왔으나 소련지도부는 북한의 환심을 사기 위해 천리마운동을 "성공적이며 입증된 사업"이라고 칭송하였다.

744 이에 대해 북한의 고등교육상 김종항은 동독 유학생들이 조국으로 돌아오길 거부하였다면서 그 이유가 동유럽 국가들의 잘못된 맑스-레닌주의 교육에 있었다고 반박했다. *Ibid.*

에 장애요인이었다. 1961년 말까지 북한은 소련과의 관계를 의식하여 알바니아에 대한 적극적 지지 입장을 표명하기를 삼가고 중소분쟁에서도 중립적 입장을 지키겠다고 선언하였다. 그러나 1962년에 들어서는 알바니아의 공개적인 소련 비판을 묵인하는 등 중립정책이라고 보기 어려운 태도로 일관하였다. 1962년 10월, 평양 주재 알바니아대사관은 소련지도부를 강력하게 비판하는 내용의 책자를 배포하였다. 사실을 접한 모스코프스키 대사는 외무상 박성철에게 항의를 표시하였으나 그는 이 문제에 대해 소극적으로 대처하였다. 소련이 재차 이에 대해 문제삼자 김일성은 알바니아 대사를 소환하여 사건에 대해 해명하도록 요구할 것이며, 현재 북한 정부는 중소분쟁에서 어느 편에도 서지 않을 것임을 재확인하였다. 그러나 다른 한편으로 김일성은 북한의 내부문제에 소련대사가 지속적으로 개입하는 것을 불쾌하게 여기고 있었다. 그는 모스코프스키 대사에게 그의 전임인 이바노프의 예를 들면서 "본인을 제거하려고 했으나 그 자신이 숙청되었으며 본인은 여전히 당을 이끌고 있다."며 소련지도부의 내정간섭에 경고의 메시지를 보냈다.[745]

### (2) 쿠바미사일위기와 조소관계의 분열

한편 1962년 10월 중·인 국경분쟁과 쿠바미사일위기 등 일련의 안보위기 상황에서 소련의 소극적 자세로 말미암아 중국의 대소 신뢰도

745 Hungarian Embassy to the DPRK, Report, 27 October 1962, KTS, 5. doboz, 5/bc, 0081/RT/1962.

가 급감하면서 중소관계는 더욱 냉각되었다. 소련은 1959년 발생한 중국과 인도의 국경분쟁에서 뒤늦게나마 중국을 지지하였으나 1962년에는 인도를 지지하였다.[746] 중국은 이를 두고 소련공산당이 인도 반동파와 결탁하고 네루(Jawaharlal Nehru)와 반동동맹을 체결한 것이라며 강력히 비판하였다.[747] 마침 비슷한 시기에 쿠바에서 미·소의 군사적 충돌 가능성이 일어났다. 1962년 9월에 체결한 「소련·쿠바무기원조협정」에 따라 쿠바가 소련의 미사일을 도입하기로 하고 중거리 탄도미사일 발사대를 건설하자, 이를 항공촬영으로 확인한 미국이 쿠바에 대해 해상봉쇄 조치를 내림으로써 쿠바미사일위기가 발생한 것이었다. 미국 케네디(John F. Kennedy) 대통령은 흐루시초프에게 UN의 감시하에 공격용 무기를 철거할 것을 요구하고 소련이 핵미사일 기지의 철거 및 파괴에 응하지 않으면 전면전도 불사하겠다고 선포했다. 이윽고 소련은 10월 26일 미국이 쿠바를 침공하지 않는다는 것을 약속한다면 미사일을 철거하겠다는 뜻을 미국에 전달했다. 미국은 소련의 제안을 수락하였고 흐루시초프는 10월 28일 미사일의 철거를 명령하였다.

쿠바미사일위기는 군사적 충돌 없이 종료되었으나 이 과정에서 중국은 충격과 분노를 금치 못하였다. 중국공산당은 쿠바미사일위기가 흐루시초프가 미제국주의자들에게 굴복한 것이라며 그 원인은 바로 수

746 북한은 수차례에 걸쳐 『인민일보』나 중국 외교부 성명, 국방부 대변인 등의 성명을 여과 없이 언론에 공개함으로써 북한이 중·인 국경분쟁에서 중국을 지지하는 입장에 있음을 확실히 나타냈다.

747 양호민, "중·소 대립 속의 북한," p. 251. 중국 측의 주장에 따르면 소련은 인도 반동파에게 군사원조를 제공하였는데 이 중 3분의 2가 중·인 국경분쟁 후에 지급된 것이라고 한다. 반면 소련은 중국이 반제국주의 친선의 단결에 해를 끼치고 있다고 비난 성명을 냈다.

정주의와 평화공존정책에 있다고 맹공을 퍼부었다.[748] 1962년 겨울, 유럽 일부 국가의 공산당 대회가 개최되자 소련은 이를 활용하여 중국공산당을 집중적으로 공격하였다. 이에 대항하여 중국공산당은 1962년 12월 15일부터 1963년 3월 8일까지 『인민일보』와 『홍기』에 이론 문서 7편을 발표함으로써 소련공산당에 반격을 가했다. 이 글들은 현대 세계의 모순, 전쟁과 평화, 국가와 혁명, 현대수정주의 비판 및 국제공산주의의 내부 단결 등 다양한 문제에 대한 중국공산당의 입장을 대변하고 있었다.[749] 또한 1963년 9월 1일자 중국 정부의 성명은 쿠바미사일위기에서 소련의 결정에 대한 중국의 강한 책망이 담겨 있었다. 중국은 소련이 경솔하게 카리브해에 미사일을 끌어들임으로써 핵전쟁의 위험을 조성하는 "모험주의"의 과오를 범했다고 비난하였다. 나아가 종국에는 미사일을 굴욕적으로 철거하고 쿠바에 대한 미국의 국제사찰을 수락함으로써 "투항주의(capitulationism)"의 과오마저 범했다고 비판하였다.[750]

김일성 역시 쿠바미사일위기에서 소련의 소극적인 대처를 제국주의에 굴복한 것으로 간주하고 실망감을 감추지 못했다. 쿠바미사일위기에서 소련의 굴욕적인 양보를 목격한 이후, 북한지도부의 미국에 대한 위협인식은 더욱 증폭되었다. 한편으로 소련의 군사적 우위에 대한 확신도 점차 희미해지기 시작했다. 김일성은 10월 23일에 개최된 최고

748 『人民日報』, 1963年 9月 6日; 양호민, "중·소 대립 속의 북한," p. 251에서 재인용.

749 중국중앙공산당사연구실, 『중국공산당역사 중』, pp. 491–492.

750 1963년 9월 1일자 '중국정부성명'; Griffith, *The Sino-Soviet Rift*, pp. 383–385에서 재인용. 반면 소련 정부는 9월 21일의 정부 성명을 통해 쿠바미사일위기에서 소련의 결정은 미국의 쿠바 침략 계획을 저지시킨 것이라며 세계평화는 소련지도자들의 침착하고 현명한 이성의 소리 덕분에 유지되고 있다며 흐루시초프의 조치를 옹호하였다. Griffith, *The Sino-Soviet Rift*, pp. 60–61.

인민회의 제3기 제1차 회의에서 발표한 시정연설에서 사회주의 국가들의 평등과 자주, 상호존중과 내정불간섭을 주장하고 진영의 분열은 수정주의자들에 의해 야기된 것이라는 입장을 드러냈다. 또한 평화는 투쟁을 통해서 쟁취하는 것이라고 주장함으로써 반제투쟁에 대한 의지를 굽히지 않았다.[751] 이러한 연설은 암묵적이지만 대외관계에서 소련이 주장하는 평화공존과 중소분쟁에서의 태도를 강력히 비난하는 것이었다.

그러나 아직까지 사회주의 진영에서 소련을 대신하여 북한에 더 확실한 안보를 제공해 줄 수 있는 국가는 존재하지 않았다. 따라서 북한지도부는 안전보장을 위해 소련에 대한 불만을 숨겼으며 가능한 비난을 자제하였다. 소련과 어렵게 맺은 동맹관계 및 소련으로부터의 획득할 수 있는 경제·군사적 원조를 상기해본다면, 북한의 공개적인 소련 비판은 득이 될 것이 없었기 때문이다.[752]

비슷한 시기 북한은 중국으로부터 원조를 제공받는 데에도 성공하였다. 1962년 10월 26일, 내각 부수상 리주연을 단장으로 무역상 리원겸, 국가계획위원회 부위원장 최만현 등 북한정부 무역대표단이 중국에 파견되어 11월 5일 「1963~1967년 주요물자 상호 공급 협정」을 체결하였다. 북한대표단은 저우언라이 국무원 총리와 허룽, 리셴녠(李先念), 뤄루이칭(羅瑞卿) 등 3명의 부총리와 회담하여 11월 5일 중국과 「1963~1967년 주요물자 상호 공급 협정」 및 「1963년 상품 호상 납입에 관한 의정서」 등 4개의 협정 및 의정서들을 조인하였으며 통상 및 항해

751 『로동신문』, 1962년 10월 14일.

752 중·인 국경분쟁은 소련이 중국을 지지함으로써 북한의 외교적 행동에 비교적 쉬운 선택이 가능했다. 그러나 쿠바미사일위기에서 보여준 소련의 외교력에 대한 중국의 비판은 북한을 딜레마 상황에 빠트렸다.

에 관한 조약을 체결하였다[753]. 이를 통해 북한은 7계년 계획 수행에 필요한 연료, 광물, 농산품, 화학공업 제품, 흑색 금속 및 종합설비 등 주요 물자들을 납입받을 수 있게 되었다고 발표하였다.[754]

그러나 이는 순전히 경제부분에 관한 것이어서 북한의 안보 불안은 사라지지 않았다. 북한은 최소한 안보문제에 있어서 만큼은 소련의 확고한 보장을 필요로 했던 것으로 보인다. 따라서 북한은 소련을 비판하여 관계를 악화시키기보다 소련이 북한문제에 관심을 환기시킬 수 있는 방법을 택하였다. 북한지도부는 적어도 표면적으로는 소련을 비판하지 않았을 뿐더러 소련이 쿠바미사일위기에서 훌륭한 결정을 내렸다고 칭찬하기까지 했다.[755]

10월 25일, 『조선중앙통신』에 미국을 규탄하는 성명이 발표되었고, 이튿날에는 평양시에서 쿠바에 대한 미국의 무력침공을 반대하는 반미 군중집회가 개최되었다.[756] 10월 29일자 『로동신문』은 "평화를 사랑하는 사회주의 진영의 모든 동지들은 확고한 자세를 취하여 미 제국주의자들이 쿠바에서 즉시 손을 떼도록 만들 것"을 촉구한다고 밝혔다.[757] 11월 1일, 쿠바미사일위기가 거의 마무리 되어 가던 시점에는 김일성이 소련대사 모스코프스키와 만난 자리에서 중국의 비협조적인 자세를 비난하고 북한이 소련 지지입장을 밝혔다. 김일성은 "어떤 집단(중

753 『조선중앙년감 1963』, p. 360 ; p. 381.

754 『로동신문』, 1963년 11월 6일.

755 『로동신문』, 1962년 10월 26일, 1962년 10월 29일.

756 평양시 군중대회에서는 쿠바 인민에게 보내는 서한이 공개되었으며 평양 주재 쿠바 전권대사의 연설이 있었다. 『조선중앙통신』, 1962년 10월 25일; 『로동신문』, 1962년 10월 27일.

757 『로동신문』, 1962년 10월 29일.

국을 가리킴)에서는 흐루시초프의 계획이 미국에 양보하는 것으로 비추어질 수 있다는 것을 알고 있다. 그러나 본인은 개인적으로 이런 복잡한 상황에서 소련 정부와 흐루시초프 동지가 완전히 옳은 결정을 내렸다고 본다. 이 결정을 소련의 나약함이라고 불러선 안 되며, 오히려 소련 정부의 힘과 지혜라고 불러야 한다. 사회주의 진영은 지금 당장 전쟁이 필요한 것이 아니다."라며 소련을 두둔하였다.[758] 김일성은 지금은 전쟁이 필요하지 않다는 사실을 거듭해서 강조하였는데, 그가 정말로 전쟁이 불필요하다고 생각해서 한 말이라기보다 소련과의 관계를 의식한 수사(修辭)였을 가능성이 높다. 왜냐하면 1962년 11월 상반기에 열린 북한 외무성 회의에서 흐루시초프는 '유화주의자'로 묘사됐기 때문이다. 더불어, 스탈린이었다면 제국주의의 압력에 굴복하지는 않았을 것이라는 냉소적인 평가도 이어졌다.[759]

북한지도부는 북한이 핵무기 개발은 허가받지 못하더라도 최소한 소련이 미국의 핵위협으로부터 안전을 보장해주기를 바랐다. 마침 북한은 미국이 핵개발 관련 정보를 서독에 판매하여 핵확산에 앞서고 있

758 그러나 동시에 김일성은 "어떤 나라에서도 혁명은 부드럽게 진행되지 않는다. 많은 예기치 않은 일들이 발전과정에서 발생하며 쿠바에서의 혁명은 러시아인, 조선인, 중국인, 체코인에 의한 것이 아닌 쿠바 인민들 스스로에 의해 일어난다."며 주체의 입장을 다시 한 번 강조했다. Memorandum of Conversation between Soviet Ambassador to North Korea Vasily Moskovsky and Kim Il Sung, 1 November 1962, AVPRF, Fond 0102, Opis 18, Papka 93, Delo 5, Listy 135-138.

759 Hungarian Foreign Ministry, Memorandum, November 1962, KTS, 5. doboz, 5/bc, 0085/RT/1964. 1962년 12월, 내각 부수상 리주연이 체코슬로바키아 당 대회에 참석하기 위하여 프라하를 방문했을 때, 체코슬로바키아인들이 쿠바미사일 위기에 대해 어떻게 생각하느냐고 묻자 그는 갑자기 무릎을 꿇고는 "이것이 흐루시초프가 케네디에게 애원한 방법이다."라고 조롱하였다. Hungarian Embassy to the DPRK, Report, 18 January 1963, KTS, 8. doboz, 5/f, 002085/1963.

으며, 핵무기를 한반도에 사용할 가능성 역시 매우 높다고 우려하였다. 소련이 사회주의 진영에서 가장 확실한 안전 보장을 제공할 수 있는 능력을 갖추고 있음에도 미국의 핵확산에 상응하는 조치를 취하지 않자 김일성의 불만은 점차 커져 갔다.[760]

1962년 11월 14일, 김일성은 모스코프스키 대사를 통해 소련이 북한의 방위력, 특히 공군력에 대한 지원요청을 촉구하였다. 그는 "흐루시초프와 코즐로프 동지는 극동지역의 안보에 김일성 자신보다 더 많은 관심을 두고 있으니 북한이 이러한 요청을 하는 이유를 알고 있을 것"이라며 소련이 북한의 안보를 책임지도록 은근한 압박을 가하였다. 쿠바미사일위기로 인해 대공방어의 필요성을 절감하고 있었던 김일성은 북한의 공군력은 해안선의 상당 부분을 커버하지 못할 정도로 취약하다고 고백하였다. 그는 구체적으로 소련에 잠수함과 MiG-21을 요청하고 지대공 미사일 부대를 현재의 2개에서 14개 사단으로 증가할 수 있기를 희망했다. 모두 1억 루블의 경비가 들 것으로 예상되었으나, 북한은 이만큼의 액수를 지불할 수 있을 만한 능력이 되지 않았으므로 늘 그렇듯이 무상지원을 희망하였다.[761]

그러나 북한에 대한 소련의 신뢰결핍은 군사원조에 대한 망설임으로 나타났다. 기본적으로 흐루시초프는 아시아 정치에 무지했고 반제

760 Conversation between Soviet Ambassador in North Korea Vasily Moskovsky and North Korean Foreign Minister Pak Seongcheol, 24 August 1962, AVPRF, Fond 0102, Opis 18, Papka 93, Delo 5, Listy 22-23.

761 김일성은 무기 및 군수물품 이외에도 1만 톤의 면과 6~7만 톤의 밀 등 생활용품과 식량을 요구했다. Memorandum of Conversation between Soviet Ambassador to North Korea Vasily Moskovsky and Kim Il Sung, 14 November 1962, AVPRF, Fond 0102, Opis 18, Papka 93, Listy 152-154.

투쟁 노선을 견지하는 김일성과 마오쩌둥의 아시아 혁명에 대한 시각을 이해하지 못했다. 흐루시초프는 제국주의에 대항하여 강력한 투쟁의 전개를 주장하는 북한의 지도자로부터 모험주의의 위험성을 발견하고 소련의 무기를 건네주어도 좋을지 고민하였다. 결정적으로 그동안 김일성이 중소대립에서 보여 온 이중적인 태도는 소련이 대북 군사원조를 거절하게 된 근본적인 이유가 되었다. 11월 5일부터 14일까지 개최된 불가리아 공산당 8차 대표대회에서 소련은 쿠바미사일위기에서 중국이 반소입장을 보인 것에 대항하여 대대적인 반중국 캠페인을 전개하였다. 그럼에도 불구하고 북한은 소련을 적극 지지하기보다 '수정주의'의 위험성을 설파하는 데 더 많은 공을 들였다.[762]

이념적 측면에서 중국에 공감하고 있었던 북한은 11월 17일『로동신문』에「맑스-레닌의 혁명적 기치를 한층 높이들자」라는 사설을 통해 현대수정주의의 위험성을 경고하였다. 이로써 북한의 이중적 외교행태의 한계가 표면화되었다.[763] 사설은 흐루시초프나 소련을 일컬어 현대수정주의로 표현하지는 않았으나 쿠바미사일위기에서 소련이 보여준

762 불가리아 공산당 대회에서 소련의 중국 비판에 대한 내용은 吳冷西,『十年論爭 1956-1966 中蘇關係 回顧錄 (下)』(北京: 中央文獻出版社, 1999), pp. 507-508; 최명해,『중국·북한 동맹관계: 불편한 동거의 역사』(서울: 오름, 2009), p. 207에서 재인용.

763『로동신문』, 1962년 11월 17일. 김일성은 쿠바미사일위기 발생 이튿날인 1962년 10월 23일, 최고인민회의 제3기 제1차 회의에서 한 연설에서 '미제국주의'에 맞서 싸우는 쿠바 인민들의 혁명을 지지하며 계속해서 사회주의 진영이 단결하여 쇠퇴하는 '미제국주의'와 투쟁할 것을 주장하였다. 그러나 동시에 현대수정주의자들이 사회주의 진영의 단결을 파괴할 뿐만 아니라 제국주의자들의 앞잡이가 되어 침략 계획을 도와주고 있다며 이들의 노력은 사회주의 혁명 역량이 강화되고 있는 현 시점에서 헛된 것이라고 강조하였다. "조선민주주의인민공화국 정부의 당면과업에 대하여: 최고인민회의 제3기 제1차 회의에서 한 연설(1962년 10월 23일),"『김일성저작집 16』(평양: 조선로동당출판사, 1982), pp. 485-495.

행동을 시종일관 비난하고 제국주의자들에게 굴복하였음을 나무라고 있었다. 불과 사흘 전인 11월 14일, 김일성은 소련대사에게 "우리는 소련공산당을 완전히 지지한다. 우리는 소련공산당의 대내외 정책의 올바름에 아무런 의심도 하지 않는다."고 말하였던 것과는 완전히 대비되는 내용이었다.[764]

반면 김일성은 모스코프스키 대사가 북한의 군사대표단 파견 의사를 소련정부가 수락한다고 알릴 때까지만 하더라도 원하는 것을 쉽게 얻을 수 있을 것이라고 생각했다. 마침 흐루시초프가 인도에 MiG-21과 다른 군수장비들을 제공하기로 서명한 터라 김일성의 기대감은 어느 때보다 높았을 것이다.[765] 그러나 북한의 기회주의적 행동으로 인해 소련의 대북 신뢰도는 급격히 떨어지고 있었으며 북한대표단의 외교적 성과는 대외원조에 고스란히 반영됐다.

11월 28일, 김광협을 단장으로 하는 북한의 군사대표단이 비밀리에 모스크바를 방문하였으나 소련으로부터 아무것도 얻을 수 없었다. 소련은 조선인민군에 무기를 제공할 의향은 있으나 차관형태로는 제공하지 않겠다고 하였다. 소련은 북한에게 지불 능력이 없다는 것을 알면서도 의도적인 계산에 따라 구매를 원하는 무기들에 대해 즉시 값을 치

764 Memorandum of Conversation between Soviet Ambassador to North Korea Vasily Moskovsky and Kim Il Sung, 14 November 1962, AVPRF, Fond 0102, Opis 18, Papka 93, Listy 152-154.

765 Sergey Radchenko, *Two Suns in the Heavens: the Sino-Soviet Struggle for Supremacy, 1962-1967* (Washington, D.C.: Woodrow Wilson Center Press; Stanford, California: Stanford University Press, 2009), pp. 77, 126. 소련이 자본주의 국가인 인도에 무기공급 결정을 내린 것은 소련공산당 내부에서도 잡음을 일으켰다. 이 사건으로 흐루시초프는 계급 인식이 부족하다는 인상을 남겼으며 그의 실각에 영향을 미친 정책들 중 하나로 지적되곤 했다.

르도록 요구하였다.[766] 이것은 곧 북한의 군사원조 거부를 의미하는 것이나 마찬가지였다. 소련의 원조 중단은 북한의 경제뿐만 아니라 연료와 신예무기, 주요부품 등을 모두 소련에 의존해왔던 군사분야에 큰 타격을 주었다.[767] 이 사건을 계기로 북한과 소련의 관계는 심각한 균열 위기에 이르렀다.

12월 5일, 김광협이 빈손으로 귀국하자 중소분쟁에서 표면적으로나마 중립을 지키던 북한은 점차 노골적으로 중국을 지지하였다. 반대로 소련공산당에 대한 비난은 더욱 거세어졌다. 김일성은 1962년 12월 10~14일까지 진행된 조선로동당 중앙위원회 제4기 제5차 전원회의에서 "제국주의자들은 자기들의 전쟁 및 침략 정책을 실현시킴에 있어서 수정주의자들을 리용하고 있다. 현대 수정주의자들은 제국주의에 로골적으로 복무하면서 맑스-레닌주의 혁명 정신을 거세하고 인민 대중의 투쟁 의식을 마비시키며 제국주의 침략 정책을 각방으로 비호하고 사회주의 진영의 통일을 파괴하려고 악랄하게 책동하고 있다."고 주장했다. 이는 소련이 주체 없이 쿠바미사일위기에서 미국과 합의한 것에 대한 뒤늦은 공개비판이었다.[768]

766 Hungarian Embassy to the DPRK, Report, February 1963, KTS, 5. doboz, 5/bc, 0012/RT/1963. 마침 쿠바미사일위기가 끝난 지 얼마 지나지 않은 시점이라, 흐루시초프가 굳이 북한에 대량의 무기를 제공함으로써 미국과 신경전을 벌일 이유도 없었다. 소련의 무기제공 거부는 나름의 정당한 근거를 갖고 있었다.

767 함택영, "주체사상과 북한의 국방정책", 양재인 외, 『북한의 정치이념: 주체사상』(서울: 경남대 극동문제연구소, 1990), pp. 164-165.

768 "조선로동당 중앙 위원회 제4기 제5차 전원 회의에 관한 보도," 『조선중앙년감 1963』, p. 159.

### (3) 조선로동당 제4기 제5차 전원회의: 국방에서의 자위

1962년 12월 10일부터 14일까지 진행된 조선로동당 중앙위원회 제4기 제5차 전원회의에서는 소련에 대한 비판의 수위가 더 높아졌을 뿐만 아니라 국제정세에 따른 국가발전노선에도 근본적인 변화가 감지되었다. 김일성은 크게 두 가지 사항에 대해 언급했다. 첫 번째는 미제국주의의 도발적 행동들에 대항한 사회주의 진영의 단결과 북한의 국방력 강화였으며, 두 번째는 국방력을 강화할 데 따른 중공업 우선의 경제건설이었다. 당 중앙위는 국방력의 물질적 토대를 더욱 튼튼히 다지기 위해 모든 근로자들이 '자력갱생'의 기치를 높이 들고 모든 분야에서 증산하고 절약하는 것은 물론 혁신을 추구할 것을 강조하였다.[769]

이어 '4대 군사로선' 중 전군의 현대화를 제외하고 전군의 간부화·전인민의 무장화·전국의 요새화가 우선 제시되었다.[770] 『조선중앙년감 1963』에는 북한의 군사노선에 대해 다음과 같이 설명하고 있다.

> "전원회의는 전체 인민이 무장하고 우리의 방위력을 철벽같이 강화하며 우리의 온 강로를 난공 불락의 요새로, 진지로 전변시킬 데 대하여 특히 강조하였다.
>
> 전원회의는 인민 군대를 간부 군대로 육성할 데 대한 당의 방침을 철저히 관철함으로써 인민군 대렬을 정치 사상적으로, 군사 기술적으로 더욱 강화할 데 대하여 강조하였다. 전원 회의 결정에는 다음과 같이 지적되여 있다.

769 *Ibid.*

770 '4대 군사로선'이 확립된 것은 1966년 10월에 열린 제2차 당 대표자회에서였다. 이와 관련해서는 함택영, "주체사상과 북한의 국방정책", pp. 163-166.

《전체 당원들과 근로자들은 한 손에 무기를 들고 다른 한 손에 낫과 마치를 들고 원쑤들의 침해로부터 우리의 거리와 마을, 우리의 사랑하는 향토를 믿음직하게 보위하면서 사회주의를 더욱 성과적으로 건설하여야 한다.》[771]

전원회의는 국방력의 물질적 토대를 더욱 튼튼히 다지기 위하여 전체 근로자들이 자력 갱생의 기치를 더욱 높이 들고 당의 경제 정책을 받들고 모든 분야에서 증산하고 절약하며 부단한 혁신을 일으킬 것을 강조하였다.

전원 회의는 인민 경제 발전에서 일부 제약을 받더라도 우선 국방력을 강화하여야 한다고 지적하였다."[772]

또한 전원회의에는 북한이 소련의 노선을 무조건적으로 추종하지 않겠다는 방침을 표명한 사실이 드러나 있었다. 전원회의 보도는 수정주의자들이 제국주의자들을 추종하면서 맑스-레닌주의 혁명정신을 무너뜨릴 뿐만 아니라 사회주의 진영을 분열시킨다고 강하게 비판하였다. 나아가 "중공업 부문 앞에 나선 중심 과업은 계속 중공업의 골간에 살을 붙이고 생산을 철저히 정상화하며 채취 공업에 력량을 집중하는 것"이라며 중공업우선의 경제건설을 포기하지 않을 것임을 다짐하였다.[773] 북한지도부는 회의에서 논의된 내용들을 소련에는 철저히 비밀에 부쳤다. 현대수정주의에 대한 비판, 제국주의에 대항한 국방력의 강

771 "전체 당원들과 근로자들은 한 손에 무기를 들고, 다른 한 손에 낫과 망치를 들고 조국을 보위하며 동시에 사회주의를 건설해야 한다."는 표현은 알바니아 정권의 구호를 채택한 것이다. 당시 북한과 알바니아의 긴밀한 관계를 확인해주는 대목이다. Szalontai, *Kim Il Sung in the Khrushchev Era*, p. 193.

772 "조선로동당 중앙 위원회 제4기 제5차 전원 회의에 관한 보도," 『조선중앙년감 1963』, p. 159.

773 *Ibid.*, p. 160.

화, 중공업우선발전의 경제정책까지 어느 하나 소련의 긍정적 호응을 기대할 수 없었기 때문에 12월 전원회의 결정을 비공개하는 것은 어찌 보면 당연했다.

1962년 12월 전원회의 결정에 따라, 1963년 국가예산지출에서 국방비가 차지하는 비중이 크게 증가하였다. 정확한 수치는 공개된 바 없으나 1963년 5월, 최고인민회의 제3기 제2차 회의 예산보고에서 "국가의 방위력을 백방으로 강화할 목적에서 그에 필요한 자금 지출을 예견한다."고 밝힌 것으로 보아 국방비가 증액되었음을 예상할 수 있었다. 또한 전술한 바와 같이 북한은 이미 1962년 4월부터 전민 무장화를 주장하고 있었고, 1962년 중반에는 인민군이 공사현장에 투입되는 일이 줄어드는 대신에 순전히 국방경계태세를 갖추는 데 집중하고 있었다.[774] 1963년 초에 김일성은 이미 참호 건설뿐만 아니라 북한이 핵전쟁에 유리한 지형을 갖고 있다는 이유로 산속에 방공호들을 짓는 등 대대적인 공사에 돌입하도록 지시한 상태였다. 김일성은 미국의 핵폭탄 사용 가능성에 대비하여 지하에 갱도 건설을 촉구하였으며 이들이 모두 연결되도록 하라고 지시하였다.[775]

소련 및 동유럽 대사관에서는 조선로동당 전원회의의 국방력 강화 결의에 대해 유감스럽게 생각하면서도 몇 가지 모순되는 점을 지적하지 않을 수 없었다. 첫째, 북한은 한국이 모험주의적 행동을 벌일 가능

774 Hungarian Embassy to the DPRK, Report, 7 January 1963, KTS, 11. doboz, 24/b, 00385/1963.

775 Report, Embassy of Hungary in North Korea to the Hungarian Foreign Ministry, 15 February 1963, XIX-J-1-j Korea, 6. doboz, 5/d, 0011/RT/1963; Report, Embassy of Hungary in North Korea to the Hungarian Foreign Ministry, 27 May 1963, XIX-J-1-k Korea, 5/f, 1/25/17-1/1963.

성이 낮다고 평가하면서도 평시에 국방력을 강화하자는 결의안을 통과시켰다.[776] 둘째, 1962년 12월 전원회의 결의안은 분명 "전반적 국내외 정세가 조선 인민의 혁명 위업에 유리하게 발전하고 있다."고 시작하고 있었지만 북한은 특별한 방어수단들을 필요로 하고 있었다.[777]

북한은 이제 점점 소련의 통제를 벗어나 예측할 수 없는 방향으로 나아갔다. 다만 소련의 우려는 경제적 어려움에 처한 북한이 남한을 상대로 섣불리 군사작전을 수행할 것 같지 않다는 전망에 잠식되었다. 그러나 역설적으로 북한의 어려운 경제상황이 약간의 모험을 꾀하도록 만들 수도 있었다.[778] 이 말은 곧 북한의 군사력 증강이 방어적인 성격에만 국한되지 않을 수도 있다는 것이었다.

북한의 입장에서 볼 때 국제정세가 긍정적으로 변화했다고는 하지만 당시 베트남에서의 상황, 쿠바미사일위기, 반공적 성격의 박정희 정권, 한일 국교정상화 문제 등 아시아지역과 한반도의 정세를 상기하면 자체적인 국방력의 강화는 반드시 필요했다. 북베트남은 남베트남의 디엠(Ngo Dinh Diem) 정권과 미제국주의자들과 맞서 싸우면서 관할 영토를 넓혀갔고 미국은 좀처럼 남베트남에 핵무기를 사용할 엄두를

776 조선로동당 중앙위 부위원장 박금철은 남한이 군사모험주의적 행동을 하지 않을 것이라 믿는 두 가지 이유를 제시하였다. 첫째는 남한의 파시스트 독재에 변화의 조짐이 보이므로 당분간 내부사정으로 인해 분주할 것이며, 둘째는 남한의 경제상황이 불리하여 섣불리 모험주의적 행동을 감행할 것으로 내다보기 어렵다는 것이었다. Report, Embassy of Hungary in North Korea to the Hungarian Foreign Ministry, 15 February 1963, XIX–J–1–j Korea, 6. doboz, 5/d, 0011/RT/1963.

777 "조선로동당 중앙 위원회 제4기 제5차 전원 회의에 관한 보도," 『조선중앙년감 1963』, p. 157.

778 Report, Embassy of Hungary in North Korea to the Hungarian Foreign Ministry, 15 February 1963, XIX–J–1–j Korea, 6. doboz, 5/d, 0011/RT/1963.

내지 못했다. 북한지도부는 이를 주시하고 미국의 핵무기 사용의지마저 꺾을 정도의 강력한 군사력이 북한에도 필요하다고 판단하였다. 미국에 의한 한일국교정상화 조짐도 북한의 안보위협을 가중시켰다. 북한은 한일회담의 진행을 비난하면서 한국은 조선인민의 누구도 대표할 수 없기 때문에 이들 간의 조약은 무효일뿐만 아니라 일본이 한국에 군대를 주둔시키려 한다고 주장하였다.[779] 특히 김일성은 이 과정에서 "동북아세아동맹"에 대한 반대 의사를 수차례 피력했는데, 이 과정에서 군사력 증강의 당위성이 다시 한 번 제기되었을 것으로 판단된다.[780]

결국 쿠바미사일위기는 소련의 지도력과 안보능력에 대한 의구심을 불러일으킨 사건이었다.[781] 쿠바미사일위기가 발발하자 북한은 쿠바인민의 투쟁을 지지하는 평양시 군중대회를 진행하고 온 사회주의 진영이 쿠바의 편에 서 있다고 강조하였다. 또한 연일 『로동신문』에 쿠바의 상황을 설명하고 미국의 봉쇄조치를 비난하였으며 카스트로 수상의 연설을 게재하는 등 깊은 관심을 표명하였다. 그런 상황에서 소련이 미국과 타협한 태도는 북한으로서 도저히 납득할 수 없는 부분이었다. 쿠바미사일위기는 소련도 언제든 북한에 대한 군사적 보호를 취소할 수

---

779 "조선 민주주의 인민 공화국 외무성 성명(1962년 12월 13일)," 『조선중앙년감 1963』, pp.155−157.

780 "조선민주주의인민공화국 정부의 당면 과업에 대하여: 최고인민회의 제3기 제1차 회의에서 한 연설(1962년 10월 23일)," 『김일성저작집 16』, pp. 441−495.

781 제임스 퍼슨(James Person)은 무엇보다도 쿠바미사일위기와 남한에 군부정권의 등장이 북한의 대중·소 관계를 변화시켰으며, 궁극적으로 북한을 핵무기 개발로 이끌었을 뿐만 아니라 그로 인한 경제적 어려움에 처하게 만든 '국방에서의 자위'로 이어졌다고 주장했다. James Person ed, "Cuban Missile Crisis and the Origins of North Korea's Policy of Self−Reliance in National Defense," North Korean International Documentation Project, E−Dossier no. 12, October 2012, pp. 1, 4.

있다는 메시지를 던졌으며 북한은 국방에서의 자위를 실현해야 할 필요성을 강하게 느꼈다.

더불어 박정희의 리더십 강화와 남한 사회에 더욱 팽배해진 반공 분위기는 북한의 안보위협을 극대화하는 요인중에 하나였다. 쿠데타를 일으켜 정권을 잡은 박정희는 강력한 리더십을 기반으로 남한의 경제상황을 일정 부분 개선시키고 있었다. 덕분에 반정부 시위를 통한 남한 정권의 전복과 같은 북한지도부가 원하는 변화의 가능성은 전혀 감지되지 않았다.[782] 북한은 남한 내 파시스트 독재자들로 인해 조선의 통일이 지체되고 있을 뿐만 아니라 평화통일에 대한 논의도 더 이상 성사되긴 어렵다고 보고 자체적인 군사력 증강을 현실화시키고자 노력했다.[783]

## 3. 핵프로그램의 시작

### (1) 핵무기에 대한 북한의 초기 인식

북한이 "자체적인 군사역량의 증진"을 주장했음에도 그것이 자력

782 1950년대에 정체되어 있었던 남한의 경제는 1960년 미화 3,180만 달러, 1963년 8,700만 달러로 급성장하고 있었다. 북한은 내부적으로 남한 경제가 어려움에 빠져 있음을 선전하면서 헐벗은 남한 인민들을 위해 통일이 반드시 필요하다고 주장하고 있었으나, 실제로 북한지도부는 비교적 객관적으로 남한 경제를 파악하고 있었다.

783 Report, Embassy of Hungary in North Korea to the Hungarian Foreign Ministry, 15 February 1963, XIX-J-1-j Korea, 6. doboz, 5/d, 0011/RT/1963.

으로는 불가능하다는 사실은 명백하였다. 일부 소련 외교관들은 1962년부터 1964년까지 사이의 긴밀한 북중관계가 북한에 대한 중국의 군사원조에 힘입은 것이라고 주장하였다.[784] 그러나 중국이 제공하는 군사원조는 소련의 원조에 비해 기술적 측면과 양적인 측면에서 턱없이 부족했다. 특히 핵무기 개발은 북한이 소련의 도움 없이 진전시키기에는 많은 어려움이 따랐다.

핵무기에 대한 북한의 관심은 우연한 계기에서 촉발되었으며 이 역시 소련의 영향에 의해서였다. 1945년 8월, 미국이 히로시마에 핵폭탄을 떨어뜨리자 스탈린은 미국이 더 이상 고립주의로 되돌아가지 않을 것이라고 판단하였다.[785] 핵무기는 스탈린의 세계전략을 완전히 바꾸어 놓았다. 그는 이제 핵무기가 힘의 균형을 깨뜨릴 것이라고 보았다. 1943년까지 소련의 원자력 프로젝트는 소규모로 운영되고 있었으며 뚜렷한 성과를 내지 못했다. 그러나 스탈린은 히로시마 원폭 이후 핵무기에 대한 미국의 독과점을 무너뜨리기 위하여 모든 국가자원을 동원할 것을 명령하였다.[786] 스탈린의 새로운 핵무기 개발정책은 소련 군사력의 많은 부분을 변화시켰으며 소련 경제의 여러 분야에서 기술적 혁신과 조직적 발전을 이끌어 냈다. 수십만 톤의 우라늄광을 채굴하고 우라늄 가공처리 발전소, 원자로와 플루토늄 공장을 건설하고 흑연

784 Report of the Soviet Embassy in the DPRK on Some New Aspects in the Korean–Chinese Relations in the First Half of 1965(June 4, 1965), AVRF, Fond 0102, Opis 21, Papka 106, Delo 20, List 24.

785 Vladislav Zubok and Constantine Pleshakov, *Inside the Kremlin's Cold War: From Stalin to Khrushchev* (Cambridge, MA: Harvard University Press, 1996), p. 43.

786 Zubok and Pleshakov, *Inside the Kremlin's Cold War*, p. 43.

료를 확보하며 핵무기의 디자인과 조립을 위한 모든 수단과 방법들이 강구되었다.

핵보유국이 되고자 하는 소련의 열망은 북한과 같은 작은 사회주의 동맹국에도 영향을 미쳤다. 소련은 1945년 말부터 원자폭탄 생산을 위한 우라늄 확보를 목표로 북한에 자국의 지질학자들을 파견하였다. 그러나 결과는 신통치 않았다. 당시 소련의 원자력 프로젝트의 수장이었던 쿠르챠토프(Igor Kurchatov)의 보고에 따르면, 북한에 매장된 우라늄광의 품질은 그다지 우수한 편이 아니었다. 1940년대 후반까지도 북한의 우라늄광에 대한 소련 지질학자들의 추가적인 조사가 진행됐으나 긍정적인 결과는 도출되지 않았다.[787]

그렇지만 김일성은 핵원료 물질들을 소련에 제공할 수 있었으며 이로 인해 한국전쟁에서 싸울 수 있는 공격용 무기들을 확보하게 되었다. 북한은 1949년 말부터 1950년 6월 25일 한국전쟁의 발발까지 소련에 농축된 모나자이트, 탄탈럼, 나이오븀, 약 9천 톤의 우라늄 광석을 수출하였다. 이는 1949년부터 1950년까지 평양에 납품된 소련의 군사장비와 무기에 대해 지불해야 할 비용을 일부 상쇄하였다.[788] 북한이 핵원료 물질들을 소련에 판매하게 된 데에는 김일성이 당시 핵무기의 효과나 북한에 매장된 자원들의 중요성을 제대로 인지하지 못했기 때문

787 Balázs Szalontai and Sergey Radchenko, "North Korea's Efforts to Acquire Nuclear Technology and Nuclear Weapons: Evidence from Russian and Hungarian Archives," *Cold War International History Project Working Paper*, No. 53 (August 2006), p. 26. 소련은 북한의 우라늄뿐만 아니라 모나자이트를 비롯한 여러 광물을 채취한 상태였다.

788 Alexandre Mansourov, "North Korea's Road to Atomic Bomb," *International Journal of Korean Unification Studies*, Vol. 13, No. 1, 2004, p. 28.

인 것으로 보인다. 아니면 김일성에게는 한국전쟁에서 싸워 이길 무기들이 더 절실했고 핵원료 물질들을 소련에 제공함으로써 충성스러운 공산주의자로서의 모습을 스탈린에게 증명할 필요가 있었을지 모른다.

북한의 기여도를 확인하기 어렵지만, 소련의 핵프로그램은 나날이 발전하였고 핵무기를 둘러싼 미소간의 경쟁에도 불이 붙기 시작했다. 소련은 1949년 8월 29일 카자흐스탄의 세미팔라틴스크(Semipalatinsk)에서 플루토늄 폭탄 실험에 성공하였다. 1952년 10월에는 미국이 열핵장치를 테스트하였다. 그리고 소련은 스탈린이 사망한 후 약 5개월이 지난 시점인 1953년 8월 12일, 세계 최초로 수소폭탄 실험에 성공하였다. 이처럼 미소 간에는 핵능력 경쟁이 끊임없이 전개되었다.

더불어 핵에너지를 둘러싼 양국의 외교경쟁 또한 심화되었고 친소국가인 북한 역시 미·소 간의 경쟁에서 자유롭지 못했다. 당시에는 미·소 양국이 "원자력의 평화적 이용(Atoms for Peace)"이라는 명목하에 자신들이 보유한 핵기술을 경쟁적으로 전파하였다. 핵기술의 확산은 순전히 기술적인 목적 아래 진행되는 것처럼 위장되었으나 실질적으로는 미·소가 진영 내의 국가들, 혹은 새롭게 진영으로 유인하려는 국가들에게 제공하는 정치적 호혜에 가까웠다. 1957년 1월, 미국의 지원을 받아 유럽원자력공동체(the European Atomic Energy Community, EURATOM)가 발족되었다. 이에 위기를 느낀 소련은 1958년에 중국과 체코슬로바키아, 1960년에 동독을 지원하여 실험용 원자로 건설을 도왔다.[789] 심지어 소련은 현대수정주의자로 공격을 받고 있던 유고슬라

789 앞서 소련은 폴란드에서 핵 연구소의 건립을 도운 바 있다. 『로동신문』, 1956년 4월 19일. 헝가리는 평화적 목적의 핵에너지의 사용에 관한 협력을 소련(1959년),

비아를 사회주의 진영으로 복속시키기 위한 유인책으로 실험용 원자로의 건설을 지원하였다. 헝가리는 1958년 5월부터 원자력 발전소 건설 지원에 대해 소련과 회담을 진행하였고, 체코와 동독은 1958년과 1960년에 각각 원자력 발전소 건립에 착수하였다.

북한 역시 1950년대 중후반 소련의 핵확산 정책의 혜택을 받았다. 이때까지 북한의 핵기술은 거의 전무한 상태였으며 그러한 이유로 소련 전문가들의 도움이 절실하였다. 북한과 소련은 1955년 2월 5일, 과학기술협력에 관한 5개년 협약에 서명하였다. 여기에는 "공동 핵 연구"를 비롯하여 기술경험과 데이터의 교환, 기술문서의 이전, 기술전문가 교환, 기타 형태의 기술지원을 제공하는 과학기술협력 등 원자력 협정 체결과 관련된 내용이 포함되어 있었다.[790] 또한 북한은 원자력 연구와 관련한 기초학문을 강화하기 시작했다. 김일성은 1955년 7월 1일 김일성종합대학에서 한 연설에서 "이제는 우리나라에서도 원자력에 대한 연구를 시작할 때가 되었다고 봅니다. 대학에서 핵물리연구사업을 진행하는 한편 이 분야의 과학자들을 계획적으로 양성하여야 하겠습니다"라며 원자물리에 대한 연구를 개척할 것을 요구하였다.[791] 이후 김일성종합대학 물리학부에 핵물리 강좌가 개설되고 1956년 과학원 수학

---

폴란드(1960년), 동독(1960년), 그리고 유고슬라비아(1965년)와 체결하였다.

790 Otnosheniya Sovetskogo Soyuza s Narodnoy Koreyey, 1945~1980. Dokumenty imaterialy (Relations of the Soviet Union and the People's Korea, 1945~1980. Documents and Materials), Moscow, 1981, pp. 109–110; Mansourov, "North Korea's Road to Atomic Bomb," p. 29에서 재인용.

791 김일성, "대학의 교육교양사업과 과학연구사업을 강화할 데 대하여: 김일성종합대학 교직원, 학생들과 한 담화 1955년 7월 1일," 『김일성전집 18』(평양: 조선로동당출판사, 1997), p. 157.

물리연구소에 핵물리 실험실이 설치되었다.

북한은 원자력의 평화적 사용을 목적으로 자국의 과학자들과 정치인들로 이루어진 대표단을 소련 두브나(Dubna)에 위치한 다국적 핵연합연구소(United Institute for Nuclear Research, UINR)에 파견하였다. 1956년 3월 26일 북한은 소련, 헝가리, 몽골, 폴란드, 동독, 중국, 루마니아, 알바니아, 체코슬로바키아 등과 함께 이 연구소의 창립 멤버 중 하나였다. 북한은 핵연합연구소 건립과 운영에 참여함으로써 원자력 관련 지식을 습득하는 데 많은 도움을 얻었을 것으로 보인다. 북한의 과학자들은 이곳에서 실습을 통해 핵과 관련한 이론적 연구를 시작할 수 있었으며 전자물리학, 방사화학, 고에너지 물리학 등에 관심을 갖게 되었다.[792]

북한은 이어 1958년 4월, 주 소련대사 리신팔(李信八) 등을 통해 소련 외상 그로미코(Andrei Gromyko)에게 핵의 평화적 사용을 전제로 한 원자력 개발을 요청하였다.[793] 이때는 시기적으로 조소관계가 악화되기 전이었고 북한지도부가 핵무기 개발이 아닌 원자력의 평화적 사용을 수차례 반복한 터라 소련도 우호적인 반응을 보였다.[794] 따라서 1959년

---

792 Valery I. Denisov, "Nuclear Institutions and Organizations in North Korea," in James Clay Moltz and Alexander Y. Mansourov eds., *The North Korean Nuclear Program: Security, Strategy, and Perspectives from Russia* (New York: Routledge, 2000), p. 21. 북한과학자들은 소련 이외에도 일본, 동독과 서독 등지에서 교육을 받았으며 중국의 핵센터에서 실습을 받기도 했다.

793 북한은 고에네르기 가속 장치와 핵실험 기구에 대한 국제학술회의에 물리학자들을 발표 참여시킨 것으로 알려져 있다. 『로동신문』, 1959년 10월 4일.

794 From the Journal of Gromyko, Record of a Conversation with Ambassador Ri Sin-Pal of the Democratic People's Republic of Korea, April 28, 1958, History and Public Policy Program Digital Archive, AVPRF, Fond 0102, Opis 14, Delo 4, p.

에 원자력 분야의 협력에 관한 조소정부 간 협정이 체결될 수 있었고 양국의 공동 핵 활동을 위한 사업소도 설립되었다. 조·소 양국은 이 협정에 근거해서 지질학 연구, 원자력연구소 건립과 북한 전문가의 실습과 같은 협력 분야에 대해 언급한 "9559계약"에 서명하였다. 양국 전문가들의 공동 지질학 연구 결과에 따라 북한 관료들은 원자력연구소의 건설부지로 영변을 선정했으며 이 연구소는 "목표 9559," 또는 "가구공장"으로 불렸다.[795]

1959년, 북한은 소련의 지원에 힘입어 연구용 원자로 건설에도 성공했다. 그러나 이것은 소련이 중국에 지원해준 원자로에 비해 훨씬 작은 것이었다. 소련은 자신의 동맹국들에게 핵기술을 전파하였으나 모든 사회주의 형제국들이 동등한 조건에서 똑같은 혜택을 전수 받지는 못했다. 사회주의 진영에서 차지하는 위치나 보유하고 있던 자원 등으로 미루어 볼 때, 북한은 소련의 원자력 기술의 수혜자 명단에서 우선순위를 차지하지 못했다. 북한이 소련의 우방국이기는 하였지만 소련의 관심은 아시아보다는 유럽에 있었으며, 북한의 낮은 전략적 가치와 열악한 경제적 환경 등은 소련이 우선투자대상에 북한을 포함시키지 않는 이유가 되었을 것으로 판단된다.

더군다나 당시 북한이 소련과 사회주의 진영의 핵기술 발전에 기여할 수 있는 부분 역시 극히 적었다. 북한은 핵연합연구소의 창립 멤버였으나 연구소의 건설 및 유지비 부담액이 0.05%로 알바니아, 몽골

795 Georgiy Kaurov, "A Technical History of Soviet–North Korean Nuclear Relations," in James Clay Moltz and Alexander Y. Mansourov eds., *The North Korean Nuclear Program: Security, Strategy, and Perspectives from Russia* (New York: Routledge, 2000), p. 15.

과 함께 참여국가 중 가장 낮은 비율을 차지하였다.[796] 북한에는 핵시설 건립을 위한 기본적인 인프라조차 갖추어지지 않은 상태였기 때문에 이 같은 시설들을 유치한다면 상당히 많은 비용이 소요될 것이 분명했다. 따라서 소련의 입장에서 북한이 핵기술 지원대상에서 우선적으로 고려될 이유는 없었다.[797]

그러나 북한은 사회주의 진영에서 그 누구보다 높은 안보위기의식을 갖고 있었다. 휴전 후에도 북한은 1955년 1월 2일 미국의 래드포드 합창의장의 '강력한 보복 전략'에서 핵무기 사용 가능성 언급, 아이젠하워의 전술핵 사용 가능 언급 등 꾸준히 핵위협에 시달리고 있었기 때문이다. 또한 한국은 미국의 핵확산 정책의 수혜자로서 미국의 극동전략에 따라 1960년 11월에 실험용 원자로의 건설을 마무리하였다. 뿐만 아니라 1958년 한국에는 소련과 중국의 공격을 억제하기 위한 수단으로서 전술핵무기가 배치되었다.

그러나 당시 북한은 소련의 지원을 기대하는 것 외에 별다른 방도가 없었다. 소련과 우호적 관계를 유지하지 못하는 일부 국가들은 소련으로부터 핵기술 지원을 받지 못하면서 다른 방법을 강구해야만 했다. 북한과 마찬가지로 자립경제와 자주외교의 입장을 고수해오던 루마니아는 소련과의 관계가 악화되면서 원자력에너지 개발 지원을 받지 못하게 되었다. 그러자 루마니아는 영국과 미국, 캐나다 등 자본주의 진

796 알바니아, 불가리아, 헝가리, 동독, 중국, 몽골, 폴란드, 루마니아, 소련, 체코슬로바키아가 북한과 함께 유지비를 분담하고 있었다. 그 중 소련(47.25%)은 가장 높은 비용을 지출하고 중국(20.0%)과 독일(6.75%), 폴란드(6.75%)가 그 뒤를 이었다. 『로동신문』, 1956년 7월 15일.

797 그러나 소련은 1960년대에 핵 과학과 실험에 관한 인프라를 설립하는 데 도움을 주었다. 소련 전문가들은 영변의 핵시설 건설에 참여하였다.

영으로부터 기술적 도움을 받기로 하였다.[798] 그러나 루마니아의 사례는 북한이 고려할만한 대상이 아니었다. 반제투쟁의 입장이 확고한 북한이 서방국가들로부터 핵기술을 전수받는다는 것은 상상조차 할 수 없는 일이었기 때문이다.

중국의 사례도 마찬가지였다. 중국은 중소갈등으로 1959년 소련 전문가들이 철수하면서 자체적인 기술력을 통해 핵폭탄 생산에 심혈을 기울였지만, 북한에는 핵무기의 자체적 생산을 위한 어떠한 능력도 제대로 갖추어지지 않은 상태였다. 북한으로서는 당시의 국제정세와 국내 정치·경제적 상황으로 볼 때, 진영 내 국가들의 지원을 통해 핵기술을 확보하는 것이 최선의 방법일 수밖에 없었다.

### (2) 위협인식의 고조와 안전보장수단으로서의 핵무기

1950년대 후반까지만 하더라도 김일성은 남한에 경제적 우위를 바탕으로 한반도 문제를 국제이슈로 만들려 하였으며 통일에 대한 자신감을 갖고 있었다. 그러나 1960년 미국과 일본의 신조약 체결, 1961년 1월 출범한 미국 케네디 정부의 강력한 반공정책, 5·16 군사쿠데타를 비롯한 남한 정세의 변화와 미국의 한일관계정상화 추진, 쿠바미사일 위기 등 변화하는 국제정세는 점차 평화통일의 가능성에 대한 기대를 떨어뜨리고 북한의 안보위기의식을 고조시키고 있었다. 김일성은 당시의 국제정세를 심각한 것으로 간주하고 제국주의자들이 베를린이나 대

798 Szalontai and Radchenko, "North Korea's Efforts to Acquire Nuclear Technology and Nuclear Weapons," p. 5.

만, 남한에서 전쟁을 일으키지 못하도록 자체적인 국방력 증강에 힘을 기울여야 한다는 결론에 도달하였다. 북한지도부는 점차 자본주의와 사회주의의 모든 모순들에 군사적 해결의 정당성을 설파하기 시작했다.[799]

날로 강화되는 북한의 반제투쟁 의지는 국방력 강화에 대한 관심을 환기시켰다. 1960년대 초반부터 북한 사회 전체가 군사력 증강에 매진하고 있었다. 1962년 봄부터 북한의 거리 곳곳에는 "전민 무장화"라는 슬로건이 등장하고 있었으며 북한은 끊임없이 갱도를 건설하고 많은 공장들을 지하시설화하였다.[800] 북한지도부는 당시 한반도에 전쟁이 다시 발발한다면 그것은 재래식 전쟁이 아닌 핵전쟁이 될 가능성이 높다고 판단하였다. 북한은 핵전쟁의 가능성에 대비하여 상당 시설들을 지하에 구축하였다. 추후 완공된 평양 시내의 지하철은 몇몇의 갱도와 연결되었으며 비상시 평양시민들을 수용할 수 있도록 설계되었다. 김일성은 전 국토를 요새화하는 이 같은 조치들이 미국의 핵공격에 대

---

799 "Conversation between Soviet Ambassador in North Korea Vasily Moskovsky and German Ambassador Schneidewind," September 20, 1962, History and Public Policy Program Digital Archive, AVPRF, fond 0102, opis 18, papka 93, delo 5, listy 65-66.

800 1965년 여름, 베트남 부수상 겸 정치국원인 레탄응니(Le Thanh Nghi)에게 김일성은 한국전쟁의 경험을 바탕으로 주요 시설의 갱도화를 적극 권장하고 500명 정도의 전문인력을 파견할 의사를 피력하였다. 김일성은 1951년부터 1956년까지 북한의 주요 공장들을 지하시설화 하는 데 성공하였다고 밝혔으며 점차 빠른 속도로 갱도를 건설할 수 있게 되었다고 주장하였다. 북한의 갱도건설 기술은 32대의 제트기를 보관할 수 있을 정도로 발달하여 중국에서도 이를 배우기 위해 방문하였고 동굴과 터널 건설 분야에서 북한의 전문성은 동부권에서 틈새시장을 형성하였다. Benjamin R. Young, "The Origins of North Korea-Vietnam Solidarity: The Vietnam War and the DPRK," *North Korea International Documentation Project Working Paper*, No. 7 (February 2019), pp. 7-8.

비한 것임을 밝혔다.[801]

또 한편으로 북한은 미국을 억제할 수 있는 가장 확실한 군사적 해결수단은 핵무기라는 결론에 도달한 것으로 보인다. 핵무기야 말로 정권의 생존뿐만 아니라 국방에서의 자위를 확립하는 데 가장 확실한 안보수단이었다. 1960년대 들어 북한지도부는 핵무기를 개발할 능력을 갖추거나 전술핵무기 배치 혹은 소련의 핵우산 등을 통하여 핵위협에 맞서고자 하였다. 소련의 지원은 자체적인 국방력을 강화하려는 북한의 의지와 결합하였으며, 그 결과 북한은 원자력 관련 기초과학 연구를 심화·발전시키는 데 소련의 도움을 받을 수 있었다. 그나마 중소분쟁이 심화되면서 소련이 북한을 자신의 진영으로 끌어들이기 위한 유인책으로서 핵기술 협력을 추진했기 때문에 가능했던 것이었다.[802] 북한은 소련의 전술핵무기 배치나 새로운 전투 장비의 제공과 같은 직접적인 군사적 지원은 받지 못했다.

북한은 1961년 원자력 관련 중추 지도기관인 원자력위원회를 조직하였고, 1962년에는 핵프로그램의 진전을 위해 평북 영변과 박천에 원자력연구소를 세운 데 이어 김일성종합대학과 김책공업대학에 핵물리학원을 설립해 핵과학자와 기술자를 양성하기 시작하였다. 영변에 위치한 원자력연구소를 세우는 데 들어간 총조업비용은 1962년 당시 가격으로 5억 달러 정도로 추정된다. 이 시설은 1965년에야 완공되었는데 2MW (th) IRT 연구용 원자로, 방사능 화학 또는 동위원소 생산 실

801 Charls K. Armstrong, *Tyranny of the Weak: North Korea and the World 1950-1992* (Ithaca : Cornell University Press, 2013), p. 132.

802 Mansourov, "North Korea's Road to Atomic Bomb," p. 34.

험실, K-60000 코발트 시설, B-25 베타트론, UDS-10 제염 배수구, 폐기물 저장장소, 특수 세탁시설, 시간당 40톤의 증기를 발생시키는 보일러 공장 등으로 구성되었다. 이러한 시설들은 소련의 지원에 의한 것으로 약 30명의 소련 전문가들이 시설 건설과 가동 준비과정에 참여하였다.[803]

또한 협력기간 내내 300명 이상의 북한 핵전문가들이 모스크바 공업물리학교, 바우만 고등기술학교, 모스크바 에너지연구소 및 기타 소련의 고등교육기관에서 실습하였다. 일부 핵전문가들은 두브나와 오브닌스크(Obninsk)에 있는 핵과학연구단지에서 근무하기도 하였다.[804] 두브나의 핵연합연구소를 졸업한 2명의 박사와 25명의 석사들은 북한의 원자력 연구 프로그램에서 높은 위치를 차지하게 되었다. 이들은 영변에 핵과학기술센터, 영변핵물리연구소, 영변원자력에너지연구소, 박천에 원자력에너지연구소 분소, 영변방사선화학실험실, 김일성대 핵물리학부 및 핵연료공학부 등에 임명되었다.[805] 이처럼 북한이 자체적인 군사력 증강을 주장하였을지라도 소련의 지원 없이 핵프로그램이 큰 성과를 내기는 역부족이었다.

앞서 살펴본 바와 같이, 소련은 핵과 관련한 이론적인 지식과 기초적인 기술은 제공하였으나 완성된 무기를 제공한다거나 군사적 목적의

803 Kaurov, "A Technical History of Soviet-North Korean Nuclear Relations," pp. 16-17.

804 *Ibid.*

805 Obyedinenniy institut yadernykh issledovaniy (Dubna: United Institute for Nuclear Research, 1994), pp. 4-5; Mansourov, "North Korea's Road to the Atomic Bomb," p. 30.

지원은 자제하였던 것으로 보인다. 본래 북한지도부는 모스크바로부터 직접적인 핵무기 개발지원은 허가받지 못하더라도 최소한 미국의 핵위협으로부터 보호받을 수 있기를 바랐다. 따라서 1962년 8월, 북한지도부는 모스코프스키(Vasily Petrovich Moskovsky)가 신임 소련대사로 부임하자 북한은 핵무기의 필요성을 강력히 어필하였다. 북한지도부는 미국이 핵개발 정보를 서독에 판매함으로써 핵확산을 주도하고 있으며 핵무기를 한반도에서 사용할 가능성 또한 매우 높다고 주장하였다. 따라서 미국이 남한에 다수의 전술핵무기를 배치했듯이 북한에도 핵무기가 배치되어야 하며 비대칭적인 핵무기 보유가 미국의 한반도 점유 야욕을 구체화한다고 강조하였다.[806]

이 시기부터 북한은 과거와 달리, '원자력의 평화적 사용'을 전제하지 않은 상태에서 핵무장의 필요성을 소련에 강력히 어필하였다. 그러나 소련은 북한의 안보불안감을 제대로 이해하지 못했고 미국의 핵확산에 맞대응할 수 있는 어떠한 구체적인 안전보장 조치도 취하지 않았다. 소련지도부는 사회주의 진영의 모국으로서 소련은 항상 작은 사회주의 국가들의 안전을 책임지고 있기 때문에 북한에는 별도의 핵무기가 필요치 않다는 논리를 들어 군사지원 요청을 거절하였다.[807]

806 Conversation between Soviet Ambassador in North Korea Vasily Moskovsky and North Korean Foreign Minister Pak Seongcheol, 24 August 1962, AVPRF, Fond 0102, Opis 18, Papka 93, Delo 5, Listy 22–23.

807 1963년 4월, 판문점을 방문했던 체코슬로바키아의 모라베크 대사 역시 자신을 맞이한 북한 군부에게 "소련은 값비싼 핵무기를 생산하는 데 있어서 작은 국가들에게 그 어떠한 도움도 요구하지 않으며, 소련 인민들은 여전히 사회주의국가들의 이익을 보장하고 있다."는 말로 소련의 입장을 대변했다. Conversation between Soviet Ambassador in North Korea Vasily Moskovsky and Czechoslovak Ambassador Moravec, 15 April 1963, AVPRF, Fond 0102, Opis 19, Papka 97,

한편으로 소련의 북한에 대한 핵무기 지원 거부 결정은 극동아시아의 안보상황에 대한 전략적 판단에 의한 것만은 아니었다. 1960년대 초반, 중국과 소련의 관계 악화는 극동지역의 원자력 협력에도 부정적인 영향을 미치고 있었다. 소련지도부는 중소분쟁 이후로는 소련의 어떠한 핵기술이나 노하우가 중국에 직간접적으로 흘러들어가는 것을 막으려 하였고, 이러한 맥락에서 친중국가인 북한에 핵기술을 전수해야 한다는 점에 회의적이었다.[808] 실제로 북한은 1963년 4월, 극동지역의 평화를 위해 소련의 미사일들이 북한과 중국에 배치되는 것이 바람직하다는 의견을 밝히기도 하였다.[809] 이에 대한 소련의 입장은 명백했다. 소련은 1962년 11월, 북한의 MiG-21, 잠수함, 지대공 미사일부대 지원 요청은 거부하였으나, 동맹국이 아닌 인도에게 조차 MiG-21을 비롯한 기타 군사적 지원을 약속하였다. 뿐만 아니라 소련은 1960년대 사회주의 동맹국들이 원자력 발전소를 건립하는 과정에 광범위하게 개

---

Delo 4, List 140.

808 북한은 중국의 '계속혁명론'이나 '전쟁불가피론'과 상당히 유사한 대외정책을 추진하고 있었으며, 이는 미국과 핵군축 협상에 임하고 있던 소련의 입장과는 완전히 배치되는 것이었다. 특히 1962년 10월 쿠바미사일위기에서 보여준 소련에 대한 비판적 자세와 현대수정주의에 대한 비판, 반제투쟁 강화는 북한이 중국의 확고한 지지자임을 의심하지 않을 수 없게 만들었다. 북한은 중소분쟁에서 중국에 상당히 기울어진 것처럼 보였지만 명확한 입장을 바라는 소련에 모호한 태도로 일관했으며, 심지어 중소분쟁에서 북한이 취한 중립적 자세가 실제로는 중국의 지시에 의한 것일지도 모른다는 의심까지 일으켰다. Report, Embassy of Hungary in North Korea to the Hungarian Foreign Ministry, August 1962, MOL, XIX-J-1-j Korea, 11. doboz, 24/b, 002304/1/RT/1962.

809 Conversation between Soviet Ambassador in North Korea Vasily Moskovsky and Czechoslovak Ambassador Moravec, 15 April 1963, AVPRF, Fond 0102, Opis 19, Papka 97, Delo 4, List 140.

입하였다.[810]

결과적으로 이 시기 북한의 핵프로그램은 원자력 연구에 대한 기틀을 마련하는 데 기여하였지만 핵무기 개발에 큰 동력을 마련하진 못했다. 오히려 추가적인 군사적 지원을 얻는 데도 실패하면서 소련을 중심으로 하는 사회주의 진영에서 북한의 이탈이 촉진되었다.

### (3) PTBT의 체결과 핵기술 지원의 제한

1958년 8월, 아이젠하워는 미국, 소련, 그리고 영국이 참여하는 핵무기실험중지에 관한 회담의 개최를 제안하였다. 중국은 이 회담을 중국을 배제한 핵클럽(nuclear club)의 창설이라 간주하고 분노하였다. 그러나 이 같은 논의는 한층 진전되어 부분핵실험금지조약(Partial Nuclear Test-Ban Treaty, PTBT)의 체결이라는 성과를 낳았다. 1963년 7월 25일, 소련이 PTBT를 체결하기 전 소련공산당과 중국공산당은 7월 5일부터 모스크바에서 회담을 가졌다. 이 과정에서 중국의 계속되는 항의에도 불구하고 소련의 PTBT 체결이 확실해지자 중소회담은 결렬되었다. 중국은 격분하여 소련을 맹공하였다. 중국은 PTBT를 "세계인민을 기만하는 대사기(大詐欺) 행위"로 규정하고 미국과 소련 두 핵강대국에 의한 세계지배를 목적으로 하는 위험하고 불온한 것이라 주장하였다.[811]

---

810 Sergey Radchenko, Two Suns in the Heavens: the Sino-Soviet Struggle for Supremacy, 1962~1967 (Washington, D.C.: Woodrow Wilson Center; Stanford, CA: Stanford University Press, 2009), p. 77.

811 정진위, 『북방삼각관계: 북한의 대중·소 관계를 중심으로』 (서울: 법문사, 1985), p. 102.

중국은 PTBT의 체결이 중국이 핵보유국이 되는 문제와 관련 있다고 강변했는데 그러한 주장이 전혀 근거가 없는 것은 아니었다. 조약의 체결배경에는 핵확산과 핵무기 경쟁의 속도를 늦추려는 의도도 포함되어 있었기 때문이다. 소련은 중국이 핵보유국이 되는 것을 격렬히 반대하였다. 소련지도부는 중국이 2~3개의 핵무기를 생산했을지라도 문제해결에는 도움이 안 되며 오히려 중국 경제를 소진시킬 뿐이라고 주장했다. 이어 소련은 핵무기가 국가에 어떠한 부담을 주는지 잘 알고 있음에도 제국주의 진영에 대항하기 위한 어쩔 수 없는 선택을 한 것이라며 핵보유를 합리화했다. 결론적으로 소련의 주장은 중국은 소련으로부터 안전보장을 받고 있으니 현 시점에서는 핵무기 개발에 관심을 쏟기보다 경제, 과학, 기술과 농업 및 인민의 복지 문제 등에 힘을 써야 한다는 것이었다.[812]

소련의 반대에도 불구하고 당시 중국의 핵프로그램의 발전은 급진전 되어 핵폭발 시험까지 불과 몇 단계만을 앞두고 있었다. 1962년 12월, 마오쩌둥은 인민해방군 작전참모장 뤄루이칭(罗瑞卿)으로부터 1964년에 첫 핵폭발 시험을 실행에 옮길 수 있을 것으로 보고 받은 상태였다. 그동안 소련은 중국의 경제적 낙후를 원인으로 꼽아 핵개발을 불필요한 것으로 치부해왔고 이에 대한 중국의 민족적 굴욕감은 상상을 초월하였다.[813] 마오쩌둥은 그동안 억눌리고 궁핍했던 아시아인의

---

812 Griffith, *The Sino-Soviet Rift*, p. 363.

813 소련은 중국의 입장에선 핵무기 개발보다 경제, 과학, 기술과 농업 및 인민 복지 등에 힘쓰는 것이 현시점에서 더욱 절실하다고 주장하였다. 소련지도부는 중국이 2-3개의 핵무기를 생산했을지라도 그것이 문제해결에는 전혀 도움이 되지 않고 오히려 중국 경제를 소진시킬 뿐이라며 회의적인 입장을 표명하였다. 반면 핵무기가 국가에 어떠한 부담을 주는 지 잘 알고 있음에도 제국주의 진영에 대

손에 쥐어진 첫 번째 핵폭탄을 곧 보게 될 것이라고 주장해왔다.[814] 결국 중국은 PTBT의 비준을 거부하였을 뿐만 아니라 7월 31일 기존 핵보유국들의 비핵지대화 요구를 포함한 전면 핵철폐를 제안하였다.

1962년 말, 소련으로부터 군사지원을 받지 못하게 되면서 중국에 편승하기로 결정한 북한 역시 중국의 입장을 그대로 수용하였다.[815] 북한은 PTBT의 진정한 목적은 중국과 다른 사회주의 국가들이 핵무기 보유를 저지하고 사회주의 진영의 방위력을 약화시키는 데 있다고 주장하였다. 마찬가지로 PTBT의 비준을 거부하였으며 7월 31일 중국이 주장한 전면핵실험금지조약의 체결도 요구하였다. 이렇게 되자 흐루시초프는 핵기술을 공유하자는 북한지도부의 제안에 선뜻 찬성할 수가 없었으며 오히려 막바지에 접어든 조·소 원자력 협력을 축소하려고 시도하였다. 소련은 점차 북한에 대한 경제적 지원과 군사적 지원을 줄여나갔고 이로 인해 북한은 영변 핵연구단지의 완공을 서둘러야만 했다.[816]

이 때 북한이 핵기술 확보를 위해 택한 방법은 크게 두 가지였다. 첫째, 동유럽 대사관을 통하여 핵기술을 확보할 가능성을 타진하거나, 둘째, 본국에 남아 있는 소련기술자들로부터 자문을 구하는 것이었다.

항하기 위해 어쩔 수 없는 선택을 한 것이라며, 자국의 핵무기 보유에 대해서는 관대한 입장을 보였다. William E. Griffith, *The Sino-Soviet Rift* (Cambridge, MA: M.I.T. Press, 1964), p. 363.

814 Radchenko, *Two Suns in the Heavens*, pp. 65–66.

815 북한은 케네디가 7월 26일 조약의 가조인한 것과 관련, 전국방송연설을 하자 강한 어조로 비판하였다. 북한은 미국이 PTBT를 이용하여 다른 나라들, 특히 사회주의 진영 국가들의 핵무기 소유 및 발전을 저지하려는 흉악한 목적을 추구하고 있다고 주장하였다. 『로동신문』, 1963년 7월 31일.

816 Mansourov, "North Korea's Road to the Atomic Bomb," p. 36.

조소관계가 냉각되면서 소련을 지지하던 사회주의 형제국가들과의 관계 역시 소원해졌지만 북한지도부는 평양주재 동유럽 대사관, 특히 동독대사관을 통해 국방기술과 무기획득의 활로를 모색하였다. 북한지도부가 동독대사관에 접촉했던 구체적인 이유는 알기 어렵다. 그러나 당시 동독이 소련의 막대한 군사원조를 받고 있었고, 이로 인해 소련의 위성국들 중 가장 높은 수준의 군사력을 갖추었을 것으로 예상했기 때문이었을 것으로 추측된다. 김일성은 동독 대사(Otto Becker)를 통해 독일의 대학과 연구기관들로부터 핵무기와 원자력 기술발전 관련 정보를 수집하려 하였다. 조선로동당 중앙위 부위원장 박금철 역시 동독 외교관들과 접촉하여 교류를 확장시킬 방법을 강구하였다.

그러나 이들은 모두 동독으로부터 원하는 기술을 확보하는 데 실패하였다. 동독 대사관은 북한이 사회주의 형제당들로부터 입수한 정보들을 이용하여 소련공산당과의 협상에서 유리한 위치를 점하려 한다고 판단하고 교류증대 제안을 거절하였다.[817] 뿐만 아니라 동독대사관은 김일성의 핵무기 개발 지원 요청을 당시 독자적인 핵개발에 심혈을 기울이고 있던 중국의 지시에 의한 것으로 보고 이를 소련대사관에 보고하였다.[818] 북한에 체류하고 있던 소련 전문가들을 통해 핵기술 관련

817 Memorandum of a Conversation between the Czech Ambassador to the DPRK, Comrade Moravec, with the Soviet Ambassador, Comrade Moskovskii, and the GDR Ambassador Comrade Becker, on 23.Ⅳ.1963. May 16, 1963, History and Public Policy Program Digital Archive, State Central Archive, Prague, File A. Novotny, Foreign Affairs, KPDR.

818 Conversation between Soviet Ambassador in North Korea Vasily Moskovsky and the German Ambassador, 26 August 1963, AVPRF, Fond 0102, Opis 19, Papka 97, Delo 5, List 93.

조언을 구하는 일조차 녹록치 않았다.[819] 1962~1963년 동안 북한과 소련의 원자력 협력은 계속되었으나 소련 전문가들의 활동은 중국을 의식하여 상당히 소극적으로 진행되었다.[820] 우라늄광이 매장되어 있다는 사실에 고무되었던 북한은 비교적 적은 비용으로 핵무기를 개발할 수 있을 것으로 판단하였다.[821] 그러나 소련의 지질학 팀들의 소견은 북한산 우라늄광은 극도로 질이 나쁘고 양도 매우 적다는 것이었다. 따라서 우라늄광을 활용 가능한 수준으로 만드는 데까지 높은 생산비용이 요구될 뿐만 아니라 북한의 경제력으로는 개발비용을 감당할 수조차 없을 것으로 평가하였다.

무엇보다도 북한에 소련 전문가들을 파견한다면 그것은 곧 중국의 핵무기 개발을 도와주는 셈이나 마찬가지이므로 절대 실행에 옮겨서는 안 된다는 것이 소련지도부의 판단이었다. 소련이 중국의 핵무기 개발을 지나치게 우려했던 나머지, 핵무기 개발에 대한 북한의 진지한 열망은 중국의 지시에 따른 것으로 오인되고는 하였다. 소련의 전문가들은

819 1960년 중국에서 소련전문가들을 철수시킨 사건은 중소관계에 치명적인 타격을 남겼다. 흐루시초프는 이 같은 결정을 내린 것에 대해 후회할 정도였으며 가능한 다른 형제국가들에서는 소련전문가들을 철수시키지 않으려 했다. 따라서 조소관계가 우호적이지 않던 시기에도 일부 소련전문가들은 북한에 잔류하였다.

820 아마도 소련이 중국에 대해 확실한 우위를 점할 수 있는 분야가 바로 핵기술이었으며 흐루시초프가 중국주재 소련전문가를 철수시킴으로써 나타난 부작용을 경험했기 때문으로 보인다. 평양 주재 소련대사관은 중국과 북한의 관계를 고려해 북한에 핵기술 전문가를 잔류시키는 것이 중국의 핵기술 발전에 도움이 될 수도 있다고 판단했음에도 불구하고 소련전문가들을 철수시키지 않았다. Szalontai and Radchenko, "North Korea's Efforts to Acquire Nuclear Technology and Nuclear Weapons," pp. 24-30.

821 Conversation between Soviet Ambassador in North Korea Vasily Moskovsky and Soviet Specialists in North Korea, 16 October 1963, AVPRF, Fond 0102, Opis 19, Papka 97, Delo 5, List 185.

북한이 자신들의 우라늄 광석을 중국의 원자로 가동을 위해 공급할 것이라고 예측하였다. 따라서 소련은 북한측에 이미 생산된 우라늄을 소량으로 구입만 해도 북한의 경제적 수요를 충족시킬 수 있을 것이라며 북한에는 우라늄광 채굴이 필요 없다고 설득하였다.[822]

군사 분야에서 소련의 비협조적인 자세는 어김없이 북한 매체의 소련 비판으로 이어졌다. 이미 1963년 봄부터 당 기관지 『로동신문』에는 소련에 대한 비난이 자주 쏟아져 나오던 터였으나 이러한 비판은 점차 격화되어 갔다. 5월 27일자 『로동신문』은 「맑스-레닌주의에 대한 배신자의 진면목」이라는 사설을 통해 평화공존론이 국내외적 계급투쟁을 부정하는 비(非)맑스주의적인 것이라고 폄하하면서 소련을 간접적으로 비난했다. 8월에는 『로동신문』이 흐루시초프의 유고 방문 직후에 그를 "어떤 사람"으로 지칭하면서 현대수정주의자인 티토를 다시 사회주의 진영과 국제공산주의운동의 대열에 끌어들이려 한다고 공격했다.[823] 북한은 누군가를 명확히 언급하지는 않았지만 대상이 누구인지는 알 수 있게 하는 방식을 통해 소련에 대한 비판을 계속해 나갔으며 그 해 가을에는 이러한 비판이 점차 격화되어 갔다.

소련의 핵개발 지원 거부가 있고 나서 얼마 뒤인 1963년 10월 28일자 『로동신문』에는 「사회주의진영을 옹호하자」라는 제목의 논설이 게재되었다. 중국의 『레닌주의 만세!』가 소련과의 관계 악화에 촉매제가 되었던 것처럼 사설 「사회주의 진영을 옹호하자」 역시 결과적으로 조소

822 Conversation between Soviet Ambassador in North Korea Vasily Moskovsky and Soviet Specialists in North Korea, 27 September 1963, AVPRF, Fond 0102, Opis 19, Papka 97, Delo 5, Listy 161-162.

823 『로동신문』, 1963년 5월 27일, 1963년 8월 22일.

관계 악화에 큰 영향을 주었다. 논설은 국제공산주의운동의 분열 원인을 현대수정주의에 돌리고, 자력갱생과 자립적 민족경제에 대한 소련의 간섭과 군사협력에 있어 소련의 소극성을 강력히 비난하였다. 특히 소련이 "원조에 빙자하여 형제 당, 형제 국가의 내정에 간섭하며 자기의 일방적인 의사를 강요하고 있다."며, 경제 및 군사원조를 북한에 대한 정치적 압력의 수단으로 이용하고 있다고 맹공하였다.[824]

이후에도 북한지도부는 반제투쟁의 강화 방침을 확고히 하고 국경 수비대에 남쪽의 작은 도발에도 강력하게 보복할 것을 지시하는 등 호전적 태도를 굽히지 않았다.[825] 그러나 흐루시초프는 여전히 북한에는 핵무기가 필요 하지않으며 조선의 통일은 남한의 혁명역량을 강화시킴으로써 이루어져야 한다는 기존의 입장을 반복할 뿐이었다. 1964년 3월, 북한대사 리송운(李松雲)은 흐루시초프를 접견한 자리에서, 미제국주의자들이 핵무기를 포함한 신식 무기로 무장한 군대를 남한에 파병하여 인민들에게 겁을 주고 있기 때문에 남한에서는 감히 저항운동이 일어나지 못한다고 주장하였다. 그러자 흐루시초프는 미국인들은 핵무기를 한국이 아닌 서독에 배치하였으므로 남한에는 핵무기가 없으고설령 남한에 핵무기가 있다고 하더라도 이것이 남한에서 저항운동이 일어나지 않는 이유를 설명해주지는 못한다고 반박하였다. 흐루시초프는 핵무기의 폭발피해와 방사능 오염은 아군에도 영향을 미치므로 실제 전투에는 사용되지 않으며, 미·소가 단계적으로 핵무기를 폐지하려

824 『로동신문』, 1963년 10월 28일.

825 Hungarian Embassy to the DPRK, Report, 1 February 1964, KTS, 7. doboz, 5/f, 001776/1964.

는 이유도 이 때문이라면서 "만약 북이 남한을 다시 한 번 공격하게 된다면 그때는 미국이 핵무기를 남한에 배치할 가능성이 높다."고 언급했다.[826]

흐루시초프가 이와 같이 단정한 이유는 크게 두 가지로 생각해 볼 수 있다. 우선 소련의 핵무기 보유가 공격용이 아닌 억지력 차원임을 북한지도부에 강조하려 했을 것이다. 둘째, 북한의 안보위험은 다른 무엇보다 북한지도부의 호전적 성격에 의해 초래될 가능성이 높다고 보고 선불리 모험주의적 행동을 하지 않도록 경고의 메시지를 전달하려 했을 것이다.

826 북한대사는 흐루시초프가 "남한을 다시 한 번 공격"이라고 표현한 것에 대해 부정하지 않았다. 한국전쟁이 북침에 의한 것이었음을 증명하는 중요한 대목이다. Report, Embassy of Hungary in North Korea to the Hungarian Foreign Ministry, 10 March 1964, MOL, XIX−J−1−j Korea, 5. doboz, 5/bc, 003819/RT/1964.

## 제2절
# 대소 자주외교와 대중 편향

## 1. 북중관계의 밀착과 소련의 압력

### (1) 중국으로의 편승

김일성은 자본주의가 존재하는 한 북한은 결코 안전할 수 없다고 주장했는데, 이는 '계속혁명론'과 '전쟁불가피론'을 주장한 마오쩌둥의 생각과 완벽히 일치하는 것이었다. 유럽편향적인 정책을 일관적으로 펼치고 평화공존을 주장하는 소련보다는 마오쩌둥의 아시아 중심적 혁명노선이 바로 김일성의 이익과 더욱 부합하였던 것이다.[827] 그동안 각

827 북한뿐만 아니라 아시아 공산주의 국가들 대부분이 수정주의와 투쟁하겠다는 중국의 입장을 지지하였다. 1963년 말에 이르러서 마오쩌둥은 아시아 공산주의 국가들의 확고한 지지를 받고 있는 이상 굳이 소련과의 관계를 개선할 필요를 느끼지 못하게 되었다. Radchenko, *Two Suns in the Heavens*, p. 71.

국의 공산당대회와 회의에서 북한대표단의 발언들은 중국의 입장을 지지하고 있었다고는 하나 주로 진영의 '단결'이나 '결속'을 강조하는 수준에 불과했다.[828]

그러나 1962년 12월 4일부터 8일까지 개최된 체코슬로바키아공산당 제12차 대회에 북한대표로 참석한 부수상 리주연이 6일 연설에서 조선로동당과 중국공산당의 단결을 강조하는 한편 소련의 중국 비난을 공격함으로써 본격적으로 중국을 지지하기 시작했다.[829] 다른 한편으로 12월 17일자 『로동신문』에 공산당 및 노동당들의 관계에 있어서 "한 나라가 다른 나라의 내정에 간섭하며 그 나라에 자기의 의사를 강요하는 일은 있을 수 없다."는 말로 소련의 내정간섭에 대한 비판을 가했다.[830]

평양에 주재한 소련대사관은 변화된 조소관계를 확연히 느낄 수 있었다. 모스코프스키 소련대사는 얼마 전까지만 하더라도 자유롭게 북한지도부와 접촉할 수 있었으나 1962년 12월 이후 완전히 고립되었다고 느끼게 되었다.[831] 북한은 겉으로는 여전히 소련과 중국 인민들과의 우정과 모든 사회주의 국가들의 친선을 강화할 필요성을 선전하였다. 그러나 그것은 결국 소련에게 평화공존을 버리고 제국주의와 투쟁

828 최명해, 『중국·북한 동맹관계』, p. 209.

829 Ryu Hun, *Study of North Korea* (Seoul: Research Institute of Internal and External Affairs, 1966), pp. 129-130; 『人民日報』, 1962年 12月 15日; 정진위, 『북방삼각관계』, p. 92에서 재인용. 그는 소련공산당을 중국공산당과 비교하여 강력히 비판하고 "소련공산당의 태도가 국제주의를 충실하게 지키고 있다면 중국공산당에 대해서도 마찬가지로 말할 수 있다."고 옹호하는 등 적극적으로 중국을 지지함으로써 사뭇 적극적 자세로 중소분쟁에 뛰어들었다. 吳冷西, 『十年論爭 1956~1966 中蘇關係 回顧錄 (下)』, pp. 511-512; 이종석, 『북한-중국관계 1945~2000』, p. 225에서 재인용.

830 『로동신문』, 1962년 12월 17일.

831 Radchenko, *Two Suns in the Heavens*, p. 77.

할 것을 요구하는 것이나 마찬가지였다.

1963년 새해를 맞이하여 각국의 대사들과 대사대리 및 외교관 가족들이 참석한 저녁 연회석상에서 외무상 박성철은 "제국주의를 패배시키기 위해서는 우리는 반드시 응집력을 보여줘야 한다.", "사회주의 진영의 모든 나라들의 화합을 강화해야 하며 제국주의자들을 무시하고 완전히 고립시키도록 싸워야 한다."고 거듭 주장했다.[832] 북한과 중국의 관리들이 건배사로 계속해서 화합을 외치자 이를 불편하게 여긴 모스코프스키는 맑스-레닌주의의 원칙에 근거한 사회주의 진영의 화합에 대해 다음과 같이 발언하였다.

> "…소련 인민들은 사회주의를 건설하고 있으며 북한과 중국 동지들 또한 사회주의와 공산주의를 건설하고 있다. 이것은 우리가 하나의 목표를 가지고 있으며 화합하고 있다는 뜻이다. 그러나 우리는 한 가지 목표를 갖고 있음에도 이 목표를 향해 가는 길이 다르다. 이 목표를 성취하는 데에는 두 가지 길이 있다. 하나는 피를 흘리는 길이며 다른 하나는 평화롭지만 계급투쟁을 강화하는 길이다. 모든 소련 인민들은 두 번째 길로 가고 있으나 알바니아 지도자들과 몇몇 중국 동지들은 첫 번째 길을 더 선호한다. 우리 인민들은 당의 결정을 믿고 있으며 오직 평화공존의 길을 따를 뿐이다.…본인은 오랜 시간 동안 맑스-레닌주의 원칙에 근거한 화합의 문제에 관한 귀하의 발언들에 주의를 기울여왔고, 오늘 참석한 이들 중 일부는 맑스-레닌주의 원칙에서 후퇴하였다는 인상을 받았다.…본인은 이 문제를 우려하지도 않고 깊이 논의하고 싶지도 않다. 왜냐하면 소련공산당은 맑스-레닌주의에 충실할 뿐만 아니라 그 가르침

832 Record of Conversation between Soviet Ambassador to North Korea Vasily Moskovsky and North Korean Foreign Minister Pak Seongcheol, 3 January 1963, AVPRF, Fond 0102, Opis 19, Papka 97, Delo 4, Listy 8–12.

을 확고하게 적용하고 있기 때문이다. 그런데 귀하들은 오늘 저녁 내내 근거도 없이 누군가가 맑스-레닌주의를 부정한다며 걱정을 늘어놓고 있다.

본인은 여기(북한)에 부임한 뒤, 지난 5개월 동안 중국과 북한에서 발표하고 많은 기사들을 읽어왔다. 거기에는 맑스-레닌주의를 왜곡한다고 알려진 자들에 대한 공공연한 또는 은근한 비난들이 상당수 있었다.…신문에 실린 기사들은 교조주의적이다. 그러나 레닌은 그의 가르침을 창조적으로 적용하는 것을 허락했을 뿐더러 그렇게 하도록 지시하였다. 그렇다면 귀하들이 원하는 것은 대체 뭔가? 레닌과 싸우자는 것인가?"[833]

조소관계는 이듬해가 되어서도 개선될 기미가 보이지 않았다. 1963년 1월 15일부터 21일까지 동베를린에서는 동독 사회주의통일당(사통당) 제6차 대회가 개최되었다. 조선로동당 대표단 단장으로 이 대회에 참가하였던 리효순은 시간이 부족하다는 이유로 연설기회를 박탈당하는 굴욕을 경험하였다. 미처 발표되지 못했던 그의 연설내용은 서면으로 대신하여 제출되었다. 그러나 그마저도 내용의 일부만이 발췌되어 당대회에 참석한 대표들에게 전달되었다.[834] 리효순의 준비된 연설문 전문은 1월 22일자『로동신문』에 공개되었다. 해당 연설문은 반제투쟁을 위한 사회주의 진영의 단결을 강조하고 수정주의에 대한 비판, 그리고 중국공산당에 대한 옹호로 채워져 있었다.[835]

이 사건 후, 1963년 1월 30일자『로동신문』에는「사회주의 진영의 통일을 수호하며 국제공산주의 운동의 단결을 강화하자」라는 제목의

833 *Ibid.*

834 정진위,『북방삼각관계』, p. 79.

835『로동신문』, 1963년 1월 22일.

논설이 실렸다. 이 논설은 기본적으로 국제공산주의운동의 분열을 우려하고 사회주의 국가들 간의 완전한 평등, 국가의 자주성과 주권 존중, 내정불간섭 등을 주장하고 있었다. 사설은 체코슬로바키아공산당 제12차 대회와 동독 사회주의통일당 6차 대회를 비롯한 형제당들의 대회에서 "형제 당에 대해 공개적으로 일방적인 공격을 가하는 것과 같은 동지적이며 우호적이라고 볼 수 없는 태도들이 발로되었다."며 소련과 그를 지지하는 동유럽 사회주의 국가들의 태도를 비난하였다.[836] 북한이 중국을 지지한다는 사실은 "중국공산당과 중화인민공화국을 고립시킨다는 것은 실제에 있어서 사회주의 진영의 분렬을 초래한다는 것을 의미한다."는 논설으 일부에서 확연히 드러났다. 사설은 과거 소련을 옹호하는 것이 모든 공산주의자들의 의무였던 것처럼, 오늘날에는 소련과 중국을 포함한 사회주의 진영 전체를 강화하는 것이 모든 공산주의자들의 의무라고 주장했다. 또한 북한은 "중국공산당을 일방적으로 공격하며 고립시키려는 것은 사회주의 진영의 통일을 위태롭게 하며 평화와 사회주의의 공동 위업에 엄중한 손실을 끼치는 것"이라며 진영 내 중국의 고립에 적극적으로 반대하였다.[837]

그러나 논설 전반에 걸쳐 중국에 대한 강한 지지 의사가 느껴짐에

836 『로동신문』, 1963년 1월 30일. 사설은 동독의 사회주의통일당이 지난 당 대회에서 유고슬라비아 대표단을 초대한 사실을 나무라고 "사회주의 진영 내 권위 있는 형제당(중국을 지칭)을 중상 공격하는 것을 허용"하고 이에 열광적으로 호응하였다고 비난하였다. 논설은 "친선적인 형제당 대표들에게는 발언할 기회를 주지 않으면서 맑스-레닌주의의 배신자에게 이와 같이 대하는 것을 누가 과연 정상적인 사태라고 볼 수 있겠는가?"라고 규탄하면서 북한이 발언 기회를 얻지 못했던 것에 대해 다시 한 번 분노하였다.

837 *Ibid.*

도 불구하고, 북한은 스스로를 그 어느 누구의 편도 아닌 "혁명과 단결의 이익의 편"이라며 분명한 선을 그었다. 대신 논설은 과거보다 구체화된 북한의 자주적 입장을 표출하고 있었는데, "모든 형제 당들은 자주적이고 평등하며 다 같이 맑스-레닌주의 원칙과 자기나라의 구체적 조건으로부터 출발하여 독자적으로 정책을 규정한다.…큰 나라와 작은 나라는 있으나 높은 당과 낮은 당은 없다. 바로 그렇기 때문에 어떤 당이 다른 형제 당들의 내부문제에 간섭하거나 다른 당에 압력을 가하며 자기의 일방적인 의사를 강요하거나 그를 음해하는 일이 있어서는 안 된다."는 말로 자주적 입장의 논리를 내세웠다.[838]

소련은 그동안 중소분쟁에서 북한의 입장이 무엇인지 답해줄 것을 종용해왔지만 이제는 북한이 중국의 확고한 지지자임을 인정하지 않을 수 없었다. 북한은 중국과 거의 모든 측면에서 일치되는 견해를 공개적으로 피력하기 시작하였으며, 김일성은 중국 없는 사회주의 진영은 있을 수 없다는 판단 하에 "소련과 중국을 중심으로 하는 사회주의 진영"이라는 새로운 구호까지 제기하였다. 수정주의를 적으로 규정하고 중국과 함께 반수정주의 노선을 걸어갈 것을 선언한 북한에 마오쩌둥이 만족을 표시한 것은 물론이었다. 반면 소련은 "어떤 나라"로 대체되어 각종 매체에서 공격을 받기 시작했다. 북한은 1963년 7월 1일부터 『조소우호신문』과 『조소우호월간』의 출간을 중지시켰고 『프라우다』 기자의 활동까지 제한하였다. 이미 이전부터 북한의 많은 기관들이 자발적으로 『프라우다』와 소련의 정기출판물에 대한 구독을 취소한 상태였다.[839]

838 *Ibid.*

839 중국 기자를 제외하고 소련과 기타 외신 기자들은 원산과 사리원 이남 지역으로

북한지도부에 대한 소련의 공격도 만만치 않았다. 비슷한 시기에 소련대사관의 제1서기였던 슈브니코프(Shubnikov)는 최학성과 황장엽을 포함한 김일성의 자문들을 "정치적 게슈타포"로 규정하였다.[840] 그러나 소련의 북한 비판은 아무런 긍정적인 효과도 가져다주지 못했다. 오히려 북한과의 관계악화는 진영 내 소련의 권위를 제약하고 있었다. 결국 흐루시초프의 아시아 지역에 대한 무관심이 사회주의 진영에서 모스크바의 리더십 약화를 야기한 셈이었다. 반대로 제국주의에 대한 중국의 호전성은 북한과 베트남과 같은 아시아 사회주의 국가들의 공감을 샀으며 중소분쟁에서 중국에 대한 지지로 이어졌다.[841]

그동안 김일성은 중·소 사이에서 기회주의적 태도를 고수함으로써 중국과 소련 모두로부터 경제적·군사적 이익을 얻으려 하였다. 그러나 그 같은 노선은 그다지 효과적이지 않은 셈이었다. 결국 북한은 중국에 편승하였고 소련과의 관계는 악화되기만 할 뿐 경제적 이익이나 군사적 지원을 얻는 데 마땅한 도움이 되지 않았다. 조·소 간에 평화공존에 대한 이견 차이가 해소되지 않는 이상 양국관계가 개선될 여지는 없어 보였다. 그렇다면 북한으로서는 중국과의 연대를 강화하되, 자체적으

---

의 통행이 금지되었다. 션즈화 저, 김동길·김민철·김규범 역, 『최후의 천조: 모택동·김일성 시대의 북한』(서울: 선인, 2017), pp.754–755.

840 Hungarian Embassy to the DPRK, Report, 1 February 1963, KTS, 5. doboz, 5/bc, 0012/RT/1963.

841 1962년말 김일성은 알바니아 지도부와의 대화에서 북한은 미제국주의와 투쟁해야 하므로 소련과의 관계를 계속해서 유지해나가고 싶다는 의견을 피력했다. 그는 전쟁이 반드시 다시 일어날 것으로 예상했고 그렇다면 북한이 중국과 소련에 의지해야 할 수밖에 없다고 생각했다. 그러나 불과 두 달 후, 김일성은 북한이 "흐루시초프에 대항한 투쟁을 준비하고 있으며 앞으로 가장 힘든 시기를 맞이할 것"이라고 말했다. "Information on the Korean Worker's Party," October 1966, AQPPSH, MPP Korese, D 10, V. 1966.

로 경제·군사적 역량을 강화하는 방법밖에는 없었다.

### (2) 자립적민족경제의 한계: 대외경제협력의 다변화 시도

김일성은 그동안 자력갱생, 주체, 자립경제노선 등을 주장해왔으나 그것이 정말로 실현 가능성이 있다고 여기지는 않았던 것으로 보인다. 북한은 여전히 중국이든 소련이든 이미 형성된 강대국과의 관계로부터 완전히 벗어나려 하지 않았다. 북한은 소련과의 관계악화로 인해 발생할 손실들을 중국에 편승함으로써 메우고자 했고, 중국을 중심으로 형성된 사회주의 진영의 새로운 축에서 특정한 역할을 담당할 수 있기를 희망하였다.

그러나 한편으로 외부의 원조가 중단된 상태에서 북한의 경제는 중공업우선발전과 국방력 강화라는 슬로건 아래 악화일로를 걷고 있었다. 국방비 증액은 자립경제노선과 노동력 및 자원부족 현상을 더욱 심화시키며 북한 경제에 부정적인 영향을 끼치고 있었다. 5개년 계획(1957~1960) 기간 동안 북한의 공업성장률은 36.6%로 3개년 계획(1954~1956)의 41.8%에 비해 성장률이 다소 둔화되었다.[842] 이에 따라 예정된 기간 내에 경제목표를 달성하기가 어려워질 듯했다. 결국 1962년 12월 조선로동당 중앙위 전원회의는 1963년을 경제성장의 또 다른 완충기로 정하고 1963년의 경제목표를 낮게 설정하였다.[843]

842 Joseph Sang-hoon Chung, *The North Korean Economy: Structure and Development* (California: Hoover Institution Press, Stanford University, 1974), p. 81.

843 12월 전원회의는 공업생산을 11% 이상 성장시키지 않기로 하였다. 원래 계획은 18% 성장을 목표로 하고 있었다. Szalontai, *Kim Il Sung in the Khrushchev Era*, p. 195.

이 같은 조치에도 불구하고 북한의 경제실적은 1963년의 목표치를 크게 밑돌았다. 『조선중앙년감』에 따르면 1963년 국민소득은 전년 대비 6.8% 증가하였으며 1965년 국민소득은 전년 대비 7% 성장하였다. 1961년 국민소득이 1960년에 비해 20%, 1962년 국민소득이 1961년에 비해 10% 증가한 것에 비하면 성장세가 둔화된 것은 분명했다.[844] 1961~1963년의 공업성장률은 14.0%로 3개년 계획과 5개년 계획 시기의 성장률에 비해 크게 감소하였다.[845] 1963~1964년의 경공업 투자 역시 감소하였고 그럼에도 불구하고 북한은 여전히 제조업보다 광산업에 더 많은 투자를 하였다.

북한 경제는 특히 '자력갱생'과 '자급자족'을 고집함으로써 한계에 직면하고 있었다. 대부분의 외부 원조는 1958년을 기점으로 종료되었으며 노동력 부족과 낮은 기술력으로 인해 성장이 한계에 직면한 상황에서 모든 물품을 자체적으로 생산한다는 것은 사실상 불가능했다. 노약자와 가정주부들까지 공산품 증산을 위해 동원되고 노동자들은 전보다 더 많은 시간을 일하고 있었음에도 노동력 부족 현상은 해결되지 않았다. 상품의 질은 여전히 낮은 수준에 머물러 있었고 농업기계화는 더딘 속도로 진행되는 바람에 농업생산의 75%가 수작업으로 진행되었다. 물가와 임금의 심각한 불균형 문제는 1950년대 중반에 다소 개선되었으나 상품의 부족과 낮은 품질로 인해 다시 도래하고 있었다.[846]

844 이태섭, 『김일성 리더십 연구』, p. 324.

845 Chung, *The North Korean Economy*, p. 81.

846 당시 일반 노동자의 월급이 40원에서 60원 사이였던 반면에 수입 모직 옷감의 가격은 1미터 당 80원에서 120원에 팔릴 정도로 물가가 매우 높았다. 1961년에서 1964년까지 북한 노동자들의 임금은 5% 정도 인상되었으나 1965년부터 1960

이러한 어려움 속에서 소련의 계속되는 경제적 압력은 북한 경제를 더욱 위태롭게 만들었다. 중소관계는 개선의 여지가 없어 보였고 조소관계도 1963년 이후 코메콘 경제통합과 자립경제문제를 둘러싼 갈등으로 더욱 악화되었다. 북한은 1963년 한 해 동안 소련과 문화교류계획서(3월 27일), 과학협조에 관한 사업계획서(6월 10일), 과학기술협조에 관한 의정서(6월 21일), 1964년도 상품 교류에 관한 의정서(10월 14일), 철도 공공위원회 의정서(11월 4일)에 서명하는 등 일부 경제·기술 원조를 이어갔다.[847] 그러나 조·소 교역량은 증가세가 둔화되거나 1945년 경제협력관계가 수립된 이래 최초로 감소하기까지 했다. 1956년부터 1962년까지 조·소 교역량은 매년 1천만 루블씩 증가했으나, 1962년에서 1963년 사이에는 교역량 증가가 120만 루블에 불과하였고 1963~1964년은 오히려 600만 루블 정도 감소되었다.[848]

북한의 경제가 답보와 침체를 보일수록, 북한지도자들과 북한 매체의 소련과 현대수정주의에 대한 비판을 접하는 것이 어렵지 않게 되었다. 1963년 6월 5일부터 23일까지 베이징을 방문했던 최고인민회의 상임위원장 최용건은 23일 중국과의 공동성명을 통해 소련지도자들이 북한에 경제적인 압력을 가하고 있다고 비난하였다. 최용건은 "다른 국가에서 자급자족적 민족경제를 건설하는 것을 반대하거나 또는 어떠한

년대 말까지 더 이상의 임금 인상은 없었다. 북한에서 생산된 옷감들은 한 번 세탁하면 본래의 색이 사라질 정도로 질이 좋지 않았으며 튼튼한 제품은 찾아보기가 어려웠고 대부분은 국가가 지정하는 특정인들에게만 공급됐다. Szalontai, *Kim Il Sung in the Khrushchev Era*, p. 196.

847 『조선중앙년감 1964』(평양: 조선중앙통신사, 1964), pp. 163, 451.

848 정진위, 『북방삼각관계』, pp. 106–107.

이유로도 다른 국가에 경제적 압력을 가하는 것은 프롤레타리아 국제주의의 원칙에 위배될 뿐만 아니라 세계사회주의 경제체제의 정상적인 발전을 방해하고 사회주의국가들 간의 단결을 약화시키는 해로운 행위"라고 주장했다. 나아가 북·중 양국은 공동성명을 통해 "상호원조라는 구실로 다른 국가의 주권과 독립을 침해하고 내정에 간섭하는 것은 용서할 수 없는 일"이라며 소련이 상호평등과 국가주권에 대한 존중, 상호내정 불간섭 원칙에 의거해 줄 것을 요구했다.[849]

북한은 중·소 양당회담이 결렬된 이후로 소련에 대한 비판의 수위를 높임과 동시에 무조건적으로 중국을 지지하였다. 중·소 간의 의견 차이를 노정하기 위하여 1963년 7월 5일 모스크바에서 중·소 양당 회담이 열렸으나 이 회담 또한 7월 20일 서로에 대한 거친 비판 끝에 결렬되고 말았다. 덩샤오핑을 단장으로 하는 중국공산당대표단은 평화공존, 세계혁명, 국제공산주의운동에 대한 중국공산당의 입장을 분명히 제기하였고 소련은 이를 조목조목 반박하였다. 이 와중에 소련은 미국, 영국과 PTBT에 관해서 협상하였고 이로 인해 소련공산당과 중국공산당의 회담은 성과 없이 막을 내렸다.

이 과정에서 최용건은 양당 회담 직전에 류사오치와 함께 수정주의를 반대하는 공동성명을 발표하는 등 소련공산당과 흐루시초프에 대한 비난을 이어갔다. 1963년 8월 16일에는 김일성이 양강도 당 조직에 관한 연설에서 수정주의와 제국주의를 동일선상에서 비난하고, 전 조직에서 수정주의에 대항하여 투쟁할 것을 주장하였다.[850] 김일성은 북

849 『로동신문』, 1963년 6월 24일.

850 김일성은 연설에서 "수정주의는 맑스-레닌주의의 기본원칙을 반대하고, 혁명을

한 건국 15주년 행사에서도 "국제공산주의 운동의 단결을 수호하고, 맑스-레닌주의의 순결성을 고수하며, 현대수정주의에 반대한다."며 다시 한 번 수정주의를 비난하였다.[851] 이 행사에는 소련을 포함하여 동유럽 각 당의 주요 인사들이 참여하여 김일성의 연설을 지켜보고 있었다.

북한과 중국의 특별한 유대와 수정주의 비판은 소련지도부에게 북한에 대한 부정적 인식을 심어주고 있었다. 조소관계의 개선 가능성은 점차 소멸되고 있었으며 이와 반비례하여 북한에 대한 소련의 경제적 압력의 수위는 더욱 높아졌다.[852] 덕분에 1963년 공업총생산액의 성장률은 8%로 경제성장률이 최근 몇 년에 비해 크게 둔화되었다.[853] 북한 당국은 경제위기를 탈출하기 위해 내각의 사회통제 범위 내에서 경제정책의 변화를 시도하였다. 기본적인 물품들과 북한 내에서 수요가 높은 물건들은 자체적으로 생산하되, 수요가 적거나 부족한 것은 국제적 협조를 통해 해결한다는 원칙이 확립되었다.[854] 김일성은 자립경제를

---

포기하려는 사상이다. 수정주의자는 타인이 혁명을 지속하면 전쟁이 일어날 수 있으므로, 자신들에게 피해가 미칠 수 있다고 설명한다. 그래서 그들은 반제투쟁을 중단하고, 식민지해방투쟁도 포기하라고 설교하고 있다."라고 하였다. 김일성, "량강도 당조직들 앞에 나서는 과업: 조선로동당 량강도 위원회 전원회의에서 한 결론(1963년 8월 17일)," 『김일성저작선집 3』, p. 593.

851 "조선 민주주의 인민 공화국 창건 15주년 경축연에서 한 김일성 동지의 연설," 『조선중앙년감 1964』, pp. 7-8.

852 반면 1963년 9월 14일에서 28일까지 류사오치가 북한을 방문한 뒤 그 해 가을에는 조중합동군사훈련이 개최되었고 북한은 조·중 경제협력 관계를 강화하기 위하여 평양-신의주 구간의 철도(평의선)를 전철화하기로 하였다. 류사오치의 방문은 최용건의 6월 베이징 방문에 대한 답방이었다.

853 『로동신문』, 1964년 1월 18일.

854 리석심, "우리나라에서의 자립적 민족 경제 건설," 『근로자』, 11월 제19호(1962), p. 13. 대신 이러한 국제적 협조는 자립 경제를 건설하는 방향에서 진행되어야 하며, 국제 원조는 내정 간섭의 수단이 되어서는 안 된다는 원칙적 입장이 표명되었다. 편집국, "자력 갱생과 자립적 민족 경제의 건설," 『근로자』, 제12호

더욱 확고히 견지하면서, 설비, 기술, 연료, 원자재 문제의 해결을 위해 국제협력증대의 필요성을 역설하였다.[855]

위와 같은 조치에도 불구하고 북한의 경제는 좀처럼 개선될 기미가 보이지 않았다. 북한지도부가 중공업우선발전노선에 대한 집착을 버리지 않았기 때문이었다. 김일성은 건설사업의 투자에 있어서 경제적 효율성만을 보지 말고 전시(戰時) 조건을 심중하게 고려할 것을 요구했다. 따라서 북한은 대외협력을 통한 경제성장을 추동할 때에도 중공업의 우선발전을 희망하였다.[856]

경제적 불이익은 비단 소련에 의한 것만이 아니었다. 북한은 소련과 밀접한 관계인 동유럽 사회주의 국가들로부터 전방위적인 압박을 받았다. 동독은 북한의 전후복구사업에 있어서 함흥시 개발에 많은 노력을 기울였으나 1962년 사업이 종료되자 북한의 잔류 요청에도 불구하고 자국의 기술자들을 모두 소환했다.[857] 1962년 8월, 북한의 국비유학생 4명이 김일성체제에 반대하여 불가리아에 망명을 선언했다가 북한대사관에 억류된 일이 있었다. 이때 불가리아 당정의 적극적인 조치에 의해 북한의 유학생들이 풀려날 수 있었다.[858] 북한은 불가리아가 북

---

(1963), p. 7; 편집국, "자립적 민족 경제의 건설은 조국의 통일과 독립과 번영의 길이다," 『근로자』, 제8호(1963), p. 27.

855 이태섭, 『김일성 리더십 연구』, p. 301.

856 김일성, "평안남도의 10대 과업에 대하여(1964년 8월 6일)," 『김일성저작집 18』(평양: 조선로동당출판사, 1982), p. 416.

857 Armstrong, "'Fraternal Socialism': The International Reconstruction of North Korea, 1953-1962," p. 180.

858 이 사건이 발생하자 불가리아 정부는 소피아 주재 평양대사를 '외교적 기피인물(persona non grata)'로 지정하였으며 이튿날 평양 주재 불가리아 대사 역시 '외교적 기피인물'로 지정되었다. "Resolution No. B-7 by the Central Committee

한 유학생들의 망명을 허용하자 이에 분개하여 1968년까지 6년간 불가리아와 과학·기술 협력 및 문화교류 등을 전면 중단하였다.[859]

북한이 비공산권 국가들과 경제교류를 확대한 것도 이러한 국제적 경제연계와 협조정책의 일환이었다. 북한은 소련으로부터 기계류의 수입이 어려워지자 일본, 서독, 영국, 프랑스, 네덜란드, 오스트리아 등으로부터 중국이 제공할 수 없는 중공업 장비들을 구매하였다.[860] 이들 국가는 북한이 생산한 완제품에는 그다지 관심이 없었으므로, 북한은 비철금속과 원료들을 소련과 동유럽에 팔던 가격과 동일한 가격으로 판매했다.[861]

북한은 특히 일본과의 경제교류를 증대하였는데 경제문제에 직면하여 실용적인 방법을 채택한 것으로 볼 수 있었다. 북한지도부는 한일회담의 진전에 여전히 민감한 반응을 보였다. 그러나 중일관계 개선으로 인해 북일 경제협력 또한 가능해지면서 1963년 양국의 경제관계는 눈에 띄게 발전하였다. 북·일 간 무역 규모는 1963년에 1,700만 달러에 이르렀으며, 1964년에는 일본이 생산한 자동차와 트럭 등이 평양

of the Bulgarian Communist Party Politburo, Regarding Incident with the Korean Students," September 03, 1962, History and Public Policy Program Digital Archive, Central State Archive, Sofia, Fond 1-B, Opis 64, A.E. 299, p. 1.

859 "Memorandum from the Bulgarian Foreign Ministry, Regarding Relations with North Korea," June 08, 1967, History and Public Policy Program Digital Archive, Central State Archive, Sofia, Fond 1-B, Opis6, A.E. 6770, p. 66-69.

860 Hungarian Embassy to the DPRK, Report, June 1964, KTS, 11. doboz, 24/b, 001400/3/1964.

861 Hungarian Embassy to the DPRK, Report, 17 January 1964, KTS, 5. doboz, 5/bc, 001770/1964.

시내에 상당수 눈에 띌 정도였다.[862] 북한이 일본에서 주로 수입한 것은 중공업설비와 화학제품 등이었다. 북한은 이외에도 자본주의 국가와의 무역에 있어서 일본에 지나치게 의존하는 것을 피하기 위해 무역 대상을 서구 자본주의 국가들로 확장하였다. 서구 자본주의 국가들과의 무역 규모는 크지는 않았지만 북한이 이들 국가로부터 중공업 장비를 수입하고 플랜트를 도입했다는 사실은 그만큼 소련 및 동구유럽 국가들로부터 심각한 경제적 압력을 받고 있었다는 의미로 해석할 수 있었다.

북한은 이외에도 루마니아와 동독 등 기타 동유럽 사회주의 국가와의 경제접촉의 범위를 확장하여 자립경제를 해치지 않으면서도 대외협력이 가능한 공간을 확대·발전시키려 하였다. 소련의 경제원조는 내정간섭을 동반하였으므로 상대적으로 자율성을 더 발휘할 수 있는 소련의 위성국들과의 교류를 통해 경제위기를 탈출하려 했다. 한 예로, 김일성은 소련대사가 명절이나 국경일을 보내기 위해 고국으로 돌아갔을 때를 틈 타 루마니아대사를 초대하였으며, 북한과 루마니아의 교역규모를 현 수준에서 10배 이상으로 확대할 수 있는지 가능성을 타진해 보았다.[863] 김일성은 북한과 루마니아가 특히 기계분야공업에서 긴밀한 협력을 할 수 있기를 바랐다. 중소분쟁으로 소련이 북한에 기계류 수출을 줄여나갈 것이 확실해 보이는 상황에서 루마니아로부터 도움을 받는다면 소련 및 동유럽 사회주의 국가들에서 생산된 새로운 기계들을

862 정진위, 『북방삼각관계』, pp. 110-112.

863 북한정부는 1962년 12월 30일 루마니아 인민공화국의 설립 15년 주년 기념행사를 호화롭게 열어 헝가리 외교관들을 놀라게 하였다. 1963년 1월에는 북한 언론에서 우호 국가들을 나열할 때 베트남 인민공화국과 알바니아 사이에 루마니아를 위치시키는 등 양국의 특별한 관계가 주목을 받았다. Hungarian Embassy to the DPRK, Report, 5 January 1963, KTS, 6. doboz, 5/a, 00384/1963.

도입할 수 있을 것이기 때문이었다.[864]

그러나 1964년에 맺은 상품거래협약을 통해 북한과 루마니아의 무역 규모는 44%나 증가하였음에도 불구하고 북한의 경제상황 개선에 큰 영향을 미치지 못했다. 루마니아와의 무역규모는 1천만 루블에도 미치지 못하였다. 1963년 조·소 무역규모가 1억 4,700만 루블에 달하였던 점으로 미루어 보아 북한과 루마니아의 무역은 상당히 미약한 수준이었다.[865] 그나마 루마니아공산당의 경우 중국공산당의 정책에 반대하였으나 그렇다고 소련공산당에 호의적이지도 않았기 때문에 북한과의 교류가 가능하였다. [866]

### (3) 소련의 경제적 압력의 원인

소련과의 관계 악화는 마치 도미노처럼 동구 사회주의 국가들과의 관계 악화로 이어져 있었고 북한이 진영 내에서 경제원조를 획득할 수 있는 길은 쉽게 열리지 않았다. 김일성은 당·정 관리들에게 모든 사회

---

864 Report, Embassy of Hungary in North Korea to the Hungarian Foreign Ministry, 26 August 1963, MOL, XIX−J−1−j Korea, 5. doboz, 5/bc, 0034/RT/1963.

865 Hungarian Embassy to the DPRK, Report, 20 January 1964, KTS, 5. doboz, 5/bc, 001771/1964.

866 루마니아는 쿠바미사일위기에서 소련의 굴욕적 자세에 대해 비판한 바 있으며 중소분쟁의 기회를 활용하여 양국 사이에서 중립을 선언하고 소련에 대해 자주적 입장을 견지할 것을 주장했다. 루마니아대사(M. Bodnaras)는 김일성을 현명한 사람이며 합리적인 외교정책과 국내정책을 추구하는 사람이라고 호의적으로 묘사했는데 소련공산당은 이를 못마땅하게 여기고 루마니아의 행보를 주시해야 할 필요성을 느꼈다. Report, Embassy of Hungary in North Korea to the Hungarian Foreign Ministry, 26 August 1963, MOL, XIX−J−1−j Korea, 5. doboz, 5/bc, 0034/RT/1963.

주의 진영의 국가들과 경제관계를 강화할 것을 지시하였다. 그러나 소련의 위성국들은 북한과의 경제적 연계를 강화하기에 앞서 중소분쟁과 국제공산주의운동에 관한 북한의 정치적 입장을 확인하고 싶어 하였다.[867] 때문에 소련의 지지세력이 대부분인 사회주의 진영에서 중국과의 긴밀한 관계에 놓인 북한의 대외경제는 운신의 폭이 좁을 수밖에 없었다.

소련은 북한에 경제적 압력을 가함과 동시에 북한을 중국·알바니아와 함께 사회주의 진영에서 고립시키려 했다. 평양에 주재한 대다수의 동유럽 국가 대사관들은 북한과 중국의 유착관계를 의심하였으며 이를 소련에 보고하는 역할을 수행하였다. 당시 헝가리대사관은 1963년 중반 조선로동당의 고위 당원들이 중국의 농업정책을 배우고자 중국에서 2개월을 체류하고, 뒤이어 1963년 9월 조선로동당 중앙위원회 제4기 제7차 전원회의에서 농업투자 증가에 결의 한 사실에 주목하였다. 김일성은 다음 해에는 "이미 마련해놓은 중공업의 토대를 효과[868] 적으로 리용하여 경공업과 농촌경리, 특히 인민소비품생산을 빨리 발전시키며 인민생활을 획기적으로 높이는데 힘을 집중"해야 하며 인민소비품 생산을 증대시키고 농촌경리를 발전시켜야 한다고 주장했는

867 Memorandum of a Conversation between the Czech Ambassador to the DPRK, Comrade Moravec, with the Soviet Ambassador, Comrade Moskovskii, and the GDR Ambassador, Comrade Becker, on 23.IV.1963. May 16, 1963, History and Public Policy Program Digital Archive, State Central Archive, Prague, File A. Novotny, Foreign Affairs, KPDR.

868 Hungarian Embassy to the DPRK, Report, 1 June 1964, KTS, 13. doboz, 27/z, 004092/1964.

데 이 같은 발언은 중국의 영향을 받았음이 의심되는 부분이었다.[869] 1959~1960년에 극심한 기근을 경험했던 중국공산당 지도부는 그 후로 산업이 농업을 뒷받침해야 한다고 주장했고 실제로 일부 중공업생산이 비료와 양수 설비, 농기계생산으로 전환되어 농업투자가 증대된 바 있었다. 마침 알바니아의 지도자인 호자 역시 1963년 알바니아의 낙후된 농촌지역의 경제상황에 대해 인정하고 농촌에 대대적인 투자를 진행하였다.[870] 당시 중국과 매우 친밀한 관계를 맺고 있던 북한과 알바니아 모두 1963년에 심각한 식량부족에 시달렸고, 같은 시기 세 국가가 모두 농업강화정책을 펼친 사실은 우연으로 보기 어려웠다.[871]

북한지도부는 소련을 비롯한 코메콘 가입국들이 북한에 압박을 가함으로써 북한을 농업과 원자재 생산국으로만 남겨두려 한다며 사회주의 국제분업의 불공정한 관계에 정면으로 대항하였다.[872] 북한은 소련지도부의 "수정주의적 경향과 분열주의적 책동, 코민테른식 강압적 헤게모니를 행사하려고 하는 고압적 자세, 개인숭배문제를 지적하며 내

869 "현시기 우리 나라 인민경제의 발전방향에 대하여: 조선로동당 중앙위원회 제4기 제7차 전원회의에서 한 결론(1963년 9월 5일)," 『김일성저작집 17』(평양: 조선로동당출판사, 1982), pp. 371-406.

870 Hungarian Embassy to the PRA, Report, 11 June 1964, ATS, 4. doboz, 5/c, 00952/2/1964.

871 Szalontai, *Kim Il Sung in the Khrushchev Era*, p. 199.

872 리주연은 북한 경제의 어려움을 소련과 코메콘의 압력과 제재 탓으로 돌리면서 소련 인민들을 가리켜 "어떤 인민들"은 북한과의 교역을 통해서 자신의 주머니를 채우고 있다고 말했다. 그러자 모스코프스키는 북한산 제품들을 구매하지 않는 이유는 단순히 제품의 질이 떨어지기 때문이며 북한과의 교역은 소련의 대외무역에서 겨우 1.8% 정도를 차지하고 있을 뿐이라고 응수하였다. 소련은 북한산 물품의 대규모 구입불가의 입장을 분명히 하였다. Report, Embassy of Hungary in North Korea to the Hungarian Foreign Ministry, 29 June 1964, MOL, XIX-J-1-j Korea, 5. doboz, 5/bc, 004558/RT/1964.

정에 간섭하는 대국주의적 태도, 사회주의적 국제분업을 일방적으로 강요하며 자립적 민족경제노선을 중상하고 제국주의나 하는 비방을 늘어놓는 행위" 등을 조목조목 지적하며 비판하였다.[873] 당시 북한 수출품의 큰 부분은 천연자원과 천연자원으로 만든 반제품에 한정되었고 소련은 북한의 가장 큰 고객이었다. 북한은 소련으로부터 경제원조를 거부당하고 수출 통로가 막히자, 소련과 코메콘 회원국들은 북한이 코메콘 가입을 거부했다는 이유로 비철금속을 제외하고는 아무것도 구매하지 않으려 한다며 맹공을 퍼부었다.[874]

소련에 의한 북한의 경제적 고립이 단순히 중국, 베트남, 루마니아 등과 함께 코메콘 가입을 거부하고 사회주의 국제분업에 반대하였기 때문만은 아니었다. 그동안 북한의 자력갱생, 중공업우선발전, 국방력 증강, 주체의 강조, 우상숭배, 평화공존론 비판, 중국과의 유착, 알바니아 지지 등 수많은 정치·경제적 이유들이 소련과 우호적 관계 형성을 가로막는 장벽이 되어 왔다. 김일성을 비롯한 북한지도부는 소련의 대내외 정책과는 상반되는 정책들을 꾸준히 전개하였으므로 조소관계는 결코 어떠한 특정 사건이 계기로 작용하여 악화된 것이라고 보기 어려웠다. 이것은 조선로동당과 소련공산당 사이, 북한 정부와 소련 정부 사이의 누적된 불신과 견해 차이가 빚어낸 결과였으며 소련은 경제적 압력을 통해 북한에 보복하였다.

---

873 이종석, 『북한-중국관계 1945-2000』, p. 227.

874 1950년대 소련에서 유학한 바 있는 대외무역상 리일경은 비철금속 대신 품질이 낮은 북한산 산업 제품들을 소련이 구매하도록 하는 데 실패하였다는 책임을 물어 1964년 4월에 사형선고를 받았다. 당시 원조 확보에 절박했던 북한의 경제적 상황을 잘 보여주는 대목이라고 할 수 있다. Hungarian Embassy to the DPRK, Report, 22 April 1965, KTS, 7. doboz, Ⅳ-571, 003654/1965.

특히 중국과의 유착관계는 소련의 경제적 압박의 결정적 원인이었으며, 북한이 중국의 편에 서서 소련을 비난하는 동안 소련의 경제적 고립 시도 또한 계속되었다. 1964년 1월 27일자 『로동신문』 사설은 "어떤 사람(흐루시초프)이 평화공존론을 주장하면서 아시아, 아프리카, 라틴아메리카의 인민들에게 민족해방투쟁을 포기하도록 권유하고 있다."고 비난하였다.[875] 사설은 흐루시초프의 평화공존정책을 완벽히 비판하였는데 이러한 강경한 논조는 대부분 중국의 입장을 반영한 것이었다.

북한은 사회주의 진영의 단결과 화합을 주장하던 과거와는 달리, 이제는 중소관계의 회복을 위한 형제당들의 노력마저 비판적으로 바라보았다. 루마니아대표단은 중소관계 회복의 중재자로서 1964년 3월 3일부터 12일까지 베이징을 방문하여 마오쩌둥과 수차례에 걸쳐 회담을 가졌다. 이를 두고 김일성은 루마니아가 흐루시초프와 견해가 다르면서도 소련과 결별하는 것을 두려워하고 있다며, 중재자로서의 루마니아의 자질과 진의를 의심하였다. 그는 루마니아가 이론적 원칙에 관해서만 소련에 반박할 것이 아니라 흐루시초프의 내정간섭과 압력행사에 모두 반박해야 한다고 주장하였다.[876]

1964년 중반에는 중국지도부의 관점이 반영된 북한 내 선전이 거의 최고조에 달했다. 북한 인민들 사이에 중국의 선전자료들이 널리 퍼

875 『로동신문』, 1964년 1월 27일.

876 마오쩌둥 역시 김일성의 견해에 공감했다. 북한과 중국은 루마니아가 중립적 입장을 선택하지 말고 중국을 지지해주기를 희망했던 것으로 보인다. Nancy T. Lin, ed., *Reverberations: A New Translations of Complete Poems By Mao Tse-tung* (Hong Kong: Joing Publishing House, 1980), p. 696; Radchenko, *Two Suns in the Heavens*, p. 100에서 재인용. 루마니아노동당 중앙위원회 대표단은 중국을 방문한 뒤 3월 12일부터 14일까지 평양을 방문하였다.

질 정도로 양국의 관계는 돈독하였으며 현대수정주의자들에 대항한 합동투쟁을 통해 더욱 강화되었다. 6월 16일부터 23일까지 평양에서 개최된 제2차 아시아경제토론회는 소련에 대항한 북·중의 합동 투쟁을 고스란히 보여주는 대표적인 사례였다. 제2차 아시아경제토론회는 제국주의와 식민주의를 배격하고 자립적 민족경제 건설의 당위성을 설파하는 토론의 장이었다. 토론회의 개막 축하연설에서 최고인민회의 상임위원회 위원장인 최용건은 형제국가 간의 완전한 평등과 호혜의 원칙에 입각해, 주로 자국 인민의 역량과 자원을 동원하여 자립적 민족경제를 건설할 것을 강조했다. 나아가 그는 자력갱생이야말로 '정치, 경제적 독립과 민족적 번영을 위한 유일하게 정당하고 가장 믿음직할 길'이라고 강조하였다.[877] 이 같은 주장이 의미하는 바는 곧 소련이 고압적 자세에서 북한의 자립경제 건설을 가로막고 있다는 것이었다. 중국대표단 역시 소련의 평화공존과 군비축소운동을 신랄하게 비판하고, 소련이 '사심 없는 원조'를 제공한다는 명목하에 대국주의 및 민족 이기주의적 자세로 아시아, 아프리카 국가들의 국내문제에 간섭하여 자립적 민족경제를 저해하고 있다고 주장하였다.[878]

아세아경제토론회는 「자력 갱생하여 자립적 민족 경제를 건설할 데 대하여」라는 제목의 '평양선언'을 채택하며 막을 내렸다. 토론회는 자립적 민족경제는 폐쇄적인 경제나 고립된 경제와는 아무런 관련이 없으며 나라들 사이의 호상 지지와 협조를 더욱 촉진시킨다는 쉽게 납

877 최용건은 경제적 자립은 정치적 독립의 물질적 기초라고 주장했으며 어떤 민족도 자립경제를 이루지 않고서 나라의 진정한 독립을 달성할 수는 없다고 하였다. 『로동신문』, 1964년 6월 17일.

878 『로동신문』, 1964년 6월 21일.

득이 되지 않는 논리를 펼쳤다. 또한 말로는 '진정한 협조'와 '사심 없는 원조'를 강조하면서 실제로는 그것을 자기의 그릇된 정책을 강요하는 수단으로 이용하거나 자기의 경제적 이익만을 추구하는 미끼로 삼는 것은 경제 협조의 원칙에 위배된다고 하였다. 겉으로는 한국에 원조를 제공하면서 군사 침략적 약탈을 일삼는다는 미국을 향한 비난이었으나, 그동안 원조를 미끼로 북한을 압박해 온 소련에게도 해당되는 것이었다.[879] 북한은 아시아경제토론회 내내 원조에 대한 경계와 의구심을 표명하였는데, 선의로 포장한 원조는 신(新)식민주의의 전형적 형태라고 주장하였다. 따라서 자립경제 건설이야말로이야말로 정치적 독립을 공고히 하는 확고한 담보라는 것이 평양선언의 핵심이었다.

그러나 북한은 소련과의 갈등이 조선로동당과 소련공산당의 문제이지 국가 차원의 문제는 아니라고 극구 부인하였다. 오히려 북한은 소련이 조선로동당과 소련공산당 사이의 문제를 국가관계까지 확대하고 있다며 비난의 화살을 소련지도부에 돌렸다. 1964년 6월 내각 부수상 리주연과 소련대사 모스코프스키가 나눈 대화에서 당제(黨際)갈등과 국가갈등을 분리하려는 북한의 태도가 드러났다. 리주연은 소련이 북한산 제품들의 구매나 소련 제품의 공급약속을 제대로 지키지 않는다면서 "이런 조치들은 소련이 당 사이의 불일치를 국가노선에까지 확장한 것"이라고 주장하였다.[880] 리주연은 소련공산당과 달리 조선로동당

879 『로동신문』, 1964년 6월 24일. 북한측 토론자로 나선 방호식은 미국이 1962년까지 경제 원조 총액의 약 3배에 달하는 약 100억 달러를 한국으로부터 약탈하였으며 그 결과, 한국의 공업 생산 수준은 일제 식민지 통치 말기의 3분의 2 정도에 불과하다고 지적했다. 『로동신문』, 1964년 6월 20일.

880 Report, Embassy of Hungary in North Korea to the Hungarian Foreign Ministry, 29 June 1964, MOL, XIX-J-1-j Korea, 5. doboz, 5/bc, 004558/RT/1964. 그의 주

은 당의 고유한 정치노선을 제시하고 그 노선만을 따라간다고 강조하였다. 그러나 곧 모스코프스키의 다음과 같은 발언에 의해 저지되었다.

> "귀하들은 자신만의 고유한 정치노선을 갖고 있지 않다. 그것은 중국의 정책이며 조선로동당의 지도자들은 중국의 정책을 모방하고 실행한다. 우리는 지난 일 년 간 북한에 대한 (소련의) 공공연한 착취를 다룬 연설들을 지켜봐왔다. 조·소 양국의 경제관계에 있어서 귀하들이 감지한 문제점들과 불만족스러웠던 부분들을 확실히 전달하고, 소련과 북한의 고위 경제지도자들이 함께 논의하는 것이 더 적절하지 않겠는가?"[881]

아직 그런 협상을 할 시점은 아닌 것 같다는 리주연의 대답에 모스코프스키는 "귀하는 이런 논의를 두려워하는 것 같다. 현재 중국인들은 귀하의 소련 대표들과의 만남을 허락하지 않을지도 모른다."며 북한과 소련의 관계에 중국이 큰 걸림돌임을 재확인하였다.[882]

결국 소련의 북한 제품 불매, 경제교류의 감소는 순전히 경제적인 이유에 근거하여 내린 결정이라고 볼 수 없었다. 소련은 중국에 편승한 북한에 경제적인 보복조치를 내리고 있었다. 1964년 8월 18일자 소련 공산당 중앙위원회 기관지인 『프라우다(*Pravda*)』는 「누구의 이익을 위함인가?」라는 제하의 논설을 통해 지난 6월에 개최되었던 아시아경제토

---

장에 따르면, 소련은 2,000톤의 면을 올해 북한에 보내기로 하였으나 실행하지 않았으며, 20만 톤의 마그네사이트 클링커 구매를 약속하고 6만 톤만 구매한 상태였다. 또한 소련은 북한산 도자기 구매를 줄이고 공작기계류의 수입도 하지 않았다. 그러나 모스코프스키는 소련이 북한에서 생산된 물건을 구입하지 않는 이유는 정치적인 것이 아니라 단순히 북한물품에 대한 수요가 없거나 북한산 제품들의 질이 소련산 물건들에 비해 현저히 떨어지기 때문이라고 반박하였다.

881 *Ibid.*

882 *Ibid.*

론회를 비판하였다. 논설은 아시아의 큰 두 나라인 소련과 인도가 토론회에 초청받지 못했음을 지적하고, 회의에 초청받은 사람들은 대부분 경제학에 무지하며 베이징의 지도자들을 추종하는 인물들이었다며 회의의 목적과 수준을 의심하였다. 나아가 토론회 참여자들이 시찰했던 평양방직공장과 흥남비료공장은 북한 스스로의 힘이 아닌 소련의 설비와 기계들로 건설되었다는 사실을 지적하면서 토론회에서 강조되었던 경제자립의 원칙을 폄하하였다.[883]

북한은 이에 대한 대응으로, 1964년 8월 31일자 『로동신문』에 「분렬을 가져 올 각국 당들의 회의는 저지시켜야 한다」는 제하의 사설을 게재하였다. 이 사설에서 소련은 최초로 "어떤 나라"가 아닌 소련이라는 국가의 이름으로 등장하였다. 사설은 소련이 급작스럽게 세계공산당대회를 12월 15일로 예정했으며, 여기에는 분명 다른 목적이 있을 것이고 회의는 사회주의 진영의 분열만 초래하게 될 것이라고 공격하였다[884]. 또한 9월 7일자 『로동신문』의 「왜 평양 경제 토론회의 성과를 헐뜯으려 하는가?」라는 제하의 사설을 통해 8월 18일자 『프라우다』의 사설에 대한 분노를 표출하고 소련의 대국주의적 행태를 비판했다. 사설은 소련이 약소국들의 자립경제 건설을 반대하고 "가장 발전된 사회

883 『로동신문』 1964년 9월 7일; "In Whose Interest?," *Pravda*, August 18, 1964, trans. in CDSP, Vol. ⅩⅤⅠ, No. 33(September 9, 1964), pp. 16–17; 정진위, 『북방삼각관계』, p. 117. 『프라우다』의 논설은 북한이 당 기관지 『로동신문』 9월 7일자 사설을 통해 반박하면서 전문을 소개하였다. 논설은 아시아경제토론회를 요목조목 비판하고 있었으나 논설의 주요 공격대상은 북한이 아닌 "북경 분렬주의자"로 묘사된 중국지도부였다.

884 『로동신문』, 1964년 8월 31일. 북한은 이 회의에 참가하지 않을 것임을 분명히 했다.

주의 나라(소련)"의 경제에 의존하도록 만들고 있다고 비꼬았다. 사설의 후반부에서 북한은 소련이 북한의 수십 톤에 이르는 금, 유색금속 및 원료들을 포함한 천연자원에 대해 국제 시장 가격보다 낮은 가격을 지불하여 가져가는 등 과거 소련이 원조를 구실로 북한을 착취하였다고 비난하였다.[885] 나아가 사설은 소련이 전후 복구시기 공장건설에서 소련산 설비와 기타 물품들에 대해 국제 시장 가격보다 훨씬 높은 가격을 매겨 북한에 되팔았다고 주장하였다.[886]

이렇듯 북한의 대소 비판은 점차 강경한 논조를 띠고 있었으며 소련은 이제 더 이상 북한의 해방자가 아닌 갈취자로 변해 있었다. 그러나 북한에 대한 소련의 경제제재는 소련의 대외정책에 아무런 긍정적인 효과도 가져다주지 못했으며, 오히려 알바니아와 중국, 북한지도부의 소련에 대한 적개심을 상승시키는 데 기여할 뿐이었다.

## 2. 대중 편향의 종식과 조소관계의 회복

### (1) 조소관계 회복의 필요성

북한에서 사대주의에 대한 반대 움직임은 이전에도 있었지만 1962년에 이르러서는 소련과 동유럽으로 경계대상을 분명히 하여 전개되었

885 사설은 소련이 예속적이고 불평등한 원조를 제공하고 있다며 또한 일부 사회주의 국가에서도 원조를 구실로 내정에 간섭하였을 뿐만 아니라 정권 전복 음모까지 꾀하였다고 주장했다.

886 『로동신문』, 1964년 9월 7일.

다. 사대주의 반대운동은 1961년 말까지만 하더라도 수정주의와 평화공존에 대한 공공연한 비판에 머물러 있었다. 그러나 1962년 초, 조선로동당의 정치이론 잡지인『근로자』에 실린 기사가 소련의 대내외정책에 대한 언급을 가급적 삼가고 아시아 국가들의 민족해방 등을 중점적으로 다루면서 보다 구체적으로 발전하게 되었다.[887]

조소관계는 꾸준히 악화되어 1963년 가을쯤에는 최악의 상태에 이르렀으며 소련대사관 직원들과 북한 관료들의 대화는 거의 단절 상태나 마찬가지였다. 모스코프스키 소련대사는 그의 일기에서 "최근 북한의 모든 고위관료들이 기상학자로 변모하고 있다는 인상을 받고 있다. 이들이 우리와 논의할 주제는 날씨를 제외하고 아무것도 없다"고 밝혔을 정도였다.[888] 심지어 모스코프스키는 악화된 조소관계에 대한 책임의 일정부문을 그의 전임자였던 푸자노프에게 돌렸다. 모스코프스키는 푸자노프가 자신의 수하들의 말을 좀 더 주의 깊게 들었더라면 "이미 1961년에 조선인들이 동쪽(중국)인지 서쪽(소련)인지, 어디를 바라보는지 알 수 있었을 것"이라고 책망하였다.[889]

1963년 8월, 김일성은 조소관계에 잡음이 최초로 발생했던 시기를 1956년 9월에 있었던 조선로동당 중앙위원회 전원회의로 꼽았다. 김일

887 Hungarian Embassy to the DPRK, Report, 23 January 1962, KA, 8. doboz, 15/b, 002300/1962.

888 From the Diary of Soviet Ambassador to North Korea Vasily Moskovsky, 4 September 1963, AVPRF, Fond 0102, Opis 19, Papka 97, Delo 5, List 112.

889 From the Diary of Soviet Ambassador to North Korea Vasily Moskovsky, 26 September 1963, AVPRF, Fond 0102, Opis 19, Papka 97, Delo 5, List 159. 푸자노프는 북한지도부를 감시할 의무를 갖고 소련대사로 파견되었다. 임기 말년에는 김일성과의 관계가 매우 좋지 않은 것으로 알려졌으나 정확한 이유는 밝혀지지 않았으며 북한에 대한 지나친 내정간섭이 주요 원인으로 추측될 뿐이다.

성은 "미코얀과 펑더화이의 방문은 조선로동당을 모욕한 것"이었다고 회상하면서 이때부터 조소관계에 원치 않았던 장벽들이 생겼다고 술회했다. 그러나 1963년 하반기 이후 소련과의 관계가 걷잡을 수 없이 악화되자 김일성은 1956년 9월 미코얀과 펑더화이가 자국으로 돌아간 뒤, 종파주의자들에게 사형을 선고했던 과거를 후회하였다.[890] 김일성은 '8월 전원회의'를 회고하면서 "현재는 다른 눈으로 당시 상황들을 바라보고 있으며, 만약 그 당시로 시간을 되돌릴 수 있다면 똑같은 일들이 일어나도록 허락하지 않을 것"이라고 하였다.[891]

김일성이 이러한 결심을 하게 된 이유는 중국의 숨길 수 없는 대국주의 속성과 중화사상(中華思想), 소련의 경제지원 중단으로 인한 북한 경제의 위기에 있었다. 소련과 비교하였을 때, 중국은 북한의 내정에 덜 간섭하였지만 북한의 경제적 어려움에도 크게 주목하지 않았다. 그러한 배경에는 중국의 경제사정이 긍정적이지 않았다는 것도 큰 몫을 차지했다. 경제적 측면에서 북한은 전적으로 중국에 의지하였으나 결과는 좋지 않았다. 북한은 중국에 대규모 경제지원, 특히 차관을 요청하였는데 중국측은 자신들이 제공할 차관의 사용 계획이 조중공동위원회에서 결정되어야 한다며 까다로운 조건을 제시하였다. 중국의 북한

890 김일성은 당내 종파투쟁에서 미코얀의 역할은 소련 지도자들과의 관계에 부정적인 영향을 미쳤다고 했다. 만약 현재와 같은 시점이라면 최창익을 처형하지 않았을 수도 있다고 하였다. Report, Embassy of Hungary in North Korea to the Hungarian Foreign Ministry, 26 August 1963, MOL, XIX-J-1-j Korea, 5. doboz, 5/bc, 0034/RT/1963.

891 Memorandum of Conversation between Soviet Ambassador to North Korea Vasily Moskovsky and Romanian Ambassador to North Korea [M.] Bodnaras [1], 22 August 1963, AVPRF, Fond 0102, Opis 19, Papka 97, Delo 5, Listy 81-83.

지도부에게 이러한 태도는 중국이 북한에 대한 원조를 제공하기를 원치 않기 때문인 것으로 해석되었다.[892]

결과적으로 중국의 경제지원은 대약진운동의 후폭풍으로 인해 소련의 지원에 비해 턱없이 부족하였으며, 소련의 편에 선 동유럽 사회주의 국가들을 제외한 다른 우호국가들과의 교역 역시 북한의 수요를 채우지 못했다(표 4-2 참조).

〈표 4-2〉 중소분쟁시기 북한의 주요 사회주의 국가들과의 교역 내용

| 국 가 | 연 도 | 교역액 (단위: 루블) 또는 거래 내용 |
|---|---|---|
| 소련 | 1963 | - 1억 4700만 루블 |
| 중국 | 1961~1964 | - 정확한 액수 미공개. 다만 1962년 교역규모는 전년도에 비해 92.4% 성장하였음. 1960년 10월에 체결된 협정에 따라 중국은 1961-1964년 4억 2천만 루블의 차관을 제공하였으며 타이어공장 건립과 무선장비공장, 경공업 공장 등의 건설에 사용하기로 결정함.[215] |
| 루마니아 | 1963 | - 1천만 루블 미만 |
| 알바니아 | 1962~1965 | - 구리, 크롬철광, 담배, 모피 등을 북한에 수출하고 고속도강, 장비 및 수리부속, 도금용 철금속 제품, 시멘트, 염화비닐 제품, 구리선, 대형트럭 등을 수입함. 그러나 교역액은 매년 0.5~1.9% 성장에 불과함.[216] |
| 베트남 | 1961 | - 470만 루블<br>- 북한, 1961년 4천 톤의 철을 베트남에 수출, 베트남은 품질이 낮다는 이유로 7백 톤만 수입.[217] |
| 쿠바 | 1962 | - 35,000톤의 설탕을 북한에 판매, 북한은 10만 톤을 구매하고 싶었으나 상응하는 액수만큼 쿠바가 북한으로부터 구매하길 희망하는 상품이 없었음. 북한에서 유학하는 쿠바 학생들, 북한산 기계들의 품질에 대해 혹평.[218] |

892 "Report, Embassy of Hungary in the Soviet Union to the Hungarian Foreign Ministry," October 20, 1966, History and Public Policy Program Digital Archive, MOL, XIX-J-1-j Korea, 1966, 74. doboz, IV-250, 005007/1966.

893 Chung, *The North Korean Economy*, p. 124.

894 *Ibid.*, pp. 130-133.

중소분쟁이 과열되면서 김일성은 무엇보다도 중국지도부가 지나치게 행동하고 있다는 인상을 떨쳐버릴 수가 없었다. 아시아에서 제국주의에 대항한 혁명을 강력히 주장한 중국지도부의 호전적 성격은 북한이 중국에 편승하는 데 중요한 이유가 되었다. 그러나 중국의 호전성이 점차 극단적으로 발전하면서 사회주의 진영의 단결과 화합에 전혀 도움이 되지 않자 북한지도부의 거부감을 불러일으키게 되었다.

이제 중국의 적(敵)은 '미제국주의자들'인지 '현대수정주의자들'인지도 불분명해 보였다. 소련과의 논쟁을 어디까지나 당 대 당의 문제로 인식하고 있던 북한지도부는 중국이 소련을 자국의 안전을 위협하는 대상으로 여기자 곤혹스러웠다. PTBT 체결문제로 중국의 반소선전이 확대되고 있던 1963년 8월, 김일성은 루마니아 보드나라(M. Bodnāra) 대사를 만난 자리에서 얼마 전 중국의 행동과 소련의 지도자들이의 중국에 대한 공격으로 인해 똑같이 모욕을 당한 기분이며 매우 화가 났다고 털어놓았다. 그렇다고 김일성이 중국공산당을 공격한 소련지도자들을 특별히 옹호한 것은 아니었다. 북한은 여전히 중국의 강력한 지지자였으며, 사회주의 진영의 모든 국가들이 북한이 중국에 편승하였음을 인지하고 있을 정도였다. 다만 김일성은 "중국동지들이 극단적인 방법을 택하고 있으며 거의 모든 관계가 단절될 지경"이며, 그 자신은 "중국동지들의 입장을 납득하지 못하겠다. 중국이 평정심과 인내심을 보

---

895 Branch Office of the Hungarian Ministry of Foreign Trade in P'yŏngyang, Study, June 1962, KTS, 11. doboz, 24./b, 007195/1962; Hungarian Embassy to the DPRK, Report, June 1964, KTS, 11. doboz, 24/b, 001400/3/1964.

896 Hungarian Embassy to the DPRK, Report, 10 November 1962, KTS, 8. doboz, 5/f, 008695/1962.

였더라면 이런 극단적인 상황은 피할 수 있었을 것"이라며 중국이 대소 관계에서 일정 부분 책임이 있음을 인정하였다.[897]

1963년 가을, 조소관계가 최악으로 치달았던 반면에 북중관계는 정점을 향해 나아가고 있었다. 1963년 9월 15일에서 27일까지 중국 주석이자 중국공산당 중앙위 부주석인 류사오치가 평양을 방문하였다. 이 때 김일성은 류사오치에게 국제공산주의운동의 분열을 두려워하지 않으며 중국의 사이에서 중국의 편에 설 것을 약속하였다.[898] 그는 흐루시초프와 이미 오래전 사상적 측면에서 결별하였다고 고백했다. 이처럼 김일성은 완벽히 중국에 편승한 것처럼 보였다. 류사오치 역시 조선로동당이 현대수정주의를 반대하고 맑스-레닌주의에 기초한 사회주의 진영과 국제공산주의운동의 단결을 수호하고 현대수정주의자들이 조작한 반중국 캠페인을 반대하고 있다며 칭송하였다.[899]

그러나 김일성은 수정주의에 반대하는 조중연합성명의 발표 제안에는 거부 의사를 표명하였다.[900] 북한은 여전히 소련과의 관계에서 일정 정도 개선의 여지를 남겨두고 있었던 것이다.

---

897 Memorandum of Conversation between Soviet Ambassador to North Korea Vasily Moskovsky and Romanian Ambassador to North Korea [M.] Bodnaras [1], 22 August 1963, AVPRF, Fond 0102, Opis 19, Papka 97, Delo 5, Listy 81-83.

898 조선로동당 중앙위 부위원장인 최용건의 초청에 의한 방문으로 류사오치의 입국에 앞서 당 기관지『로동신문』은 1963년 9월 15일자 1면에 환영 사설을 게재하였다.『로동신문』, 1963년 9월 15일.

899『로동신문』, 1963년 9월 16일.

900 션즈화,『최후의 천조』, p. 756.

### (2) 흐루시초프 실각의 여파: 조소의 화해

흐루시초프는 사회주의 국가들 간의 평등과 협력을 바탕으로 한 "국제주의적 연대(international solidarity)"를 주장해왔다. 그러나 그것은 스탈린이 추구했던 소련의 사회주의 국가들에 대한 내정간섭과 별반 차이가 없었다. 따라서 중국의 소련에 대한 분노와 모스크바의 절대적 권위에 대한 도전은 1964년 10월 14일 흐루시초프가 실각할 때까지도 계속되었다.[901] 다만 중국이 새로운 소련공산당 지도부에 대한 희망마저 버린 것은 아니었으므로 중소관계의 개선 가능성이 완전히 소멸된 상태는 아니었다.

흐루시초프의 실각이 발표된 10월 16일은 마침 중국이 최초로 원자폭탄 실험의 성공을 발표한 날이었다. 냉전시기에는 '핵무기의 보유=강대국'으로 동일시되는 경향이 있었으므로, 마오쩌둥은 뤄부포(Lop Nor, 羅布泊) 지역에서 핵실험이 성공하자 이것이 곧 중국이 강대국 대열에 올라섰음을 의미한다고 생각하였다. 동시에 다른 한편으로, 흐루시초프의 소련공산당 서기장 퇴직은 여전히 중국공산당에서 굳건히 자리를 지키고 있는 마오쩌둥 자신의 승리이기도 했다. 마오쩌둥은 흐루시초프의 실각의 의미를 소련 내부에서 그의 정책상의 오류뿐만 아니

---

901 1964년 10월, 흐루시초프는 흑해 연안의 피츠선다(Pitsunda) 지역에서 휴가를 보내던 와중 소련공산당 상임위 회의에서 쿠데타 발생으로 해임된다. 표면적으로는 그의 건강 문제로 인한 사임이었으나 실제로는 흐루시초프의 임의적이고 독단적 성격, 급진적인 경제정책과 예측불가능한 외교정책에 지쳐 있었던 상임위 위원들의 결정에 의한 것이었다. 당 지도부 중 일부는 중국과의 관계가 틀어진 데에 대한 책임을 일부 전가하였으나 결정적인 이유는 아니었다. Radchenko, *Two Suns in the Heavens*, p. 120.

라 그의 잘못된 대외정책에서도 찾았다. 심지어 마오의 생각은 자신의 반수정주의 투쟁이 흐루시초프를 실각시키는데 결정적인 역할을 했다는 데까지 미쳤다. 즉 수정주의 노선은 결국 실패했으며 이로서 공산주의 위계질서에서 마오쩌둥 자신보다 높은 사람은 존재하지 않는다는 것이었다.[902]

중국공산당 주석인 마오쩌둥과 국가주석 류사오치, 인민대표대회 당위원장 주더, 총리 저우언라이는 공동명의로 소련공산당 제1서기 브레즈네프(Leonid Brezhnev)와 최고소비에트 간부 회의장인 미코얀, 수상 코시긴(Aleksei Kosygin) 앞으로 취임 축전을 보냈다. 중국은 마오쩌둥의 전략적 판단에 따라 흐루시초프 실각 시점을 기준으로 과격한 선전운동을 몇 주간 중단하였다.[903] 그리고 1964년 11월 5일, 저우언라이를 단장으로 하는 대표단이 새로운 소련지도부로부터 10월 혁명 47주년 축하 행사에 초청을 받았다. 중국지도부는 중소논쟁을 중단하고 양국의 관계개선을 제의하기 위해 모스크바로 향하였다. 소련의 신지도부도 중국과의 우호관계를 회복하려는 의지를 갖고 있었다. 이들 중 일부는 흐루시초프의 중국 접근법이 잘못되었음을 비판하였으며 가급적 언론에서도 '전략적 차원'에서 중국에 대한 비판의 수위를 낮추어 줄 것을

902 Wu Lengxi, *Shinian Lunzhan, 1956-1966: Zhongsu guanxi huiyilu* [A decade of polemical debate, 1956~1966: A memoir of Sino-Soviet relations] (Beijing: Central Press of Historical Document, 1999), p.833; Radchenko, *Two Suns in the Heavens*, p. 128에서 재인용.

903 A Note of Nikolai Mesiatsev, the head of the State Radiobroadcast and Television Committee under the Council of Ministers to the Ideological Department of the CC CPSU, January 26, 1965, RGANI, Fond 5, Opis 55, Delo 129, List 13.

요구하였다.[904] 그러나 그들 자신도 뿌리 깊은 혹은 태생적으로 내재되어 미처 의식하지 못하는 '러시아 중심주의적 사고'를 포기하지 못했다.

바로 여기에서 문제가 발생하였다. 중국과 소련은 서로에게 다른 기대를 품고 접근을 시도하였다. 마오쩌둥은 중국이 아시아 혁명의 리더라고 굳게 믿고 있었으므로 소련이 중국을 여전히 '하위 파트너(junior partner)'로 인식한다면 중·소 양국의 화해 가능성은 없다고 믿었다.[905] 반면 소련이 원하는 중국과의 관계 회복은 중국이 소련 중심의 사회주의 진영 안으로 돌아오는 것일 뿐, 소련지도부는 중·소의 대등한 관계 설정에 관한 문제에는 관심이 없었다. 뿐만 아니라 소련의 신지도부는 외교적 경험이 부족하여 중국과 관계개선 문제에 대한 해법도 매우 단순하였다. 중소동맹의 약화는 흐루시초프의 외교정책에 기인하였으니 그가 사라진다면 모스크바와 베이징은 해빙기를 맞이할 수 있을 것이라고 생각했던 것이다. 브레즈네프는 중국대표단을 모스크바로 초청하면서 중·소가 화해한다면 그동안 중소분쟁으로 인해 손상되어 온 진영 내 소련의 권위가 회복될 것이라고 믿어 의심치 않았다.[906]

그러나 기대와는 달리 모스크바와 베이징의 관계 회복은 이루어지

---

904 Meeting of the CC CPSU Presidium, October 22, 1964, in Fursenko, ed., *Prezidium TSK KPSS: 1954-1964*, p. 873; Radchenko, *Two Suns in the Heavens*, p. 127.

905 *Ibid*, p. 128. 마오쩌둥은 반제투쟁을 강력히 주장함으로써 아시아 공산주의국가들로부터 지지를 얻어 왔고 내부적으로 혁명열기의 고취를 통해 당 내 입지를 공고히 해왔다. 이러한 상황에서 마오쩌둥이 대내외적으로 자신이 취할 수 있는 권위와 이익을 버리고 무작정 소련과 화해할 리가 없었다. 따라서 평화공존, 스탈린 비판, 중인분쟁에서 인도의 편에 섰던 소련의 기존 입장이 번복됨으로써, 소련의 신지도부는 흐루시초프 지도부와 다르다는 차별성이 반드시 입증되어야만 중국과 진정어린 화해를 할 수 있었다.

906 *Ibid*, p. 131.

지 않았다. 1964년 11월 7일, 크렘린에서 열린 저녁 연회석상에서 소련의 국방장관 말리노프스키(Rodion Malinovskii)가 마오쩌둥이 중국공산당 최고지도자 자리에서 물러날 것을 요구함으로써 중소화해의 가능성은 완전히 소멸하였다.[907] 중국지도부는 소련의 신지도부가 흐루시초프의 후임자일 뿐, 그의 평화공존 노선과 대중국 정책은 이전과 뚜렷한 차이를 보이지 않는다는 사실을 깨달았다. 이들은 상황판단과 포기가 빨랐고 소련의 신지도부로부터 받은 인상은 중국의 매체를 통해 고스란히 전달됐다. 중국은 1964년 11월 하순『홍기』에「흐루시초프는 왜 퇴진했는가」라는 제하의 사설을 통해 흐루시초프의 노선을 재차 비판함으로써 소련의 신지도부를 겨냥한 공격을 시작하였다.[908] 한편 저우언라이는 중국의 분노와 실망을 담아 소련의 신지도체제를 일컬어 "흐루시초프 없는 흐루시초프주의(Khrushchevism without Khrushchev)"라고 비난하면서 중소분쟁이 결코 끝나지 않을 것임을 예고하였다.

그러나 1964년 말부터 1965년 초, 아무런 변화가 없던 중소관계와

907 말리노프스키는 저우언라이에게 소련과 중국의 인민들은 행복을 원하고 있으며 또 다른 마오쩌둥이나 흐루시초프가 우리의 길에 방해가 되는 것을 허락하지 않을 것이라고 주장했다. Conversation among Leonid Brezhnev, Aleksei Kosygin, Anastas Mikoyan, Iurii Andropov, and a Chinese delegation headed by Zhou Enlai, November 8, 1964, in Aleksandr Iakovlev, et al., *Nikita Khrushchev, 1964: Stenogrammy Plenuma TsK Kpss I Drugie Dokumenty*, p.349; Radchenko, Two Suns in the Heavens, p. 133. 저우언라이는 이 날 있었던 대화의 내용을 마오쩌둥에게 전보로 보고했다. Lorenz M. Lüthi, *The Sino-Soviet Split: Cold War in the Communist World* (Princeton, NJ: Princeton University Press, 2008), p. 290.

908『中蘇論戰文獻「九評」及其他』(香港: 文化資料社, 1977), p. 528; 양호민, "중·소 대립 속의 북한," p. 267에서 재인용. 저우언라이는 소련이 만약 제20차 대회의 결정과 정책들을 계속 이어나간다면 중국과의 관계 개선은 없을 것임을 분명히 하였다. Leonid Brezhnev's speech at the November 1964 Plenum, RGANI, Fond 2, Opis 1, Delo 758, Listy 11, 14, 12.

는 달리 조소관계에서는 새로운 징조가 발견되었다. 북한지도부가 지난 2년간 유지해오던 편중정책을 마침내 포기한 것이다. 북한지도부는 겉으로는 여전히 중국과의 관계 강화를 주장하였으나 북한에서 중국지도부의 견해를 선전하는 횟수는 점차 줄어들고 있었다. 사실 1962년에서 1964년까지 북한 내에서 중국의 영향력은 날로 증가하여 1964년 중반에는 최고조에 달했다. 중국의 기관지인 『인민일보』와 『홍기』에 실린 수정주의에 대한 비판 사설들이 북한에서도 빈번하게 출간되었으며 현대수정주의자에 대항한 양국 인민의 투쟁이 강조되었다. 그러나 흐루시초프의 실각 이후 북한과 중국은 새로운 소련지도부에 대한 접근을 달리하게 되었고 북한의 과열된 수정주의 비판도 점차 열기를 잃어갔다.

변화의 움직임은 1964년 소련공산당 10월 회의에서 최초로 감지되었다. 1964년 10월 16일, 흐루시초프의 실각은 악화되어가던 조소관계에 새로운 변화의 계기가 되었고 브레즈네프-코시긴 집단지도체제가 등장하자 북한은 소련과의 전통적인 연대를 회복하기를 희망했다.[909] 10월 31일, 김일성은 소련대사를 통해 소련과의 관계개선 의지를 피력했다. 그리고 11월 4일, 제1부수상 김일이 이끄는 북한사절단이 10월 혁명 47주년 기념행사에 참석하기 위해 모스크바로 떠났으며 이들은 소련의 신지도부로부터 긍정적인 인상을 받았다.

김일은 코시긴이 참석한 회의에서 소련이 「조소우호협력 및 상호원조조약」에 명시된 북한에 대한 안전보장 의무를 준수할 것인지 신뢰

909 알바니아의 호자가 흐루시초프의 실각을 알바니아의 이데올로기 승리의 증거라고 여겼던 것과는 대조적이었다. 1965년에도 소련과 알바니아의 관계는 여전히 적대적이었지만 조선로동당 지도부는 흐루시초프의 후임자들과 화해하는 데 동의하였다.

할 수 없었고 그 덕분에 방대한 규모의 군사력을 갖추어야만 했다고 털어놓았다. 그는 결과적으로 경제 분야에 투입되어야 할 예산이 군사력 증강을 위해 쓰이면서 소련과 관계가 단절된 2년 동안 농업과 산업 분야에 별다른 발전이 일어날 수 없었다고 주장했다. 이는 마치 북한에 대한 소련의 안전보장이 없었기 때문에 북한의 경제성장에 차질이 초래되었다는 원망과도 같았다. 김일은 또한 소련에 대한 북한의 불신이 쿠바미사일위기 당시 쿠바를 배신한 소련의 태도, 통킹만 사건에서 뒤늦은 북베트남 지지 성명 등에 있었다고 고백하였다. 김일은 소련공산당과 소련 정부가 북한의 자력갱생 노선을 지지하지 않았고 오히려 국수주의자로 몰아세운 것에 대해서도 이의를 제기하였다.[910] 코시긴은 이에 대해 소련은 쿠바의 독립과 자유를 위해 많은 노력을 기울였으나 북한지도자들이 충분히 인지하지 못했다고 해명하였다. 또한 소련정부는 조선로동당 지도자들을 국수주의자로 비난하지는 않았으나, 자력갱생과 자립경제는 국가의 발전을 정체시킨다며 북한이 경제노선을 수정하여 소련 및 다른 사회주의 국가들과 경제협력을 강화해나갈 것을 권유하였다.[911]

비록 평화공존을 비롯하여 일부 문제에 있어서 북한과 소련 사이에 여전히 이견은 존재하였으나 조소관계의 회복을 가로막을 정도는 아니었다. 오히려 북한대표단은 소련측이 "미제에 반대하여 투쟁하는

910 "Report, Embassy of Hungary in North Korea to the Hungarian Foreign Ministry," January 08, 1965, History and Public Policy Program Digital Archive, National Archives of Hungary (MOL), XIX-J-1-j Korea, 1965, 73. doboz, IV-100, 001819/1965.

911 *Ibid.*

문제, 식민지 민족해방운동을 지지하는 문제, 내정에 참견을 안하는 문제 등을 모두 지지하였다."며 기본적으로 북한이 소련에 대해 갖고 있던 우려에 대해 해결책을 찾은 것처럼 보였다.[912] 김일성은 베트남을 방문하면서 11월 6일, 마오쩌둥과 한 차례 회담을 가졌고 11월 16일, 베트남 방문을 마치고 돌아오는 길에 다시 베이징에서 저우언라이와 마오쩌둥을 만나 소련의 신지도부에 대한 의견을 교환했다.[913]

이후 북한의 언론에서는 점차 수정주의에 대한 비판이 줄어들었으며 반대로 소련지도자들의 연설을 요약하여 싣는 경우가 점차 증가하였다.[914] 12월 3일, 『로동신문』은 사회주의 진영의 단결과 국제공산주의 운동의 결속을 다시 주장하고 수정주의에 비난 논조도 완화함으로써 북한의 대소관계 회복 의지를 확인하였다. 사설은 비록 교조주의와 수정주의를 모두 비난했으나, 수정주의에 대한 비판은 '과거에' 수정주의자들이 제국주의를 미화시키려 했다는 뉘앙스로 흐루시초프 시대의 문제로 한정하였다.[915] 또한 '현대수정주의'라는 표현은 '수정주의'로 대체

912 박태호, 『조선민주주의인민공화국대외관계사 2』(평양: 사회과학출판사, 1987), pp. 12-13.

913 이 때 북·중 양국 지도부는 소련지도부에 대해 다소 엇갈린 평가를 내놓은 것으로 추측된다. 중국 문헌들은 이 당시의 회동에 대해 북·중 지도부가 상당히 유사한 견해를 피력한 것으로 설명하고 있으나 전체적인 문맥에서는 차이가 나타난다고 한다. 吳冷西, 『十年論爭 (下)』, pp. 883-888; 이종석, 『북한-중국관계 1945-2000』, p. 239에서 재인용.

914 11월 29일, 김일성은 알바니아대사를 만난 자리에서 "(다른 나라의) 수정주의자들이 소련이 흐루시초프의 노선을 따르도록 압력을 행사하고 있다."고 강조했다. 이 말의 의미는 곧 새로운 소련지도부는 "수정주의자"들이 아니라는 것이었다. Document No. 29, "Information on the Korean Worker's Party," October 1966, AQPPSH, MPP Korese, D 10, V. 1966, North Korea International Documentation Project, in James Person, ed., *New Evidence on North Korea*, June 2010.

915 『로동신문』, 1964년 12월 3일.

되어 나타남으로써 소련에 대한 북한지도부의 달라진 인식이 드러났다. 조소관계는 눈에 띄게 개선되고 있었다.

결정적으로 1965년 2월 11일, 코시긴이 이끄는 소련대표단이 북한을 방문하여 양국의 군사동맹 유지와 사회주의 진영의 공동방위와 의무를 재확인하면서 조소관계에 전환이 일어났다.[916] 코시긴은 2월 5일에서 6일까지 베이징을 방문하고 오는 길이었다. 코시긴은 김일성에게 소련이 중국에 비행기와 잠수함뿐만 아니라 그 외 필요한 무기들을 무상으로 지원하여 베트남에서 반제투쟁을 전개하도록 요구하였으나 마오쩌둥에게 거절당하였음을 밝혔다.[917] 마침 동년 1월 8일, 한국이 베트남에 파병을 결정함으로써 북한의 반제투쟁 의지가 불타오르던 시기였으므로 김일성 지도부가 베트남을 지원하자는 소련의 생각에 반대할 이유가 없었다.[918]

---

916 1964년 김일의 소련 방문은 1965년에 조·소 상품거래 협약을 위한 것이기도 했다. 이때 북한은 차관의 상환을 연기하는 데에는 실패하였으나, 상당한 양의 마그네사이트 클링커, 도자기 및 기타 품질이 낮은 북한 상품들을 수출할 수 있게 됨으로써 소련이 북한에 원조를 제공한 것과 마찬가지였다. 대체로 북한은 소련에 요청한 모든 것들을 얻어낼 수 있었다. Hungarian Embassy to the DPRK, Report, 8 December 1964, KTS, 5. doboz, 5/bc, 006558/1964.

917 Conversation between Aleksei Kosygin and Kim Il Sung, May 12, 1965, Archive of the Central Committee of the Czechoslovak Communist Party, collection 02/1, file 96, archival unit 101, information 13, 1962–66.

918 반면 이런 급박한 상황 속에서도 앞으로 공개논쟁을 "9,000년이나 더 해야 한다."고 응수한 마오쩌둥은 김일성의 이해가능한 범위를 넘어서고 있었다. 吳冷西, 『十年論爭 (下)』, pp. 913–916; 최명해, 『중국·북한 동맹관계』, p. 234에서 재인용. 마오쩌둥은 중소분쟁이 일어나면서 세계혁명의 중심이 모스크바에서 베이징으로 옮겨 왔다고 보고 강력한 반제투쟁 의사를 내비쳐 왔다. 이러한 맥락에서, 마오쩌둥은 미국이 베트남에 개입한다면 중국 또한 가만있지 않을 것임을 베트남에 약속해 왔다. 중국은 1965년 6월에야 지원군을 베트남 국경 안으로 파견했으며 1969년까지 총 32만 명이 참전하였다. 중국의 베트남 지원과 관련해서는 Chen Jian, *Mao's China and the Cold War*, pp. 221–229.

2월 13일, 김일성은 코시긴의 방북 당시 북한의 경제상황이 좋지 않다는 사실을 고백하고 현재는 남한의 육군이 조선인민군보다 나은 장비를 보유하고 있다고 설명했다. 또한 대공방어 시스템이 취약하고 해안방어를 위한 현대식 무기가 필요하다고 주장했다. 그러면서 김일성은 미사일이 필요한 상황이지만 부채 때문에 미사일을 구매할 여력이 없다는 점을 강조하였다.[919] 북한은 4~8사단이 쓸 수 있을 정도의 고사포와 57mm 곡사포, 해안방어를 위한 무기들을 추가로 소련에 요구했다.[920]

1965년 5월, 소련은 1억 5,000만 루블 상당의 무기와 군사장비를 북한에 무료로 제공하기로 결정함으로써 김일성을 흡족하게 만들었다. 1965년 5월 31일, 소련은 북한의 대소 태도변화에 대한 보상으로 북한과 군사협정까지 체결하였다. 동 조약에 따라 소련은 북한의 방위력을 증강시키기 위해 MiG-21, 예비부속품, 제트연료, 지대공 미사일 등의 공군력 증강에 일차적 목표를 둔 대규모 군사원조를 제공하기로 합의하였다.[921] 뿐만 아니라 코시긴은 1965년 5월 북한을 방문하였는데 이때 영변에 있는 IRT-2000 연구용 원자로의 커미셔닝을 최종 승인하

919 박종철·김보국·박성용·정은이, 『헝가리의 북조선 관련 기밀해제문건』(서울: 선인, 2013), p. 53.

920 Record of Conversation between Soviet Deputy Foreign Minister Vasily Kuznetsov and the North Korean Ambassador to the Soviet Union Kim Pyeongchaek, 21 May 1965, AVPRF, Fond 0102, Opis 21, Papka 105, Delo 32, List 21.

921 Thomas An, "New Winds in P'yŏngyang?," *Problems of Communism*, Vol. 15, No. 4(July-August 1966), p. 70. 공식·비공식적으로 양측 군사대표단의 교환도 활발하게 이루어졌다. 대신 소련이 북한에 제공하는 무기는 중국을 의식하여 중국대륙을 통해 전달되지 않고 다른 루트를 통해서 북한으로 옮겨졌다. "Information on the Korean Worker's Party," October 1966, AQPPSH, MPP Korese, D 10, V. 1966.

였다. 코시긴은 또한 과거 원자력 지원과 관련한 부채를 포함하는 각종 오랜 부채들의 상환을 연기하고 경제건설을 위한 새로운 산업융자를 연장해주는 양국 정부간 협정에도 서명하였다.[922] 소련의 신지도부는 외교경험이 부족한 탓에 북한·베트남 같은 아시아 사회주의국가들에게 경제·군사 원조를 제공함으로써 관계회복을 시도하였는데, 이러한 노력은 어느 정도 성공을 거두었다고 할 수 있었다. 소련으로부터 대규모의 군사원조를 획득할 수 있게 되자 북한은 소련을 공개적으로 찬양하기 시작했던 것이다.

뿐만 아니라 소련은 조선로동당 지도부가 줄기차게 주장해 온 '주체'를 어느 정도 인정하기까지 했다. 1965년 2월 14일, 코시긴이 북한을 방문하였을 당시 발표된 조소공동성명에 이 같은 소련지도부의 인식이 드러났다. 공동성명은 조·소가 경제·문화적 연계를 강화·발전시키고, 국가주권과 영토보존에 대한 상호존중, 내정 불간섭의 원칙에 근거하여 친선과 협력의 정신으로 상호 원조해야만 하는 조약상의 의무를 강조하였다. 또한 제국주의와 식민주의에 반대하고 민족해방운동 지지에 대한 양국의 견해가 일치함을 강조하였다. 그동안에 평행선을 달리던 소련의 평화공존원칙과 북한의 반제투쟁노선도 어느 정도 타협점을 찾았다. 공동성명은 조소가 제국주의자들을 반대하여 투쟁하는 동시에 국제긴장상태의 완화와 각이한 사회제도를 가진 국가들 간의 관계에서 평화공존의 원칙을 확립하는 것이 필요하다고 하였다.

또한 공동성명은 "전반적 군비 철폐와 핵 무기의 완전한 금지 및

922 Mansourov, "North Korea's Road to the Atomic Bomb," pp. 37–38.

종국적인 파괴를 주장한다"고 밝힘으로서 북한이 그동안 중국의 편에서서 격렬히 반대해 왔던 PTBT에 관해 양국이 동의한다는 점을 보여주었다.[923] 이는 북한이 기존의 강력한 반제투쟁의 입장에서 어느 정도 양보하였음을 알 수 있는 대목이었다. 소련대표단은 북한이 제국주의의 침략책동에 반대하고, 평화를 목표로 한 인민의 투쟁과 모든 사회주의국가들의 공동의 대업에 중요한 기여를 하였다고 높이 평가하였다.[924] 이로써 그동안 조·소 간의 이데올로기 갈등으로 인한 상처는 교묘히 봉합되어 갔다.

이제 조소관계는 브레즈네프 지도부의 노력과 소련과의 관계정상화를 꾀한 북한의 이해관계가 부합되어 새로운 국면으로 접어들었다. 그런데 조소관계는 분명 개선되었음에도 불구하고 이전과는 뚜렷한 차이가 나타났다. 바로 소련지도부가 북한과 같은 작은 사회주의 국가에 대해 정치적 통제력을 자유롭게 행사할 수 없게 되었던 것이다. 이는 북한의 자체적 역량의 성장과도 관련이 있었지만, 무엇보다 사회주의 진영에서의 소련의 절대적인 영향력이 감소하였다는 사실에 기인한 것이기도 했다. 소련의 영향력은 지난 몇 년 간 이어진 중국과의 갈등으로 인해 북한뿐만 아니라 거의 모든 사회주의 국가에서 약화되고 있었으며, 이들은 점차 중소분쟁에서 완전한 소련 지지 입장을 벗어나거나 자주를 주장하고 있었다.

923 『로동신문』, 1965년 2월 15일.

924 『로동신문』, 1965년 2월 15일.

## 제3절
# '주체'의 체계화와 '자주로선'의 정립

## 1. '주체'의 체계화

### (1) '자주로선'의 정립

1965년 5월 3일, 김일성은 모스코프스키 소련대사와 만난 자리에서 '자주로선'의 전개과정에서 겪는 어려움에 대해 털어놓은 바 있다. 그 어려움이란 북한이 위로는 소련공산당과 중국공산당 사이의 공개논쟁 속에, 아래로는 일본이라는 위협적인 자본주의국가와 인접하여 '자주로선'을 추진해야 하는 현재의 상황을 의미하는 것이었다. 소련은 이를 두고 "북한지도부 성명에서 자주와 관련된 논조들은 그들이 저지른 정책상의 오류들을 인지하고자 하는 시도처럼 들렸다."고 평가하였다.[925] 이는 북한이 중국 편승정책이라는, 어디까지나 소련의 기준에서는 '잘못된 외교노선'에서 이탈하려 하고 있다는 의미였다.

북한은 이제 중소분쟁의 틈바구니에서 벗어나고 싶은 기색이 역력했다. 북한은 오직 북한만이 중소분쟁에서 중국을 지지하는 국가가 되지 않을까 우려하기 시작했으며, 김일성은 아시아에서 오직 일본공산당과 인도네시아공산당만이 중소분쟁에서 중국공산당을 지지하고 있다는 사실을 인정하였다. 김일성은 계속되는 중·소의 공개논쟁에 지쳐버렸고 중국이 소련과의 관계를 이유로 들어 반제투쟁을 위한 연합전선결성에 반대하자 불만을 터트렸다. 베트남에서의 상황 악화가 한반도 문제에도 그대로 적용될지도 모른다고 받아들인 조선로동당 지도부는 급기야 중국지도부에 대해 비판적인 발언들을 쏟아내기 시작했다. 1965년, 김일성은 모스코프스키 대사에게 "우리는 현재 공개논쟁을 계속하는 일부 사람들의 관점에 동의하지 않는다."며 소련에 대한 중국의 이데올로기 공격을 비난하였다.[926] 또한 5월 초에는 중국을 가리켜 "어떤 사람들은 소련의 베트남 지원을 폄하하려고 한다. 그러나 우리는 그런 선전을 믿지 않는다"며, 중국의 소련 비판에 반박하였다.[927]

925 Excerpts from the Report of the Soviet Embassy in Pyongyang, "Some New Aspects of Korean–Chinese Relations in the First Half of 1965," 4 June 1965, AVPRF, Fond 0102, Opis 21, Papka 106, Delo 20, Listy 14–27.

926 *Ibid.*

927 Report of Soviet Embassy in the DPRK on the Korean–Chinese Relations in 1966, December 2, 1966, AVPRF, Fond 0102, Opis 22, Papka 109, Delo 22, List 42. 그럼에도 불구하고 북한은 중국과 여전히 우호적인 관계를 유지하였다. 소련은 이것을 북한이 중국으로부터 원조를 얻어내기 위한 전략적 판단에 의한 것이라 믿었다. 북한은 중국으로부터 받을 수 있는 원조의 양과 성격에 부정적인 영향을 미칠 수 있는 그 어떠한 행동도 하지 않으려 했기 때문이다. Excerpts from the Report of the Soviet Embassy in Pyongyang, "Some New Aspects of Korean–Chinese

그러나 이 같은 북한의 중국 비난이 북한이 소련의 위성국으로 회귀할 가능성을 높여주는 것은 아니었다. 북한의 대소접근은 필요에 의한 것이었을 뿐, 이념적인 공감대의 형성이나 소련을 중심으로 하는 사회주의 연대로의 복귀가 아니었다. 북한은 주한미군의 존재와 일본군국주의의 부활가능성에 항상 두려움을 갖고 있었으며, 한반도에서 다시 미국과 군사적 대결을 벌이게 될 경우 소련의 핵우산을 비롯한 군사적 안전장치가 필요하다고 보았다. 동시에 국방력 증강을 위해서는 경제적 지원이 뒤따라 와야 했다. 북한의 안전보장과 경제성장, 이 두 가지 요건을 만족시켜 줄 수 있는 상대는 오직 소련뿐이었다. 이 같은 실용주의적 이유로 북한은 소련과 관계개선을 도모할 수밖에 없었던 것이다.

북한과 소련의 이데올로기적인 이해관계는 여전히 일치되지 않았다. 따라서 북한지도부는 계속해서 반(反)소 캠페인을 전개했다. 김일성은 경제·군사적 원조, 안전보장을 위해 대소접근을 시도하고 있었으나, 이미 그의 마음속에는 소련의 대외정책에 대한 뿌리 깊은 불신이 자리 잡았다. 특히 소련이 일본과의 관계개선을 시도하면서 소련에 대한 북한의 불만은 줄어들지 않았다.[928] 북한지도부는 소련과의 관계가

---

Relations in the First Half of 1965," 4 June 1965, AVPRF, Fond 0102, Opis 21, Papka 106, Delo 20, Listy 14–27.

928 일본과의 관계개선에 대한 소련의 입장은 일본과 독일의 군국주의가 똑같이 위험한 것이라고 보는 북한과는 대조적이었다. 소련은 오히려 일본과 관계를 강화하려 노력하지 않는 것이 일본의 군국주의와 미일관계를 강화시킬 것이라고 보았다. "Report, Embassy of Hungary in the Soviet Union to the Hungarian Foreign Ministry," October 20, 1966, History and Public Policy Program Digital Archive, MOL, XIX–J–1–j Korea, 1966, 74. doboz, IV–250, 005007/1966.

어느 정도 회복된 이후에도 북한은 현대수정주의와 투쟁하였으며, 흐루시초프에 대한 자신들의 입장은 항상 옳았다고 주장했다. 1964년 12월 21일, 『로동신문』에 실린 「위대한 맑스-레닌주의자 국제공산주의운동의 탁월한 활동가 이.웨.쓰딸린」이라는 제하의 사설에서 북한은 스탈린의 중공업우선정책을 칭송하고, 프롤레타리아독재의 강화를 통해 맑스-레닌주의의 순결성을 확고히 고수하였다고 예찬했다. 나아가 스탈린이 민족해방운동을 지지하였다는 점을 강조하였으며 제국주의에 대한 그의 비판과 경계가 레닌의 학설을 근거로 만들어진 것임을 주장하였다.[929]

결국 스탈린의 업적을 나열하고 그의 위대함을 칭송함으로써 북한은 흐루시초프 시대 소련이 범한 오류들을 우회적으로 비판하였다고 할 수 있다. 더군다나 김일성의 국제정세에 대한 이해는 여전히 몇 가지 측면에서 놀라울 정도로 마오쩌둥의 그것과 닮아 있었다. 따라서 북한은 중국이 반제투쟁을 포기하지 않는 이상 중국과의 관계를 포기하려 하지 않았으며, 중·소와 모두 우호적인 관계를 유지하려 했다.

소련도 마찬가지였다. 소련은 그동안 북중관계의 이완을 통해 북한을 친소성향의 사회주의 국가로 전환시키려 했다. 그러나 지난 몇 년간의 긴장된 경험으로 우호적 조소관계의 설정에 대한 깨달음을 얻었다. 북한에 대한 내정간섭을 최대한 배제하고 군사원조와 경제지원의 재개 및 확대를 수단으로 삼을 때, 북한을 소련의 우호국으로 남겨둘 수 있다는 것이었다. 그리고 소련이 이 같은 깨달음을 바탕으로 북한과

929 『로동신문』, 1964년 12월 21일.

의 관계회복을 추진하자 김일성은 더욱 자신감을 갖고 '자주'를 주장할 수 있게 되었다. 결국 북한이 1960년대 중반 자신감을 갖고 자주를 선언할 수 있었던 데에는 진영 내 북한의 '성장'과도 밀접한 관련이 있지만, 진영을 이탈하지 않는 한 북한을 소련의 우호국으로 남겨두겠다는 소련지도부의 '결정'에 근거한 것이기도 했다.

북한은 중국과 소련 중 어느 한 편의 지지자로 남는 대신, 다시 예전으로 돌아가 중·소 사이에서 철저한 중립의 자세를 고수하려 하였다. 그러나 이제는 전과는 달리 소극적인 중립의 자세가 아닌, 대외관계에서 독자적인 영역을 구축하려는 모습이 나타나고 있었다. 1964년 12월 3일자『로동신문』의 1면에 실린「국제 공산주의 운동의 단결을 강화하고 반제 혁명 투쟁을 더욱 강력히 전개하자」는 제하의 사설은 수정주의와 교조주의 모두를 반대하고 맑스-레닌주의의 순결성을 지킬 것을 주장했다. 사설은 "사회주의 진영과 국제 공산주의 운동 내에서는 그 어떤 특권적 지위란 있을 수 없으며 그 누구의 일방적인 주장을 남에게 의무적인 것으로 내려 먹이는 것과 같은 일은 결코 있을 수 없다."는 말로 국제공산주의운동에서 일부 국가들의 대국적인 행태를 비난했다. 이어 "사회주의 진영과 국제 공산주의 운동의 통일 단결은 대국주의적 전횡과 교조주의적인 맹종 행동과는 양립될 수 없다."고 함으로써 사회주의 진영의 단결은 어디까지나 상호 평등한 관계, 맑스-레닌주의, 내정 불간섭과 자주성, 동지적 협조와 호상 지지에 기반하고 있음을 주장했다.[930]

930 『로동신문』, 1964년 12월 3일. 북한은 "현실에 직면해서 이미 무너져 버린 낡은 로선을 따른다거나 그러한 로선을 다른 사람에게 추종하도록 강요하는 완고함을

1965년, 소련과의 관계는 대외환경의 변화와 북한의 경제·군사적 원조의 필요성으로 인해 회복되었음에도 더 이상 과거와 같은 종속적 관계에 머무르지 않았다. 1965년 2월, 소련은 베트남 전쟁에 대응하기 위해 소련을 비롯한 중국, 북베트남 지도자들이 모여 사회주의 진영의 대응 방안을 강구할 것을 제의하였다. 북한은 '미제에 반대하는 전쟁에서의 공동행동과 통일전선은 수정주의를 반대하는 투쟁과 모순되지 않는다.'는 논리로 소련의 제의를 수용하고 협력을 추진하기로 결정하였다. 그러나 이 때 조소협력에 임하는 북한의 자세는 분명 소련의 결정을 무조건적으로 수용하고 일방적으로 따르던 과거의 태도에서 벗어나 있었다.[931] 북한은 소련과 좀 더 대등한 위치에서 협력을 추구하고자 하였으며 반제투쟁에 소극적인 중국의 태도를 비난하기까지 하였다.

이로써 북한이 주장하는 '사회주의당들의 자주적이고 평등한 관계'가 단순한 수사에 그친 것이 아니라는 사실이 증명되었다. 객관적인 조건들이 변화하였고, 북한은 이제 중·소로부터 벗어나 모든 노선과 정책들을 독자적으로 결정하려는 의지를 대외적으로 피력할 수 있게 되었다. 또한 1960년대 초반까지만 하더라도 자주, 자립, 자위, 주체의 개념은 단편적으로 제시되는 수준에 그쳐 체계성이 부족하였으나, 북한이 소련과의 관계를 완전히 회복하고 다시 한 번 진영의 단결을 강조할 시기인 1965년에는 주체의 개념도 어느 정도 체계화되었다.

1965년 4월 14일, 인도네시아 알리 아르함 사회과학원(Ali Arham

단호하게 제거하는 것이 필요하다."며 교조주의를 비판했다.

931 이종석, 『북한-중국관계 1945~2000』, pp. 239-240; 박종철, "중소분쟁과 북중관계(1961~1964년)에 대한 고찰," p. 72.

Social Science Academy)을 방문한 김일성은「조선민주주의 인민공화국에서의 사회주의건설과 남조선혁명에 대하여」라는 연설을 통해 체계화된 주체사상의 전 내용을 일반에 공개하였다.[932] 이 연설은 지난 십여 년간 소련과 중국의 양당, 양국 사이에서 경험한 북한의 지도자의 고민을 그대로 담고 있었으며, 김일성의 입장을 완벽히 대변하였다. 김일성은 "주체를 세운다는 것은 혁명과 건설의 모든 문제를 독자적으로, 자기 나라의 실정에 맞게 그리고 주로 자체의 힘으로 풀어가는 원칙을 견지한다는 것을 의미"하며 "남에 대한 의존심을 버리고 자력갱생의 정신을 발양하며 자신의 문제는 어디까지나 자신이 책임지고 풀어나가는 자주적인 립장"이라고 하였다.[933]

김일성은 사회주의 진영의 분열과 대외 안보위협이 고조되는 분위기 속에서 나아갈 조선로동당의 주체적인 입장을 다음과 같이 정리하였다.

> "매개 당은 자기 나라의 구체적인 환경과 조건에서 혁명투쟁을 하며 그것을 통하여 국제혁명운동의 경험을 풍부히 하고 이 운동을 더욱 발전시키는데 이바지한다. 주체사상은 이와 같은 국제공산주의운동의 원칙에 맞는 것이며 거기에서 직접 흘러나오는 것이다. 우리 나라가 처한 환경과 조건, 우리 혁명의 복잡성과 간고성으로 하여 조선공산주의자들에게 있어서 주체를 세우는 문제는 특별히 중요하게 나섰다. 우리 당은 수정주의를 반대하고 맑스-레닌주의의 순결성을 지키기 위하여 견결히 투쟁하는 것과 함께 교조주

932 김일성은 아들 김정일과 함께 제3세계 국가 모임인 반둥회의(Bandung Conference)의 창립 10주년을 기념하기 위하여 인도네시아를 방문하였다.

933 『로동신문』, 1965년 4월 17일.

의와 사대주의를 반대하고 주체를 세우기 위하여 모든 힘을 다하여 왔다. 사상에서의 주체, 정치에서의 자주, 경제에서의 자립, 국방에서의 자위, 이것이 우리 당이 일관하게 견지하고 있는 립장이다."[934]

한편 김일성은 연설에서 중국과 소련 사이에서 북한이 겪어야만 했던 고통들을 나열하였으며 중·소가 보여준 정책상의 오류와 대국주의적 속성을 비판하였다. 그리고 북한은 중국, 소련 둘 중 어느 입장과도 완전히 일치하지 않음을 강조하였다. 김일성은 "현대 수정주의를 단호히 반대하여 투쟁하되 어디까지나 자신의 독자적인 판단과 신념에 기초하여 우리의 실정에 맞게 이 투쟁을 진행하고 있다."며 현재 대소관계 개선과 수정주의 반대운동에 있어서 중국과 다른 견해를 갖고 있음을 암시했다. 그는 이어 전쟁 시기 "교조주의의 해독성"을 폭로함으로써 한국전쟁에서 중국인민지원군의 참전을 계기로 겪었던 내정간섭과 연안파들에 대한 불만을 나타냈다.[935]

나아가 김일성은 교조주의를 통하여 수정주의적 조류가 들어온다며 교조주의와 수정주의를 동일선상에 놓고 비판하였다. 그는 또한 조선로동당이 사상과 정치분야에서 주체를 세우는 것과 함께 자력갱생의 원칙과 자립적 민족경제 건설노선을 견지하여 왔음을 주장하였다. 김일성은 북한이 국가간의 경제협조에 반대하거나 쇄국정책을 펼치겠다는 의미는 아니라며 다만 "《경제 협조》와 《국제 분업》을 구실로 하여 다른 나라의 경제의 자립적이고 종합적인 발전을 억제하여 나아가서는 그 나라들의 경제를 자기에게 얽어매려는 대국주의적 경향에 반대

934 *Ibid.*

935 *Ibid*

한다."고 강하게 주장하였다.[936] 이는 전후복구시기와 중소분쟁시기에 북한이 소련과 사회주의 진영으로부터 받은 경제적 압력과 내정간섭에 대한 비난이었다.

그러나 김일성은 아직까지 조선로동당이 맑스-레닌주의 정당이라는 사실을 부정하지는 않았다. 그는 다만 맑스-레닌주의도 북한의 현실과 결합되어야만 북한 혁명의 무기로 될 수 있다고 아래와 같이 주장하였다.

> "우리 당이 조선인민의 혁명투쟁과 건설사업을 옳게 령도하기 위하여 무엇보다도 중요한 것은 주체를 철저히 세우는 것이였다.
>
> 주체를 세운다는 것은 혁명과 건설의 모든 문제를 독자적으로, 자기 나라의 실정에 맞게 그리고 주로 자체의 힘으로 풀어나가는 원칙을 견지한다는 것을 의미한다. 이것은 교조주의를 반대하고 맑스-레닌주의의 일반적 진리와 국제혁명운동의 경험을 자기 나라의 력사적 조건과 민족적 특성에 맞게 적용하여 나아가는 현실적이고 창조적인 립장이다. 이것은 남에 대한 의존심을 버리고 자력갱생의 정신을 발양하며 자기의 문제는 어디까지나 자신이 책임지고 풀어 나아가는 자주적인 립장이다."[937]

김일성은 나아가 "조선로동당은 수정주의와 교조주의에 대한 투쟁에 있어서 스스로의 판단과 신념에 입각한 주체로선에 따라 행동하였다."고 함으로써 조선로동당이 대내외 압력에도 불구하고 줄곧 올바른 태도를 견지하여 왔음을 강조했다.[938] 또한 김일성은 세계에는 큰 나라

936 *Ibid*

937 *Ibid*

938 *Ibid*

도 있고 작은 나라도 있으며 혁명역사가 긴 당과 그렇지 못한 당이 존재하지만 그럼에도 불구하고 모든 당은 완전히 자주적이고 평등하며 그러한 기초 위에서 서로 긴밀히 협조한다고 함으로써 사회주의 진영의 화합을 재차 강조하였다.[939]

결국 한국전쟁 시기부터 전후복구시기, 중소분쟁시기에 이르기까지 그동안 중·소와의 관계에서 북한이 겪어야 했던 간섭과 압력은 조선로동당이 사상에서의 주체, 정치에서의 자주, 경제에서의 자립, 국방에서의 자위라는 독자적 입장을 표명하게 된 원인이었다.

### (2) 조소관계와 조중관계의 역학변화

조소관계는 위와 같이 북한이 주장하는 상호평등하고 자주성을 인정하는 협조적 관계에 기반하여 상호 우호적으로 변화하고 있었다. 특히 북한에 대한 소련 내정간섭의 완화와 소련의 경제·군사원조 재개, 반제투쟁에 대한 의견일치 등으로 인해 빠른 속도로 가까워질 수 있었다. 1965년 3월에는 조소양국 간의 문화 및 과학협조계획서, 7월에는 조소국경철도대표단 간의 공동의정서가 조인되었으며, 8월에는 소련친선 대표단과 노병대표단이 북한을 방문하였다. 반대로 북한에서는 1965년 5월에는 북한 군사대표단, 정치 및 사회활동가가 대표단들을

939 *Ibid.* 불과 얼마 전까지 북한지도자들의 성명 속에 나타난 '진영의 단결'이 중국의 일반노선을 무조건적으로 인정하자는 뜻으로 이해되었다면, 1965년 중반에 이르러서는 반제투쟁과 민족해방운동 지지에 근거한 것으로 인식됐다. Excerpts from the Report of the Soviet Embassy in Pyongyang, "Some New Aspects of Korean–Chinese Relations in the First Half of 1965," 4 June 1965, AVPRF, Fond 0102, Opis 21, Papka 106, Delo 20, Listy 14–27.

소련의 2차대전 승리 20주년 기념행사에 참가하도록 하였다.[940] 1965년 9월 말에 이르자, 브레즈네프는 소련공산당 중앙위원회 전원회의에서 조소관계가 "상당한 정도로 진전되었다."고 발언하였을 정도로 조소관계가 호전되었음을 확인할 수 있었다.[941] 내각 제1부수상 김일은 북한 해방 20주년 기념행사에서 연설을 갖고 일제로부터의 해방에 소련의 공헌을 높이 평가했으며, 소련주재 북한대사 김평직 역시 조소 인민들의 우호협력관계 및 결속을 강화·증진시킬 것을 주장하면서 소련 인민이 "일제의 굴레에서 우리 인민을 해방시켜 준 것"에 대해 감사를 표했다.[942]

소련은 1964년 북한의 해방기념일(8월 15일)에는 대표단을 파견하지도 않았지만, 1965년에는 소련공산당 중앙위원회 상무위원 겸 내각 부수상인 쉘레핀(Alexandr Shelepin)을 평양으로 파견하는 등 적극적이며 호의적인 반응을 나타냈다. 쉘레핀은 연설에서 소련공산당이 "형제당의 완전한 평등과 사회주의 건설을 위한 투쟁의 형태와 방법을 스스로 결정할 수 있는 불가침의 권리"를 옹호하며 "공산주의 가족은…상호존중과 각 국가의 국내문제에 대한 완전한 평등 및 자주성을 훌륭하게 수행하고 있다."고 강조하였는데, 이 같은 발언은 관계정상화로 발생할 수 있는 소련의 내정간섭에 대한 북한의 우려를 일소하기 위한 것이었다.[943]

940 『조선중앙년감 1966–1967』(평양: 조선중앙통신사, 1967), p. 394.

941 정진위, 『북방삼각관계』, p. 132.

942 *Pravda*, August 14, 1965; 정진위, 『북방삼각관계』, p. 130에서 재인용.

943 『로동신문』, 1965년 8월 18일.

그러나 조소관계의 개선은 곧바로 북중관계의 냉각으로 이어졌다는 점에서 김일성에게 또 다른 불운이 찾아왔다. 앞서 베트남 전쟁에 대한 중국과 북한의 입장이 달라지면서 북중관계에서 긴장감이 돌기 시작한 것이다.[944] 북한에서 교조주의는 수정주의와 같은 선상에서 비판의 대상이 되었으나, 상대적으로 교조주의가 더 위험한 것으로 간주되었다.[945] 조선로동당 중앙위원회 전원회의에 관한 보도를 실은 1965년 7월 2일자 『로동신문』은 "맑스-레닌주의의 순결성을 고수하며 주체를 확립하기 위한 우리 당의 투쟁"은 모든 성과의 "결정적인 담보"라고 주장하였다.[946] 이어 1965년 9월 20일자 보도에는 교조주의가 열 번 정도 언급되는 동안 수정주의에 대한 언급은 두 번으로 한정되어 교조주의에 대한 높아진 경각심을 엿볼 수 있게 했다.[947] 1965년 10월 5일에 출간된 『근로자』에 실린 당창건 20주년 기념 기사는 더 심각했다. 교조주의와 사대주의를 극복할 것을 주장하는 데 비해 수정주의는 단 한 차례도 지적되지 않은 것이다.[948] 북한의 대중·소 관계의 변화와 함께 1965년에는 정치위원회에서 퇴출당한 두 명의 인물의 배경에 관심이

---

944 북한은 베트남에서 긴장이 고조되자 국내정치적으로 활용하기 위해 대대적인 선전에 나섰다. 미국에 대한 적개심을 불러일으켜 인민들이 수령을 중심으로 결집하도록 요구함으로써 침체된 경제상황 등 국내문제로부터 관심을 돌리는 것이다. Young, "The Origins of North Korea-Vietnam Solidarity," pp. 6-7.

945 "Information on the Korean Worker's Party," October 1966, AQPPSH, MPP Korese, D 10, V. 1966.

946 『로동신문』, 1965년 7월 2일.

947 "Information on the Korean Worker's Party," October 1966, AQPPSH, MPP Korese, D 10, V. 1966.

948 "조선 로동당이 령도하는 우리 인민의 위업은 필승 불패이다," 『근로자』, 제19호(1965), pp. 2-6. 다만 김일성이 당 창건 20주년 기념일에서 행한 연설에서는 교조주의와 마찬가지로 현대수정주의에 대한 비판이 등장한다.

쏠렸다. 한 명은 당중앙위 부위원장인 연안파 김창만이었으며, 다른 한 사람은 정치위원회의 후보위원으로 김일성종합대학의 전 총장이자 조중친선협회의 의장으로 알려졌다. 후자는 1964년 말 조중친선협회 의장직에서도 물러났다.[949]

1965년 8월, 중국은 북한의 해방 20주년 기념식에 전국인민대표대회 상무위원인 우신위(武新宇)를 단장으로 하급관료들로 구성된 대표단을 파견함으로써 냉각되고 있는 북중관계의 단면을 보여주었다. 중국공산당이 보낸 축하전문 또한 1964년도의 그것에 비해 짧고 형식적인 내용에 그쳤다.[950] 그동안 중국·북한과 긴밀한 관계를 유지해오던 알바니아는 북한에 대표단조차 파견하지 않은 것으로 알려졌다.[951] 오히려 기념식에 참석한 동유럽 공산당 대표단들이 중공대표단보다 더 열렬한 환대를 받았으며 이로 인해 북한과 중국의 냉각된 관계를 실감할 수 있었다. 1965년 8월 15일자『로동신문』사설은 "쏘련 인민과 그의 영웅적 무장력이 일본 군국주의를 척결하고 우리 나라를 해방하였으며 여기에서 수 많은 쏘련 인민의 아들딸들이 피를 흘린 사실에 대하여 영원히

949 "Information on the Korean Worker's Party," October 1966, AQPPSH, MPP Korese, D 10, V. 1966. 박정애와 남일의 이름 역시 정치위원회 명단에서 사라졌다.

950『로동신문』, 1965년 8월 15일.

951 마찬가지로 북한에서는 알바니아와 관련한 언론보도가 급격히 줄었다. 1963~1964년 동안 알바니아의 경제적 성과와 수정주의와의 투쟁에 관한 보도가 북한 언론에서 심심찮게 등장하였으나, 소련과 관계가 회복되면서 알바니아에 대한 언급횟수도 줄어들었다. 1965~1966년 동안 알바니아 대표단은 한 번도 북한에 초대받지 못했다. 그럼에도 불구하고 알바니아는 한일관계정상화 조약의 비준을 비판하는 성명을 내는 등 일부 북한 관련 이슈들에 대해서 지지입장을 표명해 주었다. "Information on the Korean Worker's Party," October 1966, AQPPSH, MPP Korese, D 10, V. 1966.

잊지 않고 있다."며 소련에 대한 고마움과 찬양으로 가득했다.[952] 반면 북·중 간의 우호와 친선 등의 내용은 생략되어 있었다. 특히 한국전쟁 당시 중국인민자원군의 군사지원이 전혀 거론되지 않았다는 점은 매우 이례적이었다.

조소관계가 우호적인 방향으로 선회하고, 덕분에 원조국가로서의 중국의 가치가 감소하자 북중관계가 느슨해지는 것은 당연지사였다. 1965년과 1966년까지 북한과 중국은 경제문화 분야에서 몇 개의 협정을 체결한 것을 제외하고 별다른 관계진전을 보이지 않았다.[953] 다만 1965년에는 양국이 서로에 대한 비판을 강력히 전개하지는 않았다. 북한은 여전히 중국의 반제국주의 투쟁과 현대수정주의 비판의 입장에 공감하고 완전한 지지를 보내고 있었다. 따라서 중국과의 관계도 신중하게 관리해야 할 필요성이 있었다.[954]

952 『로동신문』, 1965년 8월 15일. 사설은 "조선 인민은 쏘련 인민과의 친선 단결을 무한히 귀중히 여기고 있다."라던가 "앞으로도 사회주의, 공산주의 위업을 위한 공동 투쟁에서 쏘련 인민과의 친선 단결의 강화 발전을 위하여 계속 노력할 것"이라고 주장함으로써 조소관계가 상당히 우호적으로 변화하였음을 증명했다. 한편 소련공산당 중앙위와 소련 내각은 조선로동당 중앙위와 북한 내각 앞으로 기념 선물을 보냈으며 북한은 어느 나라나 당보다도 소련공산당과 내각으로부터 온 축전을 가장 빨리 『로동신문』(1965년 8월 14일자)에 실어 전달하였다.

953 양국은 1965년 11월 1일 「과학기술협조위원회 제8차회의의정서」, 11월 9일 「보건협조에 관한 협정」, 11월 18일 「국경철도공동위원회 결정서」, 12월 「하천운수 분야에서 협조할 데 대한 협정」, 동월 14일 「1966년도 통상의정서」, 1966년에는 2월 25일 「1966, 1967년도 문화협조를 위한 집행계획서」, 6월 1일 「수의, 방역 및 검역분야에서 상호협조에 관한 결정」, 7월 5일 「과학기술협조위원회 제9차 회의 의정서」, 7월 30일 「과학원간 1966, 1967년도 과학협조에 관한 계획서」, 12월 3일 「1967년도 상호물품교환에 관한 의정서」를 체결하였다. 『조선중앙년감 1966−1967』(평양: 조선중앙통신사, 1967), p. 289.

954 북한은 1965년 12월 6일자 『로동신문』에서 여전히 "현대수정주의의 해독성은 무엇보다도 미제국주의의 원자 공갈 정책에 겁을 먹고 그 앞에 굴복하며 제국주의에 대한 환상을 퍼뜨리면서 그와의 무원칙한 타협을 설교하며 대중의 혁명적 투

한편으로 1965년까지는 중국에서 문화대혁명의 극단적 움직임이 나타나지 않았으므로 북중관계는 표면적으로나마 우호적으로 유지되었다. 특히 북한은 한반도 문제와 관련하여 중국과 이해가 일치하는 사안에 대해서는 북·중 공동대응을 이어나갔다. 중국은 1965년 1월 13일 베트남에 파병을 결정한 박정희 정부를 규탄하는 성명을 발표하였으며 같은 해 6월 26일에는 「한일기본관계조약」을 결코 인정하지 않는다는 성명을 발표하였다.[955] 중국은 또한 10월 중국인민지원군 한국전쟁 참전 15주년에도 인민대표단을 보내었으며, 북한 역시 1965년 6월 29일부터 7월 19일까지 인민대표단을 파견하여 한국전쟁 15주년과 관련한 조선인민의 반미투쟁지지월간행사에 참여하도록 하였다. 또한 북한은 1965년 북중동맹 4주년을 맞이하여 "적들에 대한 장기간의 꾸준한 혁명투쟁에서 피로써 맺어진" 중국과의 소위 '혈맹관계'를 강조하였다. 이어 1965년 인도·파키스탄의 무장충돌을 반대한다는 명목하에 중국 공산당의 입장을 지지하기도 했다.[956]

1966년 2월, 베트남 전쟁과 관련하여 폴란드 노동자연합당 제1서기장인 고무우카(Wladyslaw Gomulka)가 북베트남 지원문제를 위해 사회주의 진영의 소집을 제안했다.[957] 김일성은 "미제국주의자들이 사회

---

지를 마비시키고 인민의 반제혁명 투쟁을 억제하고 악화시키는 데 있다."면서 "자주적이며 원칙적인 입장"에서 현대수정주의를 반대할 것을 다짐하고 있다.

955 『조선중앙년감 1966~1967』, p. 289.

956 『로동신문』, 1965년 9월 17일.

957 고무우카는 폴란드 노동자연합당 중앙위원회의 이름으로 바르샤바 조약기구와 사회주의 공산당 및 노동당들이 모여 북베트남 지원에 관해 논의할 수 있도록 가장 빠른 시일 내에 회의 소집을 요청하려 했다. 고무우카는 1965년 12월 31일, 김일성에게 보내는 서한을 통해 폴란드 노동자 연합당의 중앙위의 제안을 지지하여 줄 것을 부탁하였다. Letter to Wladyslaw Gomulka from Kim Il Sung, 3

주의 국가에 대항한 공격을 강화하거나 또는 전쟁을 일으킬 때, 사회주의 국가들은 미제국주의와 모든 관계를 끝내는 것을 절대 망설이지 말아야 한다."며 반제투쟁 전개에 강한 지지 의사를 표명하였다.[958] 그러나 그는 곧 최근 몇 년간 중소분쟁으로 인해 사회주의당들 간의 회의에서 어떠한 합의점도 도출하지 못하였을 뿐더러 사회주의 진영 내부의 갈등이 더욱 심화되었다는 점을 기억했다. 고민 끝에 김일성은 사회주의당들 사이에 의견 불일치가 있으므로 회의소집 이전에 주의 깊은 사전준비가 선행되어야 한다는 이유로 고우무카의 요구를 거절하였다. 사실상 사회주의 진영 내에서 중국의 고립이 심화되는 것과 국제공산주의운동에서 중국의 권위가 손상되는 점을 우려한 나머지 내린 결정이었다.[959] 이때까지 김일성은 중국의 입장을 배려하여 중·소 사이에서 신중한 태도를 보였다고 할 수 있다.

그러나 1966년 3월 29일부터 4월 8일까지 열린 소련공산당 제23차 대회 이후 소련의 연합전선 결성에 대한 요구를 지지하는 문제를 놓고 중국과 의견이 대립하면서 북중관계는 본격적인 냉각기에 접어들었

---

February 1966, Modern Records Archives, Warsaw, KC PZPR 2263/175-233, pp. 209-233.

958 *Ibid.* 실제로 북한은 베트남에 공군을 지원하겠다고 자발적으로 나서기도 하였다. 북한은 특히 기술 전문가들을 많이 파견할 예정임을 전달했으며 북베트남은 이를 승인하였다. 다만 북한이 자국의 기술 전문가들에게 필요한 일체의 지상 기술적 지원 및 장비들을 북베트남이 제공해야 한다고 주장하였다. General Vo Nguyen Giap's Decision on North Korea's Request to Send a Number of Pilots to Fight in Vietnam, 21 September 1966, Excerpt from The General Staff During the Resistance War Against the United States, 1954~1975: Chronology of Events (Bien nien su kien BTTM trong KCCM 1954~1975), Official People's Army of Vietnam (PAVN) publication.

959 *Ibid.*

다. 앞서 1966년 2월 24일, 소련지도부는 중국을 오는 소련공산당 제23차 대회에 초청하였다. 소련공산당은 중국대표단을 초청하면서도 중국이 다시 공개논쟁을 시작하여 반소선전을 전개하지 않을까 우려했다. 따라서 갈등을 사전에 차단하기 위한 목적으로 브레즈네프는 "소련공산당 제23차 대회는 주로 소련공산당과 소련에 관한 문제를 다룰 예정이다. 그들이 만약 이러한 사실을 받아들이지 않는다면, 다른 당들로부터 응당 적절한 반응이 있을 것이고 소련공산당은 이러한 일들이 벌어져도 내버려 둘 것"이라고 밝혔다.[960] 3월 23일, 중국공산당 중앙위원회는 세르게이 라핀(Sergei Lapin) 소련대사를 초청하여 소련공산당 제23차 대회의 참석 거절의사를 담은 서한을 전달하였다. 서한은 "중국공산당은 핵심을 명확히 전달하고자 한다. 소련공산당은 너무 멀리 갔기 때문에, 진정한 맑스-레닌주의 당으로서 중국공산당은 소련공산당 대회에 대표단을 파견할 수 없다."고 불참 이유를 밝혔다.

1966년 상반기 중소관계는 양국 외교관들의 교류가 거의 없을 정도였으며 중국 국방부는 소련과 유지해오던 몇 가지 군사교류마저 취소하였다. 1966년 5월, 중국은 소련과 레이더 공동사용에 관한 조약을 취소했으며, 8월에는 중국과 소련의 라디오 방첩 서비스 교류에 관한 협약을 철회했다.[961] 중국대사는 중국대표단의 소련공산당대회 참석거부 의사를 담은 서한의 사본을 조선로동당 중앙위 부위원장인 박금철

960 Conversation between Leonid Brezhnev and Antonin Novotny, January 20, 1966, State Central Archive, Prague: Archive of the CC CPCz, f. Novotny, Foreign Affairs, Soviet Union, translated by Todd Hammond, Radchenko, *Two Suns in the Heavens*, p. 159.

961 Radchenko, *Two Suns in the Heavens*, p. 174.

에게 전달하였다. 이러한 입장표명은 북한이 중국과 마찬가지로 소련 공산당 대회에 불참할 것을 은근하게 요구하는 것이었다.[962]

그러나 미제국주의의 위협을 누구보다 크게 느끼고 있었던 북한이 당시 최우선적으로 고려한 것은 사회주의 진영의 단결과 이를 바탕으로 한 반제투쟁이었다. 북한은 대외위협 인식이 증폭되고 있는 상황에서 중국이 국제적 반제공동투쟁과 연합전선 결성에 참여하지 않고 오히려 중소 사이에 분계선 획정을 요구하자 납득하기 어려워졌다. 결국 북한은 중국의 반대를 무릅쓰고 소련공산당 제23차 대회에 참석을 결정하였다. 최고인민회의 상임위원회 부위원장인 박금철은 북한과 중국은 수정주의와 투쟁하고 있지만 접근법은 다르다고 전제한 뒤, 북한대표단의 소련 방문은 조국의 재통일을 위한 투쟁과 관련이 있으므로 예정대로 대표단을 파견할 것임을 시사하였다.[963] 소련공산당 제23차 대회에 조선로동당 중앙위 정치위원회 위원이자 최고인민회의 상임위 위원장인 최용건을 단장으로 하는 대표단을 참석시켰다. 최용건은 4월 1일 오전 회의에서 "쏘련 공산당의 령도하에 쏘련 인민은 공업화와 농업집단화의 어려운 과업을 성과적으로 수행하였으며 사회주의 건설에서 커다란 승리를 달성하였다."고 축하했으며 소련이 이룬 과학적 성과를 칭송했다. 또한 최용건은 축하연설을 통해 북한과 소련의 우호관계증진을 강조하였으며, 사회주의 진영의 통일, 국제공산주의운동에 있어

962 Radchenko, *Two Suns in the Heavens*, p. 171. 이 서한의 사본이 중국대사를 통해 박금철에게 전달된 것으로 보인다.

963 "Information on the Korean Worker's Party," October 1966, AQPPSH, MPP Korese, D 10, V. 1966.

서 소련의 연합전선결성 요구를 적극 지지하였다.[964]

북한의 이러한 태도 덕분에 조소관계는 더욱 발전을 꾀할 수 있었으며, 1965년에 이어 1966년에도 북한은 소련뿐만 아니라 동유럽 국가들과의 관계에서도 상당한 진전을 이룰 수 있었다. 북한은 1965년 3월에 소련과 「1965년도 문화 및 과학협조계획서」, 7월에 「조소국경철도대표단 간의 공동의정서」에 조인하였다. 이어 1966년에도 북한은 소련과 「1966년도 상품호상납입에 관한 의정서」, 「조소과학기술협조위원회 제17차 회의 의정서」와 「문화 및 과학협조계획서」, 조·소 간의 「경제적 및 기술적 협조에 관한 협정」, 조·소 간의 「1967~1970년간의 상품호상납입에 관한 협정」과 「어업분야에서의 협조에 관한 의정서」가 연이어 조인되었다.[965]

북한이 소련과 화해하고 베트남마저 소련의 군사적 지원으로 우호적인 관계를 유지하자, 중국은 자신을 지지하던 아시아 공산주의당들이 중국의 영향권에서 이탈하고 있다는 인상을 받았다. 중국지도부는 소련에게 진정한 맑스-레닌주의를 가르치겠다는 의지를 불태우고 있던 와중에 북한이 중국공산당과 소련공산당 사이에서 명확한 입장을 표명하라는 제의를 거부하자 분노하였다.[966] 그러나 실제로 공산주의

964 『로동신문』, 1966년 4월 2일. 북한은 소련공산당 대회에서 브레즈네프 제1비서의 당중앙위 총화보고의 요약문을 『로동신문』에 게재하였다. 신문에는 소련이 중국뿐만 아니라 알바니아와의 관계개선을 위해 모든 것을 다할 용의가 있다는 브레즈네프의 친선적 입장이 그대로 실렸다. 『로동신문』, 1966년 3월 31일.

965 『조선중앙년감 1966~1967』, p. 394.

966 NCAA, April 1, 1966; Kelvin Devlin, "Ten Years That Shock the World," *Problems of Communism*, Vol. 15, No. 5(September–October 1966), p. 55; 정진위, 『북방삼각관계』, p. 143에서 재인용.

진영에서 중국의 권위 약화는 소련과 제국주의에 대항한 공동투쟁제안을 거부하고 모택동사상(Maoism, 毛澤東思想)을 형제당들에게 강요함으로써 발생하고 있었다.[967] 1966년 4월 9일자 『조선중앙통신』의 보도를 통해 중국공산당대표단이 뉴질랜드공산당 전국대회에 참가하여 제23차 소련공산당 대회에서 최용건이 소련의 경제적 과업을 찬양했던 것은 소련지도자들을 "미화"시킨 것에 불과하다고 비판한 내용이 전해졌다.[968] 이 같은 중국의 비난에 김일성은 "우리가 미제국주의자들과 결탁하여 중국을 고립시키고 있다는 파렴치한 비방은 언급할 필요도 없으며, 우리의 (베트남)원조를 폄하하는 내용을 담은 선전을 뿌리는 중국의 중상적인 정책을 비난하고 이에 전혀 동의할 수 없다고 했다."며 응수했다.[969]

그러나 중국은 북한의 비판에도 아랑곳하지 않고 1966년 봄과 여름 내내 소련에 대항한 연합전선을 구축할 것을 주장하였다. 이어 문화대혁명과 "홍위병운동(紅衛兵運動)"의 기운이 퍼지기 시작하면서 중국은 내부문제에 더욱 집중하였다. 덕분에 1966년 7월부터 9월까지 마오쩌둥의 명의로 북한에 보내진 전보는 한 통도 없을 정도로 북중관계는 냉랭해졌다.[970]

967 Radchenko, *Two Suns in the Heavens*, p. 165.

968 『조선중앙통신』, 1966년 4월 9일.

969 위 내용은 브레즈네프가 1966년 5월 소련공산당 전원회의에서 전한 것이다. Leonid Brezhnev's Report at May (1966) CC CPSU Plenum, May 27, 1966, RGANI, Fond 2, Opis 3, Delo 14, List 84.

970 히라이와 슌지(平岩俊司) 저, 이종국 역, 『북한·중국관계 60년: 순치관계의 구조와 변용』(서울: 선인, 2013), p. 181.

## 2. 제2차 당대표자회 : '자주로선'의 선언

북한은 1966년 8월 12일자 『로동신문』에 실린 「자주성을 옹호하자」라는 제하의 사설에서 '자주로선'을 주장하며 중국의 내정간섭과 진영의 단결에 비타협적인 자세를 비판하였다. 사설은 "자주성을 잃은 당은 로선과 정책에서 원칙성과 일관성을 가질 수 없다."며 공산주의자들은 사상적으로 자유로워야 한다고 주장했다. 이어 자기 정신으로 확고한 주체의식을 가져야 한다고 강조하고 사상에서의 주체, 정치에서의 자주, 경제에서의 자립, 국방에서의 자위를 당의 일관된 방침이라고 주장하였다.

그러나 사설의 면면에는 이외에도 북중관계가 냉각되었음을 보여주는 내용들이 발견되었다. 중국이 북한의 내정에 간섭하였던 사실과 함께 반제투쟁에서 중국이 보여줬던 소극성에 대한 비판이 내재되어 있었던 것이다.[971] 사설은 "반제투쟁의 선두에 서 있는 국제공산주의운동 내에는 심각한 의견상이가 존재하며 통일이 이루어지지 못하고 있다."며 베트남 전쟁을 지원하는 과정에서 사회주의 국가들 간에 견해차이가 있었음을 인정했다. 이어 반제투쟁의 실천 여부를 통해 진실성이 가려질 것이라고 주장함으로써 연합전선 형성과정에서 보여줬던 중국의 소극성을 비난했다.[972]

---

971 중국은 사설에서 "교조주의자들"로 지칭되었다. 사설은 이들이 조선로동당의 자주적 입장을 형제당들의 노선과 정책을 이단시하는 것이라며 반대하였으며 북한의 실정과 특수성을 무시한 채 다른 당의 정책을 맹종하도록 요구했다고 일갈했다. 『로동신문』, 1966년 8월 12일.

972 미제국주의에 대항한 투쟁에서 요구되는 단합된 행동은 수정주의에 대한 투쟁에

사설은 현대수정주의에 대한 비판도 빼놓지 않았으나, 그보다는 교조주의에 대한 비판에 좀 더 많은 지면을 할애하였다. 사설은 특히 교조주의가 맑스주의의 원리원칙만을 반영할 뿐 변화하는 국제정세를 전혀 고려하지 않는다고 비난하고, 중국공산당의 완고한 원칙주의가 반영된 정책으로 인해 국제공산주의운동은 분열하고 있다고 꼬집었다. 이는 중국이 소련과의 이데올로기 논쟁에 빠져 반제투쟁까지 포기하는 등 무엇이 우선인지 돌아보지 못하고 있음을 비판한 것이었다. 사설은 이어서 북한이 자주정신을 가지고 혁명과 건설을 해나가는데 사대주의가 장애가 되고 있으며 사대주의는 대국주의를 끌어들여 교조주의를 낳는다고 역설하였다. 그러나 조선로동당은 "교조주의와 사대주의를 극복하고 사상에서 주체를 확립하기 위한 투쟁"을 전개하여 모든 부문에서 자주적 입장이 확립되었다고 주장하였는데 이로써 북한은 중국을 맹종하지 않을 뿐더러, 완벽히 지지하지도 않을 것임을 확인한 셈이었다.[973]

사설은 또한 북한이 친중노선에서 벗어났음을 증명한 동시에 마찬가지로 소련에 편승하지 않겠다는 의지를 재확인하였다. 사설은 어느 한 국가나 당이 세계혁명의 중심이나 지도적 당이 될 수 없다고 주장함으로써 사회주의 진영에서 소련과 중국의 지도적 역할을 모두 인정하지 않았다. 또한 각 국가의 혁명과 건설의 지도 및 책임은 그 나라의 당이 직접 책임을 지고 지도하므로 북한의 혁명 과업은 조선로동당의 영

---

모순되는 것이 아니며 반제공동투쟁을 위해 공산당들 간의 견해 차이는 잠시 유보해야 한다는 것이다. 『로동신문』, 1966년 8월 12일.

973 *Ibid.*

도 아래에서만 이루어질 것임을 암시하였다. 사설은 형제당들 사이에서 다른 당들의 정책에 대하여 간섭하며 압력을 가하는 일은 있을 수 없다고 강조하였다. 오히려 지난 몇 년간 국제공산주의운동은 자신의 그릇된 노선과 견해를 다른 형제당들에게 강요하며 이것을 접수하지 않는다는 이유로 압력을 가하고 내정에 간섭하는 현상들이 일어났다고 비판하였다. 현대수정주의와 교조주의에 투쟁하는 방법과 형식은 각 당이 처한 실정에 따라 다르기 때문에 맑스-레닌주의당의 자주적 태도를 "기회주의"나 "중립주의," "절충주의"로 비난해선 안 된다고 함으로써 진영 내에서 북한의 독자적 입장이 존중받아야 함을 주장하였다.[974]

사설에서는 수정주의에 대한 비판이 여전히 전개되고 있었지만, 소련은 이 문제를 더 이상 심각하게 여기지 않았다. 소련이 주목한 것은 북한이 중국공산당 비판에 더 많은 노력을 기울이고 있었다는 사실이었다.[975] 소련은 북한이 중국의 문화대혁명에 대한 입장을 밝힌 1966년 9월 15일자 『로동신문』 사설을 「좌익기회주의자들의 반혁명이론」이라는 제목으로 『프라우다』에 전문 기재하였다.[976] 북한은 이 사설에서 "트로츠키주의"를 비판하였으나 실질적으로는 1966년 8월부터 본격화

974 *Ibid.*

975 브레즈네프는 이에 앞서 1966년 3월 26일, 소련공산당 제23차 대회에 앞서 전원회의에서 가진 연설에서 "맑스-레닌주의에서 좌우로 이탈하는 것은 민족주의와 결합하였을 때, 그것이 대국쇼비니즘, 패권주의, 또는 국가고립과 분리 경향의 형태이던 아니던 간에 특히 위험하다."면서 "오늘날 동쪽 나라(중국)와 서쪽 나라(알바니아와 루마니아) 모두에서 나타나고 있는 많은 부정적인 현상들의 근원이라"고 주장하였다. Brezhnev's Speech at the March 1966 CC CPSU Plenum (March 26, 1966), RGANI, Fond 2, Opis 1, Delo 821, List 10.

976 『로동신문』, 1966년 9월 15일. 신문에 실린 해설의 원제는 「뜨로쯔끼주의」이다. 프라우다에 실린 사설은 *Pravda*, September 17, 1966, trans. in CDSP, Vol. XⅧ, No. 38(October 13, 1966), p. 25; 정진위, 『북방삼각관계』, p. 145에서 재인용.

된 중국의 문화대혁명에 대한 비판이었다. 사설은 트로츠키주의자들이 "사회주의하에서 인민들의 물질문화생활의 향상이 마치도 사회적부패와 변질을 가져오며 자본주의복귀의 위험을 조성하게 된다는 듯" 묘사하였다고 하면서, 트로츠키주의자들은 혁명투쟁에서 "모험주의로선"을 강조하였다고 밝혔다.[977] 이는 중국 문화대혁명의 극좌적이며 폭력적인 성향에 대한 비판이었다. 사설은 이어서 러시아 혁명 당시 반혁분자, 기회주의자로 통하였던 트로츠키(Leon Trotsky)가 오직 자신만이 계급적 입장에 서서 혁명성을 고수하는 듯하면서 중상비방을 일삼았다고 지적하였다. 이 내용은 역시 중국이 문화대혁명을 추진하면서 사회주의 진영에 부정적인 영향만을 끼치고 있다는 사실을 꼬집은 것이었다.[978]

이처럼 북한은 사회주의 진영에서 독립적 지위를 재확인하고, '사상에서의 주체, 정치에서의 자주, 경제에서의 자립, 국방에서의 자위'를 골자로 하는 '자주로선'을 적극적으로 주장하였다. 마침내 1966년 10월 5일, 김일성은 조선로동당 제2차 대표자회에서 '자주로선'을 북한의 공식 외교노선으로 선언하였다.「현 정세와 우리 당의 과업」으로 불린 이 연설에서 김일성은 앞으로 조선로동당은 다른 형제당들과 밀접

977 코시긴은 1965년 여러 가지 경제개혁을 단행하면서 자본주의적 요소를 일부 도입하여 국가의 물질적 풍요와 경제성장을 위한 상황을 조성할 수 있기를 희망했다. 그는 이러한 과정이 공산주의로 가는 길에 피할 수 없는 것이라고 믿고, 다만 생산수단의 국유화를 유지함으로써 맑스-레닌주의의 지침을 확고히 할 수 있다고 여겼다. 이에 대해 중국은 소련이 '자본주의적 복원(capitalist restoration)'을 꾀한다고 강력히 비판해왔다. 마오쩌둥은 사회주의는 물질적 풍요와는 무관하며 오로지 정치적 양심과 문화를 바꾸는 것이라고 주장하면서 소련지도부의 생각을 비판했다. Radchenko, *Two Suns in the Heavens*, pp. 167-168.

978 『로동신문』, 1966년 9월 15일.

한 관계를 유지하겠으나, 다른 당의 이념노선이나 정책을 무분별하게 추종하지는 않을 것이라며 자주적인 입장을 다음과 같이 천명하였다.

> "국제공산주의운동의 현정세는 우리들로 하여금 자주성과 독자성을 더욱 확고히 견지할 것을 요구하고 있습니다. 오늘의 조건에서 우리가 만일 자주성과 독자성이 없이 남이 하는대로 따라간다면 로선과 정책에서 원칙성과 일관성을 가질 수 없게 될것입니다. 이렇게 되면 결국 우리의 혁명과 건설사업에도 막대한 해독을 끼치게 될 뿐 아니라 국제공산주의운동에도 커다란 손실을 주게 될 것입니다.…우리는 맑스-레닌주의원칙과 우리 나라의 현실로부터 출발하여 자주적으로 자기의 로선과 정책을 규정하고 그것을 관철함으로써 혁명과 건설사업을 힘있게 추진시켜 나아가야 합니다. 우리는 국제활동분야에서도 자신의 신념에 기초하여 자주적 립장을 견지하여나아가야 합니다.…평등과 자주성에 기초하여 단결하고 협조하며, 국제적 련대성을 강화하면서 자주성을 견지하여 나아가는 것, 이것은 형제당, 형제나라들과의 관계에서 우리 당이 일관하게 견지하고 있는 확고부동한 방침입니다."[979]

김일성은 자주적 자세를 견지하는 사회주의 정당을 "중립주의자," "기회주의자" 등으로 공격해서는 안 된다는 말로 '자주로선'이 비판받을 가능성을 차단하였으며 조선로동당은 맑스-레닌주의의 원칙을 고수하여 모든 기회주의에 반대할 것임을 선언했다.

> "지금 어떤 사람들은 우리 당을 비롯한 맑스-레닌주의 당들에 대하여 《중간주의》, 《절충주의》, 《기회주의》 등의 딱지를 붙이고 있습니다. 그들은 우리가 《무원칙한 타협의 길》을 택하고 있으며 《두

979 『로동신문』, 1966년 10월 6일.

걸상 사이에 앉아 있다.》고 말하고 있습니다. 이것은 부질없는 소리입니다. 우리에게도 자기의 걸상이 있습니다. 우리가 무엇 때문에 자기의 걸상을 버리고 남의 두 걸상 사이에 불편하게 량다리를 걸고 앉아있겠습니까? 우리는 언제나 자기의 똑바른 맑스-레닌주의 걸상에 앉아있을 것입니다. 자기의 올바른 걸상에 앉아있는 우리를 두 걸상 사이에 앉아있다고 비방하는 사람들이야말로 비뚤어진 왼쪽걸상이나 오른쪽걸상의 어느 하나에 앉아있는 것이 틀림없습니다."[980]

이 발언은 약 한 달 전에 있었던, 9월 8일 북한 건국 18주년 기념 연설에서 중조우호협회 부회장 와이좐퉁(魏傳統)이 '자주로선'을 '기회주의'로 폄하한 것에 대한 강한 반박이었다.[981] 와이좐퉁은 "제국주의에 반대할 수밖에 없고, 현대수정주의에 반대해야 한다. 맑스-레닌주의와 현대수정주의의 투쟁 안에서 앞으로 나아갈 수 있는 중도의 길은 없다."며 '자주로선'을 비판한 바 있었다.

대외관계에서 중립을 지키겠다는 북한의 강한 의지는 김일성이 현대수정주의와 교조주의 모두를 공격한 데에서 선명하게 드러났다. 김일성은 현대수정주의에 대해서 국제공산주의운동과 제국주의와 투쟁에서 나약성을 보였다고 비판했으며, 교조주의는 "좌경기회주의"라고 폄하하였다. 그는 특히 "변화된 현실을 고려하지 않고 맑스-레닌주의의 개별적 명제들을 교조주의적으로 되풀이하며 초혁명적인 구호를 들고 사람들을 극단적인 행동에로 이끌어갑니다."라며 중국의 문화대혁

980 『로동신문』, 1966년 10월 6일.

981 魏傳統, 「在首都名界慶祝朝鮮民主主義人民共和國成立一八周年大會上的講話」, 『中國對朝鮮和韓國政策文件准編』 制4卷 (北京: 中國社會科學出版社, 1994), p. 1755; 히라이와 슌지, 『북한·중국관계』, pp. 179-180에서 재인용.

명을 암시하였으며 이를 극좌운동으로 분류하였다. 그리고 이러한 극단적 운동에 반대하여 투쟁하지 않는다면 제국주의와의 투쟁에도 성공할 수 없다고 강조하였다.[982]

소련은 당 대표자회의에서 있었던 김일성의 연설이 북한이 친중국적 관점이라는 오류에서 탈피하고 있다는 것을 의미한다고 평가했다. 소련공산당은 김일성의 연설에서 평화공존과 군축문제 등 소련에 대한 비판도 찾아볼 수 있었으나 전체적으로 그의 연설이 중국 비판에 초점을 맞추고 있다고 분석하였다.[983] 특히 베트남 전쟁 관련 부분에서 김일성의 강력한 중국 비판은 소련의 판단에 확신을 주었다.

> "미제의 웰남침략과 그것을 반대하는 웰남인민의 투쟁에 대하여 어떤 태도를 취하는가 하는 것은 제국주의를 견결히 반대하는가 안하는가, 인민들의 해방투쟁을 적극 지지하는가 안하는가를 보여주는 기준으로 됩니다. 웰남문제에 대한 태도는 혁명적 립장과 기회주의적 립장, 프롤레타리아국제주의와 민족리기주의를 갈라놓는 시금석으로 됩니다.…여기에서는 어떠한 동요와 소극성도 있을 수 없습니다.…그러나 오늘 사회주의 진영나라들은 호상간의 의견상이로 하여 미제의 침략을 반대하고 웰남인민을 지원하는 데서 일치한 보조를 취하지 못하고 있습니다.…웰남민주공화국이 미제의 침략을 받고 있는 이 시각에 형제당들은 웰남문제를 가지고 론쟁만 하고 있을 수 없습니다. 웰남문제의 주인은 웰남로동당입니다. 웰남로동당 외에 그 누구도 웰남문제를 가지고 좌지우지할 수 없습니다.…강대한 사회주의 진영이 있는 조건에서 무엇 때문에 웰남 인

982 『로동신문』, 1966년 10월 6일.

983 Memorandum on Sino-Korean Relations in 1966, December 2, 1966, AVPRF, Fond 0102, Opis 22, Papka 109, Delo 22, pp. 38-49.

민이 공동의 원쑤를 반대하는 어려운 전쟁에서 형제적 사회주의나라들이 주는 원조를 받지 않겠습니까? 사회주의나라들은 웰남민주공화국에 원조를 줄 의무가 있으며 웰남인민은 그것을 받을 권리가 있습니다.…우리는 이렇게 하는 것이 실지로 미제의 웰남침략을 반대하는 혁명적 립장이며 진정으로 웰남인민을 돕는 국제주의적 립장이라고 인정합니다."[984]

김일성은 기존의 입장을 반복하여 중국이 베트남 전쟁 지원에는 적극적으로 행동을 취하지도 않으면서 소련과 논쟁을 이어감으로써 진영의 분열을 가속화한다며 일침을 가했다. 이 같은 김일성의 발언은 와이좐퉁(魏傳統)의 북한 건국 18주년 기념연설에서의 발언을 의식한 것으로 보인다. 와이좐퉁은 소련이 "미국을 수괴(首魁)로 한 각국의 반동파와 연합집단을 형성하고 반공, 반인민, 반혁명, 반중국의 새로운 신성동맹을 결성하였으나 그것은 반드시 실패할 것"이라며 소련공산당이 표면적으로는 베트남의 항미구국투쟁을 지원하는 것 같지마는 그것은 중국을 진영에서 고립시키려는 의도라고 주장한 바 있었다.[985] 김일성은 소련의 군사원조를 계기로 베트남-소련의 관계가 긴밀해지자 중국이 아시아 혁명에서 자신의 위치를 염려하여 불안해하고 있다는 사실을 간파하였다. 그는 사회주의당들의 베트남 지원은 응당 자연스러운 것이며 중국의 소극적 자세는 형제주의적 태도가 아님을 맹렬히 비난하였다.

김일성의 중국에 대한 비판은 "전군의 현대화"를 강조한 부분에서

984 『로동신문』, 1966년 10월 6일.

985 魏傳統, 「在首都名界慶祝朝鮮民主主義人民共和國成立一八周年大會上的講話」; 히라이와 슌지, 『북한·중국관계』, p. 179에서 재인용.

도 엿볼 수 있었다. 김일성은 우선 인민군의 현대화에 대해 아래와 같이 연설했다.

> "우리 당은 군대의 간부화, 군대의 현대화, 전체 인민의 무장화, 전국의 요새화를 군사로선의 기본내용으로 규정하고…우리는 현대전의 요구에 맞게, 발톱까지 무장한 원쑤들의 침략에 대비하여 우리 인민군대를 현대적 무기와 전투기술기재들로 튼튼히 무장시켜야 하겠습니다. 모든 수단을 다하여 무기들을 현대화하며 최신과학기술의 성과에 기초하여 더욱 위력한 것으로 만들어야 합니다. 군인들 속에서 전투훈련을 정력적으로 전개하여 그들이 모두가 다 최신무기를 능숙하게 다루며 현대적 군사과학과 군사기술을 충분히 소유하도록 하여야 하겠습니다. 인민군대를 현대화하며 군사과학과 군사기술을 발전시키는데 있어서는 반드시 산이 많고 해안선이 긴 우리 나라의 실정을 충분히 고려하여야 합니다."[986]

이로써 김일성은 기존에 언급했던 전인민의 무장화, 전국토의 요새화, 전군의 간부화에 "전군의 현대화"를 추가함으로써 '4대 군사로선'을 완성하였다. 그러나 김일성은 더 이상 과거 중국의 지원으로 조국해방전쟁에서 승리할 수 있었다는 말로 중국을 칭송하지 않았다. 김일성은 군사력 증강과정에서의 외부의 도움에 대해서는 언급하지 않고 조선로동당이 '4대 군사로선'을 꾸준히 실생활에 구현하기 위해 노력하여 성과를 거두었다고 강조하였다. 오히려 중국식 전투방법의 경험을 '군사분야에서의 교조주의'라고 칭하고 중국식 전투방법(게릴라전)을 차용함으로써 '군사로선'에 새롭게 추가된 "인민군의 현대화"에 차질이 있

986 『로동신문』, 1966년 10월 6일.

었다며 중국을 에둘러 비판하였다.[987]

김일성의 주장대로 조선인민군의 현대화는 제대로 진행되지 않고 있었다. 1967년경, 소련측 관찰에 따르면, 조선인민군의 규모는 대략 50만 명에서 55만 명 사이로 추정되었다. 이 중 육군이 40만 명 정도였으며, 공군은 4만 5천 명, 해군은 1만 7천 명, 경찰 병력이 10만 명에 달했다.[988] 이렇게 거대한 규모의 군을 갖고 있음에도 불구하고 1966년까지 북한의 군사개념은 여전히 1930년대 항일 무장투쟁과 1950~1953년 한국전쟁에서 얻은 경험에 기초해 있었다. 미사일, 핵무기, 또는 다른 군대들의 경험 등은 인정하지 않은 채 중국의 게릴라 전투전략과 전술의 영향을 크게 받은 나머지 현대화는 제대로 진행되지 않았다.[989]

북한을 방문한 동유럽국가들의 군사연락관들은 북한이 중국의 '잘못된 관점(게릴라전)'을 도입하여 조선인민군의 발전이 최근 몇 년 간 정체기에 있었다고 주장했다. 더구나 북한은 군사기술과 군사학습 등에도 주의를 기울이지 않아 당시 인민군의 현대화는 다른 사회주의 국가

987 『로동신문』, 1966년 10월 6일. 김일성은 조선인민군의 현대화를 위해서는 북한의 실정에 맞춘 배합전이 필요하다며 "지난 조국해방전쟁의 경험이 잘 보여준 바와 같이 군사분야에서 교조주의를 범하게 되면 국방에 심중한 손실을 끼칠 수 있는 것입니다. 그러므로 우리는 인민군대를 현대화하기 위하여 적극 노력하면서도 어디까지나 우리 나라의 실정에 맞는 군사과학과 군사기술을 발전시키고 도입하여야 하며 현대적 무기와 함께 재래식무기를 함께 옳게 배합하도록 하여야 하겠습니다."라고 강조하였다.

988 다만 미국과 남한은 실제 인민군의 규모보다 훨씬 작은 30만에서 35만 명을 총 병력의 규모로 추산하고 있었다. Report, Embassy of Hungary in North Korea to the Hungarian Foreign Ministry, 10 March 1967, XIX–J–1 Korea, 1967, 60. doboz, 40, 002128/1967.

989 *Ibid.*; Report, Embassy of Hungary in North Korea to the Hungarian Foreign Ministry, 8 May 1967, XIX–J–1–j Korea, 1967, 60. doboz, 40, 002128/1/1967.

들에 비해 10년에서 12년 가량 뒤쳐져 있었다.[990] 루마니아 군사연락관은 북한의 기술력이 낮고 군인들은 무기를 제대로 다룰 줄도 모르기 때문에 현대무기를 보유한다고 해도 군사력이 빨리 소모되는 현상이 일어난다고 우려했다. 체코슬로바키아의 군사연락관은 조선인민군이 현대화에 있어서 일정 정도 수준에 도달하기 위해서는 최소 5~6년의 시간이 소요될 것으로 내다봤다. 동유럽 군사연락관들은 북한의 낮은 평균기술력과 간부들의 실력 저하로 인해 조선인민군의 현대화와 새로운 무기획득에 많은 문제가 있다고 평가하였다.[991]

1965년 5월, 소련의 대규모 군사지원이 시작될 즈음 중립국감독위원회의 체코슬로바키아측 대표인 보스키(L. Borski) 대령은 조선인민군의 소규모 훈련을 참관할 기회를 갖게 되었다. 그는 조선인민군의 장비가 15년에서 20년 정도 낙후되어 있다고 설명했다. 한국전쟁 당시부터 사용하고 있는 T−34 탱크는 외관이 낡았을 뿐만 아니라, 미처 반도 되지 않는 수의 탱크만이 목표지점에 도달할 정도로 성능이 좋지 않았다고 평가했다. 병사들이 가진 소총과 기관단총도 마찬가지였다.[992] 이와 같은 평가에 기반하여, 김일성은 연설에서 인민군대의 현대화를 위해 군사분야에서 교조주의를 버리고 북한의 실정에 맞춘 현대식 무기와

990 *Ibid.*

991 *Ibid.* 소련은 조선인민군의 현대화를 위해 북한이 원하는 무기들을 무조건적으로 제공하기보다 군사전문가들을 파견하여 전문가들을 양성하고 가르치는 방법을 선호하였다. 조선인민군은 다른 형제국가들, 특히 소련군대의 경험들을 연구하기 시작하였으며 북한은 공격과 수비의 상황에서 핵무기와 미사일을 동반하는 군사 훈련들을 실행했다. 북한은 한때 한반도의 지형적 조건이 핵무기를 사용하기에는 효과적이지 않다는 주장을 펼쳤으나, 과거 소련의 경험과 충고로 인해 1967년에는 핵전쟁에 대비한 훈련까지 시작하였다.

992 박종철·김보국·박성용·정은이, 『헝가리의 북조선 관련 기밀해제문건』, p. 58.

재래식 무기의 배합전을 발전시킬 것을 다짐했다.

진영의 분열과 쿠바미사일위기를 통해 본 소련의 권위 실추, 남한 반공정권의 등장과 한일관계정상화 등 북한의 안보불안은 날이 갈수록 증폭되었다. 이는 소련과의 관계가 개선되어 대규모의 군사원조를 받게 된 상황에서도 사라지지 않았다. 김일성은 다시 한 번 미제국주의 세력들을 타도의 대상으로 규정하고 사회주의 나라와 공산당 및 노동당들이 연합하여 투쟁할 것을 강조하였다. 그는 "미제국주의자들은 일본군국주의를 재생시켜 아세아침략의 《돌격대》로 리용하려 하고 있습니다. 그들은 일본군국주의세력을 남조선괴뢰들과 결탁시켰으며 그것을 중심으로 《동북 아세아군사동맹》을 조작하려고 획책하고 있습니다.", "미제와 일본 사또정부와 남조선괴뢰도당 사이에는 쌍무적 군사협정들을 통하여 사실상 3각군사동맹이 형성되고 있습니다."라며 한일국교정상화로 인해 북한의 위협인식이 증대되었음을 확인해주었다.[993] 이에 따라 북한의 과도한 군사비 지출은 앞으로도 계속될 수밖에 없을 것임을 짐작케 하였다.

한편 김일성이 당 대표자회에서 '자주로선'을 천명하고 수차례에 걸쳐 교조주의를 비판한 이후로 북중관계는 빠르게 냉각되었다. 북한은 베트남 전쟁을 지원하는 과정에서 보여준 중국지도부의 소극적 자세에 크게 실망하였다. 그러면서 점차 중국이 국제공산주의운동의 조직적·정치적 분열을 꾀하고 있다고 여기게 되었다. 북한지도부는 중국이 과연 미국을 위시한 자본주의 세력에 공동으로 대응하여 "조선 인민

993 『로동신문』, 1966년 10월 6일.

들과 언제나 기쁨과 슬픔을 함께 나눌" 수 있을 것인지 그들의 호전성을 의심하게 되었다.[994] 북한이 중국을 계속해서 지지한다면 결국 중국과 함께 중국을 따르는 몇몇 당들은 고립되어 버릴 지도 몰랐다. 북한 지도부는 조선로동당이 친중국 그룹으로 분류되어 진영 내 권위가 실추되지 않을까 우려하였으며 중국으로부터의 압력이 증가할 가능성에 대해 고민하기 시작했다.[995]

한동안 북한과 중국의 공식관계는 정상적으로 유지되었고 북한도 중국의 문화대혁명에 대해 크게 우려하지 않는 듯했다. 1967년 1월 20일, 북한의 소련특명전권대사인 김청봉은 소련공산당 정치위원회 정치위원 포드고르니(Nikolai Podgorny)와 만난 자리에서 북한과 중국이 국경의 상당 부분을 공유하고 있지만 문화대혁명의 기운은 북한에 거의 영향을 미치지 않는다고 밝혔다.[996] 그러나 얼마 지나지 않아 문화대혁명이 과열되고 베이징에서 조선로동당과 김일성을 신랄하게 비판하는 소논문들이 출간되자 분위기는 전환되었다. 중국의 홍위병들은 김일성을 "친소성향의 수정주의자"로 불렀으며 1967년 1월 중순에 북한 내부

994 Memorandum on Sino-Korean Relations in 1966, December 2, 1966, AVPRF, Fond 0102, Opis 22, Papka 109, Delo 22, pp. 38-49. 뿐만 아니라 마오쩌둥과 그의 측근들은 그들의 권력을 강화하기 위한 국내정치적 목적 때문에 베트남 상황을 이용하고 있는 것처럼 보였다.

995 *Ibid.*

996 김청봉은 오히려 38선 부근의 긴장상태는 계속되고 있다면서 문화대혁명의 북한 내 파급가능성보다는 남쪽으로부터의 위협에 더욱 촉각을 곤두세우고 있었다. 포드고르니는 소련과 북한은 동맹을 맺고 있고 소련군은 사회주의 진영의 이익을 지키는 파수꾼이므로 제국주의자들은 북한을 공격하지 못할 것이라고 안심시켰다. Record of Conversation between Soviet Politburo Member Nikolai Podgorny and Kim Chungbong, 20 January 1967, AVPRF, Fond 0102, Opis 23, Papka 110, Delo 3, Listy 10-12.

에서 정치적 소요사태가 발생했다는 내용의 벽보가 붙였다. 1월 20일에 나타난 첫 벽보는 부수상이자 정치위원인 김광협이 최고인민회의 상임위 위원장인 최용건에 의해 체포되었다는 내용을 담고 있었다. 이어 홍위병들의 2월 4일자 벽보는 김일성이 조선인민군의 장군들에 의해 체포되었다는 소식을 전했다.[997]

더불어 중국에서는 김일성의 수정주의적 정책에 불만을 품은 북한 인민들이 그에게 복수할지도 모른다는 소문이 퍼지고 있었다. 북한은 1월 26일 조선중앙통신사의 성명을 통해 홍위병의 주장이 전혀 근거 없는 낭설임을 주장하면서 중국을 비판하였다. 1월 27일자 『로동신문』은 "최근 베이징을 비롯한 중국각지의 홍위병신문, 벽보 및 삐라들에서는 마치도 우리 나라에서 그 어떤 《정변》이 일어났으며 이로 말미암아 정치적 불안상태가 조성되고 있는 듯한 허위선전이 진행되고 있다."며 "이와 관련하여 조선중앙통신사는 중국홍위병신문, 벽보 및 삐라들이 퍼뜨리고 있는 선전이 전혀 무근거한 날조이라는 것을 언명한다."고 공식 반박했다.[998]

그러나 북한의 공식 해명에도 불구하고 홍위병들은 김일성을 "살찐 수정주의자", "흐루시초프의 제자" 등으로 지칭하면서 그를 집요하게 공격하였다. 중국은 또한 북한대표단이 소련공산당의 행사에 참석하자 북한에 대한 경제적·정치적 압력을 행사하기 시작하였다. 중국은

997 서대숙 저, 서주석 역, 『북한의 지도자 김일성』(서울: 청계연구소, 1989), p. 165. 서대숙은 김광협이 이듬해에 숙청된 것으로 보아 홍위병의 벽보가 전혀 근거 없는 낭설을 꾸며낸 것이 아니라 북한 내부세력들 사이의 알력을 전한 것이라고 짐작했다.

998 『로동신문』, 1967년 1월 27일.

북한에 매우 중요한 원자재인 점결탄과 황, 그리고 일부 식료품 등의 수출을 제한하였으며 북한에서 수입한 물건들에 대해 악평을 쏟아냈다. 이 때문에 북한은 중국이 언젠가 모든 경제관계를 단절할지도 모른다는 생각을 하기에 이르렀다.[999]

조소관계가 회복된 지 얼마 지나지 않은 시점에 북한은 또 다른 갈등상황에 접어들었다. 북한지도부는 중국의 국경절에 하급당원들을 보내어 축하하도록 하는 등 통상적인 격식에 맞지 않게 행동했다. 또한 중국의 문화대혁명과 홍위병운동의 기운이 북한에 파급되지 않도록 필사적인 노력을 기울였다.[1000] 김일성은 1967년 12월 16일 개최된 제4기 최고인민회의에서 "국가활동의 모든 분야에서 자주, 자급자족, 자주국방의 혁명정신"을 강조하면서 "우리 나라는 의젓한 자주국가로서 지금 모든 로선과 정책을 자주적으로 결정하고 있으며, 대외관계에 있어서도 완전한 평등과 주권을 행사하고 있다."고 강조했다. 이어 그는 조선로동당이 자주성을 고수하기 위한 방법으로 중립노선을 택하고 있음을 밝히고 심화되는 북중갈등의 위기를 모면하고자 하였다.[1001]

---

999 "Regarding Some Questions about Soviet–North Korean Relations," May 02, 1967, History and Public Policy Program Digital Archive, State Central Archives, Prague. File A. Novotny, foreign affairs, KPDR. Sign., 82 b. 4, pp.6.

1000 Report, Embassy of Hungary in the Soviet Union to the Hungarian Foreign Ministry, 25 November 1967, XIX–J–1–j Korea, 1967, 61. doboz, 5, 002126/3/1967. 마찬가지로 중국은 1966년 국경절에 당 중앙위 기관지인 『인민일보』에 알바니아와 북베트남 다음으로 북한에서 온 축하 전보를 상세히 보도하였으나, 1967년에는 알바니아, 북베트남, 말리공화국, 콩고에 이어 5번째로 간추린 내용으로 보도되었다. 「慶祝中華人民共和國成立一七周年」, 『人民日報』 1966年 10月 1日; 「慶祝中華人民共和國成立一八周年」, 『人民日報』 1967年 10月 1日; 히라이와 슌지, 『북한·중국관계 60년』, p. 181에서 재인용. 1968년에는 북한에서 온 축하전보가 12개국으로부터 받은 전보의 가장 마지막에 소개되었다고 한다.

1001 『로동신문』, 1967년 12월 17일.

## 3. '자주로선'의 이면: '병진로선'의 등장

'자주로선'의 주창은 북한의 민족주의적 성격을 강화하고 국내정책 결정과 문제해결에 있어서 외부의 개입을 사전 차단하는 근거가 되었다. 강대국의 내정간섭에 반대하고 주체를 세울 것을 강조하는 '자주로선'은 북한 주민들에게 민족적 긍지를 갖게 하면서 김일성 지도부의 권력기반 확립에도 기여하였다. 김일성 지도부는 자주성의 강조를 통해 반대세력들에게 사대주의와 반당종파주의 등의 혐의를 씌워 숙청할 수도 있었다. 또한 북한은 '자주로선'의 원칙에 근거하여 제3세계 비동맹 국가들과의 관계를 발전시켜 나가고 독자적인 외교영역을 구축하려 하였다. 대부분 아시아와 아프리카의 신생독립국가들이 북한의 외교대상에 포함되었다. 북한은 평등과 자주성에 기초하여 이들 국가의 혁명투쟁에 아낌없는 지지를 보내면서 국제적 연대성을 강화하고자 했다. '자주로선'은 북한의 독립적인 자세와 대비되게 미국과 긴밀한 관계를 유지하는 남한의 '기생적 태도'를 비판할 수 있는 근거도 되었다. 북한은 대내외 활동에서 독자성을 견지할 것을 주장하고 반제반미투쟁의 강화를 다짐하면서 미국을 끊임없이 비난하였다.

그러나 한편으로 '자주로선'은 북한의 대외활동을 제약하게 되는 원인이 되었다. 김일성은 자주성의 확보가 프롤레타리아국제주의와 밀접히 관련되어 있으며 서로 배치되지 않는다고 주장하였다. 김일성이 말하는 자주성은 사회주의 당제관계에서 개별 당의 자주적 입장의 존중을 의미하였고, 사회주의 국가관계에서 반제투쟁을 공동으로 해나갈 것을 주장하면서 단결을 강조하였다.[1002] 그러나 그의 주장과는 달리, 북한이 자주성을 확보하면서 중·소와 긴밀히 유착되었던 관계는 서서히 이완되었으며 중·소로부터 적극적인 경제·군사원조도 기대하기 어려워졌다.[1003] 더군다나 북한은 중국과 소련이 과거에 원조를 빌미로 내정에 간섭하였음을 강력히 비판해온 터였다. 자립적 민족경제 건설과 국방에서의 자위는 북한이 궁극적으로 추구하는 목표인 동시에 중·소의 원조를 기대할 수 없는 상황에서 반드시 추진할 수밖에 없는 유일한 길이었다.[1004]

그러나 중·소의 용인 없이 '자주로선'을 추진하는 것은 결국 북한의 경제·군사부문에 엄청난 희생을 치를 것을 요구하였다.[1005] 김일성은 국방력 강화와 경제자립이라는 원대한 목표를 실현하기 위해 1962년 12월 조선로동당 중앙위원회 제4기 제5차 전원회의에서 경제건설과 국방건설의 병진을 주장하였다. 1965년 10월 10일 「조선로동당 창건 20주년에 제하여」라는 연설에서도 김일성은 "경제력을 계속 장성시키는 동시에 우리는 국방력을 강화하는데 더욱 큰 힘을 들여야 하겠습

1002 이와 관련해서는 최명해, 『중국·북한 동맹관계』, pp. 241-251.

1003 최청호, "정치·외교의 자주노선," 양재인 외, 『북한의 정치이념: 주체사상』 (서울: 경남대학교 극동문제연구소, 1990), pp. 88-89.

1004 김일성은 자립적 민족경제의 건설에 대하여 "나라를 부강하게 하고 인민생활을 높이는데 필요한 중공업 및 경공업제품들과 농업생산물을 기본적으로 국내에서 생산 보장할 수 있도록 경제를 다방면적으로 발전시키고 현대적 기술로 장비하며 자체의 튼튼한 원료기지를 닦아 모든 부문들이 유기적으로 연결된 하나의 종합적인 경제체제를 이룬다는 것을 의미한다."고 하였다. "조선민주주의인민공화국의 당면과제에 대하여: 최고인민회의 제3기 제1차회의에서 한 연설(1962년 10월 23일)," 『김일성저작선집 3』 (평양: 조선로동당출판사, 1968), p. 398.

1005 조영건, "주체사상과 사회주의 북한경제," 『북한의 정치이념: 주체사상』, p. 104.

니다."라는 말로 '병진로선'의 중요성을 재차 언급하였다.[1006] 그리고 경제와 국방의 '병진로선'은 1966년 10월 당대표자회에서 「경제건설과 국방건설을 병진시킬 데 대하여」라는 이름으로 채택되었다. 김일성은 '병진로선'에 대해 정세의 변화와 관련하여 "몇 해 전부터 집행하여 온 우리당의 기본적인 전략적 방침"이라고 설명하고, 경제건설과 국방건설을 결합시킬 방법에 대해 다음과 같이 설명하였다.

> "조성된 정세에서 우리는 사회주의경제건설을 계속 추진시키면서 이와 병행하여 국방건설을 더욱 강력히 진행하여야 하겠습니다. 우리의 방위력을 철벽같이 다져야 하며 원쑤들의 임의의 불의의 침공에 대처할 수 있도록 만단의 준비를 하여야 합니다. 물론 이렇게 하자면 많은 인적 및 물적 자원을 국방에 돌려야 할 것이며 이것은 우리 나라의 경제발전을 일정하게 지연시키지 않을 수 없을 것입니다. 그러나 우리는 인민경제의 발전속도를 좀 조절하더라도 조국보위의 완벽을 기하기 위하여 응당 국방력을 강화하는데 더 큰 힘을 돌려야 합니다. 이렇게 하는 것이 현시기 우리 나라의 혁명과 건설의 근본리익에 부합됩니다."[1007]

그동안 소련의 원조 감소와 경제적 압력 등 경제계획의 차질에 직면한 상황에서도 북한지도부는 군사비 지출증가와 중공업우선정책의 강화를 유인해 왔다.[1008] 위 연설은 그러나 소련과의 관계 회복으로 군

1006 『로동신문』, 1965년 10월 11일.

1007 『로동신문』, 1966년 10월 6일.

1008 당내에서는 '병진로선'에 대한 의문이 있었다. 북한지도부 일부는 전쟁가능성을 일축하고 경제건설을 우선하여야 한다고 주장하였으며 다른 일부는 전쟁발발을 우려하여 국방건설에 더 큰 비중을 둘 것을 주장하였다. 김일성은 양쪽을 모두 비판하면서 전쟁방어를 위한 국방력의 강화와 사회주의 건설을 위한 경제건설을 동시에 추진해야 한다고 강조했다. 그는 경제적 자립의 달성은 자주·평등의 원

사원조를 기대할 수 있는 상황이 도래했음에도 기존의 방침을 이어갈 것임을 시사하는 것이었다. 김일성의 이러한 결심은 중소갈등과 한·미·일 남방삼각동맹의 결성, 남한의 군사쿠데타, 쿠바미사일위기, 베트남 전쟁 등 한반도와 전세계적 차원의 긴장으로 북한의 위기의식이 극대화되었다는 것을 의미했다. 뿐만 아니라 소련의 원조가 북한의 안보불안감을 해소할 수 있을 정도로 충분치는 않았다는 반증이기도 했다.

특히 중국과의 관계가 악화되면서 북한은 위로는 중국을 견제하고 아래로는 언제 발발할지 모르는 또 다른 한국전쟁의 준비에 돌입해야 하는 상황에 직면하였다. 남북한의 군대 모두 완전한 전쟁준비 상태에 이르지 못했으나 북한은 국방력을 계속 강화하면서 이에 대비하였다(남북한 주요 무기보유 현황은 아래 〈표 4-3〉참조).[1009] 핵무기에 대한 관심도 변함없이 유지되고 있었다. 1967년 초에는 김일을 수장으로 하는 북한의 고위관료 대표단이 2월 13일부터 3월 3일까지 모스크바를 방문하여 원자력발전소 건립에 소련의 도움을 요청하는 등 북한은 원자력개발에도 깊은 관심을 보였다.[1010] 단순 에너지원 개발에 대한 관심 차

---

칙에 기초하여 다른 국가들과 대등한 관계를 설정할 수 있다는 것뿐만 아니라, 국방력을 강화하고 혁명성과를 외부의 침해로부터 지키는 데서 긴요하다고 주장함으로써 경제건설과 국방건설의 상호관련성을 이해시키려 하였다. 한모니까, "1960년대 북한의 경제·국방병진노선의 채택과 대남정책,"『역사와 현실』, 제50호(2003), pp. 144-145.

1009 북한은 카빈총과 경기관총, 기관총, 박격포, 몇 가지 종류의 소총들을 스스로 제조하고 있으며 몇 개의 작은 규모의 주유소도 보유하고 있었다. Report, Embassy of Hungary in North Korea to the Hungarian Foreign Ministry, 10 March 1967, XIX-J-1 Korea, 1967, 60. doboz, 40, 002128/1967.

1010 소련측은 북한의 원자력발전소 건립 요청을 거절했다. 소련의 도움으로 만든 실험용 원자로는 1965년 말에 건설되었다. 그러나 그 이후로 소련은 자신들이 건

원일수도 있으나 원자력에너지의 이중용도의 가능성에 대해 북한이 인지하지 못할 리 없었다.

〈표 4-3〉 1967년 남북한 주요 무기 보유 현황

| 무기종류 | 남 한 | 북 한 |
|---|---|---|
| 전차포와 돌격포 | 670 | 800 |
| 야포 | 3,500 | 2,000 |
| 박격포 | 4,000 | 4,000 |
| 대전차포 | 2,000 | 8,000 |
| 미사일 발사기 | 75 | 84 |
| 항공기 | 336 (전투기 250대 포함) | 전투기 230 |
| 폭격기 | 50 | 40 |
| 군사용 선박 | 160 | 40 |
| 수송기 및 헬리콥터 | – | 200 |

※ 출처: Report, Embassy of Hungary in North Korea to the Hungarian Foreign Ministry, 10 March 1967, XIX–J–1 Korea, 1967, 60. doboz, 40, 002128/1967. 위 수치는 소련군 평가에 의한 것임.

이처럼 북한이 국방력 강화, 특히 군의 현대화에 심혈을 기울일수록 남북군사분계선 인접 지역에서 발생하는 군사적 도발의 횟수도 증가하였다. 1966년 북한의 침투·도발 건수는 37회에 달했으며 1967년에는 444건으로 전년에 비해 폭발적으로 증가했다. 이 시기에 사망하거나 부상당한 한미연합군의 수도 각각 64명과 425명에 이르렀다.[1011] 동독을 방문했던 조선로동당 중앙군사위원회 부위원장인 리영호(李英鎬)는 1966년 말부터 1967년 초까지 국경 주변에서 빈번하게 발생하는 군사 도발은 결코 우연이 아니라고 강조했다. 그는 “만약 적들이 다시

설을 도왔던 원자로의 작동과 관련해 어떠한 정보도 받은 적이 없다고 밝혔다. Report, Embassy of Hungary in North Korea to the Hungarian Foreign Ministry, 13 March 1967, XIX–J–j Korea, 1967, 61. doboz, 5, 002126/1967.

1011 함택영, 『국가안보의 정치경제학』 (서울: 법문사, 1998), p. 173.

공격해온다면, 우리는 남한을 완전히 해방시킬 의향이 있다. 이것이 바로 조선인민군이 무장하고 있는 이유이다. 조선인민군은 충분한 경험과 잘 훈련된 전문가들이 있으며, 인민군과 대중들은 정치적으로도 준비되어 있다."고 강조했다.[1012]

그러나 소련지도부는 이와 같은 북한의 정세평가를 부정적인 시각으로 바라보았다. 당시 비무장지대에서 급증하고 있던 군사적 도발들의 대다수는 북한이 일으킨 것이기 때문이었다.[1013] 북한으로부터 군사적 모험주의의 위험성을 감지한 소련은 기본적으로 긴장을 고조시키는 북한의 태도에 공감하지 않았다. 그 이유는 첫째, 미국은 베트남 전쟁 등 다양한 국제적 요인들로 분주했고, 아시아에서 또 다른 전쟁을 일으키고자 하는 의지가 없어 보였다. 둘째, 비무장지대에서 남북 긴장은 과반수가 북한이 일으킨 것이었으며, 소련은 북한의 반제투쟁은 지지하지만 투쟁의 수단과 방법의 선택에 있어서 국제정세를 고려해야 한다고 보았다. 따라서 소련은 북한이 주장하는 군사적 수단에 의한 통일에 의문을 가졌다. 급기야 소련지도부는 북한이 소련의 군사원조를 이용하여 현대전의 본질과 성격을 고려하지 않고 실수를 저지를 가능성이 있다고 전망하였다.[1014]

---

1012 보다시피 리영호는 여전히 한국전쟁이 남침에 의한 것이라고 전제하고 있다. Memorandum on a Meeting with a Delegation from the Supreme People's Assembly of the DPRK on 3 July 1967, 3 July 1967, SAPMO-BA, DY 30, IV 2/2.035.

1013 북한의 도발에 대응하여 1967년 초 유엔군 사령관은 비무장지대에서의 적군활동이나 군사분계선 이북에서의 총격 등에 대해 포격으로 대응할 수 있도록 허가하는 내용을 담아 교전수칙을 완화하였다. 함택영, 『국가안보의 정치경제학』, p. 174.

1014 Report, Embassy of Hungary in the Soviet Union to the Hungarian Foreign Ministry, 25 November 1967, XIX-J-1-j Korea, 1967, 61. doboz, 5, 002126/3/1967.

이와 더불어, 앞으로 있을 군사 분야에 대한 우선적 투자가 북한 경제에 먹구름을 드리울 것이 자명해 보였다. 1965년 코시긴의 방북 이후 소련과의 관계가 개선되면서 군사비 지출 증가에 따른 경제적 부담은 더욱 가중되었다. 그 결과 북한정부의 예산에서 군사비가 차지하는 비율은 1961∼1966년 19.8%에서 1967년 30.4%로 폭등하였다.[1015] 국방비가 국가예산에서 이 같이 높은 비중을 차지한다는 것은 상상하기 힘든 일이었다. 다른 한편으로 이처럼 높은 국방비는 북한의 안보불안감이 얼마나 극심하였는지를 보여주는 것이기도 했다.

북한의 국방비는 전민 무장화, 전국 요새화, 전군 간부화, 전군 현대화의 '4대 군사로선'에 사용되도록 배정되고 군사상 필요한 자재들의 생산증대와 정밀기계 공장들의 신설 및 확장에 사용되었다.[1016] 특히 북한이 군의 현대화에 힘쓰면서 소련으로부터 북한 지형의 특징에 맞는 신무기를 적극적으로 받아들였고 이로 인해 국방비 지출이 크게 증가하였다. 김일성이 연설에서 언급한 바와 같이, 북한은 해안 수비와 방공에도 많은 관심을 가지게 되었으며 미사일로 평양을 수호하려 하였으며, 도시 근처에도 상당한 병력을 주둔시켰다. 비무장지대에는 가장 많은 군대가 포진되었고 북한은 수비력 강화도 게을리하지 않았다.[1017] 특히 푸에블로(Pueblo)호 사건의 발생 이후, 북한은 극도로 방어적으로 변하였으며 모든 비상상황의 발생 가능성을 고려하기 시작했다. 북한

1015 함택영, "주체사상과 북한의 국방정책," pp. 170-171.

1016 『로동신문』, 1967년 4월 25일, 1967년 4월 26일.

1017 Report, Embassy of Hungary in North Korea to the Hungarian Foreign Ministry, 8 May 1967, XIX-J-1-j Korea, 1967, 60. doboz, 40, 002128/1/1967.

은 소련으로부터 원하는 모든 무기를 수입할 수는 없었기 때문에 자동차, 탱크, 다양한 화기와 미사일 등을 자체적으로 생산하기 시작했으며 이 과정에서 발생하는 기술적 결함들을 극복하고자 노력했다.[1018]

국방비 지출이 높아질수록 북한의 경제성장은 더욱 둔화되었고 김일성 자신도 국방력 강화에 따른 경제성장의 지체를 인지하고 있었다. 북한이 중국식 게릴라전의 비중을 다소 줄이고 군의 현대화를 위해 소련과 동유럽 국가들로부터 적극적으로 기술 및 무기를 받아들이면서 국방비의 대폭적인 상승은 피할 수 없는 문제가 되었다. 김일성은 그러나 인민경제의 발전속도가 늦춰지더라도 조국보위를 위해서는 국방력을 강화하는 데 더 많은 힘을 기울여야 한다고 주장함으로써 군사분야 투자 증가에 따른 경제성장의 지체를 어쩔 수 없는 문제로 치부하였다. 국방비는 기존의 경제토대를 최대한 활용하는 방식으로, 현존설비를 정비하고, 예비부속품을 확보하여 이용률을 높이고, 기술혁명을 하고, 소비품생산을 증가하고 질을 높이도록 요구되었다.[1019]

안타깝게도 '병진로선'은 한정된 인적·물적 자원만을 보유한 북한경제를 서서히 잠식시켰다. 북한의 경제성장 저하의 원인은 국방 분야에 대한 인적·물적 자원의 과도한 투자때문이라고 해도 과언이 아니었다. 김일성의 말처럼 북한은 1960년대 초반부터 여러 해 동안 경제와 국방을 동시에 발전시킬 것을 강조해왔고, 당시 북한은 남한보다 앞선 경제력을 자랑하고 있었으므로 국방력 강화선언이 큰 무리는 아니었

1018 MNL, XIX-J-1-j Korea, 1968, 57. doboz, 1, 002815/1968; 박종철·김보국·박성용·정은이, 『헝가리의 북조선 관련 기밀해제문건』, p. 140에서 재인용.

1019 『로동신문』, 1967년 4월 26일.

다. 그러나 1960년대 중반부터 북한의 경제상황은 1960년대 초반에 비해 성장률이 둔화하였으며 인민들과 지도부 일부에서는 경제성장 둔화에 대한 불만의 목소리가 표출되고 있었다.[1020]

결국 1961년부터 1967년까지 추진하기로 되어 있던 7개년 계획은 '병진로선'으로 인해 당초 계획보다 3년이나 연기된 1970년에 가서야 완료될 수 있었다. 정치위원회 상무위원이자 내각부수상 김광협은 그로미코 소련외상과 헝가리 무역연합대표단에게 북한이 7개년 계획을 연장할 수밖에 없었던 이유는 노동력 부족 문제 때문이었다고 밝혔다. 그는 한국으로 인해 조선인민군의 병력을 증강하게 되었으며, 한국이 아니었다면 국가경제에 큰 부담이 되는 국방비 증강에 힘을 쏟지 않아도 됐을 것이라고 고백했다.[1021] 베트남 전쟁에서 북베트남에 대한 북한의 군사적 지원 역시 사회주의 형제당과의 연대에 의거하였다기보다 한국의 군사적 능력을 파악하고 아시아에서 미군의 힘을 약화시키기 위함에서였다.[1022] 북한군은 한국전쟁 이후 실전 경험을 쌓지 못한 상태였기 때문에 김일성은 베트남에 공군 파견을 결정하면서 현대전의 경험을 쌓고 오기를 희망하였다.[1023] 북한은 1966년 9월 공군 여단을 보내겠다는 제안을 베트남 정부로부터 승인받고 1966년부터 1969년까지 약 100명에 달하는 조종사를 파견하였다.[1024]

---

1020 Report, Embassy of Hungary in North Korea to the Hungarian Foreign Ministry, 8 May 1967, XIX–J–1–j Korea, 1967, 60. doboz, 40, 002128/1/1967.

1021 *Ibid*.

1022 북한의 베트남 파병에 대한 의미는 이신재, 『북한의 베트남전쟁 참전』(서울: 국방부 군사편찬연구소, 2017), pp. 54–77.

1023 *Ibid*., pp.69–71.

1024 Young, "The Origins of North Korea–Vietnam Solidarity," pp. 9–11.

북한은 군사력 강화의 이유를 남측에 돌렸으나 그를 감안하더라도 공안(公安)을 포함하여 약 60만 명에 달하는 인민군은 북한의 인구에 대비하여 봤을 때 지나치게 큰 규모였다. 당중앙군사위원회 부위원장이자 최고인민회의 상임위원회 부위원장인 리영호 역시 남한의 잦은 군사적 도발로 인해 전투준비태세를 갖추어야 했기 때문에 7개년 계획이 연장되었다고 주장하였다. 그는 1966년 말부터 1967년 초까지 국경 근처에서 일어나는 도발들이 빈번해지는 것은 결코 우연이 아니며, 조선인민군은 전군이 간부처럼 훈련받고 인민들은 무장하고 있다고 밝혔다. 리영호는 북한의 임무는 경제를 발전시키면서 동시에 전투준비태세를 향상시키는 것이라고 말했다. 구체적으로 그는 북한이 산업생산을 매년 14%씩 성장시킴으로써 경제발전을 일으키고 있으며, 동시에 연간 30%의 국가예산을 군사적 목적으로 쓰고 있다고 말했다.[1025] 그러나 북한의 군사적 투자 중 어떠한 부분은 소련인들이 보기에 과도한 지출이라는 인상을 주었다. 인민군은 지나칠 정도로 강력하였고, 방공호와 같은 일부 방어 시설들은 상당히 불필요하거나 전혀 쓸모가 없기도 하였다.[1026]

이처럼 '병진로선'은 1960년대 북한의 사회주의 건설과 직면한 대외적 위기상황을 타개할 방법과 설득논리로서 국방건설을 그동안 추진

---

1025 Memorandum on a Meeting with a Delegation from the Supreme People's Assembly of the DPRK on 3 July 1967, 3 July 1967, SAPMO-BA, DY 30, IV 2/2.035.

1026 "Report, Embassy of Hungary in the Soviet Union to the Hungarian Foreign Ministry," October 20, 1966, History and Public Policy Program Digital Archive, MOL, XIX-J-1-j Korea, 1966, 74. doboz, IV-250, 005007/1966.

해오던 경제건설만큼이나 강화한다는 것을 의미하였다.[1027] 그 덕분에 북한의 높은 국방비 지출을 야기하여 경제발전을 지체시켰으며, 지금까지 국방 분야의 과도한 투자가 유지됨으로써 북한 경제는 침체의 늪을 벗어나지 못하고 있다. 그러나 북한은 '자주로선'을 선언하여 발생하는 여러 어려움에도 불구하고 이를 철회하지 않았다. 오히려 대외관계에서 완전한 평등권과 자주권의 행사를 일관되게 주장하였으며 오늘날까지도 '자주로선'은 북한의 공식 외교노선으로 견지되고 있다.

1027 한모니까, "1960년대 북한의 경제·국방병진노선의 채택과 대남정책," p. 146.

# 제5장

## 주체의 등장에서 '자주로선'의 확립까지

제1절

# '자주로선'의 정립과정

북한에서 주체는 1955년 12월 28일 당선전선동원대회에서 있었던 「사상사업에서 교조주의와 형식주의를 퇴치하고 주체를 확립할 데 대하여」라는 김일성의 연설에서 최초로 등장하였다. 당시 김일성은 전후 경제복구건설 과정에서 당 내부의 강력한 반대와 중국·소련의 경제정책 수정 요구에 부딪히면서 대내외적으로 위기에 처한 상황이었다. 그는 당내 소련파와 연안파들이 자주성이 결여된 채 소련과 중국의 경제정책을 기계적으로 수용한다고 비판하고, 형제당들의 사회주의에서 벗어나 북한의 현실에 맞는 맑스-레닌주의의 창조적인 수용을 주장하면서 '사상에서의 주체'를 제기하였다.

김일성은 위 연설에서 주체에 대해 첫째, 맑스-레닌주의를 창조적으로 적용하여야 하며, 둘째, 애국주의와 국제주의를 같이 장려하여야 하며,[1028] 셋째, 당원들의 사상사업의 질을 높여 군중을 쟁취하여야 하며, 넷째, 맑스-레닌주의 교양을 강화하며 혁명의 전도를 낙관적으로 보는 신념과 낙관주의를 길러야 하며, 다섯째, 모든 반당적 경향과의 투쟁을 옳게 나아가야 하며, 여섯째, 군중속에서 선전사업과 선동사업을 강화하여야 한다고 주장하였다.[1029] 김일성이 주장하는 사상에서 주체를 세운다는 것은 당의 노선과 정책으로 무장하고 당의 유일사상체계를 세우는 것으로 보았기 때문에 정치, 경제, 군사적 측면에서의 자주와 자립, 자위의 원칙을 설명하고 주장하는데 밑바탕이 되는 것이었다.[1030] 그러나 김일성이 이 당시 주체를 언급했을 때에는 용어의 개념이 체계화되어 있지도 않았으며 단지 내부의 정적들을 타도하기 위한 수단으로서 활용되었을 뿐이었다.

---

1028 북한은 1960년대부터 '사회주의적 애국주의'를 내세워 독자적인 사상을 모색하고 위기를 벗어나려 하였다. 북한은 조선혁명을 하기 위해서는 조선의 역사와 지리, 인민의 풍속을 알아야 인민들을 성공적으로 교양할 수 있으며 조국을 사랑하도록 만들 수 있다고 강조하였다. 북한지도부는 민족주의를 사회주의와 교묘히 결합하여 사회주의적 애국주의라고 불렀다. 북한은 사회주의적 애국주의는 "주체와 자력갱생의 입장을 가지는 데서 표현되어야" 하며 이것은 "공산주의자들이 가져야 할 입장이며 품성"이라고 강조하였다. 리성근, "사회주의적 애국주의 교양," 『근로자』, 제11호(1963), pp. 9-10. 그러나 이것은 소련지도부가 지적하였듯이 국제공산주의운동에서 금기시하던 민족주의의 다른 이름이었다. 이에 대응하여, 북한은 공산주의자들의 세계사적 사명은 민족적 긍지를 높이는 것과 모순되지 않는다는 논리로 민족주의를 사회주의와 애써 결부시키려 하였다. 따라서 민족주의는 사회주의적 애국주의로 대체되어 표현되었으며 항일무장투쟁이 사회주의적 애국주의를 보여주는 대표적인 예로 부각되면서 김일성 우상숭배 현상도 강화될 수 있었다. 서재진, 『주체사상의 이반: 지배이데올로기에서 저항이데올로기로』(서울: 박영사, 2006), pp. 150-151.

1029 김형찬, "김일성 주체사상 교육비판: 그 주요 문헌을 중심으로," 국토통일원 저, 『통일문제연구』 제1권 3호(1989), p. 76.

1030 김태운, "주체사상의 기능이 북한의 대외정책에 미친 영향," 『지역발전연구』, 2권(1997), p. 159.

이듬해인 1956년 12월 11일, 김일성은 당 중앙위 12월 전원회의에서 「사회주의건설에서 혁명적 대고조를 일으키기 위하여」라는 제하의 연설을 통해 경제적 자력갱생을 내세움으로써 '경제에서의 자립'을 주장하였다. 그동안 북한의 경제자립 문제는 대외정세의 변화 및 주변 강대국과의 관계변화와 밀접한 관련이 있었다. 소련 및 동유럽 사회주의 국가들은 전후경제복구과정에서 북한에 제공하는 원조를 빌미로 내정에 간섭하는 일이 잦았다. 김일성과 빨치산파가 8월 전원회의를 계기로 인민생활경제의 발전을 요구하는 당내 세력들을 출당조치 시키자, 소련과 중국은 각각 미코얀과 펑더화이를 평양으로 보내 9월 전원회의를 열도록 하고 8월 전원회의의 결정을 번복시키는 데 성공한다. 이러한 경험은 김일성에게 중·소와의 관계의 비대칭성에서 오는 불만을 확인시켜 주었으며, 완전한 자립경제의 실현을 꿈꾸게 하였다.

북한의 자립경제의 대상과 범위는 1956년 '8월 종파사건' 당시 소련과 중국의 내정간섭을 겪고 난 이후부터 점차 확대되었다. 그러나 이때까지만 해도 북한의 경제건설은 사회주의 국제분업을 전제로 하고 있었다. 따라서 소련을 비롯한 동유럽 국가의 불만도 북한과 관계 균열을 불러일으킬 정도로 심각하지는 않았다.[1031] 북한지도부는 적어도 1950년대 말까지 사회주의 국제분업에 대해 긍정적으로 평가하였으며, 오히려 모든 생산재들의 자력 생산은 인민경제의 다른 부문들의 발

1031 이태섭, 『김일성 리더십 연구』, p. 293. 헝가리대사관도 북한이 자력갱생을 추구하는 경향은 경제 분야에서 이미 예전에 감지된 적이 있었다고 밝혔다. 그러나 1961년 하반기, 특히 12월 전원회의 이후 북한의 자급자족 경향은 다시 한 번 나타났는데 이제는 경제 분야에만 한정되지 않았다. Report, Embassy of Hungary in North Korea to the Hungarian Foreign Ministry, August 1962, MOL, XIX–J–1–j Korea, 11. doboz, 24/b, 002304/1/RT/1962.

전에 저해가 된다고 주장해왔다.

그러나 1960년대에 들어서면서 중소분쟁이 격화되어 중소의 당제 관계의 문제가 국가 간의 갈등으로 확장되면서 사회주의 국제협력의 한계가 드러나기 시작했고, 결국 북한은 점차 사회주의 국제분업을 배제하는 방향으로 나아갔다.[1032] 김일성은 '자립경제노선'은 바로 정치적 자주의 기본이라고 정의하고, 외국에의 경제적 의존은 곧 정치적 독립을 포기하는 것과 다름없다고 판단하였다. 북한은 자원과 기술, 노동력의 한계를 노력동원을 통해 극복하려 하였으며, 천리마운동과 같은 증산을 강조하는 대중운동을 전개하였다. 이 과정에서 당적지도가 강화되면서 북한의 자립경제노선은 더욱 체계화되었다.

김일성은 그러나 한편으로 사회주의 경제건설에 있어서 북한이 반대하는 것은 경제협조 그 자체가 아니라, "경제협조를 구실로 자립경제 건설을 가로막고 북한경제를 예속시키려는 대국주의적 경향"이라며 자립경제의 중요성과 함께 경제 분야에서의 사회주의 진영의 화합과 단결을 촉구하였다.[1033] 김일성이 이 같은 발언을 하게 된 배경은 1962년 이후 북한이 친중노선으로 선회하면서 대외원조가 급감하고 사회주의 진영의 압력을 받으면서 경제적 어려움에 시달렸기 때문이었다.

---

1032 이태섭, 『김일성 리더십 연구』, p. 294.

1033 "조선민주주의인민공화국에서의 사회주의 건설과 남조선 혁명에 대하여(1965년 4월 14일)," 『김일성저작선집 4』(평양: 조선로동당출판사, 1975), p. 224. 김일성은 1965년도 신년사에서 조성된 국제정세에 대처하여 국방력 강화에 많은 노력을 기울여야 했기 때문에 경제발전의 속도가 늦추어지지 않을 수 없다고 고백하였다. "김일성 수상의 신년사," 『근로자』, 제1호(1965), p. 6. 이어 1966년 10월에는 7개년 계획의 3년 연장을 발표하면서 과도한 국방비 지출로 인해 경제계획목표를 달성할 수 없었다고 했다.

또한 과도한 국방비 지출 역시 북한이 경제계획의 수행에 차질을 빚게 된 요인이었다. 북한은 동맹국들로부터 안전보장을 확보할 수 없게 되자, 자체적인 군사역량의 증강을 추구하였다. 북한은 대외안보를 중국과 소련에 의지해왔으나, 중소분쟁은 자체적인 군사력 증강의 필요성을 일깨웠다. 남한의 군사정권 등장과 일본의 재무장화 조짐, 쿠바미사일위기, 미국의 한일관계정상화 노력 등으로 외부 위협인식이 급증하던 시기, 북한지도부는 소련·중국과 각각 「우호협조 및 호상원조에 관한 조약」을 체결하여 동맹관계를 문서화 했다. 그러나 조약의 체결로 남방삼각관계에 대응하는 북방삼각관계가 완성되었음에도, 중소관계는 개선될 기미를 보이지 않았다. 특히 북한이 중국에 편승한 이후로는 냉각된 조소관계로 인해 소련의 군사적 지원마저 중단되었다.

북한지도부는 전후복구 및 사회주의 체제건설을 잠시 제쳐두고 군사력 강화에 힘을 기울이기로 했다. 이 같은 결정은 1962년 12월 10일, 제4기 제5차 전원회의에서 당중앙위의 '국방에서의 자위'와 경제건설과 국방건설의 '병진로선'의 채택으로 나타났다. 북한의 독자적인 군사전략을 의미하는 국방에서의 자위는 자주적 독립국가의 필수적 조건으로 전제되었으며, 김일성은 "적으로부터 자기의 주권을 옹호하고 보위할 수 있는 자위적 방위력을 가지지 못한 국가는 사실상 완전한 자주독립국가라고 말할 수 없다."며 자위의 중요성을 강조하였다.[1034]

김일성은 "남조선 해방"과 "남조선 혁명"의 지원역량으로서 군사력을 강화하기 위해 인적·물적 자원의 동원을 주장하고, 전인민의 무장

1034 양재인, "주체사상의 발전과정," 양재인 외, 『북한의 정치이념: 주체사상』 (서울: 경남대학교 극동문제연구소, 1990), p. 22.

화, 전군의 간부화, 전국토의 요새화, 전군의 현대화라는 '4대 군사로선'을 구체적인 당면과업으로 삼았다. 북한은 표면적으로는 소련의 평화공존 원칙을 받아들여 남북 연방제를 제안하였으며 무력적 수단에 의한 통일을 거부하고 평화통일을 주장하였다. 그러나 통일을 위해서는 한반도에서 미군의 완전한 철수가 선행되어야 하며, 외세에 의존하지 않고 조선 민족 스스로의 힘에 의해 실현시킬 수 있어야 한다고 주장하였다. 다시 말해서, 김일성이 국방에서의 자위를 통해 주한미군의 철수를 실현시킨 후 평화적 방법이 용이하면 그 방법으로 통일을 이룩하고, 그것이 여의치 않다면 무력적 수단에 의지하여 공산화 통일을 하겠다는 뜻이었다.[1035] 이러한 방침은 더욱 구체화되어 1964년 2월 조선로동당 중앙위원회 제4기 8차 전원회의에서 북한의 3대 혁명역량 강화로 채택되었다. 3대 혁명역량 강화는 북조선 혁명역량 강화, 남조선 혁명역량 강화, 국제 혁명역량 강화를 통해 한반도의 공산화가 가능하다고 보았으며 대남전략의 기본방침이 되었다.

1960년대에 들어서 주체의 개념은 대내정치와 국방, 경제에 그치지 않고 대외관계까지 확장되었다. 김일성은 1957년 12월 5일 당 중앙위 확대전원회의에서 "완전한 평등, 령토완정, 국가적 자주성과 주권의 존중, 호상간의 내정불간섭의 원칙"이라는 모스크바회의의 합의를 재확인하고 '정치에서의 자주'에 대한 의지를 표명하였다.[1036] 이후 주체와 자립에 대한 언급은 좀처럼 나타나지 않다가 1960년대 중소갈등의 본

1035 *Ibid.*, p. 23.

1036 "사회주의 진영의 통일과 국제공산주의운동의 새로운 단계: 조선로동당 중앙위원회 확대전원회의에서 한 보고(1957년 12월 5일)," 『김일성저작집 11』 (평양: 조선로동당출판사, 1981), pp. 408-409.

격화로 중·소의 견인경쟁이 일어나면서 다시 등장하였다. 중소분쟁 초기에 김일성은 형제당들의 독립된 입장을 존중하여 내정간섭을 배제하고, 맑스-레닌주의와 프롤레타리아 국제주의원칙에 기초한 공산주의자들의 단결을 강조함으로써 중·소 어디에도 치우치지 않은 '균형외교'를 모색했다. 1961년 소련공산당 제22차 대회에 참가하였던 김일성은 귀국하여 가진 연설에서 사회주의 공산당과 노동당들 사이의 관계에 대해 다음과 같이 말했다.

> "모든 형제 당들은 완전히 평등하고 자주적이며 맑스·레닌주의 원칙과 자기나라의 구체적 실정으로부터 출발하여 독자적으로 자기 정책을 규정합니다. 형제당들은 호상 존중의 원칙에 의하여 다른 당들의 경험에서 응당 서로 배워야 할 것이지만 그것을 섭취하고 안하고 하는 문제는 자체의 실정과 필요에 따라 개별적 당들이 독자적으로 결정할 문제입니다."[1037]

그러나 한편으로 김일성은 국제공산주의운동의 주된 위험이라고 하여 수정주의와 교조주의에 대한 반대입장을 분명히 하였다. 따라서 내부적으로는 소련의 수정주의와 중국의 교조주의 등이 침투하는 것을 억제하기 위해 '주체'를 이용하고, 대외관계에서는 중립을 위한 명분으로 '자주'를 내세웠다. 이로써 '주체'와 '자주'는 1960년대 중소분쟁이 격화되는 과정에서 북한의 입장을 대변하는 대외정치의 명분으로 활용되었다.[1038]

---

1037 "쏘련 공산당 제22차 대회에 참가하였던 조선로동당 대표단의 사업에 대하여: 제4기 제2차 확대전원회의에서 한 조선 로동당 중앙 위원회 위원장 김일성 동지의 보고," 『로동신문』, 1961년 11월 28일.

1038 허문영·유동원·심승우, 『북방삼각관계 변화와 지속: 북한의 균형화 전략을 중심

그러나 중소분쟁의 심화로 인한 국제공산주의운동의 다중심화는 북한이 중국과 소련 사이에서 분명한 입장을 표명하도록 만들었다. 1962년 말, 북한은 대중·소 균형정책을 버리고 중국에 편승하기로 하였다. 이유는 크게 두 가지였다. 첫째, 당시 북한과 중국은 이데올로기적인 유사성을 띠고 있었다. 김일성 정권의 반제국주의와 '3대혁명역량강화' 노선 등은 자본주의 진영과의 평화공존을 주장하는 소련보다 '계속혁명론'과 '전쟁불가피론'을 주장하는 중국과 더 유사하였다. 중국은 같은 신생 아시아 사회주의 국가로서의 북한과의 유대감이 강했고 역사적 인식을 공유하였다. 특히 북·중이 미국을 바라보는 시각은 완전히 일치하고 있었다고 해도 과언이 아니었다. 미국은 한반도와 중국대륙에서 있었던 전쟁에 모두 개입하였고, 미제국주의자들을 물리치지 않는 이상 이들 국가에서 온전한 평화는 이룩될 수 없었다.[1039] 따라서 북한은 새로운 진영을 건설하려는 중국의 계획을 절대적으로 지지하고, 제3세계 민족해방운동에 일정 정도 기여함으로써 국제적 지위 상승을 노렸다.[1040]

둘째, 북한은 소련으로부터 원하는 경제·군사적 원조를 얻지 못하게 되면서 중국에 편승하여 실리를 취하는 편이 낫다고 판단하였다. 소

으로』(서울: 통일연구원, 2012), p. 23.

1039 미군의 한반도 철수 문제는 한반도 통일과 정치적 자주를 위한 가장 큰 당면과제였다. 북한은 1960년대에 접어들면서 남한에서 벌어지는 4·19 혁명과 5·16 군사쿠데타 등에 깊은 관심을 보였고, 변화하는 국제적 상황 속에서 남한정권의 변화에 대한 희망을 나타내기도 하였다. 그러나 미국에 대한 북한의 적개심만큼은 변하지 않았다.

1040 Excerpts from the Report of the Soviet Embassy in Pyongyang, "Some New Aspects of Korean–Chinese Relations in the First Half of 1965," 4 June 1965, AVPRF, Fond 0102, Opis 21, Papka 106, Delo 20, Listy 14–27.

련은 1961년 조소조약을 계기로 북한에 약 2,500만 루블의 차관을 제공하기로 하였음에도 반중국 캠페인에서 북한의 지지를 얻지 못하자 일방적으로 중단하였다.[1041] 1961년 11월에는 북한에 대한 군사원조 협상을 완전히 중단하였으며, 1962년에는 북한에 대한 군사 및 경제원조를 잠정적으로 유보했고 1963년의 경우 무역 분야를 제외하고 양국의 교류는 전무하였다. 그리고 1964년 소련은 공식적으로 군사원조를 중단하였다. 소련이 북한의 원유요청에 응하지 않아 북한은 소련제 설비를 황금을 주고 구입해야만 했으며 이마저도 값이 비싸고 낙후되었을 뿐만 아니라 많은 부대조건을 달고 있었다.[1042]

반면 중국은 소련에 비해 상대적으로 북한의 자주적 입장 및 주체적 태도 등을 인정하고 존중하였다. 중국은 8월 종파사건 이후 북한의 경제정책을 문제 삼지도 않았으며 국제사회주의의 분업구조를 들먹이며 내정간섭을 시도하지도 않았다. 김일성이 내정간섭의 원인이 된다고 보았던 인민지원군의 철수 또한 비교적 원활히 이루어졌으며 북한에 종속적인 자세를 취할 것을 강요하지도 않았다. 오히려 덩샤오핑이나 펑전 같은 중국지도부의 일부 인물들은 김일성과 북한지도부의 환

1041 김기수, "북한의 대외경제정책," 양성철·강성학 공편, 『북한외교정책』(서울: 서울프레스, 1996), pp. 108, 113.

1042 중국외교부기밀파일: 106-00767-01. 204-01267-05; 成晓河, 主义与安全之争: 1960年代朝鲜与中苏关系的演变. 『外交评论』. 2009; 박종철, "중소분쟁과 북중관계(1961~1964년)에 대한 고찰," 『한중사회과학연구』, 제9권 제2호(2011), p. 65에서 재인용. 이와 같은 사실은 1964년 6월 평양에서 개최된 제2차 아시아 경제토론회를 폄하하는 소련의 평가에 대한 『로동신문』의 반박 사설에서도 알 수 있다. 사설은 북한이 전후복구과정에서 소련의 원조를 받았던 것은 인정하나, 소련이 해방 후 산업시설을 마구 뜯어갔으며 원조물자를 주면서 국제시세보다 더 비싸게 팔았다고 폭로하였다. 『로동신문』, 1964년 9월 7일.

심을 사기 위하여 김일성의 권위와 지도력, 북한의 경제정책 등을 극찬하는 발언을 쏟아내었다. 따라서 북한은 주요 원조지원국을 중국으로 설정함으로써 소련의 지원중단으로 인해 격감한 경제·군사적인 원조를 어느 정도 상쇄시키려 하였다.

북한의 소련 비판은 중국에 편승하면서 더욱 거세어졌으며 이 과정에서 대외관계에서 자주적 입장은 더욱 강화되었다. 특히 1963년 10월 28일『로동신문』에서 실린「사회주의 진영을 옹호하자」라는 제하의 사설에서 북한은 소련의 특권적 지위와 오만한 태도를 맹렬히 비난하였다. 이듬해에도 북한은 평양에서 개최된 아시아경제토론회의 성과를 둘러싸고 소련과 논쟁을 벌이면서 현대수정주의자들에 대한 비판을 강력히 전개해 나갔다. 북한이 이렇게 소련에 대한 공개적 비난을 할 수 있었던 데에는 중소분쟁의 격화로 인해 사회주의 개별국가들의 자율성 상승이 일어나게 되면서 북한이 자주를 주장할 수 있는 기회가 확보되었기 때문이었다. 이와 더불어 내부 정치적으로 김일성 독재 권력이 확보되고 국력성장이 이루어지면서 북한은 대외관계에서 적극적으로 입장을 피력할 수 있게 되었다.

그러나 북한이 중국에 편승함으로써 기대하였던 경제·외교적 효과는 일어나지 않았다. 중국에 완전히 편승하였던 1963~1964년 북한의 경제는 제1차 5개년 계획을 실시하던 시기에 비해 성장률이 상당히 둔화되었다. 북한이 중국으로부터 얻을 수 있는 경제적 지원은 소련과 소련의 위성국가들이 제공하던 것에 비하면 턱없이 부족하였다. 더군다나 대중편승은 소련 및 유럽의 사회주의국가들과의 정치·경제적 연결고리마저 약화시켰다. 경제의 상당 부문을 대외원조에 의존해 왔던 북한은 중국을 완전히 지지함으로써 동유럽 사회주의 국가들로부터 받아왔던 혜택들을 포기해야만 했다.

외교 분야 역시 마찬가지였다. 북한지도부는 그동안 중국의 아시아·아프리카의 신생국가들의 민족해방운동을 지지하면서 점차 반제통일전선의 형성에 관심을 기울이게 되었으며, 이들과의 교류를 통해 자체적인 외교망을 형성하려 했다. 북한은 중국이 제3세계 민족해방운동에서 어떠한 역할을 부여해 줄 것인지 촉각을 곤두세웠지만, 중공과의 긴밀한 관계형성은 국제공산주의운동에서 조선로동당의 지위상승과는 아무런 관계가 없었다.[1043] 오히려 베트남 전쟁과 관련한 문제로 중국지도부의 반제투쟁에 대한 회의적인 평가와 의문만이 남았다. 중국공산당은 1964년 10월 소련공산당 전원회의 이후에도 소련공산당을 계속해서 비난하였고 점차 더 큰 고립에 빠졌다. 중국지도부가 점차 급진적으로 변해가자 북한지도부는 중국지도자들의 한족(漢族)중심주의와 정치적 모험주의에 대해 경각심마저 갖게 되었다.[1044]

이렇듯 북한은 대중편승과 소련비판을 통해 기대했던 국가이익을

1043 애초부터 북한은 중국과의 관계를 최우선으로 하고 중국공산당의 노선을 일방적으로 수용하기 보다는, 민족주의적 성향이 강한 작은 사회주의 국가들, 예를 들면 북베트남, 쿠바, 루마니아, 알바니아 등과의 연계 강화를 더 중요시했다. 1966년 중반, 평양 주재 북베트남의 외교관은 북한이 작은 동맹국들을 찾고 있다고 밝힌 바 있다. Hungarian Embassy to the DPRK, Report, 11 July 1966, VTS, 1966, 11. doboz, 1, 004068/1966. 1966~1968년 평양과 하노이, 아바나의 삼각 협력이 최고조에 이르렀던 사실 또한 이러한 주장을 뒷받침한다. 이들의 협력은 기본적으로 미국에 대항한 것이었으나 넓게 보면 소련과 중국의 정책에도 반대한다는 점에서 유대관계를 형성하고 있었다. Szalontai, *Kim Il Sung in the Khrushchev Era*, p. 203.

1044 Excerpts from the Report of the Soviet Embassy in Pyongyang, "Some New Aspects of Korean-Chinese Relations in the First Half of 1965," 4 June 1965, AVPRF, Fond 0102, Opis 21, Papka 106, Delo 20, Listy 14-27.

확보하지 못하고 위기에 처하자 흐루시초프의 실각을 계기로 대소접근을 시도하였다. 소련 역시 중국과의 경쟁관계를 고려하여 북한과의 화해를 꾀하였으며 북한이 주장하는 '주체'를 어느 정도 인정하였다. 소련은 그동안 북중관계의 이완을 통해 북한을 친소성향의 사회주의국가로 전환하려 했다. 그러나 지난 몇 년 간의 긴장된 경험으로 우호적 조소관계의 설정에 대한 깨달음을 얻을 수 있었다. 북한에 대한 내정간섭을 배제하고 군사원조와 경제지원의 재개 및 확대를 수단으로 할 때 북한을 소련의 우호국으로 남겨둘 수 있다는 것이었다.

주체사상은 표면적으로는 대외관계에서 국가의 자주성을 강조하는 사상처럼 보이면서도 실제로는 대내외의 정적들을 타도할 수 있는 명분을 갖춘 사상이었다. 1955년, 김일성에 의해 주체가 최초로 제기되었을 때에는 사대주의와 교조주의를 반대하는 사상으로 당내 연안파와 소련파를 비롯한 김일성의 반대세력들을 숙청할 수 있는 힘을 가진 이데올로기적 도구였다. 그러나 주체사상의 외연은 북한이 경제·군사원조를 계기로 내정간섭을 하던 소련과 중국으로부터 독자성을 주장하면서 점차 확대되어 갔다.[1045] 즉 이 시기의 주체사상은 내부 단속을 위한 지침으로 출발하여 자주노선을 견지한다는 측면에서 대외관계의 원칙으로 자리 잡았으며, 전반적으로 김일성 정권의 위기상황에 대한 대응 이데올로기로서 기능하였다.

뿐만 아니라 주체사상은 국가건설 과정에서 인민대중의 동원에 커다란 역할을 하는 등 정책노선으로서도 기능하였다. 북한은 자립적 민

1045 서재진, 『주체사상의 이반』, p. 158.

족경제의 건설을 목표로 혁명적 열의를 고취시키는 대중운동을 전개하였으며 이러한 사업들은 어느 정도 효과를 보았다. 따라서 초기 주체사상은 북한을 자주적인 사회주의 개도국으로 발전시키는데 긍정적인 힘을 발휘하였다. 물론 이 과정이 김일성의 유일지배체계 확립과 완전히 분리되어 있지는 않았지만, '자주로선'이나 자력갱생의 원칙들이 북한 사회발전의 구체적인 정책으로서 기능하였음을 부정할 수 없을 것이다.[1046]

다만 '자주로선'이 선언되기까지의 주체사상은 인간의 사회적 속성을 다루는 철학적인 사상체계를 갖춘 것이라기보다 원칙적인 수준에서 주체의 문제를 제기하는 수준이었다. 이 시기에는 "자주적 입장을 견지"하고, "창조적 방법을 구현"하며 "사상을 기본적으로 틀어쥐어야" 한다는 지도적 원칙들이 정립되었다. 이러한 지도적 원칙들은 맑스-레닌주의와 별개의 것으로 치부되지 않고 그것을 조선의 현실에 창조적으로 적용한 것이라고 설명되었다.[1047] 이 당시에는 맑스-레닌주의를 대체할 만한 다른 지도적인 사상은 존재하지 않았으며 소련과 중국 모두 각자 자기의 이익에 맞게 맑스-레닌주의를 해석하고 있었다. 이를 목격한 북한 역시 교조적인 맑스-레닌주의의 해석을 지양하고 창조적으로 발전시키려 한다는 명목하에 주체사상을 발전시켜 나갔다.

김일성은 중소분쟁을 계기로 중국의 편에 서서 소련을 비판함으로

1046 김영명, "주체사상의 생성과 변천: 정치변동과의 관련에서," 『아시아문화』, 제7호(1991), p. 68.

1047 주체사상이라는 용어는 1962년에 처음 등장한 것으로 알려져 있다. 1962년 12월 『로동신문』 사설은 "주체에 대한 사상은 우리 당이 자기 행동에서 확고하게 견지하고 있는 근본 원칙"이라면서 자립적 민족경제건설노선을 사회주의건설에서 '우리당의 주체사상'을 반영한 가장 현명한 방침이라고 하였다.

써 자주성을 확보하고 독자적 외교노선의 확립에 이용하고자 하였다. 그러나 당시 중국의 군사·경제적 능력이 북한이 원하는 수준의 원조를 감당할 수 없었다는 데에 북한지도부의 딜레마가 있었다. 북한은 소련의 경제·군사원조가 줄어드는 것을 중국과의 관계발전을 통해 회복하기를 희망했다. 중국은 군사적으로 나름대로 북한에게 무기를 제공하는 등 노력하였으나, 소련의 공백을 메우기에는 역부족이었을 뿐 아니라 때론 비협조적으로 행동함으로써 북한을 실망시켰다. 흐루시초프가 실각한 1964년 10월 16일, 때 마침 중국이 원자폭탄 시험에 성공하였다. 북한은 중국의 핵 실험 성공에 고무되었으며 김일성은 베이징에 대표단을 파견해 핵개발 지원을 요청하였다. 그는 마오쩌둥에게 서한을 보내 중국과 북한은 혈맹인 만큼 핵무기제조기술 또한 공유해야 한다고 주장한 것으로 알려졌다. 그러나 마오쩌둥은 이를 단호히 거절하였으며 중국외교부 또한 북한과 같은 작은 나라에는 핵무기가 필요 없다고 하였다.[1048] 이 기간 북한은 군사력 증강에 힘을 쓰고 있었기 때문에 중국의 거절은 매우 실망스러운 것이 아닐 수 없었다. 결국 이러한 경험들은 북한의 '자력갱생,' '자주로선'의 강화로 이어졌으며 자체부담의 국방예산은 꾸준히 증가하였다.[1049]

1048 돈 오버도퍼·로버트 칼린 저, 이종길 역, 『두 개의 한국』(고양: 길산, 2014), p. 383. 이를 두고 소련측에서는 북한이 핵무기에 관한 기밀사항의 공유를 중국에 요청했던 것이 두 국가의 관계를 냉각시키는 데 촉매제 역할을 했을 것이라고 평가하였다. "Information on the Korean Workers' Party," October 1966, AQPPSH, MPP Korese, D 10, V. 1966.

1049 중소분쟁 시기 북한의 실질 국방비 비율은 1960년 19.0%에서 꾸준히 상승하여 1964년 24.1%에 달하는 것으로 추정된다. 김용현, "1960년대 북한체제의 위기와 군사화 대두," 경남대학교 북한대학원 엮음, 『북한현대사 1』(서울: 한울아카데미, 2004), p. 443.

비록 스탈린은 사망했고 진영은 분열되고 있었지만, 소련은 여전히 사회주의 진영에서 가장 강력한 국가였다. 그리고 북한은 소련의 경제력과 국방력의 도움이 절실하였다. 소련의 경제적 제재는 북한의 자체적 군사력 증강에 장애가 되었고, 베트남 전쟁과 1965년 6월 22일 체결된 「한일기본관계조약」 및 기타 협정들로 인한 안보불안은 소련과의 관계정상화를 통해서만 해결될 수 있었다. 북한은 지난 몇 년간 중국에 편향된 정책을 펼쳤음에도 불구하고 실질적인 이득은 거의 얻지 못하였을 뿐더러, 편승의 부정적 결과들을 확실하게 깨달았다. 김일성은 어느 한 쪽에 치우친 일방적인 외교는 국제무대에서 북한의 활동을 제한적으로 만든다는 가르침을 얻고 변화를 받아들일 준비를 하였다.

그러나 김일성의 자본주의 진영에 대한 적개심과 사회주의 대국들에 대해 갖고 있는 기본적인 감정들은 변화하지 않았고 이는 북한이 대중·소 관계에서 어느 쪽에도 치우치지 않을 것을 의미하는 '자주로선'의 정립으로 이어졌다.[1050]

---

1050 Excerpts from the Report of the Soviet Embassy in Pyongyang, "Some New Aspects of Korean–Chinese Relations in the First Half of 1965," 4 June 1965, AVPRF, Fond 0102, Opis 21, Papka 106, Delo 20, Listy 14–27.

## 제2절
# 결 어

본 연구는 북한 '자주로선' 형성이 1953~1966년까지 대내외적 요인들에 말미암은 중·소 동맹인식의 변화에 따른 결과였다는 사실을 증명하려 하였다. 연구는 북한이 '자주로선'을 채택하기까지 중소분쟁이라는 주요 사건과 대중·소 관계에서 오는 비대칭성에 초점을 맞추어 분석을 시도하였다. 그 결과, 1953~1966년까지 시간의 흐름에 따라 대외적인 환경은 북한이 자율성을 확대할 수 있는 공간을 제공하였으며, 북한은 내적 성장과 요구에 따라 중국·소련으로부터 자율성을 확보해갔음을 알 수 있었다.

1953~1956년은 북한의 대중·소 관계의 비대칭성에서 오는 내부적인 불만이 주체 이데올로기로 나타난 최초의 시기였다. 이 시기 주체가 등장하게 된 주요한 요인은 경제 원조를 구실로 한 사회주의 형제국가들의 내정간섭과 경제노선을 둘러싼 김일성 지도부와 소련파·연안

파의 당내권력투쟁이었다. 조선로동당 내 갈등은 1956년 8월 전원회의에서 최고조에 달했으나 김일성은 강력한 지도력을 바탕으로 반대파를 숙청하는 데 성공하였다. 이에 중·소 양국은 각각 펑더화이와 미코얀을 파견하여 내정간섭을 시도함으로써 8월 전원회의의 결과를 번복시켰다. 그러나 스탈린의 사망과 제20차 소련공산당 대회 이후 서서히 약화되고 있던 소련의 권위와 지도력은 헝가리사태와 폴란드 포즈난사태를 계기로 가속화되고 있었으며, 더불어 개별국가에 대한 소련의 압력도 낮아지고 있었다. 결국 이러한 사회주의 진영의 동요가 반대세력 숙청의 호재로 작용하면서 김일성의 유일지도체계의 확립에 기여하였다. 이때에는 '자주로선'에 대한 명확한 개념은 드러나지 않으며, 주체는 주로 교조주의와 수정주의를 반대한다는 명목 하에 내부 정적의 타도 목적으로 활용되었다. 그러나 체제수립기와 한국전쟁 시기부터 시작된 소련·중국과의 불합리한 관계는 전후복구시기까지 이어져 오고 있었다. 민족주의적 성향이 강한 김일성 지도부는 대중·소 비대칭동맹에서 오는 불평등과 대국주의를 경계하고 자주적 역량의 확대를 주장하고 있었다.

1957~1961년은 북한이 자주와 주체를 대외관계에 확장하기 시작한 시기이다. 이 시기 북한은 천리마운동과 같은 사회주의 대중운동을 전개하여 급속한 경제성장을 이루었으며, 사회주의체제건설의 완료를 선언하면서 김일성 개인지배체계는 더욱 안정·강화되었다. 또한 중국인민지원군의 북한 철수와 소련계 한인들의 이중국적 취득금지는 북한의 자율성 증대에 일정 정도 기여하였다. 그러나 중소분쟁이라는 사회주의 진영의 동요는 남한의 군부정권 등장과 맞물려 북한의 방기위협

을 자극하였으며, 중·소 어느 한 편에 설 것을 요구하였다. 이 시기 김일성은 중국·소련과의 동맹체결을 통해 중소갈등을 봉합하고 남방삼각관계에 대항하려 하는 한편, 자주와 주체를 대외정책에도 확장하여 중소분쟁에서 중립적 입장을 견지하려 하였다.

1962~1966년은 자주와 주체의 외연 확장이 '자주로선'으로 정식화되는 시기이다. 북한이 '자주로선'을 공식외교노선으로 선언하게 되는 결정적 계기가 된 사건은 역시 중소분쟁이었다. 중소갈등은 점차 진영의 분열을 가속화하여 국제공산주의운동의 다중심화를 이끌어냈다. 덕분에 북한의 자율성은 증대될 수 있었으나 결국 중립외교를 버리고 중국에 편승하게 되는 결과를 초래하였다. 편승은 북한이 원했던 상황이라기보다 생존을 위한 선택에 가까웠으며, 편승의 경험은 다시 중·소 사이에서 중립적 입장을 견지할 필요성을 증대시켰다. 북한은 대중편승의 입장을 버리고 소련과 관계를 회복하면서 교조주의와 수정주의에 대한 투쟁을 계속해나갈 것을 주장하고, 김일성을 중심으로 한 지도체계를 확립하며 어떠한 외부의 동요와 위협에도 흔들리지 않을 것임을 다짐하였다. 그 결과, 북한의 자주와 주체의 강조는 독자적인 외교노선으로 확립될 수 있었다. 특히 1960년대 중반, 중국과 소련 모두 북한에 제한적인 영향력을 발휘할 수밖에 없는 상황이 도래하면서, 북한은 '사상에서의 주체,' '정치에서의 자주,' '경제에서의 자립,' '국방에서의 자위'로 체계화된 '자주로선'을 공식 선언할 수 있었다.

결국 '자주로선'은 북한과 중·소의 특수한 비대칭관계와 당시 중소분쟁이라는 사회주의 진영의 분열과 깊은 관련을 맺고 정립되었음을 알 수 있다. 일대일의 비대칭동맹관계인 한미동맹은 미국에 대한 남한의 의존도가 높아 미국의 대외정책에 대한 지지 의무 또한 높을 수밖에 없었다. 반면 북한은 중국·소련이라는 양대 사회주의 국가와의 비대칭동맹관계를 맺고 있었으며, 동맹에서 오는 의무와 구속감은 중·소의 경쟁으로 인해 상대적으로 낮았다. 또한 북한의 지정학적 위치는 동유럽 국가들에 비해 대소관계에서 자율성 확보에 유리한 조건을 제공하고 있었다. 결정적으로 중국과 소련의 '갈등적' 세력균형 상태는 비대칭동맹관계에서 약소국에 대한 결박을 약화시켜 진영 내 약소국들의 자율성이 향상될 수 있는 길을 열어주었다. 1950년대 후반부터 이어진 중소분쟁은 진영내 북한의 가치상승을 도왔으며, 1961년 7월 안전보장의 성격이 가미된 조소·조중동맹의 체결로 이어졌다. 북한지도부는 중·소의 긴장상태를 생존과 자주권 확보에 유리하게 활용하여 대외적으로 자주를 주장할 수 있게 되었다. 다시 말해, '자주로선'의 정립에 있어서 사회주의 국제관계의 구조적 변수가 가장 중요한 요인이었다고 할 수 있으나, 자율성을 추구하려는 북한지도부의 자체적 노력 역시 '자주로선'의 정립에 상당히 중요한 요인이었다.

북한은 '자주로선'을 구현해내기 위해 끊임없이 노력해왔으며 어느 정도 성공을 거두었다. 자주와 주체는 김일성 지도부가 당내 권력투쟁에서 반대세력에 적극 대응하기 위한 수단으로 출발하여 사회주의국가 건설을 위한 지침으로 확대·발전되었으며, '자주로선'은 중소분쟁의 심화로 인해 대내적 요구와 국제환경의 변화에 대응하는 기본방침으로 정립되었다. 북한지도부는 1966년 10월 당대표자회 이후 '자주로선'을 거듭 재확인하고 개념을 확대·발전시켰다. 1967년 5월 당 중앙위 제4기 15차 전원회의에서는 과도기와 프롤레타리아국제주의에 대해 중·

소와 완전히 다른 입장을 견지함으로써 북한의 사회주의건설의 독자성을 강조하였다. 특히 당의 유일사상체계를 튼튼히 세울 것을 결정함으로써 김일성의 주체사상이 통치이데올로기로 확립되었음을 알 수 있게 하였다.[1051] 이어 1972년 북한 사회주의 헌법 제1조는 북한이 '자주적인' 사회주의 국가임을 표명하고 16조에는 '대외관계에 완전한 평등과 자주권' 행사를 명시하였다. 이로써 정치에서의 자주원칙이 북한의 대내외에 통용되고 있음이 공식화되었다.

그러나 '자주로선'의 확립은 북한에 또 다른 어려움을 가져다주었다. 중소분쟁의 심화는 동맹으로부터 내정간섭 약화로 인한 자율성의 상승을 이끌어낸 반면, 자체적인 경제역량의 증가와 안보부담의 필요성을 증가시켰던 것이다. 즉 북한의 자율성은 상승했던 반면 중·소가 그동안 제공해 왔던 안전보장과 경제적 지원이 감소함으로써 낮은 차원의 안보-자율성 교환이 초래되었다. 중소관계에서 '자주로선'을 택함으로써 국가이익의 추구에 한계가 오자 북한은 제한된 자원을 모두 투입하여 자립적 민족경제 건설과 국방에서의 자위를 동시에 추진해야만 했다.

중·소의 원조를 기대할 수 없는 상황에서 자체적인 국방력의 향상과 경제건설의 부담은 결국 '병진로선'으로 나타났다. '병진로선'은 곧 정치에서의 자주와 경제에서의 자립, 국방에서의 자위가 모두 투영된 정책이라고 할 수 있었다. 그러나 경제와 국방을 동시에 발전시킨다는 목표와는 달리, 국방 분야에 대한 인적·물적 자원의 과도한 투자는 한

1051 "자본주의로부터 사회주의에로의 과도기와 프롤레타리아독재문제에 대하여," 『김일성저작집 21』(평양: 조선로동당출판사, 1983), pp. 259-276.

정된 자원을 갖고 있는 북한 경제를 위기에 빠뜨렸다. 중·소의 적극적인 지원 없이 '자주로선'을 관철시키는 것은 북한의 경제·군사부문에 엄청난 희생을 치를 것을 요구하였던 것이다. '병진로선'으로 인해 북한은 1960년대 낮은 경제성장률 속에서도 높은 군사비를 부담하여야 했으며 7개년 계획은 당초 계획보다 3년이나 연기된 1970년에 가서야 완료될 수 있었다.

약소국의 입장에서 그들의 안전과 독립에 가장 위험한 조건은 국제체제로부터의 고립, 또는 하나의 강대국의 강력한 영향력 내에 있는 것이다.[1052] 북한은 이 모든 경우를 다 경험하였다. 중소분쟁시기 북한은 중·소 양국으로부터 방기의 위협을 느꼈으며, 중국에 편승한 이후로는 강대국의 강력한 영향력 하에 있었던 탓에 진영 내에서 고립의 위험을 초래하였다. 그러나 북한은 중소분쟁 초기의 소극적이었던 중립외교를 넘어서, 대중·소 관계에서 균형적 외교를 적극적으로 추구함으로써 대외안보위협과 중소분쟁에 모두 대응하고자 했다. 북한은 당과 국가의 자주성은 대외관계에서 표현되며 완전한 자주권과 평등권을 행사하는 것은 정치적 자주성을 보장하는 데에서 나타난다고 강조함으로써 자주적 입장을 대외관계까지 확대시켰다. 김일성은 '자주로선'의 정립을 통해 대외관계에서의 원칙성을 증명하고 소련과 중국 그 누구의 길도 아닌 북한만의 독자적인 노선으로 나아가기로 다짐하였다. 이러한 주장은 결국 '자주로선'이 국제주의와 모순되지 않고 오히려 그것을 강조한다는 데에까지 발전하였다. 그러나 모두가 알다시피, '자주로선'

1052 Michael Handel, *Weak States in the International System* (London, England: Frank Cass, 1981), p. 258.

이 갖고 있는 배타성과 민족주의적 성격, 자력갱생의 원칙들은 실용주의적 정책추진을 저해하고 경제를 침체시켰으며, 현재까지도 국제사회에서 북한의 운신의 폭을 넓히는 데 커다란 장애요인으로 작용하고 있다.

이렇게 하여 1960년대 중반 북한에 '자주로선'이 등장하게 된 과정을 살펴보았다. 본 글은 '자주로선'의 형성에 있어 대외적 요인에 초점을 맞춘 연구이니 만큼 몇 가지 과제를 남기고 있다. 우선 남한과 자본주의 진영과의 관계이다. 남한과 미국, 일본 등 남방삼각관계가 '자주로선'의 형성에 미친 영향은 상대적으로 제한적으로 그려졌다. 남북대결의 차원, 혹은 자본주의와 사회주의 진영의 대립의 차원에서 북한이 느꼈던 경쟁과 위협인식이 북한으로 하여금 남한과의 차별성을 부각하도록 하였으며 그것이 '자주로선'의 추구로 이어졌다는 추론도 가능하다. 이는 후속 연구에 필요한 작업이라고 생각한다. 두 번째는 본 연구가 주로 소련 및 구 동구 사회주의 국가들로부터 입수된 외교문서를 활용하여 자료에서 오는 편향성을 일부 내포할 수 있다는 점이다. 가능하면 북한의 역사를 입체적으로 그리고 싶었기 때문에 최대한 많은 자료들을 연구에 반영하려 노력했다. 그러나 소련을 비롯하여 대다수의 평양 주재 동유럽 대사관들은 소련공산당의 노선을 수용하고 있었기 때문에 북한 사회와 지도부에 대한 비판이 일부 과장되었을 가능성이 있다. 이를 상쇄하기 위해서는 북한과 중국의 외교문서들이 필요하였다. 그러나 접근성의 문제로 인해 공식문헌을 제외하고 북한의 국내정치와 외교적 입장을 확인할 수 있는 자료가 충분히 활용되지 못했다. 공식문헌만으로는 북한지도부의 정책결정과정을 객관적으로 분석하기가 쉽지 않다. 앞으로 중국 및 북한으로부터의 다양한 문서 입수가 가능하다면 발전된 연구가 가능하리라 믿는다.

# 참고 문헌

## 1. 외교문서

### (1) Cold War International History Project, Digital Archive


*China-North Korean Relations*. http://digitalarchive.wilsoncenter.org/collection/115/china-north-korea-relations.

*Conversations with Kim Il Sung*. http://digitalarchive.wilsoncenter.org/collection/138/conversations-with-kim-il-sung.

*Inter-Korean Relations*. http://digitalarchive.wilsoncenter.org/collection/103/inter-korean-relations.

*Korean War, 1950~1953*. http://digitalarchive.wilsoncenter.org/collection/50/korean-war-1950~1953.

*Korean War Origins, 1945~1950*. http://digitalarchive.wilsoncenter.org/collection/134/korean-war-origins-1945~1950.

*North Korea August Plenum 1956 Incident*. http://digitalarchive.wilsoncenter.org/collection/116/north-korea-august-1956-plenum-incident.

*North Korea's First Five-Year Plan, 1957-1961*. http://digitalarchive.wilsoncenter.org/collection/121/north-korea-s-first-five-year-plan-1957-1961.

*North Korean Nuclear History*. http://digitalarchive.wilsoncenter.org/collection/113/north-korean-nuclear-history.

*Repatriation to North Korea*. http://digitalarchive.wilsoncenter.org/collection/122/repatriation-to-north-korea.

*Sino-Soviet Relations*. http://digitalarchive.wilsoncenter.org/collection/72/sino-soviet-relations/3.

*Soviet Union-North Korea Relations*. http://digitalarchive.wilsoncenter.org/collection/120/soviet-union-north-korea-relations.

*The "Second" Korean War, 1967~1969*. http://digitalarchive.wilsoncenter.org/collection/119/the-second-korean-war-1967~1969.
*The Two Koreas and the Vietnam War*. http://digitalarchive.wilsoncenter.org/collection/139/the-two-koreas-and-the-vietnam-war

### (2) Cold War International History Project, Publications

Person, James ed. *Limits of the "Lips and Teeth" Alliance: New Evidence on Sino-DPRK Relations, 1955~1984*. compiled in preparation for the 6 April 2009 conference North Korean Attitudes Toward China: A Historical View of Contemporary Difficulties.
_________. *New Evidence on the Korean War*. compiled in connection with the 16-17 June 2010 conference New Documents and New Histories: Twenty-First Century Perspectives on the Korean War.
_________. *New Evidence on North Korea*. prepared for the 16-17 June 2010 conference New Documents and New Histories: Twenty-First Century Perspectives on the Korean War.
_________. *New Evidence on North Korea's Chollima Movement and First Five-Year Plan (1957~1961)*. compiled in preparation for the 10 February 2009 conference The 2009 'New DPRK Revolutionary Upsurge'--A Blast from the Past or a New Path?

## 2. 북한자료

### (1) 김일성 문헌

"7개년계획작성사업을 잘할데 대하여: 경제부문 책임일군협의회에서 한 연설(1960년 5월 5일)." 『김일성전집 25』. 평양: 조선로동당출판사, 1999, pp. 295-303.
"당단체들의 조직사업에서의 몇 가지 결함들에 대하여: 조선로동당 중앙위원회 제4차전원회의에서 한 보고(1951년 11월 1일)." 『김일성저작선집 1』. 평양: 조선로동당출판사, 1967, pp. 297－319.
“당사업을 개선강화하기 위하여 나서는 몇 가지 문제에 대하여: 조선로동당 중앙위원회 지도원이상 일군들과 한 담화(1956년 12월 17일).”『김일성저작집 10』. 평양: 조선로동당출판사, 1980, pp. 416－439.
“당 조직 사업과 사상 사업을 개선 강화할 데 대하여(1962년 3월 8일).”『김일성저작선집 3』. 평양: 조선로동당출판사, 1968, pp. 290－330.
“량강도 당조직들 앞에 나서는 과업: 조선로동당 량강도 위원회 전원회의에서 한 결론(1963년 8월 17일).”『김일성저작선집 3』. 평양: 조선로동당출판사, 1968, pp. 551－594.
“모든 힘을 전쟁의 승리를 위하여: 전체 조선인민에게 한 방송연설(1950년 6월 26일).”『김일성저작집 6』. 평양: 조선로동당출판사, 1980, pp. 9－16.
“민청단체들 앞에 나서는 당면한 몇 가지 과업에 대하여－새로 선거된 민청 중앙위원회 위원들 앞에서 한 연설(1956년 11월 9일).”『김일성저작집 10』. 평양: 조선로동당출판사, 1980, pp. 342－368.
“병기공업을 더욱 발전시키기 위하여: 전국병기공업부문 당 열성자 회의에서 한 연설(1961년 5월 28일).”『김일성저작집 15』. 평양: 조선로동당출판사, 1981, pp. 125－147.
“북조선에 거주하고 있는 화교대표들과 한 담화(1947년 9월 3일).”『김일성전집 6』. 평양: 조선로동당출판사, 1993, pp. 260－269.
“사상사업에 있어서 교조주의와 형식주의를 퇴치하고 주체를 확립할 데 대하여: 당선전선동일군들 앞에서 한 연설(1955년 12월 28일).”『김일성저작선집 1』. 평양: 조선로동당출판사, 1967, pp. 560－585.
“사회주의 경제 건설에서 제기되는 당면한 몇 가지 과업들에 대하여: 조선로동당 중앙 위원회 전원회의에서 한 결론(1959년 12월 4일).”『김일성선집 6』. 평양: 조선로동당출판사, 1960, pp. 455－529.
“사회주의진영의 통일과 국제공산주의운동의 새로운 단계: 조선로동당 중앙위원회 확대전원회의에서 한 보고(1957년 12월 5일).”『김일성저작집 11』. 평양: 조선로동당출판사, 1981, pp. 391－423.
“사회주의 혁명의 현 계단에 있어서 당 및 국가 사업의 몇 가지 문제들에 대하여: 조선 로동당 중앙 위원회 전원회의에서 한 결론(1955년 4월 4일).”『김일성선집 4』. 평양: 조선로동당출판사, 1960, pp. 254－286.

“산업운수부문에서의 결함들과 그 시정대책에 대하여: 조선로동당중앙위원회 전원회의에서 한 보고(1954년 3월 21일).”『김일성선집 4』. 평양: 조선로동당출판사, 1960), pp. 92－142.

“쏘련 공산당 비상, 제21차 대회에서 한 조선로동당 대표단 단장 김일성 동지의 축하 연설.”『근로자』. 제2호, 1959, pp. 3－4.

“쏘련 및 중국을 친선 방문하고 귀국한 우리 나라 당 및 정부 대표단을 환영하는 평양시 군중 대회에서 한 김일성 수상의 연설.”『조선중앙년감 1962』. 평양: 조선중앙통신사, 1962, pp. 8－11.

“쏘련을 선두로 하는 사회주의진영의 위대한 통일과 국제공산주의 운동의 새로운 단계: 조선로동당 중앙위원회 확대 전원회의(1957년 12월 5일).”『김일성선집 5』. 평양: 조선로동당출판사, 1960, pp. 216－249.

“인민경제계획을 세우는데서 나타난 결함들과 그것을 고치기 위한 몇 가지 과업에 대하여: 당 및 정권기관 지도일군회의에서 한 연설(1955년 10월 21일).”『김일성저작집 9』. 평양: 조선로동당출판사, 1980, pp. 410－440.

“일본『요미우리신붕』기자가 제기한 질문에 대한 대답(1956년 11월 21일).”『김일성전집 19』. 평양: 조선로동당출판사, 1998, pp. 324－330.

“자본주의로부터 사회주의에로의 과도기와 프롤레타리아독재문제에 대하여: 당사상사업부문일군들 앞에서 한 연설(1967년 5월 25일).”『김일성저작집 21』. 평양: 조선로동당출판사, 1983, pp. 259－276.

“자주의 신념을 안고: 다홍왜에서의 론쟁.”『김일성 회고록: 세기와 더불어 4』. 평양: 조선로동당출판사, 1993, pp. 30－72.

“조국통일문제와 인민군대 앞에 나서는 몇 가지 과업: 조선인민군 군정간부회의에서 한 연설(1957년 11월 27일).”『김일성전집 21』. 평양: 조선로동당출판사, 1998, pp. 70－81.

“조선 로동당 제3차 대회에서 한 중앙 위원회 사업 총결 보고(1956년 4월 22일).”『김일성선집 4』. 평양: 조선로동당출판사, 1960, pp. 433－571.

“조선민주주의인민공화국에서의 사회주의 건설과 남조선 혁명에 대하여: 인도네시아《알리 아르함》사회과학원에서 한 강의(1965년 4월 14일).”『김일성저작선집 4』. 평양: 조선로동당출판사, 1975, pp. 195－240.

“조선민주주의인민공화국의 당면과제에 대하여: 최고인민회의 제3기 제1차

회의에서 한 연설(1962년 10월 23일).”『김일성저작선집 3』. 평양: 조선로동당출판사, 1968, pp. 372-420.

“조선민주주의인민공화국 정부의 당면과업에 대하여: 최고인민회의 제3기 제1차 회의에서 한 연설(1962년 10월 23일).”『김일성저작집 16』. 평양: 조선로동당출판사, 1982, pp. 441-495.

“조선 민주주의 인민 공화국 창건 15주년 경축 연에서 한 김 일성 동지의 연설.”『조선중앙년감 1964』. 평양: 조선중앙통신사, 1964, pp. 7-8.

“조선인민의 민족적명절 8·15해방 15돐 경축대회에서 한 보고(1960년 8월 14일).”『김일성전집 25』. 평양: 조선로동당출판사, 1999, pp. 377-417.

“평안남도의 10대 과업에 대하여(1964년 8월 6일).”『김일성저작집 18』. 평양: 조선로동당출판사, 1982, pp. 392-431.

“평안북도 당단체의 과업: 평안북도 당단체에서의 연설(1956년 4월 7일).”『김일성선집 4』. 평양: 조선로동당출판사, 1960, pp. 382-432.

“평양시 해방에 즈음하여: 조선인민군 최고사령관 호소문(1950년 12월 9일).”『김일성전집 12』. 평양: 조선로동당출판사, 1995, pp. 434-437.

“혁명의 분수령: 경박호 기슭에서.”『김일성 회고록: 세기와 더불어 4』. 평양: 조선로동당출판사, 1993, pp. 228-256.

“현시기 경제사업에서 나서는 몇가지 문제와 당정치사업방향에 대하여: 조선로동당 중앙위원회 과장 이상 일군들앞에서 한 연설(1961년 2월 27일).”『김일성전집 26』. 평양: 조선로동당출판사, 1999, pp. 357-384.

“현시기 당조직원들앞에 나서는 몇가지 과업에 대하여: 당조직원강습회에서 한 연설(1956년 11월 25일).”『김일성전집 19』. 평양: 조선로동당출판사, 1998, pp. 335-352.

“현시기 우리 나라 인민경제의 발전방향에 대하여: 조선로동당 중앙위원회 제4기 제7차 전원회의에서 한 결론(1963년 9월 5일).”『김일성저작집 17』. 평양: 조선로동당출판사, 1982, pp. 371-406.

“현정세와 우리 당의 과업: 조선로동당대표자회에서 한 보고(1966년 10월 5일).”『김일성저작집 20』. 평양: 조선로동당출판사, 1982, pp. 376-469.

**(2) 단행본, 사전, 연감**

고정웅. 『조선노동당의 반수정주의 투쟁 경험』. 평양: 사회과학출판사, 1995.
박태호. 『조선민주주의인민공화국대외관계사 2』. 평양: 사회과학출판사, 1987.
조국통일사 편. 『주체의 기치따라 나아가는 남조선인민들의 투쟁』. 평양: 조국통일사, 1982.
조선민주주의인민공화국과학원력사연구소. 『조선통사 (하)』. 평양: 사회과학출판사, 1987.
『조선중앙년감』. 평양: 조선중앙통신사, 각 년도별.

### (3) 신문, 잡지, 정기간행물

『경제건설』.
『근로자』.
『로동신문』.
『민주조선』.
『조선중앙통신』.

## 3. 국내문헌

### (1) 논문

강규형·캐스린 웨더스비(Kathryn Weathersby). "소련 문서를 통해 본 6·25 전쟁의 기원: 모스크바, 베이징, 그리고 평양." 김영호 외. 『6·25 전쟁의 재인식』. 서울: 기파랑, 2010, pp. 55−79.
기광서. "한국전쟁 속의 스탈린." 한국역사연구회 현대사분과 편. 『역사학의 시선으로 읽는 한국전쟁: 사실로부터 총체적 인식으로』. 서울: 휴머니스트, 2010, pp. 111−136.
김기수. "북한의 대외경제정책." 양성철·강성학 공편. 『북한외교정책』. 서울: 서울프레스, 1995, pp. 103−130.
김달중. "동구의 대소 관계." 김달중·정갑영·성백남 공저. 『동구의 정치 경제』 서울: 법문사, 1992, pp. 128−152.

김 면. “구동독의 대북한 사회주의 건설지원.” 『한국동북아논총』. 제10권 제1호, 2005, pp. 351−374.

______. “독일 국립문서보관소 소장자료를 통해 본 북한과 구동독 간의 경제협력: 구동독의 함흥시 경제지원을 중심으로.” 『북한연구학회보』. 제7권 1호, 2003, pp. 83−105.

김부기. “소련의 대한반도 정책과 냉전체제의 등장.” 고현욱 외. 『북한체제의 수립과정: 1945~1948』. 서울: 경남대학교 극동문제연구소, 1991, pp. 19−40.

김영명. “주체사상의 생성과 변천: 정치변동과의 관련에서.” 『아시아문화』. 제7호(1991), pp. 47−71.

김영호. “외교사와 국제정치이론 사이의 학제간 연구의 쟁점과 과제: 탈냉전기 미국의 대논쟁에 관한 연구.” 『한국정치외교사논총』. 제25집 제2호, 2004, pp. 185−211.

김용현. “1960년대 북한체제의 위기와 군사화 대두.” 경남대학교 북한대학원 편. 『북한현대사 1』. 서울: 한울아카데미, 2004, pp. 427−454.

______. “북한의 군사국가화에 관한 연구: 1950~1960년대를 중심으로.” 동국대학교 대학원 박사학위 논문, 2002.

김태운. “주체사상의 기능이 북한의 대외정책에 미친 영향.” 『지역발전연구』. 제2권, pp. 145−183.

김학성. “동독외교관의 눈에 비친 1960년대 전반기의 북한: 구동독 외무성 및 사통당(SED) 정치국 문서 분석.” 조한범 외. 『해외자료로 본 북한체제의 형성과 발전』. 서울: 선인, 2006, pp. 267−304.

김학준. “중소분쟁 속의 북한외교.” 『아세아연구』. 71호, 1984, pp. 55−67.

김형찬. “김일성 주체사상 교육비판: 그 주요 문헌을 중심으로.” 『통일문제연구』. 제1권 3호, 1989, pp. 71−99.

노경덕. “중·러 관계의 역사적 전개.” 장덕준 외. 『중·러 관계와 한반도』. 파주: 한울, 2012, pp. 42−69.

류길재. “김일성·김정일의 문헌을 어떻게 읽을 것인가.” 경남대학교 북한대학원. 『북한연구방법론』. 파주: 한울 아카데미, 2003, pp. 46−70.

______. “천리마운동과 사회주의경제건설: 스타하노프운동 및 대약진운동과의 비교를 중심으로.” 『북한 사회주의 건설의 정치경제』. 경남대학교 극동문제연구소. 서울: 경남대학교 극동문제연구소, 1993,

pp. 43-79.

박두복. "중국의 한국전쟁 개입원인: 개입결정의 피동적·능동적 측면." 『탈냉전시대 한국전쟁의 재조명』. 서울: 백산서당, 2000, pp. 143-172.

박영실. "정전이후 중국인민지원군의 대북한 지원과 철수." 『정신문화연구』. 제29권 제4호, 2006, pp. 265-291.

박재권. "해방직후 소련의 대북한정책." 『해방전후사의 인식 5』. 서울: 한길사, 1999, pp. 331-407.

박종철. "중국인민지원군의 철군과 북·중관계." 한국정치외교사학회 이재석·조성훈 편. 『한반도 분쟁과 중국의 개입』. 서울: 선인, 2012, pp. 181-219.

______. "중소분쟁과 북중관계(1961~1964년)에 대한 고찰." 『한중사회과학연구』. 제9권 제2호, 2011, pp. 45-80.

______. "중소분쟁 초기 북한·중국 연대에 관한 연구." 『인문사회과학연구』 제21집, 2008, pp. 39-66.

신종대. "5.16 쿠데타에 대한 북한의 인식과 대응: 남한의 정치변동과 북한의 국내정치." 『정신문화연구』. 제33권 제1호, 2010, pp. 81-104.

양영조. "6·25 전쟁시 중국군의 지구전 전략과 군사개혁: 조중연합군사령원 팽덕회 전략을 중심으로." 『한국 근현대사 연구』. 제33집, 2005, pp. 175-200.

양재인. "주체사상의 발전과정." 양재인 외. 『북한의 정치이념: 주체사상』. 서울: 경남대학교 극동문제연구소, 1990, pp. 3-35.

양호민. "중·소 대립 속의 북한." 김갑철 외. 『남북한체제의 강고화와 대결: 1955년 1965년까지』. 서울: 소화, 1996, pp. 187-279.

여인곤. "「조·소 우호협조 및 상호원조 조약」 폐기의 의미와 평가." 『정세분석 95-07』. 서울: 민족통일연구원, 1995, pp. 1-26.

오규열. "세계혁명의 일환으로 결정된 중국의 6·25 전쟁 개입." 『6·25 전쟁의 재인식』. 서울: 기파랑, 2010, pp. 271-309.

은천기. "북한의 대중·소 외교 정책에 관한 연구(1950~1970)." 경희대학교 대학원 박사학위 논문, 1985.

이미경. "1950~1960년대 북한·중국·소련 삼각관계의 형성과 균열." 『중소연구』. 제26권 4호, 2002, pp. 81-106.

______. “국제환경의 변화와 북한의 자주노선 정립: 1960년대 시기를 중심으로.”『국제정치논총』. 제43집 2호, 2003, pp. 273-294.

이종석. “중·소의 내정간섭 사례 연구: 8월 종파사건.”『세종정책연구』. 제6권 2호, 2010, pp. 381-419.

이창희. “북한의 1945~1960년 중공업 우선 발전전략에 대한 재고찰.”『통일정책연구』. 제22권 1호, 2013, pp. 239-266.

이항재. “흐루시초프의 평화구조에 관한 연구.” 조선대학교 대학원 박사학위 논문, 1991.

장노순. “교환동맹모델의 교환성: 비대칭 한미안보동맹.”『국제정치논총』. 제36집 1호, 1996, pp. 79-104.

전인영. “동구 및 북한의 사회주의건설 비교: 공산화 과정을 중심으로.” 고현욱 외.『북한의 체제수립 과정: 1945~1948』. 서울: 경남대학교 극동문제연구소, 1991, pp. 247-300.

전현수. “소련군의 북한 진주와 대북한정책.”『한국독립운동사연구』. 9집, 1995, pp. 343-377.

______. “해방 직후 북한자료 해제: 러시아생산 자료.” 서대숙 외.『북한현대사 문헌연구』. 서울: 백산서당, 2001, pp. 157-198.

정규섭. “중소분쟁에 대한 북한의 대응: 1960년대를 중심으로.”『동북아연구논총』. 제4권 1호, 1998, pp. 53-82.

정병일. “‘반민생단투쟁’의 정치사적 의의: 김일성 부상과 조국광복회 성립의 동인.”『사회과학연구』. 제16권 1호, 2008, pp. 578-609.

정우곤. “한국전쟁과 북한의 대중소관계: 자주노선의 형성과정,” 고병철 외.『한국전쟁과 북한 사회주의체제 건설』. 마산: 경남대학교 출판부, 1992, pp. 55-78.

조성훈. “한국전쟁의 세균전 논쟁 비판.”『군사』. 제41집, 2000, pp. 347-374.

조영건. “주체사상과 사회주의 북한경제.”『북한의 정치이념: 주체사상』. 서울: 경남대학교 극동문제연구소, 1990, pp. 97-122.

조준래. “중국의 대북한관계 특수성 연구.” 한국외국어대학교 대학원 박사학위 논문, 2001.

최명식. “북한의 동맹정책 연구: 1950년대와 1980년대를 중심으로.” 성균관대학교 대학원 박사학위 논문, 1992.

최명해. “중국·북한 동맹 연구: 양국 동맹의 기원과 역동적 전개과정.” 고려대학교 대학원 박사학위 논문, 2007.
최창윤. “북한의 대 중·소 정책.” 고병철 외. 『북한외교론』. 서울: 경남대학교 극동문제연구소, 1978, pp. 51-78.
최청호. “정치·외교의 자주노선.” 양재인 외. 『북한의 정치이념: 주체사상』. 서울: 경남대학교 극동문제연구소, 1990, pp. 65-95.
캐스린 웨더스비·강규형. “북-중-소 삼각관계가 6·25전쟁 과정과 전후 북한외교 행태에 미친 영향: 기밀해제문서를 중심으로.” 『정신문화연구』. 제33권 제3호, 2010, pp. 117-142.
한모니까. “1960년대 북한의 경제·국방병진노선의 채택과 대남정책.” 『역사와 현실』. 제50호, 2003, pp. 133-164.
함택영. “주체사상과 북한의 국방정책.” 양재인 외. 『북한의 정치이념: 주체사상』. 서울: 경남대 극동문제연구소, 1990, pp. 155-185.
허문영. “1980년대 북한의 대중·소 동맹정책 변화에 관한 연구.” 성균관대학교 대학원 박사학위 논문, 2001.

### (2) 단행본

국사편찬위원회. 『북한관계사료집 20』. 과천: 국사편찬위원회, 1995.
______. 『북한관계사료집 30』. 과천: 국사편찬위원회, 1998.
______. 『북한관계사료집 62』. 과천: 국사편찬위원회, 2008.
국토통일원. 『북한최고인민회의자료집 1』. 서울: 국토통일원, 1988.
______. 『북한최고인민회의자료집 2』. 서울: 국토통일원, 1988.
______. 『조선로동당대회자료집 1』. 서울: 국토통일원, 1988.
김광운. 『북한 정치사 연구 Ⅰ: 건당·건국·건군의 역사』. 서울: 선인, 2003.
김국후. 『비록: 평양의 소련군정-기록과 증언으로 본 북한정권 탄생비화』. 파주: 한울, 2008.
김병로. 『김일성저작해제』. 서울: 민족통일연구원, 1993.
김용구. 『외교사란 무엇인가』. 인천: 도서출판 원, 2002.
김용호. 『현대북한외교론』. 서울: 오름, 1996.
나탈리아 바자노바(Natalia Bajanova) 저, 양준용 역. 『기로에 선 북한 경제: 대외 경협을 통해 본 실상』. 서울: 한국경제신문사, 1992.
돈 오버도퍼(Don Oberdorfer) 저, 이종길 역. 『두 개의 한국』. 고양: 길산, 2002.

려정. 『붉게 물든 대동강: 전인민군 사단정치위원의 수기』. 서울: 동아일보사, 1991.
마리-클레르 베르제르(Marie-Claire Bergère) 저, 박상수 역. 『중국현대사: 공산당, 국가, 사회의 격동』. 서울: 심산, 2009.
박명림. 『한국 1950: 전쟁과 평화』. 서울: 나남, 2002.
______. 『한국전쟁의 발발과 기원 Ⅰ: 결정과 발발』. 파주: 나남, 2003.
______. 『한국전쟁의 발발과 기원 Ⅱ: 기원과 원인』. 파주: 나남, 2003.
박영실. 『중국인민지원군과 북·중관계』. 서울: 선인, 2012.
박종철·김보국·박성용·정은이. 『헝가리의 북조선 관련 기밀해제문건』. 서울: 선인, 2013.
박종효 편. 『러시아 연방 외무성 대한정책 자료 Ⅰ』. 서울: 선인, 2010.
백학순. 『북한 권력의 역사: 사상·정체성·구조』. 파주: 한울, 2010.
사회과학출판사. 『주체사상의 사회역사원리』. 서울: 백산서당, 1989.
서대숙. 『현대북한의 지도자: 김일성과 김정일』. 서울: 을유문화사, 2000.
______ 저, 서주석 역. 『북한의 지도자 김일성』. 서울: 청계연구소, 1990.
______ 외. 『북한현대사 문헌연구』. 서울: 백산서당, 2001.
서동만. 『북조선사회주의체제성립사(1945~1961)』. 서울: 선인, 2005.
서재진. 『주체사상의 이반: 지배이데올로기에서 저항이데올로기로』. 서울: 박영사, 2006.
서진영. 『중국혁명사』. 서울: 한울, 2002.
______. 『현대중국정치론: 변화와 개혁의 중국정치』. 서울: 나남출판, 1997.
세르게이 곤차로프(Sergei Goncharov)·존 루이스(John Wilson Lewis)·쉐리타이(Xue Litai) 저, 성균관대학교 한국현대사 연구반 역. 『흔들리는 동맹: 스탈린과 마오쩌둥 그리고 한국전쟁』. 서울: 일조각, 2011.
션즈화(沈志華) 저, 최만원 역. 『마오쩌뚱 스탈린과 조선전쟁』. 서울: 선인, 2010.
______ 저, 김동길·김민철·김규범 역. 『최후의 천조』. 서울: 선인, 2017.
시모토마이 노부오(下斗米 伸夫) 저, 이혁재 역. 『북한 정권 탄생의 진실』. 서울: 기파랑, 2005.
______ 저, 이종국 역. 『모스크바와 김일성: 냉전기의 북한 1945~1961』. 서울: 논형, 2012.
안드레이 란코프(Andrei Lankov) 저, 김광린 역. 『소련의 자료로 본 북한의 현대정치사』. 서울: 오름, 1995.
양문수. 『북한경제의 구조: 경제개발과 침체의 메커니즘』. 서울: 서울대학교 출판부, 2001.
오진용. 『김일성 시대의 중소와 남북한』. 서울: 나남출판, 2004.
와다 하루키(和田春樹) 저, 서동만 역. 『한국전쟁』. 서울: 창작과비평사, 2001.
______ 저, 이종석 역. 『김일성과 만주항일전쟁』. 서울: 창작과비평사, 1992.
______ 저, 서동만·남기정 역. 『북조선』. 서울: 돌베개, 2002.
이신재. 『북한의 베트남전쟁 참전』. 서울: 국방부 군사편찬연구소, 2017.
이정식. 『대한민국의 기원: 해방 전후 한반도 국제정세와 민족 지도자 4인의 정치적 궤적』. 서울: 일조각, 2006.
이종석. 『북한-중국관계 1945~2000』. 서울: 중심, 2000.
______. 『조선로동당 연구: 지도사상과 구조 변화를 중심으로』. 서울: 역사비평사, 1995.
이태섭. 『김일성 리더십 연구』. 서울: 들녘, 2001.
정규섭. 『북한외교의 어제와 오늘』. 서울: 일신사, 1999.
정진위. 『북방삼각관계: 북한의 대중·소 관계를 중심으로』. 서울: 법문사, 1985.
조순승. 『한국분단사』. 서울: 형성사, 1982.
존 루이스 개디스(John Lewis Gaddis) 저, 박건영 역. 『새로 쓰는 냉전의 역사』. 서울: 사회평론, 2002.
중국군사과학원 군사역사연구부 저, 국방부 군사편찬연구소 역. 『중국군의 한국전쟁사 1』. 서울: 국방부 군사편찬연구소, 2002.
______ 저, 국방부 군사편찬연구소 역. 『중국군의 한국전쟁사 3』. 서울: 국방부 군사편찬연구소, 2005.
중국중앙공산당사연구실 저, 홍순도·홍광훈 역. 『중국공산당역사 중』. 서울: 서교출판사, 2014.
최명해. 『중국·북한 동맹관계: 불편한 동거의 역사』. 서울: 오름, 2009.
통일연구원 편. 『독일지역 북한기밀 문서집』. 서울: 선인, 2006.
함택영. 『국가안보의 정치경제학: 남북한의 경제력·국가역량·군사력』. 서울: 법문사, 1998.

허문영·유동원·심승우. 『북방삼각관계 변화와 지속: 북한의 균형화 전략을 중심으로』. 서울: 통일연구원, 2012.
홍쉐즈(洪學知) 저, 홍인표 역. 『중국인이 본 한국전쟁』. 서울: 고려원, 1992.
히라이와 슌지(平岩俊司) 저, 이종국 역. 『북한·중국관계 60년: 순치관계의 구조와 변용』. 서울: 선인, 2013.

**(3) 신문**

『서울신문』. 「6·25 내막/모스크바 새증언 5」, 1995년 5월 24일.
______. 「6·25 내막/모스크바 새증언 13」, 1995년 6월 14일.
______. 「6·25 내막/모스크바 새증언 14」, 1995년 6월 16일.
『동아일보』. 1958년 10월 28일.
『조선일보』. 1958년 10월 28일.
『연합뉴스』. 2005년 5월 27일.

## 4. 영문자료

**(1) 논문**

An, Thomas. "New Winds in P'yŏngyang?" *Problems of Communism*. Vol. 15, No. 4(July~August 1966), pp. 68−71.
Armstrong, Charles K. "'Fraternal Socialism': International Reconstruction, 1953~1962." *Cold War History*. Vol. 5, No. 2 (May 2005), pp. 161−187.
Goncharov, Sergei. "Sino−Soviet Military Cooperation." Odd Arne Westad ed. *Brothers in Arms: The Rise and Fall of the Sino-Soviet Alliance, 1945~1963*. Washington, D.C.: Woodrow Wilson Center Press; Stanford, California: Stanford University Press, 1998, pp. 141−163.
Jian, Chen. "Limits of the 'Lips and Teeth' Alliance: An Historical Review of Chinese−North Korean Relations." *Asia Program Special Report*. No.

115 (September 2003), pp. 4–10.

Jian, Chen. & Yang Kuisong. "Chinese Politics and the Collapse of the Sino–Soviet Alliance." Odd Arne Westad ed. *Brothers in Arms: The Rise and Fall of the Sino-Soviet Alliance, 1945~1963*. Washington, D.C.: Woodrow Wilson Center Press; Stanford, California: Stanford University Press, 1998, pp. 246–294.

Kaple, Deborah A. "Soviet Advisors in China in the 1950s." Odd Arne Westad ed. *Brothers in Arms: The Rise and Fall of the Sino-Soviet Alliance, 1945~1963*. Washington, D.C.: Woodrow Wilson Center Press; Stanford, California: Stanford University Press, 1998, pp. 117–141.

Kramer, Mark. "The USSR Foreign Ministry's Appraisal of Sino–Soviet Relations on the Eve of the Split, September 1959." *Cold War International History Project Bulletin*. Nos. 6–7 (Winter 1995~Spring 1996), pp. 170–185.

Krueger, Anne O. *The Developmental Role of the Foreign Sector and Aid*. Cambridge: Council on East Asian Studies, Harvard University, 1979.

Lankov, Andrei. "Kim Il Sung's Campaign against Soviet Faction in Late 1955 and the Birth of Chuch'e." *Korean Studies*. Vol. 23 (1999), pp. 43–67.

Li, Xiaobing. "Making of Mao's Cold War: The Taiwan Straits Crisis Revised." Xiaobing Li and Hongshan Li eds. *China and the United States: A New Cold War History*. Lanham, MD: Univ. Press of America, 1998, pp. 58–64.

Mansourov, Alexandre. "North Korea's Road to Atomic Bomb." *International Journal of Korean Unification Studies*. Vol. 13, No. 1, 2004, pp. 21–58.

*Peking Review*. Vol. 5, No. 34 (August 1963), p. 7

Person, James. "New Evidence on North Korea in 1956." *Cold War International History Project Bulletin*. No. 16 (Fall 2007~Winter 2008), pp. 447–454.

_______. "We Need Help from Outside: The North Korean Opposition

Movement of 1956." *Cold War International History Project Working Paper*. No. 52 (August 2006), pp. 2–85.

_______. "Cuban Missile Crisis and the Origins of North Korea's Policy of Self–Reliance in National Defense." *North Korean International Documentation Project E-Dossier*. No. 12 (October 2012), pp. 1–4.

Pleshakov, Constantine. "Nikita Khrushchev and Sino–Soviet Relations." Odd Arne Westad ed. *Brothers in Arms: the Rise and Fall of the Sino-Soviet Alliance, 1945~1963*. Washington, D.C.: Woodrow Wilson Center Press; Stanford, California: Stanford University Press, 1998, pp. 226–245.

Scalapino, Robert A. "Korea: The Politics of Change." *Asian Survey*. Vol. 3, No. 1 (January 1963), pp. 31–40.

Schäfer, Bernd. "Weathering the Sino–Soviet Conflict: The GDR and North Korea, 1949~1989." *Cold War International History Project Bulletin*. Nos. 14–15 (Winter 2003~Spring 2004), pp. 25–38.

Schweller, Randall. "Bandwagoning for Profit: Bringing the Revisionist State Back in." *International Security*. Vol. 19, No. 1 (Summer 1994), pp. 72–107.

Shen, Zhihua and Yafeng Xia. "China and the Post–War Reconstruction of North Korea, 1953~1961." *North Korea International Documentation Project Working Paper*. No. 4 (May 2012), pp. 1–88.

Shimotomai, Nobuo. "Kim Il Sung's Balancing Act between Moscow and Beijing, 1956~1972." Tsuyoshi Hasegawa ed. *The Cold War in East Asia 1945~1961*. Woodrow Wilson Center Press, Washington, D.C.; Standford University Press, Standford, California, 2011, pp. 122–151.

_______. "Pyeongyang in 1956." *Cold War International History Project Bulletin*. No. 16 (Fall 2007~Winter 2008), pp. 455–463.

Snyder, Glenn H. "Alliance Theory: A Neorealist First Cut," *Journal of International Affairs*. Vol. 44 No.1 (Spring 1990), pp. 103–123.

Szalontai, Balázs and Sergey Radchenko, "North Korea's Efforts to Acquire Nuclear Technology and Nuclear Weapons: Evidence from Russian and Hungarian Archives," *Cold War International History Project*

*Working Paper*. No. 53 (August 2006), pp.1–75.

Weathersby, Kathryn. "DPRK Relations with the Soviet Union and China, 1950~1972." paper presented at the *International Workshop on Foreign Relations of the Two Koreas during the Cold War Era* (The Institute for Far Eastern Studies, Seoul, May 11, 2006).

_______. "Soviet Aims in Korea and the Origins of the Korean War, 1945~1950: New Evidence from Russian Archives." *Cold War International History Project Working Paper*. No. 8 (November 1993), pp. 5–37.

_______. "Stalin, Mao and the End of the Korean War." Odd Arne Westad ed. *Brothers in Arms: The Rise and Fall of the Sino-Soviet Alliance, 1945~1963*. Washington, D.C.: Woodrow Wilson Center Press; Stanford, California: Stanford University Press, 1998, pp. 90–116.

Whiting, Allen S. "Quemoy 1958: Mao's Miscalculations." *The China Quarterly*. No. 62 (June 1975), pp. 263–270.

Yang, Ho-min. "Mao Zedong's Ideological Influence on P'yŏngyang and Hanoi." Robert A. Scalapino and Kim Dalchoong eds. *Asian Communism: Continuity and Transition*. Berkley: Univ of California at Berkley, 1988, pp. 37–71.

Yeh, K. C. "Soviet and Communist Chinese Industrialization Strategies." Donald W. *Treadgold ed. Soviet and Chinese Communism: Similarities and Differences*. Seattle: University of Washington Press, 1967, pp. 327–363.

Zhang, Shu Guang. "Sino–Soviet Economic Cooperation." Odd Arne Westad ed. *Brothers in Arms: The Rise and Fall of the Sino-Soviet Alliance, 1945~1963*. Washington, D.C.: Woodrow Wilson Center Press; Stanford, California: Stanford University Press, 1998, pp. 189–225.

Zhang, Shu Guang. & Chen Jian. "The Emerging Disputes between Beijing and Moscow" The New Available Chinese Documents, 1956~1958." *Cold War International History Project Bulletin*. Nos. 6–7 (Winter 1995~Spring 1996), pp. 148–163.

### (2) 단행본


Armstrong, Charls K. *Tyranny of the Weak: North Korea and the World 1950~1992*. Ithaca : Cornell University Press, 2013.

Chung, Chin O. *P'yŏngyang between Peking and Moscow: North Korea's Involvement in the Sino-Soviet Dispute, 1958~1975*. Alabama: University of Alabama Press, 1978.

Chung, Joseph Sang-hoon. *The North Korean Economy: Structure and Development*. California: Hoover Institution Press, Stanford University, 1974.

Dallin, Alexandor ed. *Diversity in International Communism: A Documentary Record, 1961~1963*. New York, NY: Columbia University Press, 1963.

Dittmer, Lowell. *Sino-Soviet Normalization and Its International Implications, 1945~1990.* Seattle: University of Washington Press, 1992.

Goncharov, Sergei, John Wilson Lewis, and Litai Xue. *Uncertain Partners: Stalin, Mao*, and the Korean War. Stanford: Stanford University Press, 1993.

Griffith, William E. *The Sino-Soviet Rift*. Massachusetts: M.I.T. Press, 1964.

Horelick, Arnold L. and Myron Rush. *Strategic Power and Soviet Foreign Policy*. Chicago and London: University of Chicago Press, 1966.

Handel, Michael. *Weak States in the International System*. London: Frank Cass, 1981.

Jian, Chen. *Mao's China and the Cold War*. Chapel Hill, NC: The University of North Carolina Press, 2001.

Johnson, Douglass M. and Hughdah Chiu eds. *Agreements of the People's Republic of China*, 1949~1967: A Calendar. Cambridge: Harvard University Press, 1968.

Khrushchev, Nikita S., Strobe Talbott, and Sherman D. Spector. *Khrushchev Remembers: The Last Testament*. Boston: Little Brown, 1970.

Kim, Chullbaum. *The Truth about the Korean War*. Kim Chullbaum ed. Seoul, Korea: Eulyoo Pub. Co., 1991.

King, Gillian ed. *Documents on International Affairs*, 1958. London: Oxford University Press, 1962.

Kissinger, Henry A. *White House Years*. Boston: Little, Brown and Company, 1979.

Lankov, Andrei. *Crisis in North Korea: The Failure of De-Stalinization, 1956*. Honolulu: University of Hawaii Press, 2005.

_______. *From Stalin to Kim Il Sung: The Formation of North Korea 1945~1960*. New Brunswick, N.J.: Rutgers University Press, 2002.

Lee, Chong-sik. *The Korean Worker's Party: A Short History*. Stanford, California: Hoover Institution Press, 1978.

Lieberthal, Kenneth. *Governing China: From Revolution Through Reform*. New York: W.W. Norton & Company, 2004.

Liska, George. *Nations in Alliance*. Baltimore: The Johns Hopkins Press, 1962.

Lüthi, Lorenz M. *The Sino-Soviet Split: Cold War in the Communist World*. Princeton: Princeton University Press, 2008.

Moltz, James Clay and Alexander Y. Mansourov eds. *The North Korean Nuclear Program: Security, Strategy, and Perspectives from Russia*. New York: Routledge, 2000.

Nam, Koon Woo. *The North Korean Leadership: A Study of Factionalism and Political Consolidation*. Alabama: University of Alabama Press, 1974.

Radchenko, Sergey. *Two Suns in the Heavens: the Sino-Soviet Struggle for Supremacy, 1962~1967*. Washington, D.C.: Woodrow Wilson Center Press; Stanford, California: Stanford University Press, 2009.

Rothstein, Robert J. *Alliances and Small States*. New York: Columbia University Press, 1968.

Scalapino, Robert A. and Lee Chong-Sik. *Communism in Korea*. Berkeley: University of California Press, 1972.

Schram, Stuart ed. *Chairman Mao Talks to the People: Talks and Letters, 1956~1971*. New York: Pantheon, 1975.

Suh, Dae-Sook. *Kim Il Sung: The North Korean Leader*. New York: Columbia

University Press, 1988.

Szalontai, Balázs. *Kim Il Sung in the Khrushchev Era: Soviet-DPRK Relations and the Roots of North Korean Despotism, 1953~1964*. Washington, D.C.: Woodrow Wilson Center Press; Stanford, California: Stanford University Press, 2005.

Yang, Dali. *Calamity and Reform in China: State, Rural Society, and Institutional Change Since the Great Leap*. CA: Stanford University Press, 1996.

Zagoria, Donald S. *The Sino-Soviet Conflict 1956~1961*. Princeton: Princeton University Press, 1962.

Zubok, Vladislav and Constantine Pleashakov. *Inside the Kremlin's Cold War: From Stalin to Khrushchev.* Cambridge: Harvard University Press, 1996.

# 인명 찾아보기

# 찾아보기

ㅈ